JN075313

音声ダウンロードのご案内

※各言語版は、この本の最後にあります。

STEP 1 商品ページにアクセス！ 方法は次の3通り！

- QRコードを読み取ってアクセス。
- https://www.jresearch.co.jp/book/b627185.htmlを入してアクセス。
- Jリサーチ出版のホームページ (https://www.jresearch.co.jp/) にアクセスして、「キーワード」に書籍名を入れて検索。

STEP 2 ページ内にある「音声ダウンロード」ボタンをクリック！

STEP 3 ユーザー名「1001」、パスワード「25960」を入力！

STEP 4 音声の利用方法は2通り！ 学習スタイルに合わせた方法でお聴きください！

- 「音声ファイル一括ダウンロード」より、ファイルをダウンロードして聴く。
- ▶ボタンを押して、その場で再生して聴く。

※ダウンロードした音声ファイルは、パソコン・スマートフォンなどでお聴きいただくことができます。一括ダウンロードの音声ファイルは .zip 形式で圧縮してあります。解凍してご利用ください。ファイルの解凍が上手く出来ない場合は、直接の音声再生も可能です。

音声ダウンロードについてのお問合せ先：toiawase@jresearch.co.jp （受付時間：平日9時〜18時）

日本語能力試験 N1に出る

マレーシア語・ミャンマー語・フィリピノ語 版

日本語単語
スピード マスター

ADVANCED
2800

Perkataan Jepun Speed Master
ဂျပန်စကားလုံး အမြန်ဆုံးမာစတာ
Mabilis na Pag-aaral ng mga Salitang Hapon

倉品 さやか
Kurashina Sayaka

Jリサーチ出版

はじめに

「もっと単語を知っていたらいろいろ話せるのに」「問題集もしてみたけど、もっともっと単語を増やしたい！」……と思ったことはありませんか。

　この本は、シリーズ前編の『日本語単語スピードマスター BASIC1800』、『日本語単語スピードマスター STANDARD2400』、そして『日本語単語スピードマスター INTERMEDIATE2500』に続く、さらに一つ上のレベルの単語集です。単語は、以前の日本語能力試験の出題基準、新しい日本語能力試験の問題集、上級のテキストなど、さまざまな資料を参考に、生活でどのように使われているかを考えて選びました。

　この本では、一つ一つの言葉をばらばらでなく、テーマごとに整理しながら覚えていきますので、興味のあるユニットから始めてください。それぞれの語についても、意味だけでなく、例文やよく使われる表現、対義語や類義語など関係のある言葉なども一緒に学べるようにしています。

　例文は、会話文を中心に、日常よく使われる表現を紹介しています。覚えたら、生活の中ですぐ役立つことでしょう。これらの例文が付属の音声に収められていますので、単語や表現を覚えながら、聞き取りや発音の練習もできます。移動の電車で、また寝る前などに使うのもいいでしょう。どんどん活用してください。たくさんの単語を取り上げたかったので、この本には練習問題はありませんが、赤いシートを使ってどれだけ覚えたか確認しながら勉強することもできます。覚えたら、単語の隣にある□にチェックを入れていきましょう。

　この本でたくさんの言葉を覚えて、どんどん使ってみてください。

倉品さやか
くらしな

この本の使い方
ほん つか かた

Bagaimana hendak menggunakan buku ini ／ ၁။ ကျွန်စာအုပ်ကိုအသုံးပြုနည်း ／ Paano gamitin itong libro

---

覚えておきたい基本語に □ をつけています。
おぼ　　　　　　 きほんご

Tanda □ diletakkan di sebelah kosa kata asas yang penting dan perlu dihafal ／ ၂။ အလွတ်ကျက်မှတ်စေလိုသည့်အခြေခံကားလုံးကို □ဖြင့်ပြထားသည်။／ May □ ang mga basic na salitang dapat memoryahin.

❶⑥ □ 政策 (dasar ／ မူဝါဒ ／ polisiya)
せいさく

▷ **経済政策** (dasar ekonomi ／ စီးပွားရေးမူဝါဒ ／ pang-ekonomiyang polisiya)
けいざい

▶ **政治家には、政策についてもっと議論をしてほしい。**
せいじか　　　　　　　　　　　　　ぎろん

(Saya ingin agar politisi berdiskusi lebih banyak tentang kebijakan. ／ နိုင်ငံရေးသမားများအား၊ မူဝါဒနှင့်ပတ်သက်၍ ပိုမိုဆွေးနွေးစေလိုသည်။／ Gusto kong magkaroon ng mas maraming diskusyon ang mga politiko tungkol sa mga polisiya.)

例文や熟語の例などを紹介します。
れいぶん じゅくご　れい　　　　　しょうかい

Contoh ayat, ungkapan, frasa dan lain-lain akan diperkenalkan. ／ ၃။ ဥပမာဝါကျစာကြောင်းများနှင့်စကားလုံးအတွဲများကိုနမူနာအနေနှင့်ရေးပေးထားသည်။／ Ituturo ang mga halimbawang sentence, phrases at iba pa.

▶は音声が収録されています (▷は音声なし)。
おんせい しゅうろく　　　　　　　 おんせい

Audio ▶ sedia dirakamkan. (Tiada audio ▷.) ／ ၄။ ▶သည် အသံသွင်းထားသည် (▷သည် အသံသွင်းထားခြင်းမရှိ)／ Nakarekord ang ▶. (Walang voice recording ang ▷).

⬚で示した言葉と同じグループの言葉などを紹介します。
しめ　　 ことば おな　　　　　　　　　　 しょうかい

Kosa kata yang bertanda ⬚ akan diperkenalkan bersama kosa kata yang sama kumpulan. ／ ၅။ ⬚ဖြင့်ပြထားတဲ့စကားလုံးနှင့် အုပ်စုတူစကားလုံး စသတွဲဖြင့်ကိုရေးထားပေးသည်။／ Ituturo ang mga salitang may ⬚ at mga salita sa parehong group.

同 同義語 sinonim, kata seerti ／ ၆။ အဓိပ္ပါယ်တူစကားလုံး／ Synonym
どうぎご

対 対義語 antonim, kata lawan ／ ၇။ ဆန့်ကျင်ဘက်စကားလုံး／ Antonym
たいぎご

類 類義語 sinonim ／ သံတူကြောင်းကွဲစကား／ Synonym
るいぎご

もくじ Kandungan／မာတိကာ／Mga Nilalaman

PART 1

テーマ別で覚えよう、基本の言葉

Jom ingat perkataan yang dibahagikan mengikut kategori dan saiz, Kosa kata asas - menghafal mengikut tema

အကြောင်းအရာအလိုက်မှတ်ကြရအောင်၊အခြေခံစကားလုံး

Basic na mga Salita - Pagmememorya ayon sa theme

★ 例文は会話表現が中心で、短縮や変形など、話し言葉の特徴はそのままにしています。
Contoh ayat tertumpu pada frasa-frasa perbualan, frasa pendek, struktur frasa yang berubah dan lain-lain, struktur bahasa perbualan dikekalkan sebagaimana digunakan selalu. /
၂။ဥပမာဝါကျအကြောင်းများသည်စကားပြောသုံးအနှုန်းကိုအဓိကထားပြီးအတိုကောက်နှင့်ဝါကျပုံစံပြောင်းစသဖြင့်စကားပြောအင်္ဂါရပ်အတိုင်းရေးထားပေးသည်။/ Binigyang-diin sa mga halimbawang sentence ang mga ekspresyong gamit sa pag-uusap. Ang mga abbreviation, ekspresyon at iba pang katangian ng conversational Japanese ay hinayaang tulad ng Japanese.

★ 表記については、漢字とひらがなを厳密に統一していません。
Berhubung dengan tulisan yang digunakan, tidak ada satu ketetapan, ada yang ditulis dalam tulisan kanji dan ada pula yang ditulis dalam tulisan hiragana. /
၁၃။ သင်္ကေတများနှင့်ပတ်သက်ပြီးခန်းဂျီးနှင့်ဟိရဂါနတို့ကိုတင်းကြပ်စွာပေါင်းစည်းမထားပါ။/
Hindi naging strikto ang standard sa spelling, kung nakasulat man sa Kanji o Hiragana ang salita.

1 01

UNIT 1

時間・時
じかん　とき

(Masa, Waktu／အချိန်၊ နာရီ／Oras)

❶ □ **未明** (subuh／အရုဏ်တက်／madaling araw)
みめい

▶〈ニュース〉今朝未明、車２台が衝突する事故がありました。
けさ　くるま　だい　しょうとつ　じこ

(<Berita> Awal pagi tadi, telah berlaku kemalangan melibatkan dua buah kereta bertembung.／<သတင်း>ယနေ့မနက်အရုဏ်တက်တွင်၊ကားနှစ်စီးတိုက်မှုဖြစ်ပွားခဲ့ပါသည်။／(Balita) Ngayong madaling araw, may aksidente kung saan nagbanggaan ang dalawang kotse.)

❷ □ **連休** (cuti berturut-turut／ဆက်တိုက်ပိတ်ရက်／mahabang weekend, magkakasunod na bakasyon)
れんきゅう

▶今度の連休は、何か予定はありますか。
こんど　なに　よてい

(Ada apa-apa rancangan pada cuti berturut-turut yang akan datang?／လာမယ့်ဆက်တိုက်ပိတ်ရက်မှာ ဘာအစီအစဉ်ရှိသလဲ။／May plano ka ba sa susunod na mahabang weekend?)

❸ □ **連日** (hari berturut-turut／နေ့စဉ်ရက်ဆက်／magkakasunod na araw)
れんじつ

▷期間中は連日大勢の客で賑わった。
きかんちゅう　おおぜい　きゃく　にぎ

(Sepanjang tempoh itu, tempat itu sesak dengan ramai pelanggan setiap hari.／ထိုကာလတွင်း၌ နေ့စဉ်ရက်ဆက်ဖောက်သည်များနှင့်စည်ကားခဲ့သည်။／Iyong buong panahong iyon, punung-puno roon ng tao nang magkakasunod na araw.)

❹ □ **隔～** (setiap dua ～／～ခြား / တိုင်း／kada dalawang-)
かく

▶隔週で社内のトイレ掃除当番が回ってきます。
しゅう　しゃない　そうじとうばん　まわ

(Setiap dua minggu, saya ditugaskan untuk membersihkan tandas di syarikat.／ကုမ္ပဏီရှိအိမ်သာသန့်ရှင်းရေးတာဝန်ခံသည် တစ်ပတ်ခြား အလှည့်ကျပါမည်။／Kada dalawang linggo, naghahali-halili kung sino ang maglilinis ng toilet sa opisina namin.)

▶隔月で集会を開いています。
げつ　しゅうかい　ひら

(Kami mengadakan mesyuarat setiap dua bulan.／လစဉ်လတိုင်း အစည်းအဝေးကို ကျင်းပလျက်ရှိပါသည်။／Kada dalawang buwan, nagmimiting kami.)

❺ □ **長期** (jangka(/tempoh) panjang／ရေရှည်／pangmatagalan)
ちょうき

▷長期的な目標 (matlamat jangka panjang／ရေရှည်ရည်မှန်းချက်／pangmatagalang layunin)
てき　もくひょう

❻ □ **短期** (jangka(/masa) pendek／ရေတို／pansamantala)
たんき

▷短期アルバイト
(kerja sambilan jangka pendek／အချိန်ပိုင်းအလုပ်／pansamantalang part-time job)

❼ □ 日取り (tarikh/jadual／ကျင်းပမည့်ရက်／petsa)
　　ひ ど

　▷ 結婚式の日取りを決める
　　　けっこんしき　　　　　き

　　(menentukan tarikh majlis perkahwinan／မင်္ဂလာဆောင်ကျင်းပမည့်ရက်ကိုသတ်မှတ်မည်／
　　pagpasyahan ang petsa ng kasal)

❽ □ 瞬く間に (dalam sekelip mata／ချက်ချင်း／sa isang iglap)
　　また　 ま

　▷ この活躍で、彼は瞬く間にヒーローになった。
　　　かつやく　　かれ　また　ま

　　(Dia menjadi wira dalam sekelip mata kerana kecergasan ini.／
　　ဤလုပ်ရှားမှုဖြင့် သူသည် ချက်ချင်းပင် သူ့ကောင်းဖြစ်သွားခဲ့သည်။／Dahil sa tagumpay na ito,
　　naging bayani siya sa isang iglap.)

❾ □ つかの間 (masa singkat／လျှပ်တပြက်／mabilis na panahon)
　　　　　　　ま

　▷ つかの間の夢 (mimpi yang sekejap／လျှပ်တပြက်အိပ်မက်／madaling nawalang panaginip)
　　　　　　　　ゆめ

　▷ 彼にとってはこの二日間が、つかの間の休息となった。
　　　かれ　　　　　　ふつ か かん　　　　　　　　きゅうそく

　　(Dua hari ini menjadi waktu rehat yang singkat baginya.／
　　သူ့အနေဖြင့် ဤ၂နှစ်ရက်တာသည် လျှပ်တပြက်အနားရခြင်း ဖြစ်ခဲ့သည်။／Para sa kanya, mabilis na
　　panahon itong dalawang araw niyang bakasyon.)

❿ □ あっという間 (dalam sekejap／တမဟုတ်ခြင်း／napakabilis)
　　　　　　　　　ま

　▶ 2年間の留学はあっという間に終わってしまった。
　　　ねんかん りゅうがく　　　　　　　　ま　お

　　(Dalam sekejap, habis dua tahun belajar di luar negara.／
　　နိုင်ငံခြားတွင်၂နှစ်တာပညာသင်ခဲ့ခြင်းသည် တမဟုတ်ခြင်း ပြီးသွားခဲ့သည်။／Napakabilis na panahon
　　ang pag-aaral niya ng dalawang taon sa ibang bansa.)

⓫ □ 合間 (sementara(/selang) masa／ကြားအချိန်／pagitan)
　　　あいま

　▶ 家事の合間に勉強を続けて資格を取った人もいる。
　　　か じ　あいま　べんきょう つづ　　しかく　と　　ひと

　　(Ada juga orang yang memperolehi kelayakan dengan menyambung pelajaran sambil
　　melakukan kerja-kerja rumah.／
　　အိမ်မှုကိစ္စများကြားမှ ပညာဆက်သင်၍ အရည်အချင်းလက်မှတ်ကို ရယူခဲ့သူလည်းရှိသည်။／Mayroong
　　mga taong nakakakuha ng qualification sa pagitan ng pag-aaral at paggawa ng mga
　　gawaing-bahay.)

　▷ 合間を縫う (menjahit masa⇒mengambil masa daripada jadual sibuk／
　　　あいま　 ぬ
　　ကြားအချိန်ကိုယူသည်／sa pagitan ng)

　▶ 忙しい合間を縫って、友達が見舞いに来てくれた。
　　　いそが　あいま　ぬ　　ともだち　みま　　き

　　(Kawan saya datang melawat saya semasa waktu sibuk.／
　　သူငယ်ချင်းသည် အလုပ်များသည့်အထဲမှ ကြားအချိန်ယူ၍ သတင်းမေးလာခဲ့သည်။／Dinalaw ako ng
　　kaibigan ko sa ospital sa pagitan ng bisi niyang iskedyul.)

時間・時 1
衣類 2
食 3
交通・移動 4
建物・設備 5
体・健康・治療 6
お金 7
地球・自然 8
動物・植物 9
学校・教育 10

⓬ ☐ しばし (sekejap／ခဏတာ／isang sandali)

▷ しばしの別れ (perpisahan sementara／ခဏတာခွဲခွါခြင်း／pansamantalang pamamaalam)

▷ その女の子は、しばし不思議そうに私の顔を見つめていた。

(Budak perempuan itu merenungku dengan rasa ingin tahu.／
ထိုမိန်းကလေးသည်ကျွန်တော့်မျက်နှာကိုအထူးအဆန်းသဖွယ်ခဏတာစိုက်ကြည့်နေခဲ့သည်။／Parang namamanghang tiningnan sandali ng batang babaeng iyon ang mukha ko.)

⓭ ☐ 一時 (sementara／ခေတ္တတခဏ／pansamantala)

▷ 一時停止のボタン (butang jeda／ခေတ္တရပ်ရန်ခလုတ်／temporary stop button)

▷ 雷のため、試合は一時中断した。

(Permainan dihentikan sementara kerana petir sambar-menyambar.／
မိုးကြိုးကြောင့် ပြိုင်ပွဲကိုခေတ္တရပ်ဆိုင်းခဲ့သည်။／Itinigil pansamantala ang laban dahil sa kidlat.)

▶ 彼の作品には一時の勢いが見られない。

(Tiada momentum seperti masa yang dulu dalam kerjanya.／
သူ၏လက်ရာတွင် တခါကအတွင်းအရှိန်အဟုန်ကိုမတွေ့ နိုင်ပါ။／
Hind nakikita ang dating momentum sa ginawa niya.)

▶ 〈天気予報〉あすは一時雨でしょう。

(<Ramalan cuaca> Esok akan hujan sementara.／<မိုးလေဝသခန့်မှန်းချက်> မနက်ဖြန်တွင်ခေတ္တခဏမိုးရွာမည်။
／(Weather forecast) Uulan nang sandali bukas.)

⓮ ☐ 久しい (sudah lama／ကြာပြီ／matagal)

▷ 男女平等が言われるようになって久しい。

(Sudah lama orang mula bercakap tentang kesaksamaan jantina.／
ကျားမဗတန်းတူညီမျှရေးအကြောင်းကိုပြောနေတာကြာပါပြီ။／Matagall nang panahon mula nang magsabi sila tungkol sa equality ng mga babae at lalaki.)

▶ 彼とは久しく会ってない。

(Dah lama tak jumpa dengan dia.／သူ့ကိုမတွေ့တာကြာပြီ။／Matagal ko siyang hindi nakita.)

⓯ ☐ 長らく (masa yang lama／ကြာမြင့်စွာ／nang mahabang panahon)

▶ 〈公演で〉長らくお待たせしました。これから講演会を始めたいと思います。

(<Ketika persembahan> Kami membuat anda menunggu untuk masa yang lama. Kami ingin memulakan kuliah mulai sekarang.／<ဟောပြောပွဲတွင်> စောင့်ရတာကြာမြင့်သွားပါပြီ။ အခုမှစပြီး ဟောပြောပွဲကိုစတင်ပါရစေ။／(Sa isang palabas) Ipagpaumanhin po ninyo at pinaghintay kayo nang matagal. Magsisimula na po tayo ng lektyur ngayon.)

⓰ ☐ 日に日に (hari demi hari／တစ်နေ့တခြား／sa pagdaan ng bawat araw)

▷ 政府の方針への反対の声は、日に日に激しさを増している。

(Penentangan terhadap dasar kerajaan semakin hari semakin lantang.／
အစိုးရမူဝါဒကိုဆန့်ကျင်သံများသည် တစ်နေ့တခြား ပိုမိုကျယ်လောင်လာနေသည်။／Sa pagdaan ng bawat araw, tumitindi ang oposisyon laban sa mga plano ng gobyerno.)

⓱ □ 常時 （setiap masa, sentiasa／အမြဲတမ်း／(pa)lagi）
じょうじ

▷ 深夜の警備は、常時二人で行っている。
しんや　けいび　　　　じょうじ　ふたり　おこな

（Rondaan lewat malam sentiasa dilakukan oleh dua orang.／
ညဉ့်နက်လုံခြုံရေးကို အမြဲတမ်း လူနှစ်ယောက်နှင့်လုပ်သည်။／Laging dalawang tao ang
nagpapatrulya sa gabi.）

▷ このパソコンは、常時、インターネットに接続している。
じょうじ　　　　　　　　　　　　せつぞく

（Komputer ini sentiasa disambungkan ke Internet.／ ဤကွန်ပျူတာသည် အမြဲတမ်း အင်တာနက်နှင့်ဆက်သွယ်လျက်ရှိသည်။
／Laging nakakonekta ang kompyuter na ito sa internet.）

⓲ □ 随時 （sentiasa, masa diperlukan／ရံဖန်ရံခါ／paminsan-minsan）
ずいじ

▶ アルバイトは随時募集しています。
ずいじ　ぼしゅう

（Kami sentiasa mencari pekerja sambilan.／ အချိန်ပိုင်းအလုပ်အတွက် ရံဖန်ရံခါယ်လျက်ရှိပါသည်။
／Paminsan-minsan naghahanap kami ng mag-papart time job.）

1
02

⓳ □ 適宜 （jika dianggap wajar／အခါအားလျော်စွာ／ayon sa pangangailangan）
てきぎ

▶ 長時間の作業ですから、適宜、休憩をとってください。
ちょうじかん　さぎょう　　　　　　てきぎ　きゅうけい

（Oleh sebab kerja masa yang lama, sila ambil rehat pada masa diperlukan.／
အချိန်ရှည်လုပ်ရသောအလုပ်ဖြစ်သဖြင့် အခါအားလျော်စွာ အနားယူပါ။／Dahil magtatagal ang
trabahong ito, magpahinga kayo kung kailangan.）

⓴ □ 日頃 （hari-hari / kebiasaannya／အမြဲတမ်း／palagi, madalas）
ひごろ

▶ 日頃お世話になっている人にお土産を買いました。
ひごろ　せわ　　　　　　ひと　みやげ　か

（Saya membeli cenderahati untuk seseorang yang selalu menjaga saya.／
အမြဲတမ်း စောင့်ရှောက်ပေးနေသူအတွက် လက်ဆောင်ဝယ်ခဲ့သည်။／Bumili ako ng pasalubong para
sa mga taong tumutulong sa akin palagi.）

㉑ □ 毎度 （setiap kali／အကြိမ်တိုင်း／palagi）
まいど

▶ 毎度ご利用いただき、ありがとうございます。
りよう

（Terima kasih kerana menggunakan perkhidmatan kami setiap kali.／
အကြိမ်တိုင်း အသုံးပြုပေးသည့်အတွက် ကျေးဇူးတင်ပါသည်။／Maraming salamat sa patuloy ninyong
pagtangkilik sa amin.）

㉒ □ 例年 （tahun biasa / setiap tahun／ယခင်နှစ်များ／taun-taon）
れいねん

▷ 例年通り
とお

（seperti tahun biasa／ ယခင်နှစ်များအတိုင်း／gaya ng dati）

▶ 例年に比べ、今年は雨が少なかった。
くら　　ことし　あめ　すく

（Jumlah hujan pada tahun ini kurang berbanding tahun biasanya.／
ယခင်နှစ်နှင့်နှိုင်းယှဉ်လျှင် ယခုနှစ်သည်မိုးနည်းသည်။／Kung ikokompara sa mga nakaraang taon,
kaunti lang ang ulan ngayong taon.）

㉓ □ 平年 (tahun purata／ပုံမှန်နှစ်／normal na taon)
へいねん

▶ 今年も平年並みの来場者が予想されています。
ことし　　　　　　なみ　　らいじょうしゃ　よそう

(Jumlah pengunjung yang sama dengan tahun purata juga dijangka pada tahun ini.／
ယခုနှစ်တွင်လည်းပုံမှန်နှစ်များအတိုင်း ည့်သည်များလာရောက်လိမ့်မည်ဟုခန့်မှန်းထားသည်။／Ngayong
taon din, inaasahang ang bilang ng mga taong darating ay tulad ng sa normal na taon.)

㉔ □ 平常 (kebiasaan／ပုံမှန်／normal)
へいじょう

▷ 平常心を失う (hilang hati kebiasaan⇒hilang ketenangan diri／ပုံမှန်စိတ်ပျောက်သည်／
しん　うしな
mawalan ng katinuan)

▶ 年末年始も平常通り営業します。
ねんまつねんし　　へいじょうどお　えいぎょう

(Kami akan buka seperti biasa sepanjang cuti hujung tahun dan Tahun Baru.／
နှစ်ကုန်နှစ်ဆန်းတွင်လည်း ပုံမှန်အတိုင်း ဆိုင်ဖွင့်ပါမည်။／Bukas pa rin kami gaya ng dati, kahit
bakasyon ng bagong taon.)

㉕ □ 時折 (kadang-kadang / kadang-kala／တစ်ခါတစ်ရံ／paminsan-minsan)
ときおり

▶ 時折、昔が懐かしくなって、古いアルバムを見ることがあります。
　　むかし　なつ　　　　　ふる　　　　　　み

(Kadang-kadang saya terkenang nostalgia dan tengok album lama.／
တစ်ခါတစ်ရံ ရှေးအတိတ်ကိုလွမ်းပြီး အယ်လ်ဘမ်ဟောင်းများကို ကြည့်ပါတယ်။／Paminsan-minsan,
nagiging nostalgic ako at tinitingnan ko ang luma kong album.)

㉖ □ 始終 (dari awal hingga akhir／တစ်ချိန်လုံးအစမှအဆုံး／mula simula
しじゅう hanggang katapusan)

▷ 一部始終を話す (ceritakan dari awal hingga akhir⇒ceritakan keseluruhannya／
いちぶ　　　はな
အစမှအဆုံးပြောသည်／ikuwento nang buo)

▷ 監督は始終、選手たちに怒鳴っている。
かんとく　　　　　せんしゅ　　　ど な

(Jurulatih sentiasa menjerit kepada pemain-pemain.／နည်းပြဆရာသည် ကစားသမားများကို တစ်ချိန်လုံး အော်ငေါက်နေသည်။
／Sinisigawan ng coach ang mga manlalaro mula simula hanggang katapusan.)

㉗ □ 終始 (dari mula sehingga habis／တစ်ချိန်လုံးအစမှအဆုံး／
しゅうし mula simula hanggang katapusan)

▷ 会は終始、和やかな雰囲気でした。
かい　　しゅうし　なご　　　　ふんいき

(Suasana majlisnya tenang dari mula sehingga habis.／
အစည်းအဝေးသည် အစမှအဆုံး အေးအေးချမ်းချမ်းရှိခဲ့သည်။／Kalmado ang kapaligiran sa miting
mula simula hanggang katapusan.)

㉘ □ 日夜 (siang dan malam／နေ့ရောညပါ／araw at gabi)
にちや

▶ 彼らはここで、日夜、研究に励んでいます。
かれ　　　　　　　けんきゅう　はげ

(Mereka berusaha mengkaji di sini siang dan malam.／
သူ့သည်ဤနေရာတွင် နေ့ရောညပါ သုတေသနကို ကြိုးစားလုပ်ဆောင်နေသည်။／Araw at gabi,
nagsisikap sila sa kanilang research dito.)

時間・時 1

衣類 2

食 3

交通・移動 4

建物・設備 5

体・健康・治療 6

お金 7

地球・自然 8

動物・植物 9

学校・教育 10

㉙ □ 従来 (sebelum ini／ယခင်က／noong nakaraan)
じゅうらい

▷ 従来通り (seperti biasa／ယခင်အတိုင်း／tulad ng nakaraan)
とお

▶ 従来の製品に比べ、消費電力がかなり少なくなりました。
せいひん　くら　しょうひ　でんりょく　　　　すく

(Penggunaan kuasa jauh lebih rendah daripada produk konvensional.／
ယခင်ပစ္စည်းနှင့်နှိုင်းယှဉ်လျှင်၊ လျှပ်စစ်ဓါတ်အားသုံးစွဲမှုသည် အတော်လျော့နည်းသွားပါပြီ။／Kung
ikukumpara sa mga produkto noong nakaraan, mahina na ang konsumo ng elektrisidad ngayon.)

㉚ □ 予め (terlebih dahulu／ကြိုတင်၍／nang maaga)
あらかじ

▶ 商品は売り切れになる場合もあります。予めご了承ください。
しょうひん　う　き　　　　ばあい　　　　　　　　　　　　　　りょうしょう

(Barangan mungkin habis dijual. Sila ambil perhatian.／
အရောင်းပစ္စည်းပြတ်သည်အခါလည်းရှိပါသည်။ ကြိုတင်၍နားလည်မှုပေးပါရန်မေတ္တာရပ်ခံပါသည်／May
mga pagkakataong nauubos agad ang mga produkto. Hinihingi namin ang inyong
pang-unawa habang maaga.)

㉛ □ かねがね (untuk masa yang lama／တစ်ခါတလေ／mula noon)

▶ お噂はかねがね伺っております。
うわさ　　　　　　うかが

(Kami sudah lama mendengar khabar anginnya.／သတင်းစကားများတစ်ခါတလေကြားနေရသည်။
／Marami akong naririnig tungkol sa iyo.)

㉜ □ かねて(から) (untuk masa yang lama／အတော်ကြာကတည်းက／
noong, mula noon)

▶ かねて聞いていたとおり、田中さんが新代表になった。
き　　　　　　　　　　　たなか　　　　しんだいひょう

(Seperti yang saya dengar selama ini, Encik/Cik/Puan Tanaka telah menjadi wakil rakyat yang baru.／
အချိန်အတော်ကြာကတည်းကကြားသိနေရသည်အတိုင်း။တာနကစံသည်ကိုယ်စားလှယ်အသစ်ဖြစ်လာသည်။
／Tulad ng narinig ko noon, naging bagong presidente si Tanaka-san.)

㉝ □ かねてより (sejak dahulu lagi／ကြာပြီ／matagal na)

▶ 駐車スペースの不足は、かねてより問題になっていた。
ちゅうしゃ　　　　　　ふそく　　　　　　　　　　もんだい

(Kekurangan tempat letak kereta telah lama menjadi masalah.／
ကားပါကင်မလုံလောက်ခြင်းပြဿနာဖြစ်နေသည်မှာကြာပြီဖြစ်ပါသည်။／Matagal nang problema ang
kakulangan ng parking space.)

㉞ □ 未然に (terlebih dahulu／ကြိုတင်၍／bago mangyari)
みぜん

▷ 事故を未然に防ぐ方法はなかったのだろうか。
じこ　　　みぜん　　ふせ　　ほうほう

(Apakah untuk mengelakkan kemalangan sebelum berlaku?／
မတော်တဆဖြစ်ပွားမှုကိုကြိုတင်ပြီးကာကွယ်သည့်နည်းလမ်းမရှိခဲ့လေသလား။／Wala kayang paraan
para maiwasan ang aksidente bago ito nangyari?)

1 03

35 □ **一頃**（ひところ） (sekali／တစ်ချိန်က／isang beses, minsan)

▶ 一頃はこの話題（わだい）ばかりだったのに、今（いま）では誰（だれ）も口（くち）にしなくなった。

(Satu ketika dahulu hanya ada topik ini, tetapi kini tiada siapa yang bercakap mengenainya.／တစ်ချိန်က ဒီအကြောင်းအရာချည်းသာပြောခဲ့ပေမဲ့၊ အခု ဘယ်သူမှမပြောတော့ဘူး။／Minsan, ito ang paksang pinag-uusapan ng lahat noon, pero wala nang bumabanggit nito ngayon.)

36 □ **元来**（がんらい） (asalnya／မူလကတည်းက／sa simula)

▶ 元来勉強（べんきょう）好（ず）きだった弟（おとうと）は、結局（けっきょく）、学者（がくしゃ）になりました。

(Adik lelaki saya yang asalnya suka belajar akhirnya menjadi ahli akademik.／မူလကတည်းက စာကျက်ခြင်းကိုနှစ်ခြိုက်သောညီငယ်သည်၊ နောက်ဆုံးတွင်၊ ပညာရှင်ဖြစ်လာသည်။／Naging iskolar ang kapatid kong sa simula pa lamang ay mahilig nang mag-aral.)

37 □ **未**（いま）**だ(に)** (masih (belum lagi)／ယခုထက်ထိ／pa rin)

▶ 彼（かれ）があんなことを言（い）うなんて、未だに信（しん）じられない。

(Saya masih tidak percaya dia berkata sebegitu.／သူက အဲဒီစကားကိုပြောတယ်ဆိုတာ၊ အခုထက်ထိမယုံနိုင်ဘူး။／Hndi pa rin ako makapaniwalang masasabi niya ang bagay na iyon.)

▷ 住民同士（じゅうみんどうし）のトラブルは未だ続（つづ）いている。

(Perselisihan antara penduduk masih berterusan.／နေထိုင်သူအချင်းချင်း၏ ပဋိပက္ခသည် ယခုထိဆက်လက်ဖြစ်ပွားလျက်ရှိသည်။／Patuloy pa rin ang problema sa mga residente.)

▶ そんなやり方（かた）、未だかつて聞（き）いたことがない。

(Saya tidak pernah mendengar kaedah sedemikian sebelum ini.／ဒီလိုလုပ်ပုံမျိုး၊ အခုထိမကြားဖူးဘူး။／Hindi ko pa naririnig ang ganyang paraan.)

38 □ **直**（ただ）**ちに** (segera／ချက်ချင်း／kaagad, agad)

▶ 危険（きけん）ですので、ここから直ちに避難（ひなん）してください。

(Oleh sebab bahaya, sila keluar dari sini dengansegera.／အန္တရာယ်ရှိပါသဖြင့်၊ ဤနေရာမှ ချက်ချင်း ရှောင်ရှားကြပါ။／Lumikas agad kayo mula sa lugar na ito dahil delikado.)

39 □ **速**（すみ）**やか(な)** (perihal lekas / cepat / segara (lekas / cepat / segara)／အလျင်အမြန်／kaagad, agad)

▶ 計画（けいかく）は、速やかに実行（じっこう）に移（うつ）してほしい。

(Saya mahu rancangan itu dilaksanakan secepat mungkin.／အစီအစဉ်ကို အလျင်အမြန်အကောင်အထည်ဖော်စေချင်သည်။／Gusto kong gawin ninyo agad ang pagpapatupad ng planong ito.)

40 □ **即座**（そくざ）**に** (serta-merta / segera／ချက်ချင်း／kaagad, agad)

▶ このシステムを使（つか）えば、どの商品（しょうひん）が売（う）れているか、即座にわかります。

(Kalau guna sistem ini, anda boleh melihat produk yang dijual dengan serta-merta.／ဤစနစ်ကိုသုံးလျှင်၊ မည်သည့်ပစ္စည်းကအရောင်းထွက်နေသည်ကို ချက်ချင်းသိမည်။／Kung gagamitin ang sistemang ito, malalaman agad kung anong produkto ang madaling mabenta.)

㊶ □ 即刻 そっこく (serta merta／ချက်ချင်း／kaagad, agad)

▷ そんなことを社長に言ったら、即刻クビになるよ。
　　しゃちょう　い

（Jika anda berkata macam itu kepada presiden, awak akan dipecat serta-merta.／アဲဒီအကြောင်းကို ကုမ္ပဏီဥက္ကဋ္ဌကိုပြောရင်၊ ချက်ချင်းအလုပ်ပြုတ်လိမ့်မယ်။／Masisisante ka kaagad kapag sinabi mo iyan sa presidente ng kompanya.）

㊷ □ 直前 ちょくぜん (sejurus sebelum／မ ~ မီ／bago)

▷ 海外旅行保険は、出発直前に申し込むことが多い。
　　かいがいりょこうほけん　しゅっぱつ　　　もう　こ　　　　　おお

（Insurans perjalanan luar negara sering dimohon sebelum berlepas.／ပြည်ပခရီးအာမခံကို မထွက်ခွာမီ လျှောက်ထားသည်က များ၏။／Maraming tao ang nag-aapply ng overseas travel insurance bago sila umalis.）

㊸ □ 間際 まぎわ (sebelum ini／~မည့်ဆဲဆဲ／bago)

㊹ □ じき（に） (sekejap(/sebentar) lagi／မကြာ(မီ)／agad)

▶ にわか雨だから、じきに晴れるでしょう。
　　　　あめ　　　　　　　は

（Jadi cerah tak lama lagi sebab hujan yang tiba-tiba turun dan berhenti.／မိုးပြေးရွာသည်ဖြစ်၍ မကြာမီနေသာလိမ့်မည်။／Umaambon lang, kaya baka umaraw agad.）

㊺ □ 突如 とつじょ (tiba-tiba／ရုတ်တရက်／bigla)

▶ 突如、計画の中止が発表され、皆、驚いた。
　　とつじょ　けいかく　ちゅうし　はっぴょう　　みな　おどろ

（Tiba-tiba, setelah pembatalan rancangan itu diumumkan, semua orang terkejut.／ရုတ်တရက်၊ အစီအစဉ်ကိုဖျက်သိမ်းကြောင်း ကြေညာလိုက်သည့်အခါ၊ အားလုံး အံ့ဩသွားကြသည်။／Nagulat ang lahat dahil biglang ipinahayag na hindi na itutuloy ang plano.）

㊻ □ 不意に ふい (mendadak／tiba-tiba／မမျှော်လင့်ဘဲ／hindi inaasahan)

▶ 社長は不意に店に現れて、いろいろチェックすることがある。
　　しゃちょう　　　みせ　あらわ

（Presiden kadang-kadang muncul di kedai tanpa diduga untuk memeriksa semua keadaan.／ကုမ္ပဏီဥက္ကဋ္ဌသည် ဆိုင်သို့ မမျှော်လင့်ဘဲပေါ်လာကာ၊ အမျိုးမျိုးသောစစ်ဆေးမှုကိုပြုလုပ်ပါသည်။／Hindi inaasahang dumating sa tindahan ang presidente ng kompanya at nagtsek ng kung anu-ano.）

㊼ □ 早急（な） そうきゅう／さっきゅう (kesegeraan (segera／cepat)／မြန်မြန်／agad, mabilis)

▶ 重要なことなので、早急に対応してください。
　　じゅうよう　　　　　　　　そうきゅう　たいおう

（Ini penting, jadi sila bertindak dengan segera.／အရေးတကြီးကိစ္စဖြစ်သဖြင့် အမြန်ဆောင်ရွက်ပါ။／Mahalagang bagay ito, kaya asikasuhin ninyo ito agad.）

❹ □ いつの間にか (tanpa disedari／အချိန်မသိလိုက်ဘဲ／nang hindi nalalaman)

▶ いつの間にか眠っていたらしく、気づいたら朝だった。

(Nampaknya saya tertidur sebelum saya sedar, dan sudah pagi apabila saya bangun.／
အချိန်မသိလိုက်ဘဲအိပ်ပျော်သွားတာ၊ သတိဝင်လာတော့ မနက်ဖြစ်နေပြီ။／Mukhang nakatulog ako nang hindi ko nalalaman, at nang malaman ko, umaga na pala.)

---

❹ □ 今さら (baru sekarang／အခုမှ／ngayon)

▶ 今さら言ったって、もう遅いよ。なんでもっと早く言わなかったの？

(Sudah terlambatlah untuk memberitahu iu. Kenapa awak tak beritahu saya lebih awal?／
အခုမှပြောတာ၊ နောက်ကျသွားပြီ။ဘာဖြစ်လို့ဒီထက်စောပြီးမပြောတာလဲ။／Huli na ang mga sinasabi mo ngayon. Bakit hindi mo sinabi ito nang mas maaga?)

---

❺ □ ～最中 (sedang / tengah／~ထဲ／sa gitna ng)

▶ この暑い最中に外で作業させるなんてひどいよ。

(Bekerja di luar dalam cuaca panas ini amat memeritkan.／
ဒီလိုနေပူထဲ အပြင်မှာအလုပ်လုပ်ခိုင်းတာ အရမ်းဆိုးတယ်။／Napakalupit mo naman at pinagtrabaho mo siya sa gitna ng ganitong kainit na panahon.)

---

❺ □ ～最中 (sedang / tengah／~နေတုန်း／sa kalagitnaan ng)

▶ 会議の最中に電話が鳴ってしまって、焦った。

(Saya panik sebab telefon saya berdering ketika mesyuarat.／
အစည်းအဝေးလုပ်နေတုန်း ဖုန်းမြည်လာလို့ ပျာယီးပျာယာဖြစ်သွားတယ်။／Nataranta ako nang tumunog ang telepono sa kalagitnaan ng miting.)

---

❺ □ 目下 (sekarang / pada ketika ini／အခု／sa ngayon)

▶ 目下のところ、計画は順調に進み、特に問題はない。

(Setakat ini, rancangan itu berjalan lancar, dan tiada masalah tertentu.／
အခုအချိန်အထိ အစီအစဉ်သည် ချောမွေ့စွာလည်ပတ်နေပြီး ထွေထွေထူးထူးပြသနာမရှိပါ။／Sa ngayon, maayos na nagpapatuloy ang mga plano, at walang problema.)

▶ スタッフの増員については、目下、検討中です。

(Kami sedang mempertimbangkan untuk menambah bilangan kakitangan.／
ဝန်ထမ်းဦးရေတိုးမြှင့်ရေးနှင့်ပတ်သက်၍ ယခု စဉ်းစားနေဆဲဖြစ်သည်။／Sa ngayon, pinag-iisipan kung dadagdagan ang staff.)

---

❺ □ 近年 (beberapa tahun kebelakangan ini／မကြာသေးမီနှစ်များ／mga nakaraang taon)

▷ 近年、インターネットの世界に依存する若者が増えている。

(Sejak kebelakangan ini, semakin ramai golongan muda bergantung kepada dunia Internet.／မကြာသေးမီနှစ်များတွင် အင်တာနက်လောကကို မှီခိုအားထားနေသော လူငယ်များတိုးပွားလျက် ရှိသည်။／Nitong mga nakaraang taon, dumarami ang bilang ng mga kabataang umaasa sa internet.)

衣類 2

食 3

交通・移動 4

建物・設備 5

体・健康・治療 6

お金 7

地球・自然 8

動物・植物 9

学校・教育 10

❺❹ □ 先に (dulu／အခုဏက／dati)
さき

▶ 先にご案内した通り、この建物内は全面禁煙になっております。
さき　　　あんない　　とお　　　　　　たてものない　　　ぜんめんきんえん

(Seperti yang saya maklumkan sebelum ini, bangunan ini benar-benar dilarang merokok.／
အခုဏက ပြောခဲ့သလို၊ ဒီအဆောက်အဦးတွင်မှာ ဆေးလိပ်လုံးဝမသောက်ရပါ။／Tulad ng dati nang
sinabi, bawal manigarilyo sa lahat ng lugar sa loob ng bilding na ito.)

❺❺ □ 先だって (tempoh hari／hari itu／beberapa hari yang lalu／
せん　　　　　　　　baru-baru ini／အစောပိုင်းက／noong nakaraan)

▶ 先だって行われた市長選挙で、一部に違反行為があったようだ。
おこな　　　　　しちょうせんきょ　　いちぶ　　いはんこうい

(Nampaknya ada beberapa pelanggaran dalam pemilihan Datuk Bandar yang diadakan
sebelum ini.／အစောပိုင်းက ကျင်းပခဲ့သော မြို့တော်ဝန်ရွေးကောက်ပွဲတွင်ချို့ဖောက်မှုအချို့ ရှိခဲ့ပုံရသည်။／
Noong nakaraang eleksyon para sa mayor, mukhang nagkaroon ng mga gawaing labag sa batas.)

❺❻ □ 先頃 (baru-baru ini／မကြာသေးမီက／kamakailan)
さきごろ

▶ 先頃発売されたABC5は、すでに在庫がなくなりかけているそうだ。
さきごろはつばい　　　　　　　　　　　　　ざいこ

(ABC5 yang dikeluarkan baru-baru ini dikatakan sudah kehabisan stok.／
မကြာသေးမီကကြေငြာခဲ့သည့် ABC5 သည်၊ လက်ကျန်ပစ္စည်းပြတ်နေပုံရသည်။／Halos nauubos na ang
stock ng ABC5, na kamakailan lang lumabas.)

❺❼ □ 先延ばし (penangguhan／နောင့်နေး ကြန့်ကြာမှု／ipagpaliban)
さき　の

▶ 忙しかったこともあって、つい返事を先延ばしにしてしまった。
いそが　　　　　　　　　　　　　へんじ

(Saya terlalu sibuk sehingga saya secara tidak sengaja menangguhkan jawapan.／
အလုပ်များသည်အကြောင်းလည်းပါ၍၊ အကြောင်းပြန်ရန် နောင့်နေးကြန့်ကြာခဲ့သည်။／Hindi ko
maiwasang ipagpaliban ang pagsagot ko dahil sa masyado akong busi.)

❺❽ □ 先行き (masa depan(/hadapan)／အနာဂတ်／kinabukasan)
さき　ゆ

▶ このままでは会社の先行きが不安だ。
かいしゃ　　さきゆ　　ふあん

(Pada kadar ini, masa depan syarikat tidak menentu.／ယခုအတိုင်းသာဆိုလျှင် ကုမ္ပဏီ၏အနာဂတ်ကို စိတ်ပူရသည်။
／Kung magpapatuloy ang ganito, malabo ang kinabukasan ng kompanya.)

❺❾ □ 前途 (masa depan(/hadapan)／အနာဂတ်／kinabukasan)
ぜん　と

▶ ここに集められたのは、皆、前途有望な若い選手ばかりです。
あつ　　　　　　　みな　　ゆうぼう　　わか　　せんしゅ

(Ramai pemain yang berkumpul di sini adalah pemain muda dengan masa depan yang
menjanjikan.／ဤနေရာတွင် စုဝေးရောက်နေသူအားလုံးသည်၊ အနာဂတ်အလားအလာရှိသူလူငယ်
အားစားသမားများသာ ဖြစ်သည်။／Lahat ng nagtitipon ngayon dito ay mga player na may
maaasahang maliwanag na kinabukasan.)

▷ 前途多難 (jalan yang sukar di hadapan／အနာဂတ်ခရီးကြမ်း／mahirap na daan sa kinabukasan)
ぜんとたなん

▷ 新政府は前途多難なスタートを切った。
しんせいふ　　　　　　　　　　　　　　き

(Kerajaan baharu bermula dengan permulaan yang sukar.／အစိုးရသစ်သည် အနာဂတ်ခရီးကြမ်းကို စတင်ခဲ့ပါသည်။
／Nagsimula sa isang mahirap na simula ang bagong gobyerno.)

17

❻⓪ □ 今に (tidak lama lagi／ယခု／di magtatagal)

▶ このまま治療を続ければ、今によくなります。

(Jika anda meneruskan rawatan, anda akan sihat tidak lama lagi.／
ဤအတိုင်းကုသမှုကိုဆက်လုပ်သွားလျှင် ယခုပင်ကောင်းသွားပါမည်။／Kung magpapatuloy ang
ganitong panggagamot, di magtatagal, gagaling siya.)

❻① □ 時点 (titik dalam masa／အချိန်တွင်／noong panahong iyon, sa panahong ito)

▶ 問い合わせをした時点では、席はまだ残っていました。

(Pada masa pertanyaan, masih ada tempat duduk.／စုံစမ်းမေးမြန်းသည့်အချိန်တွင် ထိုင်ခုံကျန်ပါသေးသည်။／
Noong magtanong ako noong panahong iyon, may mga bakante pang upuan.)

▶ 現時点で言えることは、それだけです。

(Itu sahaja yang boleh saya katakan pada ketika ini.／
ယခုအချိန်တွင် ပြောနိုင်သည်မှာ၊ အဲဒါပဲဖြစ်ပါသည်။／Iyan lang ang masasabi ko sa panahong ito.)

❻② □ 初期 (peringkat awal／ကနဦး／maagang panahon)

▷ 江戸時代初期 (awal Zaman Edo／အဲဒိုခေတ်ကနဦး／maagang panahon ng Edo period)

▶ バンド活動を始めた初期の頃は、方向性もはっきりしていなかった。

(Pada hari-hari awal apabila band ini bermula, hala tuju tidak jelas.／
ဘင်တီးဝိုင်းကိုစတင်ခဲ့သည့် အချိန်တွင် ဦးတည်ချက်သည် ပြတ်ပြတ်သားသား မရှိခဲ့ပါ။／Wala kaming
malinaw na direksiyon noong magsimula kaming tumugtog bilang isang banda.)

❻③ □ 旬 (musim／ရာသီ／nasa panahon)

▶ 旬の野菜をたくさん使ったサラダが女性に人気です。

(Salad dengan banyak sayur-sayuran bermusim popular di kalangan wanita.／
ရာသီပေါ်ဟင်းသီးဟင်းရွက်များစွာပါသည့်အသုပ်သည် အမျိုးသမီးများအကြား၊တွင်ရေပန်းစားသည်။／
Popular sa mga babae ang salad na maraming gulay na nasa panahon.)

❻④ □ (夜が)更ける ((malam) menjelma／ညမိုးချုပ်သည်／gumabi)

▷ 夜更け (tengah (/larut) malam／ညဉ့်နက်သည်／gabi na)

▶ だいぶ更けてきましたね。そろそろ失礼します。

(Dah lewat malam. Saya nak minta diri dulu tidak lama lagi.／
အတော်မိုးချုပ်သွားပြီနော်။ သွားတော့မယ်။／Gumagabi na. Kailangan ko nang umuwi.)

❻⑤ □ 経る (melalui／ကြာသည် ၊ ဖြတ်သန်းသည်／dumaan)

▶ 長い年月を経て、ようやく完成した作品です。

(Selepas bertahun-tahun, karya ini akhirnya selesai.／
နှစ်လများစွာ ကြာပြီးမှ၊ ပြီးမြောက်ခဲ့သည့်လက်ရာဖြစ်ပါသည်။／Pagkatapos dumaan ng maraming
taon at buwan, sa wakas natapos din ang trabaho.)

㉓ □ 経過（する） (kemajuan (berlalu)／တိုးတက်သည်／lumipas)

▶ 手術後の経過は問題ないようです。

(Selepas pembedahan nampaknya berjalan lancar.／
ခွဲစိတ်ပြီးနောက်တိုးတက်မှုသည် ပြဿနာမရှိပုံရသည်။／Mukhang walang problema pagkatapos ng operasyon.)

▶ 事故から３年が経過したが、補償の問題はまだ解決されていない。

(Tiga tahun sudah berlalu sejak kemalangan itu, namun isu pampasan masih belum selesai.
／မတော်တဆဖြစ်ပွားပြီး ၃ နှစ်ကြာပြီဖြစ်သော်လည်း၊ လျော်ကြေးပြဿနာသည်မပြေလည်သေးပါ။／
Tatlong taon na ang lumipas pagkatapos ng aksidente, pero hindi pa rin nalulutas ang problema tungkol sa kabayaran.)

㉔ □ 延長（する） (penyambungan / pelanjutan (sambung / menyambung)／
အချိန်တိုးသည်／pahabain)

▷ 試合／営業時間を延長する

(lanjutkan waktu permainan/urusan／ပြိုင်ပွဲ / ဆိုင်ဖွင့်ချိန်ကိုတိုးသည်／pahabain ang oras ng laban/trabaho)

㉕ □ 古代 (zaman purba／ရှေးခေတ်／sinaunang panahon)

▷ 古代エジプト、古代史

(zaman purba Mesir, sejarah zaman purba／ရှေးခေတ်အီဂျစ်၊ ရှေးခေတ်သမိုင်း／Egypt noong sinaunang panahon, kasaysayan ng sinaunang panahon)

㉖ □ 中世 (zaman pertengahan／အလယ်ခေတ်／middle ages)

★ 封建制度を基礎とする時代。日本では、鎌倉時代から室町時代までの間。
Zaman berasaskan sistem feudal. Di Jepun, dari zaman Kamakura hingga zaman Muromachi.
／ပဒေသရာဇ်ခေတ်ကိုအုတ်မြစ်တည်ထောင်သောခေတ်။ ဂျပန်တွင် ကမာကူရခေတ်မှ မိုရိုမချိခေတ်အတွင်း။／Panahon ito na feudal system ang kalakaran. Sa Japan, tumutukoy ito sa panahon mula Kamakura hanggang Muromachi period.

㉗ □ 近世 (zaman moden awal／အစောပိုင်းခေတ်／modern era)

★ 概ね、ルネサンスから産業革命までの間。日本では、安土・桃山時代から江戸時代の終わりまでの間。
Antara Renaissance dan Revolusi Perindustrian. Di Jepun, dari zaman Azuchi-Momoyama hingga akhir zaman Edo.／
ယေဘုယျအားဖြင့်၊ ရှေးဂရိယဉ်ကျေးမှုပြန်လည်ထွန်းကားလာသည့်ခေတ်မှစက်မှုတော်လှန်ရေး ခေတ်အတွင်း။ ဂျပန်တွင် အာဇူချိမိုမိုယာမ ခေတ်မှ အဲဒိုခေတ်ကုန်အတွင်း။／Masasabing ito ang panahon sa pagitan ng Renaissance at Industrial Revolution. Sa Japan, tumutukoy ito sa panahon mula sa Azuchi-Momoyama hanggang sa Edo period.

UNIT 2

衣類
いるい
(Pakaian／အဝတ်အစား／Damit)

❶ □ 衣類 (pakaian／အဝတ်အစား／damit)
いるい

▶ 脱いだ衣類はそれぞれロッカーに入れてください。
ぬ

(Sila masukkan pakaian yang dilepas ke dalam almari pakaian masing-masing.／
ချွတ်တဲ့အဝတ်ကို သူ့ဟာနဲ့သူ လော့ကာထဲထည့်ပါ။／Pakilagay sa loob ng locker ang bawat damit na hinubad ninyo.)

❷ □ 衣料 (bahan pakaian／အထည်အလိပ်／damit)
いりょう

▷ 衣料品店 (kedai pakaian／အထည်အလိပ်ဆိုင်／tindahan ng damit)
ひんてん

❸ □ 衣装 (pakaian kostum／ဝတ်စုံ／costume, kasuotan)
いしょう

▷ 花嫁衣装、民族衣装
はなよめ　　　みんぞく

(pakaian pengantin／သတို့သမီးဝတ်စုံ၊တိုင်းရင်းသားဝတ်စုံ／bridal dress, national costume)

❹ □ 普段着 (pakaian biasa／သာမန်အဝတ်အစား／casual na damit)
ふだんぎ

▶ 気軽なパーティーですから、普段着で来てください。
きがる　　　　　　　　　　　　　　　　　き

(Sila datang dengan pakaian biasa sebab ini jamuan yang kasual.／
စိတ်လက်ပေါ့ပါးတဲ့ပါတီမို့လို့၊ သာမန်အဝတ်အစားနဲ့လာခဲ့ပါ။／Casual na party ito, kaya pumarito kayong nakaka-casual na damit.)

❺ □ 古着 (pakaian kuno／အဝတ်အစားဟောင်း／lumang damit)
ふるぎ

▷ 古着屋 (kedai pakaian terpakai／အဝတ်အစားအဟောင်းဆိုင်／secondhand na tindahan ng damit)
や

❻ □ 織物 (tenunan／အထည်／tela)
おりもの

▷ 絹織物、織物工場
きぬ　　　こうじょう

(kain sutera, kilang tenunan／ပိုးထည် ၊ အထည်စက်ရုံ／sedang tela, pabrika ng tela)

❼ □ 帯 _{おび} (tali pinggang／ခါးစည်း၊ ခါးပတ်／sash)

▷ 帯状の雲 _{じょう　くも} (awan pita／ခါးပတ်ပုံတိမ်တိုက်／ulap na mukhang sash)

❽ □ ファスナー (zip／ဖတ်စ်နာ／zipper)　　　　　　　　　同 ジッパー

❾ □ すそ (hem／အောက်ခြေအနား／laylayan, hem)

▶ スカートの裾 _{すそ} に泥 _{どろ} がちょっと付 _つ いている。

(Ada sedikit kotoran di bahagian bawah skirt.／စကတ်အောက်ခြေအနားတွင်ရွှံ့ပေနေသည်။／
Medyo naputikan ang laylayan ng palda mo.)

❿ □ 身 _み なり (penampilan／အသွင်အပြင်／pananamit, itsura)

▷ きちんとした身 _み なり

(penampilan kemas／သေသေသပ်သပ်အသွင်အပြင်／maayos na pananamit)

▷ 身 _み なりで人 _{ひと} を判断 _{はんだん} してはいけない。

(Jangan menilai orang dari penampilan mereka.／အသွင်အပြင်နှင့်လူကိုမဆုံးဖြတ်ပါနှင့်။／Huwag
mong husgahan ang tao ayon sa pananamit niya.)

⓫ □ だぶだぶ (longgar／ပွရောင်းရောင်း／baggy, maluwang)

▶ これは男 _{おとこ} ものだから、だぶだぶで着 _き れないんです。

(Ini pakaian lelaki, jadi tidak boleh dipakai secara longgar.／
ဒါဟာ အမျိုးသားဝတ်မိလို့ ပွရောင်းရောင်းနဲ့ မဝတ်နိုင်ဘူး။／Panlalaki ito, kaya hindi ko maisuot dahil
baggy ito.)

衣類 2

食 3

交通・移動 4

建物・設備 5

体・健康・治療 6

お金 7

地球・自然 8

動物・植物 9

学校・教育 10

食
しょく

(Makanan／အစားအစာ／Pagkain)

---

❶ □ 香辛料 (rempah／နံသာမျိုး／spice, pampalasa)
こうしんりょう

---

❷ □ 香ばしい (wangi／မွှေးကြိုင်သော／mabango)
こう

▶ どこからかバターの焼けた香ばしい匂いがする。
や にお

(Bau harum mentega yang digoreng datang dari suatu tempat.／
တစ်နေရာရာမှ မွှေးကြိုင်သော ထောပတ်ကင်နံ့ရှိသည်။／May mabangong amoy ng butter na nanggagaling kung saan.)

---

❸ □ こってり (pekat, kental／ပြစ်ပြစ်နှစ်နှစ်／rich)

▶ こっちのスープは肉も入っていて、味がこってりしている。
にく あじ

(Sup ini mengandungi daging, dan rasanya sangat kental.／
ဤဟင်းချိုသည် အသားလည်းပါသဖြင့် အရသာပြစ်ပြစ်နှစ်နှစ်ရှိသည်။／May kasama ring karne sa soup na ito, kaya rich ito.)

❹ □ 対 あっさり (ringan／ပေါ့ပေါ့／light)

---

❺ □ 味覚 (deria rasa／အရသာ／lasa)
み かく

▷ 秋の味覚を楽しむ
あき たの

(menikmati rasa musim luruh／ဆောင်းဦး၏အရသာကိုခံစားသည်／mag-enjoy sa lasa ng autumn)

▶ 風邪で味覚がおかしくなったかもしれない。あまり味を感じない。
かぜ あじ かん

(Mungkin deria rasa saya terganggu oleh selesema. Saya tidak merasakan banyak rasa.／
အအေးမိသဖြင့် အရသာပျက်သွားပုံရသည်။အရသာသိပ်မတွေ့ပါ။／Dahil sa sipon, hindi ko na alam ang lasa. Halos wala akong malasahan.)

---

❻ □ 脂肪 (lemak／အဆီ／taba)
し ぼう

▷ 低脂肪 牛乳 (susu lembu rendah lemak／အဆီလျှော့နွားနို့／low fat milk)
てい し ぼうぎゅうにゅう

---

❼ □ 主食 (makanan utama／အဓိကအစားအစာ／pangunahing pagkain)
しゅしょく

▷ 日本人の主食である米の消費量がまた少し減っている。
にほんじん しゅしょく こめ しょうひりょう すこ へ

(Penggunaan beras sebagai makanan utama orang Jepun bakal berkurangan lagi.／
ဂျပန်လူမျိုး၏အဓိကအစားအစာဖြစ်တဲ့ဆန်ကို စားသုံးမှုပမာဏအနည်းငယ်လျှော့သွားပြန်ပြီ။／Medyo kumaunti na naman ang konsumo ng bigas, na pangunahing pagkain ng mga Hapon.)

❽ □ 熱湯（ねっとう） (air panas／ရေနွေးပွက်ပွက်ဆူ／kumukulong tubig)

▷〈カップラーメンの作り（つく）方（かた）〉熱湯を注（そそ）ぎ、ふたを閉（し）めて、３分（ぷん）待（ま）ちます。

(<Cara membuat ramen cawan> Tuangkan air panas, tutup penutup, dan tunggu selama 3 minit.／<ခွက်ရာမင်ခေါက်ဆွဲပြုလုပ်ပုံ> ရေနွေးပွက်ပွက်ဆူကိုလောင်းထည့်၊အဖုံးပိတ်၊ ၃ မိနစ်စောင့်မည်။／(Paggawa ng cup ramen) Magbuhos ng kumukulong tubig sa lalagyan, takpan ito at maghintay ng 3 minuto.)

❾ □ 水気（みずけ） (kelembapan／ရေစို／moisture)

▶洗（あら）ったら、レタスの水気をよく切（き）ってください。

(Selepas mencuci, tolong perah air daripada salad dengan baik.／ဆေးပြီးလျှင်၊ ရေစိုနေသောလက်တပ်စ်ကို ရေစစ်ပါ။／Pagkatapos hugasan ang letsugas, pakitanggal ang moisture nito.)

❿ □ 舐（な）める (menjilat／လျက်သည်／dilaan)

▷アイス/飴（あめ）をなめる (menjilat aiskrim/permen／ရေခဲမုန့်/ သကြားလုံးကိုလျက်သည်／dilaan ang ice cream./ kendi)

⓫ □ 満腹（まんぷく） (kenyang／ဗိုက်ပြည့်သည်／busog)

▶満腹でもう何（なに）も入（はい）らない。

(Saya sudah kenyang dan tidak boleh makan lagi.／ဗိုက်ပြည့်ပြီ ဘာမှမဝင်တော့ဘူး။／Busog na ako, kaya hindi na ako makakain.)

⓬ □ 対 空腹（くうふく） (lapar／ဗိုက်ဆာသည်／gutom)

⓭ □ 賞味期限（しょうみきげん） (tarikh luput／အရသာသက်တမ်းကုန်ရက်／expiration date)

▷消費期限（しょうひきげん） (tarikh luput penggunaan／စားသုံးရန်သက်တမ်းကုန်ရက်／use-by date)

▶賞味期限が近（ちか）いから、そろそろ食（た）べたほうがいい。

(Tarikh luput sudah hampir, jadi sebaiknya kita makan sebentar lagi.／အရသာသက်တမ်းကုန်ရက်နီးလာလို့ စားကြဖို့ကောင်းပြီ။／Malapit nang mag-expire ito, kaya mabuting kainin na natin ito.)

⓮ □ 味（あじ）わい (cita rasa／အရသာခံသည်/ခံစားသည်／lasa)

▷味わい深（ぶか）い作品（さくひん） (karya yang penuh dengan rasa／လေးနက်စွာခံစားနိုင်သောလက်ရာ／napakagandang gawain)

▶すっきりした味わいのワインです。

(Ini adalah wain dengan rasa yang segar.／ခံတွင်းရှင်း၍အရသာရှိသောဝိုင်ဖြစ်ပါသည်။／Napakalinis ng lasa ng wine na ito.)

交通・移動
こうつう　いどう

(Pengangkutan, Pergerakan／အသွားအလာ၊ အရွေ့အပြောင်း／Transportasyon, Pagkilos)

---

❶ □ **車両**（kenderaan／ယာဉ်ရထားတွဲ／train car）
　　しゃりょう

▷〈電車〉**女性専用車両**（Koc Merah Jambu, koc untuk wanita sahaja, kos khas yang
　　でんしゃ　じょせいせんよう
diperuntukkan kepada penumpang wanita／အမျိုးသမီးသီးသန့်တွဲ／train car para sa babae lang）

▶ **この通りは、トラックやバスなどの大型車両は通れません。**
　　とお　　　　　　　　　　　　　おおがた

（Lori dan bas besar tidak boleh melalui jalan ini.／
ကျွန်ုပ်လမ်းသည်၊ ထရပ်ကားဘတ်စ်ကားစသည့်ကိုယ်ထည်ကြီးသောယာဉ်များမဖြတ်သန်းနိုင်ပါ။／Hindi
puwedeng dumaan sa kalyeng ito ang mga malalaking trak at bus.）

❷ □ **両**（kereta, koc／တွဲ／sasakayan）
　　りょう

▶〈放送〉**次の成田行きは8両編成で参ります。**
　　ほうそう　つぎ　なりたゆ　　　へんせい　まい

（<Siaran> Kereta api seterusnya ke Narita akan datang dengan formasi lapan kereta.／
(ကြေညာချက်)နာရီတာသို့သွားမည့်နောက်ရထားသည် ၈ တွဲချိတ်ဖြင့်လာပါမည်။／(Announcement) May
8 train car ang susunod na train papuntang Narita.）

▶ **じゃ、前から2両目に乗るね。**
　　まえ　　　　めな

（Jadi, kita akan naik kereta kedua dari depan, ya？／ဒါဆို၊ အရှေ့ကနေ ၂ တွဲမြောက်ကိုစီးမယ်နော်။
／Sasakay ako sa pangalawang train car mula sa harapan.）

❸ □ **網棚**（rak jaring／သံစကားစင်／lalagyan ng bagahe）
　　あみだな

❹ □ **車窓**（tingkap kereta, jendela kereta／ယာဉ်ပြတင်းပေါက်／bintana ng tren）
　　しゃそう

▶ **車窓から望む富士山にちょっと感動しました。**
　　のぞ　ふじさん　　　　かんどう

（Saya terharu sedikit dengan pemandangan Gunung Fuji dari jendela kereta.／
ယာဉ်ပြတင်းပေါက်ကနေဖူဂျီတောင်ကိုကြည့်ရတာစိတ်ကြည်နူးတယ်။／Medyo na-impress ako sa Mt.
Fuji na nakita mula sa bintana ng tren.）

---

❺ □ **歩行者**（pejalan kaki／ခြေလျင်သွားသူ／pedestrian）
　　ほこうしゃ

▷ **歩行者優先**（keutamaan kepada pejalan kaki／ခြေလျင်သွားသူဦးစားပေး／priority para sa pedestrian）
　　ゆうせん

▶ **この通りは土日は歩行者天国になる。**
　　とお　どにち　　　　　てんごく

（Jalan ini menjadi jalan pejalan kaki pada hari Sabtu dan Ahad.／
ကျွန်ုပ်လမ်းသည်၊ စနေတနင်္ဂနွေတွင်ခြေလျင်သွားသူများ၏နတ်ပြည်ဖြစ်သည်။／Nagiging parang paraiso
ang daang ito para sa mga pedestrian kung Sabado at Linggo.）

---

❻ □ **歩道橋**（jambatan pejalan kaki／လမ်းကူးတံတား／
　　ほどうきょう　pedestrian overpass, tulay para sa mga tao）

時間・時 1

衣類 2

食 3

交通・移動 4

建物・設備 5

体・健康・治療 6

お金 7

地球・自然 8

動物・植物 9

学校・教育 10

❼ ☐ **標識** (tanda／ဆိုင်းဘုတ်／ sign, palatandaan)
ひょうしき

▷ **道路標識** (tanda jalan／လမ်းဆိုင်းဘုတ်／road sign, karatula sa kalye)
どうろ

❽ ☐ **駐輪(する)** (letak basikal／စက်ဘီးထားသည်／magpark ng bisikleta)
ちゅうりん

▷ **駐輪場** (tempat letak basikal／စက်ဘီးပါကင်／paradahan ng bisikleta)
じょう

▶ **自転車やバイクの利用者の数に対して、駐輪スペースが圧倒的に不足**
じてんしゃ　　　　　　　りようしゃ　かず　たい　　　　　　ちゅうりん　　　　　　あっとうてき　ふそく
している。

(Terdapat kekurangan tempat letak basikal dan motosikal yang ketara berbanding dengan jumlah pengguna.／စက်ဘီးဆိုင်ကယ်စီးသူဦးရေအတွက်လိုအပ်သောစက်ဘီးဆိုင်ကယ်ထားရန်နေရာသည်အလွန်အမင်းမလုံလောက်လျက်ရှိပါသည်။／Masyado nang kulang ang paradahan dahil sa dami ng mga taong gumagamit ng bisikleta at motorsiklo.)

❾ ☐ **運輸** (pengangkutan／သယ်ယူပို့ဆောင်ရေး／transportasyon)
うんゆ

▷ **運輸局** (Jabatan Pengangkutan, kenderaan pengangkutan／သယ်ယူပို့ဆောင်ရေးဌာန／
きょく
Department of Transportation)

❿ ☐ **運搬(する)** (pengangkutan (mengangkut)／သယ်ယူပို့ဆောင်သည်／
うんぱん transportasyon)

▷ **運搬車両** (kenderaan pengangkutan／သယ်ယူပို့ဆောင်ရေးယာဉ်／sasakyang pangtransportasyon)
うんぱんしゃりょう

⓫ ☐ **運行(する)** (operasi (beroperasi)／ပြေးဆွဲသည်／transportasyon)
うんこう

▶ **電車各線は平常通り運行しております。**
でんしゃかくせん　へいじょうどお　うんこう

(Semua laluan kereta api beroperasi seperti biasa.／ရထားလိုင်းအသီးသီးသည် ပုံမှန်အတိုင်းပြေးဆွဲလျက်ရှိသည်။／Tumatakbo ang lahat ng train line ayon sa iskedyul.)

⓬ ☐ **ダイヤ** (jadual／အချိန်ဇယား／iskedyul , timetable)

▷ **運行ダイヤ** (jadual operasi／ပြေးဆွဲအချိန်ဇယား／iskedyul ng train)
うんこう

▶ **台風の影響で、ダイヤが大幅に乱れています。**
たいふう　えいきょう　　　　　　　おおはば　みだ

(Jadual telah terganggu secara drastik akibat taufan.／
တိုင်ဖွန်းမုန်တိုင်းကြောင့် အချိန်ဇယားသည် အလွန်ပင်ကမောက်ကမဖြစ်နေသည်။／Dahil sa bagyo, huling-huli ang iskedyul ng train.)

⓭ ☐ **運休** (tak beroperasi／ပြေးဆွဲမှုရပ်ဆိုင်း／pagsususpinde ng tren o bus)
うんきゅう

⓮ ☐ **徐行(する)** (pergerakan perlahan-lahan (berjalan perlahan-
じょこう lahan)／အရှိန်လျှော့သည်／magdahan-dahan)

▶ **〈放送〉強風のため、現在、徐行運転をしています。**
ほうそう　きょうふう　　　　　　げんざい　じょこううんてん

(<Siaran>Kerana angin kencang, kita sedang mengendalikan perjalanan dengan perlahan pada masa ini.／(ကြေညာချက်)လေပြင်းထန်၍ ယခု အရှိန်လျှော့၍မောင်းနှင်လျက်ရှိသည်။／(Announcement) Dahil sa lakas ng hangin, dahan-dahan lang ang daloy ng trapiko.)

⑮ □ 沿線（えんせん）(sepanjang laluan／လိုင်းတလျှောက်／sa tabi ng riles)

▶ **輸送客が増え、沿線の地価も上昇している。**（ゆそうきゃく　ふ　　　　ちか　じょうしょう）(Jumlah penumpang telah meningkat, menyebabkan harga tanah di sepanjang laluan juga naik.／ခရီးသည်များ များလာ၍လိုင်းတလျှောက်မြေဈေးသည်မြင့်တက်လျက်ရှိသည်။／Dumami ang mga taong sumasakay ng tren, at tumaas rin ang halaga ng lupang nasa tabi ng riles.)

---

⑯ □ ローカル線（せん）(laluan tempatan／လိုကယ်လိုင်း／lokal na tren)

---

⑰ □ 待合室（まちあいしつ）(bilik menunggu／စောင့်ဆိုင်းခန်း／waiting room)

---

⑱ □ 旅客機（りょかくき）(pesawat penumpang／ခရီးသည်လေယာဉ်／eroplanong pampasahero)　**類** 飛行機（ひこうき）

---

⑲ □ 離陸(する)（りりく）(pelepasan (berlepas)／ပျံတက်သည်／mag-take off, lumipad)

---

⑳ □ 欠航(する)（けっこう）(pembatalan penerbangan (membatalkan penerbangan)／ပျံသန်းမှုဖျက်သိမ်းသည်／magkansel ng flight)

㉑ □ 時差（じさ）(perbezaan waktu／အချိန်ကွာခြားမှု／diperensya ng oras)

▶ **日本とフランスでは約8時間の時差がある。**（にほん　　　　　　　やく　じかん）

(Terdapat perbezaan waktu kira-kira 8 jam antara Jepun dan Perancis.／ဂျပန်နှင့်ပြင်သစ်တို့၏ အချိန်ကွာခြားမှုသည် ၈ နာရီခန့်ဖြစ်သည်။／Mga walong oras ang diperensya ng oras ng Japan at France.)

㉒ □ 時差ぼけ(jet lag／အချိန်ကွာခြားမှုကြောင့်ပင်ပန်းခြင်း／jetlag)

▶ **時差ぼけで体がだるい。**（からだ）

(Saya merasa lesu kerana jet lag.／အချိန်ကွာခြားမှုကြောင့်ပင်ပန်းပြီး ကိုယ်ခန္ဓာနွမ်းနယ်သည်။／Wala akong sigla dahil sa jetlag.)

UNIT 5

建物・設備
たてもの　せつび

(Bangunan, Kemudahan／
အဆောက်အဦးတပ်ဆင်ထားကိရိယာ／
Bilding, Pasilidad)

❶ □ **民家** (rumah penduduk／ကိုယ်ပိုင်အိမ်／pribadong bahay)
みん か

▶ 通りの反対側は、民家が少しあるだけだった。
とお　はんたいがわ　　みん か　すこ

(Sebelah sisi jalan tersebut hanya ada beberapa rumah penduduk.／
လမ်း၏တစ်ဘက်ခြမ်းတွင်၊ ကိုယ်ပိုင်အိမ်အနည်းငယ်သာရှိသည်။／Kaunti lang ang mga pribadong
bahay sa kabila ng kalye.)

❷ □ **屋敷** (kediaman, rumah besar／အိမ်ကြီးဝင်းကြီး／bahay)
や しき

▶ そこは高級住宅街のようで、立派な屋敷が建ち並んでいた。
こうきゅうじゅうたくがい　　　りっぱ　や しき　た　なら

(Tempat itu seperti kawasan perumahan mewah, dengan banyak kediaman mewah yang
berdiri.／ ထိုနေရာသည် အဆင့်မြင့်လူနေရပ်ကွက်ဖြစ်ပုံရ၍၊ ခန့်ညားသောအိမ်ကြီးဝင်းကြီးများတစီတ
တန်းကြီးဆောက်လုပ်ထားသည်။／Mukhang high-class na lugar iyon at magkakatabi ang mga
magagarang bahay.)

❸ □ **豪邸** (rumah mewah／အိမ်ကြီး／mansyon)
ごうてい

❹ □ **賃貸** (sewa／အငှား／upa)
ちんたい

▷ 賃貸マンション (pangsapuri sewa／အငှားမန်းရှောင်တိုက်／paupahang apartment)

❺ □ **物件** (harta (rumah, bangunan)／အိမ်ခြံမြေ／ari-arian)
ぶっけん

▶ この不動産屋は取り扱い物件が多い。
ふ どうさんや　と　あつか　ぶっけん　おお

(Agensi hartanah ini mempunyai banyak hartanah untuk ditangani.／
ဤအိမ်ခြံမြေကိုပဲစားလှယ်သည် အိမ်ခြံမြေများကို စွာကို ကိုင်ထားသည်။／Maraming pinangangasiwaang
ari-arian ang real estate agent na ito.)

❻ □ **間取り** (susun atur／အခန်းဖွဲ／floor plan, layout)
ま ど

▶ 今日見た物件は、広かったけど、間取りがあまりよくなかった。
きょうみ　ぶっけん　ひろ　　　ま ど

(Harta yang saya lihat hari ini luas, tetapi susun atur tidak begitu baik.／
ယနေ့ကြည့်ခဲ့သောအိမ်ခန်းသည်ကျယ်သော်လည်းအခန်းဖွဲ ပုံမှာသိပ်မကောင်းလှပါ။／Malaki ang bahay
na tiningnan namin ngayon, pero hindi masyadong maganda ang layout nito.)

❼ □ 収納 (penyimpanan／ထည့်သိုရန်နေရာ／lalagyan ng gamit)
　　　　　　しゅうのう

▶〈不動産屋〉ここはどうでしょう。リビングが広くて、収納もたくさん
　　ふどうさんや
あります よ。
　　　　ひろ

(《Ejen hartanah》Bagaimana dengan ini? Ruang tamu luas dan ada banyak tempat penyimpanan.
／(အိမ်ခြံမြေကိုယ်စားလှယ်) ဒီဟာဘယ်လိုသဘောရသလဲ။ ဧည့်ခန်းလည်းကျယ်ပြီး၊ထည့်သိုဖို့
နေရာလည်းအများကြီးရှိလေ။ (Real estate agent) Ano sa palagay ninyo ito? Malaki ang sala at
marami ring lalagyan ng mga gamit.)

❽ □ 浴室 (bilik mandi／ရေချိုးခန်း／paliguan)
　　　　よくしつ

❾ □ 照明 (pencahayaan／မီးအလင်းရောင်／ilaw)
　　　　しょうめい

▶この店は照明が明るすぎて、ちょっと落ち着かない。
　　　みせ　　　　あか　　　　　　　　　　　　　　　お　つ

(Kedai ini terlalu terang, saya tidak selesa.／
ဒီဆိုင်ဟာ မီးအလင်းရောင်လင်းလွန်းလို့၊ စိတ်အေးလက်အေးမရှိဘူး။／Masyadong maraming ilaw sa
tindahang ito, kaya hindi ako mapakali.)

❿ □ 下駄箱 (kotak kasut／ဖိနပ်စင်ဗီရို／lalagyan ng sapatos, shoe rack)
　　　　げたばこ

⓫ □ 郵便受け (peti surat／စာလက်ခံ／mailbox)
　　　　ゆうびんう

⓬ □ 花壇 (kebun bunga／ပန်းတင်ခုံ／taniman ng bulaklak)
　　　　かだん

⓭ □ 土台 (tapak／အုတ်မြစ်／pundasyon)
　　　　どだい

▶土台がしっかりしてないと、その上に何を建ててもだめだよ。
　　どだい　　　　　　　　　　　　　　　うえ　なに　た

(Jika asas tidak kukuh, apa pun yang anda bina di atasnya akan gagal.／
အုတ်မြစ်မခိုင်ရင်၊ အဲဒီအပေါ်မှာ ဘာမှဆောက်လို့မရဘူး။／Kung hindi matatag ang pundasyon, hindi
ka makakapagtayo ng kahit ano.)

⓮ □ 建造(する) (pembinaan (membina)／တည်ဆောက်(သည်)／magtayo)
　　　　けんぞう

▷船を建造する、歴史的建造物
　　ふね　　　　　　れきしてき　　ぶつ

(membina kapal, bangunan bersejarah／သင်္ဘောတည်ဆောက်သည်၊ သမိုင်းဝင်အဆောက်အဦး／
gumawa ng barko, historical na bilding)

時間・時 1

衣類 2

食 3

交通・移動 4

建物・設備 5

体・健康・治療 6

お金 7

地球・自然 8

動物・植物 9

学校・教育 10

❶❺ □ スタンド (stand／ပွဲကြည့်စင်／stand)

▶ スタンドは3階席までほぼ満席です。
かいせき　　　　まんせき

(Hampir semua kerusi di stand hingga tingkat tiga telah diisi (habis dijual).／
ပွဲကြည့်စင်သည် တတိယထပ်အထိထိုင်ခုံပြည့်လုနီးပါးဖြစ်နေသည်။／Halos puno ang mga stand
hanggang sa third floor.)

❶❻ □ 非常口 (pintu keluar kecemasan／အရေးပေါ်ထွက်ပေါက်／emergency exit)
ひじょうぐち

❶❼ □ 手すり (susur tangan／လက်တန်း／hawakan)
て

▶ 危ないから手すりにちゃんとつかまって。
あぶ

(Sebab bahaya, peganglah pada susur tangan.／အန္တရာယ်ရှိပါသဖြင့် လက်တန်းကိုမြဲမြံစွာကိုင်ထားပါ။
／Delikado, kaya humawak kayo nang mabuti sa hawakan.)

❶❽ □ 化粧室 (bilik solek／သန့်စင်ခန်း／banyo)
けしょうしつ

❶❾ □ 更衣室 (bilik persalinan／အဝတ်လဲခန်း／dressing room)
こういしつ

❷⓪ □ 控室 (bilik menunggu／စောင့်ဆိုင်းခန်း／waiting room)
ひかえしつ

▷ 選手の控室
せんしゅ

(bilik kontrol pemain／ကစားသမားစောင့်ဆိုင်းခန်း／waiting room para sa mga manlalaro)

❷❶ □ スタジオ (studio／စတူဒီယို／studio)

▷ 録音/撮影スタジオ
ろくおん　さつえい

(studio rakaman/penyiaran／အသံသွင်း/ဓာတ်ပုံရိုက်စတူဒီယို／recording/shooting studio)

❷❷ □ 個室 (bilik peribadi／သီးသန့်ခန်း／pribadong silid, private room)
こしつ

▶ その中華レストランには個室もあった。
ちゅうか

(Restoran Cina itu juga memiliki bilik-bilik peribadi.／ထိုတရုတ်စားသောက်ဆိုင်တွင်သီးသန့်ခန်းလည်းရှိသည်။
／Mayroon ding private room sa Chinese restaurant na iyan.)

UNIT 6

体・健康・治療
からだ　けんこう　ちりょう

(Badan, Kesihatan, Perubatan／
ကိုယ်ခန္ဓာကျန်းမာရေး၊ ကုသရေး／
Katawan, Kalusugan,
Pagpapagamot)

---

❶ □ 手の平 (tapak tangan／လက်ဖဝါး／palad)
　　　てのひら

---

❷ □ かかと／踵 (tumit／ခြေဖနောင့်／sakong)
　　　かかと

---

❸ □ つま先 (hujung kaki／ခြေဖျား／daliri ng paa)
　　　さき

---

❹ □ 内臓 (organ dalam／ကိုယ်တွင်းအင်္ဂါ／lamang-loob)
　　　ないぞう

---

❺ □ 腸 (usus／အူ／bituka)
　　　ちょう

---

❻ □ 肝臓 (hati／အသည်း／atay)
　　　かんぞう

---

❼ □ 血管 (saluran darah／သွေးကြော／ugat)
　　　けっかん

---

❽ □ 大柄(な) (badan besar (berbadan besar)／ထွားကြိုင်းသော／malaki)
　　　おおがら

　▷ 大柄な人 (orang yang badannya besar／ထွားကြိုင်းသောသူ／malaking tao)
　　　　ひと

❾ □ 対 小柄(な) (badan kecil (berbadan kecil)／သေးသွက်သော／maliit)
　　　こがら

---

❿ □ たくましい (gagah, tegap, teguh／သန်မာကြံ့ခိုင်သော／matatag, matibay)

　▷ たくましい腕/体
　　　　　うで　からだ
　　(lengan/ tubuh yang kuat／သန်မာကြံ့ခိုင်သောလက်မောင်း/ကိုယ်ခန္ဓာ／maskuladong braso,
　　matipunong katawan)

⓫ □ 対 貧弱(な) (kelemahan, kekurusan (lemah, kurus)／အားအင်ချည့်နဲ့သော／mahina)
　　　ひんじゃく

　▷ 貧弱な体 (tubuh yang lemah／အားအင်ချည့်နဲ့သောကိုယ်ခန္ဓာ／mahinang katawan)

時間・時 1
衣類 2
食 3
交通・移動 4
建物・設備 5
体・健康・治療 6
お金 7
地球・自然 8
動物・植物 9
学校・教育 10

⓬ □ 健やか（な）(sihat／ကျန်းမာသော／malusog)
　　すこ

▶ 子供たちが健やかに育つようお祈りしました。
　　こども　　　　　　　　そだ　　　　　いの

(Kami berdoa agar kanak-kanak tumbuh dengan sihat.／
ကလေးငယ်များကျန်းမာစွာဖြင့်ကြီးပြင်းလို့စေလို့ဆုတောင်းခဲ့ပါတယ်။／Ipinagdasal kong lumaking malusog ang mga bata.)

⓭ □ くたくた (letih betul／မောဟိုက်／pagod na pagod)

▶ 丸一日彼女の買い物に付き合ったら、くたくたになった。
　　まるいちにちかのじょ　か　もの　　つ　あ

(Saya menjadi letih setelah seharian menemani dia berbelanja.／
တစ်နေ့လုံးသူမနဲ့ဈေးလိုက်သွားတာ မောဟိုက်သွားတယ်။／Pagod na pagod ako pagkatapos ko siyang samahan buong araw na mag-shopping.)

⓮ □ げっそり (kurus dengan mendadak／အနည်းငယ်ပိန်ချုံး／payat)

▷ げっそりやせる (kurus secara drastik／အနည်းငယ်ပိန်ချုံးသည်／pumayat nang husto)

▶ 森さん、病気で入院してたんでしょ？　――うん。げっそりしてたよ。
　　もり　　びょうき　にゅういん

(Encik/Cik/Puan Mori, kamu pernah dimasukkan ke hospital kerana sakit, kan? - Ya, dia sangat kurus.／မိုရိစံနဲ့ရောဂါနဲ့ဆေးရုံတက်ခဲ့ရတယ်မဟုတ်လား။အနည်းငယ်ပိန်ချုံးသွားတယ်။／Naospital ba si Mori-san? - Oo, pumayat siya nang husto.)

⓯ □ ばてる (letih／နွမ်းနယ်သည်／pagod na pagod)

▷ 夏バテ (keletihan musim panas／နွေရာသီနွမ်းနယ်မှု／pagkapagod sa tag-init)
　　なつ

▶ 練習がハードで、10分でばててしまった。
　　れんしゅう　　　　　　ふん

(Latihan itu sangat keras dan saya menjadi lemah setelah 10 minit.／
လေ့ကျင့်ရေးက ပြင်းထန်လို့၊ ၁၀ မိနစ်နဲ့ နွမ်းနယ်သွားတယ်။／Masyadong mahirap ang praktis, kaya pagkatapos lang ng 10 minuto, pagod na pagod ako.)

⓰ □ 疲労 (kepenatan／ပင်ပန်းခြင်း／pagod)
　　ひろう

▶ 疲労がたまっているみたいで、体がずっとだるい。
　　　　　　　　　　　　　　　　　からだ

(Saya merasa letih dan badan saya terus merasa lemah.／
ပင်ပန်းတာတွေစုသွားပုံရတယ်၊ ကိုယ်ခန္ဓာကတော့လျှောက်နေးတယ်။／Mukhang naipon ang pagod ko, kaya wala akong sigla.)

⓱ □ 対 過労
　　　　か

(keletihan berlebihan, karo／အလုပ်အလွန်အကျွံလုပ်ခြင်း／sobrang trabaho, overwork)

▷ 過労死 (kematian akibat bekerja berlebihan, karoshi／အလုပ်အလွန်အကျွံလုပ်၍သေဆုံးခြင်း／pagkamatay dahil sa sobrang trabaho)
　　　　し

▶ 過労でダウン寸前だよ。
　　　　　　　　すんぜん

(Saya hampir jatuh kerana kelelahan.／အလုပ်အလွန်အကျွံလုပ်ပြီးလဲတော့မလို။／Malapit na akong lumupasay dahil sa sobrang trabaho.)

⑱ □ 体調を崩す（たいちょうをくずす）(rosakkan kesihatan／ကျန်းမာရေးခြေအနေချွတ်ယွင်းသည်／magkasakit)

▶ 急に寒くなったから、体調を崩さないようにしてください。✓
（きゅうにさむく）

（Cuacanya tiba-tiba menjadi sejuk, jadi tolong jaga kesihatan anda／ရက်တရက်အေးလာတာကြောင့်၊ကျန်းမာရေးအခြေအနေမချွတ်ယွင်းအောင်လုပ်ပါ။／Mag-ingat kayong hindi magkasakit dahil biglang lumamig.)

⑲ □ 病む（やむ）(sakit／နာသည်၊ရောဂါရသည်／sumakit)

▷ 気に病む（きにやむ）(merisaukan／စိတ်ရောဂါရသည်／mag-alala)

▶ 病んでる人が多いんだね。変な事件ばかりだよ。
（やんでるひとがおおい／へんなじけん）

（Ada banyak orang yang sakit. Hanya ada kejadian aneh.／စိတ်ရောဂါရသူတွေများတယ်နော်။ ထူးဆန်းတဲ့အမှုတွေချည်းပဲ။／Maraming tao ang nagkakasakit. Marami ritong mga nakakapagtakang pangyayari.)

▶ 注意されたからって、そんなに気に病まないほうがいいよ。
（ちゅうい／きにやまない）

（Lebih baik jangan terlalu memikirkan hal itu hanya karena kamu diberi peringatan.／သတိပေးခံရလို့ဆိုပြီး၊ အဲဒီလောက်တောင်စိတ်မှာအနာမထားရင်ကောင်းမယ်။／Dahil sa pinaalalahanan ka, huwag kang masyadong mag-alala.)

⑳ □ 苦痛（くつう）(kesakitan／နာကျင်မှု／sakit)

▶ またあの苦痛を味わうくらいなら、検査なんかしなくていい。
（あじわう／けんさ）

（Jika itu berarti merasakan sakit itu lagi, saya tidak perlu pemeriksaan.／ထပ်မံပြီးနာကျင်မှုကိုခံစားရမယ်ဆိုရင် အစစ်မခံတော့ဘူး။／Kung ganyang sakit na naman ang dadaanan ko, hindi ko na kailangang magpa-check up uli.)

㉑ □ 寒気（さむけ）(menggigil／အအေးဓာတ်／ginaw)

▶ さっきから寒気がする。

（Saya merasa kedinginan sejak tadi.／အခုဏကတည်းကအအေးဓာတ်ဝင်နေတယ်။／Kanina pa ako giniginaw.)

㉒ □ 微熱（びねつ）(demam ringan／အဖျားအနည်းငယ်ရှိခြင်း／sinat)

㉓ □ 下痢（げり）(cirit-birit／ဝမ်းလျှောခြင်း／pagtatae)

▷ 下痢止めの薬（げりどめのくすり）(ubat untuk cirit-birit／ဝမ်းပိတ်ဆေး／gamot laban sa pagtatae)

㉔ □ 嘔吐（おうと）(muntah／အန်ခြင်း／pagsusuka)

㉕ □ **発作** (serangan／ရုတ်တရက်ဖောက်ပြန်ခြင်း／kombulsyon, atake)
ほっさ

　▷ **心臓発作** (serangan jantung／နှလုံးရုတ်တရက်ဖောက်ပြန်ခြင်း／heart attack)
　　しんぞう

　▶ **いつ発作が起きるかわからない。**
　　　　　お

　　(Tidak tahu bila serangan itu akan berlaku.／ဘယ်တော့ရုတ်တရက်ဖောက်ပြန်မယ်ဆိုတာမသိဘူး။
　　／Hindi ko alam kung kailan ako aatakihin.)

㉖ □ **しびれ** (kebas／ထုံကျဉ်မှု／pamamanhid)

㉗ □ **まひ**／**麻痺** (lumpuh／လေဖြတ်ခြင်း/ရပ်ဆိုင်းခြင်း／paralisis)
　　　　　　まひ

　▷ **都市機能の麻痺**
　　としきのう

　　(kepincangan fungsi badan／မြို့ပြလုပ်ငန်းဆောင်တာများရပ်ဆိုင်း／pagkaparalisa ng gawain ng siyudad)

　▶ **手足がまひしている。**
　　てあし

　　(Tangan dan kaki saya kebas.／လက်နှင့်ခြေ လေဖြတ်နေသည်။／Naparalisa ang mga kamay at paa ko.)

㉘ □ **かゆみ** (gatal／ယားယံခြင်း／kati)

㉙ □ **湿疹** (ruam／နှင်းခွေ／eksema)
　　しっしん

㉚ □ **腫瘍** (tumor／အကျိတ်／tumor)
　　しゅよう

　▶ **腫瘍を取り除く手術を行った。**
　　　しゅよう と のぞ しゅじゅつ おこな

　　(Saya telah menjalani operasi untuk mengeluarkan tumor.／
　　အကျိတ်ကိုခွဲထုတ်သည့်ခွဲစိတ်မှုကိုလုပ်ခဲ့သည်။／Nagpaopera ako para tanggalin ang tumor.)

㉛ □ **ぜんそく** (asma／ပန်းနာ／hika)

㉜ □ **肺炎** (radang paru-paru／အဆုပ်နာ／pulmonya)
　　はいえん

㉝ □ **伝染病** (penyakit berjangkit／ကူးစက်ရောဂါ／epidemya)
　　でんせんびょう

㉞ □ **ばい菌** (bakteria／ဘက်တီးရီးယား／bakterya)
　　　　きん

　▶ **ばい菌が入るから、ちゃんとふた閉めて。**
　　　　　はい　はい　　　　　　　　　　　　し

　　(Tutup betul-betul, sebab takut bakteria masuk.／ဘက်တီးရီးယားဝင်မှာမို့လို့ အသေအချာအဖုံးပိတ်ပါ။
　　／Papasok ang bakterya, kaya sarhan mo iyan nang mabuti.)

時間・時 1
衣類 2
食 3
交通・移動 4
建物・設備 5
体・健康治療 6
お金 7
地球・自然 8
動物・植物 9
学校・教育 10

㉟ □ 重症 (teruk／ရောဂါကြီး／mabigat na sakit)
じゅうしょう

▶ 重症患者を先に避難させた。
かんじゃ　さき　ひなん

（Pesakit yang serius dikecualikan terlebih dahulu.／ရောဂါကြီးသူကိုအရင်ဆုံး ကယ်ဆယ်ခဲ့သည်။
／Inuna nilang inilikas ang mga pasyenteng may mabigat na sakit.)

㊱ □ 重傷 (cedera parah／ဒဏ်ရာပြင်း／grabeng sugat)　　　　**対 軽傷**
じゅうしょう　　　　　　　　　　　　　　　　　　　　　　　　けいしょう

▶ 運転手は重傷を負った模様だ。
うんてんしゅ　じゅうしょう　お　もよう

（Nampaknya pemandu itu cedera parah.／ယာဉ်မောင်းသူသည် ဒဏ်ရာအပြင်းအထန်ရရှိပုံရသည်။／
Mukhang grabe ang sugat ng drayber.)

㊲ □ 危篤 (kritikal／ရောဂါကျမ်းခြင်း／malubha)
きとく

▶ 患者は危篤状態です。
かんじゃ　きとくじょうたい

（Pesakit dalam keadaan kritikal.／လူနာသည်ရောဂါကျမ်းနေသည်။／Malubha ang lagay ng
pasyente.)

㊳ □ 慢性 (kronik／နာတာရှည်／chronic, hindi gumagaling)
まんせい

▶ 放っておくと、慢性になるよ。
ほう

（Kalau biarkan, ia akan menjadi kronik.／ပစ်ထားရင်၊ နာတာရှည်ဖြစ်မယ်။／Kung pababayaan
mo iyan, magiging chronic iyan.)

㊳ □ 対 急性 (akut／ရုတ်တရက်／malala)
きゅう

▷ 急性胃炎 (radang perut akut／ရုတ်တရက်အစာအိမ်ရောင်ခြင်း／malalang kabag)
いえん

㊵ □ こじらせる (memperburuk／ပိုဆိုးစေသည်／magpalala, palalain)

▷ 問題をこじらせる (memburukkan masalah／ပြဿနာကိုပိုဆိုးစေသည်／palalain ang problema)
もんだい

▶ ちゃんと休まないと、風邪をこじらせるよ。
やす　かぜ

（Kalau tak rehat betul-betul, selesema akan menjadi teruk.／
အသေအချာအနားမယူရင်၊ အအေးမိတာကို ပိုဆိုးစေလိမ့်မယ်။／Kung hindi ka magpapahinga nang
mabuti, lalala ang sipon mo.)

㊶ □ ノイローゼ (neurosis／စိတ်ဖိစီးမှု／neurosis)

▶ 上の階の騒音で、ノイローゼになりそう。
うえ　かい　そうおん

（Bising di tingkat atas, macam nak dapat neurosis.／
အပေါ်ထပ်ကဆူညံသံကြောင့်၊ စိတ်ဖိစီးမှုဖြစ်နိုင်တယ်။／Dahil sa ingay sa itaas, magkakaroon yata
ako ng neurosis.)

時間・時 1
衣類 2
食 3
交通・移動 4
建物・設備 5
体・健康・治療 6
お金 7
地球・自然 8
動物・植物 9
学校・教育 10

❷ □ 生理 (haid／ဓမ္မတာသွေး။ ဇီဝကမ္မ／pisyolohiya, regla)
せい り

▷ 生理学的な観点
　　 がくてき　　 かんてん
(dari sudut fisiologi, dari segi fisologi／ဇီဝကမ္မအမြင်／pisyolohikal na pananaw)

▶ これは単なる生理現象で、普通のことです。
　　　　　たん　　　　せいりげんしょう　　ふつう
(Ini adalah fenomena fisiologi biasa.／ဤသည်မှာ သာမန်ဇီဝကမ္မဖြစ်စဉ်တစ်ခုမျှသာဖြစ်သည်။／
Isang pisyolohikal na phenomenon lang ito, at normal ito.)

❸ □ 便秘 (sembelit／ဝမ်းချုပ်ခြင်း／hindi pagdumi, tibi)
べん ぴ

❹ □ 貧血 (anemia／သွေးအားနည်းခြင်း／anemia)
ひんけつ

▶ 貧血気味なので、朝は苦手なほうです。
　　ひん　き み　　　　　　あさ　にがて
(Saya agak anemia, jadi saya kurang bertenaga pada pagi.／
သွေးအားနည်းချင်သလိုဖြစ်နေလို့ မနက်မှာသိပ်မထချင်ဘူး။／Anemic ako kaya nahihirapan akong
bumangon sa umaga.)

❺ □ 瞬き (mengedip／မျက်တောင်ခတ်／kurap)
まばた

▶ 彼は嘘をついているとき、瞬きが多くなる。
　　かれ　うそ　　　　　　　　　　まばた　　おお
(Dia berkelip lebih banyak bila dia berbohong.／
သူဟာ လိမ်ပြောတဲ့အခါ၊ မျက်တောင်ခတ်တာများလာတယ်။／Mas marami ang pagkurap niya kapag
nagsisinungaling siya.)

❻ □ 瞬く間 (dalam sekelip mata／မျက်စိတမှိတ်／sa isang kurap)
またた ま

▶ 瞬く間に勝負がついた。
　またた　ま　　しょうぶ
(Permainan selesai dalam sekelip mata.／မျက်စိတမှိတ်အတွင်း အနိုင်းအရှုံးပေါ် ခဲ့သည်။／Sa isang
kurap, tapos na ang laban.)

❼ □ 近視 (rabun jauh／အနီးမြှုန်／myopia, mahinang paningin sa malayo)
きん し

❽ □ 目がかすむ (mata kabur／မျက်စိမှုန်သည်／malabong paningin)
め

▶ パソコンを長時間使うと目がかすんでくる。
　　　　　　　ちょうじかんつか　　め
(Mata akan menjadi kabur jika menggunakan komputer untuk waktu yang lama.／
ကွန်ပျူတာကိုအချိန်အကြာကြီးသုံးရင် မျက်စိမှုန်လာမည်။／Nanlalabo ang paningin ko kapag
matagal akong gumagamit ng kompyuter.)

㊾ □ 介護（する） (penjagaan (menjaga)／ပြုစုစောင့်ရှောက်သည်／mag-alaga)

▷ 介護士

(penjaga／ပြုစုစောင့်ရှောက်သူ／tagapag-alaga, caregiver)

▶ 寝たきりの祖母を介護するため、母はパートを辞めた。

(Ibu berhenti kerja part-time untuk menjaga nenek yang terbaring di katil.／
အိပ်ယာပေါ်လဲနေသောအဖွားကိုစောင့်ရှောက်ရန်အမေသည်အချိန်ပိုင်းအလုပ်မှထွက်သည်။／Tumigil ang
nanay ko sa kanyang part-time job, para mag-alaga sa lola kong nakaratay dahil sa sakit.)

㊿ □ 介抱（する） (penjagaan (menjaga)／ဂရုစိုက်ပြုစုသည်／mag-alaga)

▶ 一人暮らしの難点は、病気になったときに介抱してくれる人がいない
ことです。

(Kesulitan tinggal seorang diri ialah tiada orang untuk menjaga bila sakit.／
တစ်ဦးတည်းနေသည့်အခက်အခဲသည်၊ ရောဂါရသည့်အခါ ဂရုစိုက်ပြုစုမည့်သူမရှိခြင်းဖြစ်သည်။／Mahirap
ang mamuhay nang mag-isa, dahil kapag may sakit ka, walang mag-aalaga sa iyo.)

51 □ 処置（する） (rawatan (merawat)／ကုသသည်／gamutin)

▷ 応急処置 (rawatan kecemasan／အရေးပေါ်ကုသမှု／pangunang lunas)

▶ 処置が遅れていたら、助からなかったでしょう。

(Kalau rawatan lambat, mungkin tak akan selamat.／
ကုသမှုနောက်ကျခဲ့လျှင်၊ ကယ်နိုင်မည်မဟုတ်ပေ။／Kung nahuli ang paggamot sa kanya,
malamang hindi na siya nailigtas.)

52 □ 診療（する） (pemeriksaan kesihatan (memeriksa kesihatan)／
ဆေးကုသသည်／gamutin)

▷ 診療時間 (waktu rawatan／ဆရာဝန်နှင့်ဆွေးနွေးချိန်／oras ng pagpapatingin)

▶ こんな山の中に診療所がある。

(Ada klinik di tengah-tengah gunung ini.／ဒီလိုတောတောင်ထဲမှာ ဆေးခန်းရှိတယ်။／May klinik
sa gitna ng kabundukang ito.)

53 □ 処方（する） (preskripsi (mempreskripsikan)／ဆေးညွှန်းပေးသည်／
magreseta)

▶ これは強い薬なので、医者に処方してもらわなければなりません

(Ini adalah ubat yang kuat, jadi anda perlu mendapatkan preskripsi dari doktor.／
ဒီဟာ ဆေးပြင်းဖြစ်လို့ ဆရာဝန်ဆီရဲ့ဆေးညွှန်းမရလို့မဖြစ်ဘူး။／Kailangan mo ng reseta mula sa
doktor, dahil matapang ang gamot na ito.)

54 □ 処方せん (preskripsi／ဆေးစာ／reseta)

⑤⑤ ☐ 錠剤（じょうざい） (tablet／ဆေးလုံး／tableta)

⑤⑥ ☐ カプセル (kapsul／ဆေးတောင့်／capsule)

⑤⑦ ☐ 服用（ふくよう） (pengambilan／ဆေးသောက်ခြင်း／dosage)

⑤⑧ ☐ 副作用（ふくさよう） (kesan sampingan／ဘေးထွက်ဆိုးကျိုး／side effect)

▶ 薬（くすり）の副作用で眠（ねむ）くなることがあります。

(Anda mungkin merasa mengantuk kerana kesan sampingan ubat.／
ဆေး၏ဘေးထွက်ဆိုးကျိုးကြောင့် အိပ်ပိုက်တတ်သည်။／Bilang side effect ng gamot na ito, maaari kang antukin.)

⑤⑨ ☐ 麻酔（ますい） (bius／မေ့ဆေး／anesthesia)

⑥⓪ ☐ 免疫（めんえき） (imun／ကိုယ်ခံစွမ်းအား／immunity)

⑥① ☐ 安静（あんせい）(な) (rehat (adjective)／အနားယူသော／mapayapa)

▶ 医者（いしゃ）に絶対（ぜったい）安静（あんせい）って言（い）われた。

(Doktor menyuruh saya untuk pasti berehat sepenuhnya.／
ဆရာဝန်က လုံးဝအနားယူရမယ်လို့ပြောတယ်။／Sinabihan ako ng doktor na dapat akong magpahinga.)

⑥② ☐ 失神（しっしん）(する) (pengsan／မူးမေ့သည်／himatayin)

UNIT 7

お金
かね
(Wang／ပိုက်ဆံငွေ／Pera, Ari-arian)

---

❶ □ 安価(な) (murah／ဈေးပေါ(သော)／mura)
あん か

▷ 安価な製品が多く出回るようになった。
せいひん おお でまわ

(Produk yang murah telah menjadi semakin biasa.／ဈေးပေါသောထုတ်ကုန်များစွာသည်ဈေးကွက်ထဲရောက်နေသည်။
／Maraming lumalabas na murang produkto.)

---

❷ □ 均一 (seragam／တစ်သတ်မှတ်／pare-pareho)
きんいつ

▷ 100円均一、均一料金
えん りょうきん

(seratus yen seragam, bayaran seragam／ယန်း ၁၀၀တစ်သတ်မှတ်၊ တစ်သတ်မှတ်ဈေး／
pare-parehong Y100, flat rate)

---

❸ □ 税込(み) (termasuk cukai／အခွန်ပါ／kasama ang tax)
ぜい こ

▷ 税込価格 (harga termasuk cukai／အခွန်ပါဈေးနှုန်း／presyong kasama na ang tax)
かかく

❹ □ 対 税抜(き) (tidak termasuk cukai／အခွန်မဲ့／hindi kasama ang tax)
ぬ

---

❺ □ 生計 (pencaharian／အသက်မွေးမှု／mabuhay)
せいけい

▶ 彼は今、農業で生計を立てています。
かれ いま のうぎょう た

(Sekarang dia menghasilkan pendapatan dari pertanian.／သူသည်ယခု စိုက်ပျိုးရေးနှင့်အသက်မွေးလျက်ရှိသည်။
／Naghahanapbuhay siya ngayon bilang isang magsasaka.)

---

❻ □ 賃金 (upah／လုပ်အားခ／sahod, suweldo)
ちんぎん

▷ 賃金のアップを要求する
ようきゅう

(meminta kenaikan upah／လုပ်အားခတိုးမြှင့်ပေးရန်တောင်းဆိုသည်／humingi ng dagdag sa sahod)

---

❼ □ 賞与 (bonus／ဘောနပ်စ်／bonus)　　　　　同 ボーナス
しょうよ

---

❽ □ 手取り (bersih／လက်ထဲရောက်／take-home pay)
て ど

▶ 1カ月の収入は、手取りでどれくらいですか。
げつ しゅうにゅう

(Berapakah pendapatan bersih anda setiap bulan?／တစ်လဝင်ငွေမှာလက်ထဲရောက်တာဘယ်လောက်လဲ။
／Magkano ang take-home pay mo sa isang buwan?)

時間・時 1

衣類 2

食 3

交通・移動 4

建物・設備 5

体・健康・治療 6

お金 7

地球・自然 8

動物・植物 9

学校・教育 10

❾ ☐ **報酬** (ganjaran／အခကြေးငွေ／gantimpala)
ほうしゅう

▶ 報酬はいりません。何かお手伝いをしたいだけなので。
なに　　てつだ

(Saya tidak memerlukan bayaran. Saya hanya ingin membantu.／
အခကြေးငွေမလိုပါဘူး။တစ်ခုခုကိုကူညီချင်တာပါပဲ။／Hindi ko kailangan ng gantimpala. Gusto ko lang tumulong.)

❿ ☐ **無償** (percuma／အခမဲ့／libre, walang sahod)
む　しょう

▶ ボランティアなので、もちろん無償です。

(Ini adalah kerja sukarela, jadi tentu saja ia adalah percuma.／ဘော်လံတီယာမို့လို့အခမဲ့ပါပဲ။／Volunteer ako, kaya siempre, wala akong sahod.)

⓫ ☐ **利子** (faedah／အတိုး／interest rate)
り　し

▷ 利子がつく (mendapat faedah／အတိုးရသည်／kumita ng interest)

⓬ ☐ **金利** (kadar faedah／ငွေတိုး／interest rate)
きん　り

⓭ ☐ **利息** (bunga／အတိုး／interest)
り　そく

▷ 利息を払う (membayar bunga／အတိုးပေးသည်／magbayad ng interest)
はら

⓮ ☐ **残高** (baki／လက်ကျန်ငွေ／balanse)
ざんだか

▷ 口座の残高 (baki akaun／ဘဏ်စာရင်းလက်ကျန်ငွေ／balanse ng account sa bangko)
こうざ

⓯ ☐ **外貨** (mata wang asing／နိုင်ငံခြားငွေ／foreign currency)
がい　か

▷ 外貨を稼ぐ (mendapatkan mata wang asing／နိုင်ငံခြားငွေရှာသည်／kumita ng foreign currency)
かせ

⓰ ☐ **所得** (pendapatan／ဝင်ငွေ／kita, income)
しょとく

▷ 国民所得、所得税 (pendapatan negara, cukai pendapatan／နိုင်ငံတော်ဝင်ငွေ၊ဝင်ငွေခွန်／
こくみん　　ぜい
national income, income tax)

▶ これらの書類は、所得の申告の際に必要です。
しょるい　　　しょとく　しんこく　さい　ひつよう

(Anda akan memerlukan dokumen ini untuk melaporkan pendapatan anda.／
ဤစာရွက်စာတမ်းများသည်ဝင်ငွေကြေငြာသည့်အခါလိုအပ်သည်။／Kailangan ang mga papeles na ito para mag-declare ng income.)

⓱ ☐ **収支** (pendapatan dan perbelanjaan／ဝင်ငွေနှင့်အသုံးစရိတ်
しゅうし
／income at expenditure)

▷ 収支のバランス

(keseimbangan antara pendapatan dan perbelanjaan／ဝင်ငွေနှင့်အသုံးစရိတ်လက်ကျန်／balance ng income at expenditure)

⑱ □ 債権 (さいけん) (hutang piutang／ပြန်လည်ရပိုင်ခွင့်／credit)

▷ **債権者** (しゃ) (pemiutang／မြီရှင်／creditor)

⑲ □ 対 債務 (さいむ) (hutang／ကြွေးမြီပြန်ဆပ်ရန်တာဝန်／debt, pagkakautang)

⑳ □ 資産 (しさん) (aset／ပိုင်ဆိုင်မှု／ari-arian)

▷ **資産運用、資産家** (うんよう) (か)

(pengurusan aset, orang kaya／ပိုင်ဆိုင်မှုလည်ပတ်သုံးစွဲခြင်း၊ ပိုင်ဆိုင်သူ／asset management, mayamang tao)

▶ **経営を立て直すため、会社は資産を処分することにした。** (けいえい) (なお) (かいしゃ) (しょぶん)

(Untuk memulihkan operasi, syarikat telah memutuskan untuk menjual aset.／စီမံခန့်ခွဲမှုကိုပြန်လည်ထူတည်ဆောက်ရန်အတွက်ကုမ္ပဏီ၏ပိုင်ဆိုင်မှုများကို ရှင်းလင်းရန်ဆုံးဖြတ်ခဲ့သည်။／Nagpasya ang kompanyang i-dispose ang mga ari-arian para muling itayo ang pamamahala nito.)

㉑ □ 運用（する） (うんよう) (gunakan (menggunakan)／လည်ပတ်သုံးစွဲသည်／mamahala)

▷ **資金を運用する** (しきん) (menggunakan dana／ရန်ပုံငွေကိုလည်ပတ်သုံးစွဲသည်／mamahala ng pondo)

㉒ □ 財源 (ざいげん) (sumber kewangan／ငွေကြေးအရင်းအမြစ်／pinagkukuhanan ng pera)

▶ **事業計画は承認されたが、問題は財源をどう確保するかだ。** (じぎょうけいかく) (しょうにん) (もんだい) (かくほ)

(Rancangan perniagaan telah diluluskan, tetapi soalannya adalah bagaimana mendapatkan sumber kewangan.／လုပ်ငန်းအစီစဉ်ကိုအတည်ပြုပြီးဖြစ်သော်လည်း၊ ပြဿနာသည် ငွေကြေး အရင်းအမြစ်ကိုမည်သို့ ရယူနိုင်မည်ဆိုခြင်းဖြစ်သည်။／Naaprubahan ang plano sa negosyo, pero ang problema ay kung paano ise-secure ang pagkukuhanan ng pera.)

㉓ □ 融資（する） (ゆうし) (pembiayaan (memberi pembiayaan)／ချေးငွေရသည်／magpautang, pautangin)

▶ **銀行から融資を受けられることになった。** (ぎんこう) (う)

(Kami telah berjaya mendapatkan pembiayaan dari bank.／ဘဏ်မှချေးငွေရနိုင်သည်။／Pauutangin ako ng bangko.)

㉔ □ 倹約（する） (けんやく) (berjimat-cermat (menyimpan)／ချွေတာသည်／magtipid)

▶ **高い買い物をした後なので、しばらく倹約することにした。** (たか) (か) (もの) (あと)

(Saya telah memutuskan untuk berjimat cermat untuk sementara waktu setelah melakukan pembelian yang besar.／ဈေးကြီးသည့်ပစ္စည်းဝယ်ပြီးသည်နောက်ဖြစ်၍ ခဏတာချွေတာရန်ဆုံးဖြတ် လိုက်သည်။／Dahil sa bumili ako ng isang mahal na bagay, nagpasya akong magtipid sandali.)

時間・時 1

衣類 2

食 3

交通・移動 4

建物・設備 5

体・健康・治療 6

お金 7

地球・自然 8

動物・植物 9

学校・教育 10

㉕ □ 精算(する) (pelarasan (laraskan, melaraskan)／つつき／tsuき／tsuき
せいさん
(pelarasan (laraskan, melaraskan)／တွက်ချက်သည်／magbayad)

▷ 料金を精算する (melunaskan hutang／အကြွေးကိုတွက်ချက်သည်／magbayad ng utang)
りょうきん

㉖ □ 決済(する) (penyelesaian (menyelesaikan)／ငွေပေးချေသည်／magbayad)
けっさい

▶ 決済方法には、銀行振込やカード払いなど、いくつかあります。
　　ほうほう　　　ぎんこうふりこみ　　　　ばら

(Terdapat beberapa kaedah pembayaran seperti pemindahan bank atau pembayaran
dengan kad.／ငွေပေးချေစနစ်သည်၊ ဘဏ်မှငွေလွှဲခြင်း၊ အကြွေးကတ်နှင့်ငွေချေခြင်းစသည့်
စနစ်အချို့ရှိသည်။／Maraming paraan ng pagbabayad, tulad ng bank transfer o pagbabayad
sa credit card.)

㉗ □ 徴収(する) (kutipan (mengutip)／ကောက်ခံသည်／mangolekta)
ちょうしゅう

▷ 会費を徴収する、税の徴収
　　かいひ　　　　　　　ぜい

(mengumpul yuran keahlian, pengutipan cukai／အသင်းဝင်ကြေးကောက်ခံသည်၊ အခွန်ကောက်ခြင်း／
mangolekta ng membership fee, pangongolekta ng tax)

㉘ □ 実費 (kos sebenar／အမှန်တကယ်ကုန်ကျစရိတ်／aktwal na gastos)
じっぴ

▶ 交通費などの実費は後で精算します。
　　こうつうひ　　　　　　あと　せいさん

(Kami akan menguruskan pengeluaran seperti kos pengangkutan nanti.／
သွားလာရေးစသည့်အမှန်တကယ်ကုန်ကျစရိတ်ကိုနောက်မှတွက်ချက်မည်။／Babayaran pagkatapos
ang aktwal na gastos, tulad ng pamasahe.)

㉙ □ 家計 (kos sebenar／အိမ်သုံးစရိတ်／badyet para sa bahay)
かけい

▶ 家計はいつも苦しいです。
　　　　　　　　くる

(Saya selalu merasa kewangan rumah tangga adalah sesuatu yang sukar.／
အိမ်သုံးစရိတ်သည်အမြဲကြပ်တည်းသည်။／Lagi akong nagigipit sa badyet para sa pamilya.)

㉚ □ 浪費(する) (membazir (membazirkan)／ဖြုန်းတီးသည်／mag-aksaya)
ろうひ

▷ 浪費癖、時間を浪費する
　　へき　　じかん

(kebiasaan membazir, membazirkan masa／ဖြုန်းတီးသည့်အကျင့်၊ အချိန်ဖြုန်းသည်／maaksayang
ugali, mag-aksaya ng oras)

▶ ずいぶんお金を浪費してしまったと、後で後悔しました。
　　　　　かね　　　　　　　　　　　あと　こうかい

(Saya menyesal telah membazirkan banyak wang.／ပိုက်ဆံအတော်ဖြုန်းခဲ့သည်ဟု၊ နောက်မှနောင်တရသည်။
／Nagsisi ako pagkatapos kong mag-aksaya ng malaking pera.)

㉛ □ 内訳 (perincian／စာရင်းအသေးစိတ်／isa-isang paglilista, detalye)
うちわけ

▷ 費用の内訳 (perincian kos／အသုံးစရင်းအသေးစိတ်／detalye ng gastos)
ひよう

UNIT 8

地球・自然
ち きゅう　　し ぜん

(Bumi, Alam semula jadi／ကမ္ဘာ့သဘာဝ／
Mundo, Kalikasan, Kalawakan)

❶ □ **気象** (cuaca／ရာသီဥတု／panahon)
　き しょう

▷ 気象予報士、異常気象
　きしょうよほうし　いじょう

(pakar ramalan cuaca, cuaca tidak normal／ရာသီဥတုခန့်မှန်းသူ၊ ပုံမှန်မဟုတ်သောရာသီဥတု／
weather forecaster, abnormal na panahon)

❷ □ **晴天** (cuaca cerah／သာယာသောရာသီဥတု／magandang panahon)
　せいてん

▶ 晴天に恵まれた中、いよいよ決勝 戦を迎えます。
　めぐ　　　なか　　　　　　　けっしょうせん　むか

(Di bawah langit cerah, kita akan menyambut pertandingan final.／
ရာသီဥတုသာသာယာယာနဲ့ ဖိုင်နယ်တက်ခဲ့သည်။／Pinagpala tayo ng magandang panahon sa
nalalapit na huling labanan.)

❸ □ **雨天** (cuaca hujan／မိုးရွာ／maulan)
　う てん

▷ 雨天決行
　けっこう

(akan diteruskan walaupun hujan／မိုးရွာရွာနေပုပု／umulan o umaraw)

▶ 日曜日の国際フェアは雨天決行なんだって。
　にちようび　こくさい

(Saya dengar Pameran Internasional hari Ahad ini akan diteruskan walaupun hujan.／
တနင်္ဂနွေနေ့ နိုင်ငံတကာပွဲတော်သည် မိုးရွာရွာနေပုပုကျင်းပမည်ဖြစ်သည်။／Gaganapin ang international
fair sa Linggo, umulan man o umaraw.)

▶ 雨天の場合、試合は翌週に順延となります
　ばあい　しあい　よくしゅう　じゅんえん

(Jika hujan, pertandingan akan ditunda ke minggu depan.／
မိုးရွာခဲ့လျှင်၊ ပြိုင်ပွဲကိုနောက်အပတ်သို့ရွှေ့ဆိုင်းမည်ဖြစ်သည်။／Kapag umulan, ipagpapaliban ang
laban sa isang linggo.)

❹ □ **雷雨** (ribut petir／မိုးကြိုးမုန်တိုင်း／thunderstorm)
　らいう

❺ □ **土砂降り** (hujan lebat／မိုးသည်းခြင်း／buhos ng ulan)
　ど しゃ ぶ

▶ わー、土砂降りだね。ちょっと弱まってから行こうか。
　　　　　　　　　　　　　　　よわ　　　　　　　い

(Wah, hujan lebat betul. Jom kita pergi bila hujan mula reda.／
အား။ မိုးသည်းနေတယ်။ မိုးနည်းနည်းစဲမှသွားကြရအောင်။／Naku, bumubuhos ang ulan. Umalis na
lang tayo kapag humina na ito.)

❻ □ **降水量** (jumlah hujan／မိုးရေချိန်／dami ng ulan)
　こうすいりょう

❼ □ 霞む（かす）／かすむ (kabur／မြူဆိုင်းသည်／malabo)

▶ 霞んでるから遠（とお）くの方（ほう）が全然（ぜんぜん）見（み）えない。

(Kabus membuatkan saya tak dapat melihat apa-apa di kejauhan.／မြူဆိုင်းနေလို့ အဝေးကိုလုံးဝမမြင်ရဘူး။／Malabo kaya hindi ko makita sa malayo.)

❽ □ 大気（たいき） (atmosfera／လေထု／atmospera)

▶ 現在（げんざい）、大気の状態（じょうたい）が不安定（ふあんてい）で、突然（とつぜん）の雷雨（らいう）のおそれもあります。

(Sekarang, keadaan atmosfera tidak stabil dan ada kemungkinan hujan petir secara tiba-tiba.／ယခု၊ လေထုအခြေအနေမငြိမ်မသက်ဖြစ်နေ၍၊ ရုတ်တရက်မိုးကြိုးမုန်တိုင်းကျမည့်စိုးရိမ်ဖွယ်ရာရှိသည်။／Kamakailan, hindi matatag ang kalagayan ng atmospera, kaya posibleng magkaroon ng thunderstorm.)

❾ □ 紫外線（しがいせん） (sinaran UV／ခရမ်းလွန်ရောင်ခြည်／ultraviolet rays)

❿ □ 北半球（きたはんきゅう） (hemisfera utara／မြောက်ကမ္ဘာခြမ်း／northern hemisphere)

⓫ □ 南半球（みなみ） (hemisfera selatan／တောင်ကမ္ဘာခြမ်း／southern hemisphere)

⓬ □ 噴火（ふんか）(する) (letusan (meletus)／မီးတောင်ပေါက်သည်／pumutok)

⓭ □ 溶岩（ようがん） (lava／ချော်ရည်／lava)

⓮ □ 海流（かいりゅう） (arus laut／ပင်လယ်ရေစီးကြောင်း／agos ng karagatan)

⓯ □ 沖（おき） (lepas pantai／ကမ်းလွန်／open sea)

⓰ □ 沿岸（えんがん） (pesisir／ကမ်းခြေ／baybayin)

▷ 太平洋（たいへいよう）沿岸

(pesisir Pasifik／ပစိဖိတ်သမုဒ္ဒရာကမ်းခြေ／Pacific coast)

⓱ □ 浜辺（はまべ） (pantai／ကမ်းခြေ／tabing-dagat, beach)

⓲ □ 岬（みさき） (tanjung／အငူ／cape)

⑲ □ 潮 (pasang surut／ဒီရေ／tide, paglaki at pagliit ng tubig)
しお

▷ 潮が引く、高潮
  ひ   たかしお

  (air pasang surut, air pasang besar／ဒီရေကျသည်၊ ဒီလှိုင်းကြီး／kati, paglaki ng tubig)

▷ 潮の流れが変わった。
  なが   か

  (Arus pasang telah berubah.／ဒီရေစီးကြောင်းပြောင်းသည်။／Nagbago ang daloy ng tubig.)

⑳ □ 河川 (sungai／မြစ်／ilog)
か せん

▷ 河川工事 (kerja pembinaan sungai／မြစ်ကြောင်းပြုပြင်တည်ဆောက်ရေး／konstruksyon sa ilog)
  こう じ

▶ 県では河川の管理区分を大きく３つに分けている。
  けん   かん り く ぶん おお

  (Di wilayah ini, pengurusan sungai dibahagikan kepada tiga bahagian besar.／
  ခရိုင်တွင်မြစ်ကြောင်းကြီးကြပ်ရေးကိုအပိုင်းကြီးသုံးပိုင်းခွဲခြားထားသည်။／Hinati sa tatlong kategorya
  ang pamamahala ng mga ilog sa prefecture.)

㉑ □ 土手 (tebing／ကမ်းပါး／pampang)
ど て

▶ 夏はよく、この川の土手に座って花火を見ました。
  なつ   かわ   すわ はな び み

  (Seringkali pada musim panas, saya duduk di tebing sungai ini dan menonton bunga api.／
  နွေရာသီမှာ၊ဒီမြစ်ကမ်းပါးမှာမကြာခဏထိုင်ပြီးမီးပန်းကြည့်တယ်။／Kung tag-araw, lagi akong
  umuupo sa pampang ng ilog na ito para manood ng mga paputok.)

㉒ □ 上流 (hulu／မြစ်ချောင်းအထက်ပိုင်း／upstream)
じょう りゅう

▷ 川の上流、上流階級
  かわ   かいきゅう

  (hulu sungai, kelas atasan／မြစ်အထက်ပိုင်း၊ အထက်ပိုင်းအဆင့်／itaas na ilog, elite)

㉓ □ 下流 (hilir／မြစ်ချောင်းအောက်ပိုင်း／downstream)
か りゅう

▶ 下流の方は、やはり水が汚い。
  ほう   みず きたな

  (Air di hilir sungai ini memang kotor.／မြစ်အောက်ပိုင်းဟာ ညစ်ပတ်တာပဲ။／Mas marumi ang
  tubig downstream.)

㉔ □ 頂 (puncak／ထိပ်／tuktok)　　　　　　　　同 頂上　※文語的
いただき　　　　　　　　　　　　　　　　　　　　　　ちょうじょう　ぶん ご てき

▶ 山の頂には、誰もいない小さな小屋が一つあるだけだった。
  やま いただき   だれ   ちい こ や ひと

  (Di puncak gunung, hanya ada satu pondok kecil yang kosong／
  တောင်ထိပ်တွင်မည်သူမျှမရှိသောအိမ်တစ်လုံးသာရှိသည်။／Sa tuktok ng bundok, mayroon lang isang
  maliit na kubo na walang tao.)

時間・時 1
衣類 2
食 3
交通・移動 4
建物・設備 5
体・健康・治療 6
お金 7
地球・自然 8
動物・植物 9
学校・教育 10

㉕ □ 崖 （がけ） (tebing／ချောက်ကမ်းပါး／bangin)

㉖ □ 内陸 （ないりく） (pedalaman／ကုန်းတွင်းပိုင်း／inland)

▶ 内陸部は空気がかなり乾燥している。

（Di pedalaman, udara cukup kering.／ကုန်းတွင်းပိုင်းလေသည်အလွန်ခြောက်သွေ့သည်။／
Masyadong tuyo ang hangin sa mga lugar na nasa inland.)

㉗ □ 天体 （てんたい） (objek langit／နက္ခတ်／heavenly bodies)

▷ 天体観測 （かんそく）

（pengamatan benda langit／နက္ခတ်ဗေဒလေ့လာရေး／astronomikal na pagmamasid)

▷ 望遠鏡 （ぼうえんきょう） (teleskop／အဝေးကြည့်မှန်ပြောင်း／telescope)

▷ 天体望遠鏡 (teleskop astronomi／နက္ခတ်ကြည့်မှန်ပြောင်း／astronomikal na telescope)

㉘ □ 惑星 （わくせい） (planet／ဂြိုဟ်／planeta)

㉙ □ 火星 （か） (Mars／အင်္ဂါဂြိုဟ်／Mars)

㉚ □ 木星 （もく） (Jupiter／ကြာသပတေးဂြိုဟ်／Jupiter)

㉛ □ 土星 （ど） (Saturnus／စနေဂြိုဟ်／Saturn)

㉜ □ 衛星 （えいせい） (satelit／ဂြိုဟ်တု／satellite)

▷ 人工衛星 （じんこう） (satelit buatan／ဂြိုဟ်တု／artipisyal na satellite)

▶ ここで、通信衛星の軌道を正確に記録している。
（つうしん）（せいかく）（きろく）

（Di sini, kita merekodkan orbit satelit komunikasi dengan tepat.／
ဒီမှာ၊ ဆက်သွယ်ရေးဂြိုဟ်တုရဲ့လမ်းကြောင်းကိုမှန်ကန်စွာမှတ်တမ်းတင်နေပါတယ်။／Dito, nakasulat ang
tamang rekord ng orbit ng satellite ng komunikasyon.)

㉝ □ 彗星 （すいせい） (komet／ကြယ်တံခွန်／kometa)

㉞ □ 太陽系 （たいようけい） (sistem suria／ဆိုလာစနစ်／solar system)

㉟ □ 銀河 （ぎんが） (galaksi／နဂါးငွေ့တန်း／Milky Way)

UNIT 9

動物・植物
どうぶつ　しょくぶつ

(Haiwan, Tumbuhan／တိရစ္ဆာန်၊ အပင်／Hayop, Halaman)

---

❶ □ 哺乳類 (mamalia／နို့တိုက်သတ္တဝါ／mammal)
ほにゅうるい

---

❷ □ ひな (anak burung／သားပေါက်／sisiw)

---

❸ □ ふ化(する) (penetasan (menetas)／အကောင်ပေါက်သည်／mapisa, halimhiman)
か

▷ 卵からひながふ化する
たまご

(telur menetas／ဥမှအကောင်ပေါက်သည်／sisiw na galing sa napisang itlog)

---

❹ □ 飼育(する) (pemeliharaan (memelihara)／မွေးမြူသည်／magparami, mag-breed)
しいく

▷ 動物園の飼育係、カメの飼育方法
どうぶつえん　しいくがかり　　　　　しいくほうほう

(penjaga kebun binatang, kaedah penyelenggaraan kura-kura／
တိရစ္ဆာန်ဉယျာဉ်မွေးမြူရေးတာဝန်ခံ၊လိပ်မွေးမြူရေးနည်းလမ်း／breeder ng hayop, sa zoo, paraan ng pagpaparami ng pagong)

---

❺ □ 野生 (liar／တောရိုင်း／mabangis)
やせい

▶ この団体では、保護した動物を野生に返す活動をしている。
だんたい　　　　ほご　　どうぶつ　やせい　かえ　かつどう

(Organisasi ini melakukan kegiatan pelepasliaran haiwan yang dilindungi./
ဤအဖွဲ့သည်၊ စောင့်ရှောက်ထားသည့်တိရစ္ဆာန်ကိုတောသို့ပြန်ပို့သည့်လုပ်ရှားမှုကိုပြုလုပ်နေသည်။／
Nagsisikap ang grupong ito na ibalik ang mga nailigtas na hayop sa kagubatan.)

---

❻ □ 獲物 (mangsa／သားကောင်／biktima, hayop na sisilain)
えもの

▶ トラは草の陰からゆっくりと獲物に近づいた。
くさ　かげ　　　　　　　　えもの　ちか

(Harimau merayap perlahan dari bayang-bayang rumput mendekati mangsa./
ကျားသည်မြွက်ယ်မှဖြည်းညင်းစွာဖြင့်သားကောင်သို့ချဉ်းကပ်သည်။／Dahan-dahang lumapit ang tigre sa magiging biktima nito mula sa likod ng damuhan.)

▷ 逃した獲物は大きい。
のが　　　えもの　おお

(Mangsa yang melarikan diri adalah besar.／လွတ်တဲ့သားကောင်ကြီးတယ်／Malaki ang nakawalang biktima.)

---

❼ □ 恐竜 (dinosour／ဒိုင်နိုဆော／dinosaur)
きょうりゅう

時間・時 1
衣類 2
食 3
交通・移動 4
建物・設備 5
体・健康・治療 6
お金 7
地球・自然 8
動物・植物 9
学校・教育 10

❽ □ 翼（つばさ）(sayap／အတောင်ပံ／pakpak)

▷ **主翼(航空機)**（しゅよく こうくうき）(sayap utama／ပင်မတောင်ပံ(လေယာဉ်ပျံ)／main wing (eroplano))

❾ □ 昆虫（こんちゅう）(serangga／ပိုးမွှား／insekto)

▷ **昆虫図鑑**（ずかん）(buku panduan serangga／ပိုးမွှားရုပ်ပုံစာအုပ်／encyclopedia ng mga insekto)

❿ □ 咲き乱れる（さ みだ）(bunga mekar／ရောနှောပွင့်သည်／namumulaklak kahit saan)

▶ **丘には赤や黄色の花が咲き乱れていた。**（おか あか きいろ はな）

(Bunga-bunga merah dan kuning mekar dengan subur di bukit.／ တောင်ကုန်းပေါ်တွင်အနီရောင်းအဝါရောင်ပန်းများရောနှောပွင့်သည်။／Namumulaklak kahit saan sa burol ang mga bulaklak na pula at dilaw.)

⓫ □ 樹木（じゅもく）(pokok／သစ်ပင်／mga puno)

⓬ □ 果実（かじつ）(buah／သစ်သီး／prutas)

▷ **果実酒、果実店**（しゅ てん）(arak buah, kedai buah-buahan／သစ်သီးဝိုင်၊ သစ်သီးဆိုင်／fruit wine, tindahan ng prutas)

★ 「果実」の一般的な言い方が「果物」。

▶ **秋はさまざまな果物(果実)の収穫時期です。**（あき くだもの しゅうかくじき）

(Musim luruh adalah waktu panen pelbagai jenis buah-buahan.／ ဆောင်ဦးရာသီသည် သစ်သီးဆွတ်ခူးသည့်ကာလဖြစ်သည်။／Panahon ng pag-aani ng maraming klaseng prutas ang autumn.)

⓭ □ 害虫（がいちゅう）(serangga perosak／အန္တရာယ်ပေးပိုးမွှား／peste)

⓮ □ 微生物（びせいぶつ）(mikroorganisma／ပိုင်းရပ်စပိုး／mikrobyo)

⓯ □ 獣（けもの）(binatang／သားရဲတိရစ္ဆာန်／hayop)

⓰ □ 狩る（か）(memburu／အမဲလိုက်သည်／mamaril, mangaso)

⓱ □ 狩り（か）(pemburuan／အမဲလိုက်ခြင်း／hunting, pamamaril)

1
14

UNIT 10 学校(がっこう)・教育(きょういく)

(Sekolah, Pendidikan／ကျောင်း၊ ပညာရေး／Eskuwelahan, Pag-aaral, Research)

❶ □ 予備校(よびこう) (sekolah persiapan／ကြိုတင်ပြင်ဆင်ကျောင်း／prep school)

▶ 大学受験(だいがくじゅけん)に失敗(しっぱい)したので、１年間(ねんかん)予備校で勉強(べんきょう)することになった。

(Saya gagal dalam peperiksaan masuk universiti, jadi saya akan belajar di sekolah persiapan selama setahun.／တက္ကသိုလ်ဝင်စာမေးပွဲကျလို့ တစ်နှစ်တာ ကြိုတင်ပြင်ဆင်ကျောင်းမှာပညာသင်ဖို့ဖြစ်သွားပြီ။／Bumagsak ako sa entrance exam sa unibersidad, kaya nag-aral ako sa isang prep school ng isang taon.)

❷ □ 文系(ぶんけい) (aliran sastera／ဝိဇ္ဇာ／humanities)

★人間を主な研究対象とした学問の系統。
Bidang pengajian yang menjadikan manusia sebagai sasaran penyelidikan utama.／လူသားကိုအဓိကသုတေသနပြုသောပညာရေးစနစ်။／
Pag-aaral na ang pangunahing layunin ay pananaliksik tungkol sa mga tao.

❸ □ 理系(りけい) (aliran sains／သိပ္ပံ／sciences, agham)

★自然を主な研究対象とした学問の系統。
Bidang pengajian yang menjadikan alam semula jadi sebagai sasaran penyelidikan utama.／သဘာဝကိုအဓိကသုတေသနပြုသောပညာရေးစနစ်။
／Pag-aaral na ang pangunahing layunin ay pananaliksik tungkol sa kalikasan.

❹ □ 進路(しんろ) (haluan／ဆက်သွားရမည့်လမ်း／direksiyong kukunin)

▶ 息子(むすこ)は、進学(しんがく)か就職(しゅうしょく)かで進路を迷(まよ)っている。

(Anak saya sedang bimbang antara melanjutkan pelajaran atau bekerja.／သားဟာ၊ ကျောင်းဆက်တက်ရမလားအလုပ်လုပ်ရမလားလို့ဆက်သွားရမယ့်လမ်းကိုဒွိဟဖြစ်နေတယ်။／Nalilito ang anak ko kung papasok siya sa kolehiyo o maghahanap ng trabaho.)

❺ □ 講座(こうざ) (kursus／သင်တန်း၊ ဘာသာရပ်／kurso)

▷ 通信(つうしん)講座、講座を開(ひら)く

(kursus komunikasi, membuka kursus／ဆက်သွယ်ရေးဘာသာ၊ သင်တန်းတက်သည်／correspondence course, magbukas ng kurso)

▶ 市(し)が主催(しゅさい)するパソコン講座を受(う)けることにした。

(Saya memutuskan untuk mengikuti kursus komputer yang diadakan oleh bandar.／မြို့အုပ်ချုပ်ရေးမှကျင်းပပေးသည့် ကွန်ပြူတာသင်တန်းကိုတက်မည်။／Nagpasya akong kumuha ng computer course na ibinibigay ng city.)

❻ □ セミナー (seminar／ဆီမီနာ／seminar)

時間・時 1

衣類 2

食 3

交通・移動 4

建物・設備 5

体・健康・治療 6

お金 7

地球・自然 8

動物・植物 9

学校・教育 10

❼ □ 受講（する）(mengikuti kelas／သင်တန်းတက်သည်／kumuha ng kurso)
じゅこう

▷ セミナーを受講する (menghadiri seminar／ဆီမီနာတက်သည်／kumuha ng seminar)

❽ □ 聴講（する）(mendengar kuliah／နားထောင်သည်／mag-audit)
ちょうこう

▷ 聴講生 (pelajar pendengar／နားထောင်ကျောင်းသား／nag-o-audit na estudyante)
せい

❾ □ 必修（する）(kewajipan (mengambil kelas kewajipan)／
ひっしゅう　　　　　　　　　　မသင်မနေရသင်သည်／kailangan, compulsory)

▷ 必修科目 (subjek wajib／မသင်မနေရဘာသာ／compulsory subject)
かもく

❿ □ 養成（する）(latihan (melatih)／လေ့ကျင့်ပေးသည်／magsanay, mag-train)
ようせい

▶ この分野の専門家を養成する機関が不足しています。
　　　ぶんや　せんもんか　　　　　　　きかん　ふそく

(Terdapat kekurangan institusi untuk membina pakar dalam bidang ini.／
ဤကဏ္ဍ၏အထူးကျွမ်းကျင်သူကိုလေ့ကျင့်ပေးသည့်အဖွဲ့အစည်းသည်မလုံလောက်လျက်ရှိသည်။／Kulang
ang mga institusyong nagsasanay ng mga espesyalista sa larangang ito.)

⓫ □ 出題（する）(penyediaan soalan peperiksaan (menyediakan soalan
しゅつだい　　　　　　　　peperiksaan)／မေးခွန်းထုတ်သည်／magtanong, tanungin)

▶ 同じような問題が過去にも出題されていた。
　おな　　　　もんだい　かこ

(Soalan yang sama telah ditanya di masa lalu juga.／
မေးခွန်းတူကို ယခင်ကလည်း မေးခွန်းထုတ်ခဲ့သည်။／Lumabas na dati ang parehong tanong.)

⓬ □ 実技 (kemahiran praktikal／လက်တွေ့ကျွမ်းကျင်မှု／praktikal)
じつぎ

▷ 実技試験 (ujian kemahiran praktikal／လက်တွေ့ကျွမ်းကျင်မှုစာမေးပွဲ／praktikal na test)
しけん

▶ このコースでは、講義に加えて、実技指導も行います。
　　　　　　　　こうぎ　くわ　　　　　じつぎしどう　おこな

(Dalam kursus ini, kami akan memberikan bimbingan praktikal selain dari kuliah.／
ဤသင်ရိုးတွင် စာတွေ့ပို့ချမှုအပြင် လက်တွေ့ပို့ချမှုလည်း ပြုလုပ်လျက်ရှိသည်။／Sa kursong ito, bukod
sa mga lektyur, magkakaroon din ng praktikal na kasanayan.)

⓭ □ 先行（する）(pendahuluan (mendahului)／ရှေ့ရောက်သည်／mauna)
せんこう

▷ 先行研究 (kajian pendahuluan／အရင်ဆုံးသုတေသန／nakaraang research)
けんきゅう

▶ イメージが先行しているが、本当においしいのか、実際に食べてみな
　　　　　　　　　　　　　　　　　　　ほんとう　　　　　　　　　じっさい　た
いとわからない。

(Walaupun imejnya mendahului, kita tidak akan tahu apakah ia benar-benar sedap kecuali
kita mencubanya sendiri.／
စိတ်ကူးကရှေ့ရောက်နေပေမဲ့ တကယ်ပဲအရသာရှိလားဆိုတာ၊ အမှန်တကယ်စားကြည့်ရင်မသိဘူး။／
Nauna na ang image, pero sa totoo lang, hindi mo malalaman kung masarap ito kung hindi
mo muna titikman ito.)

⓮ ☐ **理論** (teori／သီအိုရီ／teorya)
りろん

▷ 理論的(な) (teoretikal／သီအိုရီအရ／teoretikal)
てき

▶ 理論的には可能だけど、制作には莫大なコストがかかる。
り ろん　　　　　 か のう　　　　　　 せいさく　　　　ばくだい

(Secara teori, boleh, tetapi kos untuk menghasilkannya adalah sangat tinggi.／
သီအိုရီအရဖြစ်နိုင်သော်လည်း၊ ထုတ်လုပ်မှုမှာ အကုန်အကျများမယ်။／Sa teorya, puwede itong gawin,
pero masyadong magastos kapag gagawin ito.)

⓯ ☐ **仮説** (hipotesis／သီအိုရီ／hypothesis)
か せつ

▶ 教授は宇宙の誕生について、新しい仮説を唱えた。
きょうじゅ　 う ちゅう　たんじょう　　　　 あたら　　　　　 と な

(Profesor telah mengajukan hipotesis baru tentang asal-usul alam semesta.／
ပါမောက္ခသည်၊ စကြဝဠာပေါ် ပုံနှင့်ပတ်သက်၍၊ သီအိုရီသစ်ကို ပြုခဲ့သည်။／Nagbigay ang propesor ng
bagong hypothesis tungkol sa pinagmulan ng universe.)

⓰ ☐ **学説** (teori／သီအိုရီ／teorya)
がくせつ

▶ この問題については、主に３つの学説がある。
もんだい　　　　　　　 おも

(Terdapat tiga teori utama tentang masalah ini.／
ဤပြဿနာနှင့်ပတ်သက်၍၊ အဓိကအားဖြင့် သီအိုရီ ၃ ခုရှိသည်။／May tatlong pangunahing teorya
tungkol sa problemang ito.)

⓱ ☐ **観点** (perspektif／ရှုထောင့်／pananaw)　　　　　　　　　**類** 視点
かんてん　　　　　　　　　　　　　　　　　　　　　　　　　　　　　　　　　　　　　 し てん

▶ 医学的な観点から言うと、このダイエット法には効果がありません。
い がくてき　 かんてん　　 い　　　　　　　　　　　　 ほう　　　 こうか

(Dari sudut pandang perubatan, teknik diet ini tidak efektif.／
ဆေးပညာရှုထောင့်မှဆိုလျှင်၊ ဤ အစားအသောက်ဆင်ခြင်နည်းသည် အကျိုးမရှိပါ။／Kung titingnan sa
pananaw na medikal, walang epekto ang diet na ito.)

⓲ ☐ **定義(する)** (definisi (menentukan)／အဓိပ္ပါယ်ဖော်သသည်／kahulugan)
てい ぎ

▶ 同じ言葉でも、見方によって定義の仕方が異なる。
おな　 ことば　　　　　 み かた　　　　　　 し かた　　 こと

(Meskipun kata yang sama, cara mendefinisikannya dapat berbeza bergantung pada
perspektif.／ဝေါဟာရတူတူတွင်လည်း၊ ရှုထောင့်အရအဓိပ္ပါယ်ဖော်ပုံခြားနားသည်။／Kahit parehong
salita, iba-iba ang puwedeng kahulugan nito, depende kung paano mo ito titingnan.)

⓳ ☐ **注釈(する)** (catatan (menyatakan)／မှတ်ချက်ပေးသသည်／anotasyon)
ちゅうしゃく

▶ 難しい用語などには注釈を付けています。
むずか　 ようご　　　　　　　　　　 つ

(Kami memberikan catatan untuk terma-terma yang sukar.／
ခက်ခဲသောဝေါဟာရတွင် မှတ်ချက်ထည့်ထားသည်။／May kasamang anotasyon ang mga mahirap
na salita.)

---

⑳ □ 分析（する） (analisis (menganalisis)／ခွဲခြမ်းစိတ်ဖြာသည်／pagsusuri)

▷ データの分析結果をまとめて、会議で報告した。

(Saya telah meringkaskan hasil analisis data dan melaporkannya dalam mesyuarat.／ဒေတာကိုခွဲခြမ်းစိတ်ဖြာပြီးစုစည်းကာ အစည်းအဝေးတွင်အစီရင်ခံခဲ့သည်။／Gumawa ako ng buod ng resulta ng pagsusuri ko ng data, at inireport ko ito sa miting.)

㉑ □ 集計（する） (pengumpulan data (mengumpulkan data)／စုစုပေါင်းသည်／total, kabuuan)

▷ アンケートの集計 (pengumpulan data kaji selidik／မေးခွန်းလွှာစုစုပေါင်း／total ng survey)

㉒ □ 統計（する） (statistik (mengumpulkan statistik)／စာရင်းဇယားပြုစုသည်／istatistika)

▷ 統計資料、統計を取る

(data statistik, mengambil statistik／စာရင်းစာရွက်၊ စာရင်းဇယားပြုစုသည်／statistical data, kumuha ng istatistika)

㉓ □ 検証（する） (verifikasi (memverifikasi)／စိစစ်သည်／inspeksyon)

▶ この方法が有効かどうか、これから検証を行います。

(Kami akan memverifikasi sama ada kaedah ini efektif atau tidak.／ဤနည်းလမ်း၏ အကျိုးရှိမရှိကို အခုမှစ၍စိစစ်ပါမည်။／Iinspeksyunin mula ngayon kung mabisa ang paraang ito o hindi.)

㉔ □ 実証（する） (demonstrasi (membuktikan)／လက်တွေ့ပြသသည်／pagpapakita)

▷ この結果によって、彼の理論が正しかったことが実証された。

(Hasil ini membuktikan bahawa teori dia adalah benar.／ဤရလဒ်အရ၊ သူ၏သီအိုရီမှန်ကန်ကြောင်းကို လက်တွေ့ပြသခဲ့သည်။／Dahil sa resultang ito, naipakaitang tama ang kanyang teorya.)

㉕ □ 考察（する） (pemikiran (memikirkan)／ထည့်သွင်းစဉ်းစားသည်／pagsasaalang-alang, pag-iimbestiga)

▶ システムが環境に与える影響について、考察をします。

(Kami akan mempertimbangkan impak sistem ini terhadap persekitaran.／ဤစနစ်၏ သဘာဝပတ်ဝန်းကျင်ထိခိုက်စေမှုနှင့်ပတ်သက်၍ ထည့်သွင်းစဉ်းစားမည်။／Isasaalang-alang namin ang impluwensya ng sistema sa kapaligiran.)

㉖ □ 構築（する） (pembinaan (membina)／တည်ဆောက်သည်／pagtatayo, pagbubuo)

▷ 理論を構築する (membina teori／သီအိုရီကိုတည်ဆောက်သည်／magbuo ng teorya)

▶ 顧客との間で信頼関係を構築しなければならない。

(Kita harus membina hubungan kepercayaan dengan pelanggan.／ဖောက်သည်နှင့်မိမိတို့အကြားတွင်ယုံကြည်မှုကိုတည်ဆောက်ရမည်။／Kailangan ninyong magbuo ng isang relasyong may pagtitiwala, sa pagitan ninyo at mga kliyente ninyo.)

㉗ □ 探究(する) (penjelajahan (menjelajah)／ရှာဖွေသည်／paghahanap)

▷ 真理/美の探求

(penjelajahan kebenaran/keindahan／အမှန်တရား/အလှတရားရှာဖွေခြင်း／paghahanap ng katotohanan/kagandahan)

㉘ □ 発掘(する) (penemuan (menemukan)／တူးဖော်သည်／paghuhukay)

▷ 遺跡の発掘、人材の発掘

(penemuan tapak arkeologi, penemuan bakat manusia／ရှေးဟောင်းတူးဖော်ခြင်း၊ လူသားအရင်းအမြစ်ဖော်ထုတ်ခြင်း／paghuhukay ng mga guho, maghanap ng talento)

㉙ □ 手法 (kaedah／နည်းပညာ／paraan)

▷ 新しい手法を使った実践的な研究が評価された。

(Penelitian praktikal yang menggunakan metode baru telah dinilai.／နည်းပညာသစ်ကိုအသုံးပြုသည့်လက်တွေ့သုတေသနသည်ချီးကျူးခံရသည်။／Pinahalagahan ang praktikal na research na ginawa, gamit ang bagong paraan.)

㉚ □ アプローチ (pendekatan／ချဉ်းကပ်မှု／approach)

▶ この研究では、これまでとは全く違うアプローチがとられた。

(Dalam penelitian ini, pendekatan yang benar-benar berbeza telah diambil.／ဤသုတေသနသည် အခုအချိန်ထိနှင့်လုံးဝမတူသောချဉ်းကပ်မှုကိုရရှိသည်။／Isang ganap na kakaibang approach ang ginamit sa research na ito, na hindi pa ginamit noon.)

㉛ □ レジュメ (resume／အကြောင်းအရာအကျဉ်းချုပ်／resume, buod)

▶ では、お配りしたレジュメに沿って話をしていきます。

(Jadi, saya akan bercakap mengikuti resume yang telah kami bagikan.／အခုမှစပြီး၊ ဝေပေးထားတဲ့အကြောင်းအရာအကျဉ်းချုပ်အတိုင်းပြောကြားသွားပါမယ်။／Magsasalita ako ngayon tungkol sa resume na ibinigay ko sa inyo kanina.)

㉜ □ 概念 (konsep／အယူအဆ／konsepto)

▷ この言葉は、当時の日本にはない新しい概念だった。

(Kata ini adalah konsep baru yang tidak ada di Jepun pada waktu itu.／ဤစကားလုံးသည်၊ ထိုအချိန်တွင်ဂျပန်၌မရှိသော အယူအဆသစ်ဖြစ်ခဲ့သည်။／Nagbigay ang salitang ito ng bagong konsepto. na wala sa Japan noong mga panahong iyon.)

UNIT 11

音楽・美術・文学など
おんがく　　びじゅつ　　ぶんがく

(Muzik, Seni, Sastera, dll.／ဂီတ၊ အနုပညာ၊ စာပေပညာ／Musika, Sining, Panitikan)

音楽・美術など 11
スポーツ 12
職業・身分・立場 13
原料・材料 14
テクノロジー 15
メディア報道 16
政治・行政 17
国際 18
法・ルール 19
司法・裁判 20

❶ □ **楽譜** (partitur／ဂီတသင်္ကေတ／piyesa)
がく ふ

▶ ギターを弾きますが、楽譜は読めません。

(Saya boleh memainkan gitar, tetapi saya tidak boleh membaca partitur.／
ဂီတာတီးပေမဲ့ ဂီတသင်္ကေတကိုမဖတ်တတ်ဘူး။／Nakakatugtog ako ng gitara, pero hindi ako nakakabasa ng piyesa.)

❷ □ **合唱(する)** (nyanyian berkumpulan (menyanyi berkumpulan)／
がっしょう သံပြိုင်သီဆိုသည်／koro)

❸ □ 同 **コーラス** (korus／သံပြိုင်သီချင်း／koro)

▶ コーラスがきれいですね。

(Korus itu cantik.／သံပြိုင်သီချင်းက သာယာတယ်နော်။／Maganda ang koro.)

❹ □ **童謡** (lagu kanak-kanak／ကလေးသီချင်း／kantang pambata)
どうよう

❺ □ **民謡** (lagu rakyat／ကျေးလက်သီချင်း／folk song)
みんよう

❻ □ **ライブ** (langsung／ဖျော်ဖြေပွဲ／live (performance))

▶ 今夜は友達とライブを見に行きます。
こんや　ともだち　　　　　み い

(Malam ini saya akan pergi menonton live bersama teman-teman saya.／
ဒီည သူငယ်ချင်းနဲ့ ဖျော်ဖြေပွဲသွားကြည့်မယ်။／Manonood kami ng kaibigan ko ng live performance mamayang gabi.)

❼ □ **デッサン(する)** (melukis／ပုံကြမ်းဆွဲသည်／sketch)

❽ □ **版画** (seni grafik／ပုံနှိပ်／print)
はん が

❾ □ **陶芸** (seni seramik／မြေထည်／ceramics)
とうげい

⑩ □ 短歌 (syair pendek／ တေးကဗျာတို／tanka)
たんか

> ★古くからある歌の形式。5・7・5・7・7の文字数による句で構成。
> Bentuk lagu kuno. Dibentuk oleh baris dengan jumlah karakter 5-7-5-7-7.／
> ရေးတုန်းကတည်းကရှိသောတေးကဗျာပုံစံ။5-7-5-7-7စာလုံးအရေအတွက်ဖြင့်ရေးဖွဲ့ထားသောစကားစု။
> ／Isang tula noong araw na may 5,7,5,7 at 7 na syllable.

⑪ □ あらすじ (ringkasan cerita／ အတိုချုပ်／buod)

▷ 小説のあらすじ (ringkasan cerita novel／ ဝတ္ထု၏အတိုချုပ်／buod ng nobela)
しょうせつ

⑫ □ 冒頭 (permulaan／အစ／simula)
ぼうとう

▶ この小説は、冒頭から怖いシーンの連続だ。
しょうせつ　　　　こわ　　　　　れんぞく

(Novel ini adalah rangkaian adegan menakutkan dari awal.／
ဒီဝတ္ထုဟာ၊ အစကနေစပြီး ကြောက်စရာဇာတ်ကွက်တွေဆက်တိုက်ပါ။／Tuluy-tuloy ang nakakatakot na eksena sa nobelang ito mula sa simula.)

▶ 会の冒頭、まず代表が挨拶を述べた。
だいひょう　あいさつ　の

(Di awal pertemuan, wakilnya memberikan sambutan dulu.／
အစည်းအဝေး၏အစ၊ ပထမဦးစွာ ကိုယ်စားလှယ်ကြီးမှ နှုတ်ဆက်စကားပြောခဲ့သည်။／Sa simula ng miting, nagbigay muna ng pagbati ang kinatawan.)

⑬ □ 登場人物 (watak／ ဇာတ်ကောင်များ／tauhan)
とうじょうじんぶつ

▷ 作品中の登場人物
さくひんちゅう

(watak dalam karya／ ဇာတ်လမ်းထဲမှဇာတ်ကောင်များ／paglabas ng listahan ng mga tauhan sa nilikhang gawain)

⑭ □ 主人公 (watak utama／ အဓိကဇာတ်ကောင်／bida)
しゅじんこう

▷ ドラマの主人公 (watak utama dalam drama／ ဇာတ်လမ်းအဓိကဇာတ်ကောင်／bida ng drama)

⑮ □ オペラ (opera／ အော်ပရာ／opera)

⑯ □ 戯曲 (drama／ ဇာတ်ညွှန်း／teatro, drama)
ぎきょく

⑰ □ 演じる／演ずる (berlakon／သရုပ်ဆောင်သည်／gumanap, umarte)
えん

▶ 彼は今回、弁護士の役を演じている。
かれ　こんかい　べんごし　やく　えん

(Kali ini, dia berlakon sebagai peguam.／ သူသည်ဤတစ်ကြိမ်တွင်၊ ရှေ့နေအဖြစ်သရုပ်ဆောင်ထားသည်။／
Gumaganap ako bilang abugado ngayon.)

▶ この問題の解決のために、日本は中心的な役割を演じるべきだ。

(Untuk menyelesaikan masalah ini, Jepun harus berlakon sentral./
ဤပြဿနာကိုဖြေရှင်းရန်၊ ဂျပန်နိုင်ငံသည်မဏ္ဍိုင်ကျသည့်အခန်းကဏ္ဍမှပါဝင်သင့်သည်။/Kailangang gumanap ang Japan ng isang pangunahing papel para malutas itong problema.)

⑱ □ **出演（する）** (muncul／သရုပ်ဆောင်သည်／lumabas)
しゅつえん

▷ 映画／テレビに出演する
えいが

(muncul dalam filem / televisyen／ရုပ်ရှင်/တီဗွီတွင်သရုပ်ဆောင်သည်／lumabas sa sine/TV)

⑲ □ **主役** (watak utama／ခေါင်းဆောင်သရုပ်ဆောင်／pangunahing papel)
しゅやく

▶ 彼女は、今回初めて主役の座をつかんだ。
かのじょ　　こんかいはじ　　　　しゅやく　　ざ

(Untuk pertama kalinya, dia mendapatkan watak utama./
သူမသည်၊ ဤတစ်ကြိမ်တွင် ခေါင်းဆောင်သရုပ်ဆောင်နေရာကို ပထမဦးဆုံးအနေဖြင့်ရခဲ့သည်။/Ito ang unang pagkakataong nagkaroon siya ng pangunahing papel.)

⑳ □ **脇役** (watak sampingan／ဇာတ်ပို့／supporting role)
わきやく

▷ 脇役を務める (berlakon watak sampingan／ဇာတ်ပို့အဖြစ်သရုပ်ဆောင်သည်／gumanap ng
わきやく　つと
isang supporting role)

㉑ □ **せりふ** (dialog／စကားပြော／linya)

▷ 有名なせりふ (dialog terkenal／နာမည်ကြီးစကားပြော／kilalang linya)
ゆうめい

▶ もうそのせりふは聞き飽きたよ。言い訳ばっかりして。
き　あ　　　　　　　　い　わけ

(Saya sudah bosan mendengar dialog itu. Dia selalu membuat alasan./
အဲဒီစကားပြောကိုကြားရတာပြီးငွေ့ညွတ်ပြီ။ဆင်ခြေတွေချည်းပဲ။/Nagsawa na akong marinig ang mga linyang iyan. Lagi ka na lang nagdadahilan.)

㉒ □ **台本** (buku skrip／ဇာတ်ညွှန်း／iskrip)
だいほん

▶ 番組の中のやりとりも、ほとんど台本に書かれているそうだ。
ばんぐみ　なか　　　　　　　　　　だいほん　か

(Katanya, kebanyakan percakapan dalam rancangan itu ditulis dalam skrip./
တီဗွီအစီအစဉ်ထဲမှာပြောဆိုကြတာလည်း၊ ဇာတ်ညွှန်းမှာရေးထားတဲ့အတိုင်းဆိုပဲ။/Nakasulat sa iskrip ang halos halat ng pag-uusap sa programa.)

㉓ □ **脚本** (skrip／ဇာတ်ညွှန်း／iskrip)
きゃくほん

▷ 脚本家 (penulis skrip／ဇာတ်ညွှန်းဆရာ／scriptwriter)
か

㉔ □ **シナリオ** (senario／စိတ်မှန်းအနာဂတ်／senaryo)

▶ 首相が描くシナリオのようには、事は進まないだろう。
しゅしょう　えが　　　　　　　　　　　　　　こと　すす

(Perkara itu mungkin tidak akan berjalan seperti senario yang difikirkan oleh perdana menteri./ ဝန်ကြီးချုပ်ကရေးဆွဲသည့် စိတ်မှန်းအနာဂတ်အတိုင်းဆိုရင် အဆင်ပြေနိုင်ပါမလား။/Hindi siguro mangyayari ang senaryo na ibinigay ng prime minister.)

スポーツ 12
職業・身分・立場 13
原料・材料 14
テクノロジー 15
メディア・報道 16
政治・行政 17
国際 18
法・ルール 19
司法・裁判 20

㉕ □ シーン (adegan／ပြကွက်／eksena)

▷ 映画の名シーン
えいが　めい

(adegan terkenal dalam filem／ရုပ်ရှင်၏နာမည်ကြီးပြကွက်／kilalang eksena sa sine)

㉖ □ 脚色(する) (mengadaptasi／ဖန်တီးဇာတ်လမ်းဆန်သည်／adaptation)
きゃくしょく

▶ この映画は事実に基づいて作られたが、ところどころ脚色がされている。
えいが　じじつ　もと　　つく

(Filem ini dibuat berdasarkan fakta, tetapi ada beberapa bahagian yang telah diubah suai.／
ဒီရုပ်ရှင်ဟာ တကယ့်အဖြစ်အပျက်ကိုအခြေခံရိုက်ထားတာဖြစ်ပေမဲ့ တစ်ချို့နေရာတွေမှာဖန်တီးဇာတ်လမ်းဆန်
တယ်။／Ginawa ang pelikulang ito base sa totoong pangyayari, pero may mga adaptation
sa iba-ibang lugar.)

㉗ □ 本番 (produksi sebenar／ပွဲထွက်／aktwal na palabas)
ほんばん

▶ 本番を明日に控え、少し緊張しています。
あした　ひか　　すこ　きんちょう

(Saya sedikit rasa cemas kerana produksi sebenarnya akan berlangsung esok.／
မနက်ဖြန်ပွဲထွက်ဖို့အတွက် နည်းနည်းစိတ်ပူတယ်။／Medyo kinakabahan ako kasi bukas na ang
palabas.)

㉘ □ 創作(する) (mencipta／တီထွင်ဖန်တီးသည်／paglikha)
そうさく

▶ 彼女は結婚後も、創作活動を続けている。
かのじょ　けっこんご　　そうさくかつどう　つづ

(Dia terus melakukan aktiviti kreatif selepas perkahwinan.／
သူမဟာ၊အိမ်ထောင်ပြုပြီးတဲ့နောက်မှာလည်း၊ တီထွင်ဖန်တီးမှုတွေကိုဆက်လုပ်နေတယ်။／Kahit
pagkatapos niyang mag-asawa, patuloy pa rin siiyang lumilikha.)

㉙ □ 古典 (klasik／ဂန္ထဝင်／klasiko)
こてん

▷ 古典文学、古典芸能
こてんぶんがく　こてんげいのう

(kesusasteraan klasik, kesenian tradisional klasik／ဂန္ထဝင်စာပေ၊ ဂန္ထဝင်ဖျော်ဖြေမှုအနုပညာ／
klasikal na panitikan, klasikal na sining)

㉚ □ 作家 (penulis／စာရေးဆရာ/လက်ရာရှင်／manunulat, artist)
さっか

▶ 将来は作家(＝小説家)になりたい。
しょうらい　さっか　しょうせつか

(Saya ingin menjadi penulis (novelis) di masa depan.／
အနာဂတ်မှာ စာရေးဆရာ(=ဝတ္ထုရေးဆရာ)ဖြစ်ချင်တယ်။／Gusto kong maging manunulat sa
kinabukasan.)

▶ 展覧会の会場には、作家(＝創作活動をする人)本人もいた。
てんらんかい　かいじょう　　さっか　そうさくかつどう　ひと　ほんにん

(Pengarang (orang yang melakukan aktiviti kreatif) sendiri juga ada di tempat pameran.／
ပြပွဲကျင်းပသည့်နေရာတွင်၊ လက်ရာရှင်(=တီထွင်ဖန်တီးသူ) ကိုယ်တိုင်လည်းရှိသည်။／Nasa exhibition
hall mismo ang artist.)

音楽・美術 文学など 11

スポーツ 12

職業・身分・立場 13

原料・材料 14

テクノロジー 15

メディア・報道 16

政治・行政 17

国際 18

法・ルール 19

司法・裁判 20

UNIT 12

スポーツ (Sukan／အားကစား／Sports)

❶ □ 決勝 (akhir／ဗိုလ်လုပွဲ／huling paglalaban, final match)
けっしょう

▷ 決勝戦、準決勝、決勝に進む
  せん　　じゅん

(perlawanan akhir, separuh akhir, maju ke akhir／ဗိုလ်လုပွဲ၊ အကြိုဗိုလ်လုပွဲ၊ ဗိုလ်လုပွဲတက်သည်／finals, semifinals, umabante sa finals)

❷ □ 勝利(する) (kemenangan (menang)／အနိုင်ရသည်／manalo, magtagumpay)
しょうり

▷ 試合に勝利する (menang dalam perlawanan／ပြိုင်ပွဲမှာအနိုင်ရသည်／manalo sa laban)
  しあい

❸ □ 敗北(する) (kekalahan (kalah)／ရှုံးနိမ့်သည်／matalo)
はいぼく

▷〈選挙〉多くの議席を失った自由党は、敗北を認めた。
  せんきょ おお　　　ぎせき　うしな　　　じゆうとう　　　はいぼく　みと

(Parti liberal yang kehilangan banyak kerusi telah mengakui kekalahan mereka.／(ရွေးကောက်ပွဲ) လွှတ်တော်ကိုယ်စားလှယ်နေရာများစွာတွင်ရှုံးနိမ့်သွားသည့်လွတ်လပ်သောပါတီသည်၊ ရှုံးနိမ့်မှုကိုဝန်ခံခဲ့သည်။／(Eleksyon) Tumanggap ng pagkatalo ang Liberal Party, na nawalan ng maraming upuan sa Parliament.)

❹ □ 敗退(する) (gagal／ရှုံးသည်／matalo)
はいたい

▶ 残念ながら、予選で敗退してしまった。
  ざんねん　　　　よせん　　はいたい

(Malangnya, kami telah kalah dalam pusingan kelayakan.／ဝမ်းနည်းစွာနဲ့၊ ခြေစစ်ပွဲမှာရှုံးခဲ့ရတယ်။／Sayang at natalo kami sa qualifying round.)

❺ □ 敗れる (kalah／ရှုံးသည်／matalo)
やぶ

▶ 敗れはしたが、よく頑張ったと思う。
  やぶ　　　　　　　　がんば　　　　おも

(Kami telah kalah, tetapi saya rasa kami telah berusaha sebaik mungkin.／ရှုံးခဲ့ပေမဲ့၊ ကောင်းကောင်းကြိုးစားခဲ့တယ်လို့ထင်တယ်။／Sa palagay ko, kahit natalo kami, ginawa namin ang aming makakaya.)

❻ □ 作戦 (strategi／ဗျူဟာ／game plan)
さくせん

▷ 作戦を立てる (merancang strategi／ဗျူဟာဆင်သည်／gumawa ng game plan)
  た

▶ 監督は、今日のために用意した作戦を選手に伝えた。
  かんとく　　きょう　　　　　ようい　　　さくせん　せんしゅ　つた

(Pengarah telah memberitahu pemain tentang strategi yang telah disiapkan untuk hari ini.／နည်းပြဆရာသည်၊ယနေ့အတွက်စီစဉ်ထားသည့်ဗျူဟာကိုကစားသမားများအားပြောပြခဲ့သည်။／Sinabi ng coach ang game plan na inihanda niya para sa araw na ito.)

❼ □ 守備 (pertahanan／ခံစစ်／depensa)
しゅび

▷ 守備を固める (memperkuat pertahanan／ခံစစ်ကိုခိုင်ခံ့စေသည်／patatagin ang depensa)

❽ □ 対攻撃(する) (serangan (menyerang)／တိုက်စစ်ဆင်သည်／mang-atake)
こうげき

❾ □ 反撃(する) (balas serang (balas menyerang)／ပြန်တိုက်သည်／counter attack)
はんげき

▶ 相手が強くて、反撃のチャンスすらなかった。
あいて　つよ

(Lawan itu kuat, sehingga kami tidak mendapat peluang untuk menyerang balik.／
တစ်ဖက်အသင်းကအားကောင်းလွန်းလို့ပြန်တိုက်ဖို့အခွင့်အရေးတောင်မရခဲ့ဘူး။／Masyadong malakas
ang kalaban, kaya wala kaming pagkakataon para sa counter attack.)

❿ □ 反則(する) (pelanggaran (melanggar)／ပြစ်ဒဏ်ဖောင်းပေးသည်／foul play)
はんそく

▶ この審判はすぐ反則を取る。 (Pengadil ini cepat memanggil pelanggaran.／
しんぱん　　　　と
ဒိုင်လူကြီးဟာချက်ချင်းပြစ်ဒဏ်ဖောင်းပေးတယ်။／Tumatawag agad ng foul play ang referee na ito.)

⓫ □ 声援(する) (sokongan (menyokong)／အားပေးသံပြုသည်／mag-cheer, sumigaw)
せいえん

▶ 客席のあちこちから「がんばれ」という声援が飛んだ。
きゃくせき

(Sorakan "semangat" datang dari pelbagai tempat di antara penonton.／
ပွဲကြည့်စင်ရဲ့ဟိုနေရာဒီနေရာကနေ 「ကြိုးစားဟေ့」 ဆိုတဲ့အားပေးသံများဝဲပျံနေတယ်။／Narinig namin
ang sigaw ng mga manonood na "Pagbutihin ninyo!" kung saan-saan.)

⓬ □ プレー(する) (main (bermain)／ကစားသည်／maglaro)

▷ 見事なプレー (permainan yang hebat／လှပတဲ့ကစားကွက်／napakahusay na laro)
みごと

▶ 彼は日本を離れ、海外でプレーすることを選んだ。
かれ　にほん　はな　　かいがい　　　　　　　　　えら

(Dia memilih untuk meninggalkan Jepun dan bermain di luar negara.／
သူဟာ ဂျပန်ကိုခွဲခဲ့ပြီး နိုင်ငံခြားမှာကစားဖို့ရွေးချယ်ခဲ့တယ်။／Umalis siya sa Japan at nagpasya
siyang maglaro sa ibang bansa.)

⓭ □ 制する (mengendalikan／ထိန်းချုပ်သည်/အနိုင်ရသည်／magkontrol, magdomina)
せい

▶ どのチームが大会を制するか、全く予想がつかない。
たいかい　　　　　まった　よそう

(Saya tidak dapat meramalkan mana pasukan yang akan memenangi kejohanan.／
ဘယ်အသင်းကအနိုင်ရမလဲဆိုတာ လုံးဝမှန်းလို့မရဘူး။／Talagang hindi ko alam kung aling team
ang magdodomina ng laban.)

⓮ □ 健闘(する) (bertarung dengan baik／ကောင်းစွာကစား(သည်)／magandang laban)
けんとう

▷ 選手の健闘を称える (memuji keberanian pemain／
せんしゅ　　　たた
ကစားသမားရဲ့ကောင်းစွာကစားပုံကိုဂုဏ်ပြုသည်／purihin ang player dahil sa magandang laban)

▶ いよいよ明日ですね。健闘を祈ってます。
あす　　　　　　　いの

(Akhirnya, esok adalah harinya. Saya berdoa untuk kejayaan anda.／
မနက်ဖြန်ဆိုပြိုင်ပွဲနော်။ ကောင်းကောင်းကစားနိုင်ပါစေလို့ဆုတောင်းပါတယ်။／Bukas na ang laban.
Ipagdasal natin ang isang magandang laban.)

UNIT 13

職業・身分・立場
しょくぎょう・みぶん・たちば

(Pekerjaan, Status, Jawatan／အလုပ်အကိုင်မည်သူမည်ဝါရပ်တည်ချက်／Trabaho, Katayuan, Posisyon)

音楽・美術 文学など 11

スポーツ 12

職業・身分・立場 13

原料・材料 14

テクノロジー 15

メディア報道 16

政治・行政 17

国際 18

法・ルール 19

司法・裁判 20

❶ □ 外交官 (pegawai diplomatik／သံတမန်／diplomat)
　　がいこうかん

❷ □ 検事 (pendakwa raya／အစိုးရဥပဒေအကျိုးဆောင်／piskal)
　　けんじ

❸ □ 裁判官 (hakim／တရားသူကြီး／hukom)
　　さいばんかん

❹ □ 建築士 (arkitek／ဗိသုကာပညာရှင်／arkitekto)
　　けんちくし

❺ □ 介護士 (penjaga／ပြုစုစောင့်ရှောက်သူ／caregiver)
　　かいごし

❻ □ 介護福祉士 (pekerja kebajikan penjagaan／ပြုစုစောင့်ရှောက်လူမှုဝန်ထမ်း／welfare caregiver)
　　かいごふくしし

❼ □ パイロット (juruterbang／လေယာဉ်မှူး／piloto)

❽ □ カメラマン (jurugambar／ဓါတ်ပုံဆရာ／cameraman)

❾ □ コンサルタント (perunding／အတိုင်ပင်ခံ／consultant)

❿ □ ミュージシャン (ahli muzik／ဂီတပညာရှင်／musician)

⓫ □ 警備員 (pengawal keselamatan／လုံခြုံရေးအစောင့်／security guard)
　　けいびいん

⓬ □ 大工 (tukang kayu／လက်သမား／karpintero)
　　だいく

⓭ □ 料理人 (tukang masak／ထမင်းချက်／cook, tagapagluto)
　　りょうりにん

⓮ □ 実業家 (usahawan／စီးပွားရေးသမား／negosyante)
　　じつぎょうか

⓯ □ 職人 (tukang kerja／လက်မှုပညာသည်／craftsman, artisan)
　　しょくにん

▷ 家具/ガラス職人
　　かぐ

(tukang perabot / tukang kaca／ပရိဘောဂ/ မှန်ထည် လက်မှုပညာသည်／tagagawa ng muebles, glassmaker)

⓰ □ オーナー (pemilik／ပိုင်ရှင်／may-ari)

▷ 店/ホテル/会社のオーナー

(pemilik kedai / hotel / syarikat／ဆိုင်/ဟိုတယ်/ကုမ္ပဏီ ပိုင်ရှင်／may-ari ng tindahan/hotel/kompanya)

⓱ □ 幹部 (eksekutif／အမှုဆောင်／executive)

▷ 将来の幹部候補

(calon eksekutif masa depan／အနာဂတ်အမှုဆောင်ကိုယ်စားလှယ်လောင်း／kandidato sa pagiging executive sa kinabukasan)

▶ 幹部によると、不正が行われた事実はないということだ。

(Menurut eksekutif, tidak ada bukti penyalahgunaan.／
အမှုဆောင်များထံမှသိရသည်မှာ လိမ်လည်မှုပြုလုပ်ခဲ့သည့်အထောက်အထားမရှိဟု
ဆိုသည့်အချက်ဖြစ်ပါသည်။／Ayon sa executive, hindi totoong may nangyaring katiwalian.)

⓲ □ 取締役 (pengarah／ဒါရိုက်တာ／direktor)

▷ 代表取締役 (pengarah urusan／မန်းနေးဂျင်းဒါရိုက်တာ／representative director)

⓳ □ 役職 (jawatan／ရာထူး／posisyon)

▶ うちの会社では、課長や部長など役職名で呼ぶことが多い。

(Di syarikat kami, kami biasanya memanggil dengan nama jawatan seperti ketua jabatan atau ketua bahagian.／ ကျွန်ုပ်တို့၏ကုမ္ပဏီတွင် များသောအားဖြင့် ဌာနစုမှူး၊ ဌာနမှူးစသည့် ရာထူးအမည်နှင့် ခေါ်ဝေါ်ကြသည်။／Sa opisina namin, karaniwang tinatawag ang mga tao ayon sa kanilang posisyon, tulad ng manager, at iba pa.)

⓴ □ 中堅 (teras／အလယ်အလတ်／medium-level)

▶ 経験も積んだし、これから会社の中堅として頑張ってください。

(Anda telah mendapat banyak pengalaman, jadi silakan terus bekerja keras sebagai tenaga utama syarikat／ အတွေ့အကြုံတွေလည်းရှိနေပြီ၊ အခုကနေ ကုမ္ပဏီရဲ့အလယ်အလတ်အဆင့်အနေနဲ့ ကြိုးစားပါ။／Mayroon ka nang karanasan, kaya pagbutihin mo ang trabaho mo sa kompanya sa middle management.)

㉑ □ 主任 (ketua／ဌာနုတာဝန်ခံ／hepe, pinuno, tagapamahala)

▷ 調理場の主任 (ketua dapur／စားဖိုဆောင်တာဝန်ခံ／tagapamahala ng kusina)

㉒ □ マネージャー (pengurus／မန်နေဂျာ／manedyer)

▷ サッカー部のマネージャー、販売マネージャー

(pengurus pasukan bola sepak, pengurus jualan／ဘောလုံးအသင်းမန်နေဂျာ၊ အရောင်းမန်နေဂျာ／manedyer ng isang soccer team, sales manager)

㉓ □ **アシスタント** (pembantu／လက်ထောက်／assistant)

▷ 青木さんの下で約5年間、撮影アシスタントを務めてきました。
あおき　　　もと　　やく　　ねんかん　　さつえい　　　　　　　　　　　　　つと

(Saya telah bekerja sebagai pembantu pengambilan gambar di bawah Encik/Cik/Puan Aoki selama hampir 5 tahun.／အအိုကိစံရဲ့လက်အောက်မှာ၊ ၅ နှစ်တာ၊ ရိုက်ကူးရေးလက်ထောက်အဖြစ်အလုပ်လုပ် ခဲ့ပါတယ်။／Nagtrabaho ako ng 5 taon bilang assistant ng photographer sa ilalim ni Aoki-san.)

㉔ □ **常勤(する)** (bekerja sepenuh masa／အချိန်ပြည့်လုပ်သည်／full-time)
じょうきん

▷ 常勤のアルバイト
じょうきん

(pekerja sambilan yang sepenuh masa／အချိန်ပြည့်အချိန်ပိုင်းအလုပ်／full-time temporary job)

㉕ □ **非常勤** (bekerja sambilan／အချိန်ပိုင်းအလုပ်／part-time)
ひじょうきん

▷ 非常勤講師
こうし

(pensyarah sambilan／အချိန်ပိုင်းကထိက／part-time lecturer)

㉖ □ **肩書き** (gelaran／အမည်ဂုဏ်ပုဒ်／titulo)
かた　が

▷ 肩書なんか関係ありません。大事なのはその人がどういう人か、とい
かんけい　　　　　　　　だいじ　　　　　　　ひと　　　　　　　　　　ひと
うことです。

(Gelaran tidak penting. Yang penting adalah orangnya macam mana.／
အမည်ဂုဏ်ပုဒ်နဲ့မဆိုင်ပါဘူး။ အရေးကြီးတာက အဲဒီလူဟာ ဘယ်လိုလူလဲလို့ဆိုတာပါပါ။／Walang relasyon ito sa titulo. Ang mahalaga ay kung anong klaseng tao siya.)

㉗ □ **所属(する)** (berada di bawah／အဖွဲ့ဝင်သည်／kasama, kaugnay)
しょぞく

▷ 会社の野球チームに所属しています。
かいしゃ　やきゅう　　　　　しょぞく

(Saya adalah sebahagian daripada pasukan bola baseball syarikat.／
ကုမ္ပဏီရဲ့ ဘောဘောအသင်းမှာ အဖွဲ့ဝင်ဖြစ်ပါတယ်။／Kasama ako sa baseball team ng kompanya namin.)

㉘ □ **ポスト** (jawatan／ရာထူး／posisyon)

▷ ポストが空く (ada kekosongan jawatan／လစ်လပ်ရာထူး／magbukas ang posisyon)
あ

▷ あの人はいずれ重要なポストに就くでしょう。
ひと　　　　　　じゅうよう　　　　　　　　つ

(Orang itu pasti akan menduduki posisi penting suatu hari nanti.／
အဲဒီလူဟာ တစ်နေ့နေ့တစ်ချိန်ချိန်မှာ အရေးကြီးတဲ့ရာထူးတစ်ခု ယူလုံမ်ိမယ်။／Malamang na magkakaroon ng mahalagang posisyon ang taong iyon.)

㉙ □ **後任** (pengganti／ဆက်ခံသူ／kahalili)
こうにん

▷ 田中さんが辞めた後、後任には誰がなるんだろう。
たなか　　　　や　　　あと　　こうにん　　　だれ

(Siapa yang akan menggantikan Encik/Cik/Puan Tanaka setelah dia berhenti?／
တနကစက အလုပ်ထွက်ပြီးနောက်၊ ဆက်ခံမယ့်သူများဖြစ်ပါလိမ့်မယ်လဲ။／Sino kaya ang hahalili kay Tanaka-san pagkatapos niyang huminto sa pagtatrabaho?)

㉚ □ 欠員 (kekosongan／လစ်လပ်／bakanteng posisyon)
けついん

▷ 欠員補充 (mengisi kekosongan／လစ်လပ်နေရာကိုဖြည့်ခြင်း／punan ang bakanteng posisyon)
ほじゅう

㉛ □ 異動(する) (pertukaran kakitangan (bertukar)／ဌာနပြောင်းသည်
いどう ／lumipat)

▷ ９月から広報部に異動することになりました。
がつ こうほうぶ いどう

(Saya akan dipindahkan ke departemen hubungan masyarakat mulai September.／
၉ လပိုင်းကနေ ပြန်ကြားရေးဌာနသို့ ပြောင်းမည်။／Mula sa Setyembre, lilipat ako sa Public
Relations department.)

㉜ □ 配属(する) (tugasan (tugaskan/tempatkan)／တာဝန်ချထားသည်／mag-assign, i-assign)
はいぞく

▷ 営業部への配属が決まりました。
えいぎょうぶ き

(Saya telah ditugaskan ke departemen penjualan.／အရောင်းဌာနသို့ တာဝန်ချထားခြင်းခံရသည်။／
Napagpasyahang i-assign ako sa sales department.)

㉝ □ 経歴 (latar belakang／နောက်ကြောင်းရာဇဝင်／career background)
けいれき

▷ 実は、彼女は変わった経歴の持ち主です。
じつ かのじょ か けいれき も ぬし

(Sebenarnya, dia mempunyai latar belakang yang unik.／
အမှန်တကယ်က113 သူမဟာ တမူထူးတဲ့နောက်ကြောင်းရာဇဝင်ရှိသူဖြစ်တယ်။／Sa totoo lang, mayroon
siyang kakaibang career background.)

㉞ □ キャリア (kerjaya／လုပ်သက်၊အသက်မွေးလုပ်ငန်း／karera)

▷ 通訳としてのキャリアを積む、キャリアアップ
つうやく つ

(membangun kerjaya sebagai penterjemah, peningkatan kerjaya／
စကားပြန်အဖြစ်လုပ်သက်ရင်လာပြီးအသက်မွေး လုပ်ငန်းကိုမြှင့်တင်သည်／bumuo ng karera bilang
interpreter, pagpapahusay ng karera)

㉟ □ 人材 (sumber manusia／လူသားအရင်းအမြစ်／human resoures)
じんざい

▷ 人材を育てる (membina sumber manusia／လူသားအရင်းအမြစ်ကိုပြုစုပျိုးထောင်သည်／
そだ magdebelop ng human resources)

▷ 優秀な人材を確保しようと、どの企業も必死だ。
ゆうしゅう かく ほ きぎょう ひっし

(Setiap perusahaan berusaha keras untuk mengambil sumber manusia yang hebat.／
ကုမ္ပဏီတိုင်းသည် ထူးချွန်သောလူသားအရင်းအမြစ်ကိုရယူရန်အပူတပြင်းဖြစ်နေသည်။／Kailangan ng
bawat kompanya ang kumuha ng mahusay na human resource.)

㊱ □ あっせん／斡旋(する) (pengantaraan (mengantara)／
あっせん ရှာဖွေပေးသည်／mamagitan, mag-ayos)

▷ 留学/就職を斡旋する
りゅうがくしゅうしょく

(membantu dengan pengajian di luar negara / pekerjaan／
နိုင်ငံခြားပညာသင်/အလုပ်အကိုင်ကို ရှာဖွေပေးသည်／mag-ayos ng pag-aaral sa ibang bansa/ng
trabaho)

音楽・美術
文学など 11

スポーツ 12

職業・身分・立場 13

原料・材料 14

テクノロジー 15

メディア・報道 16

政治・行政 17

国際 18

法・ルール 19

司法・裁判 20

❸❼ □ 雇用(する) (penggajian (menggaji untuk bekerja)／アလုပ်ခန့်သည်／kunin sa trabaho)
　こよう

▷雇用契約、終身雇用
　けいやく　しゅうしん

(kontrak pekerjaan, pekerjaan seumur hidup／အလုပ်စာချုပ်၊ တစ်သက်တာအလုပ်အကိုင်／
employment contract, lifetime contract)

❸❽ □ 解雇(する) (pemecatan (memecat)／ထုတ်ပယ်သည်／sisantehin)
　かいこ

❸❾ □ エリート (elit／ထူးချွန်သူ／elite)

▷エリート意識を持つ (memiliki kesedaran elit／ထူးချွန်သူအသိစိတ်ရှိသည်／kamalayan ng pagiging elite)
　いしき　も

❹⓪ □ 庶民 (orang biasa／သာမန်လူ／karaniwang tao)
　しょみん

▶議員の人たちは私たち庶民とは感覚が違うんでしょう。
　ぎいん　ひと　わたし　しょみん　かんかく　ちが

(Mungkin anggota parlimen memiliki pandangan yang berbeda dengan kita, rakyat biasa.
／လွှတ်တော်ကိုယ်စားလှယ်များသည် ကျွန်ုပ်တို့သာမန်လူများနှင့် ကွဲပြားသောအယူအဆရှိလိမ့်မည်။／Iba
ang nararamdaman ng nga taong miyembro ng parliament kaysa sa ating mga karaniwang tao.)

❹❶ □ 現役 (tugas aktif／လက်ရှိတာဝန်／active service)
　げんえき

▷現役を引退する (bersara dari perkhidmatan/tugas aktif／လက်ရှိတာဝန်မှအနားယူသည်／
　　　　いんたい
magretiro sa active service)

▶祖母は70歳を過ぎても、まだ現役で働いている。
　そぼ　さい　す　はたら

(Nenek saya masih bekerja walaupun dia sudah berusia lebih dari 70 tahun.／
အဖိုးသည်အသက်၇၀ကျော်နေသော်လည်း၊ လက်ရှိတာဝန်ကိုထမ်းဆောင်လျက်ရှိသည်။／Kahit lampas na
sa 70 taong gulang ang lola ko, nagtatrabaho pa rin siya.)

❹❷ □ 新卒 (graduan baru／ဘွဲ့ရခါစ／bagong graduate)
　しんそつ

▶今回の募集は新卒の方のみが対象となります。
　こんかい　ぼしゅう　しんそつ　かた　たいしょう

(Pendaftaran kali ini hanya ditujukan untuk graduan baru.／
ဤခေါ်ယူမည့်စမှာ ဘွဲ့ရခါစများအတွက်သာဖြစ်သည်။／Para lamang sa mga bagong graduate itong posisyon.)

❹❸ □ ニート (NEET: Not in Education, Employment or Training; Bukan dalam Pendidikan, Pekerjaan
atau Latihan／လေလွင့်နေသူ／NEET (not in employment, education or training))

★学校に通うことも就職活動をすることもない若者。
Pemuda yang tidak bersekolah atau mencari pekerjaan.／ကျောင်းမတက်၊ အလုပ်မလုပ်၊ သင်တန်းမတက်သောလူငယ်။
／Mga kabataang hindi pumapasok sa eskuwelahan o hindi naghahanap ng trabaho.

❹❹ □ 内定 (tawaran rasmi pekerjaan／အလုပ်ကမ်းလှမ်းချက်／
　ないてい
hindi opisyal na alok sa trabaho)

▶先日面接を受けた会社から内定をもらえた。
　せんじつめんせつ　う　かいしゃ　ないてい

(Saya telah menerima penawaran pekerjaan dari perusahaan yang telah saya adakan temuduga
beberapa hari yang lalu.／တစ်နေ့ကအင်တာဗျူးဝင်ခဲ့တဲ့ကုမ္ပဏီကနေအလုပ်ကမ်းလှမ်းလှုပ်ချက်ကိုရခဲ့တယ်။
／Tumanggap ako ng hindi opisyal na alok mula sa kompanyang nag-interbyu sa akin noong isang araw.)

UNIT 14

原料・材料
げんりょう　ざいりょう

(Bahan mentah, Ramuan／
ကုန်ကြမ်းပစ္စည်း၊ပါဝင်သောပစ္စည်း／
Materyal, Sangkap)

---

❶ □ 鋼鉄 こうてつ (keluli／သံမဏ／bakal)

▶ この床の部分は鋼鉄でできている。
ゆか　ぶぶん
(Bahagian lantai ini dibuat daripada keluli.／ဤကြမ်းပြင်အပိုင်းသည်သံမဏိဖြင့်ပြုလုပ်ထားသည်။
／Gawa sa bakal ang bahaging ito ng sahig.)

❷ □ 鉄鋼 てっこう (besi dan keluli／သံနှင့်သံမဏ／bakal)

▷ 鉄鋼メーカー (pengeluar besi dan keluli／သံနှင့်သံမဏိထုတ်လုပ်သူ／steel manufacurer)

---

❸ □ 鉛 なまり (plumbum／ခဲ／tingga)

---

❹ □ 発砲スチロール はっぽう (busa polistirena／ပလတ်စတစ်ဖော့／styrofoam)

---

❺ □ 産出(する) さんしゅつ (menghasilkan／ထုတ်လုပ်သည်／gumawa)

▷ 石油の産出量
せきゆ　りょう
(pengeluaran minyak petroleum／ရေနံထုတ်လုပ်မှုပမာဏ／dami ng na nakuhang langis)

---

❻ □ 肥料 ひりょう (baja／မြေသြဇာ／fertilizer, pataba)

▷ 化学肥料 かがく (baja kimia／ဓါတ်မြေသြဇာ／chemical fertilizer)

---

❼ □ 繊維 せんい (serat, gentian／ချည်မျှင်／hibla, fiber)

▷ 化学繊維 かがく (serat kimia／ဓါတုဗဒချည်မျှင်／artificial fiber)

▶ 服などの細かい繊維も、これでよく拭き取ることができます。
ふく　こま　ふ　と
(Gentian halus seperti pakaian juga boleh disapu dengan baik dengan ini.／
အဝတ်စသော အမျှင်များကိုလည်းဤနည်းဖြင့်ကောင်းစွာသုတ်သင်ဖယ်ရှားနိုင်သည်။／Napupunasan
nito kahit mga damit na may pinong hibla.)

UNIT 15

テクノロジー (Teknologi／နည်းပညာ／Teknolohiya)

音楽・美術
文学など 11

スポーツ 12

職業・身分・立場 13

原料・材料 14

テクノロジー 15

メディア・報道 16

政治・行政 17

国際 18

法・ルール 19

司法・裁判 20

❶ □ **原子力発電／原発** (tenaga nuklear／အဏုမြူအားဖြင့်စွမ်ထုတ်ခြင်း／nuclear power plant)
げんしりょくはつでん　げんぱつ

❷ □ **放射能** (radiasi／ရေဒီယိုသတ္တိကြွခြင်း／radiation)
ほうしゃのう

❸ □ **太陽光発電** (tenaga suria／နေရောင်ခြည်စွမ်းအင်ဖြင့်လျှပ်စစ်ဓါတ်ထုတ်ခြင်း／solar power generation)
たいようこうはつでん

❹ □ **省エネルギー／省エネ** (penjimatan tenaga／စွမ်းအင်ချွေတာခြင်း／pagtitipid ng enerhiya)
しょう

❺ □ **テクノロジー** (teknologi／နည်းပညာ／teknolohiya)

❻ □ **バイオテクノロジー** (bioteknologi／ဇီဝနည်းပညာ／biotechnology)

❼ □ **先端技術** (teknologi terkini／အဆင့်မြင့်နည်းပညာ／advanced na teknolohiya)
せんたんぎじゅつ

❽ □ **仕組み** (mekanisme／ဖွဲ့စည်းပုံ／mekanismo)
しく

▶ この機械はどういう仕組みで動いてるんでしょう？
きかい　　　　　　　　　　　　うご

(Bagaimanakah mekanisme mesin ini bekerja?／ဒီစက်ဟာ ဘယ်လိုဖွဲ့စည်းပုံနဲ့ လှုပ်ရှားနေသလဲ။／Ano kaya ang mekanismong nagpapaandar sa makinang ito?)

❾ □ **制御(する)** (mengawal／ထိန်းချုပ်သည်／magkontrol)
せいぎょ

▶ この列車は、緊急時にはスピードが自動的に制御されるようになっている。
れっしゃ　きんきゅうじ　　　　　　　　　　　　じどうてき

(Pada masa kecemasan, kelajuan kereta api ini dikawal secara automatik.／ဒီရထားသည်၊ အရေးပေါ်အချိန်တွင်အရှိန်ကိုအလိုအလျောက်ထိန်းချုပ်သည့်စနစ်ရှိသည်။／Sa panahon ng emergency, automatikong nakokontrol ang bilis ng treng ito.)

❿ □ **出力(する)** (menghasilkan output／အချက်အလက်ထုတ်ပေးသည်／output)
しゅつりょく

▶ パソコンからテレビに出力することもできます。

(Anda juga boleh menghasilkan output dari komputer ke televisyen.／ကွန်ပြူတာမှတီဗွီသို့အချက်အလက်ထုတ်ပေးနိုင်သည်။／Puwede ka ring mag-output mula sa kompyuter papunta sa TV.)

⓫ □ **フィルター** (penapis／စစ်ထုတ်ကိရိယာ／filter)

▷ フィルターを掃除する (membersihkan penapis／စစ်ထုတ်ကိရိယာကိုသန့်ရှင်းရေးလုပ်သည်／linisin ang filter)
そうじ

65

UNIT 16

メディア・報道
ほうどう
(Media, Laporan／မီဒီယာသတင်း／Media, Balita)

---

❶ ☐ メディア (media／မီဒီယာ／media)

▶ この新サービスは、さまざまなメディアに紹介された。
しん　　　　　　　　　　　　　　　　　　　　しょうかい

(Perkhidmatan baru ini telah diperkenalkan di pelbagai media.／ ဤဝန်ဆောင်မှုအသစ်ကို မီဒီယာအမျိုးမျိုးမှမိတ်ဆက်ပေးခဲ့သည်။／Ipinakilala sa iba't ibang media ang bagong serbisyong ito.)

❷ ☐ マスメディア (media massa／လူထုမီဒီယာ／mass media)

---

❸ ☐ 報道(する) (laporan (melaporkan)／သတင်းထုတ်ပြန်သည်／magreport)
ほう　どう

▷ 報道機関 (berita media／သတင်းမီဒီယာ／news agency)
き　かん

▶ テレビや新聞で報道されていない事実もある。
しんぶん　　　　　　　　　　　じじつ

(Terdapat fakta yang tidak dilaporkan di televisyen atau surat khabar.／ တီဗွီ၊ သတင်းစာမှ သတင်းမထုတ်ပြန်သောအဖြစ်မှန်များလည်းရှိသည်။／Mayroon ding mga katotohanang hindi nairereport sa telebisyon o dyaryo.)

❹ ☐ 報じる (melaporkan／ဖော်ပြသည်／magreport)
ほう

▶ 事件は海外のメディアでも大きく報じられた。
じ　けん　　かいがい　　　　　　　　　　おお

(Peristiwa itu dilaporkan secara meluas oleh media asing.／ ဤအမှုအခင်းကိုနိုင်ငံခြားမီဒီယာများတွင်လည်းအကျယ်တဝင့်ဖော်ပြခဲ့သည်။／Naging malaking balita rin sa media ng ibang bansa ang pangyayari.)

❺ ☐ 速報 (laporan segera／အရေးပေါ်သတင်း／news flash)
そく

▶ 〈テレビ〉今入った速報です。政府は…
いまはい　　　　　　　　　せいふ

(<TV> Laporan segera yang baru sahaja masuk. Kerajaan…／ (တီဗွီ) ယခုဝင်လာတဲ့ အရေးပေါ်သတင်းဖြစ်ပါတယ်။ အစိုးရဟာ---／(Telebisyon) May natanggap kaming news flash ngayon. Ang gobyerno...)

---

❻ ☐ 警報 (amaran／သတိပေးချက်／warning, babala)
けい　ほう

▷ 津波警報 (amaran tsunami／ဆူနာမီသတိပေးချက်／warning tungkol sa tsunami)
つ　なみ

❼ ☐ 注意報 (amaran／သတိပေးချက်／warning, babala)
ちゅう　い

▷ 大雨洪水注意報 (amaran banjir hujan lebat／မိုးသည်းရေကြီးမည့်သတိပေးချက်／warning tungkol sa malakas na ulan at baha)
おおあめこうずい

音楽・美術・文学など 11

スポーツ 12

職業・身分・立場 13

原料・材料 14

テクノロジー 15

メディア・報道 16

政治・行政 17

国際 18

法・ルール 19

司法・裁判 20

❽ □ 中継(する) (siaran (menyiarkan)／ထပ်ဆင့်လွှင့်နေသည်／
ちゅうけい　mag-relay, maghatid ng balita)

▶〈ニュース〉事故現場からの中継です。
　　　　　　　じ こ げん ば

(<Berita> Ini adalah siaran langsung dari tempat kejadian.／(သတင်း) မတော်တဆဖြစ်ပွားရာနေရာမှထပ်ဆင့်လွှင့်နေတာပါ။／
／(Balita) Inihahatid namin ang balita mula sa pinangyarihan ng aksidente.)

❾ □ 取材(する) (pengumpulan berita (mengumpul berita)／သတင်းယူသည်／
しゅざい　mangolekta ng impormasyon)

▶ちゃんとした取材に基づいた記事です。
　　　　　　　　　　もと　　　き じ

(Ini adalah artikel yang berdasarkan liputan yang betul.／
အသေအချာယူထားတဲ့သတင်းပေါ်အခြေခံသည့်ဆောင်းပါးဖြစ်ပါသည်။／Batay sa mga maaasahang
impormasyong kinolekta ang artikulo.)

❿ □ 特集(する) (tajuk khas(mengenengahkan)／အသားပေးဖော်ပြသည်
とくしゅう　／special feature)

▷雑誌の特集 (tajuk khas majalah／မဂ္ဂဇင်း၏အသားပေးဖော်ပြကဏ္ဍ／special feature sa isang magasin)
　ざっし

⓫ □ コラム (kolom／ကော်လံ／kolum)

▷新聞のコラム (kolom akhbar／သတင်းစာကော်လံ／kolum ng diaryo)
　しんぶん

⓬ □ 掲載(する) (penerbitan (menerbitkan)／ထည့်သွင်းဖော်ပြသည်／ilathala)
けいさい

▷記事を掲載する (menerbitkan artikel／ဆောင်းပါးကိုထည့်သွင်းဖော်ပြသည်／ilathala ang artikulo)
　き じ

▶この店はよく雑誌に掲載される。
　　　　みせ　　　　ざっし

(Kedai ini sering dipaparkan dalam majalah.／ဒီဆိုင်သည်မဂ္ဂဇင်းတွင်မကြာခဏဖော်ပြခံရသည်။／
Madalas na nakalathala sa magasin ang tindahang ito.)

⓭ □ 連載(する) (penerbitan berterusan (menerbitkan secara berterusan)／အခန်းဆက်ဖော်ပြသည်／mag-serialize)
れんさい

▶これは雑誌に連載されていたエッセイをまとめた本です。
　　　　ざっし　　　　　　　　　　　　　　　　　　　　　ほん

(Ini adalah buku yang menghimpunkan esei yang telah diterbitkan dalam majalah.／
ဤစာအုပ်သည် မဂ္ဂဇင်းတွင်အခန်းဆက်ဖော်ပြခဲ့သည့်စာစီစာကုံးကိုစုစည်းထားသောစာအုပ်ဖြစ်သည်။／
Koleksiyon ng mga inilathalang essay sa magasin ang librong ito.)

⓮ □ 世論 (pendapat umum／လူထုအမြင်／opinyon ng publiko)
よ ろん／せ ろん

▷世論調査、国際世論 (siasatan pendapat umum, pendapat umum antarabangsa／
　ちょうさ　こくさい　　　　　　　　　　　　　　　　　　　　　　　
　လူထုအမြင်စစ်တမ်း၊ နိုင်ငံတကာအမြင်／public opinion poll, international poll)

▶相変わらず、世論を無視した政治が行われている。
　あいか　　　　　　む し　　せいじ　　おこな

(Seperti biasa, politik yang mengabaikan pendapat umum sedang berlangsung.／
ထုံးစံအတိုင်း လူထုအမြင်ကိုလစ်လျူရှုသည့်နိုင်ငံရေးကိုပြုလုပ်လျက်ရှိသည်။／Tulad ng dati, hindi
pinapansin ng politika ang opinyon ng publiko.)

UNIT 17

政治・行政
せいじ　ぎょうせい
(Politik, Pentadbiran／နိုင်ငံရေး၊ အုပ်ချုပ်ရေး／Politika, Administrasyon)

❶ □ **内閣** (kabinet／အစိုးရအဖွဲ့／gabinete)
ないかく

▷ **内閣の改造** (penukaran kabinet／အစိုးရအဖွဲ့ဝင်များအပြောင်းအလဲ／pagbabago ng gabinete)
　かいぞう

❷ □ **政権** (kerajaan／အစိုးရ၊ နိုင်ငံရေးအာဏာ／politikal na kapangyarihan)
せいけん

▷ **政権をとる**

(mengambil alih kerajaan／နိုင်ငံရေးအာဏာကိုရယူသည်／kumuha ng kapangyarihan)

▶ **この問題は、現政権の不安材料となっている。**
　　もんだい　　げん　　　ふあんざいりょう

(Masalah ini menjadi bahan kebimbangan bagi pemerintah sekarang.／
ဤပြဿနာသည်၊ လက်ရှိအစိုးရ၏စိတ်မအေးရသောအကြောင်းအရာဖြစ်နေသည်။／Naging dahilan ng
pagkabalisa ng kasalukuyang administrasyon ang isyung ito.)

❸ □ **立法** (perundangan／ဥပဒေပြုရေး／legislation, paggawa ng batas)
りっぽう

▶ **国会は国の立法機関です。**
　こっかい　くに　　りっぽうきかん

(Parlimen adalah badan perundangan negara.／လွှတ်တော်သည် နိုင်ငံတော်၏ ဥပဒေပြုအဖွဲ့ဖြစ်သည်။
／Ang Diet ang legislative body ng bansa.)

❹ □ **衆議院** (Dewan Rakyat／အောက်လွှတ်တော်／House of Representatives)
しゅうぎいん

❺ □ **参議院** (Dewan Negara／ကောင်စီဝင်／House of Councillors)
さんぎいん

❻ □ **与党** (parti pemerintah／အာဏာရပါတီ／ruling party)
よとう

❼ □ **対野党** (parti pembangkang／အတိုက်အခံပါတီ／opposition party, partido ng oposisyon)
や

❽ □ **保守** (konservatif／ရှေးရိုးစွဲ／konserbatismo)
ほしゅ

▷ **保守勢力**
　せいりょく

(kekuatan konservatif／ရှေးရိုးစွဲအင်အားစု／konserbatibong puwersa)

❾ □ **保守的（な）** (konservatif／ရှေးရိုးဆန်သော／konserbatibo)
てき

▷ **保守的な考え方**
　　　かんが　かた

(cara berfikir konservatif／ရှေးရိုးဆန်သောအတွေးအခေါ်／konserbatibong pag-iisip)

音楽・美術
文学など 11

スポーツ 12

職業・身分・立場 13

原料・材料 14

テクノロジー 15

メディア・報道 16

政治・行政 17

国際 18

法・ルール 19

司法・裁判 20

⑩ □ 対 **革新** (inovasi／ဆန်းသစ်မှု／pagbabago)

　　▷ **革新派** (faksi inovatif／ဆန်းသစ်ရေးသမားများ／reformist group)

⑪ □ **革新的(な)** (inovatif／ဆန်းသစ်သော／makabago)

　　▷ **革新的なデザイン** (reka bentuk inovatif／ဆန်းသစ်သောဒီဇိုင်း／makabagong disenyo)

⑫ □ **資本主義** (kapitalisme／အရင်းရှင်ဝါဒ／kapitalismo)

⑬ □ **社会主義** (sosialisme／ဆိုရှယ်လစ်ဝါဒ／sosyalismo)

⑭ □ **共産主義** (komunisme／ကွန်မြူနစ်ဝါဒ／komunismo)

⑮ □ **公約(する)** (manifesto／ပြည်သူ့အားကတိပြုသည်／mangako, ipangako)

▶ **民主党は減税を公約に掲げた。**

(Parti Demokratik menjanjikan pemotongan cukai dalam manifestonya.／
ဒီမိုကရက်တစ်ပါတီသည် အခွန်လျှော့ချမည်ဟု ပြည်သူ့အားကတိပြုခဲ့သည်။／Ipinangako ng
Democratic Party na babawasan nila ang tax.)

⑯ □ **政策** (dasar／မူဝါဒ／polisiya)

　　▷ **経済政策** (dasar ekonomi／စီးပွားရေးမူဝါဒ／pang-ekonomiyang polisiya)

▶ **政治家には、政策についてもっと議論をしてほしい。**

(Saya ingin agar politisi berdiskusi lebih banyak tentang kebijakan.／
နိုင်ငံရေးသမားများအား မူဝါဒနှင့်ပတ်သက်၍ ပိုမိုဆွေးနွေးစေလိုသည်။／Gusto kong magkaroon ng
mas maraming diskusyon ang mga politiko tungkol sa mga polisiya.)

⑰ □ **統治(する)** (pemerintahan (memerintah)／အုပ်ချုပ်သည်／mamahala)

▶ **現在、この地域は国連の統治下にある。**

(Saat ini, wilayah ini berada di bawah pemerintahan PBB.／
ယခု ဤဒေသသည် ကုလသမဂ္ဂ၏အုပ်ချုပ်ပ်မှုလက်အောက်တွင်ရှိသည်။／Sa kasalukuyan, nasa ilalim
ng pamamahala ng United Nations ang lugar na ito.)

⑱ □ **介入(する)** (campur tangan／ဝင်ရောက်စွက်ဖက်သည်／mamagitan, manghimasok)

　　▷ **他国の軍事介入**

(campurtangan militer negara lain／အခြားနိုင်ငံ၏စစ်ရေးအရဝင်ရောက်စွက်ဖက်မှု／
panghihimasok ng dayuhang militar)

▶ **このまま円高が続けば、政府が市場介入するかもしれない。**

(Jika yen terus meningkat, kerajaan mungkin campur tangan dalam pasaran.／
ယခုအတိုင်းယန်းငွေဈေးမြင့်နေလျှင်အစိုးရသည်ဈေးကွက်တွင်ဝင်ရောက်စွက်ဖက်ကောင်းစွက်ဖက်လိမ့်မည်။
／Kung magpapatuloy ang pagtaas ng yen, maaaring mamagitan ang gobyerno sa market.)

⑲ □ 行政(ぎょうせい) (pentadbiran/အုပ်ချုပ်ရေး/pamamahala, administrasyon)

▷ 国(くに)の行政機関(きかん)、地方(ちほう)行政

(badan pentadbiran negara, pentadbiran daerah/နိုင်ငံတော်အုပ်ချုပ်ရေးအေဂျင်စီ၊ဒေသန္တရအုပ်ချုပ်ရေး/national administrative agency, lokal na administrasyon)

⑳ □ 福祉(ふくし) (kebajikan/လူမှုဖူလုံရေး/welfare)

▷ 福祉国家(こっか) (negara kebajikan/လူမှုဖူလုံရေးနိုင်ငံတော်/welfare state)

㉑ □ 財政(ざいせい) (kewangan/ဘဏ္ဍာရေး/pananalapi, finance)

▷ 財政赤字(あかじ) (defisit fiskal/ဘတ်ဂျက်လိုငွေ/financial deficit)

▶ 市(し)の財政は破綻(はたん)寸前(すんぜん)だ。

(Kewangan bandar berada di hampir muflis./မြို့၏ဘဏ္ဍာရေးသည် ဒေဝါလီခံခါနီးဖြစ်သည်။/Nasa bingit ng pagkabangkarote ang pananalapi ng lunsod.)

㉒ □ 官僚(かんりょう) (birokrat/အစိုးရအရာရှိ/bureaucracy)

㉓ □ 自治(じち) (autonomi/ကိုယ်ပိုင်အုပ်ချုပ်ရေး/awtonomiya)

▷ 学生(がくせい)の自治会(かい) (majlis autonomi pelajar/ကျောင်းသားကောင်စီ/awtonomiya ng mga estudyante)

㉔ □ 自治体(たい) (perbandaran (autonomi)/ကိုယ်ပိုင်အုပ်ချုပ်ရေးအစိုးရ/munisipalidad)

▷ 地方(ちほう)自治体

(penbandaran (autonomi) tempatan/ဒေသန္တရအစိုးရ/lokal na pamahalaan)

㉕ □ 税務署(ぜいむしょ) (jabatan cukai/အခွန်ရုံး/tax office)

㉖ □ 独裁(どくさい)(する) (diktator/အာဏာရှင်စနစ်ကျင့်သုံးသည်/diktador)

㉗ □ 天下(あまくだ)り (pindah ke pekerjaan yang lebih berbayar setelah bersara dari perkhidmatan awam/မိုးကျရွှေကိုယ်/pagbaba mula sa langit, pag-uutos)

▷ 官僚(かんりょう)の天下り

(birokrat pindah ke pekerjaan yang lebih berbayar setelah bersara dari perkhidmatan awam/အစိုးရအရာရှိမိုးကျရွှေကိုယ်/pagtatrabaho sa isang magandang posisyon ng mga retiradong opisyal ng/gobyerno sa pribadong sektor)

音楽・美術
文学・美術など 11

スポーツ 12

職業・身分・立場 13

原料・材料 14

テクノロジー 15

メディア報道 16

政治・行政 17

国際 18

法・ルール 19

司法・裁判 20

UNIT 18

国際
こくさい
(Antarabangsa／နိုင်ငံတကာ／
Internasyonal, Pandaigdig)

❶ □ 国連／国際連合 (PBB / Persatuan Bangsa-Bangsa／
こくれん こくさいれんごう ကုလသမဂ္ဂ／နိုင်ငံတကာအဖွဲ့အစည်း／United Nations)

❷ □ 加盟(する) (penyertaan (menyertai)／ပူးပေါင်းသည်／maging
かめい miyembro, sumali)

▶現在、国連には200近くの国が加盟している。
げんざい こくれん ちか くに

(Kini, hampir 200 negara telah menjadi anggota PBB.／
ယခု၊ ကုလသမဂ္ဂတွင် နိုင်ငံပေါင်း ၂၀၀ နီးပါးပူးပေါင်းလျက်ရှိသည်။／Sa kasalukuyan, malapit sa 200
ang mga miembrong bansa ng United Nations.)

❸ □ 調印(する) (tandatangani (menandatangani)／လက်မှတ်ထိုးသည်／
ちょういん pumirma)

▷ 条約に調印する、調印式
じょうやく しき

(menandatangani perjanjian, upacara penandatanganan／
စာချုပ်တွင်လက်မှတ်ထိုးသည်၊ လက်မှတ်ရေးထိုးပွဲ／pumirma sa kasunduan, signing ceremony)

❹ □ 先進国 (negara maju／ဖွံ့ဖြိုးပြီးနိုင်ငံ／maunlad na bansa)
せんしんこく

❺ □ 首脳 (pemimpin／ခေါင်းဆောင်／pinuno)
しゅのう

▶先進国の首脳が集まって、3日間会議が行われる。
せんしんこく しゅのう あつ かかんかいぎ おこな

(Pemimpin negara maju akan berkumpul dan mengadakan pertemuan selama tiga hari.／
ဖွံ့ဖြိုးပြီးနိုင်ငံများ၏ခေါင်းဆောင်များတွေ့ဆုံ၍၃ရက်တာအစည်းအဝေးကျင်းပသည်။／Magtitipon ang
mga pinuno ng mga maunlad na bansa at magkakaroon sila ng kumperensya ng 3 araw.)

❻ □ (発展)途上国 (pemimpin／(ဖွံ့ဖြိုးတိုးတက်)ဖွံ့ဖြိုးဆဲနိုင်ငံ／developing country, papaunlad na bansa)
はってん とじょうこく

❼ □ 国土 (tanah negara／နိုင်ငံ့မြေ／bansa, nasyonal na teritoryo)
こくど

▷ 災害から国土を守る
さいがい まも

(melindungi tanah negara dari bencana／ကပ်ဘေးမှနိုင်ငံ့မြေကိုကာကွယ်စောင့်ရှောက်သည်／
protektahan ang bansa mula sa kalamidad)

❽ □ 領土 (wilayah, jajahan／မြေပိုင်နက်／teritoryo)
りょうど

❾ □ 領海 (perairan wilayah／ရေပိုင်နက်／territorial waters)
りょうかい

❿ □ 植民地 (koloni／ကိုလိုနီဒေသ／kolonya)
しょくみんち

⓫ ☐ 母国（ぼこく）(negara asal／အမိဿိုင်ငံ／bansang pinagmulan)

▷ **母国語**（ぼこくご）(bahasa ibunda／အမိနိုင်ငံဘာသာ／sariling wika)

⓬ ☐ 愛国心（あいこくしん）(patriotisme／မျိုးချစ်စိတ်／pagiging makabayan)

⓭ ☐ 隣国（りんごく）(negara jiran／အိမ်နီးချင်းနိုင်ငံ／karatig bansa)

⓮ ☐ 国交（こっこう）(hubungan diplomatik／သံတမန်ဆက်ဆံရေး／relasyong diplomatiko)

▶ 特にこの20年間、両国は国交を深めてきた。
（とくに・ねんかん・りょうごく・ふか）

(Khususnya dalam 20 tahun terakhir ini, kedua negara telah memperdalam hubungan diplomatiknya.／အထူးသဖြင့်ဤအနှစ်၂၀အတွင်း နှစ်နိုင်ငံသံတမန်ဆက်ဆံရေးသည် ပိုမိုနက်ရှိုင်းလာခဲ့သည်။／Naging malalim ang relasyong diplomatiko ng dalawang bansa, lalo na sa 20 taong ito.)

⓯ ☐ 侵略（する）（しんりゃく）(invasi／ကျူးကျော်သည်／salakayin)

▶ 豊かな自然に恵まれたこの国は、幾度となく他国の侵略を受けてきた。
（ゆたか・しぜん・めぐ・くに・いくど・たこく・う）

(Negara ini, yang diberkati dengan kekayaan alam, telah beberapa kali mengalami invasi dari negara lain.／သဘာဝကြွယ်ဝသောဤနိုင်ငံသည်အခြားနိုင်ငံ၏ကျူးကျော်မှုကိုအကြိမ်များစွာခံရဲခဲ့သည်။／Sinalakay ng ibang bansa ang bansang ito na mayaman sa kalikasan.)

⓰ ☐ 紛争（ふんそう）(konflik／အငြင်းပွားမှု／alitan, conflict, hindi pagkakaunawaan)

▷ **国際紛争**（こくさい）(konflik internasional／နိုင်ငံတကာအငြင်းပွားမှု／internasyonal na hindi pagkakaunawaan)

▶ 国境付近では今も紛争が続いている。
（こっきょうふきん・いま・つづ）

(Konflik masih berlangsung di dekat perbatasan negara.／နယ်ခြားအနီးတွင်ယခုတိုင်အငြင်းပွားမှုများဆက်လက်ဖြစ်ပွားနေသည်။／Patuloy pa rin ang hindi pagkakaunawaan sa may boundary ng mga bansa.)

▶ 土地の利用をめぐって、国と住民との間で紛争が生じている。
（とち・りよう・くに・じゅうみん・あいだ・しょう）

(Konflik telah timbul antara negara dan penduduknya mengenai penggunaan tanah.／မြေအသုံးချရေးကိုအကြောင်းပြု၍ နိုင်ငံတော်နှင့်နေထိုင်သူများအကြားအငြင်းပွားမှုများပေါ်ပေါက်နေသည်။／Nagkakaroon ng alitan sa pagitan ng bansa at ng mga residente tungkol sa kung paano gagamitin ang lupa.)

⓱ ☐ 内戦（ないせん）(perang saudara／ပြည်တွင်းစစ်／civil war)

⓲ ☐ 難民（なんみん）(pelarian／ဒုက္ခသည်／refugee)

音楽・美術・文学など 11

スポーツ 12

職業・身分・立場 13

原料・材料 14

テクノロジー 15

メディア・報道 16

政治・行政 17

国際 18

法・ルール 19

司法・裁判 20

UNIT 19

法・ルール
ほう
(Undang-undang, Peraturan／ဥပဒေ၊ စည်းကမ်း／Batas, Alituntunin)

❶ □ **規定(する)**
きてい
(peraturan (menetapkan)／စည်းမျဉ်းပြဌာန်းသည်／regulasyon)

▷ 罰則規定、服装の規定
ばっそく　　ふくそう

(hukuman, peraturan pakaian／ပြစ်ဒဏ်ပြဌာန်းချက်၊ အဝတ်အစားသတ်မှတ်ချက်／regulasyon tungkol sa pagpaparusa,dress code)

❷ □ **規約**
きやく
(peraturan／သတ်မှတ်ချက်／alituntunin)

▷ サービス利用規約
りよう

(peraturan penggunaan layanan／ဝန်ဆောင်မှုအသုံးချရေးသတ်မှတ်ချက်／mga tuntunin ng serbisyo)

❸ □ **規格**
きかく
(piawaian, standard／သတ်မှတ်ချက်／pamantayan, standard)

▷ 規格外 (di luar standard／သတ်မှတ်ချက်မှအပ／hindi standard)
がい

▶ 国によって規格が異なるので、海外で使えないことがある。
くに　　　　　　　こと　　　　　かいがい　　つか

(Spesifikasi berbeza-beza mengikut negara, jadi ada kemungkinan yang tidak boleh digunakan di luar negeri.／
နိုင်ငံအလိုက်သတ်မှတ်ချက်မတူသဖြင့်နိုင်ငံရပ်ခြားတွင်အသုံးမပြုနိုင်သည်လည်းရှိ၏။／Dahil iba-iba ang standard depende sa bansa, maaaring hindi ito magamit sa labas ng bansa.)

❹ □ **規範**
きはん
(norma／စံထား／kalakaran, pamantayan)

▷ 社会規範、規範意識
しゃかい　　　　きはんいしき

(norma sosial, kesadaran norma／လူမှုရေးစံထားများ၊ စံထားအကျင့်စာရိတ္တ／pamantayang panlipunan, normatibong kamalayan)

❺ □ **秩序**
ちつじょ
(ketertiban／အမိန့်／kaayusan, disiplina)

▷ 秩序を守る、秩序を保つ
まも　　　　　　たも

(menjaga ketertiban, memelihara ketertiban／အမိန့်ကိုစောင့်ရှောက်သည်၊ အမိန့်ကိုထိန်းသိမ်းထားသည်／pangalagaan ang kaayusan, panitilihing maayos)

❻ □ **掟**
おきて
(hukum／စည်းကမ်း／alituntunin, kautusan)

▷ 掟を破る (melanggar hukum／စည်းကမ်းဖောက်ဖျက်သည်／suwayin ang alituntunin)
やぶ

❼ □ **法的(な)** (hukum, undang-undang／တရားဝင်သော／legal)
ほうてき

▷ **法的秩序、法的根拠**
ちつじょ　　こんきょ

(ketertiban hukum, dasar hukum(/undang-undang)／တရားဝင်အမိန့် ဥပဒေအခြေခံ／legal na kautusan, legal na batayan)

❽ □ **法案** (rang undang-undang／ဥပဒေမူကြမ်း／bill)
ほうあん

▷ **法案を提出する**
ていしゅつ

(mengajukan rancangan undang-undang／ဥပဒေမူကြမ်းကိုတင်သွင်းသည်။／isumite ang bill)

❾ □ **可決(する)** (kelulusan (meluluskan)／အတည်ပြုသည်／pumasa, ipasa)
かけつ

▶ **法案は可決される見通しだ。**
みとお

(Rancangan undang-undang dijangka akan diluluskan.／
ဥပဒေကြမ်းကိုအတည်ပြုဖို့မျှော်လင့်ရသည်။／Inaaasahang papasa ang bill.)

❿ □ **条約** (perjanjian／သဘောတူစာချုပ်／kasunduan, treaty)
じょうやく

▷ **条約を結ぶ** (membuat perjanjian／သဘောတူစာချုပ်ချုပ်သည်／gumawa ng kasunduan)
むす

⓫ □ **条例** (peraturan daerah／အာဏာပိုင်၏အမိန့်／ordinansa)
じょうれい

▷ **市の条例に違反する** (melanggar peraturan daerah／
し　　　　いはん
မြို့အုပ်ချုပ်ရေး၏အမိန့်ကိုချိုးဖောက်သည်／lumabag sa ordinansa ng siyudad)

⓬ □ **制定(する)** (penggubalan (menggubal)／ပြဋ္ဌာန်းသည်／magsabatas)
せいてい

▷ **憲法を制定する**
けんぽう

(menggubal konstitusi／ဖွဲ့စည်းပုံအခြေခံဥပဒေကိုပြဋ္ဌာန်းသည်／magpatibay ng konstitusyon)

⓭ □ **施行(する)** (penguatkuasaan (menguatkuasakan)／
しこう　　　　　အာဏာတည်စေသည်／magpatupad)

▶ **来月から新しい法律が施行される。**
らいげつ　　あたら　　　ほうりつ

(Undang-undang baru akan dikuatkuasakan mulai bulan depan.／
နောက်လမှစ၍ဥပဒေသစ်ကိုအာဏာတည်စေမည်။／Ipapatupad mula sa isang buwan ang bagong batas.)

⓮ □ **改正(する)** (pindaan (meminda)／ပြင်ဆင်သည်／susugan)
かいせい

▷ **法律を改正する** (meminda undang-undang／ဥပဒေကိုပြင်ဆင်သည်／susugan ang batas)
ほうりつ

⓯ □ **改定(する)** (semakan (menyemak)／ပြင်ဆင်သတ်မှတ်သည်／baguhin)
かいてい

▷ **料金を改定する** (menyemak tarif／စျေးနှုန်းကိုပြင်ဆင်သတ်မှတ်သည်／baguhin ang halaga)
りょうきん

文学・美術 11
スポーツ 12
職業・身分・立場 13
原料・材料 14
テクノロジー 15
メディア報道 16
政治・行政 17
国際 18
法・ルール 19
司法・裁判 20

⑯ □ 廃止（する） (pemansuhan (memansuhkan)／ဖျက်သိမ်းသည်／buwagin)

▷ ルール/制度を廃止する

(memansuhkan aturan/sistem／စည်းကမ်း/စနစ်ကိုဖျက်သိမ်းသည်／buwagin ang alituntunin/sistema)

⑰ □ 破棄（する） (pembuangan (membuang)／ပယ်ဖျက်သည်／sirain, hindi tuparin)

▷ 契約を破棄する (membatalkan kontrak／စာချုပ်ကိုပယ်ဖျက်သည်／hindi tuparin ang kontrata)

▶ 訂正したものをお送りしますので、前の書類は破棄してください。

(Tolong buang dokumen sebelumnya kerana saya akan menghantar yang telah diperbaiki.／ပြင်ဆင်ထားသည်ကိုပို့မည်ဖြစ်၍၊ယခင်စာရွက်စာတမ်းကိုပယ်ဖျက်လိုက်ပါ။／Ipapadala ko sa iyo ang binagong dokumento, kaya sirain mo na lang ang dating dokumento.)

⑱ □ 取り締まる (menegakkan／ထိန်းချုပ်သည်／kontrolin, sugpuin)

▷ 飲酒運転を取り締まる

(menegakkan pemanduan dalam keadaan mabuk／အရက်သောက်ပြီးကားမောင်းခြင်းကိုထိန်းချုပ်သည်／sugpuin ang pagmamaneho nang lasing)

▷ 取り締まり (penegakan／ထိန်းချုပ်သည်／kontrol)

⑲ □ 違法（な） (haram／ဥပဒေနှင့်ဆန့်ကျင်သော／ilegal)

▷ 違法駐車、違法行為、違法な取引

(tempat letak kereta haram, tindakan haram, transaksi haram／ဥပဒေနှင့်ဆန့်ကျင်သောယာဉ်ရပ်ထားမှုဥပဒေနှင့်ဆန့်ကျင်သောအပြုအမူဥပဒေနှင့်ဆန့်ကျင်သောအရောင်းအဝယ်／ilegal na parking, ilegal na gawain, ilegal na transaksiyon)

⑳ □ 犯す (melakukan jenayah／ချိုးဖောက်ကျူးလွန်သည်／sumuway)

▷ 法を犯す、犯罪を犯す

(melanggar hukum, melakukan jenayah／ဥပဒေချိုးဖောက်သည်ပြစ်မှုကျူးလွန်သည်／sumuway sa batas, gumawa ng krimen)

▶ 罪を犯した以上、罰を受けるのは当然だ。

(Memang sepatutnya dihukum jika mmelakukan jenayah.／ပြစ်မှုကျူးလွန်ခြင်းအတွက် ပြစ်ဒဏ်ကျခံရသည်မှာသဘာဝကျပါသည်။／Kung nakagawa ka ng krimen, dapat lang na maparusahan ka.)

㉑ □ 侵害（する） (pencerobohan (menceroboh)／ချိုးဖောက်သည်／lumabag)

▷ 権利の侵害 (pelanggaran hak／အခွင့်အရေးချိုးဖောက်မှု／paglabag sa karapatan)

㉒ □ 保障(する) (jaminan (menjamin)／အာမခံသည်／maggarantiya)
   ほ しょう

▷ 権利を保障する、安全保障
   けん り

(menjamin hak, jaminan keselamatan／အခွင့်အရေးကိုအာမခံသည်၊ လုံခြုံမှုအာမခံ／maggarantiya
ng karapatan, garantiya sa kaligtasan)

㉓ □ 人権 (hak (asasi) manusia／လူ့အခွင့်အရေး／karapatang pantao)
   じんけん

▷ 人権侵害、人権を守る
   しんがい　　　　　まも

(pelanggaran hak asasi manusia, melindungi hak asasi manusia／
လူ့အခွင့်အရေးချိုးဖောက်မှု လူ့အခွင့်အရေးကိုကာကွယ်ခြင်း／paglabag sa karapatang pantao,
protektahan ang karapatang pantao)

㉔ □ 原則 (prinsip／မူ／prinsipyo)
   げんそく

▶ 館内の喫煙は、原則禁止です。
   かんない　きつえん　　　げんそく　きんし

(Merokok di dalam gedung pada dasarnya adalah dilarang.／
အဆောက်အဦးတွင်း၌ မူအရဆေးလိပ်မသောက်ရပါ။／Ipinagbabawal bilang prinsipyo, ang
paninigarilyo sa loob ng bilding,)

㉕ □ 罰則 (hukuman／ပြစ်ဒဏ်／parusa)
   ばっそく

▶ ルール違反には罰則が設けられています。
   　　　いはん　　　ばっそく　もう

(Ada hukuman untuk pelanggaran peraturan.／
စည်းကမ်းဖောက်မှုတွင် ပြစ်ဒဏ်သတ်မှတ်ထားသည်။／May parusa sa pagsuway sa mga
alituntunin.)

㉖ □ 処罰(する) (hukuman (menghukum)／အပြစ်ဒဏ်ပေးသည်／
   しょばつ　　　　　　parusahan)

▶ 犯罪を犯した者への処罰の方法がここに書かれている。
   はんざい　おか　もの　　　しょばつ　ほうほう　　　　　か

(Cara menghukum penjenayah ditulis di sini.／
ပြစ်မှုကျူးလွန်သူကိုပြစ်ဒဏ်ပေးရန်နည်းလမ်းကိုဒီမှာရေးထားတယ်။／Nakasulat rito ang paraan ng
pagpaparusa sa mga gumawa ng krimen.)

㉗ □ 処分(する) (pendendaan (mendenda)／အရေးယူသည်／parusahan)
   しょぶん

▶ 違反者に対する処分は厳しいものになるだろう。
   いはんしゃ　たい　　しょぶん　きび

(Pendendaan terhadap pelanggar mungkin akan keras.／
ဖောက်ဖျက်ကျူးလွန်သူကိုပြင်းပြင်းထန်ထန်အရေးယူလိမ့်မည်။／Papatawan ng mabigat na parusa
ang mga lumabag sa batas.)

㉘ □ 制裁(する)(せいさい) (hukuman (menghukum)／ပြစ်ဒဏ်ချမှတ်သည်／parusahan)

▷ 掟(おきて)を破(やぶ)った者(もの)には制裁が加(くわ)えられた。

(Orang yang melanggar hukum telah dikenakan sanksi.／စည်းကမ်းချိုးဖောက်သူကို ပြစ်ဒဏ်ချမှတ်ခဲ့သည်။／Parurusahan ang mga sumuway sa alituntunin.)

㉙ □ 規制(する)(きせい) (kawalan (mengawal)／စည်းမျဉ်းချမှတ်သည်／kontrolahin)

▷ 輸入(ゆにゅう)を規制する (mengawal import／တင်သွင်းခြင်းကိုစည်းမျဉ်းချမှတ်သည်／kontrolahin ang pag-import)

㉚ □ 緩和(する)(かんわ) (pengenduran (mengendurkan)／လျှော့ချသည်／luwagan)

▷ 規制を緩和する (mengendurkan kawalan／စည်းမျဉ်းကိုလျှော့ချသည်／luwagan ang regulasyon)

㉛ □ 移行(する)(いこう) (peralihan (beralih)／ကူးပြောင်းသည်／transisyon)

▷ 移行期間(きかん) (tempoh peralihan／ကူးပြောင်းကာလ／panahon ng transisyon)

▶ 新(しん)システムに移行するまでの間(あいだ)、ご不便(ふべん)をおかけします。

(Kami memohon maaf atas ketidakselesaan semasa beralih ke sistem baru.／စစ္စတမ်သစ်သို့ကူးပြောင်းပြီးသည်အထိအတောအတွင်း၌ အဆင်မပြေဖြစ်စေပါမည်။／Humihingi kami ng paumanhin para sa anumang abala sa panahon ng transisyon sa bagong sistema.)

㉜ □ 制約(する)(せいやく) (kekangan, had (mengekang)／ကန့်သတ်သည်／limitahan)

▶ 時間(じかん)の制約もあるので、どこまでできるかはわかりません。

(Ada batasan waktu, jadi saya tidak pasti sejauh mana yang boleh dilakukan.／အချိန်ကန့်သတ်မှုလည်းရှိနေလို့ ဘယ်လောက်အထိလုပ်နိုင်မယ်ဆိုတာမသိဘူး။／May limit sa oras, kaya hindi ko alam kung hanggang saan ang magagawa ko.)

㉝ □ 所定(しょてい) (ketetapan／သတ်မှတ်ထားသောပုံစံ／italaga)

▶ 所定の用紙(ようし)にご記入(きにゅう)ください。

(Silakan isi pada kertas yang telah ditentukan.／သတ်မှတ်ထားသောပုံစံစာရွက်တွင်ရေးဖြည့်ပါ။／Pakipunan ninyo ang itinalagang form.)

㉞ □ (～は)禁物(きんもつ) (perkara yang ditegah／တားမြစ်ချက်／huwag, bawal)

▶ 熱(ねつ)があるんだから、激(はげ)しい運動(うんどう)は禁物だよ。

(Jangan melakukan senaman yang berat jika anda demam.／ကိုယ်ပူရှိနေလို့ ပြင်းထန်တဲ့လေ့ကျင့်ခန်းလုပ်ခြင်းကို တားမြစ်ပါတယ်။／Dahil sa may lagnat ka, huwag kang mag-ehersisyo nang mabigat.)

UNIT 20

司法・裁判
し ほう　さい ばん

(Badan Kehakiman, Pengadilan／
တရားစီရင်ရေး၊တရားစီရင်ချက်／Hustisya,
Paglilitis)

❶ □ 司法 ((badan) kehakiman／တရားစီရင်ရေး／hustisya)
　　し ほう

　▷ 司法当局 (pihak berkuasa kehakiman／တရားရေးအာဏာပိုင်／judicial authorities)
　　とうきょく

　▷ 司法の独立は保たれているか。
　　どくりつ　　たも

　　(Adakah kebebasan kehakiman dipelihara?／တရားစီရင်ရေးလွတ်လပ်မှုကိုထိန်းသိမ်းထားသလား။／
　　Pinapanatili ba ang judicial independence?)

❷ □ 法廷 (mahkamah／တရားရုံး／hukuman)
　　ほうてい

❸ □ 裁判官 (hakim／တရားသူကြီး／hukom)
　　さいばんかん

❹ □ 検事 (pendakwa raya／အစိုးရရှေ့နေ／piskal)
　　けん じ

❺ □ 原告 (plaintif／တရားလို／ang nagsasakdal)
　　げんこく

❻ □ 対被告 (tertuduh／တရားခံ／ang nasasakdal)
　　ひこく

❼ □ 弁護(する) (pembelaan (membela)／ကာကွယ်သည်／magtanggol)
　　べん ご

　▶ 彼を弁護するつもりはないが、報道が一方的だと思う。
　　かれ　　　　　　　　　　　　ほうどう　いっぽうてき　　おも

　　(Saya tidak berniat membela dia, tetapi saya rasa liputan berita agak berat sebelah.／
　　သူ့ကိုကာကွယ်ဖို့မရည်ရွယ်ပေမဲ့ သတင်းဖော်ပြချက်ကတစ်ဘက်သတ်ကျတယ်ထင်တယ်။／Wala akong
　　intensyong ipagtanggol siya, pero sa palagay ko, may kinilingan ang mga balita.)

❽ □ 容疑者 (suspek／တရားခံ／suspek, pinaghihinalaan)
　　ようぎ しゃ

❾ □ 逮捕(する) (penangkapan (menangkap)／ဖမ်းဆီးသည်／hulihin)
　　たい ほ

　▷ 容疑者を逮捕する (menangkap suspek／တရားခံကိုဖမ်းဆီးသည်／hulihin ang suspek)
　　ようぎしゃ

❿ □ 証人 (saksi／သက်သေ／saksi, witness)
　　しょうにん

音楽・美術
文学など 11

スポーツ 12

職業・身分・立場 13

原料・材料 14

テクノロジー 15

メディア・報道 16

政治・行政 17

国際 18

法・ルール 19

司法・裁判 20

⓫ ☐ 証言（する） (tesitimoni (memberi keterangan)／သက်သေထွက်ဆိုသည်／
magsalaysay, magpatotoo)

▶ 犯人を見たという証言が取れた。
はんにん み と

(Kami telah mendapatkan keterangan dari seseorang yang telah melihat penjenayah.／
ြြစ်မှုကျူးလွန်သူကိုတွေ့ခဲ့တယ်ဆိုတဲ့ သက်သေထွက်ဆိုချက်ရခဲ့တယ်။／Nakuha namin ang salaysay
ng isang taong nakakita sa kriminal.)

⓬ ☐ 証拠 (bukti／အထောက်အထား／ebidensya)
しょうこ

▶ 犯人の特定に結びつく証拠は見つかっていない。
はんにん とくてい むす

(Kami belum menemukan bukti yang dapat menghubungkan ke penjenayah.／
ြြစ်မှုကျူးလွန်သူကိုဖော်ထုတ်ရန်ဆက်စပ်သည့်အထောက်အထားမတွေ့ရသေးဘူး။／Walang nakitang
ebidensiya para matukoy ang kriminal.)

⓭ ☐ 訴訟 (tuntutan mahkamah／တရားစွဲြခင်း／kaso, pagdedemanda)
そしょう

▷ 訴訟問題 (isu tuntutan mahkamah／တရားစွဲြပဿနာ／problema tungkol sa kaso)
もんだい

▶ こうしたトラブルが訴訟に至ることも珍しくはない。
いた めずら

(Masalah seperti ini tidak jarang berakhir di tuntutan mahkamah.／
ဒီလိုြပဿနာမျာ တရားစွဲသည်အထိြဖစ်ရသည်မှာမထူးဆန်းပါ။／Karaniwan na ang ganitong
problema ay mauuwi sa pagdedemanda.)

⓮ ☐ 告訴（する） (memfailkan aduan／စွဲဆိုသည်／magsampa ng kaso)
こくそ

▷ 告訴を取り下げる (menarik balik laporan／စွဲဆိုချက်ကိုရုပ်သိမ်းသည်／bawiin ang kaso)
と さ

▶ 被害を受けた客5人がA社を告訴した。
ひがい う きゃく にん しゃ

(Lima pelanggan yang menderita kerugian telah melaporkan Perusahaan A.／
ထိခိုက်နစ်နာသူ၅ဦးသည်Aကုမ္ပဏီကိုစွဲဆိုချက်တင်သည်။／Nagsampa ng kaso laban sa Company A
ang 5 kustomer na nasaktan .)

⓯ ☐ 賠償（する） (ganti rugi (membayar ganti rugi)／လျော်ကြေးပေးသည်／
ばいしょう magbayad)

▷ 損害賠償を請求する
そんがい せいきゅう

(menuntut ganti rugi／ဆုံးရှုံးနစ်နာမှုလျော်ကြေးတောင်းသည်／mag-claim ng pinsala)

▶ 被害者に対し、A社は1000万円の賠償金を支払った。
ひがいしゃ たい しゃ まん えん きん はら

(Perusahaan A telah membayar ganti rugi sebesar 10 juta yen kepada korbannya.／
ဆုံးရှုံးနစ်နာသူအတွက်၊ Aကုမ္ပဏီသည်ယန်ငွေသောင်း၁၀၀၀လျော်ကြေးပေးသည်။／Nagbayad ang
Company A sa mga biktima ng 10 milyong yen, bilang bayad-pinsala.)

⓰ ☐ 和解（する） (perdamaian (berdamai)／ြပလည်သည်／magkasundo)
わかい

▷ 二度目の話し合いを経て、両者は和解に至った。
にどめ はな あ へ りょうしゃ いた

(Setelah diskusi kedua, kedua belah pihak telah mencapai kesepakatan.／
ဒုတိယအကြိမ်ဆွေးနွေးပွဲအပြီးတွင်နစ်ဖက်ြပလည်မှုရခဲ့သည်။／Pagkatapos ng ikalawang round ng
pag-uusap, nagkasundo ang dalawang panig.)

⓱ □ 自首(する) (penyerahan diri (menyerahkan diri)／လက်လျှော့သည်／sumuko)

⓲ □ 有罪 (bersalah (ada kesalahan)／အပြစ်ရှိခြင်း／guilty, may sala)

▷ 有罪の判決が下る

(keputusan bersalah diberikan／အပြစ်ရှိကြောင်းစီရင်ချက်ချသည်／hatulan ng guilty)

⓳ □ 対 無罪 (tidak bersalah (tak ada kesalahan)／အပြစ်မရှိခြင်း／walang kasalanan)

▶ 彼は一貫して無罪を主張している。

(Dia secara konsisten menuntut tidak bersalah.／
သူသည်အပြစ်မရှိကြောင်းတောက်လျှောက်ပြောနေသည်။／Lagi niyang sinasabing wala siyang
kasalanan.)

⓴ □ 対 無実 (tidak bersalah (tak ada kesalahan)／အပြစ်မှန်မဟုတ်／inosente)

▶ 彼は無実の罪を着せられたんです。

(Dia dituduh atas kejahatan yang tidak dia lakukan.／
သူသည်အပြစ်မှန်မဟုတ်သောအပြစ်ဖြင့်စွဲဆိုခံရသည်။／Inakusahan siya nang mali.)

㉑ □ 刑 (hukuman／ပြစ်ဒဏ်／sentensya, parusa)

▷ 実刑判決が出る

(keputusan hukuman penjara dibuat／ထောင်ဒဏ်ချမှတ်သည်／masentensyahan ng
pagkabilanggo)

㉒ □ 懲役(刑) (penjara／ထောင်ဒဏ်／pagkakulong)

▷ 懲役3年の刑

(hukuman penjara selama tiga tahun／ထောင်ဒဏ်၃နှစ်ပြစ်ဒဏ်／pagkakulong ng 3 taon)

㉓ □ 死刑 (hukuman mati／သေဒဏ်／parusang kamatayan, pagbitay)

㉔ □ 刑法 (undang-undang jenayah／ပြစ်မှုဥပဒေ／batas kriminal)

㉕ □ 執行(する) (perlaksanaan (melaksanakan)／ဆောင်ရွက်သည်／isagawa)

▷ 死刑を執行する (melaksanakan hukuman mati／သေဒဏ်ပေးခြင်းကိုဆောင်ရွက်သည်／
isagawa ang parusang kamatayan)

グループ・組織 21

仕事・ビジネス 22

商品・サービス 23

読む・書く 聞く・話す 24

本 25

自然科学 26

宗教・信仰 27

場所・位置・方向 28

範囲 29

形式・スタイル 30

UNIT 21

グループ・組織
そしき
(Kumpulan, Organisasi／အုပ်စု၊ အဖွဲ့အစည်း／Grupo, Organisasyon)

❶ □ 法人 (perbadanan／ကော်ပိုရေးရှင်း／korporasyon)
ほうじん

▷財団法人、宗教法人、法人税
ざいだん　しゅうきょう　ぜい

(perbadanan yayasan, perbadanan agama, cukai perbadanan／
ဖောင်ဒေးရှင်း၊ ဘာသာရေးအဖွဲ့အစည်း၊ ကော်ပိုရိတ်အခွန်／foundation, religious institution, corporate tax)

▶この団体も法人扱いを受けるそうです。
だんたい　　　あつか　　う

(Rombongan ini juga dikatakan akan menerima perlakuan sebagai perbadanan.／
ဒီအဖွဲ့လည်း ကိုပိုရေးရှင်းအနေနဲ့ဆက်ဆံမှုကိုရလိမ့်မယ်ဆိုပါ။／Mukhang ituturing ring korporasyon ang grupong ito.)

❷ □ 部門 (bahagian／ဌာန／branch, sangay)
ぶもん

▷IT部門、教育部門
きょういく

(bahagian IT, bahagian pendidikan／IT ဌာန၊ ပညာရေးဌာန／IT department, education department)

▶今後は開発部門に力を入れていきたい。
こんご　　かいはつ　　　　ちから　い

(Kami ingin memberikan lebih banyak usaha ke bahagian pembangunan pada masa hadapan.／နောက်နောင်မှာဖွံ့ဖြိုးတိုးတက်ရေးဌာနကိုအာရုံစိုက်သွားချင်တယ်။／Mula ngayon, gusto kong pagtuunan ng sikap ang development department)

❸ □ 部署 (jabatan／ဌာန／departamento)
ぶしょ

▶〈受付で〉部署はわからないのですが、原まり子さんにお会いする約束で参りました。
うけつけ　　　　　　　　　　　　　　　　はら　こ　　　あ　　　やくそく
まい

(〈Di kaunter penerimaan〉 Saya tidak tahu bahagian, tetapi saya telah membuat janji untuk bertemu dengan Cik/Puan Mariko Hara.／（လက်ခံကောင်တာတွင်）ဌာနကိုတော့မသိပါဘူး၊ ဟာရမရိကိုစံနဲ့တွေ့ဖို့ကတိပြုထားလို့လာတာပါ။／(Sa reception) Hindi ko alam kung saang departamento siya, pero may appointment ako para makipagkita kay Mariko Hara.)

❹ □ 機構 (badan／အဖွဲ့အစည်း／organisasyon)
きこう

▷官僚機構 (badan birokrasi／ဗျူရိုကရေစီယန္တရား／bureaucracy)
かんりょう

▷国の機構改革に伴い、事業は廃止された。
くに　　きこうかいかく　ともな　　じぎょう　はいし

(Seiring dengan reformasi struktur negara, operasi tersebut telah dihentikan.／နိုင်ငံတော်၏ဖွဲ့စည်းပုံပြုပြင်ပြောင်းလဲမှုကြောင့်စီမံကိန်းကိုဖျက်သိမ်းခဲ့သည်။／Inihinto ang proyekto dahil sa pagbabago sa mga pambansang organisasyon.)

❺ □ 連盟 (pakatan／အဖွဲ့ချုပ်／federation)
　　れんめい

　▷ **国際連盟** (persatuan antarabangsa／နိုင်ငံတကာအဖွဲ့ချုပ်／League of Nations)
　　こくさい

　▶ **試合のルールに不満があれば、連盟に意見を出してください。**
　　し あい　　　　　　　　　 ふ まん　　　　　　　　　　　　　　い けん　 だ

　　(Jika anda tidak puas dengan peraturan permainan, sila kemukakan pendapat anda kepada
　　persatuannya.／အားကစားပွဲစည်းကမ်းကိုမကျေနပ်လျှင်အဖွဲ့ချုပ်သို့ထင်မြင်ချက်ပေးပါ။／Kung hindi
　　kayo nasisiyahan sa mga alituntunin ng laro, ibigay ninyo ang opinyon ninyo sa federation.)

❻ □ 連合 (kesatuan／သမဂ္ဂ／unyon, kartel)
　　れんごう

　▷ **国際連合** (pertubuhan bangsa-bangsa bersatu／ကုလသမဂ္ဂ／United Nations)
　　こくさい

　▶ **競争を避けるため、企業連合が形成されそうだ。**
　　きょうそう　 さ　　　　　　　 き ぎょう　　　　　けいせい

　　(Untuk menghindari persaingan, tampaknya akan dibentuk gabungan perusahaan.／
　　ပြိုင်ဆိုင်မှုကိုရှောင်ရှားရန်အတွက်၊ စီးပွားရေးလုပ်ငန်းသမဂ္ဂကိုဖွဲ့စည်းမည်ပုံရသည်။／Para iwasan ang
　　kompetisyon, mukhang magtatayo sila ng kartel.)

❼ □ 協会 (persatuan／အသင်းအဖွဲ့／asosasyon)
　　きょうかい

　▶ **協会には、15の団体と200人を超える個人が属している。**
　　きょうかい　　　　　　　　　 だんたい　　　 にん　 こ　　 こ じん　 ぞく

　　(Persatuan ini terdiri daripada 15 rombongan dan lebih dari 200 individu.／
　　အသင်းတွင်အုပ်စုၚစုစုနှင့်တစ်စီ့ချင်းသည်လူ၂၀၀ကျော်ရှိသည်။／May mga 15 grupo at 200 tao ang
　　kasama sa asosasyong ito.)

❽ □ 同好会 (kelab minat sama／ကလပ်အသင်း／club)
　　どうこうかい

　▶ **父は手品の同好会に入っている。**
　　ちち　 てじな　　　　　　　　 はい

　　(Ayah adalah anggota kelab kegemaran silap mata.／အဖေသည်မျက်လှည့်ကလပ်အသင်းတွင်ပါဝင်လျက်ရှိသည်။
　　／Miyembro ng magic club ang tatay ko.)

❾ □ 世帯 (isi rumah, rumah tangga／အိမ်ထောင်／sambahayan)
　　せ たい

　▷ **世帯主** (ketua rumah tangga／အိမ်ထောင်ဦးစီး／pinuno ng sambahayan)
　　ぬし

　▶ **一世帯当たりの収入は、前年とほぼ同じです。**
　　いち せ たい あ　　　　　しゅうにゅう　　 ぜんねん　　　　　 おな

　　(Pendapatan per rumah tangga hampir sama dengan tahun sebelumnya.／
　　အိမ်ထောင်တစ်ခုချင်း၏ဝင်ငွေသည်ယမန်နှစ်နှင့်အတူတူလောက်ဖြစ်သည်။／Ang kita ng isang
　　sambahayan ay halos pareho noong isang taon.)

UNIT 22

グループ組織 21
仕事・ビジネス 22
商品・サービス 23
読む・書く 聞く・話す 24
本 25
自然科学 26
宗教・信仰 27
場所・位置・方向 28
範囲 29
形式・スタイル 30

仕事・ビジネス
しごと

(Kerja, Perniagaan／
အလုပ်၊ စီးပွားရေး／
Trabaho, Negosyo)

❶ □ 出社(する) (kehadiran ke tempat kerja (hadir ke tempat kerja)
／ရုံးတက်သည်／pumunta sa opisina)
しゅっしゃ

▶田中さんは？ ――まだ出社してないようです。
　たなか
(Encik/Cik/Puan Tanaka ada? - Sepertinya belum hadir ke tempat kerja.／တနကစံဘယ်မှာရှိသလဲ။ ရုံးမတက်သေးပုံပဲ။
／Nasaan si Tanaka-san? -- Hindi pa siya dumarating sa opisina.)

❷ □ 退社(する) (tinggalkan tempat kerja／ရုံးဆင်းသည်／1. umuwi mula sa opisina 2. magbitiw sa trabaho)
たいしゃ

▶①田中さんはいますか。――今日はもう退社しました。
　たなか　　　　　　　　　　　　きょう
(1) Encik/Cik/Puan Tanaka ada? - Dia sudah tinggalkan tempat kerja hari ini.／
①တနကစံရှိသလား။ ဒီနေ့ရုံးဆင်းသွားပြီ။／1. Nasaan si Tanaka-san? -- Umuwi na siya.)

▶②田中さんは先月、退社しました。　(2) Encik/Cik/Puan Tanaka telah berhenti bekerja bulan lepas.
　たなか　　　　せんげつ
／②တနကစံဟာပြီးခဲ့တဲ့လက။ အလုပ်ထွက်သွားပြီ။／2. Nagbitiw sa trabaho si Tanaka-san noong isang buwan.)

❸ □ 就業(する) (bekerja／အလုပ်ရသည်／trabaho)
しゅうぎょう

▷就業規則 (peraturan pekerjaan／အလုပ်စည်းမျဉ်း／regulasyon sa trabaho)
　きそく

❹ □ 従事(する) (penglibatan (terlibat)／ပါဝင်ဆောင်ရွက်သည်／magtrabaho)
じゅうじ

▷農業／研究に従事する (bekerja dalam pertanian/penyelidikan／
　のうぎょう　けんきゅう
စိုက်ပျိုးရေး/သုတေသနတွင်ပါဝင်ဆောင်ရွက်သည်／magtrabaho sa agrikultura/research)

3年ほど、ウェブシステムの開発業務に従事していました。
ねん　　　　　　　　　　　　かいはつぎょうむ
(Saya telah terlibat dalam pembangunan sistem web selama kira-kira 3 tahun.／
၃နှစ်ခန့်ဝေဘ်စစ္စတမ်ဖွံ့ဖြိုးတိုးတက်ရေးလုပ်ငန်းတွင်ပါဝင်ဆောင်ရွက်သည်။／Nagtrabaho ako ng mga 3
taon sa pagdedebelop ng web system.)

❺ □ 赴く (menuju, pergi／သွားသည်／pumunta)
おもむ

▷現地に赴く (pergi ke tempat kejadian／လုပ်ကွက်သို့သွားသည်／pumunta sa site)
　げんち

▷彼はその後、従軍記者として戦地に赴いた。
　かれ　　　ご　じゅうぐんきしゃ　　　　せんち
(Selepas itu, dia pergi ke medan perang sebagai wartawan tentera.／သူသည်ထိုနောက်တွင်စစ်သတင်းထောက်အနေဖြင့်စစ်မြေပြင်သို့သွားခဲ့သည်။
／Pagkatapos niyan, pumunta siya sa war zone bilang war correspondent.)

❻ □ 赴任(する) (penugasan (ditugaskan)／အလုပ်နေရာသို့သွားသည်／kumuha ng bagong posisyon)
ふにん

▷海外赴任、単身赴任
　かいがい　　たんしん
(ditugaskan ke luar negeri, ditugaskan sendirian／နိုင်ခြားတွင်အလုပ်သွားလုပ်သည်၊မိသားစုမပါဘဲအလုပ်သွားလုပ်သည်
／overseas assignment, pumunta sa bagong posisyon nang hindi kasama ang pamilya)

▶来月から大阪に赴任することになった。
　らいげつ　　おおさか
(Mulai bulan depan, saya akan ditugaskan ke Osaka.／နောက်လကနေအိုဆာကမှာအလုပ်သွားလုပ်ရမယ်။
／Mula sa isang buwan, lilipat ako sa Osaka para sa trabaho.)

❼ □ 携わる （たずさ）(terlibat／ပါဝင်သည်／ma-involve)

▷ 教育に携わる
きょういく

（terlibat dalam pendidikan／ပညာရေးတွင်ပါဝင်သည်။／ma-involve sa edukasyon)

▶ 以前、テレビの仕事に携わったことがあります。
いぜん　　　　　　しごと

（Sebelum ini, saya telah terlibat dalam kerja televisyen.／ယခင်က၊ တီဗွီအလုပ်မှာပါဝင်ခဲ့သည်။／
Na-involve na ako sa trabaho sa TV noon.)

❽ □ 手がける （て）(bekerja pada／ကိုင်တွယ်သည်／hawakan)

▷ 監督はこれまでに20本以上の映画を手がけた。
かんとく　　　　　　　ほんいじょう　えいが

（Pengarah itu telah mengerjakan lebih dari 20 filem sehingga kini.／
ဒါရိုက်တာသည်ရုပ်ရှင်ကားပေါင်း၂၀ကျော်ကိုကိုင်တွယ်ရိုက်ကူးခဲ့သည်။／Nahawakan na ng direktor
ang mahigit sa 20 sine hanggang ngayon.)

❾ □ 業務 （ぎょうむ）(operasi, perniagaan, tugas, urusan kerja／လုပ်ငန်း／negosyo, trabaho)

▷ 業務命令、業務用の冷蔵庫
めいれい　　　　よう　れいぞうこ

（arahan kerja, peti sejuk untuk kegunaan pekerjaan／လုပ်ငန်းအမိန့်၊ လုပ်ငန်းသုံးရေခဲသေတ္တာ／
kautusan sa negosyo, komersyal na refrigerator)

▶ 〈アナウンス〉本日の業務は終了しました。
ほんじつ　　　　　しゅうりょう

（Kerja untuk hari ini telah berakhir.／(ကြေညာချက်) ယနေ့လုပ်ငန်းသည်ပြီးဆုံးပါပြီ။／
(Announcement) Tapos na ang business hours ngayong araw.)

▶ 日常業務をこなすだけでやっとで、余裕は全くありません。
にちじょう　　　　　　　　　　　よゆう　まった

（Saya hanya cukup mengerjakan tugas harian, tidak ada masa lapang.／
နေ့စဉ်လုပ်ရမယ့်အလုပ်တွေကိုပြီးအောင်လုပ်နေရတာနဲ့ပဲလုံးဝမအားရတာဘူး။／Halos hindi ko kayang
gawin ang mga pang-araw-araw na trabaho ko, at wala akong oras na magpahinga.)

❿ □ 職務 （しょくむ）(tugas pekerjaan, tanggungjawab／တာဝန်／tungkulin, trabaho)

▶ まず、各人が自分の職務を果たすことが大切です。
かくじん　じぶん　　　　　　は　　　　　　たいせつ

（Yang paling penting, setiap orang harus melaksanakan tugas mereka.／
အရင်ဆုံးတစ်ဦးချင်းကမိမိရဲ့တာဝန်ကိုကျေပွန်စွာဖြေရှင်းဖို့ကြီးတယ်။／Una, mahalaga para sa bawat tao
ang gawin ang kanya-kanyang tungkulin.)

⓫ □ 任務 （にんむ）(tugas／တာဝန်／misyon, assignment)

▷ 新しい任務に就く
あたら　　　　　つ

（mula tugas baru／တာဝန်သစ်တစ်ခုယူသည်／kumuha ng bagong assignment)

▷ 危険な任務だったが、彼は自ら名乗り出た。
きけん　　　　　　　　かれ　みずか　なの　で

（Itu adalah tugas yang berbahaya, tetapi dia sendiri yang menawarkan diri.／
အန္တရာယ်ရှိတဲ့တာဝန်ပေမဲ့ သူဟာသူ့ကိုယ်တိုင်အဆည်စာရင်းပေးတယ်။／Mapanganib na misyon ito,
pero nagboluntaryo siya.)

グループ・組織 21

仕事・ビジネス 22

商品・サービス 23

読む・考える 聞く・話す 24

本 25

自然科学 26

宗教・信仰 27

場所・位置・方向 28

範囲 29

形式・スタイル 30

⓬ □ **ノルマ** (norma／ခွဲတမ်း／quota)

▷ ノルマを課す (menetapkan norma／ခွဲတမ်းကိုပြဋ္ဌာန်းသည်／magpataw ng quota)

▶ 今月は何とか売上のノルマを達成できそうだ。

（Bulan ini, kita mungkin dapat mencapai norma penjualan.／
ဤလတွင်အရောင်းခွဲတမ်းကိုပြည့်မီအောင်ဆောင်ရွက်နိုင်ခဲ့သည်။／Mukhang maaabot natin ang quota natin ngayong buwan.）

⓭ □ **実務** (kerja sebenar／လက်တွေ့တာဝန်／pagsasanay, praktis)

▶ 実務の経験はありますか。

（Adakah anda mempunyai pengalaman kerja sebenar?／လက်တွေ့တာဝန်အတွေ့အကြုံရှိသလား။／Mayroon ka bang karanasan sa trabaho?）

⓮ □ **業績** (pencapaian, prestasi kerja／စွမ်းဆောင်ရည်／performance)

▷ 業績不振 (prestai kerja lemah／စွမ်းဆောင်ရည်ညံ့သည်／mahinang performance)

▶ 彼はまだ若く、特に目立った業績は上げていない。

（Dia masih muda, dan tidak mencapai pencapaian yang ketara.／
သူဟာငယ်ရွယ်သူဖြစ်ပြီး အထူးမြင်သာတဲ့စွမ်းဆောင်ရည်မရှိသေးပါ။／Bata pa siya at wala pa siyang maipakitang kahanga-hangang performance.）

▷ 彼女は音楽の世界で数々の業績を残した。

（Dia telah mencapai banyak prestasi dalam dunia muzik.／
သူမဟာဂီတလောကမှာများပြားလှသောစွမ်းဆောင်ရည်များကိုပြသခဲ့တယ်။／Nakamit niya ang maraming tagumpay sa mundo ng musika.）

⓯ □ **成果** (hasil／အောင်မြင်မှု／resulta)

▶ このやり方で６カ月続けてきたが、まだ成果は上がっていない。

（Kami telah menggunakan cara ini selama 6 bulan, tetapi belum ada hasil.／
ဒီလုပ်နည်းနဲ့၆လကြာလုပ်လာခဲ့ပေမဲ့အောင်မြင်မှုမရသေးဘူး။／Tuluy-tuloy kong ginawa ang paraang ito nang 6 na buwan, pero wala pang resulta.）

⓰ □ **採算** (pengiraan keuntungan／အမြတ်အစွန်း／tubo)

▷ 独立採算制 (sistem akaun sendiri／ကိုယ်ပိုင်စာရင်းကိုင်စနစ်／financially independent)

▶ 経費がかかりすぎて、これではとても採算が合わない。

（Kosnya terlalu tinggi, ini tidak menguntungkan.／ကုန်ကျစရိတ်များလွန်းပြီး ဒါဆိုရင်တော့အမြတ်အစွန်းမရှိဘူး။／Nagkakahalaga ito ng masyadong malaki, at wala itong kinikitang tubo.）

⓱ □ **分散(する)** (penyebaran, persuraian (tersebar, bersurai)／ခွဲဖြန့်သည်／ikalat, ibahagi)

▷ リスクを分散する

（tersebar (/mengurangkan) risiko／အရဲစွန့်ခြင်းကိုခွဲဖြန့်သည်／ikalat ang risk）

⑱ □ 待遇 (layanan／လစာထောက်ပံ့ကြေး／pagtrato)
たいぐう

▶ やはり大企業の方が待遇が良さそうだ。
だい き ぎょう ほう　　　　　　よ

(Sepertinya syarikat besar memberikan perlakuan yang lebih baik.／
ကုမ္ပဏီးကြီးတွေမှာလစာထောက်ပံ့ကြေးကပိုကောင်းမယ့်ပုံပဲ။／Talagang mukhang mas mahusay ang
pagtrato ng mga malalaking kompanya.)

⑲ □ 勤務時間 (waktu kerja／အလုပ်လုပ်ချိန်／oras ng pagtatrabaho)
きん む じ かん

⑳ □ 福利厚生 (kebajikan／သက်သာချောင်ချိရေး／benepisyo, welfare program)
ふく り こう せい

▷ 福利厚生が充実した会社
じゅうじつ　　　かいしゃ

(syarikat dengan faedah pekerja yang kaya／သက်သာချောင်ချိရေးပြည့်စုံသည့်ကုမ္ပဏီ／
kompanyang may magandang benepisyo)

㉑ □ 有給休暇 (cuti berbayar／လပမ္းနှင့်ခွင့်／paid leave)
ゆうきゅうきゅう か

▷ 有休を取る (mengambil cuti berbayar／လစာနှင့်ခွင့်ယူသည်／kumuha ng paid leave)

㉒ □ 定年 (umur persaraan／အငြိမ်းစားအသက်／retirement
ていねん　　　　age, edad ng pagreretiro)

▷ 定年になる、定年退職
たいしょく

(mencapai umur persaraan, berhenti kerja oleh kerana persaraan umur／
အငြိမ်းစားဖြစ်မည်၊အငြိမ်းစားယူခြင်း／magretiro, pagreretiro)

㉓ □ 正規 (masa penuh (full-time-job)／ပုံမှန်／regular)
せい き

▷ 正規採用 (pekerjaan tetap／ပုံမှန်အလုပ်／regular na trabaho)
さいよう

㉔ □ 対 非正規 (sambilan (part-time-job)／ပုံမှန်မဟုတ်သော／hindi regular)

▷ 非正規雇用 (pekerjaan tidak tetap／ပုံမှန်မဟုတ်သောအလုပ်／hindi regular na trabaho)
こよう

㉕ □ 共稼ぎ (suami isteri (kedua-dua) bekerja／ပူးတွဲဝင်ငွေ／
とも かせ　　　paghahanap-buhay ng mag-asawa)

㉖ □ 同 共働き (suami isteri (kedua-dua) bekerja／လင်ကောမယားပါအလုပ်လုပ်／pagtatrabaho ng mag-asawa)
はたら

㉗ □ 分担(する) (pembahagian (membahagikan)／မျှလုပ်သည်／ipamahagi)
ぶんたん

▷ 役割を分担する (membagi peranan／တာဝန်ကိုမျှလုပ်သည်／dibisyon ng tungkulin)
やくわり

▶ 料理は私、掃除は夫というように家事を分担しています。
りょうり　わたし　そうじ　おっと　　　　　　　か じ

(Kami membagi tugas rumah tangga, saya masak dan suami saya bersih-bersih.／
ဟင်းချက်တာကကျွန်မကာ၊ သန့်ရှင်းရေးကိုခင်ပွန်းသည်က ဆိုပြီးအိမ်မှုကိစ္စကိုမျှလုပ်တယ်။／Ako ang
nagluluto at asawa ko ang naglilinis, kaya may dibisyon kami ng gawain sa bahay.)

グループ・組織 21

仕事・ビジネス 22

商品・サービス 23

読む・書く 聞く・話す 24

本 25

自然科学 26

宗教・信仰 27

場所・位置・方向 28

範囲 29

形式・スタイル 30

❷❽ □ **手配(する)** (pengurusan, persediaan (menguruskan)／စီစဉ်သည်／
てはい
asikasuhin)

▷ 旅行の手配 (mengurus perjalanan／ခရီးသွားအတွက်စီစဉ်မှု／pag-aayos ng biyahe)
りょこう

▶ お客様がお帰りのようだから、タクシーを手配してくれる?
きゃくさま かえ

(Pelanggan tampaknya akan pulang, bolehkah anda menyiapkan teksi?／
ဧည့်သည်ကပြန်တော့မှာမို့လို့တက္ကစီကိုစီစဉ်ပေးပါလား။／Mukhang aalis na ang mga kustomer kaya
puwede bang asikasuhin mo ang taksi nila?)

❷❾ □ **委託(する)** (amanah, penyerahan (mengamanahkan)／
いたく
အပ်နှင်းသည်／consignment)

▷ 販売委託 (menjual melalui kontrak (penyerahan)／အရောင်းအပ်နှံခြင်း／sale by consignment)
はんばい

▶ 当社は美術館からの委託を受けて、美術品の運搬をしています。
とうしゃ びじゅつかん

(Syarikat kami mengendalikan pengangkutan barang seni atas perintah dari muzium.／
ကျွန်ုပ်တို့ကမြူဇီယမ်ဟာအနုပညာပြခန်းမှအပ်နှံမှုကိုခံယူပြီးအနုပညာပစ္စည်းများကိုသယ်ယူပို့ဆောင်ပေးနေပါတယ်။
／Inatasan ng museo ang kompanya namin na maghatid ng mga art work.)

1
27

❸⓪ □ **整備(する)** (penyelenggaraan (menyelenggara)／
せいび
ပြုပြင်ထိန်းသိမ်းသည်/ဖော်ဆောင်သည်／mag-maintain)

▷ 車の整備、道路を整備する (pemeliharaan kereta, memperbaiki jalan／
くるま どうろ
ကားပြုပြင်ထိန်းသိမ်းရေး၊လမ်းပြုပြင်ထိန်းသိမ်းရေး／pagme-maintain ng kotse, ayusin ang kalye)

▶ まず、道路や水道、電気などのインフラを整備しなければならない。
どうろ すいどう でんき

(Pertama, kita harus mempersiapkan infrastruktur seperti jalan, air, dan elektrik.／
အရင်ဆုံးလမ်းနှင့်ရေ၊လျှပ်စစ်စတဲ့အခြေခံအဆောက်အဦးကိုဖော်ဆောင်ရမယ်။／Una, kailangan nating
pagbutihin ang infrastructure tulad ng nga kalsada, supply ng tubig at kuryente.)

❸❶ □ **承諾(する)** (persetujuan (bersetuju)／သဘောတူညီသည်／pagpayag)
しょうだく

▶ 未成年の場合、アパートを借りるときに親の承諾が必要です。
みせいねん ばあい か おや ひつよう

(Jika anda belum dewasa, anda memerlukan persetujuan ibu bapa untuk menyewa
apartemen.／အရွယ်မရောက်သေးသူမှအိမ်ခန်းငှားသည့်အခါမိဘ၏သဘောတူညီချက်လိုအပ်သည်။／Sa
kaso ng mga menor de edad, kapag uupa sila ng apartment. kailangan ng pagpayag ng
mga magulang nila.)

❸❷ □ **目途／目処** (jangkaan/matlaamat／အလားအလာ／prospect)
め ど

▶ 時間がかかったが、やっと解決の目処が立った。
じかん かいけつ た

(Itu memakan waktu, tetapi akhirnya kami dapat melihat kemungkinan penyelesaian.／
အချိန်ယူခဲ့ရပေမဲ့ အဆုံးမှာပြေလည်မဲ့အလားအလာရှိပါပြီ။／Natagalan ito, pero sa wakas, nakahanap
na ako ng solusyon.)

❸❸ □ **はかどる** (berjalan lancar／တိုးတက်မြန်ဆန်သည်／umunlad,
magkaroon ng progreso)

▶ 朝早い時間の方が仕事がはかどる。
あさはや じかん ほう しごと

(Saya lebih produktif pada waktu pagi.／မနက်စောစောအလုပ်လုပ်တာကပိုပြီးတိုးတက်မြန်ဆန်တယ်။／
Mas marami akong nagagawang trabaho sa umaga.)

㉞ □ 折り返す (lipat, melipat／ပြန်လှည့်သည်／ibalik)

㉟ □ 折り返し (lipat, melipat／ပြန်လှည့်／pagbabalik)

▶ 田中が戻りましたら、折り返しお電話するように申し伝えます。

(Apabila Tanaka kembali, saya akan memberitahunya untuk membalas panggilan telefon anda.／တနကစ်ပြန်လာရင်၊ဖုန်းပြန်ဆက်ဖို့ပြောလိုက်ပါမယ်။／Pagbalik ni Tanaka, sasabihin ko sa kanya na ibalik ang tawag mo.)

㊱ □ 追って (kemudian／နောက်မှ／pagkatapos, sa tamang panahon)

▶ 詳細は追ってご連絡します。

(Saya akan memberi tahu anda tentang butiran lebih lanjut kemudian.／အသေးစိတ်ကိုနောက်မှဆက်သွယ်အကြောင်းကြားပါမယ်။／Kokontak kami sa inyo para sa karagdagang detalye.)

㊲ □ 使命 (misi／ခံယူထားးသည့်တာဝန်／misyon)

▷ 使命感、報道の使命

(rasa misi, misi laporan／တာဝန်အသိစိတ်၊ မီဒီယာ၏တာဝန်／sense of mission, misyon ng press)

㊳ □ 手作業 (kerja tangan／လက်နှင့်လုပ်သည့်အလုပ်／manu-manong gawain, gawa sa kamay)

▶ 一つ一つ手作業で色を付けています。

(Kami mewarnai setiap item dengan tangan.／တစ်ခုခြင်းတစ်ခုချင်းကိုလက်နှင့်လုပ်ပြီးအရောင်ထည့်ပါတယ်။／Kinulayan ito isa-isa nang manu-mano.)

㊴ □ 手数 (kesusahan / kesulitan／ကရိကထ／gulo)

▶ お手数をおかけして、申し訳ありません。

(Maaf atas kesulitan.／ကရိကထပေးရတဲ့အတွက်၊ စိတ်မကောင်းပါဘူး။／Pasensiya na at ginulo kita.)

㊵ □ 手数料 (komisen／ဆောင့်ရွက်ခ／bayad)

㊶ □ 労力 (tenaga kerja／ကြိုးစားအားထုတ်မှု／trabaho, pagsisikap)

▶ この企画は、労力がかかる割には、あまりお金にならない。

(Projek ini tidak menguntungkan berbanding dengan usaha yang diperlukan.／ဒီစီမံကိန်းဟာ၊ကြိုးစားအားထုတ်မှုနှင့်စာရင်၊ပိုက်ဆံသိပ်မရဘူး။／Hindi nagbabayad nang malaki ang proyektong ito para sa trabahong kinakailangan.)

グループ・組織 21

仕事・ビジネス 22

商品・サービス 23

読む・書く 聞く・話す 24

本 25

自然科学 26

宗教・信仰 27

場所・位置・方向 28

範囲 29

形式・スタイル 30

㊷ □ **手際**（てぎわ）(kecekapan, kemahiran／လက်စွမ်းလက်စ／kagalingan/ kahusayan ng kamay)

▷ **手際がいい** (kecekapan baik／လက်စွမ်းလက်စကောင်းတယ်／magaling, mahusay)

▶ **手際よくやらないと、焦げちゃいますよ。**

(Anda perlu melakukannya dengan cepat, jika tidak, ia akan terbakar.／ လက်စွမ်းလက်စကောင်းကောင်းနဲ့မလုပ်ရင်၊တူးသွားလိမ့်မယ်။／Kung hindi ito gagawin nang mahusay, masusunog ito.)

㊸ □ **手回し**（てまわし）(persediaan／ကြိုတင်ပြင်ဆင်မှု／paghahanda, pag-aayos)

▶ **彼女は手回しがいいね。もうほとんど準備が整っている。**

(Dia sangat baik kecekapannya. Dia hampir selesai dengan persiapan.／ သူဟာကြိုတင်ပြင်ဆင်မှုကောင်းတယ်။ အဆင်သင့်နီးပါးဖြစ်နေပြီ။／Mahusay ang pag-aayos niya. Halos handa ang lahat.)

㊹ □ **根回し（する）**（ねまわし）(persediaan terlebih dahulu (membuat persediaan terlebih dahulu) ／ကြိုတင်နားလည်မှုယူသည်／gumawa ng consensus)

▶ **会議がうまくいくよう、関係者に根回ししておこう。**（かいぎ・かんけいしゃ）

(Mari kita persiapkan para orang kepentingan agar mesyuaratnya berjalan dengan baik.／ အစည်းအဝေးကောင်းကောင်းလုပ်နိုင်ငံ၊ သက်ဆိုင်သူတွေအတွက်ကြိုတင်နားလည်အောင်စီစဉ်မယ်။／Para matiyak na maayos ang miting, ilatag natin ang batayan para sa mga kasangkot rito.)

㊺ □ **（お）使いを頼む**（つかい・たの）(meminta bantuan／အလုပ်ခိုင်းသည်／mag-utos, utusan)

▶ **卵を買い忘れたので、子供にお使いを頼んだ。**（たまご・か・わす・こども・つか・たの）

(Saya lupa membeli telur, jadi saya meminta anak saya untuk pergi belanja.／ ကြက်ဥဝယ်ဖို့မေ့သွားလို့ ကလေးကိုဝယ်ခိုင်းတယ်။／Nakalimutan kong bumili ng itlog, kaya inutusan ko ang anak kong bumili ng mga ito.)

㊻ □ **顧客**（こきゃく）(pelanggan, klien／ဖောက်သည်／kustomer, bisita)

▷ **顧客名簿**（こきゃくめいぼ）(senarai pelanggan／ဖောက်သည်အမည်စာရင်း／listahan ng kustomer)

㊼ □ **得意先**（とくいさき）(pelanggan tetap／ဖောက်သည်／kustomer, bisita)

▶ **午後は得意先を回ってきます。**（ごご・とくいさき・まわ）(Saya akan mengunjungi pelanggan pada petang hari.／ မွန်းလွဲပိုင်းမှာဖောက်သည်တွေဆီသွားမယ်။／Bibisita ako sa mga kustomer sa hapon.)

㊽ □ **大手**（おおて）(syarikat besar／လက်ကြီး／major, pangunahin)

▷ **大手企業**（おおてきぎょう）(syarikat besar／ကုမ္ပဏီကြီး／malaking kompanya)

▶ **得意先は、大手をはじめ、全国数十社に上ります。**（とくいさき・おおて・ぜんこくすうじゅっしゃ・のぼ）

(Pelanggan kami termasuk perusahaan besar dan puluhan perusahaan lainnya di seluruh negara.／ ဖောက်သည်များတွင်ကုမ္ပဏီကြီးများနှင့်နိုင်ငံတစ်ဝှမ်းမှကုမ္ပဏီဒါဇင်ငါးပေါင်းများစွာပါဝင်သည်။／ Kasama sa mga kustomer namin ang maraming kompanya sa buong bansa, kabilang ang mga pangunahing kompanya.)

❹⁹ □ 小売 (runcit／လက်လီ／tingi)

▷ 小売店、小売業 (kedai runcit, perniagaan runcit／လက်လီဆိုင်၊ လက်လီလုပ်ငန်း／retail na tindahan, retail na industriya)

❺⁰ □ 業者 (pembekal／ကုမ္ပဏီ／manufacturer)

▷ 配送業者 (syarikat penghantaran／ပစ္စည်းပို့ကုမ္ပဏီ／delivery company)

▶ ミスが続いたので、ほかの業者に変えることにした。
(Kerana terus menerus membuat kesalahan, kami memutuskan untuk berubah ke pembekal lain.／အမှားအပွင်းတွေဆက်ဖြစ်နေလို့၊ တစ်ခြားကုမ္ပဏီကိုပြောင်းခဲ့တယ်။／Sunud-sunod ang mga mali, kaya pinalitan namin ang manufacturer.)

❺¹ □ 下請け（する） (subkontrak (bekerja sebagai subkontrak)／လက်အောက်ကန်ထရိုက်လုပ်သည်／subcontractor)

▷ 工事を下請けする (meminta subkontrak untuk kerja pembinaan／ဆောက်လုပ်ရေးကိုလက်အောက်ကန်ထရိုက်လုပ်သည်／i-subcontract ang konstruksyon)

▶ A自動車は、部品製造のほとんどを下請けに出している。
(Syarikat kereta A memberikan sebahagian besar pembuatan komponen kepada subkontraktor.／Aမော်တော်ကားသည်၊ အစိတ်အပိုင်းအားလုံးနီးပါးကိုလက်အောက်ကန်ထရိုက်ထံသို့မှာသည်။／Isina-subcontract ng A Motors ang halos lahat ng paggawa ng mga spare parts.)

❺² □ 設立（する） (penubuhan (menubuhkan)／တည်ထောင်သည်／magtatag)

▷ 会社を設立する (menubuhkan syarikat／ကုမ္ပဏီကိုတည်ထောင်သည်／magtatag ng kompanya)

❺³ □ 提携（する） (kerjasama (bekerjasama)／တွဲဖက်လုပ်သည်／makisosyo)

▶ お互いにメリットがあれば、他社と提携してもいい。
(Jika ada keuntungan bagi kedua belah pihak, kami dapat bekerja sama dengan perusahaan lain.／နှစ်ဦးနှစ်ဖက်အကျိုးရှိမယ်ဆိုရင်၊တစ်ခြားကုမ္ပဏီနဲ့တွဲဖက်ရင်လည်းရပါတယ်။／Kung may mutual benefit, pumapayag akong makisosyo sa ibang kompanya..)

❺⁴ □ 合併（する） (penggabungan, penyatuan (bergabung)／ပေါင်းစည်းသည်／mag-merge, magsanib)

❺⁵ □ 新規 (baru／အသစ်／bago)

▷ 新規開店、新規採用
(pembukaan kedai baru, pengambilan baru／ဆိုင်သစ်ဖွင့်ခြင်း။ လူသစ်ခန့်ထားခြင်း／pagbubukas ng bagong tindahan, pagkuha ng bagong empleyado)

❺⁶ □ 特許 (paten／မူပိုင်တင်／patent)

UNIT 23

商品・サービス
しょうひん

(Produk, Perkhidmatan
／ရောင်းကုန်၊ ဝန်ဆောင်မှု／
Produkto, Serbisyo)

グループ・組織 21
仕事・ビジネス 22
商品サービス 23
読む・書く 聞く・話す 24
本 25
自然科学 26
宗教・信仰 27
場所・位置・方向 28
範囲 29
形式・スタイル 30

❶ □ 仕入れる (membeli stok／ဝယ်ယူသည်／mag-imbak)
しい

▶ 新鮮な魚を毎日市場から仕入れています。
しんせん さかな まいにちいちば

(Kami mendapatkan ikan segar dari pasar setiap hari.／လတ်ဆတ်သည့်ငါးများကိုနေ့စဉ်ဈေးမှဝယ်ယူသည်။／Bumibili kami ng maraming sariwang isda araw-araw mula sa palengke.)

❷ □ 仕入れ (pembelian stok／ဝယ်ယူခြင်း／bumili, maglaan)

❸ □ 伝票 (slip／ဖြတ်ပိုင်းၢၼ်ဆလစ်／chit)
でんぴょう

❹ □ 入荷(する) (ketibaan barangan (tiba)／ပစ္စည်းရောက်သည်／dumating)
にゅうか

▶ こちらの商品は明日、入荷の予定です。
しょうひん あした にゅうか よてい

(Produk ini akan tiba pada esok.／ဒီကုန်ပစ္စည်းတွေမနက်ဖြန်ရောက်မယ်။／Nakaiskedyul na darating ang produktong ito bukas.)

❺ □ 購入(する) (pembelian (membeli)／ဝယ်ယူသည်／bumili)
こうにゅう

▷ ネットで購入する (membeli melalui internet／အင်တာနက်မှဝယ်ယူသည်／bumili sa internet)

▶ マンションを購入する際は、次の点に注意してください。
さい つぎ てん ちゅうい

(Sila perhatikan poin berikut ketika membeli apartemen.／တိုက်ခန်းဝယ်သည့်အခါ၊ အောက်ပါအချက်များကိုသတိပြုပါ။／Kung bibili kayo ng aparment, tandaan ninyo ang mga sumusunod .)

❻ □ 配送(する) (pengiriman (mengirim)／ပို့ပေးသည်／mag-deliver, maghatid)
はいそう

▷ 〈広告〉全国どこでも配送します。
こうこく ぜんこく

(<Iklan> Kami akan mengirim ke mana-mana di seluruh negara.／(ကြော်ငြာ)တစ်နိုင်ငံလုံးမည်သည့်နေရာမဆိုပို့ပေးပါမည်။／(Advertisement) Nagdedeliver kami kahit saan sa buong bansa.)

❼ □ 陳列(する) (pameran (mempamerkan)／ပြသသည်／mag-display)
ちんれつ

▷ 商品を棚に陳列する
しょうひん たな

(meletakkan produk di rak／ကုန်ပစ္စည်းများကိုစင်ပေါ်တွင်ပြသသည်／mag-display ng produkto sa shelf)

❽ □ 流通(する) (penyebaran (bersebar)／ဖြန့်ဖြူးသည်／palaganapin, ikalat)
りゅうつう

91

❾ ☐ **販促(する)／販売促進** (promosi penjualan／မြှင့်တင်သည်/အရောင်းမြှင့်တင်ခြင်း／
はんそく　　　　　　はんばいそくしん　　sales promotion, isulong)

▷ 販促キャンペーン

(kempen promosi jualan／ပရိုမိုးရှင်းကင်ပိန်း／sales promotion campaign)

❿ ☐ **通販／通信販売** (penjualan berkomunikasi／မေးလ်အော်ဒါ／
つうはん　　つうしんはんばい　　mail order)

▷ 通販のカタログ

(katalog penjualan melalui pos／မေးလ်အော်ဒါကက်တလောက်／katalogo ng mail order)

⓫ ☐ **量販店** (kedai runcit besar-besaran／လက်လီဆိုင်ကြီး／mass retailer)
りょうはんてん

▷ 家電量販店
かでん

(kedai penjualan elektrik besar-besaran／အိမ်သုံးလျှပ်စစ်ပစ္စည်းအရောင်းဆိုင်ကြီး／tindahan ng
eletronics)

⓬ ☐ **品質** (mutu, kualiti／အရည်အသွေး／quality, kalidad)
ひんしつ

▷ 品質管理、品質の向上に努める (pengurusan kualiti, berusaha untuk
　　かんり　　　　　こうじょう つと　　meningkatkan kualiti／အရည်အသွေးစီမံခန့်ခွဲမှု၊ အရည်အသွေးမြှင့်တင်ရေးအတွက်ကြိုးစားသည်။／
quality control, pagsikapang mapabuti ang kalidad)

▶ 当社では、品質維持のため、何重にもチェックをします。
とうしゃ　　　　　ひんしつ い じ　　　　　　なんじゅう

(Di syarikat kami, kami melakukan pemeriksaan berlapis untuk memastikan kualiti.／
ကျွန်ုပ်တို့၏ကုမ္ပဏီသည် အရည်အသွေးထိန်းသိမ်းရန်အတွက်၊ပစ္စည်းမည်မျှများစေကာမူ
စစ်ဆေးမှုပြုလုပ်ပါသည်။／Sa kompanyang ito, para mapanatili ang quality, ilang beses
naming tsinetsek ang mga produkto.)

⓭ ☐ **保険** (insurans／အာမခံ／insurance)
ほけん

▷ 保険をかける、生命保険、火災保険、健康保険、社会保険
　　　　　　　　せいめい　　　　かさい　　　　けんこう　　　　しゃかい

(membeli insurans, insurans hayat, insurans kebakaran, insurans kesihatan, insurans sosial
／အာမခံထားသည်၊အသက်အာမခံ၊မီးမာရေးအာမခံ၊လူမှုရေးအာမခံ／mag-insure, life insurance,
fire insurance, health insurance, social insurance)

▶ いざというときのために、保険に入っておいたほうがいい。
　　　　　　　　　　　　　　ほけん　はい

(Lebih baik anda memiliki insurans untuk waktu-waktu yang tidak dijangka.／
အရေးပေါ်အတွက်၊အာမခံဝင်ထားရင်ကောင်းမယ်။／Para sa emergency, mabuti nang kumuha ako
ng insurance.)

⓮ ☐ **補償(する)** (pampasan (membayar pampasan)／လျော်ကြေးပေးသည်
ほしょう　　　　　　／magbayad)

▷ 損害補償 (pampasan kerugian／ပျက်စီးဆုံးရှုံးမှုအတွက်လျော်ကြေး／magbayad ng pinsala)
　そんがい

▷ 事故の被害者に対し、国はしっかりと補償をすべきだ。
　じこ　　ひがいしゃ　たい　　くに

(Negara harus memberikan kompensasi yang cukup kepada mangsa kemalangan.／
မတော်တဆထိခိုက်မှုခံရသူအား၊ နိုင်ငံတော်မှလျော်ကြေးကောင်းစွာပေးသင့်သည်။／Kailangang bayaran
ng bansa ang mga biktima ng aksidente.)

グループ・組織 21

仕事・ビジネス 22

商品・サービス 23

読む・書く・聞く・話す 24

本 25

自然科学 26

宗教・信仰 27

場所・位置・方向 28

範囲 29

形式・スタイル 30

⓯ ☐ 特典 (bonus／ခံစားခွင့်／pribilehiyo)

▷ 会員特典 (faedah ahli／အသင်းဝင်ခံစားခွင့်／pribilehiyo ng miembro)

⓰ ☐ まける／負ける (memberi potongan harga/kalah／ဈေးလျှော့ပေးသည်／makahingi ng tawad)

▶ この服、ちょっと傷がついてたから、500円負けてもらった。

(Saya mendapatkan diskaun 500 yen untuk baju ini kerana ada sedikit kerosakan.／ဒီအဝတ်နည်းနည်းခြစ်ရာရှိလို့ ယန်း ၅၀၀ ဈေးလျှော့ပေးတယ်။／Medyo may sira ang damit na ito, kaya nakatawad ako ng 500 yen.)

⓱ ☐ おまけ(する) (hadiah percuma／အဆစ်ပေးသည်／dagdag na libre)

▶ 今、このチョコを買うと、おまけが付いている。

(Jika anda membeli coklat ini sekarang, dapat hadiah percuma.／အခု ဒီချောကလက်ကိုဝယ်ရင်အဆစ်ပါပါမယ်။／Kapag bibili ka ng tsokolate ngayon, makakakuha ka ng libreng regalo.)

▶ 10個買うから、1個おまけしてよ。

(Saya akan membeli sepuluh, jadi tolong berikan satu lagi sebagai hadiah percuma.／၁၀ ခုဝယ်မှာမို့လို့ ၁ ခုအဆစ်ပေးပါ။／Bibili ako ng 10, kaya bigyan ninyo ako ng isa pa.)

⓲ ☐ 値切る (menawar／ဈေးဆစ်သည်／makipagtawaran)

▶ あそこの魚屋は、値切ったら負けてくれるよ。

(Kedai ikan di sana akan memberikan diskaun jika anda tawar-menawar.／အဲဒီငါးဆိုင်ဟာ ဈေးဆစ်ရင်ဈေးလျှော့ပေးတယ်။／Kung makikipagtawaran ka sa tindahan ng isdang iyon, makakatawad ka.)

⓳ ☐ アフターサービス (perkhidmatan selepas jualan／အရောင်းအပြီးဝန်ဆောင်မှု／after sales service) 類 アフターケア

⓴ ☐ ニーズ (keperluan／လိုအပ်ချက်များ／pangangailangan)

㉑ ☐ ～用品 (barang keperluan ~／~အသုံးပစ္စည်း／mga gamit, mga bilihin)

▷ 事務用品、生活用品、スポーツ用品店

(barang keperluan pejabat, barang keperluan harian, kedai barang sukan／ရုံးသုံးပစ္စည်း၊ စားဝတ်နေရေးသုံးပစ္စည်း၊ အားကစားပစ္စည်း／mga gamit pangnegosyo, mga pang-araw-araw na gamit, mga gamit pang-sports)

㉒ ☐ 品数 (jumlah item／ပစ္စည်းအရေအတွက်／bilang ng mga item, klase ng bilihin)

▶ この店は品数が豊富です。

(Kedai ini mempunyai pelbagai jenis barang.／ဒီဆိုင်ဟာပစ္စည်းအရေအတွက်များတယ်။／Napakaraming klase ng mga bilihin sa tindahang ito.)

UNIT 24

読む・書く・聞く・話す
よ か き はな

(Baca, Tulis, Dengar, Cakap／အဖတ်၊အရေး၊နားထောင်၊အပြော／Pagbabasa, Pagsusulat, Pakikinig, Pagsasalita)

---

❶ □ 記す (catat, mencatat／ချရေးသည်／isulat)
しる

▶ 具体的な条件は、すべて契約書の中に記してある。
ぐたいてき じょうけん けいやくしょ なか しる

(Syarat-syarat khusus semuanya dicatat dalam kontrak.／
လက်တွေ့ကျသောအခြေအနေအားလုံးကိုစာချုပ်ထဲမှာရေးထည့်ထားသည်။／Nakasulat lahat sa kontrata ang mga konkretong kondisyon.)

---

❷ □ 記載(する) (kenyataan (menyatakan)／ရေးထားသည်／
き さい banggitin, isulat)

▷ 記載事項 (perkara yang perlu dicatat／ရေးထားသောဆောင်ပါး／mga nabanggit na bagay)
じ こう

▶ パスポートに記載されている住所は以前のものです。
じゅうしょ いぜん

(Alamat yang tercatat di pasport adalah alamat sebelumnya.／
ပါတ်စပို့မှာရေးထားတဲ့လိပ်စာဟာ အရင်ကလိပ်စာဖြစ်ပါတယ်။／Katulad pa rin ng dati ang adres na nakasulat sa passport.)

---

❸ □ 記述(する) (pemerian (memerikan)／ရေးသားဖော်ပြသည်／ilarawan)
き じゅつ

▷ 記述問題 (soalan berstruktur／အရေးအသားပြဿနာ／problema sa pagsulat)
もんだい

▶ 古い資料にそれに関する記述があった。
ふる しりょう かん

(Ada penjelasan tentang itu dalam dokumen lama.／
စာရွက်စာတမ်းဟောင်းတွင်ငင်းနှင့်ပတ်သက်သောရေးသားဖော်ပြချက်ကိုတွေ့ရသည်။／Inilarawan na ang tungkol diyan sa lumang rekord.)

---

❹ □ 描写(する) (gambaran (menggambarkan)／ဖော်ပြသည်／ilarawan)
びょうしゃ

▶ 主人公の心の動きが細かく描写されている。
しゅじんこう こころ うご こま

(Gerakan hati watak utama diterangkan secara terperinci.／
အဓိကဇာတ်ဆောင်၏စိတ်လှုပ်ရှားမှုကိုအသေးစိတ်ဖော်ပြထားသည်။／Detalyadong inilarawan ang nasa isip ng bida.)

---

❺ □ 要約(する) (ringkasan (meringkasan)／အကျဉ်းချုပ်သည်／
ようやく gawaan ng buod, i-summarize)

▶ 次の文章を400字以内に要約してください。
つぎ ぶんしょう じ いない

(Silakan ringkaskan paragraf berikut dalam 400 kata atau kurang.／
အောက်ပါစာသားကို စာလုံးရေ ၄၀၀ အတွင်းအကျဉ်းချုပ်ပါ။／Gawaan mo ng buod na hindi hihigit sa 400 character ang komposisyong ito.)

グループ・組織 21

仕事・ビジネス 22

商品・サービス 23

聞く・読む・書く・話す 24

本 25

自然科学 26

宗教・信仰 27

場所・位置・方向 28

範囲 29

形式・スタイル 30

❻ ☐ 箇条書き （penulisan berbentuk poin／အချက်ခွဲရေးခြင်း／
かじょうが mga bullet point)

▶ 箇条書きでいいので、改善案を提出してください。 (Silakan hantarkan cadangan penambahbaikan dalam bentuk poin-poin.／
အချက်ခွဲရေးလည်းရပါတယ်၊တိုးတက်ကောင်းမွန်မယ့်အစီအစဉ်ကိုတင်ပြပါ။／Okey na ang may bullet point, kaya pakibigay ang mga mungkahi para sa reporma.)

❼ ☐ 前述（する） （menyebutkan sebelumnya／အထက်ပါအချက်ဖော်ပြသည်
ぜんじゅつ ／nabanggit sa itaas, naunang nabanggit)

▶ 前述の通り、状況は改善されていません。 (Seperti disebutkan sebelumnya, situasinya belum membaik／
အထက်ပါဖော်ပြချက်အတိုင်း၊အခြေအနေသည်တိုးတက်ကောင်းမွန်မလာပါ။／Tulad ng nabanggit sa itaas, hindi pa rin napapabuti ang mga kondisyon.)

❽ ☐ 対 **後述（する）** （diterangkan kemudian／နောက်မှဖော်ပြသည်／sabihin sa ibang pagkakataon)
こうじゅつ

❾ ☐ 誇張（する） （tokok tambah (membesar-besarkan)／ချဲ့ကားသည်
こちょう ／mag-exaggerate)

▶ 話がちょっと誇張されていると思う。実際は普通だったよ。
はなし おも じっさい ふつう

(Saya fikir ceritanya sedikit dibesar-besarkan. Sebenarnya itu biasa saja.／
စကားကိုခြဲ့ကားထားတယ်လို့ထင်တယ်။တကယ်တော့သာမန်ပါပဲ။／Sa palagay ko, isang exaggeration iyon. Sa totoo lang, normal lang iyon.)

❿ ☐ 音色 （nada／အသံ၏ဂုဏ်／tunog)
ね いろ

▶ チェロの美しい音色に気分も和らいだ。
うつく きぶん やわ

(Suasana hati juga menjadi lebih baik dengan nada cello yang indah.／
တယောအကြီးစားဆယ်လိုရဲ့ အသံ၏ဂုဏ်ဟာစိတ်အေးချမ်းမှုကိုရစေတယ်။／Gumaan ang pakiramdam ko dahil sa magandang tunog ng cello.)

⓫ ☐ 視聴（する） （menonton dan mendengarkan／ကြည့်ရှုနားဆင်သည်
し ちょう ／manood)

▶〈テレビ〉視聴者の皆様にプレゼントをご用意しました。
しゃ みなさま よう い

(Kami telah menyiapkan hadiah untuk semua penonton.／
(တီဗွီ) ကြည့်ရှုနားဆင်သူများအတွက်လက်ဆောင်ကိုစီစဉ်ထားပါတယ်။／(Sa TV) May nakahanda po kaming handog sa mga manonood.)

⓬ ☐ 雑談（する） （sembang (bersembang)／အာလာပသလ္လာပပြောသည်／
ざつだん maikling pag-uusap)

▶ ちょっとした雑談から新しいアイデアが生まれることも多いです。
あたら う おお

(Idea-idea baru selalunya lahir daripada ceramah kecil.／
အာလာပသလ္လာပအနည်းငယ်ပြောရာမှအတွေးသစ်ပေါ်လာတာများပါတယ်။／Maraming bagong ideya ang nagmumula sa sandaling pag-uusap lang.)

⓭ □ 質疑(する)しつぎ (soalan (menyoal)／ဆန့်ကျင်မေးမြန်းသည်／magtanong)

▷ 国会で質疑を行う
こっかい　　　　　おこな

(melakukan sesi soal jawab di parlimen／လွှတ်တော်တွင်ဆန့်ကျင်မေးမြန်းမှုကိုပြုလုပ်သည်။／
magkaroon ng pagtatanong sa Diet)

⓮ □ 質疑応答しつぎおうとう (sesi soal jawab／အမေးနှင့်အဖြေ／tanong at sagot)

▶ 発表の後に10分間の質疑応答があります。
はっぴょう　あと　　　ぷんかん

(Setelah persembahan, akan ada sesi soal jawab selama 10 minit.／
ကြေညာပြီးနောက်တွင် ၁၀မိနစ်တာအမေးအဖြေရှိပါတယ်။／Pagkatapos ng presentation, may 10
minutong question and answer.)

⓯ □ 釈明(する)しゃくめい (memberikan penjelasan／ရှင်းပြသည်／magpaliwanag)

▶ 事故について、社長による釈明が行われた。
じこ　　　　　しゃちょう　　　　　しゃくめい　おこな

(Presiden telah membuat penjelasan tentang kemalangan itu.／
မတော်တဆဖြစ်ပေါ်မှုနှင့်ပတ်သက်၍၊ ကုမ္ပဏီဥက္ကဌ၏ရှင်းပြပွဲကိုကျင်းပခဲ့သည်။／May pagpapaliwanag
na ginawa ang presidente ng kompanya tungkol sa aksidente.)

⓰ □ 祝辞しゅくじ (kata-kata ucapan／ဂုဏ်ပြုစကား／congratulatory speech)

▶ 結婚式で祝辞を述べることになった。
けっこんしき　　　　の

(Saya telah ditugaskan untuk memberikan ucapan di majlis perkahwinan.／
မင်္ဂလာပွဲမှာ ဂုဏ်ပြုစကားပြောရမယ်။／Inaasahang magbibigay ako ng congratulary speech sa kasal.)

⓱ □ 趣旨しゅし (niat／ရည်ရွယ်ချက်／layunin, gist)

▷ 会/活動の趣旨
かい かつどう

(tujuan pertemuan/aktiviti／အသင်း/လှုပ်ရှားမှု၏ရည်ရွယ်ချက်／layunin ng usapan/aktibidad)

▶ お話の趣旨はわかりましたが、具体的に私は何をすればいいですか。
はなし　　　　　　　　　　　　　　ぐたいてき　わたし　なに

(Saya faham maksud cerita anda, tetapi apa yang seharusnya saya lakukan secara khusus?
／စကားရဲ့ရည်ရွယ်ချက်ကိုတော့သိရပါပြီ၊ ကျွန်တော်ဘာလုပ်ရမည်ဆိုတာကိုတိတိပပပြောပါ။／
Naintindihan ko po ang layunin ng sinabi ninyo, pero ano po ang talaga ang kailangan kong gawin?)

⓲ □ 主題しゅだい (tema／ပဓာနအာဘော်／paksa, tema)　　　　　同 テーマ

▷ 主題歌しゅだいか (lagu tema／ပဓာနတေး／theme song)

▶ 作品の主題は、家族の愛です。
さくひん　　　　　かぞく　あい

(Tema karya ini adalah kasih sayang keluarga.／ဇာတ်လမ်းရဲ့အာဘော်ဟာ၊ မိသားစုရဲ့ချစ်ခြင်းမေတ္တာပါ။／
Pagmamahal sa pamilya ang paksa ng produksiyon.)

グループ・組織 21

仕事・ビジネス 22

商品・サービス 23

読む・書く
聞く・話す 24

本 25

自然科学 26

宗教・信仰 27

場所・位置・方向 28

範囲 29

形式・スタイル 30

1
30

⓳ □ 本題（ほんだい）(pokok permasalahan／အဓိကအကြောင်းအရာ／pangunahing paksa)

▶ そろそろ今日（きょう）の本題（ほんだい）に入（はい）りたいと思（おも）います。

(Saya rasa sudah waktunya untuk beralih ke topik utama hari ini.／
ဒီနေ့ရဲ့အဓိကအကြောင်းအရာကိုစတင်ပါတော့မယ်။／Gusto kong pag-usapan na natin ang pangunahing paksa ngayon.)

⓴ □ 説得（せっとく）**（する）**(membujuk／ဖျောင်းဖျသည်／mangumbinsi, manghikayat)

▶ 警察（けいさつ）の説得（せっとく）に応（おう）じ、中（なか）から犯人（はんにん）が出（で）てきた。

(Berikutan pujukan polis, penjenayah keluar dari dalam.／
ရဲ့အရာရှိ၏ဖျောင်းဖျမှုကိုတုံ့ပြန်၍၊ အတွင်းမှတရားခံသည်ထွက်လာခဲ့သည်။／Lumabas mula sa loob ang kriminal, dahil sa panghihikayat ng pulis.)

▷ 説得力（せっとくりょく）(daya pujukan／ဖျောင်းဖျနိုင်စွမ်း／persuasiveness)

▶ 経験者（けいけんしゃ）だけに、彼女（かのじょ）の話（はなし）には説得力（せっとくりょく）がある。

(Hanya kerana dia berpengalaman, ceritanya sangat meyakinkan.／
အတွေ့အကြုံရှိသူဖြစ်သောကြောင့်သူမ၏စကားတွင်ဖျောင်းဖျနိုင်စွမ်းပါရှိသည်။／Dahil may karanasan siya, persuasive ang kuwento niya.)

㉑ □ 説く（と）(menjelaskan／ရှင်းလင်းပြောပြသည်／magpaliwanag)

▶ 彼（かれ）は以前（いぜん）から原発（げんぱつ）の危険性（きけんせい）を説（と）いている。

(Dia telah menjelaskan tentang bahaya nuklear sejak dahulu.／
သူသည်ယခင်ကတည်းကနျူကလီယာနှင့်လျှစ်စစ်ထုတ်ခြင်းရဲ့အန္တရာယ်ကိုပြောနေတယ်။／Mula noon pa siya nagpapaliwanag tungkol sa panganib ng mga nuclear power plant.)

㉒ □ 討論（とうろん）**（する）**(berdebat／အခြေအတင်ပြောဆိုသည်／magtalakay, magtalo)

▷ 討論会（とうろんかい）(majlis perdebatan／အခြေအတင်ပြောဆိုပွဲ／debate, talakayan, pagtatalo)

▶ 各分野（かくぶんや）の代表（だいひょう）が集（あつ）まって、この問題（もんだい）について討論（とうろん）した。

(Perwakilan dari setiap bidang berkumpul dan berdebat tentang masalah ini.／
ကဏ္ဍအသီးသီးမှကိုယ်စားလှယ်များစုပေါင်း၍၊ ဤပြဿနာနှင့်ပတ်သက်သည့်အခြေအတင်ပြောဆိုကို ပြုလုပ်ခဲ့သည်။／Nagtipon ang mga kinatawan mula sa iba't ibang larangan at tinalakay nila ang problemang ito.)

㉓ □ 協議（きょうぎ）**（する）**(berunding／ဆွေးနွေးသည်／mag-usap, magtalakay)

▷ 協議（きょうぎ）を重（かさ）ねる

(terus berunding／ဆွေးနွေးမှုများပြုသည်／magkaroon ng maraming talakayan)

▶ 審判員（しんぱんいん）が協議（きょうぎ）した結果（けっか）、今（いま）のゴールは無効（むこう）になりました。

(Sebagai hasil dari perbincangan para hakim, gol itu dibatalkan.／
တရားစီရင်ရေးအဖွဲ့ မှဆွေးနွေးမှုလဒ်အရ၊ လက်ရှိပန်းတိုင်သည်ပျက်သွားပါပြီ။／Bilang resulta ng pag-uusap ng mga referee, sinabi nilang hindi valid ang goal.)

㉔ □ 対談(する) (berbicara dalam diskusi／စကားလက်ဆုံပြောသည်／mag-usap)

▶ 二人の対談記事を見たことがあります。

(Saya pernah melihat artikel tentang dialog antara dua orang.／
သူတို့နှစ်ဦးရဲ့စကားလက်ဆုံပြောကြပုံဆောင်းပါးကိုတွေ့ဘူးပါတယ်။／Nakita ko ang article tungkol sa
pag-uusap ng dalawa.)

㉕ □ 交渉(する) (merundingkan／ညှိသည်／negosasyon)

▷ 値段交渉 (perbincangan harga／ဈေးနှုန်းညှိသည်／negosasyon tungkol sa presyo)

▶ 交渉すれば、もうちょっと安くしてくれるかもしれない。

(Jika anda berunding, anda mungkin boleh mendapatkannya dengan lebih murah sedikit.
／ညှိရင်၊ နောက်ထပ်ဈေးလျှော့ပေးချင်လျှော့ပေးလိမ့်မယ်။／Baka babaan pa ang presyo kung
makikipagnegosasyon tayo.)

㉖ □ 回答(する) (menjawab／ပြန်ဖြေသည်／sumagot)

▶ メールで問い合わせたら、丁寧な回答をもらった。

(Saya mendapatkan balasan yang sopan ketika saya bertanya melalui email.／
မေးလ်နဲ့မေးတဲ့အခါ၊ ယဉ်ကျေးစွာပြန်ဖြေပေးခဲ့တယ်။／Noong nagtanong ako sa email, tumanggap
ako ng magalang na sagot.)

㉗ □ 沈黙(する) (berdiam diri／နှုတ်ဆိတ်သည်／tumahimik)

▷ 沈黙を守る (berdiam diri／နှုတ်ဆိတ်နေသည်／tumahimik)

▶ 長い沈黙を破って、彼女が話し始めた。

(Dia mulai berbicara, memecahkan keheningan yang panjang.／
သူမသည်အကြာကြီးနှုတ်ဆိတ်နေရာမှစကားစပြောသည်။／Binasag niya ang mahabang
katahimikan, at nagsimula siyang magsalita.)

㉘ □ 無言 (tidak berbicara／ဘာမှမပြောဘဲ／hindi nagsalita)

▶ 記者が質問したが、大臣は無言のまま車に乗った。

(Wartawan bertanya soalan, tetapi menteri masuk ke dalam kereta tanpa berkata apa-apa.
／သတင်းထောက်မှမေးခွန်းမေးခဲ့သော်လည်း၊ဝန်ကြီးသည်ဘာမှမပြောဘဲကားပေါ်တက်သွားတယ်။／
Nagtanong ang reporter, pero sumakay ang minister sa kotse niya nang hindi nagsasalita.)

グループ・組織 21

仕事・ビジネス 22

商品・サービス 23

読む・書く 聞く・話す 24

本 25

自然科学 26

宗教・信仰 27

場所・位置・方向 28

範囲 29

形式・スタイル 30

❷❾ □ 無口（な）（むくち）（pendiam／စကားနည်းသော／hindi umimik）

▶ 父は普段から無口で、機嫌が悪いわけじゃありません。
（ちち ふだん きげん わる）

（Ayah saya biasanya pendiam, bukan berarti dia dalam mood buruk.／
အဖေဟာ ပုံမှန်အားဖြင့်စကားနည်းပါတယ်၊ စိတ်သုန်မှန်လို့မဟုတ်ပါဘူး။／Karaniwang hindi umiimik ang tatay ko, at hindi ibig sabihing masama ang mood niya.）

❸⓪ □ 内緒（ないしょ）（rahasia／လျှို့ဝှက်／sikreto）

▷ 内緒話（ないしょばなし）（cerita rahsia／လျှို့ဝှက်စကား／sikretong usapan）

▶ 今の話は内緒にしてください。
（いま はなし）

（Tolong jangan ceritakan tentang ini kepada siapa pun.／ဒီစကားကိုလျှို့ဝှက်ထားပါ။／
Panatilihin mong sikreto ang sinabi ko sa iyo.）

❸❶ □ 訛り（なまり）（pelat／စကားဝဲခြင်း／punto）

▶ 彼は東北出身で、ちょっと訛りがある。
（かれ とうほくしゅっしん なま）

（Dia berasal dari Tohoku dan memiliki sedikit pelat.／
သူဟာဂျပန်အရှေ့မြောက်ပိုင်းသားမို့စကားနည်းနည်းဝဲတယ်။／Taga-Tohoku siya at mayroon siyang kaunting punto.）

❸❷ □ 前置き（まえお）（mukadimah／နိဒါန်း／panimula, introduksyon）

▶ 前置きはこれぐらいにして、本題に入りたいと思います。
（まえお ほんだい はい おも）

（Saya fikir itu cukup untuk mukadimah, dan sekarang saya ingin beralih ke topik utama.／
နိဒါန်းကိုဒီလောက်နဲ့ထားပြီးအဓိကအကြောင်းအရာကိုစပါမယ်။／Sapat na iyan para sa introduksyon. Gusto kong simulan na ang pangunahing paksa.）

❸❸ □ イントネーション（intonasi／လေယူလေသိမ်း／intonation）

❸❹ □ 相槌を打つ（あいづち う）（mengangguk／ခေါင်းညိတ်သည်／tumugon agad）

▶ 彼女はよく相槌を打つけど、ちゃんと聞いてないことが多い。
（かのじょ あいづち う き おお）

（Dia sering mengangguk, tetapi sering tidak mendengar dengan betul.／
သူမဟာ အရမ်းခေါင်းညိတ်နေပေမဲ့ အသေအချာနားမထောင်တာကများတယ်။／Madalas siyang tumutugon agad, pero maraming pagkakataong hindi siya nakikinig.）

㉟ □ 朗読（する）（deklamasi (membaca dengan kuat)／ရွတ်ဆိုသည်／basahin nang malakas）
ろうどく

▷ 詩の朗読 （membaca puisi／ကဗျာရွတ်ဆိုခြင်း／basahin ang tula nang malakas）
し

㊱ □ 熟読（する）（membaca dengan cermat／
じゅくどく　　　　　　　　အသေအချာဖတ်သည်／basahing mabuti）

▶ 大事なところなので、熟読しておいてください。
だいじ　　　　　　　　　　　　じゅくどく

（Bahagian ini penting, jadi tolong baca dengan cermat.／
အရေးကြီးတာမို့လို့အသေအချာဖတ်ထားပါ။／Mahalaga ang section na ito, kaya basahin mo ito
nang mabuti.）

㊲ □ 言及（する）（menyebut／ရည်ညွှန်းသည်／banggitin）
げんきゅう

㊳ □ 部首 （radikal／ခန်းဂျီ၏အရင်းအမြစ်အက္ခရာ／Kanji radical）
ぶしゅ

㊴ □ 送り仮名 （okurigana／ခန်းဂျီနှင့်တွဲပါအက္ခရာ／Kana declension）
おく　　がな

㊵ □ かっこ（　）（tanda kurung／ကွင်း／parenthesis）

▷ かっこで括る （bertanda kurung／ကွင်းခတ်သည်／i-enclose sa parenthesis）
くく

㊶ □ かぎかっこ「　」（tanda kurung petik／ထောင့်ကွင်း／bracket）

㊷ □ 句点 （tanda titik／ဖွဲ့လုံးစတော့ပ်／period, tuldok）
くてん

㊸ □ 読点 （tanda koma／ကော်မာ／comma）
とうてん

▷ 句読点（＝句点と読点）（tanda baca／ဖွဲ့လုံးစတော့ပ်နှင့်ကော်မာ／mga bantas,
punctuation mark）

UNIT 25

本
ほん
(Buku／စာအုပ်／Libro)

❶ □ 刊行（する） (penerbitan (menerbitkan)／ထုတ်ဝေသည်／maglathala)

▷ **定期刊行物** (penerbitan bermusim／ပုံမှန်ထုတ်ဝေသည့်စာနယ်ဇင်း／regular publication)

❷ □ 初版 (edisi pertama／ပထမအကြိမ်မိရိုက်／unang edisyon)

❸ □ 改訂（する） (semakan (menyemak)／ပြင်ဆင်သည်／baguhin, mag-revise)

▷ **改訂版** (edisi semakan／ပြန်လည်ပြင်ဆင်ထုတ်／revised edition)

▶ **この辞書は10年ぶりに改訂されることになった。**

(Kamus ini akan dikemaskini selepas 10 tahun.／ကျွန်အဘိဓာန်သည်၁၀နှစ်ကြာခဲ့ပြီဖြစ်ပြီးပြင်ဆင်တော့မည်။／Babaguhin ang diksiyunaryong ito sa unang pagkakataon, sa loob ng 10 taon.)

❹ □ 著書 (karya, buku, penulisan／စာအုပ်／libro)

▶ **これは彼女の代表的な著書です。**

(Ini adalah buku tulisan sendiri yang mewakili dia.／ဒါဟာသူမရဲ့အဓိကကိုယ်စားပြုစာအုပ်ဖြစ်တယ်။／Ito ang pinakamahusay niyang libro.)

❺ □ 著作権 (hak cipta／မူပိုင်ခွင့်／copyright)

▷ **著作権の侵害** (pelanggaran hak cipta／မူပိုင်ခွင့်ချိုးဖောက်မှု／paglabag sa copyright)

❻ □ 書評 (resensi buku／စာအုပ်သုံးသပ်ချက်／book review)

▷ **新聞の書評欄**

(ruangan resensi buku surat khabar／သတင်းစာသုံးသပ်ချက်ကော်လံ／book review sa diaryo)

❼ □ ベストセラー (jualan terlaris／အကောင်းဆုံးအရောင်း／bestseller)

❽ □ 文芸 (kesasteraan／စာပေ／panitikan, literature)

▷ **文芸作品** (karya sastera／ပြုစုထားသောစာပေ／literary work)

❾ □ 随筆 (esei／စာစီစာကုံး／essay)

▷ **同 エッセイ** (esei／စာစီစာကုံး／essay)

グループ・組織 21
仕事・ビジネス 22
商品・サービス 23
読む・書く 聞く・話す 24
本 25
自然科学 26
宗教・信仰 27
場所・位置・方向 28
範囲 29
形式・スタイル 30

⓾ □ **長編**（ちょうへん）(novel panjang／ဇာတ်လမ်းရှည်／mahabang speech)　　对 短編（たんぺん）

▷ **長編小説**（ちょうへんしょうせつ）(novel panjang／ဇာတ်လမ်းရှည်ဝတ္ထု／mahabang nobela)

⓫ □ **教材**（きょうざい）(bahan pengajaran／သင်ကြားမှုထောက်ကူပစ္စည်း／gamit panturo)

⓬ □ **書物**（しょもつ）(buku／စာအုပ်／libro)

▷ **当時は、彼らを中心に古い書物の研究が盛んに行われていた。**
（とうじ／かれ／ちゅうしん／ふる／しょもつ／けんきゅう／さか／おこな）

(Pada masa itu, kajian buku-buku lama dilakukan secara aktif di sekitar mereka.／ထိုအချိန်တုန်းကသူတို့ကိုဗဟိုပြုထားပြီးစာအုပ်ဟောင်းသုတေသနကိုတက်တက်ကြွကြွလုပ်ခဲ့ကြတယ်။／Noong panahong iyon, sila ang pangunahing gumawa ng aktibong research ng mga lumang libro.)

⓭ □ **章**（しょう）(bab／အခန်း／chapter, kabanata)

▷ **序章**（じょ）(bab pendahuluan／ပဏာမခန်း／prologue)

▶ **どういう章立てにするか、考えているところです。**
（しょうだ／かんが）

(Saya sedang memikirkan bagaimana untuk menyusun bab.／ဘယ်လိုမျိုးအခန်းဖွဲ့လည်းဆိုတာကိုစဉ်းစားနေတယ်။／Iniisip ko kung paano i-set up ang mga chapter.)

⓮ □ **節**（せつ）(bahagian, seksyen／အပိုင်း／seksyon, linya)

▷ **第1章第2節**（だい／しょう）(Bab 1, Bahagian 2／အခန်းအမှတ်၁ အပိုင်း၂／Pangalawang seksyon ng unang chapter)

▶ **これは『源氏物語』の有名な一節です。**
（げんじものがたり／ゆうめい／いっ）

(Ini adalah satu bahagian terkenal dari "Hikayat Genji; Kisah Genji; Genji Monogatari".／ဒီဟာက 「ဂဲန်ဂျီအကြောင်း」 ရဲ့ကျော်ကြားတဲ့ စာပိုင်းတစ်ခုဖြစ်ပါတယ်။／Kilalang linya ito mula sa Tales of Genji.)

⓯ □ **大意**（たいい）(inti sari／ဆိုလိုရင်း／punto, buod)

▷ **大意をつかむ**

(memahami inti sari／ဆိုလိုရင်းကိုဖမ်းကိုင်သည်／makuha ang punto)

⓰ □ **付録**（ふろく）(hadiah, lampiran／နောက်ဆက်တွဲ／appendix)

⓱ □ **購読(する)**（こうどく）(langganan (melanggan)／ဝယ်ဖတ်သည်／mag-subscribe)

UNIT 26

自然科学
し ぜん か がく
(Sains semula jadi／သဘာဝသိပ္ပံပညာ／Natural Science)

グループ・組織 21
仕事・ビジネス 22
商品・サービス 23
読む・書く 聞く・話す 24
本 25
自然科学 26
宗教・信仰 27
場所・位置・方向 28
範囲 29
形式・スタイル 30

❶ □ たんぱく質／蛋白質 (protein／ပရိုတိန်းဓာတ်／protein, protina)
　▷ 高たんぱく (protein tinggi／ပရိုတိန်းဓာတ်မြင့်／high protein)

❷ □ でんぷん (kanji／ကစီဓာတ်／starch)

❸ □ 分子 (molekul／မော်လီကျူး／molecule)
　▷ 分子構造 (struktur molekul／မော်လီကျူးဖွဲ့စည်းပုံ／molecular structure, molekular na istruktura)

❹ □ 電子 (elektron／အီလက်ထရွန်／electron)

❺ □ アルカリ (alkali／အယ်လကာလီ／alkali)
　▷ アルカリ電池 (bateri alkali／အယ်လကာလီဓာတ်ခဲ／alkaline battery)

❻ □ アルカリ性 (beralkali／အယ်လကာလီဓာတ်／alkalinidad)

❼ □ 酸性 (keasidan／အက်စစ်ဓာတ်／acidic)

❽ □ 酸化(する) (pengoksidaan (mengoksida)／ဓာတ်ပြုသည်／mag-oxidize)

　▶ 鉄製なので、酸化して錆びないよう、手入れが必要です。
　(Diperbuat daripada besi, penjagaan diperlukan untuk mengelakkan pengoksidaan dan kakisan.／သံထည်ဖြစ်လို့အောက်ဆီဂျင်နဲ့ဓာတ်ပေါင်းပြီးသံချေးမတက်အောင်ပြုပြင်ထိန်းသိမ်းပါ။／Gawa iyan sa bakal, kaya kailangan ng pangangalaga laban sa oxidation at kalawang.)

❾ □ 有機 (organik／အော်ဂဲနစ်／organic)
　▷ 有機栽培
　(pengusahaan tanaman organik／အော်ဂဲနစ်စိုက်ပျိုးရေး／organikong pagsasaka)

⑩ □ 化合物 (かごうぶつ) (sebatian／ဒြပ်ပေါင်း／compound)

▷ **有機化合物** (ゆうき) (sebatian organik／အော်ဂဲနစ်ဒြပ်ပေါင်း／organic compound)

⑪ □ 物質 (ぶっしつ) (bahan／ပစ္စည်း／materyal)

⑫ □ 物体 (ぶったい) (objek／အရာဝတ္ထု／bagay)

▷ **謎の飛行物体** (なぞ) (ひこう)
(objek terbang misteri／လျှို့ဝှက်ဆန်းကြယ်သောပျံသန်းအရာဝတ္ထု／unidentified flying object)

⑬ □ 加速(する) (かそく) (pencepatan (mempercepatkan)／အရှိန်မြှင့်သည်／acceleration, pagpapabilis)

▶ モーターの回転速度をさらに加速させてみた。(かいてんそくど)
(Saya mencuba untuk mempercepat lagi kelajuan putaran motor.／
မော်တာလည်ပတ်အရှိန်ကိုအရှိန်ပိုမြှင့်ကြည့်တယ်။／Sinubukan kong pabilisin ang pag-ikot ng motor.)

⑭ □ 重力 (じゅうりょく) (graviti／မြေဆွဲအား／gravity)

⑮ □ 法則 (ほうそく) (hukum／နိယာမ／batas)

▷ **遺伝の法則** (いでん) (hukum keturunan／မျိုးရိုးလိုက်ခြင်းဆိုင်ရာနိယာမ／law of heredity)

宗教・信仰
しゅうきょう　しんこう
(Agama, Kepercayaan／ဘာသာရေး၊ ကိုးကွယ်မှု／Relihiyon, Pananampalataya)

❶ □ **教義**
きょうぎ
(doktrin／အယူဝါဒ／doktrina)

❷ □ **教え**
おし
(ajaran／တရားတော်／aralin)

▷ 教えを説く
おし　と
(menerangkan ajaran／တရားဟောသည်／mangaral)

❸ □ **教祖**
きょうそ
(pengasas agama／ဘာသာရေးဆရာကြီး／guru)

❹ □ **教徒**
きょうと
(penganut／ဘာသာဝင်／tagasunod, mananampalataya)

▷ 仏教徒、異教徒
ぶっきょうと　い
(penganut Buddha, penganut agama lain／ဗုဒ္ဓဘာသာဝင်၊အခြားဘာသာဝင်／Buddhist, mga pagano)

❺ □ **信者**
しんじゃ
(penganut, pengikut／ယုံကြည်သူ／mananampalataya)

❻ □ **信仰(する)**
しんこう
(kepercayaan (menganut)／ကိုးကွယ်သည်／maniwala)

▷ 信仰心
しん
(iman／ယုံကြည်ကိုးကွယ်／debosyon)

❼ □ **礼拝(する)**
れいはい
(sembahyang, ibadat (bersembahyang, beribadat)／ရှိခိုးသည်／sumamba)

▷ 礼拝堂
どう
(dewan ibadat, tempat solat／ဘုရားကျောင်း／kapilya)

▶ ここには大勢の人が礼拝に訪れます。
おおぜい　ひと　　　　れいはい　おとず
(Banyak orang datang ke sini untuk bersembahyang.／ဒီနေရာကိုလူအများကြီးရှိခိုးဖို့လာကြတယ်။／Maraming tao ang pumaparito para sumamba.)

❽ □ **巡礼(する)**
じゅんれい
(jadi (mengerijakan haji)／ဘုရားဖူးသည်／pilgrimage)

▷ 巡礼の旅
たび
(perjalanan ziarah／ဘုရားဖူးခရီး／religious pilgrimage)

❾ □ **懺悔(する)**
ざんげ
(penyesalan (menyesal)／ဝန်ခံသည်／magsisi)

▶ 経営責任者は、まず事故の被害者に対して懺悔すべきだ。
けいえいせきにんしゃ　　　　じこ　ひがいしゃ　たい　　　ざんげ
(Pengurus harus terlebih dahulu meminta maaf kepada mangsa kemalangan itu.／မန်နေဂျာသည်အရင်ဦးဆုံးနစ်နာသူထံဝန်ခံသင့်သည်။／Dapat munang humingi ng tawad ang manager sa mga biktima ng aksidente.)

❿ □ **聖書**
せいしょ
(Kitab Injil／ကျမ်းစာ／Bibliya)

▷ 新約聖書、旧約聖書
しんやく　　きゅう
(kitab Injil Perjanjian Baru, kitab Injil Perjanjian Lama／ဓမ္မသစ်ကျမ်း၊ဓမ္မဟောင်းကျမ်း／Bagong Tipan, Lumang Tipan)

グループ組織 21
仕事・ビジネス 22
商品・サービス 23
読む・書く 聞く・話す 24
本 25
自然科学 26
宗教・信仰 27
場所・位置・方向 28
範囲 29
形式・スタイル 30

⓫ □ 神聖（な） <ruby>神聖<rt>しんせい</rt></ruby> (kesucian (suci)／မြင့်မြတ်သော／sagrado)

⓬ □ 敬虔（な） <ruby>敬虔<rt>けいけん</rt></ruby> (taat beragama／ရိုသေကိုင်းရှိုင်းသော／banal)

▷ <ruby>敬虔<rt>けいけん</rt></ruby>な<ruby>祈<rt>いの</rt></ruby>りを<ruby>捧<rt>ささ</rt></ruby>げる (memberikan doa dengan taat／ရိုသေကိုင်းရှိုင်းစွာဆုတောင်းပူဇော်သည်／mag-alay ng taimtim na panalangin)

⓭ □ 不吉（な） <ruby>不吉<rt>ふきつ</rt></ruby> (yang membawa malang／မကောင်းသော／masama)

▶ どうも<ruby>不吉<rt>ふきつ</rt></ruby>な<ruby>予感<rt>よかん</rt></ruby>がする。

(Saya mempunyai perasaan yang membawa malang.／ဘာရယ်ကြောင့်မှန်းမသိဘူးမကောင်းတာကိုကြိုမြင်နေတယ်။／Mayroon akong masamang nararamdaman.)

⓮ □ 災い <ruby>災<rt>わざわ</rt></ruby>い (bencana, malapetaka／ဘေးဥပဒ်／kapahamakan)

▷ <ruby>災<rt>わざわ</rt></ruby>いを<ruby>招<rt>まね</rt></ruby>く<ruby>女<rt>おんな</rt></ruby>として、<ruby>彼女<rt>かのじょ</rt></ruby>は<ruby>村<rt>むら</rt></ruby>を<ruby>追放<rt>ついほう</rt></ruby>された。

(Sebagai wanita yang membawa malapetaka, dia diusir dari kampung.／ဘေးဥပဒ်ကိုဆောင်ကြဉ်းတဲ့မိန်းမဆိုပြီး၊ ရွာမှနင်ဒဏ်ပေးခံရတယ်။／Pinalayas siya mula sa kanyang nayon dahil sa pagdadala niya ng salot doon.)

⓯ □ 縁起 <ruby>縁起<rt>えんぎ</rt></ruby> (bertuah／အတိတ်ကံ／pinagmulan, suwerte)

▶ ツルやカメは<ruby>長生<rt>ながい</rt></ruby>きなので、<ruby>昔<rt>むかし</rt></ruby>から<ruby>縁起<rt>えんぎ</rt></ruby>のいい<ruby>動物<rt>どうぶつ</rt></ruby>とされています。

(Kerana burung bangau dan kura-kura hidup lama, mereka telah dianggap sebagai simbol bertuah sejak zaman dahulu.／ကြိုးကြာငှက်နှင့်လိပ်သည်အသက်ရှည်သဖြင့်ရှေးအခါကတည်းကအတိတ်ကံကောင်းသည့်သတ္တဝါ ဟုသတ်မှတ်ထားကြသည်။／Mahaba ang buhay ng mga crane at pagong, kaya noong araw, itinuturing silang mga mapalad na hayop.)

▷ <ruby>縁起<rt>えんぎ</rt></ruby>を<ruby>担<rt>かつ</rt></ruby>ぐ (membawa bertuah／အတိတ်ကံကိုဆောင်လာသည်／mapamahiin)

> ★<ruby>物事<rt>ものごと</rt></ruby>に<ruby>対<rt>たい</rt></ruby>して〜
>
> Membimbangkan apakah suatu perkara itu adalah tanda yang baik atau sebaliknya di masa depan.／ အကြောင်းကိစ္စတွေအပေါ်မှာ၊ အဲဒါဟာကောင်းတာဖြစ်လာမလားမကောင်းတာဖြစ်လာမလားလို့／Inilalarawan rito ang mga taong nag-aalala tungkol sa mga bagay, kung ito ay mga palatandaan ng magagandang bagay na darating o hindi.

⓰ □ 住職 [寺] <ruby>住職<rt>じゅうしょく</rt></ruby> [<ruby>寺<rt>てら</rt></ruby>] (kepala biara [kuil]／ကျောင်းထိုင်ဘုန်းကြီး(ဘုန်းကြီးကျောင်း)／head priest)

⓱ □ 神主 [神社] <ruby>神主<rt>かんぬし</rt></ruby> [<ruby>神社<rt>じんじゃ</rt></ruby>] (paderi Shinto [kuil Shinto]／ရှင်တိုဘာသာဘုန်းကြီး／Shinto priest)

⓲ □ 神父 [カトリック] <ruby>神父<rt>しんぷ</rt></ruby> [カトリック] (paderi Katolik [Katolik]／ကက်သလစ်ဘုန်းကြီး／pare (Katoliko))

グループ・組織 21

仕事・ビジネス 22

商品・サービス 23

読む・書く 聞く・話す 24

本 25

自然科学 26

宗教・信仰 27

場所・位置・方向 28

範囲 29

形式・スタイル 30

⑲ □ 牧師 [プロテスタント]
ぼくし
(paderi [Protestan]／ပရိုတက်စတန့်ဘုန်းကြီး／pastor (Protestante))

⑳ □ 仏像 (patung Buddha／ဗုဒ္ဓရုပ်ပွားတော်／rebulto ni Buddha)
ぶつぞう

㉑ □ 鳥居 [神社] (torii [kuil]／ရှင်တိုကျောင်းမုခ်ဦး／shrine gate)
とりい じんじゃ

㉒ □ 伝説 (legenda／ဒဏ္ဍာရီ／alamat)
でんせつ

▶ この池には、古くから伝わる伝説がある。
いけ ふる つた

(Ada legenda yang lama di kolam ini.／
ဒီရေကန်မှာရှေးအခါကတည်းကပြောလာကြတဲ့ဒဏ္ဍာရီရှိတယ်။／May alamat tungkol sa lake na ito mula pa noong unang panahon.)

㉓ □ 怪物 (monster／ဒဏ္ဍာရီလာကြောက်စရာသတ္တဝါ／halimaw)
かいぶつ

★ 理解を越えた不気味な生き物。
Makhluk yang menakutkan melampaui pemahaman.／နားမလည်နိုင်လောက်တဲ့ကြောက်စရာသတ္တဝါ／Nakakatakot na mga nilalang na hindi maintindihan.

㉔ □ 化け物
ば もの

★ 人間以外のものが、人間の姿をして現れたもの。
Sesuatu yang bukan manusia, muncul dalam bentuk manusia.／လူမဟုတ်သောသတ္တဝါကလူ့ယောင်ဖန်ဆင်ပြီးပေါ်လာသူ။／Hindi sila tao, pero nagpapakita sila na anyong tao.

㉕ □ 鬼
おに

▶ ②彼女、最近、鬼のように練習しているね。
かのじょ さいきん れんしゅう

(②Dia, belakangan ini, telah berlatih seperti hantu, kan?／သူမဟာအခုလောဘီလူးလိုအပြင်းအထန်လေ့ကျင့်နေတယ်။／(2) Nagsasanay siya na parang demonyo kamakailan.)

★ ①人に災いをもたらす怪物。②程度がはなはだしい様子。
①Monster yang membawa malapetaka kepada manusia. ②Keadaan yang sangat parah.／①လူ့ကိုဘုန်ဘေးပေးသောကြောက်စရာသတ္တဝါ။ ②ဒေါသအလွန်ကြီးသောအသွင်သဏ္ဍာန်။／(1) Halimaw na nagdadala ng kamalasan sa mga tao. (2) Sa matinding antas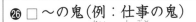

㉖ □ ～の鬼 (例：仕事の鬼)
れい しごと

★ ～について全力かつ厳しい姿勢で行っていること。
Sesuatu yang dilakukan dengan sepenuh tenaga dan sikap yang keras.／～နဲ့ပတ်သက်ပြီးအားကုန်သုံးပြီးကျပ်ကျပ်မတ်မတ်ဟန်အသွင်နဲ့လုပ်နေတယ်။／May kinalaman sa paggawa ng isang bagay nang grabe at buong sigasig.

UNIT 28

場所・位置・方向
ばしょ　いち　ほうこう
(Tempat, Kedudukan, Arah ／နေရာ၊တည်နေရာ၊လားရာ／ Lugar, Posisyon, Direksiyon)

❶ □ **先端**（hujung／ထိပ်၊ ဦး／dulo）
せんたん

▷ ナイフの先端、先端技術
　　　　　　　　　　きじゅつ

（hujung pisau, teknologi terkini／ဓားဦး၊ ထိပ်တန်းနည်းပညာ／dulo ng kutsilyo, advanced na teknolohiya）

▶ 彼女はもちろん、流行の先端を行っているつもりです。
　かのじょ　　　　　　りゅうこう

（Sudah tentu, dia berharap untuk menjadi yang terdepan dalam trend.／
သူမဟာ ဖက်ရှင်ကိုဦးဆောင်နေဖို့ ရည်ရွယ်ပါတယ်။／Siempre, gusto niyang maging uso.）

❷ □ **縁**（tepi／အစွန်း၊ အနား／frame）
ふち

▷ 眼鏡の縁（tepi cermin mata／မျက်မှန်အနားကွပ်／frame ng salamin）
めがね

▶ このグラス、縁の部分がちょっと欠けてる。
　　　　　　ふぶん　　　　か

（Bahagian tepi gelas ini sedikit cacat.／ဒီမှန်ရဲ့ အစွန်းပိုင်းမှာ နည်းနည်းပဲ့နေတယ်။／Medyo may pingas ang gilid nitong salamin.）

❸ □ **側面**（sisi／နံဘေး၊ သွင်ပြင်／gilid, side）
そくめん

▷ 側面（permukaan sisi／နံဘေးရဲ့／lateral）

▶ いつも大人しい友人の意外な側面を見た。
　　おとな　　　ゆうじん　いがい　　み

（Saya telah melihat sisi yang tidak dijangka dari kawan yang selalu tenang.／
အမြဲတမ်းအေးဆေးတဲ့သူငယ်ချင်းရဲ့ မထင်ထားတဲ့သွင်ပြင်ကိုတွေ့ခဲ့ရတယ်။／Nakita ko ang hindi inaasahang side ng kaibigan kong laging tahimik.）

❹ □ **斜面**（cerun／ကုန်းစောင်း／dalisdis, slope）
しゃめん

▷ 急な斜面（cerun yang curam／မတ်စောက်သောကုန်းစောင်း／matarik na dalisdis）
きゅう

▷ 山の斜面に畑が作られている。
　やま　　　　はたけ　つく

（Ladang telah dibuat di cerun gunung.／တောင်ရဲ့ ကုန်းစောင်းမှာ ယာခင်းစိုက်ထားတယ်။／Ginawa ang mga bukid sa dalisdis ng bundok.）

❺ □ **溝**（parit／မြောင်း၊ရေမြောင်း／kanal）
みぞ

▶ 道の両側に幅50センチくらいの溝がある。
　みち　りょうがわ　はば

（Terdapat parit kira-kira 50 cm di kedua-dua sisi jalan.／
လမ်းရဲ့ဘေးနှစ်ဘက်မှာအကျယ်၅၀စင်တီမီတာလောက်ရေမြောင်းရှိတယ်။／May kanal na halos 50 cm ang lapad sa magkabilang gilid ng kalsada.）

グループ・組織 21

仕事・ビジネス 22

商品・サービス 23

読む・著く
聞く・話す 24

本 25

自然科学 26

宗教・信仰 27

場所・位置・方向 28

範囲 29

形式・スタイル 30

❻ □ かたわら／傍ら (sebelah／အနားမှာ／sa tabi)

▶ 道のかたわらに小さな案内板が置かれていた。

(Papan petunjuk kecil telah diletakkan di tepi jalan.／
လမ်းရဲ့အနားနားမှာ သေးငယ်တဲ့လမ်းညွှန်ဆိုင်းဘုတ်ထားထားတယ်။／May nakalagay na maliit na
information board sa tabi ng kalsada.)

❼ □ 類脇 (ketiak／ဘေး／tabi)

▶ テーブルの脇に立ってください。

(Sila berdiri di sebelah meja.／စားပွဲဘေးမှာမတ်တတ်ရပ်ပါ။／Tumayo ka sa tabi ng mesa.)

❽ □ 手元 (di tangan, dekat／လက်ထဲ／nasa kamay)

▶ お手元の資料をご覧ください。

(Sila lihat dokumen yang ada di tangan anda.／လက်ထဲကစာရွက်စာတမ်းကိုကြည့်ပါ။／
Pakitingnan mo ang mga dokumentong nasa kamay mo.)

❾ □ 前方 (hadapan／ရှေ့သို့／sa harap)

▷ 前方不注意

(tidak berhati-hati ke hadapan／ရှေ့ကိုသတိမထား／hindi tumitingin nang mabuti sa harap)

❿ □ 対後方 (belakang／နောက်သို့／sa likod)

⓫ □ 道なり (sepanjang jalan／လမ်းတစ်လျှောက်／sa daan)

▶ このまま道なりに行くと、角に銀行があります。

(Jika anda terus mengikuti jalan ini, anda akan menemui bank di penjuru.／
ဒီအတိုင်းလမ်းတစ်လျှောက်သွားရင်၊ လမ်းထောင့်မှာဘဏ်ရှိတယ်။／Kung susundin mo itong kalsada,
may bangko sa kanto.)

⓬ □ ところどころ (di sana sini／ဟိုနေရာဒီနေရာ／kung saan-saan)

▶ あの看板は、ところどころ字が消えていて、読みづらい。

(Papan iklan itu sukar dibaca kerana beberapa huruf telah hilang.／
အဲဒီဆိုင်းဘုတ်ဟာ ဟိုနေရာဒီနေရာမှာပျက်နေလို့ ဖတ်ရခက်တယ်။／Nabura kung saan-saan ang
ibang letra sa sign na iyon, kaya mahirap itong basahin.)

⓭ □ いたるところ (di mana-mana／အနံ့အပြား／sa lahat ng lugar)

▶ 異常気象は、世界のいたるところで見られます。
　 い じょう き しょう　　　せ かい　　　　　　　　　　　　　　　み

（Fenomena cuaca yang abnormal boleh dilihat di mana-mana di dunia.／
ရာသီဥတုဖောက်ပြန်မှုဟာ ကမ္ဘာအနံ့အပြားမှာတွေ့ရတယ်။／Makikita ang kakaibang panahon sa
lahat ng lugar sa mundo.）

⓮ □ 目と鼻の先 (depan mata／မျက်စိနဲ့ခေါင်းအကွာအဝေးလောက်／
　 め　　はな　さき　　malapit lang)

▶ 目と鼻の先にコンビニがあるので、便利です。
　　　　　　　　　　　　　　　　　　　　　　べん り

（Kedai serbaneka terletak di depan mata, jadi ia sangat senang.／
မျက်စိနဲ့ခေါင်းအကွာအဝေးလောက်မှာကွန်ဗီနီစတိုးရှိလို့အဆင်ပြေတယ်／Convenient, dahil may
convenience store na malapit rito.）

⓯ □ 日なた (tempat terang／နေပူ／maaraw na lugar)
　　 ひ

▶ 寒いから日なたに移ろう。
　 さむ　　　　　　　　うつ

（Kerana sejuk, mari kita pindah ke tempat yang cerah.／ချမ်းလို့နေပူတဲ့နေရာကိုရွှေ့ရအောင်။／
Malamig, kaya lumipat tayo sa maaraw na lugar.）

⓰ □ 対 日陰 (tempat teduh／နေရိပ်／lilim)
　　 ひ かげ

▷ 日陰で休む (berehat di tempat teduh／နေရိပ်မှာနားတယ်／magpahinga sa lilim)
　 やす

⓱ □ 内部 (dalaman／အတွင်းပိုင်း／internal, sa loob)
　　 ない ぶ

▶ これは内部の事情に詳しい人に聞いた話です。
　　　　　　　じ じょう くわ　　 ひと　き　　はなし

（Ini adalah cerita yang saya dengar dari orang yang mengenali keadaan dalaman.／
ဒါကအတွင်းပိုင်းရေးရာမှာနံ့စပ်တဲ့သူဆီကကြားတဲ့စကားပါ။／Ito ang narinig kong kuwento mula sa
taong pamilyar sa mga nangyayari sa loob.）

UNIT 29

範囲 (Skop／ဘောင်၊ ဧရိယာ／Saklaw)
はんい

❶ □ 領域 (bidang／နယ်ပယ်／rehiyon, larangan)
りょういき

▷ 研究領域 (bidang kajian／သုတေသနနယ်ပယ်／larangan ng research)
けんきゅう

❷ □ エリア (kawasan／ဧရိယာ／lugar)

▷ 配達可能なエリア (kawasan yang boleh dihantar／ပစ္စည်းလိုက်ဝေနိုင်တဲ့ဧရိယာ／posibleng delivery area)
はいたつ か のう

❸ □ カテゴリー (kategori／အမျိုးအစား／kategorya) 類 ジャンル

▶ 商品カタログで探したほうが早いよ。カテゴリー別になっているから。
しょうひん さが はや べつ

(Lebih cepat mencari dalam katalog produk. Oleh kerana itu disusun mengikut kategori.／ကုန်ပစ္စည်းရဲ့အမျိုးအစားနဲ့ရှာရင်မြန်တယ်။အမျိုးအစားအလိုက်ခွဲခြားထားလို့။／Mas mabilis maghanap sa katalogo ng mga bilihin, kasi magkakahiwalay ang mga ito ayon sa kategorya.)

❹ □ 枠 (bingkai／ဘောင်／frame, balangkas)
わく

▷ 窓の枠 (bingkai tingkap／ပြတင်းပေါက်ဘောင်／frame ng bintana)
まど

▶ 予算の枠内なら、買ってもいいですよ。
よさん ない か

(Jika dalam batas bajet, anda boleh membelinya.／ဘတ်ဂျက်ဘောင်ထဲမှာဆိုရင်ဝယ်ရင်လည်းရပါတယ်။／Kung nasa loob ng limitasyon ng badyet, puwede mong bilhin iyon.)

❺ □ 一帯 (keseluruhan kawasan／တခွင်လုံး／buong lugar)
いったい

▷ 関東一帯 (seluruh kawasan Kanto／ခန်းတိုးဒေသတခွင်လုံး／sa buong lugar ng Kanto)
かんとう

▶ 山のふもと一帯にブドウ畑が広がっていた。
やま ばたけ ひろ

(Ladang anggur tersebar di seluruh kaki gunung.／တောင်ခြေတခွင်လုံးစပျစ်ခင်းများနဲ့ကျယ်ပြောနေတယ်။／Sa paanan ng bundok, nagkalat ang ubasan.)

❻ □ 権限 (hak, kuasa／အခွင့်အာဏာ／awtoridad, pahintulot)
けんげん

▷ 顧客データへのアクセス権限
こきゃく

(kebenaran akses ke data pelanggan／ဖောက်သည်၏ဒေတာသို့ဝင်ရောက်သုံးစွဲခွင့်／pahintulot na ma-access ang data ng kustomer)

▶ 入院した社長に代わって、副社長にすべての権限が与えられた。
にゅういん　　しゃちょう　か　　　　　　　ふく　　　　　　　　　　　　　あた

(Semua kuasa diberikan kepada timbalan presiden sebagai ganti presiden yang dimasukkan ke hospital.／ဆေးရုံတက်ရတဲ့ကုမ္ပဏီဥက္ကဋ္ဌကိုယ်စား၊ ဒုဥက္ကဋ္ဌသို့အခွင့်အာဏာအားလုံးပေးခဲ့တယ်။／Ibinigay sa bise-presidente ang lahat ng kapangyarihan, sa ngalan ng presidente ng kompanya, na nasa ospital.)

---

❼ □ 現行 (semasa, perkara yang dilakukan sekarang／လက်ရှိ／kasalukuyan)
げんこう

▷ 現行法 (undang-undang semasa／လက်ရှိဥပဒေ／kasalukuyang batas)
ほう

▶ 現行のシステムでは、同時に申し込みをすることはできません。
どうじ　　もう　こ

(Dengan sistem semasa, anda tidak boleh mendaftar pada masa yang sama.／လက်ရှိစနစ်မှာ၊ တစ်ပြိုင်တည်းမှာလျှောက်ထားလို့မရပါဘူး။／Sa kasalukuyang sistema, hindi kayo puwedeng mag-apply nang sabay.)

---

❽ □ 専用 (khas untuk／သီးသန့်သုံး／eksklusibo)
せんよう

▷ 女性専用車両、自分専用の棚
じょせい　せんよう　しゃりょう　じぶん　せんよう　たな

(kereta(koc) khas untuk wanita, rak khas untuk diri sendiri／အမျိုးသမီးသီးသန့်တွဲ၊ ကိုယ်ပိုင်သီးသန့်စင်／pambabaeng train car, sariling estante)

---

❾ □ 及ぶ (merangkumi, mencapai／ရောက်သည်၊အထိ／malawak, umabot)
およ

▷ この大雨で広範囲に及ぶ被害が出た。
おおあめ　こうはんい　ひがい　で

(Hujan lebat ini telah menyebabkan kerosakan di kawasan yang luas.／ဒီသည်းထန်စွာကြောင့်ရပ်ရွာဧရိယာကျယ်ကျယ်ပြန့်ပြန့်အထိပျက်စီးဆုံးခဲ့သည်။／Nagdulot ng malawak na pinsala itong malakas na ulan.)

▷ 会議は深夜にまで及んだ。
かいぎ　しんや

(Mesyuarat itu berlangsung hingga larut malam.／အစည်းအဝေးဟာညဉ့်နက်ပိုင်းအထိရောက်သွားတယ်။／Umabot hanggang hatinggabi ang miting.)

❿ □ 及ぼす (mendatangkan／သက်ရောက်သည်／magdulot, impluwensiya)

▷ 台風は各地に大きな被害を及ぼした。
たいふう　かく　おお

(Taufan telah menyebabkan kerugian besar di berbagai tempat.／တိုင်းဖွန်းသည်ဒေသအသီးသီးတွင်ကြီးမားသောအပျက်အစီးကိုသက်ရောက်စေခဲ့သည်။／Nagdulot ng malaking pinsala sa bawa't lugar ang bagyo.)

⓫ □ 許容(する) (kebenaran (membenarkan)／ခွင့်ပြုသည်／pumayag, magpahintulot)
きょよう

▶ 少し予算オーバーだけど、まあ、許容範囲です。
すこ　よさん　　　　　　　　　　　　きょようはんい

(Sedikit melebihi bajet, tapi, ia masih dalam kebenaran yang boleh diterima.／ဘတ်ဂျက်ကိနည်းနည်းကျော်သွားပေမဲ့၊ ခွင့်ပြုလောက်တဲ့ဘောင်အတွင်းပါ။／Medyo sobra ito sa badyet, pero mapapayagan ito.)

UNIT 30

グループ・組織 21
仕事・ビジネス 22
商品・サービス 23
読む・書く
聞く・話す 24
本 25
自然科学 26
宗教・信仰 27
場所・位置・方向 28
範囲 29
形式・スタイル 30

形式・スタイル
けいしき

(Bentuk, Gaya／ပုံစံ၊ ဟန်／Porma, Style)

❶ □ **本格** (lengkap／အစစ်အမှန်၊အပြည့်အဝ／totoo, tunay)
ほんかく

▷ 本格派のオペラ歌手
　は　　　　　　　かしゅ

(penyanyi opera yang lengkap／အောပရာအဆိုတော်စစ်စစ်／propesyonal na opera singer)

▷ 新システムは来月から本格導入される。
　しん　　　　　らいげつ　　　どうにゅう

(Sistem baru akan sepenuhnya diperkenalkan bulan depan.／
စနစ်သစ်ကိုနောက်လမှာအပြည့်အဝထည့်သုံးပါမယ်။／Sisimulan nang husto sa isang buwan ang bagong sistema.)

❷ □ **本格的(な)** (sepenuhnya／စစ်မှန်သောပြည့်ဝသော／tunay)
ほんかくてき

▷ 本格的なフランス料理
　　　　　　　　　りょうり

(masakan Perancis yang sepenuhnya／ပြင်သစ်ဟင်းလျာစစ်စစ်／tunay na pagkaing French)

▶ これから本格的に中国語を勉強するつもりです。
　　　　　　　　　　　ちゅうごくご　べんきょう

(Saya bercadang untuk belajar bahasa Cina secara serius dari sekarang.／
အခုကနေတရုတ်ဘာသာကိုအပြည့်အဝလေ့လာဖို့ရည်ရွယ်ပါတယ်။／Mula ngayon, balak kong mag-aral ng Chinese nang husto.)

❸ □ **正規** (rasmi／ပုံမှန်／regular)
せいき

▷ 正規雇用、正規の手続き
　　こよう　　　　てつづ

(pekerjaan rasmi, prosedur rasmi／ပုံမှန်အလုပ်ကိုပုံမှန်လုပ်ထုံးလုပ်နည်း／regular na trabaho, regular na pamamaraan)

❹ □ **体裁** (bentuk／ပုံစံ၊ အသွင်အပြင်／format, itsura)
ていさい

▶ 内容はこれでいいから、あとは企画書として体裁を整えて。
　ないよう　　　　　　　　　　　　きかくしょ　　　　　　ととの

(Kandungan ini sudah cukup, jadi kemudian susun sebagai proposal.／
ပါတဲ့အကြောင်းအရာတွေကောင်းပါတယ်၊ အဲဒါကိုမိမ်ချက်အနေနဲ့စီစဉ်လိုက်ပါ။／Maayos ang nilalaman nito, kaya i-format ninyo ito bilang isang poposal.)

❺ □ **様式** (gaya／ပုံစံ၊ ဓတိုင်／istilo)
ようしき

▷ 建築様式、生活様式
　けんちく　　　　せいかつ

(gaya seni bina, gaya hidup／ဗိသုကာပုံစံ၊ နေထိုင်စားသောက်ပုံ／istilo ng arkitektura, pamumuhay)

❻ □ 形態 (bentuk／ပုံ／klase, tipo)
けいたい

▷ 演奏形態 (bentuk persembahan／ဂီတဖျော်ဖြေပုံ／tipo ng musical performance)
えんそう

▶ 近年、日本でもさまざまな雇用形態が見られるようになった。
きんねん　にほん　　　　　　　　　　　こよう

(Dalam beberapa tahun terakhir, berbagai jenis pekerjaan telah dilihat di Jepun.／
အခုတလော၊ ဂျပန်မှာလည်းအလုပ်အကိုင်ပုံစံအမျိုးမျိုးကိုမြင်နိုင်ပါပြီ။／Nitong mga nakaraang taon sa
Japan, makikita ang iba't ibang klase ng trabaho.)

❼ □ 事項 (perkara／အချက်／item, bagay)
じ こう

▷ 特記事項 (perkara khusus／အထူးဖော်ပြချက်／paunawa)
とっき

▶ 注意事項をよく読んでからお使いください。
ちゅうい　　　　よ　　　　　　　つか

(Sila baca perhatian dengan teliti sebelum menggunakan.／
သတိပေးချက်ကိုကောင်းစွာဖတ်ရှုပြီးမှအသုံးပြုပါ။／Gamitin ninyo ito pagkatapos ninyong basahin
ang mga bagay na dapat pag-ingatan.)

❽ □ 方式 (cara／နည်းလမ်း／paraan)
ほうしき

▷ 採点方式 (cara penilaian／အမှတ်ပေးနည်းလမ်း／sistema ng pagmamarka)
さいてん

▶ これはA社独自の生産方式です。
しゃどくじ　せいさん

(Ini adalah cara pengeluaran yang unik kepada Syarikat A.／
ဒါဟာ A ကုမ္ပဏီရဲ့မူပိုင်ထုတ်လုပ်မှုနည်းလမ်းပါ။／Ito ang sariling paraan ng produksyon ng
kompanya.)

❾ □ 立体 (pepejal／သုံးဖက်မြင်／three-dimensional)
りったい

▷ 立体映像、立体的に描く
えいぞう　てき　えが

(imej tiga dimensi, melukis dengan cara tiga dimensi／သုံးဖက်မြင်ပုံ၊ သုံးဖက်မြင်ပုံကိုရေးဆွဲသည်
／three-dimensional na larawan, gumuhit ng three-dimensional)

❿ □ 階級 (kelas／အတန်းအစားၤအဆင့်／klase, tipo)
かいきゅう

▷ 中産階級、上流階級
ちゅうさん　　じょうりゅう

(kelas pertengahan, kelas atas／အလယ်တန်းစားၤ အထက်တန်းစား／middle class, upper class)

▶ 次の大会では、階級を１つ下げて出場することにした。
つぎ　たいかい　　　　　　　　　　さ　　　しゅつじょう

(Saya memutuskan untuk turun satu kelas dalam pertandingan berikutnya.／
လာမယ့်ပြိုင်ပွဲမှာအဆင့်တစ်ဆင့်လျှော့ပြီးပွဲဝင်မယ်။／Sa susunod na kompetisyon, ibababa ko ng isa
ang ranggo ko at sasali ako.)

グループ・組織 21

仕事・ビジネス 22

商品・サービス 23

読む・書く 聞く・話す 24

本 25

自然科学 26

宗教・信仰 27

場所・位置・方向 28

範囲 29

形式・スタイル 30

⓫ ☐ 名簿（daftar nama／အမည်စာရင်း／listahan ng mga pangalan）
めいぼ

▷ **会員名簿**（senarai nama ahli／အဖွဲ့ဝင်အမည်စာရင်း／listahan ng pangalan ng mga miembro）
かいいん

⓬ ☐ 同上（sama dengan atas／အထက်ပါအတိုင်း／pareho ng sa itaas）
どうじょう

▶ **A欄と同じ場合は「同上」と書いてください。**
らん おな ばあい どうじょう か

（Jika sama dengan kolom A, sila tulis "sama dengan atas".／
ကော်လံ A နှင့်အတူတူဖြစ်လျှင် 'အထက်ပါအတိုင်း' ဟု ရေးပါ။／Kung pareho ito sa A, pakisulat ang
"Pareho ng sa itaas."）

⓭ ☐ 下記（seperti di bawah／အောက်ဖော်ပြပါ／nakasulat sa ibaba）
かき

▷ **日程は下記の通りです。**
にってい かき とお

（Jadualnya adalah seperti di bawah.／ရက်စွဲများသည်အောက်ဖော်ပြပါအတိုင်းဖြစ်သည်။／
Nakasulat sa ibaba ang iskedyul.）

⓮ ☐ 口頭（secara lisan／နှုတ်ဖြ／oral, pasalita）
こうとう

▷ **口頭試験、口頭で注意する**
しけん こうとう ちゅうい

（ujian lisan, memberi amaran secara lisan／နှုတ်ဖြေစာမေးပွဲ၊ နှုတ်ဖြင့်သတိပေးသည်／oral test,
sabihan ng warning）

⓯ ☐ 簡易（な）（mudah／ရိုးရှင်းသော／simple）
かんい

▷ **簡易書留、簡易ベッド、簡易な手続き**
かきとめ かんい てつづ

（surat berdaftar mudah, katil mudah, prosedur yang mudah／
ရိုးရှင်းသောမှတ်ပုံတင်စာ၊ရိုးရှင်းသောခေါက်ကုတင်၊ ရိုးရှင်းသောလုပ်ထုံးလုပ်နည်း／registered mail para
sa pagpapadala ng pera, higaan, simpleng pamamaraan）

⓰ ☐ 兼用（する）（digunakan bersama／နှစ်မျိုးသုံးသည်／dalawahang gamit）
けんよう

▷ **男女兼用、晴雨兼用の傘**
だんじょ せいう かさ

（digunakan bersama untuk lelaki dan wanita, payung yang digunakan bersama untuk hujan
dan panas／ကျားမနှစ်မျိုးသုံး၊ နေပူပူမိုးရွာရွာနှစ်မျိုးသုံးထီး／unisex, payong para sa araw at ulan）

順序・プロセス
じゅんじょ

(Turutan, Proses／
အစီအစဉ်၊ လုပ်ငန်းစဉ်／
Utos, Proseso)

---

❶ □ 先行（する） (pendahuluan (mendahului)／ရှေ့ရောက်သည်／mauna)
せんこう

▷ 先行研究、先行販売
けんきゅう　　　はんばい

(kajian awal, jualan awal／ရှေ့ပြေးသုတေသန၊ ကြိုတင်ရောင်းခြင်း／naunang research, pre-sale)

▶ ファンクラブの会員は、チケットの先行予約ができます。
かいいん　　　　　　　　　　　　　　　よやく

(Ahli kelab peminat boleh membuat tempahan tiket awal.／
ပရိတ်သတ်အသင်းဝင်များသည်လက်မှတ်ကိုကြိုတင်မှာယူလို့ရသည်။／Puwedeng magreserba ng advanced ang mga miembro ng club.)

---

❷ □ 手順 (prosedur／လုပ်ငန်းစဉ်／pamamaraan, paraan)
てじゅん

▶ 説明書の手順通りにやったらすぐできた。
せつめいしょ　　　とお

(Saya dapat melakukannya dengan cepat mengikut langkah-langkah dalam arahan.／
ရှင်းပြချက်ပါလုပ်ငန်းစဉ်အတိုင်းလုပ်တာချက်ချင်းရသွားတယ်။／Nagawa ko agad ito noong sundin ko ang nakasulat na pamamaraan sa manual.)

---

❸ □ 手はず／手筈 (rancangan／အစီအစဉ်／pagkakaayos)
て　　　　はず

▷ 手はずを整える (atur langkah-langkah／စီစဉ်သည်／ayusin)
ととの

▶ 15日に関係者が集まる手筈になっています。
にち　かんけいしゃ　あつ

(Terdapat perancangan untuk mengumpulkan pihak berkepentingan pada 15hb.／
၁၅ရက်နေ့မှာသက်ဆိုင်သူများစုဝေးမည့်အစီအစဉ်ရှိနေသည်။／Naayos na, na ang mga may kinalamang tao ay magtitipon sa a-kinse.)

---

❹ □ 段取り (perancangan／အစီအစဉ်／pag-aayos)
だんど

▶ 段取りが悪いから残業が多くなるんだよ。
わる　　　ざんぎょう　おお

(Jam kerja tambahan bertambah kerana penyusunan kerja yang buruk.／
အစီအစဉ်မကောင်းလို့အချိန်ပိုလုပ်ရတာများတာပေါ့။／Humahantong sa maraming overtime ang hindi magandang pag-aayos.)

---

❺ □ プロセス (proses／လုပ်ငန်းစဉ်／proseso)

▶ 結果も大事だけど、そこに至るプロセスも大事です。
けっか　だいじ　　　　　　　　いた

(Hasil adalah penting tetapi proses untuk mencapainya juga penting.／
ရလဒ်လည်းအရေးကြီးပေမဲ့ အဲဒီအထိရောက်ဖို့လုပ်ငန်းစဉ်လည်းအရေးကြီးတယ်။／Mahalaga rin ang resulta, pero mahalaga rin ang proseso para maabot iyon.)

順序・プロセス 31
手続き 32
頻度 33
物の形・状態 34
増減・伸縮 35
二つ以上のものの関係 36
人 37
人と人 38
見る・見せる 39
わかる 40

❻ □ 前倒し（する） (pendahuluan (mendahului)/ကြိုတင်သည်／isulong, i-advance)

▶ 来月から準備を始める予定でしたが、前倒しして今月下旬から始めることにしました。

(Walaupun kami merancang untuk memulakan persiapan dari bulan depan, kami memutuskan untuk memajukan dan memulakannya dari akhir bulan ini sebagai pendahuluan.／နောက်လကနေပြင်ဆင်မှုစမယ်လို့စဉ်ခဲ့ပေမဲ့၊ ကြိုတင်ပြီးဒီလကုန်ကနေစပါမယ်။／Planong simulan na ang paghahanda sa isang buwan, pero naisip kong i-advance ito at simulan ito sa katapusan nitong buwan.)

❼ □ 後回し (penangguhan／နောက်မှလုပ်ဖို့ရွှေ့သည်／pagpapaliban)

▶ それは急がないから、後回しでいいよ。

(Itu tidak perlu dikerjakan dengan segera, jadi boleh ditangguhkan.／အဲဒါအမြန်မလုပ်နည်းရလို့၊ နောက်မှလုပ်ဖို့ရွှေ့လိုက်ပါ။／Hindi naman iyan minamadali, kaya puwedeng ipagpaliban muna iyan.)

❽ □ 並行（する） (serentak／ပြိုင်တူလုပ်သည်／kasabay na gawin)

▶ 二つの作業を並行して進めることになります。

(Anda akan perlu untuk menjalankan dua tugas secara serentak.／အလုပ်နှစ်ခုကိုပြိုင်တူလုပ်သွားရမှာဖြစ်ပါတယ်။／Gagawin ko ang dalawang trabaho nang magkasabay.)

❾ □ 交替（する） (penggantian／လူစားထိုးသည်／humalili)

▶ 午後の受付を青木さんに交替してもらった。

(Saya meminta Encik/Cik/Puan Aoki untuk menggantikan saya di kaunter pada petang.／မွန်းလွဲပိုင်းလက်ခံကောင်တာမှာ အာအိုကိစံကိုလူစားထိုးမယ်။／Noong hapon, humalili sa akin si Aoki-san sa reception.)

❿ □ 交互（に） (pergiliran (bergiliran)／တလှည့်စီ／salitan)

▶〈体操〉これを左右交互にやってください。

(ÐSenamanÐSila lakukan ini secara bergantian kiri dan kanan.／(ကာယလေ့ကျင့်ခန်း) ဒါကိုဘယ်ညာတလှည့်စီလုပ်ပါ။／(Ehersisyo) Gawin ninyo ito nang salitan sa kaliwa at sa kanan.)

⓫ □ 代わる代わる (ganti (mengganti)／တစ်ယောက်ပြီးတစ်ယောက်／sunud-sunod)

▶ 代わる代わる学生が質問に来て、お昼はまだ食べていません。

(Pelajar datang berturut-turut untuk bertanya, jadi saya belum makan tengah hari.／ကျောင်းသားတစ်ယောက်ပြီးတစ်ယောက်လာမေးနေလို့နေ့လည်စာမစားရသေးဘူး။／Sunud-sunod na dumating ang mga estudyante para magtanong, kaya hindi pa ako nagtatanghalian.)

⓬ □ あべこべ (karut-marut／ပြောင်းပြန်／baliktad)

▶ これじゃ、順序があべこべだ。

(Jika macam ini, turutannya karut-marut.／ဒါဆို့ အစီအစဉ်ကပြောင်းပြန်ပါ။／Baliktad ang pagkakasunud-sunod nito.)

UNIT 32

手続き
てつづき
(Prosedur／လုပ်ငန်းစဉ်／Pamamaraan)

❶ □ 申請(する) しんせい (permohonan (memohon)／လျှောက်သည်／mag-apply)

▷ パスポートを申請する、休暇を申請する
きゅうか

(memohon pasport, memohon cuti／ပါတ်စပို့လျှောက်သည်၊ အားလပ်ခွင့်လျှောက်သည်／mag-apply para sa passport, mag-apply para magbakasyon)

❷ □ 交付(する) こうふ (pengeluaran (mengeluarkan)／ထုတ်ပေးသည်／maghatid, mag-deliver)

▶ 日本では、免許証は警察で交付されます。
にほん　　　　　めんきょしょう　　けいさつ

(Di Jepun, lesen dikeluarkan oleh polis.／ဂျပန်မှာကားလိုင်စင်ကိုရဲ့ပွန်မှာယူယုပ်ပေးပးပယ်။／Sa Japan, ibinibigay ang lisensiiya sa police station.)

❸ □ 戸籍 こせき (daftar keluarga／မိသားစုစာရင်း／family register)

❹ □ 原本 げんぽん (salinan asli／မူရင်း／orihinal na kopya)　　**対** 複写、コピー ふくしゃ

▷ 契約書の原本 (kontrak asal／စာချုပ်မူရင်း／orihinal na kopya ng kontrata)
けいやくしょ

❺ □ 期限 きげん (had masa／ရက်အကန့်အသတ်／deadline)

▷ 支払/返却/提出期限、賞味期限
しはらいへんきゃくていしゅつ　　　しょうみ

(tarikh akhir pembayaran/pengembalian/penyerahan, tarik luput／ငွေချေခြင်း/ပြန်ပေးခြင်း/လျှောက်ထားခြင်းရက်အကန့်အသတ်အစားသာသက် တမ်းကုန်ဆုံးရက်／deadline sa pagbabayad/pagsasauli/pagsasabmit, petsa ng pag-expire)

❻ □ 有効(な) ゆうこう (kesahan (sah)／သက်တမ်းရှိသော／valid)

▷ 有効期限
きげん

(tarikh tamat tempoh sahlaku／သက်တမ်းကုန်ရက်／validity date)

❼ □ 無効(な) むこう (tidak sah／တရားမဝင်သော／paso, hindi valid)

▶ 期限までに入学金を収めないと、合格が無効になる。
きげん　　　にゅうがくきん　おさ　　　　　ごうかく

(Jika yuran pendaftaran tidak dibayar sebelum tarikh akhir, keputusan lulus akan menjadi tidak sah.／နောက်ဆုံးရက်အထိကျောင်းဝင်ကြေးမပေးသွင်းလျှင်ကျောင်းဝင်ခွင့်သည်တရားမဝင်ဖြစ်လိမ့်မည်။／Kung hindi mababayaran ang entrance fee hanggang sa deadline, mapapaso ang pagpasa mo.)

順序・プロセス 31
手続き 32
頻度 33
物の形・状態 34
増減・伸縮 35
二つ以上のものの関係 36
人 37
人と人 38
見る・見せる 39
わかる 40

❽ □ **効力**（りょく）(kuasa undang-undang／アクセスするエンジン／bisa)

▷ 薬の効力（くすり）(kuasa ubat／ソフトウェアのエンジン／bisa ng gamot)

▶ 本人のサインがなければ、法的には効力を持ちません。（ほんにん／ほうてき）

(Jika tidak ada tandatangan pemilik, ia tidak mempunyai kuasa undang-undang.／လက်မှတ်မပါလျှင်ဥပဒေအရအကျိုးသက်ရောက်မှုမရှိပါ။／Wala itong legal na bisa kapag walang pirma ng gumawa nito.)

❾ □ **公募（する）**（こうぼ）(tawaran permohonan (memplewa)／လူထုထံတောင်းခံသည်／gumawa ng isamg pampublikong alok)

▷ 橋の名前を公募する（はし／なまえ）

(memplewa nama jambatan／တံတားအမည်ကိုလူထုထံတောင်းခံသည်／humingi ng suhestiyon mula sa pubiko para sa pangalan ng tulay)

❿ □ **免除（する）**（めんじょ）(pengecualian (mengecualikan)／ကင်းလွတ်ခွင့်ပြုသည်／i-exempt)

▷ 学費の免除、試験の免除（がくひ／しけん）

(pembebasan yuran pengajian, pembebasan ujian／ကျောင်းလခကောင်းလွတ်ခွင့်၊ စာမေးပွဲဖြေခြင်းမှကင်းလွတ်ခွင့်／exemption sa pagbabayad ng matrikula, exemption sa pagkuha ng test)

⓫ □ **控除（する）**（こうじょ）(potongan (memotong)／နုတ်သည်／bawasin)

▶ 次のどれかに該当する場合、所得税の一部が控除されます。（つぎ／がいとう／ばあい／しょとくぜい／いちぶ）

(Jika anda memenuhi salah satu daripada kriteria ini, sebahagian daripada cukai pendapatan anda akan dipotong.／ဒီနောက်မှာဖော်ပြထားတဲ့တစ်ခုခုနဲ့အကျိုးဝင်ခဲ့ရင်၊ဝင်ငွေခွန်ရဲ့တစ်စိတ်တပိုင်းကိုနုတ်ပေးပါလိမ့်မယ်။／Kung ang alinman sa mga tinutukoy ang masusunod, babawasan ang isang bahagi ng income tax.)

⓬ □ **照合（する）**（しょうごう）(pengesahan (mengesahkan)／ကိုက်ညီအောင်ပြုသည်／magkompara, maghambing)

▶ 紙の資料とパソコン上のデータを照合する作業をしています。（かみ／しりょう／じょう／さぎょう）

(Saya sedang melakukan kerja-kerja membandingkan data pada kertas dengan data di komputer.／စာရွက်စာတမ်းပါနဲ့ကွန်ပျူတာရဲ့ဒေတာကိုကိုက်ညီအောင်ပြုတဲ့အလုပ်ကိုလုပ်နေပါတယ်။／Nagkokompara ako ng data sa papel at ng data sa kompyuter.)

⓭ □ **多数決**（たすうけつ）(keputusan majoriti／အများဆုံးဖြတ်ချက်／desisyon ng karamihan)

⓮ □ **踏む**（ふ）(pijak (memijak)／ပြည့်စုံအောင်လုပ်သည်／sundin)

▶ ちゃんと手続きを踏んで申し込んでください。（てつづ／もう／こ）

(Sila ikuti prosedur dan memohonnya dengan betul.／လုပ်ထုံးလုပ်နည်းကိုပြည့်စုံအောင်အသေအချာလုပ်ပြီးလျှောက်ထားပါ။／Sundin ninyo ang tamang pamamaraan bago kayo mag-apply.)

UNIT 33

頻度
ひんど
(Kekerapan／အကြိမ်ရေ／Dalas)

❶ □ しばしば (kerap kali／မကြာခဏ／madalas)

▶ 国際結婚でしばしば問題になるのが、子供の国籍です。
こくさいけっこん　　　　　　　　もんだい　　　　　こども　こくせき

(Dalam perkahwinan antarabangsa, kewarganegaraan anak kerap kali menjadi isu.／
နိုင်ငံခြားသားနဲ့လက်ထပ်ရာမှာမကြာခဏပေါ်တဲ့ပြဿနာကတော့ကလေးရဲ့နိုင်ငံသားကိစ္စဖြစ်ပါတယ်။／
Madalas na problema sa mga international marriage ang nasyonalidad ng bata.)

❷ □ しょっちゅう (asyik, selalu／မကြာခဏ／madalas)

▶ 東京には仕事でしょっちゅう行くので、地理は大体わかります。
とうきょう　　しごと　　　　　　　　　　　　ちり　だいたい

(Saya selalu pergi ke Tokyo untuk bekerja, jadi saya agak tahu tentang geografi.／
တိုကျိုကိုအလုပ်နဲ့မကြာခဏသွားလို့မြေပြင်အခြေအနေကိုအတော်လေးသိပါတယ်။／Dahil madalas
akong pumupunta sa Tokyo para sa trabaho, alam na alam ko ang geography nito.)

❹ □ ちょくちょく (sering kali／မကြာခဏ／paminsan-minsan)

▶ 友達がちょくちょく見舞いに来てくれるので、寂しくはありません。
ともだち　　　　　　　みま　　き　　　　　　　　さび

(Kawan-kawan saya datang untuk melawat dari semasa ke semasa, jadi saya tidak merasa
kesepian.／သူငယ်ချင်းကမကြာခဏလူနာမေးလာပေးလို့ပျင်းစရာမရှိပါဘူး။／Hindi ako nalulungkot
sa ospital, dahil paminsan-minsan, dinadalaw ako ng mga kaibigan ko.)

❹ □ 頻繁(な) (kekerapan (kerap)／မကြာခဏ／madalas)
ひんぱん

▶ 人が頻繁に出入りするので、このドアは開けっぱなしにしているんです。
ひと　ひんぱん　でい

(Kerana orang sering keluar masuk, pintu ini selalu dibuka.／
လူတွေကမကြာခဏအဝင်အထွက်လုပ်မှာမို့လို့တခါးကိုဖွင့်ထားပါတယ်။／Madalas maglabas-masok
ang mga tao, kaya iniiwan naming nakabukas ang pinto.)

❺ □ 再三 (lagi dan lagi／အကြိမ်ကြိမ်／paulit-ulit)
さいさん

▶ 再三注意しているのに、彼は今日も遅刻してきた。
さいさん ちゅうい　　　　　　かれ　きょう　　ちこく

(Walaupun saya memberi peringatan lagi dan lagi, dia datang lewat lagi hari ini.／
အကြိမ်ကြိမ်သတိပေးနေတာတောင်သူဟာဒီနေ့လည်းနောက်ကျပြီးမှလာတယ်။／Kahit paulit-ulit ko
siyang pinaalalahanan, late pa rin siya ngayon.)

❻ ☐ **幾度<ruby>と<rt>いく</rt></ruby><ruby>な<rt>ど</rt></ruby>なく** (berkali-kali／အ[ကြိမ်များစွာ／maraming beses)

▶ 彼には幾度となく期待を裏切られてきた。

(Saya telah berkali-kali dikhianati oleh harapan saya padanya.／
သူ့သဘောဖောက်တာကိုအ[ကြိမ်များစွာခံလာခဲ့ရတယ်။／Maraming beses niyang binigo ang mga inaasahan ko.)

❼ ☐ **相次ぐ** (berulang-ulang／ဆက်ကာဆက်ကာ／sunud-sunod)

▶ 夏休みに入り、各地で海や川での事故が相次いでいます。

(Dengan bermulanya cuti musim panas, kejadian kemalangan di laut dan sungai berulang-ulang berlaku di seluruh tempat.／
နွေရာသီအားလပ်ရက်၊ ဒေသအသီးသီးရဲ့ မြစ်ချောင်းပင်လယ်တွေမှာတော်တဆမှုများဆက်ကာဆက်ကာ ဖြစ်ပေါ်နေတယ်။／Ngayong summer vacation, sunud-sunod ang aksidente sa dagat at ilog sa iba't ibang lugar.)

❽ ☐ **時折** (kadang-kadang／တစ်ခါတလေ／minsan)

▶ 今でも時折、当時のことを思い出します。

(Kadang-kadang, saya masih mengingati masa itu.／
အခုထိလည်းတစ်ခါတလေးအဲ့တုန်းကအကြောင်းကိုပြန်သတိရတယ်။／Kahit ngayon, minsan naaalala ko ang mga nangyari noong panahong iyon.)

UNIT 34

物の形・状態
もの　かたち　じょうたい

(Bentuk dan Keadaan sesuatu／ပုံသဏ္ဍာန်၊အခြေအနေ／Hugis ng mga Bagay, Kalagayan)

❶ □ **正方形** (bentuk segi empat sama／လေးထောင့်ပုံ／kuwadrado, parisukat)
せいほうけい

❷ □ **奥行** (kedalaman／အနောက်ဘက်သို့／depth, mula sa harap hanggang sa likod)
おくゆき

▷ 高さ10cm×幅20cm×奥行15cmの箱、奥行きのある部屋
たか　　　　はば　　　　　　おくゆき　　　　　はこ　おくゆ　　　　　へや

(kotak dengan tinggi 10cm, lebar 20cm, dan kedalaman 15cm, bilik yang mendalam／
အမြင့်１０ｃｍ x ဖွဲ့２０ｃｍ x အနောက်ဘက်သို့ １５ｃｍရှိသောဘူး၊
အနောက်ဘက်သို့ရှည်သောအခန်း／kahong may taas na 10 cm x lapad na 20cm x depth na 15
cm., kuwartong malaki ang sukat mula sa harap hanggang sa likod)

❸ □ **起伏** (naik turun／အတက်အဆင်း／alun-alon)
き ふく

▷ 起伏の激しいコース
きふく　はげ

(laluan jalan yang naik turun／အတက်အဆင်းများသောလမ်းကြောင်း／baku-bakong course)

▶ 彼女は感情の起伏が激しい。
かのじょ　かんじょう　きふく　はげ

(Dia mempunyai perubahan emosi yang hebat.／သူမဟာစိတ်ခံစားမှုအတက်အကျပြင်းထန်တယ်။
／Matindi ang pagpapalit ng ekspresyon ng mukha niya.)

❹ □ **平たい** (rata, datar／ပြားချပ်သော／flat, patag)　　**話** 平べったい
ひら

▷ 平たい箱 (kotak datar／ဘူးပြား／flat na kahon)
ひら　はこ

▶ 昨日食べた料理は、平たく言うと、カレーです。
きのう た　　りょうり　　ひら　い

(Makanan yang saya makan semalam, jika dikatakan secara terus terang, adalah kari.／
မနေ့ကစားတဲ့ဟင်းl ရှင်းရှင်းပြောရရင်curryပါ။／Sa madaling salita, curry ang kinain ko kahapon.)

❺ □ **光沢** (kilauan／အရောင်စိုခြင်း／makintab, glossy)
こうたく

▷ 光沢のある写真 (gambar berkilau／ဆေးရောင်စိုသောဓာတ်ပုံ／makintab na retrato)
こうたく　　　しゃしん

❻ □ **鮮やか(な)** (kecerahan (cerah)／ပေါ်လွင်သော၊ ပီပြင်သော／matingkad)
あざ

▷ 鮮やかな色、鮮やかなゴール (warna cerah, gol yang cemerlang／
あざ　　いろ　あざ

ပေါ်လွင်သောအရောင်၊ပီပြင်သောပန်းတိုင်／matingkad na kulay, maliwanag na layunin)

▷ この本には当時の生活が鮮やかに描かれている。
ほん　　とうじ　せいかつ　あざ　　えが

(Buku ini menggambarkan kehidupan masa itu dengan jelas.／
ဒီစာအုပ်မှာ အဲဒီအချိန်ကတုန်းကစားဝတ်နေရေးကိုပီပီပြင်ပြင်ဖော်ပြထားတယ်။／Matingkad na iginuhit sa
librong ito ang pamumuhay noong panahong iyon.)

順序・プロセス 31
手続き 32
頻度 33
物の形状 34
増減・伸縮 35
二つ以上のものの関係 36
人 37
人と人 38
見る・見せる 39
わかる 40

❼ □ **鮮明(な)** <ruby>鮮明<rt>せんめい</rt></ruby> (jelas／ထင်ရှားသော၊ ထင်းသော／malinaw)

▶ 20<ruby>年<rt>ねん</rt></ruby>も<ruby>前<rt>まえ</rt></ruby>のことだが、まだ鮮明に<ruby>覚<rt>おぼ</rt></ruby>えている。

(Ini adalah perkara 20 tahun lalu, tetapi saya masih ingat dengan jelas.／လွန်ခဲ့တဲ့အနှစ်၂၀ပေမဲ့ အမှတ်ထင်ထင်ရှိနေသေးတယ်။／Nangyari iyon dalawampung taon na ang nakakaraan, pero naaalala ko pa iyon nang buong linaw.)

❽ □ **淡い** <ruby>淡<rt>あわ</rt></ruby>い (lembut／အရောင်နုသော၊／mapusyaw, maputla)　　　**類** <ruby>薄<rt>うす</rt></ruby>い

▷ 淡いピンク、淡い<ruby>期待<rt>きたい</rt></ruby>

(merah muda lembut, harapan yang kabur／ပန်းနုရောင်၊ မျော်လင့်ချက်နည်းပါးခြင်း／mapusyaw na pink, malabong pag-asa)

❾ □ **澄んだ** <ruby>澄<rt>す</rt></ruby>んだ (jernih／ကြည်လင်သော／malinaw)　　　**対** <ruby>濁<rt>にこ</rt></ruby>った

▷ 澄んだ<ruby>水<rt>みず</rt></ruby>/<ruby>空気<rt>くうき</rt></ruby>、澄んだ<ruby>目<rt>め</rt></ruby>

(air yang jernih／udara, mata yang bersih／ကြည်လင်သောရေ/လေ၊ကြည်လင်သောမျက်စိ／malinaw na tubig, malinaw na mata)

❿ □ **あせる／褪せる** <ruby>褪<rt>あ</rt></ruby>せる (pudar／မှေးမှိန်သော／mangupas, kumupas)

▷ <ruby>色<rt>いろ</rt></ruby>褪せた<ruby>服<rt>ふく</rt></ruby> (pakaian yang pudar／အရောင်မှေးမှိန်သောအဝတ်／nangupas na damit)

⓫ □ **精巧(な)** <ruby>精巧<rt>せいこう</rt></ruby> (kehalusan (halus)／ပြောင်မြောက်သော／katangi-tangi)

▷ 精巧な<ruby>作<rt>つく</rt></ruby>り (pembinaan halus／ပြောင်မြောက်သောလက်ရာ／katangi-tanging gawa)

⓬ □ **硬い** <ruby>硬<rt>かた</rt></ruby>い (keras／မာသော／matigas)　　　**対** やわらかい

▷ 硬い<ruby>肉<rt>にく</rt></ruby>、硬い<ruby>石<rt>いし</rt></ruby> (daging keras, batu keras／မာသောအသား၊ မာသောကျောက်ခဲ／matigas na karne, matigas na bato)

⓭ □ **ソフト(な)** (lembut／နူးညံ့ပျော့ပျောင်းသော／malambot)

▷ ソフトな<ruby>色使<rt>いろづか</rt></ruby>い

(penggunaan warna yang lembut／ပျော့ပျောင်းသောအရောင်သုံးစွဲမှု／malamlam na kulay)

▶ <ruby>相手<rt>あいて</rt></ruby>は<ruby>女性<rt>じょせい</rt></ruby>なんだから、もう<ruby>少<rt>すこ</rt></ruby>しソフトな<ruby>言<rt>い</rt></ruby>い<ruby>方<rt>かた</rt></ruby>はできなかったの？

(Dia adalah wanita, jadi tak dapat ke kamu cakap sedikit lebih lembut?／တစ်ဖက်လူကအမျိုးသမီးမို့လို့၊ နည်းနည်းပိုပြီးနူးညံ့ပျော့ပျောင်းတဲ့စကားအသုံးအနှုန်းနဲ့မပြောနိုင်ဘူးလား။／Dahil sa babae ang kausap mo, hindi ba dapat mas malumanay ang pagsasalita mo?)

⓮ □ 頑丈（な）(kukuh／ တောင့်တင်းသော／ matibay)

▷ 頑丈な箱、頑丈な体

(kotak kukuh, badan yang kukuh／ တောင့်တင်းသောဘူး၊ တောင့်တင်းသောကိုယ်ခန္ဓာ／ matibay na kahon, matibay na pangangatawan)

⓯ □ もろい (rapuh／ ကြွပ်ဆတ်သော／ marupok)

▶ この家は建って100年もたっているから、柱とか壁がもろくなっていると思う。

(Rumah ini telah berdiri selama 100 tahun, jadi saya fikir tiang dan dinding sudah rapuh.／ ဒီအိမ်ကဆောက်ထားတာအနှစ်၁၀၀ရှိပြီမို့ တိုင်တွေရဲ့တွေက ကြွပ်ဆတ်နေပြီထင်တယ်။／ Itinayo ang bahay na ito 100 taon na ang nakaraan, kaya sa palagay ko, naging marupok na ang mga haligi at dingding nito.)

⓰ □ 圧縮（する）(pemampatan (memampatkan)／ ချုံ့သည်／ i-compress)

▷ ファイルを圧縮する、予算を圧縮する

(memampatkan fail, memampatkan bajet／ ဖိုင်ကိုချုံ့သည်၊ ဘတ်ဂျက်ကိုချုံ့သည်／ i-compress ang file, paliitin ang badyet)

⓱ □ 密度 (ketumpatan／ သိပ်သည်းဆ／ density)

⓲ □ 帯びる (terdapat／ နှောသည်၊စွက်သည်／ mabahiran)

▷ 赤色を帯びる、丸みを帯びる

(terdapat warna merah, terdapat kebulatan／ အနီရောင်နှောသည်၊ လုံးဝိုင်းစေသည်／ mabahiran ng pula, bilugan)

▶ 夢だと思っていたことが現実味を帯びてきた。

(Apa yang saya anggap sebagai mimpi telah menjadi lebih realistik.／ အိပ်မက်လို့ထင်ခဲ့တာဟာလက်တွေ့ဖြစ်လာခဲ့ပါပြီ။／ Naging totoo ang inakala kong panaginip.)

⓳ □ とろける (larut／ အရည်ပျော်သည်／ matunaw)

▷ とろけるチーズ (keju yang larut／ အရည်ပျော်သည့်ဒိန်ခဲ／ melty cheese)

▶ この肉、口の中でとろけるような柔らかさですね。

(Daging ini, sangat lembut sehingga seperti meleleh di mulut, kan?／ ဒီအသား၊ ပါးစပ်ထဲမှာအရည်ပျော်သွားသလိုနူးညံ့တယ်။／ Napakalambot nitong karne na parang natutunaw sa bibig mo, hindi ba?)

UNIT 35

順序・プロセス 31
手続き 32
頻度 33
物の形・状態 34
増減・伸縮 35
二つ以上のものの関係 36
人 37
人と人 38
見る・見せる 39
わかる 40

増減・伸縮
ぞうげん・しんしゅく

(Penambahan dan Pengurangan, Panjangkan dan Pendekan／အတိုးအလျော့၊ ဆန့်ခြင်းကျုံ့ခြင်း／Pagbabagu-bago, Paglaki at Pagliit)

❶ □ **上昇(する)** (kenaikan (meningkat)／မြင့်တက်သည်／tumaas)
じょうしょう

▷ 気温が上昇する (suhu meningkat／အပူချိန်မြင့်တက်သည်／tumaas ang temperatura)
き おん

❷ □ **下降(する)** (penurunan (menurun)／ကျဆင်းသည်／bumaba)
か こう

▷ 人気が下降する (populariti menurun／ကျော်ကြားမှုကျဆင်းသည်／bumaba ang popularidad)
にん き

❸ □ **上回る** (melebihi／ကျော်သည်／malampasan, mahigitan)
うわまわ

▶ 新商品は、予想を上回る売れ行きとなった。
しんしょうひん　　よそう　　　　　　う　ゆ

(Produk baru ini mencapai penjualan yang melampaui perkiraan.／အရောင်းပစ္စည်းသစ်ဟာ မှန်းထားတာထက်ကျော်ပြီးရောင်းရတယ်။／Naibenta ang bagong produkto nang higit sa inaasahan.)

❹ □ **下回る** (kurang daripada／အောက်ရောက်သည်၊ ကျဆင်းသည်／mas bumaba)
した

▷ 今月の売上は、昨年の同月を下回った。
こんげつ　うりあげ　　さくねん　どうげつ

(Jualan bulan ini kurang daripada bulan yang sama tahun lalu.／ဒီလရဲ့အရောင်းဟာမနှစ်ကဒီလထက်အရောင်းကျတယ်။／Mas bumaba ang benta ngayong buwan kaysa sa parehong buwan noong isang taon.)

❺ □ **後退(する)** (pengunduran (mengundur)／နောက်ပြန်ဆုတ်သည်／umurong, sumama)
こうたい

▷ 景気が後退する
けい き

(ekonomi mundur／စီးပွားရေးနောက်ပြန်ဆုတ်သည်／sumama ang ekonomiya)

❻ □ **高騰(する)** (melambung／ဈေးတက်သည်／masyadong tumaas agad)
こうとう

▷ 物価が高騰する (harga barang melambung／ကုန်ဈေးနှုန်းတက်သည်／masyadong tumaas ang mga presyo)
ぶっ か

❼ □ **急騰(する)** (melonjak secara tiba-tiba／ရုတ်တရက်ဈေးတက်သည်／tumaas agad)
きゅうとう

▷ 地価が急騰する
ち か

(harga tanah melonjak secara tiba-tiba／မြေဈေးနှုန်းရုတ်တရက်ဈေးတက်သည်／tumaas agad ang presyo ng lupa)

❽ □ **下落(する)** (jatuh／ကျဆင်းသည်／bumaba)
げ らく

▷ 物価が下落する (harga barang jatuh／ကုန်ဈေးနှုန်းကျဆင်းသည်／bumaba ang presyo)
ぶっ か

❾ □ **暴落(する)** (runtuh secara drastik／ဈေးကွက်ပျက်သည်／bumagsak)
ぼうらく

▷ 株価が暴落する (harga saham runtuh secara drastik／စတော့ဈေးကွက်ပျက်သည်／bumagsak ang stock market)
かぶ か

⑩ □ 倍増（する）(berganda／နှစ်ဆတိုးသည်／magdoble)

　▷ 売上が倍増する
　　うりあげ

　　(penjualan berganda／အရောင်းနှစ်ဆတိုးသည်／magdoble ang benta)

⑪ □ 半減（する）(berkurang separuh／တစ်ဝက်လျှော့သည်／mahati)
　　はんげん

　▷ 喜びが半減する
　　よろこ

　　(kegembiraan berkurang separuh／ပျော်ရွှင်မှုတစ်ဝက်လျှော့သည်／mahati ang kaligayahan)

⑫ □ 縮まる (mengecil／ကျုံ့သည်၊နီးကပ်လာသည်／umikli, lumiit)　　類 縮む
　　ちぢ

　▶ 最近、二人の距離が縮まったように感じる。
　　さいきん　　ふたり　きょり　　　　　ちぢ　　　　　　　　かん

　　(Saya merasa jarak antara kami berdua telah menyempit baru-baru ini.／
　　အခုတလော၊ သူတို့နှစ်ယောက်ရဲ့အကြားကနီးကပ်လာတယ်ထင်တယ်။／Kamakailan, nararamdaman
　　kong lumiliit ang distansiya sa pagitan nilang dalawa.)

⑬ □ 縮める (mengecutkan／ချုံ့သည်／paliitin, paikliin)

　▷ 放送時間を縮める
　　ほうそうじかん

　　(mengurangkan masa penyiaran／ရုပ်သံလွှင့်ထုတ်ချိန်ကိုချုံ့သည်／paikliin ang oras ng
　　broadcast)

⑭ □ 縮れる (mengerinting／တွန့်လိမ်သည်／kulot)

　▷ 髪が縮れる (rambut menjadi kerinting／ဆံပင်တွန့်လိမ်သည်／kumulot ang buhok)
　　かみ

⑮ □ 短縮（する）(penyingkatan (menyingkatkan)／အချိန်ကာလတိုစေသည်／paikliin)
　　たんしゅく

　▷ 営業時間を短縮する、短縮ダイヤル
　　えいぎょうじかん

　　(memendekkan waktu operasi, dial pendek／ရောင်းချိန်ကိုတိုစေသည်၊ အတိုချုံ့အချိန်ဖျေား／
　　paikliin ang oras ng pagtatrabaho, speed dial)

⑯ □ 縮小（する）(pengecilan (mengecilkan)／ချုံ့သည်／paliitin, paikliin)
　　しゅくしょう

　▷ 縮小コピー

　　(salinan yang mengecil／ချုံ့ထားသောမိတ္တူ။／pinaliit na kopya)

⑰ □ 膨張（する）(mengembang／ဖောင်းကြွသည်／lumawak, lumaki)
　　ぼうちょう

　▷ 空気が膨張する (udara mengembang／လေဖောင်းကြွသည်／lumalawak ang hangin)
　　くうき

⑱ □ 対 収縮（する）(mengecut／ချုံ့သည်၊ကျုံ့သည်／sumikip)
　　しゅうしゅく

　▷ 血管が収縮する (saluran darah mengecut／သွေးကြောကျုံ့သည်／sumikip ang daluyan ng ugat)
　　けっかん

126

UNIT 36

二つ以上のものの関係
ふた　　い　じょう　　　　　　　　　かんけい

（Hubungan antara dua perkara atau lebih／နှစ်ခုနှင့်အထက်ရှိအရာများ၏ဆက်စပ်မှု／Relasyon sa pagitan ng dalawang bagay）

❶ □ 沿う（mengikuti／တစ်လျှောက်အတိုင်း／sundin）
　　そ

▶ この川に沿ってしばらく行くと、駅が見えてきます。
　　　かわ　　　　　　　　　　　　　　　　えき　み

（Jika anda mengikuti sungai ini, anda akan melihat stesen kereta api.／
ဒီချောင်းအတိုင်းနည်းနည်းလေးသွားရင်၊ဘူတာကိုမြင်ရပါလိမ့်မယ်။／Kung susundin mo sandali ang
ilog na ito, makikita mo ang istasyon ng tren.）

▷ 先方の希望に沿うよう、内容を変更した。
　　せんぽう　きぼう　　　　　　　　ないよう　へんこう

（Kami telah mengubah kandungan untuk memenuhi keinginan pihak lain.／
တစ်ဖက်ကလူရဲ့ဆန္ဒအတိုင်းဖြစ်အောင်အကြောင်းအရာကိုပြောင်းလိုက်ပါတယ်။／Pinalitan ko ang
nilalaman para sundin ang kagustuhan ng kabilang partido.）

❷ □ 即する（selaras/sesuai／လျော်ညီသည်／tumugma）
　　そく

▶ 場面に即した表現を使うようにしましょう。
　　ばめん　　　　ひょうげん　つか

（Marilah kita gunakan ungkapan yang sesuai dengan situasi.／သူ့နေရာနဲ့သူလျော်ညီတဲ့ ဖော်ပြချက်ကိုသုံးကြရအောင်။／
Gumamit tayo ng ekspresyong tumutugma sa sitwasyon.）

❸ □ 該当（する）（yang berkenaan (berkenaan)／ကိုက်ညီသည်／
　　がいとう　　　　　　naaangkop）　　　　　類 当てはまる
　　　　　　　　　　　　　　　　　　　　　　　　　　　　あ

▷ 該当箇所（bahagian yang berkenaan／ကိုက်ညီသည့်နေရာ／naaangkop na lugar）
　　　かしょ

▶ 〈アンケート〉該当する項目にチェックをしてください。
　　　　　　　　　　　　　こうもく

（<Borang soal selidik> Sila tandakan dalam item yang berkenaan.／
(မေးခွန်းလွှာ)ကိုက်ညီသည့်နေရာကိုစစ်ဆေးအမှတ်ခြစ်ပါ။／(Survey) Pakitsek ang mga naaangkop na bagay.）

❹ □ 適応（する）（penyesuaian (menyesuaikan diri)／လိုက်လျောညီထွေသည်／
　　てきおう　　　　　bumagay）

▶ 新しい環境になかなか適応できない子もいます。
　　あたら　かんきょう　　　　　　　　　　　　こ

（Ada kanak-kanak yang sukar menyesuaikan diri dengan persekitaran baru.／
ပတ်ဝန်းကျင်သစ်နဲ့လိုက်လျောညီထွေအောင်မနေနိုင်တဲ့ကလေးလည်းရှိတယ်။／May mga bata ring
nahihirapang bumagay sa bagong kapaligiran.）

❺ □ 適う（sesuai／ကိုက်ညီသည်／sumunod, umakma）　　　　類 合う
　　かな　　　　　　　　　　　　　　　　　　　　　　　　　　　　　　あ

▷ 条件に適う、理に適う
　　じょうけん　　り

（memenuhi syarat, memenuhi logik／သတ်မှတ်ချက်နှင့်ကိုက်ညီ သည်၊တရားသဘောနှင့် ကိုက်ညီသည်
／sumunod sa kondisyon, may katuturan）

▶ 娘の理想に適う結婚相手がなかなかいないみたいで…。
　　むすめ　りそう　　　　けっこんあいて

（Sepertinya sukar mencari pasangan kahwin yang sesuai dengan idea anak perempuan
saya...／သမီးရဲ့အကြိုက်နဲ့ကိုက်ညီတဲ့သတို့သားဟာတော်တော်နဲ့ပွဲမရှာဘူး။／Mukhang walang lalaking
tumutugon sa ideal ng anak kong babae ang puwede niyang pakasalan.）

順序・
プロセス 31
手続き 32
頻度 33
物の形・状態 34
増減・伸縮 35
二つ以上のものの関係 36
人 37
人と人 38
見る・見せる 39
わかる 40

❻ □ 両立（する） (keberesuaian (bersesuaian)／ယှဉ်တွဲသည်／
りょうりつ
magkatugma, magkasabay)

▶ 結婚しても仕事は続けて、家事と仕事を両立させるつもりです。
けっこん　　　　しごと　つづ　　　　　　　かじ　　しごと　りょうりつ

（Saya akan terus bekerja setelah menikah dan mencapai keseimbangan antara pekerjaan
dan pekerjaan rumah.／
လက်ထပ်ရင်လည်း၊အလုပ်ကိုဆက်လုပ်ပြီး၊အိမ်မှုကိစ္စနဲ့အလုပ်ကိုယှဉ်တွဲလုပ်ဖို့ရည်ရွယ်ပါတယ်။／Kahit
nag-asawa na ako, plano kong magpatuloy sa pagtatrabaho at balansehin ang gawaing
bahay at trabaho.)

❼ □ 添える (menyertakan, melampirkan／ပူးတွဲသည်／ikabit, idagdag)
そ

▶ プレゼントには、カードも添えるといいと思うよ。
　　　　　　　　　　　　　　　　そ　　　　　　おも

（Saya rasa baik jika anda menambahkan kad dengan hadiah.／
လက်ဆောင်မှာ၊ကတ်ပြားကိုပူးတွဲပေးရင်ကောင်းမယ်ထင်တယ်။／Sa palagay ko, maganda ring ikabit
ang kard sa regalo.)

❽ □ ひっつける (melekatkan／ကပ်သည်／idikit, ikabit)

❾ □ 自ひっつく (melekat／ကပ်သည်／dumikit)

▶ 服に何かが引っ付いてる。
ふく　なに　　　ひ　つ

（Ada sesuatu yang melekat pada pakaian.／အဝတ်မှာတစ်ခုခုကပ်နေတယ်။／May dumikit sa damit ko.)

❿ □ 密接（な） (kerapatan (rapat)／နီးစပ်သော／malapit)
みっせつ

▶ 病気は、食生活や生活習慣と密接な関係があります。
びょうき　　しょくせいかつ　　せいかつしゅうかん　みっせつ　かんけい

（Penyakit sangat berkaitan dengan diet dan gaya hidup.／
ရောဂါဟာ၊စားသောက်နေထိုင်မှုအကျင့်နဲ့နီးစပ်တဲ့သက်ဆိုင်မှုရှိတယ်။／Malapit na nauugnay ang mga
sakit sa pagkain at pamumuhay ng isang tao.)

⓫ □ 各種 (pelbagai jenis／အမျိုးစုံ／iba-ibang klase)
かくしゅ

▶ 当店では、日本酒・ワイン・ビールなどを各種取り揃えております。
とうてん　　　にほんしゅ　　　　　　　　　　　　　　　　かくしゅと　そろ

（Kedai kami menawarkan berbagai jenis alkohol seperti sake, wain, dan bir.／
ဒီဆိုင်မှာ၊ဆာကေး၊ဝိုင်၊ဘီယာစသည်တို့ကိုစုံလင်စွာထားရှိပါတယ်။／Sa tindahang ito, mayroon kaming
iba-ibang klase ng Japanese sake, wine, bir at iba pa.)

⓬ □ まちまち (kepelbagaian (berbeza-beza)／အကွဲကွဲအပြားပြား／magkakaiba)

▶ 初めて作ったトマトの大きさはまちまちだったがおいしかった。
はじ　　つく　　　　　　　　　　　　おお

（Saiz tomato yang saya buat pertama kali berbeza-beza, tetapi rasanya sedap.／
စစိုက်တဲ့ခရမ်းချဉ်သီးရဲ့အရွယ်အစားကအကွဲကွဲအပြားပြားဖြစ်ပေမဲ့အရသာရှိတယ်။／Magkakaiba ng laki
ang mga kamatis na unang beses kong itinanim, pero masarap ang mga ito.)

順序・プロセス 31
手続き 32
頻度 33
物の形・状態
増減・伸縮 35
二つ以上のものの関係 36
人 37
人と人 38
見る・見せる 39
わかる 40

❸ □ **対比(する)** (perbandingan (membandingkan)／ɲɪ́ɰ̃ːjʊ̀ɰ̃ðɛ̀／
ikumpara, ihambing)
  たい ひ

▷ この作品では、タイプの全く異なる二人の若者を対比して描いている。
  さくひん　　　　　　　　　　　　まった　こと　　ふたり　わかもの　　　　たいひ　　　　えが

(Karya ini menunjukkan dua orang muda yang sangat berbeza sebagai perbandingan.／
ဒီဇာတ်လမ်းမှာလုံးဝအသွင်မတူသူလူငယ်နှစ်ဦးကိုနှိုင်းယှဉ်ပြီးရေးဖွဲ့ထားပါတယ်။／Inihahambing sa
gawaing ito ang dalawang kabataang ganap na magkaibang uri.)

❹ □ **比率** (nisbah, kadar／အချိုး／ratio)
  ひ りつ

▶ 参加者の男女の比率は、３：７だった。
  さんかしゃ　だんじょ　ひりつ

(Nisbah lelaki ke perempuan di kalangan peserta adalah 3:7.／
ပါဝင်ဆင်နွှဲသူအမျိုးသားအမျိုးသမီးရဲ့အချိုးဟာ 3:7ဖြစ်ပါတယ်။／3:7 ang ratio ng mga sumaling
lalaki sa mga sumaling babae.)

❺ □ **対照的(な)** (bandingan／ဆန့်ကျင်ဘက်ဖြစ်သော／magkaiba)
  たいしょうてき

▶ 姉と私は、対照的な性格だとよく言われます。
  あね　わたし　　たいしょうてき　せいかく　　　　　　い

(Saya dan kakak saya sering dikatakan memiliki sifat yang kontras.／
အစ်မနဲ့ကျွန်မဟာ ဆန့်ကျင်ဘက်စရိုက်လို့မကြာခဏဆိုကြပါတယ်။／Madalas sabihing magkaiba daw
ang personalidad namin ng ate ko.)

❻ □ **対照(する)** (bandingan (membandingkan)／ɲɪ́ɰ̃ːjʊ̀ɰ̃ðɛ̀／ihambing)
  たいしょう

▷ 対照言語学 (linguistik perbandingan／နှိုင်းယှဉ်လေ့လာသောဘာသာဗေဒ／comparative linguistics)
  げん ご がく

❼ □ **類似(する)** (keserupaan (menyerupai)／ဆင်တူသည်／magkatulad)
  るい じ

▶ 類似品がいろいろ出ていますが、品質はどれもよくありません。
  るいじひん　　　　　　で　　　　　　　ひんしつ

(Terdapat pelbagai produk tiruan tetapi kualiti semua tidak baik.／
ဆင်တူပစ္စည်းအမျိုးမျိုးထွက်နေပေမဲ့အရည်အသွေးကတော့ဘယ်ဟာမှမကောင်းပါဘူး။／Maraming
magkatulad na produkto, pero hindi maganda ang kalidad ng kahit ano.)

1
43

❽ □ **混同(する)** (kekeliruan (terkeliru antara)／ရောထွေးသည်／
  こんどう　　　　　　　　　　　　　paghaluin, malito)

▷ 公私混同
  こう し

(kekeliruan antara awam dan swasta／အစိုးရပုဂ္ဂလိကရောထွေးမှု／paghaluin ang pampubliko
at pribado)

▶ これ、商品名がうちのと似ているから、混同されないか、心配ですね。
  しょうひんめい　　　　　に　　　　　　　こんどう　　　　　　　　しんぱい

(Nama produk ini mirip dengan milik kami, risau kalau orang keliru.／
ဒီကုန်ပစ္စည်းအမည်ကတို့ဟာနဲ့တူနေတာကြောင့်ရောထွေးသွားမလားလို့စိုးရိမ်တယ်။／Ang pangalan ng
produktong ito ay katulad ng sa amin, kaya nag-aalala akong maaaring malito ang mga tao.)

⑲ □ 食い違い (ketidakcocokan／ကွဲလွဲမှု／pagkakaiba)　　　**動 食い違う**
く ちが

▶二人の発言には、いくつか食い違いがあった。
　ふたり　　はつげん

(Ada beberapa perbezaan dalam kenyataan kedua-dua orang tersebut.／
ဒီလူနှစ်ယောက်ရဲ့ပြောစကားများမှာ၊ကွဲလွဲမှုအချို့ရှိတယ်။／May ilang pagkakaiba sa pahayag ng dalawang ito.)

⑳ □ ずれ (jurang, perbezaan／ကွာဟချက်／pagkakaiba)　　　**動 ずれる**

▶今の政府は、言っていることとやっていることにずれがある。
　いま　せいふ

(Terdapat jurang antara apa yang kerajaan sekarang katakan dan apa yang mereka lakukan.
／ဒီအစိုးရဟာအပြောနဲ့အလုပ်ကွာဟချက်ရှိတယ်။／May pagkakaiba sa sinasabi at ginagawa ng gobyernong ito.)

㉑ □ 誤差 (ralat／အမှား／mali)
ご さ

▶多少の誤差は気にしないで結構です。
　たしょう　　　き　　　　　けっこう

(Kesalahan kecil tidak menjadi masalah.／နည်းနည်းပါးပါးများတာကိုစိတ်တဲ့မကကားဂါနဲ့။／Hindi ka
dapat mag-alala sa ilang mga mali.)

㉒ □ 一致(する) (keselarasan (selaras)／ဟပ်စပ်သည်／magtugma)
いっ ち

▷意見が一致する
　いけん

(pendapat sama／သဘောထားဟပ်စပ်သည်／magtugma ang opinyon)

▶〈パーティーで〉何人か会ったことがあるけど、顔と名前が一致しない。
　　　　　　　　　なんにん　あ　　　　　　　　　　　　かお　なまえ

(<Di jamuan> Saya pernah bertemu beberapa orang di jamuan tetapi saya tidak dapat
menyamakan muka dengan nama.／(ပါတီမှာ)လူတစ်ချို့ကိုတွေ့ဖူးပေမဲ့မျက်နှာနဲ့နာမည်မဟပ်စပ်ဘူး။
／(Sa party) Nakilala ko na ang ilan sa mga tao rito, pero hindi ko mapagtugma ang mga
pangalan sa mukha nila.)

㉓ □ 合致(する) (kesamaan (menyamai)／တစ်ထပ်တည်းဖြစ်သည်／
がっ ち　　　　　　magkataon, magkapareho)

▷両社の意向が合致し、業務提携をすることとなった。
　りょうしゃ　いこう　　　　　ぎょうむていけい

(Kedua-dua syarikat bersetuju dan telah memutuskan untuk berkolaborasi dalam
perniagaan.／ကုမ္ပဏီနှစ်ခုရဲ့ရည်ရွယ်ချက်ကတစ်ထပ်တည်းကျပြီး၊လုပ်ငန်းကိုအတူ
တကွလုပ်သွားမှာဖြစ်ပါတယ်။／Nagkapareho ang intensyon ng dalawang kompanya at nabuo
ang isang business partnership.)

㉔ □ 同一 (sama／ထပ်တူ／magkapareho)
どういつ

▷同一の犯人(同一犯)
　　　はんにん

(penjenayah yang sama／ထပ်တူတရားခံ／ang parehong salarin)

▶申込者と使用者が同一の場合も、それぞれにご記入ください。
　もうしこみしゃ　しよう　　　　ば あい　　　　　　　　　きにゅう

(Sila isi juga jika pemohon dan pengguna adalah orang yang sama.／
လျှောက်ထားသူနဲ့အသုံးပြုသူကထပ်တူတူဖြစ်လျင်လည်း၊အသီးသီးမှာရေးသွင်းပါ။／Fill-apan ninyo ang
bawa't isa kahit pareho ang aplikante at ang taong gumagamit.)

順序・プロセス 31

手続き 32

頻度 33

物の形・状態 34

増減・伸縮 35

二つ以上のものの関係 36

人 37

人と人 38

見る・見せる 39

わかる 40

❷❺ □ **対等(な)** (persamaan (sama)／တန်းတူ／pantay)

▷ 対等な関係 (hubungan setara／တန်းတူဆက်ဆံရေး／pantay na relasyon)

▶ 私たちはパートナーとして対等の関係です。

(Kami adalah rakan kongsi dengan hubungan yang setara.／
ကျွန်ုပ်တို့သည်အဖော်အပေါင်းအနေဖြင့်တန်းတူဆက်ဆံကြသည်။／Pantay ang relasyon namin bilang
magpartner.)

❷❻ □ **格差** (jurang／ကွာဟမှု／pagkakaiba)

▷ 男女の格差、一票の格差

(jurang antara lelaki dan wanita, jurang suara／ကျား;မကွာဟမှု၊တစ်မဲသာ ကွာဟမှု／pagkakaiba
ng babae at lalaki, isang pagkakaiba ng boto)

▷ 競争社会では、このような経済的な格差が生まれる。

(Dalam masyarakat yang penuh persaingan, jurang ekonomi seperti ini akan muncul.／
အပြိုင်အဆိုင်လူ့လောကမှာဒီလိုမျိုး;စီးပွားရေးကွာဟမှုပေါ်ပေါက်ကိတယ်။／Sa isang
mapagkumpitensyang lipunan, lumilitaw ang ganoong mga pagkakaiba sa ekonomiya.)

❷❼ □ **より** (daripada／ပို၍／higit)

▷〈PR文〉今後も、ご利用の皆様のため、より良いサービスを目指します。

(<PR> Kami akan terus berusaha untuk memberikan perkhidmatan yang lebih baik untuk
semua pengguna kami.／(အရောင်း;မြှင့်ဝါကျ)ဒီနောက်မှာလည်း;အသုံးပြုသူများအတွက်ပိုမို
ကောင်းမွန်သောဝန်ဆောင်မှုများကိုရည်မှန်းပါတယ်။／(Para sa PR) Nilalayon naming higit na
mapabuti pa ang serbisyo namin sa lahat ng mga kustomer namin sa hinaharap.)

❷❽ □ **断然** (tentu sekali, sudah pasti, jelas／လုံး;ဝအဆွန်/masyado)

▷ 他に比べて断然安い

(jauh lebih murah berbanding yang lain／တခြားဟာနဲ့ယှဉ်ရင်လုံး;ဝဈေး;သက်သာတယ်／
masyadong mura kung ikukumpara sa iba)

▶ ネットで注文したほうが断然お得ですよ。

(Lebih berbaloi jika anda membuat pesanan melalui internet.／
အင်တာနက်နဲ့မှာရင်လုံး;ဝဈေး;သက်သာတယ်။／Masyadong mura kung oorderin mo iyan sa internet.)

❷❾ □ **均衡(する)** (keseimbangan (berseimbangan)／
ညီမျှသည်၊ဟန်ချက်ညီသည်／balansehin) 同 バランスV

▷ 均衡が崩れる (keseimbangan rosak／တန်းတူညီမျှမှုမရှိတော့／mawalan ng balanse)

▷ 現在は、二つの勢力が均衡を保っている。

(Sekarang ini, dua kuasa besar sedang menjaga keseimbangan.／
လက်ရှိတွင်;အင်အားစုနှစ်ခုသည်ဟန်ချက်ညီနေသည်။／Sa kasalukuyan, dalawang puwersa ang
nasa balanse.)

131

㉚ □ 調和(する) (keharmonian (harmoni)／သဟဇာတဖြစ်သည်／magtugma, magkasundo)

▶ 古いものと新しいものが調和した見事なデザインですね。

(Ini adalah reka bentuk yang indah yang menggabungkan unsur-unsur lama dan baru.／အဟောင်းနဲ့အသစ်ကသဟဇာတဖြစ်တဲ့ဒီဇိုင်းကောင်းပဲ။／Napakagandang design nito na pinagsama ang luma at bago.)

㉛ □ 連携(する) (kerjasama (bekerjasama)／ပူးပေါင်းလုပ်သည်／magtrabaho nang sama-sama)

▶ スタッフ同士でうまく連携して、準備にあたってください。

(Silakan bekerja sama sebagai staf dan bersiap-sedia.／ဝန်ထမ်းအချင်းချင်းပူးပေါင်းပြီးပြင်ဆင်မှုပြုလုပ်ပါ။／Makipagtulungan kayo nang mabuti sa mga staff para maghanda.)

㉜ □ 連帯(する) (perpaduan (berpadu)／ပူးတွဲလုပ်သည်／magkaisa)

▶ もちろん、失くした彼が悪いんだけど、３人で借りたものだから、ほかの人にも連帯責任がある。

(Sudah tentu, orang yang kehilangan barang itu adalah salah, tetapi kami bertiga yang meminjamnya, jadi ada tanggungjawab bersama kepada orang lain juga.／ဟုတ်ပါတယ်၊ဆုံးရှုံးရတာဟာသူမကောင်းလို့ဖြစ်ပေမဲ့၊၃ယောက်နဲ့ ငှားခဲ့တဲ့ပစ္စည်းဖြစ်လို့၊ကျန်တဲ့သူမှာလည်းပူးတွဲတာဝန်ရှိတယ်။／Siempre, kasalanan niya ito kasi nawala niya ito. Pero dahil 3 silang humiram nito, silang lahat ang may pananagutan dito.)

㉝ □ 共有(する) (perkongsian (berkongsi)／ဘုံသုံးသည်／ibahagi)

▷ 共有財産 (harta perkongsian／ဘုံပိုင်ဆိုင်မှု／pag-aari ng komunidad)

▷ この村では、いくつかの農家で、農業用の機械を共有している。

(Di kampung ini, beberapa petani berkongsi jentera pertanian.／ဒီရွာမှာ၊လယ်သမားအချို့ဟာ၊လယ်ယာသုံးစက်တွေကိုဘုံသုံးကြတယ်။／Sa baryong ito, ilan sa mga magsasaka ang nakikibahagi sa paggamit ng makinarya sa pagsasaka.)

㉞ □ 結合(する) (penggabungan (menggabungkan)／ပေါင်းစည်းသည်၊စုစည်းသည်／magsama, magbuklod)

▷ 分子と分子の結合

(ikatan antara molekul／မော်လီကျူးနှင့်မော်လီကျူးပေါင်းစည်းသည်／molecular bonding)

▷ 項目を揃えて２つの表を結合した。

(Saya telah menyelaraskan item dan menggabungkan dua jadual.／အကြောင်းအရာကိုအစဉ်လိုက်ထားပြီးဇယားနှစ်ခုကိုပေါင်းစည်းပါ။／Pinagsama ko ang dalawang kolum na may mga nakalistang entry.)

順序・プロセス 31

手続き 32

頻度 33

物の形・状態

増減・伸縮 35

二つ以上のものの関係 36

人 37

人と人 38

見る・見せる 39

わかる 40

❸❺ ☐ **複合**（ふくごう） (pemajmukan (memajmukkan)／ポイン််းစုံ／pinagsama)

▶ ここには飲食店（いんしょくてん）や映画館（えいがかん）などが入（はい）った複合施設（ふくごうしせつ）ができるそうです。

（Rupanya akan ada kompleks yang mengandungi restoran, pawagam, dan lain-lain di sini.／ဒီမှာစားသောက်ဆိုင်တွေရုပ်ရှင်ရုံတွေပေါင်းစုံပါဝင်မဲ့အဆောက်အဦးကိုဆောက်လိမ့်မယ်။／Magtatayo sila rito ng isang pasilidad na may mga pinagsamang restawran, sinehan at iba pa.)

❸❻ ☐ **複合的（な）**（ふくごうてき） (pemajmukan／ပေါင်းစုံသော／marami)

▷ これはそんなに単純（たんじゅん）なことではなく、複合的（ふくごうてき）な要因（よういん）によるものだ。

（Ini bukan sesuatu yang mudah, ini adalah disebabkan oleh beberapa faktor.／အဲဒါဟာသာမန်စွာမဟုတ်ဘဲအကြောင်းရင်းပေါင်းစုံလာတဲ့ကိစ္စပါ။／Hindi ito ganoon kasimpleng bagay. Marami pang bagay na dapat isaalang-alang.)

❸❼ ☐ **総合（する）**（そうごう） (penyimpulan (menyimpulkan)／ပေါင်းသည်／pagsamahin)

▷ 総合成績（そうごうせいせき） (markah keseluruhan／စာမေးပွဲအမှတ်ပေါင်း／overall grade)

❸❽ ☐ **統合（する）**（とうごう） (penyatuan (menyatukan)／ပေါင်းစည်းသည်၊စုစည်းသည်／pagsamahin)

▷ 子供（こども）の数（かず）が減（へ）って、３つあった小学校（しょうがっこう）が１つに統合（とうごう）された。

（Kerana jumlah kanak-kanak berkurang, tiga sekolah rendah telah digabung menjadi satu.／ကလေးဦးရေလျော့နည်း၍မူလတန်း၃ကျောင်းကိုတစ်ကျောင်းတည်းပေါင်းလိုက်သည်။／Kumonti ang bilang ng mga bata at pinagsama ang 3 eskuwelahan para gawing isa.)

❸❾ ☐ **融合（する）**（ゆうごう） (percantuman (bercantum)／ပေါင်းစပ်သည်／pagsanibin, pagsamahin)

▷ いろいろな文化（ぶんか）が融合（ゆうごう）して、これらの料理（りょうり）が生（う）まれた。

（Pelbagai budaya telah digabungkan untuk mencipta hidangan ini.／အမျိုးမျိုးသောယဉ်ကျေးမှုများပေါင်းစပ်ပြီးဒီဟင်းလျာတွေဖြစ်လာပါတယ်။／Nagkaroon ng pagkaing ito mula sa pagsasanib ng iba't ibang kultura.)

❹⓿ ☐ **合成（する）**（ごうせい） (sintesis (mensintesiskan)／ပေါင်းစပ်သည်／pagsamahin)

▷ 合成洗剤（ごうせいせんざい）、写真（しゃしん）を合成（ごうせい）する

（pencuci sintetik digunakan untuk menggabungkan gambar／ပေါင်းစပ်ဆပ်ပြာရည်၊ ပေါင်းစပ်ဓာတ်ပုံ／sintetikong detergent, pagsamahin ang mga retrato)

UNIT 37

人
ひと
(Orang／လူ／Mga Tao)

❶ □ 社会人 (orang bekerja／လူလားမြောက်သူ／miembro ng lipunan)
しゃかいじん

> ★学生に対して、社会に出て働いている人。
> Berbanding dengan pelajar, orang yang sudah bekerja dalam masyarakat.／ကျောင်းသားသမဟုတ်တော့ဘဲလူ့ဘောင်တွင်အလုပ်လုပ်သူ
> ／Para sa estudyante, isang taong lumalabas para magtrabaho.

❷ □ 配偶者 (pasangan hidup／အိမ်ထောင်ဖက်／asawa)
はいぐうしゃ

> ★税務関係などの用語。
> Istilah seperti perhubungan cukai.／အခွန်ကိစ္စစသောင်ကိုသ္ဂါဂုံးသောဝေါဟာရ／Salltang ginagamit para
> sa tax at iba pa

❸ □ 婦人 (wanita／အမျိုးသမီး／babae)
ふ じん

> ▷婦人科、婦人服
> か   ふく
> (klinik wanita, pakaian wanita／မီးယပ်ဌာန၊ အမျိုးသမီးအဝတ်／gynecology, damit na pambabae)

❹ □ 若手 (orang muda／လူငယ်／bata)
わかて

> ▶最近、若手もだんだん力をつけてきた。
> さいきん   ちから
> (Baru-baru ini, generasi muda semakin kuat.／အခုတလောလူငယ်တွေလည်းတဖြည်းဖြည်းအားထည့်လာတယ်။
> ／Kamakailan, lumalakas ang mga kabataan.)

❺ □ 常連 (pelanggan tetap／ပုံမှန်ဖောက်သည်／regular na kustomer, suki)
じょうれん

> ▷カウンター席には、店の常連らしき人が座っていた。
>   せき   みせ   ひと すわ
> (Orang yang kelihatan seperti pelanggan tetap sedang duduk di meja kaunter.／
> ကောင်တာဆိုင်ခုံမှာ၊ဆိုင်ရဲပုံမှန်ဖောက်သည်ဖြစ်ပုံရတဲ့သူကထိုင်နေတယ်။／Nakaupo sa counter ang
> isang taong mukhang regular na kustomer ng restawran.)

❻ □ 観衆 (penonton／ပရိသတ်／manonood)
かんしゅう

> ▷大観衆 (ramai penonton／ပရိတ်သတ်ကြီး／malaking pulutong)
> だい

> ▷優勝パレードには、約20万人もの観衆が集まった。
> ゆうしょう   やく まんにん   あつ
> (Kira-kira 200 000 penonton berkumpul untuk perarakan kemenangan.／
> အောင်ပွဲရချီတက်ပွဲမှာ၊ လူ့သိန်းခန့်ပရိတ်သတ်ကြီးရှိခဲ့တယ်။／May mga 200,000 na manonood ang
> nagtipon para sa victory parade.)

順序・プロセス 31
手続き 32
頻度 33
物の形・状態 34
増減・伸縮 35
二つ以上のものの関係 36
人 37
人と人 38
見る・見せる 39
わかる 40

❼ □ 当人（とうにん）(orang berkenaan／ကာယကံရှင်／ang tao)　同 本人（ほんにん）

▶ あとは当人同士で話し合えばいいでしょう。

（Selebihnya, harus didiskusikan antara orang berkaitan.／နောက်ပိုင်းမှာကာယကံရှင်အချင်းချင်းစကားပြောကြရင်ကောင်းမယ်။／Pagkatapos, dapat mag-usap sa isa't isa ang mga taong may kinalaman doon.）

❽ □ 別人（べつじん）(orang lain／တခြားလူ／ibang tao)

▶ その人に会ったけど、彼とは別人だった。

（Saya bertemu dengan orang itu, tetapi dia adalah orang lain.／လူကိုတွေ့ခဲ့ပေမဲ့သူမဟုတ်ဘဲတခြားလူဖြစ်နေတယ်။／Nakilala ko siya, pero ibang tao pala siya.）

❾ □ 先方（せんぽう）(pihak lain／တဖက်ကလူ／ang kabilang partido)

▶ まず、先方の都合を聞いてみましょう。

（Pertamanya, mari kita cuba tanyakan pada pihak lain.／အရင်ဆုံးတဖက်ကလူရဲ့အဆင်ပြေမပြေကိုမေးကြည့်ကြရအောင်။／Una, kumustahin natin ang kabilang partido.）

❿ □ 先人（せんじん）(nenek moyang／ဘိုးဘေးဘီဘင်／tagapagpauna, ninuno)

▷ 先人たちの知恵に改めて驚かされた。

（Saya sekali lagi terkejut dengan kebijaksanaan nenek moyang kita.／ဘိုးဘေးဘီဘင်တို့ရဲ့အသိဉာဏ်ကိုထပ်လောင်းအံ့ဩရပါတယ်။／Nagulat na naman ako sa kaalaman ng mga ninuno natin.）

⓫ □ 偉人（いじん）(orang hebat／ကြီးမြတ်သူ／dakilang tao)

▶ これは、世界の偉人の言葉を集めた本です。

（Ini adalah buku yang mengumpulkan kata-kata dari orang-orang hebat di dunia.／ဒါဟာကမ္ဘာကြီးမြတ်သူများရဲ့ဆိုစကားကိုစုစည်းထာတဲ့စာအုပ်ပါ။／Libro ito ng mga pinagsamang salita ng mga dakilang tao sa mundo.）

⓬ □ 凡人（ぼんじん）(orang biasa／သာမန်လူ／ordinaryong tao)

▶ 私たちみたいな凡人には、何が何だか、さっぱりわからない。

（Orang biasa seperti kita tidak boleh faham sama sekali.／ကျွန်တော်တို့လိုသာမန်လူအဖို့ဘယ်ဟာကဘာလဲဆိုတာလုံးဝနားမလည်ပါဘူး။／Tulad nating mga ordinaryong tao, wala tayong ideya kung ano ang ano.）

⓭ □ 一人前（いちにんまえ）(orang dewasa／အရည်အချင်းပြည့်သူ／ganap na tao)

▶ 一人前の料理人になるには、最低でも10年は修行を積まないと。

（Untuk menjadi tukang masak profesional, anda perlu sekurang-kurangnya 10 tahun pelatihan.／အရည်အချင်းပြည့်စားဖိုမှူးဖြစ်လာရန်အနည်းဆုံးအနှစ်၂၀နှစ်လေ့ကျင့်သင်ကြားဖို့လိုတယ်။／Para maging ganap na chef, kailangan ng hindi bababa sa 20 taon na pagsasanay.）

⓮ ☐ 著名(な) (kemasyhuran (masyhur)／ထင်ရှားသော／kilala)

▷ 著名な学者 (sarjana terkenal／ထင်ရှားသောပညာရှင်／kilalang iskolar)

⓯ ☐ 自我 (ego, keperibadian／အတ္တမာန／sarili, ego)

▶ 一般的には思春期を経て、自我が確立するといわれます。

(Secara umumnya, dikatakan bahawa identiti diri akan terbentuk selepas masa remaja.／
ယေဘုယျအားဖြင့်လူ့ပျိုအပျိုဝင်ပြီးရင်အတ္တမာနရှိတယ်လို့ဆိုပါတယ်။／Karaniwang sinasabi na ang
pang-unawa tungkol sa sarili ay natatatag pagkatapos ng pagiging tin-edyer.)

⓰ ☐ 自己 (diri sendiri／ကိုယ့်ကိုယ်ကို／sarili, ego)

▷ 自己分析、自己申告

(analisis diri, laporan sendiri／ကိုယ့်ကိုယ်ကိုစိစစ်ပိုင်း ခြားခြင်း၊ ကိုယ်တိုင်အစီရင်ခံခြင်း／pagsusuri
sa sarili, pag-uulat sa sarili)

▶ 危険な場所に自ら行く以上、自己責任が原則です。

(Prinsip tanggungjawab sendiri berlaku jika seseorang pergi ke tempat yang berbahaya.／
အန္တရာယ်ရှိတဲ့နေရာကိုမိမိကသွားရင်ကိုယ့်ကိုယ်ကိုတာဝန်ယူရမှာဟာအခြေခံမူပဲဖြစ်ပါတယ်။／Bilang
prinsipyo, kapag pumunta ka sa isang mapanganib na lugar, sarili mong responsilidad ito.)

▶ あまりに間抜けな発言をしてしまい、自己嫌悪に陥りました。

(Saya terjebak dalam kebencian diri kerana membuat kenyataan yang sangat bodoh.／
အတော်တိုးတဲ့စကားကိုပြောမိသွားလို့ကိုယ့်ကိုယ်ကိုရွံမုန်းသွားတယ်။／Nasabi ko ang hindi maganda,
at nagsimula akong kamuhian ang sarili ko.)

⓱ ☐ 個性 (kepribadian／ကိုယ်ရည်ကိုယ်သွေး／pagkatao)

▶ このスクールでは、子供の個性を生かした教育をしています。

(Sekolah ini menyediakan pendidikan yang memanfaatkan keunikan setiap kanak-kanak.／
ဒီကျောင်းမှာကလေးရဲ့ကိုယ်ရည်ကိုယ်သွေးကိုအသုံးချတဲ့ပညာရေးကိုပြုလုပ်နေပါတယ်။／Sa
eskuwelahang ito, isinasagawa ang edukasyon ayon sa pagkatao ng mga bata.)

⓲ ☐ 個性的(な) (berkepribadian／ကိုယ်ပိုင်အရည်အသွေး／indibidwal)

⓳ ☐ 性別 (jantina／ကျားမခွဲခြား／kasarian)

▶ この名前だけだと、性別はわからない。

(Jika hanya berdasarkan nama ini, sukar untuk mengetahui jantina.／
ဒီနာမည်ပဲဆိုရင်ကျားမမခွဲခြားတတ်ဘူး။／Hindi ko matukoy ang kasarian sa pangalang ito lang.)

⓴ ☐ 胎児 (janin／ပဋိသန္ဓေ／fetus)

順序・プロセス 31
手続き 32
頻度 33
物の形・状態 34
増減・伸縮 35
二つ以上のものの関係 36
人 37
人と人 38
見る・見せる 39
わかる 40

❷❶ □ **孤児** (anak yatim／မိဘမဲ့ကလေး／ulila)
こじ

▷ **孤児院** (rumah anak yatim／မိဘမဲ့ကလေးဂေဟာ／orphanage)
いん

❷❷ □ **老いる** (menjadi tua／အိုမင်းသည်／tumanda)
お

▶ **老いた母を一人で残すわけにはいかない。**
はは ひとり のこ

(Saya tidak boleh meninggalkan ibu yang sudah tua seorang diri.／
အိုမင်းနေတဲ့အမေ့ကိုတစ်ယောက်တည်းထားခဲ့လို့မဖြစ်ဘူး။／Hindi ko puwedeng iwanan nang mag-isa ang matanda kong nanay.)

❷❸ □ **還暦** (hari jadi ke-enam puluh tahun／အသက်၆၀ပြည့်／
かんれき ika-60 na kaarawan)

▷ **還暦祝い** (sambutan hari jadi ke-enam puluh tahun／အသက်၆၀ပြည့်မွေးနေ့ပွဲ／
いわ pagdiriwang ng ika-60 na kaarawan)

★**生まれてから60年たったこと。**
Sudah 60 tahun sejak kelahiran.／မွေးရာကနေအသက်၆၀ပြည့်ခြင်း။／60 taon mula noong ipanganak ang isang tao.

❷❹ □ **晩年** (saat akhir hayat [hidup]／ဘဝရဲ့နောက်ဆုံးချိန်／sa mga huling taon
ばんねん ng buhay)

▶ **晩年は故郷で過ごしたいと、父はずっと言っていました。**
こきょう す ちち い

(Ayah selalu berkata dia ingin menghabiskan tahun-tahun terakhirnya di kampung halamannya.／ဘဝရဲ့နောက်ဆုံးချိန်မှာဇာတိမြေမှာနေချင်တယ်လို့အဖေတောက်လျှောက်ပြောခဲ့တယ်။／Laging sinasabi ng tatay ko na gusto niyang mamuhay sa probinsya niya, sa mga huling taon ng buhay niya.)

❷❺ □ **余生** (sisa hidup／ကျန်ရှိနေသေးတဲ့ဘဝ／natitirang buhay)
よせい

❷❻ □ **生涯** (hayat, kehidupan／ဘဝတစ်လျှောက်လုံး／buong buhay)
しょうがい

▷ **彼は生涯にわたって、平和を訴え続けた。**
かれ へいわ うった つづ

(Dia terus menyeru keamanan sepanjang hidupnya.／သူ့ရဲ့ဘဝတစ်လျှောက်လုံးၿငိမ်းချမ်းရေးကိုတောင်းဆိုခဲ့တယ်။／Patuloy siyang nagtaguyod ng kapayapaan, sa buong buhay niya.)

❷❼ □ **身内** (saudara, keluarga／ဆွေမျိုး／mga kamag-anak)
みうち

▶ **結婚式は身内だけで行うことにした。**
けっこんしき おこな

(Kami memutuskan untuk mengadakan upacara perkahwinan hanya dengan keluarga sendiri.／လက်ထပ်မင်္ဂလာပွဲကိုဆွေမျိုးတွေနဲ့ပဲကျင်းဖို့ဆုံးဖြတ်တယ်။／Nagpasya kaming mga kamag-anak lang ang dadalo sa kasal namin.)

㉘ □ 身元(みもと) (identiti／မည်သူမည်ဝါ／identity)

▷ 身元保証人(ほしょうにん) (penjamin identiti／ပုဂ္ဂိုလ်ရေးအာမခံသူ／guarantor)

▶〈ニュース〉けが人が出た模様(もよう)ですが、身元はまだわかっていません。

(<Berita> Nampaknya ada orang yang cedera, tetapi identiti mereka masih belum diketahui.／(သတင်း)ထိခိုက်ဒဏ်ရာရသူရှိပုံရသော်လည်း၊မည်သူမည်ဝါဆိုသည်ကိုမသိရသေးပါ။／(Balita) Nalaman na may mga nasugatan, pero hindi pa alam kung sino sila.)

㉙ □ 正体(しょうたい) (rupa/identiti sebenar／မည်သူမည်ဝါ／identity)

▷ 正体不明(ふめい) (identiti tidak diketahui／မည်သူမှန်းမသိ／hindi alam kung sino)

▶ 結局(けっきょく)、彼(かれ)は自分(じぶん)の正体を明(あ)かさずに帰(かえ)った。

(Akhirnya, dia pulang tanpa mengungkapkan identiti sebenarnya.／အဆုံးမှာတော့၊ မိမိကိုယ်ကိုမည်သူမည်ဝါဆိုတာအသိမပေးဘဲပြန်လာခဲ့တယ်။／Sa huli, bumalik siya nang hindi niya sinasabi kung sino siya.)

㉚ □ 消息(しょうそく) (khabar berita, maklumat／သတင်း／balita)

▶ 引退後(いんたいご)の彼女(かのじょ)の消息は誰(だれ)も知(し)らない。

(Tidak ada yang tahu berita tentang dia setelah dia berhenti kerjanya.／အငြိမ်းစားယူသွားတဲ့သူမရဲ့နောက်ပိုင်းသတင်းကိုဘယ်သူမှမသိတော့ဘူး။／Walang balita kung ano ang nangyari sa kanya pagkatapos niyang magretiro.)

▶ 漁船(ぎょせん)「さくら丸(まる)」が、15日以降(にちいこう)、消息を絶(た)っている。

(Kapal penangkap ikan "Sakura Maru" telah hilang kontak sejak 15 hari yang lalu.／ငါးဖမ်းသင်္ဘော (ဆာကူရာမာရု)ကို၊ ၁၅ ရက်ကနေနောက်ပိုင်းမှာသတင်းမရတော့ဘူး။／Mula noong ika-15, wala nang balita sa bangkang pangisdang "Sakura-maru".)

㉛ □ 身の上(みのうえ) (kehidupan pribadi／ဘဝကံကြမ္မာ／personal)

▷ 身の上話(ばなし)をする、不幸(ふこう)な身の上

(menceritakan tentang kehidupan pribadi, kehidupan pribadi yang malang／ဘဝကံကြမ္မာအကြောင်းကို ပြောသည်။ကံကြမ္မာဆိုး／magsabi tungkol sa sarili, malas na pangyayari)

▶ 彼女(かのじょ)の身の上に何(なに)があったのか、誰(だれ)も知(し)らなかった。

(Tidak ada yang tahu apa yang terjadi pada dirinya.／သူမရဲ့ဘဝကံကြမ္မာမှာဘာကိုတွေ့ခဲ့တယ်ဆိုတာ၊ဘယ်သူမှမသိခဲ့ကြဘူး။／Walang nakakaalam kung ano ang nangyari sa kanya.)

㉜ □ 運命(うんめい) (nasib, takdir／ကံကြမ္မာ／tadhana, kapalaran)

㉝ □ 運命的(てき)(な) (bernasib／ကံကြမ္မာအရ／ayon sa tadhana)

▷ その後(ご)、二人(ふたり)は運命的(てき)な出会(であ)いをした。

(Kemudian, kedua-dua mereka bertemu dengan cara yang ditakdirkan.／အဲဒီနောက်၊ သူတို့နှစ်ယောက်ဟာကံကြမ္မာအရတွေ့ဆုံခဲ့ကြတယ်။／Pagkatapos noon, nagkaroon ng isang pagtatagpo ang dalawa ayon sa tadhana.)

UNIT 38

順序・プロセス 31
手続き 32
頻度 33
物の形・状態
増減・伸縮 35
二つ以上のものの関係 36
人 37
人と人 38
見る・見せる 39
わかる 40

人と人
ひと
(Orang dan Orang／လူနဲ့လူ／Pakikipag-ugnayan)

❶ □ **交際(する)** こうさい (berpacaran／ဆက်ဆံသည်／makipag-ugnayan)

▷ 交際費 ひ

(perbelanjaan pacaran／ဆက်ဆံရေးစရိတ်／gastos para sa entertainment)

▶ 二人は大学卒業後に交際を始めました。
ふたり だいがくそつぎょうご はじ

(Mereka berdua mula berpacaran selepas lulus dari universiti.／
သူတို့နှစ်ယောက်ဟာကျောင်းပြီးတဲ့နောက်မှာဆက်ဆံမှုကိုစတင်ခဲ့တယ်။／Nagsimula silang mag-date pagkatapos nilang gumradweyt sa unibersidad.)

❷ □ **浮気(する)** うわき (bercurang／ဖောက်ပြန်သည်／mangaliwa)

▶ もし彼がほかの女性と浮気したら、即、離婚します。
かれ じょせい そく りこん

(Jika dia bercurang dengan wanita lain, saya akan bercerai segera.／
တကယ်လို့သူကတခြားအမျိုးသမီးနဲ့ဖောက်ပြန်မယ်ဆိုရင်ချက်ချင်းကွာရှင်းမယ်။／Kapag nambabae siya, agad ko siyang ididiborsiyo.)

❸ □ **妬む** ねた (cemburu／မနာလိုဖြစ်သည်／mainggit)

▷ 人の才能を妬む
ひと さいのう

(cemburu pada bakat orang lain／သူများရဲ့ဉာဏ်ရည်ဉာဏ်သွေးကိုမနာလိုဖြစ်တယ်／mainggit sa talent ng iba)

▶ 幸せそうな人を見て妬む気持ちもわかる。
しあわ ひと み きも

(Saya memahami perasaan cemburu ketika melihat orang yang tampak bahagia.／
ကောင်းစားနေတဲ့သူ့ကိုကြည့်ပြီးမနာလိုစိတ်ဖြစ်တာနားလည်ပါတယ်။／Naiintindihan ko ang pakiramdam na pagkainggit kapag nakakakita ako ng mga masayang tao.)

❹ □ **脅す** おど (mengugut／ခြိမ်းခြောက်သည်／takutin)

▶ 二人組は、店員をナイフで脅して、金を奪ったとのことです。
ふたりぐみ てんいん かね うば

(Pasangan itu dikatakan telah mengancam penjaga kedai dengan pisau dan mencuri wang.／လူနှစ်ယောက်ဟာ ဆိုင်ဝန်ထမ်းကိုဓါးနဲ့ခြိမ်းခြောက်ပြီးငွေကိုလုသွားတဲ့အကြောင်းပါ။／Tinakot ng dalawang tao ng kutsilyo ang staff ng tindahan, at kinuha nila ang pera.)

❺ □ **干渉(する)** かんしょう (campurtangan／စွက်ဖက်သည်／makialam)

▶ 相変わらず、子供に干渉しすぎる親が多い。
あいか こども おや おお

(Masih banyak ibu bapa yang terlalu mengganggu anak-anak mereka.／
သားသမီးရေးမှာစွက်ဖက်လွန်းတဲ့မိဘတွေများနေတုန်းပါ။／Tulad ng dati, maraming magulang ang nakikialam sa buhay ng mga anak nila.)

❻ □ 勘弁（かんべん）(する) (memberi kelonggaran／ခွင့်လွှတ်သည်၊သည်းခံသည်／magpatawad, magpasensiya)

▶ ここで歌（うた）うんですか。それだけは勘弁してください。

(Anda akan menyanyi di sini? Tolong jangan.／ဒီမှာသီချင်းဆိုရမှာလား။ ဒါလေးတော့သည်းခံပါ။／Dito ka ba kakanta? Maawa ka naman sa amin.)

❼ □ 勧誘（かんゆう）(する) (memujuk／ဆွဲဆောင်သည်／mag-imbita, manghingi)

▷ 保険（ほけん）の勧誘 (pujukan insurans／အာမခံအတွက်ဆွဲဆောင်မှု／panghihikayat na kumuha ng insurance)

▶ テニスのサークルに勧誘されたけど、断（ことわ）った。

(Saya telah dijemput ke kelab tenis, tetapi saya menolak.／တင်းနစ်အဖွဲ့ကိုဝင်ဖို့ဆွဲဆောင်ခံရပေမဲ့ငြင်းခဲ့တယ်။／Inimbita akong sumali sa tennis circle, pero tumanggi ako.)

❽ □ 結成（けっせい）(する) (membentuk／ဖွဲ့စည်းသည်／magbuo, mag-organisa)

▶ 高校（こうこう）の時（とき）、友達（ともだち）とバンドを結成しました。

(Saya membentuk sebuah band dengan kawan-kawan saya semasa di sekolah menengah.／အထက်တန်းကျောင်းသားတုန်းကသူငယ်ချင်းနဲ့ဘင်တီးဝိုင်းကိုဖွဲ့စည်းခဲ့တယ်။／Noong nasa haiskul ako, nagbuo ako ng banda kasama ng mga kaibigan ko.)

❾ □ 結束（けっそく）(する) (bersatu／စည်းလုံးညီညွတ်သည်／magtipon, magkaisa)

▷ これを機（き）に、チームの結束力（りょく）はいっそう固（かた）くなった。

(Dengan ini, semangat kerjasama dalam pasukan menjadi semakin kuat.／အဲဒီအခွင့်အလမ်းနဲ့အသင်းရဲ့စည်းလုံးညီညွတ်မှုအင်အားဟာတစ်ဆင့်ပိုပြီးခိုင်မာခဲ့တယ်။／Dahil sa nangyaring ito, lalong naging matatag ang pagkakaisa ng team namin.)

❿ □ 孤立（こりつ）(する) (terisolasi／အထီးကျန်သည်／i-isolate)

▶ 一人（ひとり）だけ反対意見（はんたいいけん）を言（い）ったら、クラスで孤立してしまった。

(Saya menjadi keterasingan di kelas hanya kerana menyuarakan pendapat yang berbeza.／တစ်ယောက်တည်းဆန့်ကျင်ဘက်ထင်မြင်ချက်ကိုပြောလို့အတန်းထဲမှာအထီးကျန်ဖြစ်သွားတယ်။／Kapag isang tao lang ang kumontra, ina-isolate siya ng klase.)

⓫ □ 圧倒（あっとう）(する) (mengatasi／တအံ့တသြဖြစ်သည်／ma-overwhelm)

▶ 初（はじ）めてナイアガラの滝（たき）を見（み）た時（とき）は、その迫力（はくりょく）に圧倒されました。

(Saya terpesona dengan kehebatan air terjun Niagara ketika pertama kali melihatnya.／ပထမဦးဆုံးနိုင်ယာဂါရာရေတံခွန်ကိုကြည့်ခဲ့တုန်းကအဲဒီရေတံခွန်ရဲ့အင်မတန်ကြီးမားတဲ့အားကိုတအံ့တသြဖြစ်ခဲ့ရတယ်။／Noong makita ko ang Niagara Falls nang unang beses, na-overwhelm ako sa kapangyarihan niyon.)

⓬ □ 圧倒的（てき）(な) (dominan／အပြတ်အသတ်ဖြစ်သော／napakalaki, napakalakas)

▷ 圧倒的な強（つよ）さ (kekuatan yang dominan／အပြတ်အသတ်အားကောင်းမှု／sobrang lakas)

順序・プロセス 31
手続き 32
頻度 33
物の形・状態
増減・伸縮 35
二つ以上のものの関係 36
人 37
人と人 38
見る・見せる 39
わかる 40

⓭ □ 束縛(する) (mengikat／ချုပ်ချယ်သည်／magtali, magbigkis)
そくばく

▶ たとえ収入が良くても、仕事に束縛されることが多いようでは意味がない。
しゅうにゅう よ　　　　　　しごと　　　　　そくばく　　　　　　　　おお　　　　　　　　　　　いみ

(Tidak ada gunanya jika pendapatan baik tetapi kerja banyak mengikat.／
အကယ်၍ဝင်ငွေကောင်းသော်လည်းပဲအလုပ်မှာချုပ်ချယ်မှုတွေများရင်တော့အဓိပ္ပာယ်မရှိဘူး။／Kahit maganda ang suweldo mo, wala rin itong saysay kung madalas kang nakatali sa trabaho.)

⓮ □ 対抗(する) (berlawanan／ဖက်ပြိုင်သည်／makipagtunggali, sumalungat)
たいこう

▶ A社に対抗して、うちも広告に有名人を使うことになった。
しゃ　　たいこう　　　　　　　　こうこく　　ゆうめいじん　　つか

(Untuk bersaing dengan Syarikat A, kami juga menggunakan selebriti dalam iklan kami.／
A ကုမ္ပဏီနဲ့ဖက်ပြိုင်ပြီးကျွန်တော်တို့လည်းကြော်ငြာမှာနာမည်ကြီးသူကိုထည့်သုံးဖို့ဆုံးဖြတ်ခဲ့တယ်။／Sa kompetisyon sa Company A, nagpasya kaming gumamit ng mga kilalang tao sa aming mga advertisement.)

⓯ □ 団結(する) (bersatu／စည်းလုံးသည်／magkaisa)
だんけつ

▷ 一致団結(する) (bersatu hati／စည်းလုံးညီညွတ်သည်／magkaisa)
いっち

▶ 全員で団結して、この土地の自然を守ろう！
ぜんいん　　だんけつ　　　　　　とち　　しぜん　　まも

(Mari kita semua bersatu dan melindungi alam semula jadi tanah ini!／
အားလုံးနဲ့စည်းလုံးပြီးဒီမြေဒေသရဲ့သဘာဝကိုထိန်းသိမ်းကြရအောင်။／Magkaisa tayong lahat at protektahan natin ang kalikasan sa lupang ito.)

⓰ □ 指図(する) (mengarahkan／ညွှန်ကြားချက်ပေးသည်／magmando, mag-utos)
さしず

▶ 上からあれこれ指図されるとやる気がなくなるよ。
うえ　　　　　　さしず　　　　　　　き

(Saya kehilangan semangat untuk bekerja apabila diberi arahan berlebihan.／
အထက်ကနေဟိုဟာဒီဟာညွှန်ကြားချက်ပေးရင်လုပ်ချင်စိတ်ရှိတော့မှာမဟုတ်ဘူး။／Mawawalan ka ng gana kung lagi kang minamanduhan ng mga taong nakakataas sa iyo.)

⓱ □ 命じる (memerintahkan／အမိန့်ပေးသည်／mag-utos)
めい

▶ 会社から転勤を命じられたら、従うしかない。
かいしゃ　　てんきん　　めい　　　　　　したが

(Jika diperintahkan untuk pindah oleh syarikat, saya hanya perlu patuh.／
ကုမ္ပဏီကနေအလုပ်နေရာပြောင်းဖို့အမိန့်ပေးလာရင်နာခံဖို့ပဲရှိတယ်။／Kapag inutusan ka ng kompanyang lumipat, wala kang magagawa kundi sumunod lang.)

❶⑧ □ 嘲笑（する） (mengejek／ပြက်ရယ်ပြုသည်／mangutya)

▶おかしな発言を繰り返す大臣は、今や嘲笑の的だ。

（Menteri yang selalu membuat kenyataan aneh kini menjadi bahan ketawa.／အဓိပ္ပါယ်မရှိစကားတွေထပ်ခါထပ်ခါပြောတဲ့ဝန်ကြီးဟာအခုတော့ရယ်စရာလူကြီးဖြစ်နေတယ်။／Target ngayon ng pangungutya ang isang ministro na nagpaulit-ulit ng mga nakakatawang pananalita.）

❶⑨ □同 あざ笑う／嘲笑う (mengejek／ပြောင်လှောင်သည်／pangungutya)

▷警察をあざ笑うかのように、事件は再び繰り返された。

（Sepertimana mengolok-olok polis, insiden itu berulang lagi.／ရဲတွေကိုပြောင်လှောင်နေသလိုအမှုတွေကထပ်ခါထပ်ခါဖြစ်ခဲ့ပါတယ်။／Nagpaulit-ulit ang pangyayari na parang kinukutya ang mga pulis.）

⑳ □ サポート（する） (menyokong／ကူညီပံ့ပိုးသည်／magsuporta)

▷サポートセンター (pusat sokongan／ကူညီပံ့ပိုးရေးစင်တာ／support center)

▶新人の山田さんが困ってるから、サポートしてくれる？

（Encik/Cik/Puan Yamada yang orang baru sedang berada dalam masalah, bolehkah anda membantu?／လူသစ် ယာမဒစံဟာ အခက်အခဲတွေနေလို့ကူညီပံ့ပိုးပေးပါလား။／Medyo naguguluhan ang baguhang si Yamada-san, kaya puwede mo ba siyang suportahan?）

㉑ □ 育成（する） (membina／ပြုစုပျိုးထောင်သည်／palakihin, alagaan)

▶会社にとっては、人材の育成は常に大きな課題です。

（Bagi syarikat, pembangunan sumber manusia selalu menjadi cabaran besar.／ကုမ္ပဏီအနေနဲ့ လူစွမ်းအား အရင်းအမြစ်ပြုစုပျိုးထောင်ရေးဟာအမြဲတမ်းပဲကြီးမားတဲ့ပြဿနာဖြစ်ပါတယ်။／Para sa kompanya, laging malaking hamon ang pagbuo ng human resources.）

㉒ □ 主導（する） (memimpin／ဦးဆောင်သည်／manguna)

▷主導権を握る

（mengambil alih kepimpinan／ဦးဆောင်မှုကိုဆုပ်ကိုင်သည်／manguna）

▶計画は官僚主導で行われることになりそうだ。

（Rancangan itu tampaknya akan dilakukan dengan pimpinan birokrat.／စီမံကိန်းကိုအစိုးရအရာရှိများရဲ့ဦးဆောင်မှုနဲ့လုပ်မယ့်ပုံပဲ။／Malamang na pangungunahan ng mga bureaucrat ang accounting.）

㉓ □ 主導的（な） (dominan／ဦးဆောင်သကဲ့သို့／nangunguna)

▷主導的な役割 (peranan dominan／ဦးဆောင်မှုတာဝန်／nangungunang papel)

順序・プロセス 31
手続き 32
頻度 33
物の形状態 34
増減・伸縮 35
二つ以上のものの関係 36
人 37
人と人 38
見る・見せる 39
わかる 40

❷❹ □ **妥協（する）** <ruby>妥協<rt>だきょう</rt></ruby> (berkompromi／အလျှော့ပေးသည်／mangompromiso)

▷ <ruby>妥協<rt>だきょう</rt></ruby><ruby>案<rt>あん</rt></ruby> (cadangan kompromi／အလျှော့ပေးဖြေရှင်းချက်／kompromiso)

▷ <ruby>職人<rt>しょくにん</rt></ruby>らしく、<ruby>彼<rt>かれ</rt></ruby>は<ruby>常<rt>つね</rt></ruby>に<ruby>完璧<rt>かんぺき</rt></ruby>を<ruby>求<rt>もと</rt></ruby>め、<ruby>妥協<rt>だきょう</rt></ruby>を<ruby>許<rt>ゆる</rt></ruby>さなかった。

(Seperti seorang tukang, dia selalu mengejar kesempurnaan dan tidak akan kompromi.／လက်သမားပီပီသူဟာအမြဲတမ်းပြီးပြည့်စုံမှုကိုလိုလားတဲ့အတွက်အလျှော့မပေးခဲ့ဘူး။／Bilang isang craftsman, palagi siyang nagsisikap na maging perpekto, at hindi kailanman siya nangompromiso.)

❷❺ □ **説教（する）** <ruby>説教<rt>せっきょう</rt></ruby> (memberi khutbah／တရားဟောသည်၊ဆုံးမသည်／mangaral, magsermon)

▶ こんな<ruby>成績<rt>せいせき</rt></ruby>じゃ、また<ruby>部長<rt>ぶちょう</rt></ruby>に<ruby>説教<rt>せっきょう</rt></ruby>されるよ。

(Dengan hasil kerja seperti ini, saya akan dimarahi oleh ketua jabatan lagi.／ဒီလိုရလဒ်ဆိုရင်တော့၊ဌာနမှူးရဲ့ပြောဆိုဆုံးမမှုကိုခံရလိမ့်အုံးမယ်။／Sa resultang ito, sesermunan ka na naman ng section chief.)

❷❻ □ **侮辱（する）** <ruby>侮辱<rt>ぶじょく</rt></ruby> (menghina／စော်ကားသည်／mang-insulto)

▶ あんな<ruby>大勢<rt>おおぜい</rt></ruby>の<ruby>前<rt>まえ</rt></ruby>で<ruby>侮辱<rt>ぶじょく</rt></ruby>されたのは<ruby>初<rt>はじ</rt></ruby>めてだ。

(Ini adalah pertama kali saya dihina di depan orang ramai seperti itu.／အဲဒီလောက်လူအများကြီးရဲ့ရှေ့မှာအစော်ကားခံရတာပထမဦးဆုံးပါပဲ။／Ito ang unang beses kong mainsulto sa harap ng napakaraming tao..)

❷❼ □ **中傷（する）** <ruby>中傷<rt>ちゅうしょう</rt></ruby> (memfitnah／အသရေဖျက်သည်／manirang-puri)

▶ ネットでは、<ruby>他人<rt>たにん</rt></ruby>を<ruby>中傷<rt>ちゅうしょう</rt></ruby>する<ruby>書<rt>か</rt></ruby>き<ruby>込<rt>こ</rt></ruby>みが<ruby>平気<rt>へいき</rt></ruby>で<ruby>行<rt>おこな</rt></ruby>われる。

(Di internet, orang menulis penghinaan terhadap orang lain tanpa merasa bersalah.／အင်တာနက်တွင်၊သူတစ်ပါးအားအသရေဖျက်သည့်ရေးသားမှုများကိုအမှုမထားဘဲရေးသားနေကြသည်။／Sa internet, karaniwan na ang pagsusulat ng mga bagay na naninira sa kapwa.)

❷❽ □ **譲歩（する）** <ruby>譲歩<rt>じょうほ</rt></ruby> (membuat konsesi／လျှော့ပေးသည်／gumawa ng konsesyon)

▶ このままでは<ruby>話<rt>はなし</rt></ruby>がまとまらないから、<ruby>価格面<rt>かかくめん</rt></ruby>で<ruby>譲歩<rt>じょうほ</rt></ruby>するしかないだろう。

(Jika keadaan terus seperti ini, kita mungkin perlu memberi jalan dalam hal harga.／ဒီအတိုင်းဆိုရင်စကားပြတ်မှာမဟုတ်လို့၊ဈေးနှုန်းကိုလျှော့ပေးဖို့ပဲရှိတယ်။／Sa ganitong pag-uusap, hindi tayo magkakasundo, kaya kailangan nating gumawa ng konsesyon tungkol sa presyo.)

❷❾ □ **辞退（する）** <ruby>辞退<rt>じたい</rt></ruby> (menolak／ရှောင်သည်၊လက်မခံ／tumanggi)

▶ <ruby>代表<rt>だいひょう</rt></ruby>して<ruby>開会<rt>かいかい</rt></ruby>の<ruby>挨拶<rt>あいさつ</rt></ruby>をするように<ruby>言<rt>い</rt></ruby>われたけど、<ruby>辞退<rt>じたい</rt></ruby>させてもらった。

(Saya diminta untuk memberikan ucapan pembukaan sebagai wakil, tetapi saya menolak.／ကိုယ်စားပြုအနေနဲ့ဖွင့်ပွဲမှာအဖွင့်အမှာစကားပြောဖို့ပြောလာခဲ့ပေမဲ့၊လက်မခံခဲ့ဘူး။／Sinabihan akong magbigay ng opening address bilang kinatawan, pero tumanggi ako.)

143

㉚ □ 救援(する) (membantu／ကယ်ဆယ်သည်／magligtas)

▷ 救援物資

(bahan-bahan bantuan／ကယ်ဆယ်ရေးပစ္စည်း／mga relief supply)

▶ 被災者救援のための募金活動も行われている。

(Pengumpulan dana untuk membantu mangsa bencana juga sedang dijalankan.／
ကပ်ဘေးသင့်သူများကယ်ဆယ်ရေးအတွက်ရန်ပုံငွေရှာဖွေရေးလုပ်ရှားမှုများပြုလုပ်နေပါတယ်။／
Isinasagawa rin nila ang pangangalap ng pondo para sa mga biktima.)

㉛ □ 救済(する) (membantu／ကယ်ဆယ်သည်／magligtas)

▷ 難民の救済 (bantuan untuk pelarian／ဒုက္ခသည်ကယ်ဆယ်ရေး／relief para sa mga refugee)

▶ これは、ローンの返済ができなくなった人への救済措置です。

(Ini adalah langkah penyelesaian untuk orang yang tidak dapat membayar balik pinjaman
mereka.／ဒါဟာချေးငွေပြန်မဆပ်နိုင်သူများအတွက်ကယ်ဆယ်ရေးအစီအစဉ်များဖြစ်ပါတယ်။／Itu ay
isang relief measure para sa mga hindi makabayad ng kanilang mga utang.)

㉜ □ 救出(する) (menyelamatkan／ကယ်ဆယ်သည်／magligtas)

▷ 逃げ遅れた人を救出するため、ヘリコプターが向かった。

(Helikopter telah dihantar untuk menyelamatkan orang yang terlewat lari.／
ထွက်ပြေးလွတ်မြောက်ရန်နောက်ကျသူများကိုကယ်ဆယ်ဖို့ဟယ်လီကော်ပတာသွားနေပါတယ်။／Patungo
na ang helicopter para iligtas ang mga taong hindi nakatakas.)

㉝ □ 接待(する) (menjamu／ဧည့်ခံသည်／estimahin)

▶ 今夜は、取引先の社長を接待しなければならない。

(Malam ini, saya harus melayani presiden syarikat yang kami lakukan transaksi.／
ဒီညရောင်းဝယ်ဖက်ကုမ္ပဏီရဲ့ဥက္ကဋ္ဌကိုဧည့်ခံရမယ်။／Ngayong gabi, kailangan naming estimahin
ang presidente ng isang kasosyo namin sa negosyo.)

㉞ □ おだてる (memujuk／မြှောက်ပင့်သည်／mambola, bolahin)

▶ 彼しか頼める人がいないから、おだてて、やってもらうしかない。

(Dia adalah satu-satunya orang yang boleh saya harapkan, jadi saya hanya perlu memujinya
dan meminta bantuannya.／သူ့အပြင်လုပ်နိုင်းရမယ့်သူမရှိလို့မြှောက်ပင့်ပြီးလုပ်နိုင်းရတော့မယ်။／Siya
lang ang puwede naming pakiusapan, kaya wala kaming magagawa kundi bolahin siya.)

㉟ □ ごまをする (memanjakan／ဖော်လံဖားသည်／sumipsip)

▷ 上司にゴマをする (memanjakan bos／အထက်လူကြီးကိုဖော်လံဖားသည်／sumipsip sa bos)

順序・プロセス 31
手続き 32
頻度 33
物の形・状態 34
増減・伸縮 35
二つ以上のものの関係 36
人 37
人と人 38
見る・見せる 39
わかる 40

❸❻ ☐ **争う**（bergaduh／တိုက်သည်၊ယှဉ်ပြိုင်သည်／magkumpitensiya, maglaban）
あらそ

▶ **この分野でも、外国の企業と争うようになった。**
ぶんや　　　　がいこく　　きぎょう

（Kami juga mulai bersaing dengan syarikat asing dalam bidang ini.／
ဒီကဏ္ဍမှာလည်းနိုင်ငံခြားကုမ္ပဏီနဲ့ယှဉ်ပြိုင်ဖို့ဖြစ်သွားပါပြီ။／Sa larangang ito, nagsimula rin tayong makipagkumpitensiya sa mga dayuhang kompanya.）

▷ **一刻を争う事態**
いっこく　　　　じたい

（situasi yang memerlukan tindakan segera／အချိန်လုရသောအခြေအနေ／kritikal na sitwasyon）

❸❼ ☐ **かなう/敵う**（bersaing／ယှဉ်နိုင်သည်။／karibal）
かな

▶ **さすが。やっぱりプロには敵わないよ。**

（Seperti yang dijangka. Saya tidak dapat menandingi profesional.／
ထင်တားတဲ့အတိုင်းပါပဲ။ ပရောဖက်ရှင်နယ်နဲ့မယှဉ်နိုင်ဘူးလေ။／Tulad ng inaasahan, hindi tayo katugma ng mga propesyonal.）

❸❽ ☐ **欺く**（menipu／လိမ်သည်၊လှည့်စားသည်／dayain, lokohin）
あざむ

▶ **これも、相手を欺く一つのテクニックです。**
あいて　　ひと

（Ini juga merupakan satu teknik untuk menipu lawan.／
ဒါလည်းတစ်ဖက်လူကိုလိမ်တဲ့နည်းတစ်ခုပါ။／Isa pa itong paraan para dayain ang kalaban.）

❸❾ ☐ **慕う**（merindui／လွမ်းသည်၊ကြည်ညိုလေးစားသည်／hangaan, tingalain）
した

▶ **たけしさんのことは、小さい頃から兄のように慕っていました。**
ちい　　ころ　　あに

（Saya mengagumi Encik Takeshi seperti abang sejak saya kecil.／
တက်ရှိစံကိုငယ်ငယ်ကတည်းကအစ်ကိုလိုကြည်ညိုလေးစားခဲ့တယ်။／Tiningala ko si Takeshi-san bilang kuya, mula noong bata pa ako.）

❹❮ ☐ **かばう**（melindungi／ဖေးကာသည်／protektahan）

▶ **先生に叱られていた友達をかばおうと、嘘をついたことがある。**
せんせい　しか　　　　　　ともだち　　　　　　　　うそ

（Saya pernah berbohong untuk membela kawan yang dimarahi oleh guru.／
ဆရာအဆူခံနေရတဲ့သူငယ်ချင်းကိုဖေးကာဖို့လိမ်ပြောခဲ့ဖူးတယ်။／Nagsinungaling ako noon, para protektahan ang kaibigan kong pinagalitan ng titser.）

❹❶ ☐ **急かす**（mendesak／လောဆော်သည်／madaliin）
せ

▶ **あの人は急かさないと、なかなかやらないよ。**
ひと　　せ

（Orang itu tidak akan melakukan apa-apa kecuali dipaksa.／
အဲဒီလူဟာလောဆော်ပေးရင်တော်တော်နဲ့မလုပ်ဘူး။／Hindi siya gagawa kung hindi mo siya mamadaliin.）

㊷ □ 甘える (memanjakan diri／ဆိုးနွဲ့သည်၊အားကိုးသည်／spoilin, palayawin)

▶ これまでは親に甘えてばかりでした。

(Sebelum ini, saya selalu manja dengan ibu bapa saya.／
အခုချိန်ထိတော့မိဘအပေါ်မှာအားကိုးခဲ့တာချည်းပါပဲ။／Hanggang ngayon, lagi akong ini-spoil ng mga magulang ko.)

▶〈玄関で〉ちょっと上がっていってください。 —— そうですか。では、お言葉に甘えて。

((Di pintu masuk) Sila masuk sekejap. - Baiklah, saya akan mengambil kata-kata anda.／
(အိမ်ဝင်ပေါက်တွင်) ကျေးဇူးပြု၍အိမ်ပေါ်တက်ပါ။ ဟုတ်ကဲ့။ ပြောတဲ့အတိုင်းတက်ပါမယ်။／(Sa entrance ng bahay) Pumasok kayo ng bahay. - Ganoon po ba? Sige po, ayon sa sinabi ninyo.)

㊸ □ ねだる (meminta／ပူဆာသည်／magmakaawa, magsumamo)　　　　**同** おねだりする

▶ 孫におもちゃをねだられるとつい買ってしまう。

(Bila cucu saya meminta mainan, saya tidak dapat menolak membelinya.／
မြေးကလေးက ကစားစရာပူဆာရင်ချက်ချင်းဝယ်လိုက်တယ်။／Kapag nagmamakaawa ang mga apo ko ng laruan, napapabili ako.)

㊹ □ せがむ (memohon／ပူဆာသည်／mamilit, manggulo)

▶ うちの親は厳しくて、何かをせがんでも、一度も買ってくれませんでした。

(Ibu bapa saya sangat tegas, mereka tidak pernah membelikan apa-apa yang saya minta.／
အိမ်ကမိဘတွေဟာတင်းကျပ်ပါပါယ်၊တစ်ခုခုပူဆာရင်တစ်ခါမှဝယ်မပေးခဲ့ဘူး။／Istrikto ang magulang ko. Kahit anong pamimilit ko sa kanila, hindi nila ako ibinili ng kahit ano.)

㊺ □ こね／コネ (hubungan／အချိတ်အဆက်／koneksyon)

▶ 彼女がA社に就職できたのは、親のコネがあったからだよ。

(Dia dapat bekerja di Syarikat A kerana ada kenalan ibu bapa.／
သူမက A ကုမ္ပဏီမှာအလုပ်ရတာဟာ၊ မိဘရဲ့အချိတ်အဆက်ရှိလို့။／Nakakuha siya ng trabaho sa Company A, kasi may koneksyon ang magulang niya roon.)

㊻ □ 親交 (persahabatan／ခင်မင်ရင်းနှီးမှု／pagkakaibigan)

▶ 彼とは20年来、親交があります。

(Saya telah berkenalan dengannya selama 20 tahun.／သူ့နဲ့ခင်မင်ရင်းနှီးတာအနှစ်၂၀ကြာပြီ။／20 taon na kaming magkaibigan.)

㊼ □ 親善 (persahabatan／ချစ်ကြည်ရေး／mabuting kalooban)

▷ 親善試合 (perlawanan persahabatan／ချစ်ကြည်ရေးပွဲ／friendly match)

順序・プロセス 31

手続き 32

頻度 33

物の形・状態 34

増減・伸縮 35

二つ以上のものの関係 36

人 37

人と人 38

見る・見せる 39

わかる 40

❹❽ □ **親密（な）** (intim／ခင်မင်ရင်းနှီးသော／malapit, intimate)
しんみつ

▶ あの二人はいつ頃から親密な関係になったんですか。
ふたり　　ごろ　　　　しんみつ　　かんけい

（Sejak bila dua orang itu memiliki hubungan yang dekat？／
အဲ့နှစ်ယောက်ဟာဘာဘယ်တုန်းလောက်ကနေခင်မင်ရင်းနှီးတဲ့ဆက်ဆံရေးဖြစ်ခဲ့သလဲ။／Mula kailan naging
malapit ang dalawang iyon?）

❹❾ □ **間柄** (hubungan／ဆက်ဆံရေး／relasyon)
あいだがら

▷ 親しい間柄 (hubungan yang rapat／ရင်းနှီးသောဆက်ဆံရေး／malapit na relasyon)
した

▶ 彼とは中学の先輩後輩の間柄で、昔からよく知ってるんだよ。
かれ　　ちゅうがく　せんぱいこうはい　あいだがら　むかし　　　　し

（Saya telah mengenali dia sejak sekolah menengah sebagai senior dan junior.／
သူ့ကိုအလယ်တန်းကျောင်းတုန်းကစံနီယာ၊ဂျူနီယာဆက်ဆံရေးနဲ့ရေးအရင်ကတည်းကကောင်းကောင်း
သိခဲ့တာပါ။／Kilala ko na siya mula noong araw, mula noong mga senior at junior kami sa
junior high school.）

❺❿ □ **息が合う／呼吸が合う** (bersepadu／အတွဲညီသည်／magkasundo
いき　あ　　　こきゅう　あ　　　　　　　　　　　　　　　sa trabaho)

▷ 息の合った演技/演奏
いき　あ　　えんぎ　えんそう

（persembahan/persembahan yang serasi／အတွဲညီတဲ့သရုပ်ဆောင်မှု/ အတီးအမှုတ်／pag-arte/
pagtugtog nang may pagkakaisa）

▶ 〈スポーツなど〉彼らはペアを組んだばかりで、まだ息が合ってない。
かれ　　　　　く

（(Sukan dsb.) Mereka baru saja membentuk pasangan dalam sukan dan masih belum
serasi.／(အားကစားစသည်တို့တွင်)သူတို့ဟာတွဲခါစပဲရှိသေးလို့အတွဲမညီသေးဘူး။／(Sports, atbp.)
Kasisimula lang nilang magpares, kaya hindi pa maayos ang pagsasagawa nila.）

❺❶ □ **気が置けない** (tidak malu／ရင်းနှီးချစ်ခင်သော／madaling
き　　お　　　　　　　　　　　　　　　　makasundo)

▶ 彼とは大学からの付き合いで、気の置けない友人なんです。
かれ　　だいがく　　　　つ　あ　　　　　　　き　　お　　　ゆうじん

（Saya mengenalinya sejak universiti dan kami adalah teman yang akrab.／
သူ့ကိုတက္ကသိုလ်တုန်းကတည်းကအသိမိတ်ဆွေဖြစ်ခဲ့ပြီးရင်းနှီးချစ်ခင်တဲ့သူငယ်ချင်းပါ။／Kilala ko na siya
mula sa unibersidad, at kaibigan siyang madaling makasundo.）

❺❷ □ **両者** (kedua-dua pihak／နှစ်ဘက်ပုဂ္ဂိုလ်／pareho)
りょうしゃ

❺❸ □ **相性** (kompatibilitas／သင့်မြတ်မှု／pagiging magkabagay,
あいしょう　　pagkakatugma)

▶ 彼とは相性がいいみたいです。
かれ　　あいしょう

（Saya rasa saya dan dia cocok.／သူနဲ့သင့်မြတ်ပုံရတယ်။／Mukhang bagay naman sila.）

UNIT 39

見る・見せる
み
(Lihat, Melihat／ကြည့်သည်၊ပြသည်／
Tumingin, Ipakita)

---

❶ □ 覗く (mengintai／ချောင်းကြည့်သည်／sumilip)
のぞ

▶ 窓から中を覗いてみたけど、誰もいないようだった。
まど　　なか　　　　　　　　だれ

(Saya cuba mengintai melalui tingkap tetapi nampaknya tidak ada orang.／
ပြတင်းပေါက်ကနေအထဲကိုချောင်းကြည့်ခဲ့ပေမဲ့ဘယ်သူမှမရှိပုံ။／Sumilip ako sa loob mula sa
bintana, pero mukhang walang tao.)

---

❷ □ 展望(する) (pandangan (memandang)／မျှော်ကြည့်သည်၊ မျှော်မှန်းသည်／
てんぼう　　　　　　　　　　　　　　　tumingin, tumanaw)

▷ 展望台
だい

(platform pemandangan／မျှော်စင်／observatory)

▶ 会の冒頭、社長が今後の展望を語った。
かい　ぼうとう　しゃちょう　こんご　　　　かた

(Pada permulaan mesyuarat, presiden telah bercakap tentang prospek masa depan.／
အစည်းအဝေးအစတွင်ဥက္ကဋ္ဌကြီးသည်အနာဂတ်မျှော်မှန်းချက်ကိုပြောခဲ့သည်။／Sa simula ng miting,
sinabi ng presidente ang hinaharap ng kompanya..)

---

❸ □ 閲覧(する) (pembacaan (melihat)／ဖတ်ရှုသည်／mag-browse)
えつらん

▷ 閲覧コーナー (sudut bacaan／စာဖတ်ကော်နာ／browsing corner)

▶ これらの資料は館内に限り、閲覧することができます。
しりょう　かんない　かぎ

(Anda hanya boleh melihat dokumen-dokumen ini di dalam dewan ini.／
ဤစာရွက်စာတမ်းများကိုစာဖတ်ကြည့်တိုက်အတွင်း၌သာဖတ်ရှုနိုင်ပါသည်။／Puwede lang mabasa ang
mga dokumentong ito sa loob ng bilding.)

---

❹ □ 参照(する) (rujukan (merujuk)／ကိုးကားမှီငြမ်းသည်／sumangguni)
さんしょう

▶ 添付資料を参照してください。 (Sila rujuk dokumen yang dilampirkan.／
てんぷしりょう
ပူးတွဲပါစာရွက်စာတမ်းကိုကိုးကားမှီငြမ်းပါ။／Sumangguni kayo sa kasamang dokumento.)

---

❺ □ 視察(する) (tinjauan (meninjau)／ကွင်းဆင်းလေ့လာသည်／magmasid)
しさつ

▷ 工場を視察する (melawat kilang／စက်ရုံကိုကွင်းဆင်းလေ့လာသည်／magmasid ng pabrika)
こうじょう

▶ 森先生は、アメリカの教育現場を視察してきたそうです。
もりせんせい　　　　　　　きょういくげんば

(Rupanya, Prof. Mori telah memeriksa medan pendidikan di Amerika.／
ဆရာမိုရိသည်အမေရိကန်၏ပညာရေးကိုကွင်းဆင်းလေ့လာခဲ့သည်ဟုဆိုသည်။／Pumunta raw si Prof.
Mori sa Amerika para magmasid ng mga educational site.)

順序・プロセス 31
手続き 32
頻度 33
物の形・状態 34
増減・伸縮 35
二つ以上のものの関係 36
人 37
人と人 38
見る・見せる 39
わかる 40

❻ □ 着目（する） (penumpuan perhatian (menumpukan perhatian)／
あၣ်ရဲစိုက်သည်／tuunan, tutukan)

▷ この点に着目したのが、大きな発見につながった。

(Memberi tumpuan pada titik ini telah membawa kepada penemuan besar.／
ၫ੦ੱੑੑੑੑੑੑੑੑੑੑੑੑ ／Humantong sa
malaking pagtuklas ang pagtuon sa puntong ito.)

❼ □ 視点 (sudut pandangan／ရှထောင့်／pananaw)　　　同 観点

▶ ちょっと視点を変えてみたほうがいいんじゃない？

(Mungkin kita harus mengubah sudut pandangan sedikit?／
နည်းနည်းလောက်ရှုထောင့်ကိုပြောင်းရင်မကောင်းဘူးလား။／Hindi ba mas mabuting palitan mo nang
kaunti ang pananaw mo?)

❽ □ 提示（する） (pengemukaan (mengemukakan)／တင်ပြသည်／ipakita)

▶ 提示した金額では納得してもらえなかった。

(Mereka tidak bersetuju dengan jumlah yang telah saya tunjukkan.／
တင်ပြတဲ့ငွေပမာဏကိုသဘောတူလက်ခံမှုမရှိခဲ့ပါ။／Hindi ko sila nakumbinsi sa ipinakita kong
halaga ng pera.)

❾ □ 明示（する） (eksplisit (menunjukkan secara jelas)／သတ်မှတ်သည်／
tukuyin)

❿ □ 披露（する） (pertunjukan (mempertunjukkan)／ပြသကြေညာသည်／
ipahayag)

▷ 結婚披露宴 (jamuan perkahwinan／မင်္ဂလာဆောင်ပွဲ／reception ng kasal)

▷ 社長は完成したばかりの新製品を報道関係者に披露した。

(Presiden telah mempersembahkan produk baru yang baru sahaja siap kepada media.／
ကုမ္ပဏီဥက္ကဋ္ဌသည်ပြုလုပ်ပြီးခါစအရောင်းပစ္စည်းကိုသတင်းနှင့်စာနယ်ဇင်းမှပုဂ္ဂိုလ်များအားပြသကြေညာခဲ့သည်။／
Ipinayag ng presidente sa press ang kagagawa lang na bagong produkto.)

⓫ □ 外観 (rupa luaran／အသွင်အပြင်／panlabas na itsura)

▶ 店の外観はちょっと古くさい感じです。

(Kedai itu kelihatan agak lama pada pandangan pertama.／
ဆိုင်ရဲ့အသွင်အပြင်ဟာနည်းနည်းခေတ်မမီတဲ့ပုံပါ။／Mula sa labas, mukhang medyo luma ang
tindahan.)

1 50

UNIT 40

わかる (Faham／နားလည်သည်／Maintindihan)

❶ □ 承知(しょうち)(する) (persetujuan (bersetuju)／သဘောတူသည်／pumayag)

▶ 田中(たなか)さん、これを10部(ぶ)コピーして持(も)ってきてくれる？ ── 承知しました。

(Encik/Cik/Puan Tanaka, bolehkah anda mengambil salinan ini sebanyak 10 salinan? - Baiklah.／တနကစံ၊ဒါကို မိတ္တူ၁၀ စုံ ကူးပြီးယူလာပေးမလား။ ဟုတ်ကဲ့။／Tanaka-san, puwede ka bang gumawa ng 10 set na copy nito at dalhin mo sa akin? -- Siempre.)

▶ 親(おや)はあなたが留学(りゅうがく)することを承知しているのね？

(Ibubapa anda tahu yang anda akan pergi belajar di luar negara, kan?／မိဘတွေကမင်းရဲ့နိုင်ငံခြားမှာပညာသင်မယ့်ကိစ္စကိုသဘောတူတယ်နော်။／Pumayag na ang mga magulang mo tungkol sa pag-aaral mo sa ibang bansa, hindi ba?)

❷ □ 了承(りょうしょう)(する) (penerimaan (menerima)／အတည်ပြုသည်၊ နားလည်လက်ခံသည်／aprubahan)

▷ 了承済(ず)み (sudah terima／အတည်ပြုပြီး／aprubado na)

▶ 天候(てんこう)によっては延期(えんき)の場合(ばあい)もありますので、ご了承ください。

(Harap dimaklumi bahawa mungkin ada penangguhan disebabkan cuaca.／မိုးလေဝသအခြေအနေအရရွှေ့ဆိုင်းခြင်းရှိတတ်သဖြင့်၊နားလည်လက်ခံပေးပါ။／Mayroong mga panahong maaaring ipagpaliban ito, kaya inaasahan namin ang pang-unawa ninyo.)

❸ □ 究明(きゅうめい)(する) (persiasatan (menyiasat)／စုံစမ်းစစ်ဆေးသည်／imbestigahan, siyasatin)

▶ なぜ、このような事故(じこ)が起(お)きたのか、原因(げんいん)の究明が待(ま)たれます。

(Penyelidikan sedang ditunggu untuk mengetahui sebab kejadian seperti ini.／ဘာကြောင့်ဒီလိုမျိုးမတော်တဆမှုဖြစ်ရတာလည်းဆိုတာ၊အကြောင်းအရင်းကိုစုံစမ်းစစ်ဆေးဖို့စောင့်နေပါတယ်။／Iimbestigahan pa ang dahilan kung bakit nangyari ang ganoong aksidente.)

❹ □ 判明(はんめい)(する) (bukti／သိရသည်／luminaw)

▶ 今回(こんかい)の調査(ちょうさ)で新(あら)たな事実(じじつ)が判明した。

(Penyiasatan kali ini telah menunjukkan fakta baru.／ဒီတစ်ခါစုံစမ်းစစ်ဆေးချက်အရအဖြစ်မှန်သစ်ကိုသိခဲ့ရပါတယ်။／Luminaw ang bagong katotohanan dahil sa imbestigasyong ito.)

順序・プロセス 31

手続き 32

頻度 33

物の形・状態 34

増減・伸縮 35

二つ以上のものの関係 36

人 37

人と人 38

見る・見せる 39

わかる 40

❺ □ **解明(する)** (penyelesaian (menjelaskan)／စုံစမ်းစစ်ဆေးဖော် ထုတ်သည်／linawin, maging malinaw)
かいめい

▶ いずれこの病気のメカニズムも解明されるでしょう。
びょうき

(Mekanisme penyakit ini pasti akan diterangkan pada suatu hari nanti.／
တစ်နေ့နေ့မှာဒီရောဂါရဲ့ဖြစ်ပျက်ပုံကိုပါစုံစမ်းစစ်ဆေးဖော်ထုတ်နိုင်လိမ့်မယ်။／Balang araw, magiging malinaw ang mekanismo ng sakit na ito.)

❻ □ **悟る** (menyedari／အသိတရားရသည်／mapagtanto, ma-realize)
さと

▶ 私には才能がないと悟った。
わたし さいのう

(Saya menyedari bahawa saya tidak mempunyai bakat.／
ကျွန်တော့်မှာပါရမီမရှိဘူးဆိုတာသိရပါပြီ။／Napagtanto kong wala pala akong talent.)

❼ □ **訳** (alasan／အကြောင်း／dahilan)   同 **理由**
わけ   りゆう

▷ 訳がわからない

(tidak faham alasan／ဘာကြောင့်မှန်းမသိဘူး／Hindi ko alam kung bakit.)

▶ どうして彼女があんなに怒るのか、訳がわからない。
かのじょ おこ

(Saya tidak faham mengapa dia begitu marah.／
ဘာဖြစ်လို့သူမဟာအဲဒီလောက်အထိဒေါက်သထွက်သလဲဆိုတာ၊ဘာကြောင့်မှန်းမသိဘူး။／Hindi ko alam kung bakit nagalit siya nang ganoon.)

言う (Kata／ပြောသည်／Magsabi)
い

❶ □ 白状(する) (pengakuan (mengaku)／ဝန်ခံသည်၊ဖွင့်ပြောသည်／
はくじょう magtapat)

▶ 容疑者は遂に白状したようだ。
ようぎしゃ つい

(Nampaknya, suspek akhirnya telah mengaku.／တရားခံဟာနောက်ဆုံးမှာဝန်ခံတော့မယ့်ပုံပဲ။／Sa
wakas, mukhang nagtapat ang suspek.)

▶ 彼女のことが好きなんでしょ？　白状したら？
かのじょ す

(Kau suka dia kan? Mengapa tidak mengaku saja?／
သူ့ကိုသဘောကျတယ်မဟုတ်လား။ဖွင့်ပြောလိုက်စမ်းပါ။／Gusto mo siya, hindi ba? -- Magtapat ka
kaya.)

❷ □ 宣言(する) (pengisytiharan (mengisytiharkan)／ကြေညာသည်／
せんげん magpahayag)

▷ 禁煙を宣言する、独立宣言 (membuat pengisytiharan berhenti merokok,
きんえん どくりつ perisytiharan kemerdekaan／ဆေးလိပ်ဖြတ်မယ်လို့ကြေညာတယ်၊ လွတ်လပ်ရေးကြေညာချက်／
magpahayag na hindi maninigarilyo, deklarasyon ng pagsasarili)

▶ ３日間にわたる大会は、市長の開会宣言で始まりました。
みっかかん たいかい しちょう かいかい はじ

(Pertandingan selama tiga hari itu dimulakan dengan pengisytiharan pembukaan datuk
bandar.／၃ရက်တာကျင်းပမယ့်ပြိုင်ပွဲဟာ မြို့ဝန်ရဲ့ ဖွင့်ပွဲကြေညာချက်နဲ့စတင်ခဲ့ပါတယ်။／Nagsimula ang
tatlong araw na torneo, sa pagbubukas ng deklarasyon ng alkalde.)

❸ □ 宣誓(する) (sumpah (bersumpah)／သစ္စာဆိုသည်၊ကျိန်ဆိုသည်／
せんせい manumpa)

▷ 選手宣誓 (sumpah atlet／လက်ရွေးစင်အားကစားသမားသစ္စာဆို／panunumpa ng mga player)
せんしゅ

▶ 真実のみを話すって宣誓して証言をする以上、法廷で嘘なんかつけないよ。
しんじつ はな せんせい しょうげん いじょう ほうてい うそ

(Selagi saya bersumpah untuk bercakap benar dan memberi keterangan, saya tidak akan
berbohong di mahkamah.／အဖြစ်မှန်ကိုပဲပြောပါမယ်လို့ကျိန်ဆိုပြီးသက်သေပြမယ်ဆိုမှ
တော့၊တရားခွင့်မှာလိမ်ပြောမှာမဟုတ်ဘူး။／Hangga't nanumpa akong magsalita lang ng
katotohanan at magpapatotoo, hindi ako maaaring magsinungaling sa korte.)

❹ □ 申し出る (menawarkan／အဆိုတင်သည်／mag-alok)
もう で

▷ このニュースが報じられた後、寄付を申し出る人が相次いだ。
ほう のち きふ もう で ひと あいつ

(Selepas berita ini disiarkan, banyak orang yang menawarkan derma.／
ဒီသတင်းလွှင့်ပြီးနောက်လှူဒါန်းမယ်လို့အဆိုပြုတဲ့သူတွေ ဆက်တိုက်ပေါ်လာတယ်။／Matapos maiulat
ang balitang ito, marami ang nag-alok na magbigay ng donasyon.)

言う 41

意見・考え 42

性格・態度 43

気持ち・心の状態 44

評価 45

言葉 46

パソコン・IT 47

問題・トラブル・事故 48

数量・程度 49

❺ □ 申し出 (tawaran／ကမ်းလှမ်းချက်／alok)

▶知事は、他県からの援助の申し出に感謝の意を表明した。
　ち　じ　　　　　たけん　　　　　えんじょ　　　もう　で　　かんしゃ　い　ひょうめい

(Gabenor mengungkapkan rasa terima kasihnya atas tawaran bantuan dari negeri lain.／
မြို့ဝန်သည်အခြားခရိုင်မှအကူအညီပေးမည့်ကမ်းလှမ်းချက်အပေါ်ကျေးဇူးတင်ကြောင်းဖော်ပြခဲ့သည်။／
Nagpahayag ng pasasalamat ang gobernador sa alok na tulong ng ibang mga prefecture.)

❻ □ 告げる (memberitahu／ပြောပြသည်／ipaalam)
　　　　つ

▶医者に病名を告げられた時は、ショックでした。
　い　しゃ　びょうめい　つ　　　　　とき

(Saya terkejut ketika doktor memberitahu saya diagnosis.／
ဆရာဝန်ကရောဂါအမည်ကိုပြောပြတဲ့အခါတုန်လှုပ်ချောက်ခြားသွားတယ်။／Noong ipinaalam ng doktor
ang pangalan ng sakit ko, na-shock ako.)

▷朝を告げる鳥の声が心地いい。
　あさ　つ　　　とり　こえ　ここ ち

(Suara burung yang memberitahu kedatangan pagi adalah sangat menyenangkan.／
မနက်ခင်းလို့ပြောနေတဲ့ငှက်ကလေးတွေရဲ့အသံကသာယာတယ်။／Nakakatuwa ang huni ng mga
ibong nagbabalita ng umaga.)

❼ □ つぶやく (bergumam／ရေရွတ်ပြောဆိုသည်／bumulong)

▶先生は何かつぶやいたけど、よく聞き取れなかった。
　せんせい　なに　　　　　　　　　　　き　と

(Guru itu merungut sesuatu tetapi saya tidak dapat mendengarnya dengan jelas.／
ဆရာကတစ်ခုခုကိုရေရွတ်ပြောဆိုခဲ့ပေမဲ့ကောင်းကောင်းမကြားခဲ့ရဘူး။／May ibinubulong ang titser,
pero hindi ko narinig ito.)

❽ □ お世辞 (pujian／မြှောက်ပင့်ခြင်း／pambobola)
　　　せ　じ

▶別にお世辞を言っているんじゃないですよ。本当に上手いと思ってるん
　べつ　　　せ　じ　い　　　　　　　　　　　　　　　ほんとう　うま　　　おも
です。

(Saya tidak bercakap pujian. Saya betul-betul fikir anda pandai.／
မြှောက်ပင့်ပြောတာမဟုတ်ပါဘူး။ တကယ်ကိုတော်တယ်လို့ ထင်နေပါတယ်။／Hindi sa nambobola ako.
Sa palagay ko, talagang mahusay ka.)

UNIT 42

意見・考え
い けん　かんが
(Pendapat, Pemikiran／ထင်မြင်ချက်၊စိတ်ကူး／Opinyon, Ideya)

❶ □ 意図(する) (niat, maksud, tujuan (berniat, bermaksud)／ကြံရွယ်သည် ／magbalak)

❷ □ 意図的(な) (dengan sengaja／ကြံရွယ်ချက်ရှိသော／sinadya)

▶なぜ急に賛成になったのか、彼の意図がわからない。
　　　きゅう さんせい　　　　　　　かれ　い と

(Saya tidak faham niatnya mengapa dia tiba-tiba bersetuju.／
ဘာဖြစ်လို့ရုတ်တရက်သဘောတူလိုက်သလဲ၊ သူ့ရဲ့ကြံရွယ်ချက်ကိုမသိဘူး။／Hindi ko alam ang
intensyon niya, kung bakit bigla niyang inaprubahan ito.)

▶〈スポーツ〉今のファウルは意図的と思われてもしかたない。
　　　　　　　　いま　　　　　　　　　　　　　 おも

(<Sukan> Tidak dapat dielakkan jika faul yang terjadi sekarang dipandang sebagai sengaja.
／(အား‌ကစား)အခုပြစ်ဒဏ်ဟာကြံရွယ်ချက်ရှိရဲ့နဲ့လုပ်တာလို့ထင်ရင်လည်းမတတ်နိုင်ဘူး။／(Sports) Hindi
maiiwasan kung iisiping parang sinadya ang foul ngayon.)

❸ □ 意向 (niat／ရည်ရွယ်ချက်／intensyon)

▷先方の意向に沿うよう、内容を一部変更した。
　せんぽう　 いこう　　そ　　　　　　　　ないよう　いちぶ へんこう

(Kami telah mengubah sebahagian daripada kandungan untuk mematuhi keinginan pihak
lain.／တစ်ဘက်သူ့ရဲ့ရည်ရွယ်ချက်နဲ့ကိုက်ညီစေရန်အကြောင်းအရာအချို့ကိုပြောင်းလဲခဲ့သည်။／Pinalitan
ko ang isang bahagi ng nilalaman, para sumunod sa intensyon ng kabilang partido.)

❹ □ 確信(する) (keyakinan (meyakini)／ယုံကြည်သည်／maniwala)

▷確信犯

(jenayah dengan keyakinan／ရာဇဝတ်သားဟုယုံကြည်ရသူ／premeditated crime)

▶その字を見て、本人が書いたものと確信しました。
　　　じ　み　　　ほんにん　か　　　　　　　かくしん

(Setelah melihat huruf itu, saya yakin itu ditulis oleh orang itu sendiri.／
ဒီစာလုံးကိုကြည့်ပြီး၊ကာယကံရှင်ကရေးတဲ့ဟာလို့ယုံကြည်ခဲ့တယ်။／Pagkatapos kong makita ang
sulat na iyon, sigurado akong siya mismo ang sumulat niyon.)

❺ □ 決意(する) (keazaman (berazam)／ဆုံးဖြတ်သည်／magpasya)
　　けつ い

▷決意を固める、決意を語る

(mengukuhkan keazaman, menceritakan keazaman／ဆုံးဖြတ်ချက်ကိုခိုင်မာစေသည်၊ဆုံးဖြတ်ချက် ကိုပြောသည်။
／maging determinado, magsabi ng determinasyon)

▷悩んだ末、彼は引退を決意した。
　なや　 すえ　かれ　いんたい　けつい

(Setelah bimbang, dia memutuskan untuk bersara.／
စိတ်မချမ်းမသာဖြစ်ပြီးနောက်ဆုံးတော့သူဟာအငြိမ်းစားယူဆုံးဖြတ်ခဲ့တယ်။／Nagpasya siyang
magretiro, pagkatapos niyang isipin ito nang matagal.)

言う 41

意見・考え 42

性格・態度 43

気持ち・心の状態 44

評価 45

言葉 46

パソコン・打つ 47

問題・トラブル・事故 48

数量・程度 49

❻ □ 決断（する） (keputusan (membuat keputusan)/ဆုံးဖြတ်ချက်ချသည် / magdesisyon, magpasya)

▷ 決断が早い/遅い

(cepat/lambat membuat keputusan／ဆုံးဖြတ်ချက်ကမြန်သည်/နေးသည်/mabilis/mabagal ang desisyon)

▷ 今こそ決断の時だ。

(Ini adalah masa untuk membuat keputusan.／အခုအချိန်ကဆုံးဖြတ်ရမယ့်အချိန်ပဲ။／Oras na para magdesisyon ngayon.)

▷ トップには決断力が求められる。

(Kepemimpinan memerlukan kekuatan membuat keputusan.／ ထိပ်ဆုံးပုဂ္ဂိုလ်မှာဆုံးဖြတ်နိုင်တဲ့စွမ်းရည်လိုအပ်တယ်။／Kailangan ng paggawa ng desisyon sa itaas.)

❼ □ 理念 (falsafah/ဒဿနအတွေးအခေါ်/pilosopiya)

▷ 教育理念、経営理念を掲げる

(mengekalkan falsafah pendidikan, mengekalkan falsafah pengurusan／ ပညာရေးအတွေးအခေါ်၊စီမံခန့်ခွဲမှုအတွေးအ ခေါ်ကိုလက်ကိုင်ထားသည်။／pilosopiya ng edukasyon, panindigan ang pilosopiya ng pamamahala)

❽ □ 構想（する） (idea, konsep, rancangan (mendapat idea)/ကြံစည်သည် / magplano)

▷ 小説の構想を練る

(merancang konsep novel／ဝတ္ထုတစ်ပုဒ်အတွက်ကြံစည်ဖန်တီးသည်။／bumuo ng ideya para sa nobela)

▶ 市は、新たな住宅計画の構想を発表した。

(Bandar telah mengumumkan konsep pelan perumahan baru.／ မြို့အုပ်ချုပ်ရေးသည်အိမ်ရာစီမံကိန်းသစ်ရဲ့အကြံစည်ကိုကြေညာသည်။／Ipinahayag ng siyudad ang tungkol sa bagong plano sa pabahay.)

❾ □ 見込む (mengharapkan/မျှော်မှန်းသည်/umasa)

▷ 開店初日は1万人の来客が見込まれている。

(Dijangka akan ada 10,000 pelanggan pada hari pembukaan.／ ဆိုင်စဖွင့်မယ့်နေ့မှာဝင့်သည်တစ်သောင်းလောက်လာမယ်လို့မျှော်မှန်းနေပါတယ်။／Sa unang araw ng pagbubukas ng tindahan, inaasahang darating ang 10,000 na kustomer.)

❿ □ 見込み (harapan, kemungkian/မှန်းချက်/ang inaasahan)

▷ 見込みが外れる (harapan yang gagal／မှန်းချက်နဲ့လွဲသည်/hindi ayon sa inaasahan)

▶ あすの朝、台風15号は九州に上陸する見込みです。

(Dijangka taufan no. 15 akan mendarat di Kyushu pagi esok.／ မနက်ဖြန်မနက်တိုင်ဖွန်းအမှတ်၁၅က ကျူးရှူးကျွန်းကိုဝင်မယ့်မှန်းဆချက်ဖြစ်ပါတယ်။／Bukas ng umaga, inaasahang darating sa Kyushu ang Typhoon no. 15.)

⓫ □ 案の定 (seperti yang dijangka／ထင်တဲ့အတိုင်း／tulad ng inaasahan) 　　　　　【類】やはり
　　あん　じょう

▶ いやな天気だなと思っていたら、案の定、雨が降り出した。
　　　　てんき　　　おも

(Seperti yang dijangka, hujan mulai turun ketika saya fikir cuaca tidak baik.／
ရာသီဥတုမကောင်းဘူးလို့ထင်နေတာ၊ထင်တဲ့အတိုင်းမိုးရွာလာပြီ။／Iniisip kong masama ang panahon, at tulad ng inaasahan, nagsimulang umulan.)

⓬ □ 想定(する) (dugaan, andaian, jangkaan (menduga, mengandaikan)
　　そうてい 　　　　　／မှန်းဆသည်／mag-akala)

▶ 万一の場合を想定して、緊急の連絡方法を確認しておいてください。
　　まんいち　ばあい　　　　　　　　　　きんきゅう　れんらくほうほう　かくにん

(Harap periksa cara menghubungi darurat dalam hal seandainya.／
အရေးပေါ်အခြေအနေကိုမှန်းဆ၍အရေးပေါ်ဆက်သွယ်နည်းကိုသေချာအောင်စစ်ဆေးထားပါ။／Kung sakali lang, tiyakin ninyong alam ninyo kung paano makipag-ugnayan sa amin sa panahon ng emergency.)

⓭ □ 予想外 (diluar dugaan／မမျှော်လင့်ထားသော／hindi inaasahan)
　　よそうがい

▷ 予想外の結果になる
　　　　　　けっか

(hasil yang tidak dijangka／မမျှော်လင့်ထားသောရလဒ်／maging resultang hindi inaasahan)

▶ 予想外の事態に予定は大幅に狂った。
　　　　　じたい　よてい　おおはば　くる

(Rancangan telah berubah secara drastik kerana kejadian yang tidak dijangka.／
မမျှော်လင့်ထားတဲ့အခြေအနေကြောင့်အစီအစဉ်ကအတော်လေးကမောက်ကမဖြစ်သွားတယ်။／Dahil sa mga hindi inaasahang bagay, naiba nang husto ang iskedyul.)

⓮ □ 楽観(する) (optimisme (menjadi optimistik)／အကောင်းမြင်သည်
　　らっかん 　　　　　　　　　　　／maging optimist)

▷ 楽観ムード (suasana optimistik／အကောင်းမြင်သွင်ပြင်အခြေအနေ／optimism)

▶ 決して楽観しているわけではありません。
　　けっ

(Saya tidak sedang optimis.／အကောင်းမြင်နေတာတော့မဟုတ်ပါဘူး။／Talagang hindi ako optimistic.)

⓯ □ 楽観的(な) (optimisme (optimistik)／အကောင်းမြင်သော／positibo) 【対】悲観的(な)
　　らっかんてき 　　　　　　　　　　　　　　　　　　　　　　　　　　ひ

▶ 何とかなるだろうと楽観的に考えていたら、大変なことになってしまった。
　　なん　　　　　　　　　　　　　　かんが　　　　　　たいへん

(Saya fikir segalanya akan baik-baik saja dengan optimis, tapi ternyata menjadi sangat buruk.／တစ်နည်းနည်းနဲ့တော့ဖြစ်မှာပါဆိုပြီးအကောင်းဘက်ကနေတွေးနေတာ၊ကြီးမားတဲ့ ပြဿနာဖြစ်သွားတယ်။／Umaasa ako na may positibong mangyayari, pero kakila-kilabot ang nangyari.)

⓰ □ 悲観的(な) (pesimisme (persmistik)／အဆိုးမြင်သော／pessimistic) 【対】楽観的(な)

▶ この状況では、悲観的にならざるを得ない。
　　　　じょうきょう　　　　　　　　　　　え

(Dalam situasi ini, saya tidak punya pilihan selain menjadi pesimis.／
ဒီအခြေအနေမှာတော့၊ အဆိုးမြင်လို့မရတော့ဘူး။／Sa ganitong situasyon,hindi maiiwasang maging pessimistic.)

言う 41

意見・考え 42

性格・態度 43

気持ち・心の状態 44

評価 45

言葉 46

パソコン・IT 47

問題・トラブル・事故 48

数量・程度 49

⓱ □ 主観（しゅかん）(subjektiviti／ပုဂ္ဂလိကအမြင်／pagiging subjective) 対 **客観**（きゃっかん）

▷ **主観を述べる**（の）

(mengemukakan pandangan subjektif／ပုဂ္ဂလိကအမြင်နှင့်ပြောသည်／sabihin ang pagiging subjective)

⓲ □ 主観的（な）（てき）(subjektiviti (subjektif)／ပုဂ္ဂလိကအမြင်နှင့်／subjective)

▶ **君の主観的な意見はいいから、客観的な事実だけを伝えてくれ。**（きみ）（いけん）（きゃっかん）（じじつ）（つた）

(Tak payah pendapat subjektifmu, berikan saja fakta objektif.／မင်းရဲ့ပုဂ္ဂလိကအမြင်နဲ့ထင်မြင်ချက်ကိုအသာထားပါတော့၊ဓမ္မဓိဋ္ဌာန်ကျတဲ့အဖြစ်မှန်ကိုသာပြောပါ။／Hindi ko kailangang malaman ang subjective na opinyon mo. Sabihin mo lang ang mga fact.)

⓳ □ 唱える（とな）(membaca, menyuarakan／ရွတ်ဆိုသည်၊ပြောဆိုသည်／magrekomenda, magmungkahi)

▷ **増税反対を唱える、呪文を唱える**（ぞうぜいはんたい）（じゅもん）

(menentang peningkatan cukai, menyebut jampi／အခွန်တိုးမြှင့်မှုကိုဆန့်ကျင်ပြောဆိုသည်၊ ဂါထာရွတ်သည်／magrekomenda sa oposisyon ng pagtataas ng tax, gumawa ng spell)

▷ **会の決定に異議を唱える者もいた。**（かい）（けってい）（いぎ）（もの）

(Ada orang yang membantah keputusan mesyuarat itu.／အစည်းအဝေးဆုံးဖြတ်ချက်ကိုကန့်ကွက်ပြောဆိုသူလည်းရှိသည်။／Mayroon ding ilang taong tumutol sa desisyon ng konseho.)

⓴ □ 提唱（する）（ていしょう）(usul (mengusulkan)／အဆိုပြုသည်／ilagay sa harap, itaguyod)

▷ **改革を提唱する**（かいかく）

(mengusulkan reformasi／ပြုပြင်ပြောင်းလဲရေးကိုအဆိုပြုသည်／itaguyod ang reporma)

▷ **この研究分野においては、教授が20年前に提唱した理論が基礎になっている。**（けんきゅうぶんや）（きょうじゅ）（ねんまえ）（りろん）（きそ）

(Dalam bidang kajian ini, teori yang diperkenalkan oleh profesor 20 tahun lalu menjadi dasar.／ဒီသုတေသနကဏ္ဍမှာပါမောက္ခကလွန်ခဲ့တဲ့အနှစ်၂၀မှာအဆိုပြုခဲ့တဲ့သီအိုရီကိုအခြေခံပြုထားပါတယ်။／Naging basehan ng research sa larangang ito ang isang teoryang itinaguyod ng isang propesor 20 taon na ang nakakaraan.)

㉑ □ 提言（する）（ていげん）(saran (menyarankan)／အဆိုပြုသည်／magrekomenda)

▷ **会議では、災害時の行政の対応について、専門家からいくつかの提言があった。**（かいぎ）（さいがいじ）（ぎょうせい）（たいおう）（せんもんか）

(Dalam pertemuan itu, ada beberapa saran dari pakar tentang tindakan pemerintah saat bencana.／အစည်းအဝေးမှာဘေးအန္တရာယ်ကျရောက်ချိန်မှာအစိုးရရဲ့ကိုင်တွယ်ဆောင်ရွက်ချက်နဲ့ပတ်သက်ပြီးကျွမ်းကျင်သူမှအဆိုပြုချက်အချို့ရှိခဲ့ပါတယ်။／May ilang rekomendasyon mula sa mga eksperto tungkol sa tugon ng gobyerno, noong panahon ng sakuna.)

㉒ □ 考案(する) (menciptakan／အကြံဉာဏ်ထုတ်သည်／magdebelop)
こうあん

▶ これらは高齢者のために考案されたメニューです。
こうれいしゃ

(Ini adalah menu yang dirancang untuk orang tua.／
ဒီဟာက သက်ကြီးရွယ်အိုများအတွက်အကြံဉာဏ်ထုတ်ထားတဲ့မီနူးပါ။／Ito ang mga menu na dinibelop para sa mga matatanda.)

㉓ □ 表明(する) (nyata (menyatakan)／ဖော်ပြသည်／ipahayag)
ひょうめい

▷ 参加の意思を表明する、引退表明
さんか　　い　し　　　　　　　　　　　　　　いんたい

(menyatakan niat untuk menyertai, pengumuman untuk bersara／
ပါဝင်လိုမှုကိုဖော်ပြသည်၊အငြိမ်းစားယူသည့် ဖော်ပြချက်／ipahayag ang intensyong lumahok, anunsyo ng pagreretiro)

▷ 市の決定に対し、いくつかの市民団体が反対を表明した。
し　けってい　　たい　　　　　　　　　　し みんだんたい　　はんたい

(Beberapa kelompok masyarakat telah menentang keputusan bandar.／
မြို့အုပ်ချုပ်ရေး၏ဆုံးဖြတ်ချက်အပေါ်အချို့သောမြို့လူထုအဖွဲ့များကကန့်ကွက်ကြောင်းကိုဖော်ပြခဲ့သည်။／Ilang grupo ng mga mamamayan ang nagpahayag ng oposisyon nila sa desisyon ng siyudad.)

㉔ □ 声明 (kenyataan umum／ကြေညာချက်／deklarasyon, pahayag)
せいめい

▶ 国連は、この問題に関する新たな専門機関を設けるとの声明を発表した。
こくれん　　　　もんだい　かん　　　あら　　せんもんきかん　もう　　　　　　　　　はっぴょう

(PBB telah mengumumkan pernyataan untuk mendirikan lembaga khusus baru untuk masalah ini.／ကမ္ဘာ့ကုလသမဂ္ဂသည်ဤပြဿနာကိုကိုင်တွယ်မည့်အထူးအေဂျင်စီကိုဖွဲ့စည်းမည့်ကြေညာချက်ကိုထုတ်ပြန်ခဲ့သည်။／Nagdeklara ang United Nations na magtatayo sila ng bagong agency na hahawak sa problemang ito.)

▶ 犯人からマスコミ各社に声明文が届いた。
はんにん　　　　　　　　　　かくしゃ　　　　　　　　　とど

(Media menerima pernyataan dari pesalah.／
ပြစ်မှုကျူးလွန်သူမှမီဒီယာဌာနများသို့ကြေညာချက်စာသားကိုပေးပို့ခဲ့ပါသည်။／Dumating sa iba't' ibang media company ang pahayag mula sa kriminal.)

㉕ □ 代弁(する) (bercakap untuk／ကိုယ်စားပြုပြောဆိုသည်／magsalita para sa-)
だいべん

▶ この歌は若者の気持ちを代弁する歌として、当時、学生の間ですごく流行った。
うた　わかもの　き も　　だいべん　　うた　　　　　　とうじ　がくせい　あいだ　　　　　は や

(Lagu ini sangat populer di kalangan siswa pada waktu itu sebagai lagu yang menggambarkan perasaan pemuda.／
ဒီသီချင်းဟာလူငယ်တွေရဲ့စိတ်ခံစားမှုကိုကိုယ်စားပြုပြောဆိုတဲ့သီချင်းဖြစ်ပြီး၊အဲဒီအချိန်ကကျောင်းသားများအကြားမှာခေတ်စားခဲ့တယ်။／Napakapopular ng kantang ito sa mga estudyante noong panahong iyon, bilang isang kantang kumakatawan sa damdamin ng mga kabataan.)

言う 41

意見・考え 42

性格・態度 43

心気持ち・の状態 44

評価 45

言葉 46

パソコン・IT 47

問題・トラブル・事故 48

数量・程度 49

㉖ □ 同感(する) （persetujuan (bersetuju)／တသဘောတည်းဖြစ်သည်／sumang-ayon ）
どうかん

▶ 私も高橋さんの意見に同感です。
わたし　たかはし　　　　いけん

(Saya juga setuju dengan pendapat Encik/Cik/Puan Takahashi.／ ကျွန်မလည်းတကဟရှိစံရဲစံရင်မြင်ချက်နဲ့တသဘောတည်းပါ။／Sumasang-ayon ako sa opinyon ni Takahashi-san.)

㉗ □ 共感(する) （simpati (bersimpati)／သဘောထားတူသည်／makiramay） 類 **共鳴(する)**
きょうかん　　　　　　　　　　　　　　　　　　　　　　　　　　　　　　きょうめい

▷ 共感を覚える （merasa simpati／သဘောထားတူသည်ကိုမှတ်မိသည်／makaramdam ng empatiya）

▶ 年が近いこともあり、彼女とは共感する点が多い。
とし　ちか　　　　　　　　かのじょ　　　　　てん　おお

(Kerana usia yang hampir sama, ada banyak perkara yang saya simpati dengan dia.／ အသက်အရွယ်လည်းသိပ်မကွာတော့သူမနဲ့သဘောထားတူတဲ့အချက်ကများပါတယ်။／Dahil halos magkasing-edad kami, magkatulad kami sa maraming bagay.)

㉘ □ 共鳴(する) （gema (bergema)／သဘောထားတူသည်／makiramay） 類 **共感(する)**
きょうめい　　　　　　　　　　　　　　　　　　　　　　　　　　　　　　　きょうかん

▶ 番組へは、彼女の意見に共鳴した多くの人からメッセージが届いた。
ばんぐみ　　　かのじょ　いけん　　　　おお　ひと　　　　　　　　　とど

(Banyak orang yang bersimpati dengan pendapatnya telah mengirim pesan ke program.／ တီဗွီအစီအစဉ်သို့ပုံတွဲတဲ့သူမရဲ့ထင်မြင်ချက်ကိုသဘောထားတူသူများထံမှစာလွှာများကို ရရှိခဲ့ပါတယ်။／ Nakatanggap ang programa ng mga mensahe mula sa maraming taong nakiramay sa kanyang opinyon.)

㉙ □ 異論 （bertahan, pandangan berbeza／ကန့်ကွက်ချက်／pagtutol）
いろん

▷ 異論を唱える
とな

(menyuarakan pendapat berbeza／ကန့်ကွက်ချက်ကိုပြောဆိုသည်／tumutol)

▶ これについて、異論のある人はいないだろう。
ひと

(Tidak mungkin ada orang yang tidak setuju dengan ini.／ အဲ့ဒါနဲ့ပတ်သက်ပြီး၊ကန့်ကွက်သူမရှိနိုင်ပါဘူး။／Wala sigurong tututol sa ideyang ito..)

㉚ □ 反論(する) （bangkangan (membangkang)／ချေပသည်／kumontra, kontrahin)
はんろん

▶ 裁判では、片方の主張だけでなく、相手にも反論の機会を与えなければならない。
さいばん　　かたほう　しゅちょう　　　　あいて　　　はんろん　きかい　あた

(Dalam pengadilan, bukan hanya satu pihak yang mendakwa, tetapi pihak lain juga harus diberi peluang untuk membantah.／ တရားခွင်မှာ၊တစ်ဘက်သူ့ရဲ့အခိုင်အမာပြောဆိုမှုတစ်ခုတည်းမဟုတ်ဘဲအခြားတစ် ဘက်ရဲ့ချေပဖို့အခွင့်အရေးကိုလည်းပေးရပါတယ်။／Sa korte, hindi lamang ang isang partido ang dapat bigyan ng pagkakataong magsalita, kundi dapat ring bigyan ng pagkakataong tumutol ang kabilang partido.)

㉛ □ 弁解（する） (alasan (memberi alasan)／ဆင်ခြေပေးသည်／magpalusot) 　同 言い訳（いいわけ）

▶ 今回のミスはすべて自分の不注意によるもので、弁解のしようがなかった。
こんかい　　　　　　　じぶん　ふちゅうい

(Kesilapan kali ini semuanya disebabkan oleh kesilapan saya sendiri, dan saya tidak ada alasan untuk membela diri.／ဒီအမှားဟာအားလုံးမိမိရဲ့သတိမမူမှုကြောင့်ဖြစ်တာမို့လို့၊ဆင်ခြေပေးဖို့မရှိခဲ့ပါဘူး။／Resulta ng pagpapabaya ko ang mga pagkakamali ngayon, kaya wala akong dahilan para magpalusot.)

㉜ □ 抗議（する） (bantahan (membantah)／ကန့်ကွက်သည်／magprotesta)
こうぎ

▷ 抗議デモ (demonstrasi protes／ကန့်ကွက်ဆန္ဒပြခြင်း／demonstrasyon ng protesta)

▶ 彼は審判の判定に強く抗議した。
かれ　しんぱん　はんてい　つよ

(Dia sangat membantah keputusan pengadil.／သူဟာဒိုင်လူကြီးရဲ့ဆုံးဖြတ်ချက်ကိုပြင်းပြင်းထန်ထန်ကန့်ကွက်ခဲ့သည်။／Mariin siyang nagprotesta sa desisyon ng referee.)

㉝ □ 非難（する） (tuduhan (menuduh)／ဝေဖန်သည်／bumatikos)
ひなん

▷ 非難を浴びる (dituduh／ဝေဖန်ခံရသည်／mabatikos)

▷ 大臣の発言は、女性を差別したものだと激しく非難された。
だいじん　はつげん　　じょせい　さべつ　　　　　　　はげ

(Ucapan menteri itu telah ditentang keras kerana didakwa mendiskriminasikan wanita.／ဝန်ကြီးရဲ့ပြောကြားဟာအမျိုးသမီးများအပေါ် ခွဲခြားတဲ့စကားဖြစ်တယ်လို့ပြင်းထန်စွာဝေဖန်ခံရပါတယ်။／Labis na pinuna ang pahayag ng ministro, dahil sa diskriminasyon laban sa mga kababaihan.)

㉞ □ 擁護（する） (pembelaan (membela)／ကာကွယ်စောင့်ရှောက်သည်／protektahan)
ようご

▷ 人権擁護団体 (badan pertahanan hak asasi manusia／လူ့အခွင့်အရေးကိုကာကွယ်စောင့်ရှောက်သည့်အဖွဲ့／human rights group)
じんけん　　　だんたい

▶ 政府を擁護するわけじゃないが、非難しているマスコミにも大いに責任がある と思う。
せいふ　　　　　　　　　　　　　ひなん　　　　　　　　　　　おお　　せきにん

(Saya bukanlah mempertahankan kerajaan, tetapi saya percaya bahawa media yang mengkritik juga mempunyai banyak tanggungjawab.／အစိုးရကိုကာကွယ်တာတော့မဟုတ်ပေမဲ့ဝေဖန်နေတဲ့မီဒီယာများမှာလည်းပဲတာဝန် အများကြီးရှိတယ်လို့ထင်ပါတယ်။／Hindi sa ipinagtatanggol ko ang gobyerno, pero sa palagay ko, malaki rin ang responsibilidad ng media na masyadong nambabatikos.)

㉟ □ 断言（する） (penegasan (menegaskan)／အပြတ်ပြောသည်／magpahayag)
だんげん

▶ 証拠がない以上、あの男が犯人だと断言することはできない。
しょうこ　　　いじょう　　おとこ　はんにん

(Selama tidak ada bukti, kita tidak boleh menegaskan bahawa lelaki itu adalah pesalah.／သက်သေမရှိရင်းအဲ့ဒီအမျိုးသားကိုဖြစ်မှကျ။။လွန့်သူ့လိဲအပြတ်မပြောနိုင်ဘူး။／Hanggat't walang ebidensiya, hindi natin masasabing kriminal ang lalaking iyon..)

言う 41

意見・考え 42

性格・態度 43

心の状態・気持ち 44

評価 45

言葉 46

パソコン・IT 47

問題・トラブル・事故 48

数量・程度 49

㊱ ☐ **忠告(する)** (nasihat (menasihati)／အကြံပေးသည်／balaan, paalalahanan)
ちゅうこく

▶ 連中とは付き合わないほうがいいと彼に忠告しておきました。
れんちゅう　　　　つ　あ　　　　　　　　　　　　　　　　かれ　ちゅうこく

(Saya telah memberi nasihat kepadanya bahawa lebih baik tidak bergaul dengan mereka.／
သူတို့နဲ့အပေါင်းအသင်းမလုပ်ရင်ကောင်းမယ်လို့သူ့ကိုအကြံပေးခဲ့ပါတယ်။／Binalaan ko siyang huwag makisama sa grupong iyon.)

㊲ ☐ **同意(する)** (persetujuan (bersetuju)／သဘောတူသည်／pumayag, sumang-ayon)
どうい

▷ 同意を得る (mendapat persetujuan／သဘောတူညီချက်ရသည်／makakuha ng pagpayag)
え

▷ 上記の内容に同意いただける場合は、「同意する」をクリックしてくだ
じょうき　　　ないよう　どうい　　　　　　　　　ばあい　　　　どうい
さい。

(Sila klik "Setuju" jika anda setuju dengan kandungan di atas.／
အထက်ပါအကြောင်းအရာကိုသဘောတူလျှင်(သဘောတူသည်)ကိုကလစ်ပြုလုပ်ပါ။／Kung sumasang-ayon kayo sa nakasulat sa itaas, paki-click ang "Sumasang-ayon ako".)

㊳ ☐ **本音** (pendapat sebenar／ခံစားချက်အစစ်အမှန်／tunay na nararamdaman)
ほんね

▷ 本音を探る (mencari tahu niat sebenar／ခံစားချက်အစစ်အမှန်ကိုရှာဖွေသည်／hanapin ang
さぐ
tunay na nararamdaman)

▶ 酔うと、つい本音が出る。
よ　　　　　　ほんね　で

(Apabila mabuk, anda secara tidak sengaja akan mengeluarkan pendapat sebenar.／
အရက်မူးလာရင်ခံစားချက်အစစ်အမှန်ပေါ်လာပါတယ်။／Kapag lasing ako, lumalabas ang tunay na nararamdaman ko.)

㊴ ☐ **建前** (tampak luar／ဟန်ဆောင်မှု／pakitang-tao)　　　　　　　　　対 **本音**
たてまえ　　　　　　　　　　　　　　　　　　　　　　　　　　　　　　　　　　　　　ほんね

▶ 建前でああ言っているけど、本当は彼も行きたくないんだと思う。
たてまえ　　　　い　　　　　　　ほんとう　かれ　い　　　　　　　　　おも

(Dia berkata demikian di khalayak ramai, tetapi saya rasa dia juga tidak mahu pergi.／
ဟန်လုပ်ပြီးပြောနေပေမဲ့တကယ်တော့သူဟာမသွားချင်ဘူးလို့ထင်ပါတယ်။／Sinabi niya ito bilang pakitang-tao, pero sa totoo, palagay ko, ayaw rin niyang pumunta.)

㊵ ☐ **察する** (menduga／မှန်းဆသည်／magpalagay, manghula)
さっ

▶ 娘の表情から察するに、今日は負けたんじゃないかと思う。
むすめ　ひょうじょう　さっ　　　　きょう　ま　　　　　　　　　　おも

(Jika dilihat dari raut wajah anak perempuan saya, saya rasa dia kalah hari ini.／
သမီးရဲ့မျက်နှာအမူအရာကိုမှန်းဆရင်ဒီနေ့ရှုံးခဲ့ပုံရတယ်လို့ထင်ပါတယ်။／Kung huhulaan ko sa mukha ng anak kong babae, sa tingin ko natalo siya ngayon.)

▶ こっちの気持ちも少しは察してほしい。
き　も　　　すこ　　　さっ

(Saya nak awak faham sikit perasaan saya.／
ဒီကခံစားမှုကိုလည်းနည်းနည်းမှန်းဆကြည့်စေချင်ပါတယ်။／Gusto kong mas maintindihan niya nang kaunti ang nararamdaman ko.)

UNIT 43

性格・態度
せいかく・たいど

(Keperibadian, Sikap／
စရိုက်၊ ဟန်ပန်အမူအယာ／
Pag-uugali, Saloobin)

---

❶ □ **寛大(な)** かんだい (toleransi (bertoleransi)／သက်ညှာသော／mapagbigay)

▷ **寛大さ** (toleransi (bertoleransi)／သက်ညှာမှု／pagkabukas-palad)

▶ **今回の過失について、彼には寛大な措置がなされた。**
こんかい　かしつ　　　　　　　　かれ　　かんだい　そち

(Langkah-langkah yang murah hati telah diambil terhadap kesalahannya kali ini.／
ဒီပြစ်မှုမှာသူ့ကိုသက်ညှာတဲ့စီရင်ချက်ချခဲ့တယ်။／Hindi siya hinigpitan dahil sa kapabayaang ito.)

❷ □ **寛容(な)** かんよう (toleransi (bertoleransi)／သဘောထားကြီးသော／mapagparaya)

▷ **寛容さ** (toleransi (bertoleransi)／သဘောထားကြီးမှု／pagpaparaya)

▶ **自分と反対の意見にも耳を傾ける寛容な気持ちが大切です。**
じぶん　はんたい　いけん　　　みみ　かたむ　　かんよう　きも　　たいせつ

(Sangat penting untuk memiliki sikap toleransi yang mendengarkan pendapat yang
berlawanan dengan diri sendiri.／မိမိနဲ့ဆန့်ကျင်တဲ့ထင်မြင်ချက်အပေါ်မှာလည်းနားထောင်ပေးတဲ့
သဘောထားကြီးသောစိတ်ဟာအရေးကြီးပါတယ်။／Mahalagang maging bukas ang isipan at
makinig sa mga opinyong naiiba sa iyo.)

---

❸ □ **柔軟(な)** じゅうなん (kefleksibelan (fleksibel)／ပျော့ပျောင်းသောလိုက်လျောညီထွေသော／
flexible, adaptable)

▶ **いろいろなお客さんが来ますので、柔軟に対応してください。**
きゃく　き　　　　　　じゅうなん　たいおう

(Kerana pelbagai jenis pelanggan datang, sila tanggapi dengan fleksibiliti.／
ည်သည်အမျိုးမျိုးလာမှာမို့လို့လိုက်လျောညီထွေတဲ့ည်းဆောင်ရွက်မှုကိုပြုလုပ်ပေးပါ။／Iba-ibang
klaseng kustomer ang darating, kaya maging flexible kayo.)

---

❹ □ **気さく(な)** き (keterusterangan (terus terang)／ဖော်ရွေသော／palakaibigan)

▶ **社長はパートのおばさんにも気さくに声をかけます。**
しゃちょう　　　　　　　　　　　　　き　　　こえ

(Presiden juga akan dengan ramah memanggil wanita part-time.／
ကုမ္ပဏီဥက္ကဋ္ဌဟာအချိန်ပိုင်းအလုပ်သမားအအော်ကြီးကိုလည်းဖော်ရွေစွာအခေါ်အပြောလုပ်ပါတယ်။／
Palakaibigan talaga ang presidente at kinakausap niya kahit ang nagpapart-time na
matandang babae.)

---

❺ □ **大らか(な)** おお (pemurah／သဘောထားကြီးသောအပူအပင်မထားသော
／matiwasay, palabigay)

▶ **自然に囲まれていると、大らかな気持ちになります。**
しぜん　かこ　　　　　　　　　おお　　　　きも

(Anda akan merasa santai bila dikelilingi oleh alam semula jadi.／
သဘာဝဝန်းကျင်နဲ့ဝန်းရံနေရင်အပူအပင်မရှိတဲ့စိတ်ဖြစ်ပါလိမ့်မယ်။／Kapag napapaligiran ako ng
kalikasan, nagiging matiwasay ang pakiramdam ko.)

言う 41
意見・考え 42
性格・態度 43
心の状態 気持ち・ 44
評価 45
言葉 46
パソコン・IT 47
問題・トラブル・事故 48
数量・程度 49

❻ ☐ 明朗（な） (ketelusan, keadilan (telus, adil, jelas, ceria)／
めいろう 　　　 ရှင်းလန်းသောၣရှင်းလင်းသော／malinaw, walang-daya)

　▷ **明朗会計** (perakaunan yang jelas dan terang／ရှင်းလင်းသောငွေစာရင်း／transparent na accounting)
　　かいけい

❼ ☐ 対 不明朗（な） (kurang ceria／ယုံကြည်စိတ်ချရမှုမရှိသော／kahina-hinala)

　▷ **不明朗なやり方** (cara yang tidak jelas／ယုံကြည်စိတ်ချရမှုမရှိသောလုပ်နည်း／kahina-
　　　　　　　　かた
　　hinalang pamamaraan)

❽ ☐ 几帳面（な） (ketelitian, kecermatan (teliti, cermat)／စေ့စပ်သေချာသော／
きちょうめん 　　　 masistema, maselan)

　▶ **几帳面な性格なもので…。少しでもずれていると気になるんです。**
　　　　　　せいかく 　　　　　　　　　　　　すこ 　　　　　　　　　　　　　き

　　(Sifatnya yang cermat... dia akan risau jika ada yang sedikit pun tidak kena.／
　　စေ့စပ်သေချာတဲ့စရိုက်ဖြစ်လို့.....။နည်းနည်းလွဲနေရင်စိတ်ကမရပါဘူး။／Maselan ako. Kaya kahit na maliit
　　na bagay na kakaiba, nag-aalala ako.)

❾ ☐ まめ（な） (kerajian (rajin)／စနစ်ဇယားရှိသော／organisado)

　▶ **彼はまめだから、メールを送ったらその日のうちに必ず返事が来ますよ。**
　　　かれ 　　　　　　　　　　　　おく 　　　　　ひ 　　　　　　かなら へんじ き

　　(Dia adalah orang yang rajin, jadi jika anda mengirim email, dia pasti akan menjawab pada
　　hari itu juga.／သူဟာစနစ်ဇယားရှိသူဖြစ်လို့အီးမေးလ်ပို့ရင်အဲဒီနေ့မှာပဲမပျက်မကွက်
　　အကြောင်းပြန်ပါတယ်။／Organisado siya, kaya kapag nag-email ka sa kanya, siguradong
　　sasagutin ka niya sa loob ng araw na iyon.)

❿ ☐ 繊細（な） (kehalusan (halus)／နုနယ်သောၣပညာသားပါသော／maramdamin)
せんさい

　▶ **あの子は繊細だから、ちょっとした一言ですぐ傷つくんです。**
　　　　こ 　　　　　　　　　　　　　　　　　　ひとこと 　　　　きず

　　(Dia itu sensitif, jadi dia mudah terluka dengan sedikit perkataan.／
　　အဲဒီကလေးဟာနုနယ်တာမို့လို့တစ်ခွန်းတလေပြောရုံနဲ့ချက်ချင်းစိတ်ထိခိုက်လို့တယ်။／Maramdamin ang
　　batang iyon, kaya nasasaktan agad siya kapag pinagsabihan mo siya kahit kaunti.)

⓫ ☐ 同 デリケート（な） (kehalusan (halus)／သိမ်မွေ့သော／maselan)

　▶ **人事にかかわるデリケートな問題なので、ここではちょっと話せません。**
　　　じんじ 　　　　　　　　　　　　　　　　もんだい 　　　　　　　　　　　　　　はな

　　(Ia adalah isu sumber manusia yang sensitif, jadi saya tidak boleh bercakap mengenainya
　　di sini.／အမှုထမ်းရေးရာနဲ့ပတ်သက်တဲ့သိမ်မွေ့တဲ့ပြဿနာမို့လို့ဒီမှာတော့ မပြောနိုင်ပါဘူး။／Maselang
　　problema ito tungkol sa human resources, kaya hindi ako puwedeng magsalita rito.)

⓬ ☐ 用心深い (berhati-hati／သတိရှိသော／maingat)
ようじんぶかい

　▶ **父は用心深いので、簡単にはサインしないと思います。**
　　　ちち ようじんぶか 　　　　　かんたん 　　　　　　　　　　　おも

　　(Ayah saya sangat berhati-hati, jadi saya rasa dia tidak akan menandatangani begitu saja.／
　　အဖေဟာသတိရှိသူဖြစ်လို့လွယ်လွယ်နဲ့လက်မှတ်မထိုးဘူးလို့ထင်ပါတယ်။／Maingat ang tatay ko, kaya
　　sa palagay ko, hindi agad siya pipirma.)

⓭ ☐ 勤勉（な） (kerajian (rajin)／လုံ့လဝီရိယရှိသော／masipag, masikap)
きんべん

⓮ □ 実直(な) (kejujuran (jujur)／ဖြောင့်မတ်သော／tapat)
じっちょく

▶ 明るく実直な人柄から、父は友人も多かったみたいです。
あか　　じっちょく　　ひとがら　　　ちち　ゆうじん　おお

（Dari sifatnya yang ceria dan jujur, tampaknya ayah memiliki banyak teman.／
အဖေဟာကြည်လင်ဖြောင့်မတ်တဲ့ပင်ကိုယ်စရိုက်ရှိတာကြောင့်မိတ်ဆွေပေါပုံရပါတယ်။／Masayahin at tapat
ang tatay ko, kaya mukhang marami siyang kaibigan.）

⓯ □ 忠実(な) (kesetiaan (setia)／သစ္စာရှိသော၊တစ်သဝေမတိမ်း／matapat)
ちゅうじつ

▷ 原文に忠実に訳す、基本に忠実なプレー
げんぶん　ちゅうじつ　やく　　きほん　ちゅうじつ

（menterjemahkan dengan setia kepada teks asal, bermain setia kepada asas／
မူရင်းကိုတစ်သဝေမတိမ်းဘာသာပြန်သည်၊ အခြေခံကိုတစ်သဝေမတိမ်းလိုက်သောပြဇာတ်／isalin nang
matapat mula sa orihinal, paglalarong sumusunod sa mga pangunahing kaalaman）

▷ 警官は、職務を忠実に行っただけだと主張した。
けいかん　　しょくむ　ちゅうじつ　おこな　　　　　　しゅちょう

（Polis itu menegaskan bahawa dia hanya menjalankan tugasnya dengan setia.／
ရဲအရာရှိသည်၊တာဝန်ကိုသစ္စာရှိရှိဆောင်ရွက်တာတစ်ခုပဲဟု အလေးအနက်ပြောခဲ့ပါသည်။／Ipinahayag
ng pulis na ginagawa lang niya nang matapat ang trabaho niya.）

⓰ □ 誠意 (keikhlasan／စိတ်ရိုးသားမှု／sinseridad)
せいい

▷ 誠意を示す (menunjukkan ikhlas／စိတ်ရိုးသားမှုကိုပြသသည်／ipakita ang sinseridad)
　　しめ

▶ それで謝っているつもり？　誠意が全く感じられないんだけど。
　　　あやま　　　　　　　　　せいい　まった　かん

（Kamu rasa kamu sudah minta maaf? Saya sama sekali tidak merasakan kesungguhan.／
အဲဒီလိုမျိုးနဲ့မင်းတောင်းပန်ပြီးပြည်ယ်နေသလား။မင်းရဲရိုးသားစိတ်ကို လုံးဝခံစား၍မရဘူး။／Humihingi ka
ba ng tawad? Hinding-hindi ko nararamdaman ang sinseridad mo.）

⓱ □ 真摯(な) (keikhlasan (ikhlas)／အလေးအနက်ထားသော／taos-puso)
しんし

▶ お客様からの言葉を真摯に受け止め、改善に努めたいと思います。
　　きゃくさま　　　ことば　しんし　う　と　かいぜん　つと　　　おも

（Saya ingin menerima kata-kata dari pelanggan dengan tulus dan berusaha untuk
memperbaiki.／ဝယ်သူရဲ့ပြောစကားကိုအလေးအနက်ခံယူပြီးပိုမိုကောင်းမွန်အောင် လုပ်သွားပါမယ်။／
Gusto kong seryosohin ang mga puna mula sa mga kustomer, at magsikap na mapabuti
ang serbisyo natin.）

⓲ □ 素朴(な) (kesederhanaan (sederhana)／ရိုးရှင်းသော၊／simple, payak)
そぼく

▷ 素朴な人柄 (kepribadian yang sederhana／ရိုးရှင်းသောပင်ကိုယ်စရိုက်／payak na
　　ひとがら
personalidad)

▶ そこでふと、素朴な疑問がわいた。
　　　　　　そぼく　ぎもん

（Di situ, tiba-tiba, timbul pertanyaan sederhana.／ရုတ်တရက်ရိုးရှင်းတဲ့မေးစရာပေါ်လာပါတယ်။／
Bigla na lang nagkaroon ako ng simpleng pagdududa.）

⑲ □ **勇敢(ゆうかん)(な)** (keberanian (berani)／ရဲရင့်သော／matapang)

▶ 勇敢な若者(わかもの)が、線路(せんろ)に落(お)ちた子供(こども)を助(たす)けた。
(Pemuda berani itu telah menyelamatkan seorang anak yang jatuh di landasan kereta api.／ရဲရင့်သောလူငယ်သည်သံလမ်းပေါ်သို့ကျသောကလေးကိုကယ်ဆယ်ခဲ့ပါသည်။／Tinulungan ng isang matapang na tin-edyer ang isang batang nahulog sa riles.)

⑳ □ 対 **臆病(おくびょう)(な)** (sikap pengecut／သူရဲဘောကြောင်သော／duwag)

▶ うちの犬(いぬ)は臆病で、すぐ吠(ほ)えるんです。
(Anjing kami penakut, dan ia akan segera menyalak.／အိမ်ကခွေးဟာသူရဲဘောကြောင်ပြီးချက်ချင်းဟောင်ပါတယ်။／Duwag ang aso namin, at tumatahol agad.)

㉑ □ **優柔不断(ゆうじゅうふだん)(な)** (teragak-agak, berbolak-balik／အဆုံးအဖြတ်မပေးနိုင်သော／urong-sulong)

▶ 彼(かれ)は優柔不断だから、メニューもなかなか決(き)まらないんです。
(Dia teragak-agak, jadi dia sukar untuk membuat keputusan tentang menu.／သူဟာအဆုံးအဖြတ်မပေးနိုင်သူမို့မီးနူးကိုတော်တော်နဲ့မဆုံးဖြတ်နိုင်ပါဘူး။／Urong-sulong siya, kaya hindi siya makapagdesisyon mula sa menu kung ano ang kakainin niya.)

㉒ □ **気(き)まぐれ(な)** (berubah-ubah／စိတ်ပြောင်းလွယ်သော／pabagu-bago ang isip)

▶ 彼女(かのじょ)は気まぐれだから、来(く)ると言(い)っても来(こ)ないかもしれない。
(Dia berubah-ubah, jadi meskipun dia berkata dia akan datang, dia mungkin tidak akan datang.／သူမဟာစိတ်ပြောင်းလွယ်သူမို့လာမယ်လို့ပြောပေမဲ့လာချင်မှလာမှာပါ။／Pabagu-bago ang isip niya, kaya baka hindi siya dumating kahit sinabi niyang darating siya.)

㉓ □ **八方美人(はっぽうびじん)** (orang yang selalu ingin menyenangkan semua oranga／ချစ်မွေးပါသူ／kaibigan ng lahat)

▶ 彼女(かのじょ)は八方美人だから、誰(だれ)にでもいい顔(かお)をするんだよ。
(Dia seorang yangselalu ingin menyenangkan semua oranga, jadi dia baik kepada semua orang.／သူမဟာချစ်မွေးပါသူမို့ဘယ်သူ့ကိုမဆိုမျက်နှာချိုပါတယ်။／Gusto niyang maging kaibigan ng lahat, kaya nagpapakita siya ng magandang mukha kahit kanino.)

㉔ □ **意地(いじ)** (kedegilan／စိတ်ဓါတ်၊အားမာန်／disposisyon, pagmamalaki)

▷ 意地が悪(わる)い (jahat／ညှဉ်းပန်းသော／malupit)

▶ 私(わたし)にも元代表選手(もとだいひょうせんしゅ)としての意地がある。
(Sebagai bekas pemain pasukan kebangsaan, saya juga mempunyai kedegilan.／ကျွန်တော်လည်းလက်ရွေးစင်ဟောင်းအနေနဲ့အားမာန်ရှိပါတယ်။／Bilang isang dating player ng national team, mayroon din akong ipinagmamalaki.)

㉕ □ **意地悪(わる)(な)** (kejahatan (jahat)／မလိုတမာ／masama)

㉖ □ **意地を張(は)る** (degil／ခေါင်းမာသော၊အလျှော့မပေးသော／maging matigas ang ulo)

▶ 意地を張らないで、素直(すなお)に謝(あやま)ったら？
(Jangan degil, mengapa tidak minta maaf dengan jujur?／ခေါင်းမမာနေပါနဲ့၊ရိုးရိုးသားသားနဲ့တောင်းပန်လိုက်ပါလား။／Huwag ngang matigas ang ulo mo. Humingi ka na lang ng tawad.)

㉗ □ 卑しい (hina／အောက်တန်းကျသော／bastos, bulgar)
いや

▶ 最初から人の援助をあてにするなんて、考え方が卑しい。
さいしょ　　　ひと　えんじょ　　　　　　　　　　　　　　　かんが　かた

(Bergantung pada bantuan orang lain dari awal adalah cara berfikir yang hina.／
အစကတည်းကပဲသူများအကူအညီကိုရမှန်းပြီးလုပ်တာဟာအတွေးအခေါ်က အောက်တန်းကျပါတယ်။／Mula sa
simula, ginawa na niyang layunin ang humingi ng tulong ng mga tao - napakababang
pag-iisip naman niyan!)

㉘ □ 思いやる (penyayang／ကိုယ်ချင်းစာသည်／nagmamalasakit)
おも

▶ この子には、人を思いやる優しい心を持った人になってほしい。
こ　　　　　ひと　おも　　　やさ　　こころ　も　　　ひと

(Saya berharap anak ini menjadi orang yang memiliki hati yang lembut dan peduli pada
orang lain.／ဒီကလေးကိုလူကိုကိုယ်ချင်းစာတဲ့ကြင်နာတဲ့နှလုံးသားရှိတဲ့သူဖြစ်စေချင်ပါတယ်။／Gusto ko
na ang batang ito ay maging isang taong may mabait na puso at malasakit sa iba.)

㉙ □ 思いやり (bertimbang rasa／ကိုယ်ချင်းစာမှု／maalalahanin)

▷ 思いやりの気持ち (perasaan belas kasihan／ကိုယ်ချင်းစာစိတ်／nagmamalasakit na damdamin)
き　も

㉚ □ 協調性 (kerjasama／ပူးပေါင်းလုပ်ဆောင်မှု／pakikipagtulungan)
きょうちょうせい

▶ 何かを共同で作り上げることが好きなので、協調性はあるほうだと思います。
なに　　きょうどう　つく　あ　　　　　　す　　　　　　　　　　　　　　　　おも

(Saya suka bekerja sama untuk menciptakan sesuatu, jadi saya rasa saya memiliki sifat
kerjasama.／တစ်ခုခုကိုအတူတကွပြုလုပ်တာကိုနှစ်သက်တာမို့လို့ပူးပေါင်းလုပ်
ဆောင်မှုရှိသူရ့လို့ထင်ပါတယ်။／Gusto kong gumawa ng isang bagay nang may mga kasama,
kaya sa tingin ko makikipagtulungan ako lalo.)

㉛ □ 自己主張 (menegaskan diri／မိမိတတ်ကြောင်းပြော／paggigiit ng sarili)
じ　こ　しゅちょう

▶ 自己主張ばかりしないで、もっと全体のことを考えないと。
じ　こ　しゅちょう　　　　　　　　　　　　　　　ぜんたい　　　　　　かんが

(Jangan hanya menegaskan diri sendiri, anda harus memikirkan tentang keseluruhan.／
မိမိတတ်ကြောင်းချည်းပဲပြောမနေပါနဲ့အကုန်စုံလုံးကိုပိုပြီးစဉ်းစားရမယ်။／Huwag mong ipilit ang sarili
mo. Kailangan mong pag-isipan ang lahat ng bagay.)

㉜ □ 押し切る (menolak／ဆန့်ကျင်ပြီးလုပ်သည်／ma-overcome)
お　き

▶ 彼女は、親の反対を押し切って結婚したそうだ。
かのじょ　　　おや　はんたい　お　き　　　けっこん

(Dia dikatakan telah berkahwin atas bantahan ibu bapanya.／
သူမဟာမိဘာရဲ့ကန့်ကွက်မှုကိုဆန့်ကျင်ပြီးအိမ်ထောင်ပြုခဲ့တယ်ဆို။／Na-overcome daw niya ang
pagtutol ng mga magulang niya at nagpakasal siya.)

㉝ □ 馴れ馴れしい (terlalu akrab／ရင်းနှီးသော／pamilyar)
な　な

▶ あの人、原さんに随分馴れ馴れしかったけど、彼女の知り合い?
ひと　はら　　　ずいぶん　な　な　　　　　　　かのじょ　し　あ

(Orang itu sangat akrab dengan Encik/Cik/Puan Hara, apakah dia kenalannya?／
ဟိုလူဟာဟရစံနဲ့အတော်ရင်းရင်းနှီးနှီးဆက်ဆံခဲ့တယ်သူမရဲ့အသိလား။／Napakapamilyar ng taong iyon
kay Hara-san, pero kilala ba niya siya?)

言う 41

意見・考え 42

性格・態度 43

気持ち・心の状態 44

評価 45

言葉 46

パソコン・IT 47

問題・トラブル・事故 48

数量・程度 49

❸❹ □ おせっかい（な）(suka campur／စွက်ဖက်သောၤစပ်စုသော／nakikialam)

▶ あの人、聞いてもないのにいろいろ調べたりアドバイスしてきたり、ちょっとおせっかいなところがある。

(Orang itu, meski tidak ditanya, dia mencari-cari dan memberi nasihat, sedikit campur tangan.／ဟိုလူသူကိုလည်းမေးလဲ့အမျိုးမျိုးရှာဖွေလေ့လာပြီးအကြံပေးလိုက်နဲ့ နည်းနည်းစွက်ဖက်တတ်တယ်။／Medyo pakialamero ang taong iyon. Kahit hindi ako nagtatanong, kung anu-ano ang sinasabi at ipinapayo niya.)

❸❺ 横柄（な）(keangkuhan (angkuh)／အထက်စီးကျသော／mayabang, mapagmataas)

▶ ここの店員は客に横柄な態度をとるから別の店にしよう。

(Kerani kedai di sini sombong dengan pelanggan, jadi kita pergi ke kedai lain.／ဒီဆိုင်ကဝန်ထမ်းကဝယ်သူအပေါ်မှာအထက်စီးကျလို့တခြားဆိုင်မှာဝယ်မယ်။／Pumunta na lang tayo sa ibang tindahan, dahil mapagmalaki sa kustomer ang staff sa tindahang ito.)

❸❻ 勝気（な）(semangat menang／စိတ်ကြီးသော／determinado, matigas)　　対 弱気

▶ 彼女は勝気だから、よく人と衝突する。

(Kerana dia kuat semangat, dia sering bergaduh dengan orang.／သူမဟာစိတ်ကြီးလို့လူတွေနဲ့မကြာခဏပဋိပက္ခဖြစ်ပါတယ်။／Matigas siya, kaya lagi siyang may nakakabanggang tao.)

❸❼ □ うぬぼれる (sombong／ဘဝင်ကိုင်သည်／matigas, determinado)

▶ 賞をもらったからって、うぬぼれないでほしいよね。 ― そうそう。彼女はちょっと運がよかっただけだよ。

(Saya tak nak awak sombong hanya sebab awak dapat anugerah. -Oh ya. Dia baru sahaja bernasib baik.／ဆုရတယ်ဆိုပြီးဘဝင်မကိုင်စေချင်ဘူးနော်။ ဟုတ်တယ်ဟုတ်တယ်။ သူမဟာနည်းနည်းလေးကံကောင်းသွားတာတစ်ခုပါပဲ။／Hindi siya dapat nagyayabang dahil sa nakakuha siya ng premyo. -- Oo. Suwerte lang siya.)

❸❽ □ うぬぼれ (kesombongan／ဘဝင်ကိုင်ခြင်း／kayabangan, pagiging mapagmataas)

▷ うぬぼれが強い

(sangat sombong／ဘဝင်ကိုင်လွန်းတယ်／mayabang)

❸❾ 腰が低い (rendah hati／ထောင်လွှားမှုမရှိသော／mapagpakumbaba)

▶ 中村さんは大学の偉い先生なのに、誰に対しても腰が低い。

(Prof. Nakamura ialah seorang profesor yang hebat di universiti, tetapi dia merendah diri kepada semua orang.／နာကမူရစံဟာတက္ကသိုလ်ကအဆင့်မြင့်ဆရာကြီးဖြစ်ပေမဲ့ဘယ်သူ့အပေါ်မှာဆိုထောင်လွှားမှုမရှိပါဘူး။／Magaling na titser sa eskuwelahan namin si Nakamura-san, pero mapagpakumbaba siya kahit kanino.)

㊵ □ へりくだる (merendahkan diri／ခယ၀ယလုပ်သည်／နှိမ့်ချသည်／magpakababa)

▷ へりくだった言い方

(cara bercakap yang rendah hati／နှိမ့်ချသည့်ပြောဆိုပုံ／mapagkumbabang pagsasalita)

▶ 相手は得意先だけど、そんなにへりくだらなくてもいいんじゃないかなあ。

(Pihak satu lagi adalah pelanggan, tetapi saya fikir tidak mengapa untuk tidak begitu merendah diri.／တစ်ဖက်ကဖောက်သည်ကောင်းဆိုပေမဲ့အဲဒီလောက်ခယ၀ယလုပ်စရာ မလိုဘူးထင်ပါတယ်။／Mahusay na kustomer sila, pero sa palagay ko, hindi nila kailangang maging magpakumbaba.)

㊶ □ 謹む (bersikap sopan／တလေးတစားပြုသည်／magpigil, magtimpi)

> ★「謹んで」で「敬意を持って」という意味。
> bermaksud "hormat" "dengan hormat."／「တလေးတစား」ဖြင့်「လေးစားစွာဖြင့်」ဟုဆိုသည့်အဓိပ္ပာယ်။ ／"Gumagalang" ang ibig sabihin ng「謹んで」。 😊

▷〈年賀状〉謹んで新年のお祝いを申し上げます

(〈Kad Tahun Baru〉Dengan hormatnya, saya ucapkan Selamat Tahun Baru／ (နှစ်သစ်ကူးသ၀ဏ်လွှာ)နှစ်သစ်မှာမင်္ဂလာပေါင်းနှင့်ပြည့်စုံလို့လေးစားစွာမြွက်ကြားအပ်ပါသည်။／ (New Year's card) Maligayang Bagong Taon!)

▶ 謹んでお詫び申し上げます。 (Dengan hormatnya, saya minta maaf.／ (နှစ်သစ်ကူးသ၀ဏ်လွှာ)နှစ်သစ်မှာမင်္ဂလာအပေါင်းနှင့်ပြည့်စုံလို့လေးစားစွာမြွက်ကြားအပ်ပါသည်။／ Taos-puso akong humihingi ng paumanhin.)

㊷ □ 愛想 (mesra／ဖော်ရွေမှုခင်မင်မှု／friendly)

▶ あそこの店員は愛想が良くて、いつ行っても気持ちいい。

(Kerani kedai di sana peramah dan saya berasa baik apabila saya pergi ke sana.／ အဲဒီဆိုင်ရဲ၀န်ထမ်းဟာဖော်ရွေလို့ဘယ်အချိန်သွားသွားစိတ်ချမ်းသာတယ်။／Friendly ang staff sa tindahang iyon, kaya masaya kahit kailan ka pumunta roon.)

▶ 彼はいつも約束を守らないからなあ。本当に愛想が尽きる。

(Dia selalu tidak mematuhi janji, saya benar-benar kehabisan kesabaran.／ သူဟာအမြဲတမ်းကတိမတည်ဘူးနော်။တကယ့်ကိုစိတ်မင်တိတ်ကုန်တယ်။／Hindi siya laging tumutupad sa pangako niya. Talagang naiinis na ako sa kanya.)

㊸ □ 対 無愛想(な) (tidak ramah／ဖော်ရွေမှုကင်းသော／masungit)

▶ 無愛想な人だね。 —— 挨拶ぐらいは普通に返してほしいよね。

(Orang yang tidak ramah, bukan? - Saya ingin dia menjawab salam seperti biasa.／ ဖော်ရွေမှုကင်းတဲ့သူပဲ။ တစ်ခုခုံးတလေးနှုတ်ဆက်တာလောက်သာမန်အားဖြင့်ပြန်နှုတ်ဆက်စေချင်တယ်။／ Ang sungit niya, ano? -- Sana man lang binati ka rin niya.)

㊹ □ そっけない (dingin／တုံးတုံးတိတိ／marahas, bostos)

▶ 苦労してプレゼントを選んだのに、「あ、どうも」の一言だけ。
　—— それだけ？　そっけないね。

(Meskipun saya telah berusaha keras memilih hadiah, hanya 'Oh, terima kasih' saja. - Itu saja? Itu kasar.／ ဒုက္ခခံပြီးလက်ဆောင်ကိုရွေးထားတာ၊「ဟာ၊ ကျေးဇူး」တစ်ခုန်းပဲ။ အဲဒါပဲလား။တုံးတုံးတိတိကြီး။／ Nagpakahirap ako para pumili ng regalo at "Salamat" lang ang sinabi niya. --Iyon lang? Bostos, ano?)

言う 41

意見・考え 42

性格・態度 43

気持ち・心の状態 44

評価 45

言葉 46

パソコン・IT 47

問題・トラブル・事故 48

数量・程度 49

❹❺ □ 揚げ足をとる (mencari kesalahan／အမှားကိုရှာသည်／mamintas)

▶ 人の揚げ足を取るようなことばかり言わないでほしい。

(Saya tidak mahu dia selalu mencari-cari kesalahan orang lain.／
လူရဲ့အမှားကိုရှာသလိုမျိုးပဲမပြောစေချင်ဘူး။／Sana hindi siya laging nagsasabi ng mga bagay na namimintas ng mga tao.)

❹❻ □ いやらしい (menjijikkan 1. perasaan tidak sedap, perasaan tidak menyenangkan 2. lucah／ ရှုမှန်းစရာ 1. ရှုမှန်းစရာ 2. မယွယ်မရာ／1. nakakainis 2. bastos, malaswa)

①感じの悪い、いやな感じの ②卑猥な

▶ ①彼は社長に気に入られようと、いい加減なことばかり言うからね。
いやらしいよ。

(1. Dia selalu berkata sembarangan untuk menyenangkan bos. Itu menjijikkan.／
1. သူဟာကုမ္ပဏီဉက္ကဋ္ဌရွေ့ကျေနပ်အောင်၊ မဆီမဆိုင်တာတွေချည်းပဲ ပြောတာကြောင့်ပါ။ရွံမှန်းစရာကောင်းတယ်။
／1. Nagsasabi lang siya ng mga walang katuturan para mapansin siya ng presidente. Nakakainis, ano?)

▷ ②いやらしい目つき／本

(2. pandangan/ buku yang lucah／2. တဏှာကြည့်／စာအုပ်／bastos na tingin/libro)

❹❼ □ 潔い (jujur／ယဉ်ကျေးသော／dalisay)

▶ 彼は潔く負けを認め、相手を称えた。

(Dia dengan jujur mengakui kekalahannya dan memuji lawannya.／
သူဟာယဉ်ကျေးစွာ့ဖြဲမဲ့အရှုံးကိုအသိအမှတ်ပြုပြီး၊ ပြိုင်ဘက်ကို ချီးကျူးခဲ့တယ်။／Tinanggap niya nang mabuti ang pagkatalo at pinuri niya ang kalaban niya.)

❹❽ □ 執着（する） (obsesi (terlalu fikirkan)／အစွဲအလမ်းကြီးသည်／mahumaling)

▷ お金に執着する (kepada wang／ငွေကြေးအပေါ်အစွဲအလမ်းကြီးသည်／mahumaling sa pera)

▶ 終わったことにいつまでも執着しないで、次に行こう。

(Jangan terlalu lama berpegang pada apa yang sudah berlalu, mari kita lanjutkan ke hal berikutnya.／ပြီးခဲ့တဲ့ကိစ္စကိုအစွဲအလမ်းထားမနေဘဲ့ရှေ့ဆက်ကြရအောင်။／Huwag tayong kumapit nang tuluyan sa mga natapos na. Mag-move on na tayo.)

❹❾ □ 重んじる (mementingkan／အရေးထားလေးစားသည်／igalang)

▷ 伝統を重んじる

(menghormati tradisi／အစဉ်အလာကိုလေးစားသည်။／igalang ang tradisyon)

▶ 本校では、子供の自主性を重んじた教育を行っています。

(Di sekolah kami, kami menghargai pendidikan yang menekankan pada kemandirian anak-anak.x／ကျောင်းတွင်းကလေးများ၏ကိုယ်ပိုင်ဆုံးဖြတ်လုပ်ဆောင်မှုပေါ်
အရေးထားလေးစားသည့်ပညာရေးကိုပြုလုပ်လျက်ရှိသည်။／Edukasyong gumagalang sa awtonomiya ng mga bata ang umiiral sa eskuwelahang ito.)

❺❿ □ 対 軽んじる (meremehkan／မထီမဲ့မြင်ပြုသည်／kaligtaan, pabayaan)

▶ 安いからといって、決して安全性を軽んじているわけではありません。

(Hanya kerana ia murah tidak bermakna ia selamat.／ဈေးပေါတယ်ဆိုပြီးမဲ့စိတ်ချရမှုကိုအလေးမထားပြုလုပ်ထားတာမ
ဟုတ်ပါဘူး။／Mura nga ito, pero hindi nila kinaligtaan ang kaligtasan.)

(51) □ 省（かえり）みる (merefleksikan／ဆင်ခြင်သုံးသပ်သည်／pagnilayan)

▷ 政府（せいふ）は自（みずか）らの判断（はんだん）を省みる必要（ひつよう）がある。
(Kerajaan perlu meneliti kembali keputusan mereka.／အစိုးရသည်မိမိ၏ဆုံးဖြတ်ချက်အပေါ်ဆင်ခြင်သုံးသပ်ဖို့လိုပါသည်။／Kailangang pagnilayan ng gobyerno ang mga desisyon nila.)

(52) □ 疎（おろそ）か(な) (kelalaian, kecuaian (lalai, cuai)／ပေါ့ဆသော／pabaya)

▶ 音楽（おんがく）ばかりやって、勉強（べんきょう）が疎かになってない？
(Adakah anda terlalu sibuk dengan muzik sehingga mengabaikan belajar?／တေးဂီတတွေချည်းပဲလုပ်နေ၊စာကျက်တာမပေါ့ဆနေဘူးလား။／Hindi mo ba laging iniintindi ang musika at napapabayaan mo na ang pag-aaral mo?)

(53) □ 怠（おこた）る (mengabaikan／လျစ်လျူရှုသည်／pabayaan)

▷ 確認（かくにん）/努力（どりょく）を怠る
(mengabaikan pengesahan / usaha／စစ်ဆေးခြင်း/အားထုတ်ခြင်းကိုလျစ်လျူရှုသည်／kapabayaang kumpirmahin/magsikap)

(54) □ 怠慢（たいまん）(な) (kemalasan (malas)／နှောင့်နှေးကြန့်ကြာသော／pabaya)

▷ 職務（しょくむ）怠慢 (kelalaian dalam tugas／လုပ်ရန်တာဝန်နှောင့်နှေးကြန့်ကြာခြင်း／pagpapabaya sa tungkulin)

▶ 未（いま）だにこの問題（もんだい）が解決（かいけつ）しないのは、国（くに）の怠慢だと思う。
(Saya rasa masalah ini masih belum diselesaikan kerana kelalaian negara.／အခုအထိ၊ဒီပြဿနာကိုမဖြေရှင်းသေးတာဟာ၊နိုင်ငံတော်ရဲ့တာဝန်ယူမှုနှောင့်နှေးကြန့်ကြာနေတာပဲလို့ထင်တယ်။／Sa palagay ko, hindi pa nalulutas ang problemang ito hanggang ngayon, dahil sa kapabayaan ng gobyerno.)

(55) □ 欠如（けつじょ）(する) (kekurangan／မရှိ၊ကင်းမဲ့သည်／magkulang)

▷ 責任感（せきにんかん）の欠如
(kekurangan rasa tanggungjawab／တာဝန်သိစိတ်မရှိခြင်း／kawalan ng responsibilidad)

▶ 彼女（かのじょ）には人（ひと）として重要（じゅうよう）な何（なに）かが欠如している気（き）がする。
(Saya merasa dia kekurangan sesuatu yang penting sebagai manusia.／သူမဟာလူသားတစ်ယောက်အနေနဲ့အရေးကြီးတာတစ်ခုခုလိုနေတယ်လို့ထင်ပါတယ်။／Sa palagay ko, mayroong mahalagang kulang sa kanya bilang tao.)

(56) □ 良識（りょうしき） (akal budi／ဆင်ခြင်တုံတရား／sentido kumon, matinong pag-iisip)

▷ 良識を疑（うたが）う (meragukan akal budi／ဆင်ခြင်တုံတရားရှိမရှိကိုသံသယဖြစ်တယ်／pagdudahan ang pagkakaroon ng sentido kumon)

▶ 個人攻撃（こじんこうげき）のメールを全員宛（ぜんいんあ）てで送（おく）るなんて、良識がある人（ひと）の行動（こうどう）とは思（おも）えない。
(Saya tidak fikir ia adalah kelakuan orang yang waras untuk menghantar e-mel serangan peribadi kepada semua orang.／ပုဂ္ဂိုလ်ရေးတိုက်ခိုက်မှုမေးလ်ကိုအားလုံးရဲ့လိပ်စာနဲ့ပို့တာ၊ဆင်ခြင်တုံတရားရှိသူတစ်ယောက်ရဲ့အပြုအမူလို့မထင်နိုင်ပါဘူး။／Sa tingin ko, hindi ugali ng isang matinong tao ang magpadala ng personal na email na umaatake sa lahat.)

誘う 41

意見・考え 42

性格・態度 43

気持ち・心の状態 44

評価 45

言葉 46

パソコン・IT 47

問題・トラブル・事故 48

数量・程度 49

❺❼ □ **善良(な)** (kebaikan hati (baik hati)／အကျင့်သီလကောင်းသော／
　　ぜんりょう　　mabait, mabuti)

▷ **善良な市民** (warganegara yang baik／အကျင့်သီလကောင်းသောမြို့လူထု／mababait na mamamayan)
　　　　しみん

▶ **教師だからって誰もが善良だとは限らないよ。**
　　きょうし　　　　　　だれ　　ぜんりょう　　　　かぎ

（Walaupun guru, bukan maksudnya semua baik hati.／ဆရာဆိုတိုင်းအကျင့်သီလကောင်းတယ်လို့မဆိုနိုင်ပါဘူး။
／Hindi dahil sa titser ang isang tao, ay nangangahulugang mabait siya.）

❺❽ □ **人情** (kasih sayang sesama manusia／စာနာမှု／empatiya)
　　にんじょう

▶ **地元の人とのちょっとした出会いの中に、人情を感じました。**
　　じもと　ひと　　　　　　　　　で あ　　　なか　　にんじょう　かん

（Saya merasakan kehangatan manusia dalam pertemuan singkat dengan penduduk
setempat.／ဒေသခံတွေနဲ့ဏတာတွေ့ဆုံခဲ့တဲ့အထဲမှာစာနာမှုကိုခံစားခဲ့ရပါတယ်။／Nadama ko ang
empatiya sa maikling pakikipagtagpo ko sa mga lokal na tao.）

❺❾ □ **人情味** (rasa kemanusiaan／ကြင်နာစိတ်／kabutihan, kabaitan)
　　にんじょうみ

▶ **人情味のない人と言われて、ちょっとショックでした。**
　　にんじょうみ　　　ひと　い

（Saya sedikit terkejut ketika dikatakan tidak punya rasa kemanusiaan.／
ကြင်နာစိတ်မရှိသူလို့အပြောခံလိုက်ရလို့နည်းနည်းစိတ်ချောက်ချားသွားပါတယ်။／Medyo na-shock ako
nang sabihan akong hindi ako mabait.）

❻❶ □ **義理人情** (hutang budi／တာဝန်နှင့်ကြင်နာစိတ်／tungkulin at kabutihan)
　　ぎり にんじょう

▶ **彼は義理人情に厚い人だから、きっと助けてくれるよ。**
　　かれ　ぎり にんじょう　あつ　ひと　　　　　　　　たす

（Dia adalah orang yang sangat berbudi, jadi pasti akan membantu.／
သူ့ဟာတာဝန်နဲ့ကြင်နာစိတ်အများကြီးရှိလို့သေချာပေါက်အကူအညီပေးမှာပါ။／Dahil isa siyang taong
may malakas na pakiramdam ng tungkulin at kabaitan, siguradong tutulungan ka niya.）

❻❶ □ **情け** (belas kasihan, simpati／ကရုဏာ／awa)
　　なさ

▶ **先生が情けをかけてくれて、追加の試験をしてくれることになった。**
　　せんせい　なさ　　　　　　　　　　ついか　しけん

（Guru telah menunjukkan belas kasihan dan telah setuju untuk mengadakan ujian
tambahan.／ဆရာကကရုဏာသက်ပြီးထပ်လောင်စာမေးပွဲကိုလုပ်ပေးဖို့ဖြစ်သွားပါပြီ။／Naawa ang
titser sa akin, at pinakuha niya ako ng karagdagang test.）

❻❷ □ **情け深い** (penuh bersimpati／ကရုဏာကြီးသော／maawain)
　　なさ ぶか

1
🎧58

❻❸ □ **人望** (populariti／ကျော်ကြားမှု／katanyagan, popularidad)
　　じんぼう

▷ **人望が厚い**
　　じんぼう　あつ

（sangat disukai orang／နာမည်ကြီးသော／popular, sikat）

▶ **部長は仕事ができて部下にも優しいから、人望がある。**
　　ぶちょう　しごと　　　　　ぶか　　やさ

（Ketua jabatan itu mahir dalam pekerjaannya dan baik kepada bawahannya, jadi dia sangat
dihormati.／ဌာနမှူးဟာအလုပ်ကျွမ်းကျင်ပြီးလက်အောက်ဝန်ထမ်းအပေါ်မှာလည်း
ကြင်နာလို့ နာမည်ကြီးပါတယ်။／Popular ang section chief namin dahil mahusay siya sa trabaho
at mabait sa mga tauhan niya.）

❻❹ □ 意気込み (semangat／စိတ်အားထက်သန်မှု／sigasig)

▶ 選手たちは、大会に向け、意気込みを語った。
せんしゅ　　　　　　たいかい　　む　　　　　　　いきご　　　かた

(Para atlet bersemangat bercakap tentang persiapan mereka untuk pertandingan.／
လက်ရွေးစင်တွေဟာပြိုင်ပွဲအတွက်စိတ်အားထက်သန်မှုကိုပြောခဲ့ကြပါတယ်။／Nagsabi ang mga player
tungkol sa pagiging masigasig nila sa darating na laban.)

❻❺ □ 意気込む (bersemangat／စိတ်အားထက်သန်သည်／maging masigasig)

▶ 必ず優勝すると意気込んだものの、結果は5位だった。
かなら　ゆうしょう　　　　　いきご　　　　　　　　けっか　　　い

(Saya berazam untuk menang, tetapi berakhir di tempat ke-5.／
သေချာပေါက်ဗိုလ်ဆွဲမယ်လို့စိတ်အားထက်သန်ခဲ့ပေမဲ့ရလဒ်ကတော့ပ၅ပါ။／Desidido akong manalo,
pero napunta ako sa 5th place.)

---

❻❻ □ せっかち(な) (tergesa-gesa／စိတ်မရှည်သော／mainipin)

▶ 妹はせっかちで、一緒に旅行に行くと、すぐ「次はどこ？」と聞いてくる。
いもうと　　　　　　　　　いっしょ　りょこう　い　　　　　　　　つぎ　　　　　　　　き

(Adik perempuan saya tidak sabar, dan apabila kami pergi dalam perjalanan bersama, dia segera
bertanya kepada saya, "Di mana seterusnya?"／အစ်မဟာစိတ်မရှည်သူမို့ခရီးအတူတူသွားရင်၊ ချက်ချင်း
「နောက်ပြီးဘယ်ကိုသွားမှာလဲ 」 လို့မေးလာပါတယ်။／Mainipin talaga ang kapatid kong babae, kaya
kapag nagbibiyahe kaming magkasama, agad siyang nagtatanong "Saan tayo susunod pupunta?")

---

❻❼ □ 熱意 (semangat／စိတ်အားထက်သန်မှု／sigasig)
ねつい

▷ 熱意を買う、熱意を伝える
　　　　か　　　　　　　　　　つた

(membeli semangat, menyampaikan semangat／စိတ်အားထက်သန်မှုကိုအသိအမှတ်ပြုသည်၊စိတ်အား
ထက်သန်မှုကိုဖော်ပြသည်／matuwa sa sigasig ng ibang tao, maghatid ng sigasig)

▶ 彼の熱意に負けて、弟子にすることにしました。
かれ　　ねつい　ま　　　　　でし

(Saya tunduk kepada semangatnya dan memutuskan untuk mengambilnya sebagai
perantis.／သူ့ရဲ့စိတ်အားထက်သန်မှုကိုမနိုင်လို့သူ့ဆီမှာတပည့်ခံတော့မယ်။／Nahikayat ako ng sigasig
niya, kaya nagpasya akong gawin siyang apprentice ko.)

---

❻❽ □ 根気 (ketabahan hati／စိတ်ရှည်မှု／tiyaga)
こんき

▷ 根気よく待つ (menunggu dengan sabar／စိတ်ရှည်ရှည်နှင့်စောင့်သည်／matiyagang maghintay)
　　　　　　ま

▶ 完成までに何年もかかるから、根気のいる仕事になります。
かんせい　　　　なんねん　　　　　　　　　　こんき　　　　しごと

(Ia mengambil masa bertahun-tahun untuk disiapkan, jadi ia adalah pekerjaan yang
memerlukan ketabahan.／ပြီးမြောက်သည်အထိနှစ်တွေကြာမှာမို့လို့စိတ်ရှည်ဖို့လိုတဲ့အလုပ်ပါ။／
Aabutin ng ilang taon hanggang sa matapos ito, kaya kailangan ng tiyaga sa trabahong ito.)

---

❻❾ □ 心構え (kesiapan mental／စိတ်သဘောထား／mindset, mental attitude)
こころがま

▶ 研修では、まず警察官としての心構えについての話があった。
けんしゅう　　　　　　けいさつかん　　　　　　　こころがま　　　　　　　　はなし

(Dalam latihan itu, pertama sekali ada ceramah tentang sikap mental sebagai pegawai polis.
／လေ့ကျင့်သင်ကြားရေးမှာ၊အရင်ဆုံးရဲအရာရှိရဲ့စိတ်နေသဘောထားနဲ့ပတ်သက်တဲ့အကြောင်းပါပါတယ်။／
Sa training, una, nagkaroon ng diskusyon tungkol sa mindset ng pagiging pulis.)

⑦⓪ □ 肝(きも)に銘(めい)じる (menanam di hati／အသည်းမှာစွဲမှတ်သည်／tandaan)

▶ 二度(にど)とこのようなことがないよう、肝に銘じます。

(Saya akan mengingat ini dalam hati agar tidak terjadi lagi.／
နောက်တစ်ကြိမ်အခုလိုမျိုးမဖြစ်အောင်အသည်းမှာစွဲမှတ်ပါမယ်။／Tatandaan kong hindi na dapat itong mangyari uli.)

⑦① □ 人柄(ひとがら) (orang, peribadi／ပင်ကိုယ်အရည်အသွေး／personalidad)

▶ 面接(めんせつ)では、人柄を最(もっと)も重視(じゅうし)します。

(Personaliti paling penting dalam temu bual.／အင်တာဗျူးမှာပင်ကိုယ်အရည်အသွေးကိုအလေးပေးပါတယ်။／Sa interbyu, personalidad ang binbigyang-halaga.)

⑦② □ 人格(じんかく) (sifat individu, personaliti／စရိုက်／pagkatao)

▶ そんなひどいことしたの？　彼(かれ)の人格を疑(うたが)うよ。

(Adakah anda melakukan sesuatu yang teruk? Saya meragui keperibadiannya.／
ဒီလောက်ဆိုးတာကိုလုပ်သလား။သူ့ရဲ့စရိုက်ကိုသံသယဖြစ်ပါတယ်။／Ginawa niya ang ganoong kakila-kilabot na bagay? Nagdududa tuloy ako sa pagkatao niya.)

⑦③ □ 気品(きひん) (keanggunan／ရည်မွန်မှု／dignidad, pagiging pino)

▶ いかにも育(そだ)ちがよさそうで、彼女(かのじょ)には気品を感(かん)じる。

(Dia nampaknya dibesarkan dengan baik, dan saya merasakan maruahnya.／
ပျိုးထောင်မှုကောင်းကောင်းနဲ့ကြီးပြင်းခဲ့ပုံရပါတယ်၊သူမရဲ့ရည်မွန်မှုကိုသိရှိခံစားရပါတယ်။／Mukhang pinalaki siya nang maayos, at nakikita ko ang pinong kilos niya.)

⑦④ □ 色気(いろけ) (pembawaan, sifat, perangai／ညို့ဓာတ်／sex appeal)

▶ 彼女(かのじょ)は顔(かお)がかわいいだけじゃなく、女性(じょせい)らしい色気もある。

(Dia tidak hanya memiliki wajah yang cantik, tetapi juga memiliki daya tarik feminin.／
သူမဟာမျက်နှာကချစ်စရာကောင်းရုံသာမက၊မိန်းမပီသတဲ့ညို့ဓာတ်ရှိပါတယ်။／Hindi lang siya maganda, mayroon din siyang feminine charm.)

⑦⑤ □ 気性(きしょう) (perangai／ဒေါသစိတ်／init ng ulo)

▶ 彼女(かのじょ)は父親(ちちおや)に似(に)て気性が荒(あら)く、すぐかっとなる。

(Seperti bapanya, dia panas baran dan cepat marah.／ဒေါသစိတ်ကြီးသည်／Katulad siya ng tatay niya na mainitin ang ulo at nagagalit agad.)

⑦⑥ □ 気質(きしつ／かたぎ) (mentaliti, sifat／ပင်ကိုယ်စိတ်ဓာတ်／disposisyon, pag-uugali)

▷ 職人(しょくにん)気質 (bermentaliti tukang／လက်မှုပညာသည်စိတ်ဓာတ်／pag-iisip ng isang craftsman)

▶ 北(きた)の方(ほう)の人(ひと)と南(みなみ)の方の人では、気質が違(ちが)うんでしょうね。

(Orang di utara dan orang di selatan mempunyai perangai yang berbeza.／
မြောက်ပိုင်းသားနဲ့တောင်ပိုင်းသားတို့ရဲ့အလေ့အထနဲ့စိတ်ဓာတ်ဟာ တူမှာမဟုတ်ဘူးနော်။／Magkaiba ang disposisyon ng mga taga-north at taga-south.)

気持ち・心の状態
きも・じょうたい

(Perasaan, Keadaan minda／စိတ်ခံစားချက်၊စိတ်အခြေအနေ／Pakiramdam, Kondisyon ng Pag-iisip)

---

❶ □ **うんざり（する）** (kemuakan (bosan)／စိတ်ကုန်သည်၊ ပြီးငွေ့သည်／magsawa)

▶ こう毎日毎日雨が続くとうんざりする。
　　まいにち　　　　あめ　つづ

(Jika hujan berterusan setiap hari, saya akan jadi jemu.／ဒီလိုနေ့တိုင်းနေ့တိုင်းမိုးဆက်တိုက်ရွာနေတာကြီးငွေ့တယ်။／Nagsasawa na ako sa ganitong ulan nang ulan araw-araw.)

---

❷ □ **悩ましい** (menjolok mata, membingungkan／တွေးရခက်သော／magulo)
　　なや

▶ どっちの側についても問題が残るので、悩ましい選択になる。
　　　　がわ　　　　　　もんだい　のこ

(Pilihan ini menjadi pilihan yang susah dipilih kerana ada masalah di kedua-dua pihak.／နှစ်ဘက်စလုံးမှာပြဿနာရှိနေလို့တွေးရခက်တဲ့ရွေးချယ်မှုဖြစ်မယ်။／Magulong pagpilian ito, dahil kahit anong panig ang piliin ko, may problema pa ring matitira.)

---

❸ □ **片思い** (cinta sepihak／တစ်ဘက်သတ်အချစ်／pag-ibig na one-sided)

▶ その人とは付き合っていたんですか。 ―― いえ、私の片思いでした。
　　　ひと　　　つ　あ　　　　　　　　　　　　　　　わたし

(Adakah anda berpacaran dengan orang itu? - Tidak, itu cinta satu pihak saya.／အဲ့လူနဲ့ချစ်ကြိုက်နေသလား။။မဟုတ်ပါဘူး။ကျွန်မရဲ့တစ်ဘက်သတ်အချစ်ပါ။／Nagde-date na ba kayo ng babaeng iyon? -- Hindi, hindi niya ako minamahal.)

---

❹ □ **一目ぼれ** (jatuh cinta pada sekali pandang／မြင်မြင်ချင်းချစ်မိ／love at first sight)
　　ひとめ

▶ パーティーで会った時に、彼女に一目惚れしてしまったんです。
　　　　　　あ　　とき　かのじょ

(Saya jatuh cinta pada pandangan pertama kepadanya ketika saya bertemu di pesta.／ပါတီမှာတွေ့တုန်းကသူမကိုမြင်မြင်ချင်းချစ်မိသွားတယ်။／Noong makilala ko siya sa party, na-love at first sight ako sa kanya.)

---

❺ □ **焼餅** (cemburu／မနာလို／pagseselos)
　　やきもち

▷ 焼餅を焼く (menjadi cemburu／မနာလိုဖြစ်သည်／magselos)
　　　　や

▶ マキさんはいつもの彼女こと を悪く言うね。 ―― ただの焼き餅だよ。
　　　　　　　　　　かのじょ　　　わる　い　　　　　　　　　や　もち
たかしさんと彼女が仲がいいもんだから。
　　　　　　　かのじょ　なか

(Cik Maki selalu bercakap buruk tentangnya. - Hanya kerana dia cemburu, Encik Takashi dan dia adalah kawan baik.／မကိစံဟာမြဲတမ်းသူမကိုကောင်းကောင်းမပြောတယ်နော်။။ မနာလိုလိုလေ။ တကရှိစံနဲ့သူမက ပြေလည်နေကြလို့ပါ။／Laging nagsasabi si Maki-san ng masama tungkol sa kanya (babae), ano? -- Nagseselos lang siya, dahil maganda ang samahan nila (ng babae at) ni Takashi-san.)

言う 41
意見・考え 42
性格・態度 43
気持ち・心の状態 44
評価 45
言葉 46
パソコン・IT 47
問題・トラブル・事故 48
数量・程度 49

❻ □ **嫉妬（する）** (sekali pandang (iri hati)／မနာလိုဖြစ်သည်／magselos, maiinggit)
   しっと

▷ 嫉妬心 (hati cemburu／မနာလိုစိတ်／pagseselos)
   しん

▶ 子供の頃は、親が妹をかわいがるのを見て、よく嫉妬していました。
   こども　ころ　　おや　いもうと

(Semasa kanak-kanak, saya sering cemburu melihat ibu bapa saya memanjakan adik perempuan saya.／ကလေးတုန်းကအမိဘတွေကညီမလေးကိုချစ်ကြတာကြည့်ပြီးတော်တော်မနာလိုခဲ့ဘူး။／Noong bata kami, nakita kong masyadong mapagmahal ang mga magulang ko sa kapatid kong babae, kaya nagselos ako sa kanya.)

❼ □ **好意** (kebaikan hati／ကြိုက်စိတ်၊သဘောကျစိတ်／magandang pakiramdam, pagkagusto)
   こうい

▶ 彼女はずっと村田さんに好意を寄せていたようです。
   かのじょ　　　むらた　　　　　よ

(Rupanya dia selalu menunjukkan simpati kepada Mr. Murata.／သူမဟာရာဒစံကိုတော်တော်လျှောက်ကြိုက်နေပုံရတယ်။／Mukhang gusto niya si Murata-san mula noon pa.)

▶ お店の人の好意で、無料で修理してもらえました。
   みせ　ひと　　　　　むりょう　しゅうり

(Berkat budi baik orang kedai, mereka membaiki secara percuma.／ဆိုင်ရဲ့လူကသဘောကျတဲ့စိတ်နဲ့အခမဲ့ပြင်ပေးလိုက်တယ်။／Dahil sa kabutihang loob ng tindero, inayos niya iyon nang walang bayad.)

❽ □ **好意的（な）** (kebaikan hati／အကောင်းဘက်ကမြင်သော／mainam, paborable)
   こういてき

▶ 彼がチームを移ることについて、多くの人は好意的に見ている。
   かれ　　　　　うつ　　　　　　　　おお　　ひと

(Banyak orang melihat positif tentang dia berpindah pasukan.／သူကအသင်းပြောင်းတာနဲ့ပတ်သက်ပြီးလူအများဟာသူ့ကိုအကောင်းဘက်ကအမြင်နဲ့ကြည့်ကြတယ်။／Maraming tao ang nag-iisip na mabuti ang sa pag-alis niya sa team.)

❾ □ **苦心（する）** (usaha payah (berusaha payah)／ကြိုးပမ်းစိတ်ကိုပြုစုသည်／mahirapan, mabahala)
   くしん

▶ いろいろ苦心して、ようやく新しいメニューを完成させました。
   あたら　　　　　　　　かんせい

(Selepas banyak usaha keras, akhirnya saya menyelesaikan menu baru.／အမျိုးမျိုးသောကြိုးပမ်းစိတ်နဲ့မီနူးသစ်လုပ်ပြီးသွားတယ်။／Natapos ko rin ang bagong menu, pagkatapos ng maraming hirap.)

❿ □ **一心（に）** (sepenuh hati／အာရုံစူးစိုက်ရှု／nang buong puso)
   いっしん

▶ 子供たちはアニメを見たい一心で宿題を終わらせた。
   こども　　　　　　　　み　　いっしん　しゅくだい　お

(Anak-anak menyelesaikan pekerjaan rumah mereka dengan satu hati ingin menonton anime.／ကလေးတွေဟာကာတွန်းကိုကြည့်ချင်တဲ့အာရုံနဲ့အိမ်စာကိုပြီးအောင်လုပ်ခဲ့တယ်။／Dahil gustung-gusto ng mga batang manood ng anime, tinapos nila ang homework nila.)

⓫ □ **心配り（する）** (memikirkan orang lain／စာနာထောက်ထားသည်／alalahanin)
   こころくば

▶ 皆さんの心配りのおかげで、楽しく参加させていただくことができました。 (Berkat perhatian anda semua, saya dapat menyertai dengan senang.／
   みな　　　　　　　　　　たの　　さんか

အားလုံးရဲ့စာနာထောက်ထားမှုကြောင့်ပျော်ရွှင်စွာပါဝင်နိုင်ခဲ့ပါတယ်။／Salamat sa inyong pag-aalala, at nakasali at nag-enjoy ako.)

⓬ ☐ 心強い　(menggalakkan／စိတ်ချလက်ချ／nakakapanatag)
　こころつよ

▷ 心強い味方
　こころつよ　みかた

(sekutu yang memberi semangat／စိတ်အေးရသောမိတ်ဆွေ／panatag na suporta)

▶〈海外 出 張〉今回は英語ができる吉田さんが一緒だから、心強いです。
　かいがいしゅっちょうこんかい　えいご　　　　　　よしだ　　　　いっしょ　　　　こころづよ

(<Lawatan ke luar negeri> Kali ini, rasa lebih yakin kerana Encik/Cik/Puan Yoshida, yang
boleh bercakap Bahasa Inggeris, bersama-sama.／
(နိုင်ငံခြားသို့အလုပ်နဲ့ခရီး)ဒီတစ်ခါမှာအင်္ဂလိပ်လိုလိုတတ်တဲ့ယိုရှိဒါစံနဲ့အတူတူမိုလိုစိတ်ချလက်ချရှိတယ်။／
(Business trip sa ibang bansa) Panatag ang kalooban ko ngayon, kasi kasama ko si
Yoshida-san na marunong mag-Inggles.)

⓭ ☐ 心に刻む　(mencincang pada hati／နှလုံးသားမှာရေးထွင်းသည်／iukit sa puso)
　こころ　きざ

▶ この日の出来事を心に刻んで、これから一生 懸命生きていきたいと思
　　ひ　で き ごと　こころ　きざ　　　　　　　　いっしょうけんめいい　　　　　　　おも
います。

(Saya ingin mengukir peristiwa hari ini dalam hati dan mahu terus hidup dengan sepenuh
hati.／ဒီနေ့ရဲ့အဖြစ်အပျက်ကိုနှလုံးသားမှာရေးထွင်းထားပြီးအခုကနေဘဝအတွက်ကြိုးစားသွားမယ်။／
Iuukit ko sa puso ko ang mga nangyari ngayong araw, at mula ngayon, gusto kong
magsikap na mabuhay.)

⓮ ☐ 心残り　(penyesalan／ဝမ်းနည်းမှု／panghihinayang)
　こころのこ

▶ この島を去るにあたって心残りが全くないと言えばうそになる。
　　しま　さ　　　　　　　　こころのこ　　まった　　　　　　い

(Jika saya katakan saya tidak ada penyesalan meninggalkan pulau ini, itu akan menjadi
bohong.／ဒီကျွန်းကိုစွန့်ခွါရာမှာဝမ်းနည်းမှုလုံးဝမရှိဘူးလို့ပြောရင်လိမ်ရာကျမယ်။／Kasinungalingan
kung sasabihin kong hindi ako nanghihinayang na umalis sa pulong ito.)

⓯ ☐ 心細い　(tidak suka keseorangan／စိတ်မှာလုံခြုံမှုမရှိ／
　こころぼそ　　insecure, hindi panatag)

▶ 一人で海外に行くのは心細い。
　ひとり　かいがい　い　　　こころぼそ

(Rasa cemas untuk pergi ke luar negeri seorang diri.／တစ်ယောက်တည်းနိုင်ငံခြားကိုသွားတာစိတ်မှာလုံခြုံမှုမရှိဘူး။／
／Hindi ako panatag na pumunta sa ibang bansa nang mag-isa.)

⓰ ☐ 心を奪われる　(hati dicuri／စွဲလန်းသွားတယ်／mabighani)
　こころ　うば

▷ 少年は初めて会ったその女性の美しさに心を奪われた。
　しょうねん　はじ　あ　　　　　じょせい　うつく　　　こころ　うば

(Budak lelaki itu terpikat dengan kecantikan wanita yang baru dikenalinya itu.／
လူငယ်ကလေးဟာစတွေ့တဲ့အမျိုးသမီးရဲ့အလှကိုစွဲလန်းသွားခဲ့တယ်။／Nabighani ang tin-edyer na iyon
sa ganda ng babae, noong una silang magkita.)

⓱ ☐ 心情　(perasaan／ခံစားချက်／damdamin)
　しんじょう

▶ 被害者の家族の心情を察すると、言葉も出ない。
　ひがいしゃ　かぞく　しんじょう　さっ　　　　ことば　で

(Saya tidak dapat mengungkapkan apa-apa apabila memahami perasaan keluarga mangsa.
／ကျူးလွန်ခံရသူမိဘဘများ ရဲ့ခံစားချက်ကိုနားလည်လိုက်တဲ့အခါ၊စကားတောင်ပြောမထွက်တော့ဘူး။／Wala
akong masabi noong nakita ko ang damdamin ng pamilya ng biktima.)

言う **41**

意見・考え **42**

性格・態度 **43**

心気持ち・の状態 **44**

評価 **45**

言葉 **46**

パソコン・IT **47**

問題・トラブル・事故 **48**

数量・程度 **49**

⓲ □ 内心 (dalam hati／အတွင်းစိတ်／sa loob)
　　　　ないしん

▶ 顔には出さなかったけど、内心怖くてしょうがなかったんだよ。
　　かお　だ　　　　　　　　　　ないしん こわ

(Walaupun saya tidak menunjukkannya pada wajah saya, saya betul-betul takut di dalam hati.／မျက်နှာမှာမဖော်ပြခဲ့ပေမဲ့အတွင်းစိတ်မှာတော့တော်တော်ကြောက်ခဲ့တယ်။／Hindi nakita sa mukha ko, pero a loob ko, hindi napigilan ang takot ako.)

⓳ □ 野心 (cita-cita／ရည်မှန်းချက်／ambisyon)
　　　　やしん

▷ 野心家、野心的な作品
　　か　　　　てき　さくひん

(orang yang penuh cita-cita, karya yang punuh cita-cita／ရည်မှန်းချက်ရှိသူ၊ရည်မှန်းချက် ရှိသည့်လက်ရာ／ambisyoso, ambisyosong gawa)

▶ 彼は社長になりたいなんて野心は持ってないと思いますよ。
　かれ　しゃちょう　　　　　　　　　やしん　も　　　　　おも

(Saya fikir dia tidak ada cita-cita untuk menjadi CEO.／သူဟာကုမ္ပဏီဥက္ကဌဖြစ်ချင်တဲ့ရည်မှန်းချက်မရှိဘူးလို့ထင်ပါတယ်။／Sa palagay ko, wala siyang ambisyong maging presidente ng kompanya.)

⓴ □ 気まずい (canggung／အနေရခက်သည်／asiwa)
　　　　き

▶ この間、彼女を怒らせちゃったから、今日会うのはちょっと気まずい
　　あいだ かのじょ おこ　　　　　　　　　きょう あ　　　　　　　き
感じなんです。
かん

(Sebab saya telah membuat dia marah beberapa hari yang lalu, saya rasa agak canggung untuk bertemu dengan dia hari ini.／တလောကသူ့ကိုစိတ်ဆိုးအောင်လုပ်ခဲ့လို့ဒီနေ့တွေ့ရမှာနည်းနည်းအနေရခက်တယ်။／Medyo asiwa akong makipagkita sa kanya ngayon, dahil ginalit ko siyang noong isang araw.)

㉑ □ 気まま(な) (bebas／ပွင့်ကြောင့်ကြမဲ့သော／walang inaalala,
　　　　き　　　　　　　　　　　　　　　　　　　　　　　　　walang iniintindi)

▶ 私はずっと一人暮らしで、気ままにやってます。
　わたし　　　　ひとり ぐ　　　　　き

(Saya selalu tinggal seorang diri dan buat apa sahaja yang saya suka.／ကျွန်တော်ဟာတောက်လျှောက်တစ်ယောက်တည်းနေလို့ပွင့်ကြောင့်ကြမှုမရှိဘူး။／Namumuhay ako nang mag-isa mula noon, kaya wala akong inaalala.)

㉒ □ 気兼ね(する) (sikap teragak-agak (teragak-agak)／စိတ်စနိုးစနောင့်／
　　　　き　が　　　　　　　mag-atubili)

▶ 個室にすれば、小さいお子さんがいても気兼ねなく食事ができますよ。
　こしつ　　　　ちい　　こ　　　　　　　　き　が　　　しょくじ

(Jika anda mempunyai bilik peribadi, anda boleh makan tanpa rasa segan walaupun ada anak-anak kecil.／သီးသန့်ခန်းဆိုရင်ကလေးငယ်ရှိရင်လည်းစိတ်စနိုးစနောင့်မဖြစ်ပဲစားသောက်နိုင်ပါတယ်။／Kung private room ang kukunin mo, makakakain kayo kasama ng mga maliit na bata, nang walang pag-aatubili.)

㉓ □ 気味(が)悪い (merasa jijik／ကြောက်လန့်သည်／matakot)
　　　　き み　　わる

▶ 夜、このオフィスに一人でいると、ちょっと気味が悪い。
　よる　　　　　　　　ひとり　　　　　　　　き み　わる

(Saya rasa sedikit takut untuk berada di pejabat ini seorang diri pada waktu malam.／ညၜ ဒီရုံးခန်းမှာတစ်ယောက်တည်းရှိနေရင်နည်းနည်းလန့်တယ်။／Sa gabi, medyo natatakot ako kung mag-isa lang ako sa opisinang ito.)

▶ 社長がああいう優しい言い方をすると、気味が悪い。

(Saya rasa sedikit takut apabila bos bercakap dengan cara yang begitu baik.／
ကုမ္ပဏီဥက္ကဋ္ဌကအဲဒီလိုကြင်နာတဲ့အပြောပြောရင်လန့်တယ်။／Kinakabahan ako kapag nagsasalita nang maganda ang presidente.)

㉔ □ 気合い (semangat／တိုက်ပွဲစိတ်ဓါတ်／fighting spirit)

▷ 気合を入れる、気合いが足りない

(bersemangat, kurang bersemangat／တိုက်ပွဲစိတ်ဓါတ်သွင်းသည်၊တိုက် ပွဲစိတ်ဓါတ်မလုံလောက်／maging maalab, magkulang ng alab)

▶ 今日はみんな見に来てくれていたから、いつもより気合いが入った。

(Saya bersemangat lebih dari biasa kerana semua orang datang untuk menonton hari ini.／
ဒီနေ့အားလုံးလာကြည့်ပေးကြလို့အမြဲတမ်းထက်ပိုပြီးတိုက်ပွဲဝင်စိတ်ဓါတ်ရတယ်။／Dahil pumarito kayong lahat para makita ako, mas nagaganyak ako kaysa karaniwan.)

㉕ □ 志す (mencita-citakan／ဆန္ဒ／maghangad)

▷ 医者を志す (bercita-cita menjadi doktor／ဆရာဝန်ဖြစ်လိုသောဆန္ဒ／maghangad na maging doktor)

㉖ □ 志 (cita-cita, aspirasi, azam／ရည်မှန်းချက်／kalooban, hangarin)

▷ 志を高く持つ (memiliki cita-cita yang tinggi／ရည်မှန်းချက်ကိုမြှင့်မြင့်ထားသည်／maging ambisyoso)

▷ 彼は志半ばで亡くなったが、彼の意志は弟子たちに引き継がれた。

(Walaupun dia meninggal dunia sebelum mencapai tujuannya, kehendaknya diteruskan oleh murid-muridnya.／သူတပန်းတိုင်မရောက်ဘဲကွယ်လွန်သွားခဲ့ပေမဲ့သူရဲ့ရည်မှန်းချက်ကိုတပည့်တွေကလွဲယူခဲ့သည်။／Namatay siyang hindi nagawa ang kanyang hangarin, pero ipinagpatuloy ng mga disipulo niya ang hangarin niya.)

㉗ □ 信念 (kepercayaan／ယုံကြည်ချက်／paniniwala)

▶ 事業を始めるなら、必ず成功するという強い信念を持つことが大切です。

(Jika anda ingin memulakan perniagaan, penting untuk mempunyai keyakinan yang kuat bahawa anda pasti akan berjaya.／
လုပ်ငန်းကိုစမယ်ဆိုရင်သေချာပေါက်အောင်မြင်ရမယ်ဆိုတဲ့ပြင်းပြတဲ့ယုံကြည်မှုရှိဖို့အရေးကြီးတယ်။／Kung magsisimula ka ng negosyo, dapat kang magkaroon ng paniniwalang magiging matagumpay ka.)

㉘ □ 念願 (hasrat, harapan／ဆန္ဒရှိနေတဲ့／minimithi)

▶ 弟もやっと念願のマイホームを持つことができた。

(Akhirnya adik lelaki saya dapat memiliki rumah impian.／ညီလေးဟာဆန္ဒရှိနေတဲ့ကိုယ်ပိုင်အိမ်ကိုရသွားပြီ။／ Sa wakas, nagkaroon rin ang kapatid kong lalaki ng sariling bahay na minimithi niya.)

言う 41

意見・考え 42

性格・態度 43

気持ち・心の状態 44

評価 45

言葉 46

パソコン・IT 47

問題・トラブル・事故 48

数量・程度 49

㉙ □ 無念(な) (kekesalan, kesesalan／ဝမ်းနည်းသော／nakakapanghinayang)

▶ 優勝を狙っていたのに、初戦で負けるなんて、無念でなりません。
ゆうしょう ねら しょせん ま むねん

(Saya sangat menyesal kerana kalah dalam pertandingan pertama walaupun saya berharap untuk menang.／ဗိုလ်စွဲဖို့ရည်မှန်းခဲ့ပေမဲ့ပွဲဦးထွက်မှာရှုံးသွားလို့အရမ်းဝမ်းနည်းတယ်။／Sayang na natalo kami sa unang laban, kahit hinangad naming manalo.)

㉚ □ 善意 (niat baik／ကောင်းမြတ်သောစိတ်／mabuting kalooban)
ぜんい

▶ この活動は、多くの人の善意によって成り立っています。
かつどう おお ひと ぜんい な た

(Aktiviti ini berjalan dengan baik berkat kebaikan ramai orang.／ဒီလှုပ်ရှားမှုဟာလူများစွာရဲ့ကောင်းမြတ်တဲ့စိတ်နဲ့တည်ရှိနေတာဖြစ်ပါတယ်။／Nabuo ang movement na ito dahil sa mabuting kalooban ng maraming tao.)

㉛ □ 意欲 (semangat, keinginan／စိတ်အားထက်သန်မှု／pag-uudyok, kagustuhan)
いよく

▷ 意欲的(な) (bersemangat／စိတ်အားထက်သန်သော／ambisyoso, masikap)
てき

▶ 給料は上がらない、評価もされないじゃ、働く意欲もなくなる。
きゅうりょう あ ひょうか はたら いよく

(Jika gaji tidak naik dan tidak ada penilaian, tiada semangat untuk bekerja.／လစာလည်းမတိုးဘူး၊အကဲဖြတ်ခံရမှုလည်းမရှိတော့အလုပ်မှာစိတ်အားထက်သန်မှုမရှိတော့ဘူး။／Nawalan ako ng ganang magtrabaho, dahil hindi naman dinadagdagan ang sahod ko at hindi rin kinikilala ang trabaho ko.)

1

㉜ □ 動機 (dorongan, motivasi／အကြောင်းအရင်း／motibo, dahilan)
どうき

▷ 犯行の動機、志望動機
はんこう しぼう

(motif jenayah itu, motif untuk memohon／မှုခင်း၏အကြောင်းအရင်း၊လျှောက်မှု／motibo ng krimen, dahilan sa pag-apply)

▶ 弁護士になろうと思った一番の動機は何ですか。
べんごし おも いちばん どうき なん

(Apa motivasi utama anda untuk menjadi peguam?／ရှေ့နေဖြစ်ချင်တဲ့စိတ်ဖြစ်ဖို့နံပါတ်တစ်လှုံ့ဆော်ချက်ကဘာလဲ။／Ano ang pinakaimportanteng dahilan kung bakit gusto mong maging abugado?)

㉝ □ テンション (tenaga／စိတ်အတက်အကျ／tensyon)

▷ テンションが上がる/下がる
あ さ

(tenaga meningkat (rasa teruja), tenaga menurun (menjadi tertekan)／စိတ်တက်ကြွသည်၊စိတ်ကျသည်／maging excited, mawalan ng pag-asa)

▶ 彼女はお酒を飲むとテンションが高くなって、急におしゃべりになる。
かのじょ さけ の たか きゅう

(Dia menjadi sangat bersemangat dan mulai bercakap banyak apabila dia minum alkohol.／သူမဟာအရက်သောက်ရင်စိတ်တက်ကြွပြီးချက်ချင်းစကားတွေပြောတော့တာပဲ။／Nagiging excited siya kapag nakakainom siya ng alak, at bigla siyang nagiging madaldal.)

㉞ □ 反発(する) (penolokan (menentang)／ဖိဆန်သည်၊အာခံသည်／
lumaban, sumuway)

▶ 昔は上司に反発してばかりだったけど、よくクビにならなかったと思う。

(Dulu saya selalu menentang bos saya, dan saya terkejut saya tidak dipecat.／
အရင်တုန်းကအထက်အရာရှိကိုအာခံခဲ့တာချည်းရှိခဲ့ပေမဲ့အလုပ်မပြုတ်ခဲ့တာမယုံနိုင်စရာပဲ။／Lagi akong
sumusuway sa bos ko noong araw, at hindi ako makapaniwalang hindi pa ako nasisisante.)

㉟ □ おびえる／怯える (ketakutan／ကြောက်သည်／matakot)

▶ そんな怯えなくてもいいよ。この犬、すごくおとなしいから。

(Tidak perlu takut seperti itu. Anjing ini sangat jinak.／အဲဒီလောက်ကြောက်နေမနေပါနဲ့။ဒီခွေးကသိပ်အေးပါတယ်။
／Huwag kang matakot. Mabait itong aso.)

㊱ □ キレる (marah／စိတ်ဆိုးသည်／magalit)

▶ 話をしていたら、突然、彼がキレて、大声でわめきだしたんです。

(Sambil kami bercakap, dia tiba-tiba marah dan mula berteriak.／
စကားပြောလိုက်တဲ့အခါသူဟာရုတ်တရက်စိတ်ဆိုးပြီးအသံကျယ်ကြီးနဲ့အော်တယ်။／Noong nag-uusap
kami, bigla siyang nagalit at nagsisisigaw.)

㊲ □ 逆ギレ (marah terbalik／ပြန်စိတ်ဆိုးသည်／galit na wala sa lugar)

▶ 騒音について注意をしに行ったら、逆ギレされたんです。

(Apabila saya pergi memberi amaran tentang kebisingan, dia marah semula pada saya.／
ဆူညံသံကိုသတိပေးဖို့သွားတော့ပြန်ပြီးစိတ်ဆိုးခဲ့တာပယ်။／Noong pinuntahan ko siya para
warningan tungkol sa ingay, nagalit siya nang wala sa lugar.)

㊳ □ いたわる (merasa simpati／စာနာထောက်ထားသည်၊ကိုယ်ချင်းစာသည်／
mag-alaga, magmalasakit)

▷ 高齢者をいたわる、体をいたわる

(merasa simpati terhadap orang tua, merawat badan／သက်ကြီးရွယ်အိုကိုစာနာသည်၊ ခန္ဓာကိုယ်ကိုထောက်ထားသည်
／magmalasakit sa mga matatanda, alagaan ang katawan)

▶ 子供たちには、弱者をいたわる優しい気持ちを持ってほしい。

(Saya mahu kanak-kanak memiliki rasa belas kasihan kepada orang lemah.／
ကလေးများမှာအားနည်းသူ့ကိုစာနာထောက်ထားတဲ့ကြင်နာစိတ်ရှိစေချင်တယ်။／Gusto kong maging
mabait at mapagmalasakit ang mga bata sa mga taong mahihina.)

㊴ □ 配慮(する) (pertimbangan (mengambil kira)／စဉ်းစားထားသည်／
magsaalang-alang)

▷ 配慮に欠ける (kurang pertimbangan／စဉ်းစားထားမှုမရှိ／walang pagsasaalang-alang)

▶ さすが老舗の旅館だけあって、細かいところまで配慮が行き届いている。

(Sebagai sebuah ryokan yang sudah lama berdiri, mereka sangat memperhatikan terperincinya.／
မျှော်လင့်ထားတဲ့အတိုင်းသက်တမ်းရင့်တည်းခိုရိပ်သာဖြစ်လို့အသေးစိတ်စဉ်းစားဦးစဉ်ထားတယ်။／Gaya ng
inaasahan sa isang matagal nang itinatag na ryokan, isinasaalang-alang nila ang bawa't detalye.)

言う 41
意見・考え 42
性格・態度 43
気持ち・心の状態 44
評価 45
言葉 46
パソコン・IT 47
問題・トラブル・事故 48
数量・程度 49

㊵ □ 実感(する) (perasaan sebenar (benar-benar rasai)／ခံစားမိသည်／mapagtanto, maramdaman)

▷ 実感をこめる (merasakan secara nyata／ခံစားရသည်／italaga ang totoong nararamdaman)

▶ 住んでみて初めて、この土地の冬の寒さを実感した。

(Setelah tinggal di sini, saya baru merasakan betapa dinginnya musim sejuk di tempat ini.／နေကြည့်တော့မှဒီမြေဒေသရဲ့ဆောင်းတွင်းအအေးဒဏ်ကိုခံစားခဲ့ရတယ်။／Pagkatapos kong tumira rito, napagtanto ko kung gaano kaginaw sa lugar na ito kung winter.)

▶ 来週卒業だけど、まだ実感が湧かない。

(Saya akan tamat sekolah minggu depan, tetapi saya masih tidak dapat merasakannya.／နောက်နှစ်ကျောင်းပြီးမှာ ဖြစ်ပေမဲ့ စိတ်ထဲမှာခံစားမှုဆိုတဲ့ဟာမလာသေးဘူး။／Hindi ko pa rin maramdaman na gagradweyt na ako sa isang linggo.)

㊶ □ 痛感(する) (sangat terasa／စိတ်မှာနာကျင်မှုခံစားရသည်／lubos na mapagtantó)

▶ 初めて国際大会に出て、実力のなさを痛感した。

(Saya merasakan betapa tidak cukupnya kekuatan saya setelah pertama kali menyertai dalam pertandingan antarabangsa.／ပထမဦးဆုံးအကြိမ်နိုင်ငံတကာပွဲကိုထွက်ပြီးမိမိရဲ့အရည်အချင်းမပြည့်ဝမှုကိုစိတ်မှာနာကျင်ခံစားခဲ့ရတယ်။／Lumaban ako nang unang beses sa isang international competition, at lubos kong napagtantong wala pala akong kakayahan.)

㊷ □ 胸騒ぎがする (ada perasaan tidak sedap／စိတ်မှာအလိုလိုစိုးရိမ်သည်／hindi mapalagay ang pakiramdam)

▷ 胸騒ぎを覚える (merasakan kegelisahan／စိတ်မှာအလိုလိုစိုးရိမ်သည်／hindi mapalagay)

▶ 何だか胸騒ぎがしたので、家に電話をしたんです。

(Saya merasa tidak sedap hati, jadi saya menelefon rumah.／တစ်ခုခုပဲလိုစိတ်မှာအလိုလိုစိုးရိမ်ပြီး အိမ်ကိုဖုန်းဆက်ခဲ့တာပါ။／Hindi ako mapalagay, kaya tumawag ako sa bahay.)

㊸ □ 挑む (mencabar／စိန်ခေါ်သည်၊အကဲစမ်းသည်／hamunin)

▷ 世界新記録に挑む

(menantang rekod dunia baharu／ကမ္ဘာ့စံချိန်တင်ဖို့အကဲစမ်းသည်／hamunin ang world record)

▷ 多くの数学者がこの謎に挑んできた。

(Ramai ahli matematik telah cuba menyelesaikan teka-teki ini.／သင်္ချာပညာရှင်များဟာဒီပဟေဠိဉာဏ်ကိုအဖြေရှာဖို့အကဲစမ်းကြတယ်။／Hinamon ng maraming mathematician ang misteryong ito.)

㊹ □ 案じる (membimbangi／စိတ်ပူသည်၊ကြောင့်ကြသည်／mag-alala)

▷ 国の/子供の将来を案じる (risau tentang masa depan negara/anak-anak／နိုင်ငံ၏/ကလေးများ၏အနာဂတ်ကိုစိတ်ပူသည်／mag-alala sa bansa/kinabukasan ng mga bata)

▶ 多くの人が私の身を案じてくれていたことを知って、とても嬉しかったです。

(Saya sangat gembira apabila mengetahui bahawa ramai orang bimbang tentang saya.／လူအများဟာကျွန်တော့်ရဲ့ကိုယ်ခြင်းအတွက်စိတ်ပူပေးကြလို့အလွန်ဝမ်းသာပါတယ်။／Natuwa akong malamang maraming tao ang nag-aalala sa aking kaligtasan.)

㊺ ☐ 恥じる (malu／ရှက်သည်／mahiya)

▷ 自分の言動を恥じる

(malu dengan tindakan dan perkataan sendiri／မိမိ၏ပြုမူပြောဆိုမှုကိုရှက်သည်／mahiya dahil sa sariling ugali)

▶ あなたは正しいことをしたんだから、少しも恥じることはないよ。

(Anda tidak perlu malu sama sekali kerana anda telah melakukan yang benar.／မင်းဟာအမှန်တရားကိုလုပ်တာမို့လို့နည်းနည်းမှရှက်ဖို့မလိုဘူး။／Ginawa mo ang tama, kaya hindi ka dapat mahiya.)

㊻ ☐ 強がる (berpura-pura kuat／စိတ်မာဟန်ဆောင်သည်／magkunwaring malakas)

▶ 彼女は強がって平気なふりをしているけど、ほんとはすごく辛いはずなんです。

(Dia berpura-pura kuat dan okey, tetapi sebenarnya dia mesti merasa sangat sakit.／သူမဟာစိတ်မာဟန်နဲ့မထောင်းတာသလိုဟန်ဆောင်နေပေမဲ့တကယ်တော့စိတ်ဆင်းရဲနေတာပါ။／Nagkukunwari siyang malakas, pero sa totoo lang, nahihirapan siya.)

㊼ ☐ 懲りる (sudah cukup menderita／သင်ခန်းစာရသည်／matuto dahil sa karanasan)

▶ まだ株をやってるんですか。——いえ、もう懲りました。損をするばかりで。

(Masihkah anda bermain saham? - Tidak, saya sudah belajar darinya. Hanya merugi saja.／အစုရှယ်ယာလုပ်နေသေးသလား။ဟင့်အင်း။ သင်ခန်းစာရပါပြီ။အရှုံးချည်းပဲမို့ပါ။／Nag-iinvest ka pa ba sa mga stock? -- Hindi, natuto na ako. Lagi akong nawawalan ng pera.)

㊽ ☐ 快い (menyegarkan／ဝမ်းမြောက်သည်၊လိုလားသည်／kaaya-aya)

▷ 快い返事 (balasan yang menyenangkan／ဝမ်းမြောက်ဖွယ်ပြန်ကြားချက်／kaaya-ayang sagot)

▶ 急なお願いにも関わらず、彼女は快く引き受けてくれた。

(Walaupun permintaan itu mendadak, dia dengan senang hati menerimanya.／ရုတ်တရက်အကူအညီအတောင်းပေမဲ့လည်း၊သူမဟာလိုလိုလားလားလက်ခံခဲ့တယ်။／Kahit bigla akong humiling sa kanya, masaya niyang tinanggap ito.)

㊾ ☐ 心地いい (rasa sedap／ဇိမ်ကျသည်၊ပြေညင်းသည်／komportable)

▷ 心地いいベッド (katil yang selesa／ဇိမ်ကျတဲ့ခုတင်／komportableng kama)

▶ 窓を開けると心地いい風が吹いてきた。

(Apabila saya membuka jendela, angin yang sejuk bertiup masuk.／ပြတင်းပေါက်ကိုဖွင့်လိုက်တော့၊လေပြေလေညင်းကလေးတိုက်ခတ်လာတယ်။／Noong binuksan ko ang bintana, umihip ang magandang simoy ng hangin.)

㊿ ☐ 不快（な） (tidak sedap／မနှစ်မြို့သော／hindi kaaya-aya)

▶ 彼のあの言い方には不快感を感じる。

(Cara dia bercakap itu membuat saya tidak selesa.／သူ့ရဲ့အဲ့ဒီစကားပြောပုံကိုမနှစ်မြို့ဘူး။／Hindi ako komportable sa paraan ng pagkakasabi niya.)

言う **41**

意見・考え **42**

性格・態度 **43**

心気持ち・の状態・ **44**

評価 **45**

言葉 **46**

パソコン・IT **47**

問題・トラブル・事故 **48**

数量・程度 **49**

❺❶ □ **煩わしい** (leceh／စိတ်ရှုပ်သည်／nakakaabala)
わずら

▶ 近所付き合いが煩わしく感じることもある。
きんじょつ　あ　　　　　　　　わずら　　　　かん

(Kadang-kadang, saya merasa terganggu dengan hubungan dengan jiran-jiran.／
အိမ်နီးချင်းပေါင်းသင်းရာမှာစိတ်ရှုပ်ရတာလည်းရှိပါတယ်။／Minsan nararamdaman kong
nakakaabalang makipagkilala sa mga kapitbahay.)

▶ 煩わしい手続きは一切不要。お電話１本でOKです。
わずら　　　てつづ　　　　いっさいふよう　　　　でんわ　ほん

(Tidak diperlukan prosedur yang menyusahkan. Cukup dengan satu panggilan telefon
sahaja.／စိတ်ရှုပ်စရာလုပ်ငန်းစဉ်တွေလုံးဝမလိုပါဘူး။ဖုန်းတစ်ခါပြောတာနဲ့အဆင်ပြေပါတယ်။／Hindi niyo
kailangang dumaan sa magulong proseso. Tumawag lang kayo sa amin.)

❺❷ □ **切実(な)** (mendesak／အပူတပြင်းဖြစ်သော／seryoso, desperado)
せつじつ

▷ 切実な訴え (rayuan yang mendalam／အပူတပြင်းတောင်းဆိုချက်／taimtim na apela)
　　　うった

▶ 輸出産業にとって、円高は切実な問題です。
ゆしゅつさんぎょう　　　　えんだか　せつじつ　もんだい

(Untuk industri eksport, kekuatan yen adalah masalah yang serius.／
ပို့ကုန်ထုတ်လုပ်မှုလုပ်ငန်းအဖွဲ့အစည်းယန်ဈေးတက်ခြင်းဟာအပူတပြင်းပြဿနာဖြစ်ပါတယ်။／Seryosong
problema para sa mga industriyang nag-iimport ang pagtaas ng yen.)

❺❸ □ **のどか(な)** (kesentosaan (sentosa)／အေးချမ်းသာယာသော／tahimik)

▷ 電車を降りると、のどかな田園風景が広がっていた。
でんしゃ　お　　　　　　　　　でんえんふうけい　ひろ

(Apabila saya turun dari kereta api, pemandangan ladang yang tenang tersebar.／
ရထားပေါ်ကဆင်းတော့အေးချမ်းသာယာတဲ့လယ်ယာမြေရှုခင်းဟာကျယ်ပြောလှတယ်။／Noong bumaba
ako mula sa tren, nakita ko ang tahimik na tanawing pampruprubinsiya.)

❺❹ □ **呆然** (terkejut／ကြက်သေသေသည်／natulala)
ぼうぜん

▶ 恩師の急死の知らせを聞き、呆然としてしまった。
おんし　きゅうし　し　　　　　き　　ぼうぜん

(Saya terkejut mendengar berita mendadak tentang kematian guru yang saya hargai.／
ကျေးဇူးရှင်ဆရာရဲ့ရုတ်တရက်ကွယ်လွန်တဲ့သတင်းကိုကြားရပြီးကြက်သေသေသွားတယ်။／Natulala ako
noong marinig kong biglang namatay ang dati kong titser.)

❺❺ □ **切ない** (sayu, hiba, pilu／ကြေကွဲဖွယ်ဖြစ်သော／masakit)
せつ

▶ この映画は、愛し合っても結ばれない、切ない恋の物語なんです。
えいが　　あい　あ　　　　むす　　　　　せつ　　こい　ものがたり

(Filem ini adalah kisah cinta yang menyayat hati, di mana mereka tidak dapat bersatu walaupun
mereka saling mencintai.／ဒီရုပ်ရှင်ဟာချစ်သော်လည်းမပေါင်းသင်းနိုင်တဲ့ကြေကွဲဖွယ်အချစ်စတင်ထက်လမ်းပါ။／
Tungkol sa isang malungkot na kuwento ng pag-ibig ang sineng ito. Kahit nagmamahalan sila, hindi sila nagkatuluyan.)

❺❻ □ **空しい** (kosong, sia-sia／ဗလာ၊ ဟာတိဟာတာ／hungkag na pakiramdam)
むな

▶ 今までの努力が無駄だったとわかり、空しくなった。
いま　　　　どりょく　むだ　　　　　　　　　むな

(Saya merasa hampa apabila tahu bahawa semua usaha saya sebelum ini sia-sia.／
အခုအထိကြိုးစားလာခဲ့တာကအချည်းအနှီးဖြစ်ခဲ့တာကိုသိပြီးဟာတိဟာတာဖြစ်သွားတယ်။／Napagtanto ko
na walang kabuluhan ang mga pagsisikap ko hanggang ngayon, at hungkag ang pakiramdam ko.)

㊄ ☐ **きまり(が)悪い** (merasa tidak sedap／
　　／nahihiya)

▶ たくさん釣ってくると言ったのに2匹しか釣れなくて、父はきまり悪そうだった。

(Walaupun ayah saya berjanji akan menangkap banyak ikan, dia hanya dapat menangkap dua ikan, jadi dia kelihatan malu.／
／Sinabi ng tatay kong manghuhuli siya ng maraming isda, pero dalawa lang ang nahuli niya, kaya mukhang nahihiya siya.)

㊤ ☐ **恥をかく** (malu／အ ／mapahiya)

▶ 小学校で習う漢字なんだから、書けないと恥をかくよ。

(Anda akan merasa malu jika anda tidak dapat menulis kanji yang dipelajari di sekolah rendah.／／Mapapahiya ka kung hindi ka makakasulat ng mga kanji na pinag-aralan sa elementary school.)

㊥ ☐ **自尊心** (maruah/kehormatan diri／／respeto sa sarili)

▶ みんなの前で恥をかかされて、自尊心を傷つけられた。

(Saya merasa diri saya disakiti apabila saya dipermalukan di depan semua orang.／／Napahiya ako sa harap ng lahat, kaya nawala ang pagpapahalaga ko sa sarili ko.)

㊦ ☐ **郷愁** (nostalgia／／nostalgia)

▶ どこか郷愁を感じる町並みにひかれました。

(Saya tertarik dengan pemandangan bandar yang membangkitkan rasa kerinduan.／／Naakit ako sa tanawin ng bayan, kung saan ako nakaramdam ng nostalgia.)

㊣ ☐ **息が詰まる** (sesak nafas／／hindi makahinga)

▶ 会議はずっと重苦しい雰囲気で、息が詰まりそうだった。

(Mesyuarat itu berlangsung dalam suasana yang berat dan saya merasa seperti tidak dapat bernafas.／／Mabigat ang kapaligiran sa buong miting, kaya parang hindi ako makahinga.)

㊤ ☐ **劣等感** (perasaan rendah diri／／inferiority complex)

▷ 彼は劣等感をばねに頑張った。

(Dia bekerja keras dengan menggunakan perasaan rendah diri sebagai pendorong.／／Ginamit niya ang inferiority complex niya bilang pambuwelo para gawin niya ang makakaya niya.)

UNIT 45

評価
ひょう か
(Penilaian／အကဲဖြတ်ခြင်း／Pagsusuri)

❶ □ 実績 (じっせき) (prestasi, pencapaian／အောင်မြင်မှု／nagawa, tagumpay)

▶ 研究実績が認められ、彼女は教授になった。
けんきゅう みと かのじょ きょうじゅ

(Prestasi penyelidikannya diakui dan dia menjadi profesor.／
သုတေသနအောင်မြင်မှုကိုအသိအမှတ်ပြုခံရပြီး၊သူမဟာကျောင်ားစီဖြစ်သွားတယ်။／Kinilala ang nagawa
niya sa research, at naging propesor siya.)

❷ □ 功績 (こうせき) (jasa, bakti／အောင်မြင်မှု／tagumpay)

▶ 彼は報道分野での長年の功績が認められ、表彰された。
かれ ほうどうぶんや ながねん こうせき みと ひょうしょう

(Prestasi panjangnya dalam bidang wartawan diakui dan dia telah dianugerahkan.／
သူဟာသတင်းနယ်ပယ်မှာနှစ်ပေါင်းများစွာအောင်မြင်မှုများကိုအသိအမှတ်ပြုခံရပြီးဆုချီးမြှင့်ခြင်းခံရတယ်။／
Kinilala ang mga nagawa niya nang maraming taon sa larangan ng pagbabalita, at binigyan
siya ng award.)

❸ □ 名誉 (めい よ) (kehormatan／ဂုဏ်သိက္ခာ／karangalan)

▷ 名誉ある地位 (kedudukan yang terhormat／ဂုဏ်သိက္ခာရှိသောရာထူး／marangal na posisyon)

▷ 記事で名誉を傷つけられたと、彼女は出版社を訴えた。
きじ めいよ きず かのじょ しゅっぱんしゃ うった

(Dia menyaman penerbit kerana mencemarkan kehormatannya.／
အောင်ပါ၊နှင့်ဂုဏ်သိက္ခာကိုအထိပါးခံရလို့ဆိုပြီး၊သူမဟာထုတ်ဝေသူကိုတရားစွဲခဲ့တယ်။／Idinemanda niya
ang pubishing company dahil sinira ng artikulo nila ang reputasyon niya.)

❹ □ 名高い (な だか) (ternama／နာမည်ကြီးသည်／kilala)

▶ 竜安寺は、美しい庭があることで名高いお寺です。
りょうあんじ うつく にわ てら

(Ryoanji terkenal kerana halaman yang indah.／
လှပတဲ့အန်ဂျိုကျောင်းတော်ကြီးဟာလှပတဲ့ဥယျာဉ်ရှိတယ်ဆိုတဲ့အကြောင်းနဲ့နာမည်ကြီးတယ်။／Kilala ang
Ryoanji Temple sa magandang hardin nito.)

❺ □ 偉大(な) (い だい) (keagungan (agung)／ကြီးမြတ်သော／dakila)

▷ 偉大な人 (orang agung／ကြီးမြတ်သောပုဂ္ဂိုလ်／dakilang tao)
ひと

▷ 偉大な功績を残した人の名前がここに書かれている。
こうせき のこ なまえ か

(Nama orang yang meninggalkan pencapaian yang hebat ditulis di sini.／
ကြီးမြတ်သောအောင်မြင်မှုများကိုထားရစ်ခဲ့တဲ့သူများရဲ့နာမည်ကိုဒီမှာရေးထားတယ်။／Nakasulat rito ang
pangalan ng mga taong nakagawa ng mga dakilang bagay.)

言う 41
意見・考え 42
性格・態度 43
気持ち・心の状態 44
評価 45
言葉 46
パソコン・IT 47
問題・トラブル・事故 48
数量・程度 49

❻ □ 称える (memuji／ချီးကျူးသည်／purihin)

▶ 両チームは、お互いの健闘を称えて握手をした。

（Kedua-dua pasukan bertepuk tangan untuk menghargai usaha keras masing-masing.／နှစ်ဖက်အသင်းဟာ၊တစ်ဖက်သင်းနဲ့တစ်သင်းရဲ့ကစားပုံကိုချီးကျူးပြီးလက်ဆွဲနှုတ်ဆက်ခဲ့ကြတယ်။／Pinuri ng mga player ng dalawang team ang isa't isa.)

❼ □ 値する (bernilai／ထိုက်တန်သည်／nararapat)

▶ まさに称賛に値する演技だった。

（Itu adalah persembahan yang benar-benar patut dipuji.／တကယ့်ကိုချီးကျူးထိုက်တဲ့ရုပ်ဆောင်မှုဖြစ်စဲ့ပါတယ်။／Isang kahanga-hangang pagganap ito.)

❽ □ 利点 (kelebihan, kebaikan／အားသာချက်／kabutihan)

▶ 通信販売の一番の利点は、家にいながら買い物ができることです。

（Kelebihan terbesar belanja online adalah anda dapat berbelanja dari rumah.／အင်တာနက်မှရောင်းချခြင်းရဲ့အားအသာဆုံးအချက်ကအိမ်မှာနေရင်းနဲ့ဈေးဝယ်လို့ရတာပါပဲ။／Ang pinakamabuti sa mail-order ay maaari kang mamili habang nasa bahay ka.)

❾ □ 同 メリット (merit／ကောင်းကျိုး／pakinabang, kabutihan)

▶ 彼に協力しても、私には何のメリットもない。

（Tidak ada keuntungan untuk saya membantu dia.／သူ့ကိုပူးပေါင်းကူညီပေးရင်လည်းပဲ၊ကျွန်တော်မှာဘာကောင်းကျိုးမှမရှိဘူး။／Wala akong mapapakinabangan sa pakikipagtulungan sa kanya.)

❿ □ 対 デメリット (demerit／ဆိုးကျိုး／demerit)

▶ この料金プランにした場合のデメリットは何ですか。

（Apa kelemahan jika saya memilih pelan tarif ini?／ဒီဈေးနှုန်းအစီအစဉ်နဲ့လုပ်မယ်ဆိုရင်ဘာဆိုးကျိုးရှိမလဲ။／Ano ang demerit kung pipiliin ko ang rate plan na ito?)

⓫ □ 辛い (pedas, tegas／စပ်သည်၊အပျက်သဘောဆောင်သည်／
mapait, nakakasakit)

▷ この映画に対する彼の評価は少々辛いものだった。

（Penilaian beliau terhadap filem ini agak keras.／ဒီရုပ်ရှင်အပေါ်သူ့ရဲ့အကဲဖြတ်မှုကနည်းနည်းအပျက်သဘောဆောင်တယ်။／Medyo nakakasakit ang pagsusuri niya tungkol sa pelikulang ito.)

⓬ □ 審査(する) (penilaian (menilai)／စီစစ်သည်／suriin)

▷ 審査員 (juri／စီစစ်သူ／judge)

▶ 審査結果が間もなく発表されます。

（Hasil penilaian akan diumumkan sebentar lagi.／စီစစ်သည့်ရလဒ်ကိုမကြာမီကြေညာပါလိမ့်မည်။／Malapit nang ipahayag ang resulta ng desisyon ng judge.)

言う 41

意見・考え 42

性格・態度 43

気持ち・心の状態 44

評価 45

言葉 46

パソコン・打 47

問題・トラブル・事故 48

数量・程度 49

❸ ☐ **審議（する）** (perbincangan (membincangkan)／ညှိနှိုင်းဆွေးနွေးသည်／talakayin)

▶ 市議会で、来年度の予算案の審議が行われる。

(Rancangan bajet untuk tahun depan akan dibahas di majlis bandaraya.／
မြို့တော်ကောင်စီတွင်နောင်နှစ်၏ဘဏ္ဍာငွေအသုံးပြုချက်ကိုညှိနှိုင်းဆွေးနွေးမည်။／Sa city council, tatalakayin nila ang badyet para sa isang taon.)

❹ ☐ **吟味（する）** (penelitian (meneliti)／သုံးသပ်သည်／suriing mabuti)

▶ どの教科書を使うか、内容を吟味しているところです。

(Saya sedang mempertimbangkan buku teks mana yang digunakan.／
ဘယ်သင်ရိုးစာအုပ်ကိုသုံးမလဲ၊အကြောင်းအရာကိုသုံးသပ်နေပါတယ်။／Sinusuri naming mabuti ang mga nilalaman, para malaman namin kung anong tekstbuk ang gagamitin.)

**2
02**

❺ ☐ **採択（する）** (pengambilan (mengambil)／ရွေးချယ်သည်／magpatibay)

▶ 国の環境計画に、A大学のエネルギー再生プランが採択された。

(Rancangan penghasilan semula tenaga dari Universiti A telah dipilih untuk rancangan alam sekitar negara.／
နိုင်ငံတော်၏ပတ်ဝန်းကျင်စီမံကိန်းအတွက်A တက္ကသိုလ်၏ပြန်လည်အသုံးချရေးအစီအစဉ်ကိုရွေးချယ်ခဲ့သည်။／Ang energy recovery plan ng University A ang pinagtibay para sa pambansang plano sa kapaligiran.)

❻ ☐ **軽視（する）** (mengabaikan (melakukan)／မထီမဲ့မြင်ပြုသည်／hindi magpahalaga)

▶ 今回の事故は安全を軽視した結果だと、非難が出ている。

(Ada kritikan yang mengatakan bahawa kecelakaan kali ini adalah hasil dari pengabaian keselamatan.／
ဒီတစ်ခါဖြစ်တဲ့မတော်တဆမှုဟာအန္တရာယ်ကင်းရေးကိုမထီမဲ့မြင်ပြုတဲ့ရလဒ်ပါလို့အပြစ်တင်ဝေဖန်မှုများထွက်ပေါ်နေပါတယ်။／Sinasabi ng mga kritiko na ang aksidente ay resulta ng hindi pagpapahalaga sa kaligtasan.)

❼ ☐ **好ましい** (positif, baik／နှစ်လိုဖွယ်ကောင်းသော၊ကြိုက်သော／kanais-nais)

▷ 好ましい人物 (orang yang disukai／နှစ်လိုဖွယ်ကောင်းသောပုဂ္ဂိုလ်／kanais-nais na tao)

▶ 絶対だめというわけではないが、あまり好ましくない。

(Bukan berarti benar-benar tidak, tetapi tidak begitu disukai.／
လုံးဝမကောင်းဘူးလို့မဆိုပေမဲ့သိပ်မကြိုက်ဘူး။／Hindi ko masasabing talagang masama iyon, pero hindi iyon kanais-nais.)

⑱ □ 好評(な) (sambutan memuaskan／လူကြိုက်များသော／sikat)
こうひょう

▶こちらのツアーは、お客様に大変好評をいただいています。
きゃくさま　　　たいへん

(Lawatan (tour) ini sangat populer di kalangan pelanggan kami.／
ဒီခရီးသွားအစီအစဉ်ဟာခရီးသွားသူများအားကြိုက်များနေပါတယ်။／Sikat na sikat ang tour na ito sa
mga kliyente.)

⑲ □ 対 不評(な) (ketidakpopularan (tidak popular)／လူကြိုက်နည်းသော／hindi popular)
ふ

▶新しいメニューはどうやら不評のようだ。
あたら

(Menu baru nampaknya tidak popular.／မီနူးသစ်ဟာလူကြိုက်နည်းပုံရတယ်။／Mukhang hindi
popular ang bagong menu.)

---

⑳ □ 絶好 (sempurna／အကောင်းဆုံး／pinakamaganda, pinakamagaling)
ぜっこう

▷絶好のチャンス (peluang yang sempurna／အကောင်းဆုံးအခွင့်အလမ်း／pinakamagaling
na pagkakataon)

▶あすはよく晴れて、お出かけには絶好の天気になりそうです。
は　　　で　　　　　　　てんき

(Esok akan cerah dan nampaknya cuaca yang sempurna untuk keluar.／
မနက်ဖြန်နေသာပြီးအပြင်သွားဖို့အတွက်အကောင်းဆုံးမိုးလေဝသဖြစ်မယ့်ပုံပဲ။／Aaraw bukas at
pinakamagandang panahon ito para lumabas.)

㉑ □ 好調(な) (dalam keadaan baik (itu)／တွင်ကျယ်သော／
こうちょう　　　　　　　　　　　　　　　　　mabuting kondisyon)

▷好調を維持する (mengekalkan keadaan baik／တွင်ကျယ်မှုကိုထိန်းထားသည်／panatilihing
いじ　　　　　　　　　　　　　　　　　　　　　　　　　　　　　nasa mabuting kondisyon)

▶新規店は、売上が好調のようです。
しんきてん　　うりあげ

(Kedai baru nampaknya menjual dengan baik.／ဆိုင်သစ်ဟာအရောင်းတွင်ကျယ်နေပုံပဲ။／
Mukhang maganda ang bentahan sa bagong tindahan.)

㉒ □ 対 不調(な) (dalam keadaan buruk (itu)／အခြေအနေမကောင်းသော／masamang kondisiyon)
ふ

▶チームは不調が続いている。
つづ

(Pasukan itu terus gagal.／အသင်းဟာအခြေအနေမကောင်းတာဆက်တိုက်ဖြစ်နေတယ်။／Patuloy na
masama ang kondisyon ng team.)

▷絶好調(な) (sangat baik／အကောင်းဆုံးအခြေအနေဖြစ်သော／maayos na kondisyon)
ぜっ

㉓ □ 適正(な) (sesuai／သင့်လျော်သော／angkop)
てきせい

▷適正価格 (harga yang sesuai／သင့်လျော်သောဈေးနှုန်း／angkop na halaga)
かかく

▶この料金が適正なのかどうか、私にはよくわからない。
りょうきん　　　　　　　　　　わたし

(Saya tidak pasti sama ada yuran ini sesuai.／
ဒီတန်ဖိုးဟာသင့်လျော်သလားမသင့်လျော်ဘူးလားဆိုတာကျွန်တော်မသိပါဘူး။／Hindi ko alam kung
naangkop ang halagang ito.)

言う 41

意見・考え 42

性格・態度 43

気持ち・心の状態 44

評価 45

言葉 46

パソコン・IT 47

問題・トラブル・事故 48

数量・程度 49

❷④ □ **最適(な)** (yang paling sesuai (itu)／အကောင်းဆုံးသော／pinakamainam)
さいてき

▶ この部屋は、ワインを保管するのに最適な温度になっている。
へや　　　　　　　　　　　　ほかん　　　　　　　　　　おんど

(Bilik ini pada suhu yang ideal untuk menyimpan wain.／ဒီအခန်းဟာဝိုင်ကိုသိုလှောင်ဖို့အကောင်းဆုံးအပူချိန်ဖြစ်နေတယ်။
／Nasa perpektong temperatura ang kuwartong ito para mag-imbak ng wine.)

❷⑤ □ **正当(な)** (kemunasabahan, keadilan (munasabah, adil)／မှန်ကန်သော／lehitimo) 　対 **不当(な)**
せいとう　　ふとう

▷ 正当性を主張する
せい　しゅちょう

(menegaskan kebenaran／မှန်ကန်မှုကိုတောင်းပြောသည်／angkinin ang pagiging lehitimo)

▶ 正当な理由があれば、再受験も可能です。
りゆう　　　　　　　　さいじゅけん　　かのう

(Jika ada alasan yang sah, anda boleh mengulang peperiksaan.／
မှန်ကန်တဲ့အကြောင်းပြချက်ရှိရင်စာမေးပွဲပြန်ဖြေဖို့ဖြစ်နိုင်ပါတယ်။／Kapag mayroon kang lehitimong
dahilan, puwede kang kumuha uli ng test.)

❷⑥ □ **正当化(する)** (pembenaran／မှန်ကန်ကြောင်းပြဆိုသည်／pangatwiranan)
せいとうか

▶ 他人を批判して自分を正当化しようとしているだけだよ。
たにん　ひはん　　　　じぶん

(Dia hanya mencuba untuk membenarkan dirinya sendiri dengan mengkritik orang lain.／
အခြားသူကိုပြစ်တင်ဝေဖန်ပြီးမိမိကမှန်ကန်ကြောင်းကိုပြဆိုဖို့လုပ်နေတာပါ။／Sinusubukan mo lang na
bigyang-katwiran ang sarili mo sa pamamagitan ng pagpuna sa iba.)

❷⑦ □ **的確(な)** (ketepatan (tepat)／မှန်ကန်သော／tamang-tama, wastong-wasto)
てきかく

▷ 的確な判断 (penghakiman yang tepat／မှန်ကန်သောဆုံးဖြတ်ချက်／tamang-tamang desisyon)
はんだん

▶ コーチの的確なアドバイスのおかげで、記録が伸びた。
きろく　の

(Berkat nasihat tepat dari jurulatih, rekod telah ditingkatkan.／နည်းပြရဲ့မှန်ကန်တဲ့အကြံပေးချက်ကြောင့်စံချိန်တင်နိုင်ခဲ့တယ်။
／Dahil sa wastong payo ng coach ko, naging mabuti ang rekord ko.)

❷⑧ □ **模範** (teladan, tauladan, turutan／စံပြစံမှုနာ／halimbawa, huwaran)
もはん

▷ 模範演技、模範的な生徒 (persembahan contoh, murid contoh／
えんぎ　　　てき　せいと
သရုပ်ဆောင်နမှုနာ၊ စံပြကျောင်းသား／halimbawa ng pagganap, ulirang estudyante)

▶ 後輩の模範になってほしいと、課長に言われた。
こうはい　　　　　　　　　　　　　かちょう　い

(Ketua saya berkata saya harus menjadi contoh untuk junior saya.／
နောက်လူအတွက်စံပြဖြစ်စေချင်တယ်လို့ဌာနမှူးကကျွန်တော်ကိုပြောခဲ့တယ်။／Sinabihan ako ng section
chief namin na gusto niya akong maging huwaran para sa mga nakababata sa akin.)

❷⑨ □ **画期的(な)** (keperintisan, kebaharuan (menempa sejarah, betul-betul baru)／
かっきてき　　　　　　တစ်ခေတ်ဆန်းသော／napakapambihira, rebolusyonaryo)

▷ 画期的な方法／アイデア
ほうほう

(cara/idea yang betul-betul baru／တစ်ခေတ်ဆန်းသောနည်းလမ်း/အယူအဆ／pambihirang paraan/ideya)

▶ もしこれが実現されれば、画期的な出来事になるだろう。
じつげん　　　　　　　　　　　　　できごと

(Jika ini tercapai, itu akan menjadi peristiwa yang revolusi.／
တကယ်လို့ဒီဟာကအကောင်အထည်ပေါ် ခဲ့ရင်တစ်ခေတ်ဆန်းဖြစ်ရပ်ဖြစ်လိမ့်မယ်။／Kung magkatotoo
ito, magiging napakapambihirang pangyayari ito.)

㉚ ☐ **軽率(な)** (kemeluluan (melulu)／စဉ်းစားဆင်ခြင်မှုကင်းမဲ့သော／walang-ingat) 　**対 慎重(な)**
けいそつ　　しんちょう

▶ 一人の軽率な行動が、大きな問題を招いた。
　ひとり　　けいそつ　こうどう　　　　　　おお　　　もんだい　まね

(Tindakan tidak berhati-hati seorang individu telah menyebabkan masalah besar.／
လူတစ်ဦး၏စဉ်းစားဆင်ခြင်မှုကင်းမဲ့သောအပြုအမူသည်ကြီးမားသောပြဿနာကိုပေါ်ပေါက်စေသည်။／
Nagdudulot ng malaking problema ang walang ingat na pagkilos ng isang tao.)

㉛ ☐ **難解(な)** (sukar／ခက်ခဲနက်နဲသော／mahirap maintindihan)
なんかい

▷ 難解な本 (buku yang sukar／ခက်ခဲနက်နဲသောစာအုပ်／librong mahirap maintindihan)
　なんかい　ほん

㉜ ☐ **粗悪(な)** (rendah／ကြမ်းထော်သောၫ၊ညံ့သော／magaspang, magaslaw)
そあく

▷ 粗悪品 (produk berkualiti rendah／ညံ့သောပစ္စည်း／produktong hindi maayos ang pagkakagawa)
　そあくひん

㉝ ☐ **アピール(する)** (rayuan (merayu)／အကောင်းပြောသည်၊ အယူခံဝင်သည်／manawagan, magsumamo)

▷ 自己アピール (merayu diri sendiri／မိမိကိုယ်ကိုအကောင်းပြောခြင်း／apela sa sarili)
　じこ

▶ もっと商品の特長をアピールしたほうがいい。
　　　　しょうひん　とくちょう

(Lebih baik untuk menekankan lebih pada ciri-ciri produk.／
အရောင်းပစ္စည်းရဲ့ထူးခြားတဲ့ကောင်းပုံကိုပိုပြီးပြောရင်ကောင်းမယ်။／Dapat mong mas bigyang-diin
ang mga tampok na katangian ng produktong ito..)

㉞ ☐ **舌を巻く** (gulung lidah (＝terkejut)／တအံ့တသြဖြစ်သည်／manggilalas, humanga)
した　ま

▶ その子の記憶力のすごさに、誰もが舌を巻いた。
　　　こ　きおくりょく　　　　　　だれ　　　した　ま

(Semua orang terpesona dengan daya ingat anak itu.／
ဒီကလေးရဲ့မှတ်ဉာဏ်အားကောင်းပုံကိုလူတိုင်းကတအံ့တသြဖြစ်တယ်။／Nanggilalas ang lahat dahil sa
husay ng alaala ng batang iyan.)

㉟ ☐ **気力** (tenaga／စိတ်စွမ်းအား／lakas, puwersa, paghahangad)
きりょく

▶ 体はもう限界だったが、気力だけで最後まで走った。
　からだ　　　げんかい　　　　　　きりょく　　　　さいご　　　はし

(Walaupun badan saya sudah mencapai batas, saya berlari hingga akhir dengan kekuatan
semangat saya.／ခန္ဓာကိုယ်ကဒီထက်မစွမ်းတော့ပေမဲ့စိတ်စွမ်းအားနဲ့အဆုံးအထိပြေးခဲ့တယ်။／Hindi na
kaya ng katawan ko, pero tumakbo ako hanggang sa dulo dahil sa paghahangad ko.)

㊱ ☐ **知能** (kecerdasan／အသိဉာဏ်／katalinuhan)
ちのう

▷ 知能が高い動物
　ちのう　たか　どうぶつ

(haiwan yang pintar／အသိဉာဏ်မြင့်သောတိရစ္ဆာန်／matalinong hayop)

言う 41

意見・考え 42

性格・態度 43

気持ち・心の状態 44

評価 45

言葉 46

パソコン・IT 47

問題・トラブル・事故 48

数量・程度 49

㊲ □ **知性**(ちせい) (kecerdasan, kepintaran／ဉာဏ်ရည်／katalinuhan)

▷ **知性的**(てき)**(な)** (berakal／ဉာဏ်ရည်ရှိသော／matalino)

▶ **話していて知性を感じる人が好きです。**
はな　　　　　　ちせい　　かん　　ひと　　す

(Saya suka orang yang bercakap dan berasa bijak.／
ဉာဏ်ရည်ရှိရှိနဲ့စကားပြောသူကိုသဘောကျတယ်။／Gusto ko ang mga taong matalinong magsalita.)

㊳ □ **知的**(ちてき)**(な)** (keintelektualan (intelektual)／အသိဉာဏ်နှင့်ဆိုင်သော／matalino)

▷ **知的な女性**(じょせい) (wanita yang intelektual／အသိဉာဏ်ရှိသောအမျိုးသမီး／matalinong babae)

㊴ □ **技能**(ぎのう) (kemahiran, kebolehan／ကျွမ်းကျင်မှု／kasanayan, skill)

▷ **技能検定、特殊技能**
けんてい　　とくしゅ

(ujian kemahiran, kemahiran khusus／ကျွမ်းကျင်မှုစာမေးပွဲ၊ အထူးကျွမ်းကျင်မှု／test ng skill, espesyal na skill)

▶ **半年の技術研修で、専門的な技能を身につけます。**
はんとし　　ぎじゅつけんしゅう　　せんもんてき　　ぎのう　　み

(Semasa latihan teknikal setengah tahun, anda akan memperoleh kemahiran khusus.／
နှစ်တ၀က်ကျွမ်းကျင်မှုလေ့ကျင့်သင်ကြားရေးဖြင့်အထူးပညာရပ်ကျွမ်းကျင်မှုကိုရယူမယ်။／Makakakuha ka ng espesyal na skill, sa loob ng anim na buwang teknikal na pagsasanay.)

㊵ □ **特技**(とくぎ) (keistimewaan, kemahiran／အထူးကျွမ်းကျင်မှု／espesyal na skill)

▶ **特技というほどではないですが、フラメンコを習っています。**
なら

(Bukanlah kemahiran khusus, tetapi saya belajar Flamenco.／
အထူးကျွမ်းကျင်မှုမလိုမဆိုလောက်ပေမဲ့ဖလာမင်ကိုစပိန်အကကိုသင်နေတယ်။／Hindi ko masasabing espesyal na skill ito, pero nag-aaral ako ng flamenco.)

㊶ □ **審判**(しんぱん)**(する)** (pengadil (mengadil)／ဒိုင်လူကြီးလုပ်သည်၊ စီရင်ဆုံးဖြတ်သည်／mag-referee)

▷ **野球の審判**(やきゅう) (pengadil besbol／ဘော့စ်ဘောဒိုင်လူကြီး／referee ng baseball)

▷ **選挙で国民の審判が下されるだろう。**
せんきょ　　こくみん　　くだ

(Pengadilan rakyat akan dijatuhkan dalam pemilihan.／ဘော့စ်ဘောဒိုင်လူကြီး／Hahatulan ang mga tao sa halalan.)

㊷ □ **さほど〜ない** (tidak begitu ~／သိပ်မ ~ ပါဘူး／hindi masyado)

▷ **さほど高くない店**(たか)(みせ)

(kedai yang tidak terlalu mahal／သိပ်စျေးမကြီးတဲ့ဆိုင်／hindi masyadong mahal na tindahan)

UNIT 46

言葉
ことば
(Bahasa／စကားလုံး／Mga Salita)

❶ □ 口語 (bahasa lisan/pertuturan／အပြောစကား／wikang sinasalita)
   こうご

   類 話し言葉
   　　はな　ことば

   ▷ 口語的な表現
   　　てき ひょうげん

   (ungkapan bahasa lisan／အပြောစကားနှင့်ဖော်ပြချက်／kolokyal na ekspresyon)

❷ □ 対 文語 (bahasa tulisan／အရေးစကား／nakasulat na wika)
   　　ぶんご

   (類 書き言葉)
   　　　か　ことば

   ▷ 文語的な表現 (ungkapan bahasa tulisan／အရေးစကားနှင့်ဖော်ပြချက်／literary expression)

❸ □ 俗語 (slanga／ဗန်းစကား／slang)
   ぞくご

❹ □ 死語 (bahasa mati／ကွယ်ပျောက်စကား／patay na wika, lipas na salita)
   しご

   ▶ この言葉、昔流行ったけど、今はもう完全に死語だね。
   　　　ことば　むかしはや　　　　　　いま　　　　　かんぜん

   (Perkataan ini, popular sudah dahulu tetapi sekarang benar-benar menjadi bahasa mati.／
   ဒီစကားဟာရှေးတုန်းကခေတ်စားခဲ့ပေမဲ့အခုတော့လုံးဝ ကွယ်ပျောက်သွားးပြီ။／Uso ang salitang ito
   noong araw, pero ganap na lipas na ito ngayon, hindi ba?)

❺ □ 用語 (istilah／ဝေါဟာရ／termino)
   ようご

   ▷ 専門用語 (istilah／အထူးနည်းပညာဝေါဟာရ／teknikal na terminolohiya)
   　　せんもん

❻ □ 略語 (kata singkatan／အတိုကောက်စကား／abbreviation)
   りゃくご

❼ □ 母語 (bahasa ibunda／အမိဘာသာစကား／sariling wika)
   ぼご

❽ □ 母国語 (bahasa kebangsaan sendiri／အမိနိုင်ငံဘာသာစကား／sariling wika)
   ぼこくご

❾ □ 私語 (berbisik／ကိုယ်ရေးကိုယ်တာစကား／pagbubulungan)
   しご

   ▶ 講演中は私語は慎んでください。
   　　こうえんちゅう　　しご　　つつし

   (Sila jangan berbisik ketika kuliah sedang berlangsung.／
   ဟောပြောပွဲချုန်စဉ်မှာကိုယ်ရေးကိုယ်တာစကားကိုရှောင်ကြဉ်ပါ။／Iwasan ninyong magbulungan,
   habang may lecture.)

❿ □ 名言 (petikan terkenal／ပညာရှိစကား／salawikain)
めいげん

　▷ **名言集** (koleksi kata-kata petikan terkenal／ပညာရှိစကားစု／koleksyon ng mga salawikain)
　　しゅう

⓫ □ 遺言 (wasiat／သေတမ်းစာ／will, huling habilin)
ゆいごん

　▷ **遺言を残す** (meninggalkan wasiat／သေတမ်းစာရေးထားခဲ့သည်／mag-iwan ng will)
　　　　のこ

⓬ □ 独り言 (percakapan seorang diri／တစ်ယောက်တည်းစကားပြော／
ひと　ごと　　pagsasalita sa sarili)

　▶ **彼女、また独り言を言っている。**
　　かのじょ　　　　ひと　ごと　　い

　　(Dia, lagi cakap seorang diri／သူမဟာ၊တစ်ယောက်တည်းစကားပြောနေပြန်ပြီ။／Kinakausap na
　　naman niya ang sarili niya.)

⓭ □ 失言 (gaffe／စကားများပြောခြင်း／madulas sa pagsasalita)
しつげん

　▶ **大臣の度重なる失言に、党内からも批判が出ている。**
　　だいじん　たびかさ　　しつげん　　とうない　　　　ひはん　で

　　(Kritikan telah muncul dari dalam parti berkenaan dengan kesilapan kata yang berulang-
　　ulang oleh menteri.／ဝန်ကြီးရဲ့အကြိမ်ကြိမ်စကားများမှုကြောင့်ပါတီတွင်းမှလည်းအပြစ်တင်ဝေဖန်နေတယ်။／
　　／Dahil sa paulit-ulit na nadudulas sa pagsasalita ang ministro, binatikos na rin siya ng mga
　　kapartido niya.)

⓮ □ ニュアンス (nuansa／မသိမသာကွဲပြားချက်／nuance)

　▶ **この２つの言葉は、微妙にニュアンスが違う。**
　　　　　　ことば　　びみょう　　　　　　ちが

　　(Dua perkataan ini mempunyai nuansa yang sedikit berbeza.／
　　ဒီစကားနှစ်ခွန်းဟာ၊နည်းနည်းလေးမသိမသာကွဲပြားတယ်။／May kaunting pagkakaiba ng nuance ang
　　dalawang salitang ito.)

言う　41
意見・考え　42
性格・態度　43
気持ち・心の状態　44
評価　45
言葉　46
パソコン・IT　47
問題・トラブル・事故　48
数量・程度　49

UNIT 47

パソコン・IT (Komputer peribadi, IT／
မိမိသုံးကွန်ပြူတာအိုင်တီ／
Personal Computer, IT)

---

❶ □ アカウント (akaun／အေကာင့်／account)

▶ メールを使うには、まずアカウントを設定する必要がある。

(Untuk menggunakan e-mel, anda perlu menetapkan akaun terlebih dahulu.／
အီးမေးလ်ကိုသုံးမည်ဆိုလျှင်ပထမဦးစွာအေကာင့်ဖွင့်ဖို့လိုပါတယ်။／Kapag mag-i-email ka, kailangang
mag-set up ka muna ng account.)

---

❷ □ ログイン／ログオフ (log masuk / log keluar／
လော့ဂ်အင်/လော့ဂ်အော့ဖ်／log in/ log off)

▷ サイトにログインする

(log masuk ke laman web／ဆိုက်တွင်လော့ဂ်အင်လုပ်သည်／mag-log in sa site)

---

❸ □ アプリ (aplikasi／အက်ပလီ／application)

▷ **アプリを購入する** (membeli aplikasi／အက်ပလီကိုဝယ်ယူသည်／bumili ng application)

---

❹ □ アイコン (ikon／အိုင်ကွန်း／icon)

▷ **アイコンをクリックする** (klik ikon／အိုင်ကွန်းကိုကလစ်လုပ်သည်／i-click ang icon)

---

❺ □ 動画 (video／ဗီဒိယို／video)

▷ **動画サイト** (laman video／ဗီဒိယိုဆိုက်／site ng video)

▶ 画面は小さいですが、動画を見ることもできます。

(Skrinnya kecil, tetapi anda masih boleh menonton video.／
ရုပ်သံမျက်နှာပြင်သေးငယ်ပေမဲ့ဗီဒိယိုကြည့်နိုင်ပါတယ်။／Maliit ang screen, pero nakikita ko ang video.)

---

❻ □ 閲覧(する) (melihat／ကြည့်သည်／mag-browse)

▷ **サイトを閲覧する** (melihat laman web／အင်တာနက်ဆိုက်ကိုကြည့်သည်／mag-browse sa site)

---

❼ □ 投稿(する) (mengepos／စာမူပို့သည်／magpost)

▷ **画像を投稿する、新聞の投稿欄**

(mengepos gambar, ruangan pengeposan surat khabar／
ဓါတ်ပုံကိုပို့သည်၊ သတင်းစာ၏စာမူပို့ကော်လံ／magpost ng retrato, kolum ng diaryo)

言う 41

意見・考え 42

性格・態度 43

気持ち・心の状態 44

評価 45

言葉 46

パソコン・IT 47

問題・トラブル・事故 48

数量・程度 49

❽ □ **書き込み** （menulis／ရေးထည့်သည်／sumulat）
（か）

▷ 掲示板への書き込み （menulis ke papan pengumuman／သတင်းလွှာတွင်ရေးထည့်ခြင်း／
（けい じ ばん）
sumulat sa bulletin board）

❾ □ **アップ（する）** （memuat naik／တင်သည်／mag-upload, i-upload）

★サイトなどに載せる、新たに用意する、などの意味。
Maksud seperti menyiarkan di laman web atau baru menyediakan.／
ဝက်ဘ်ဆိုက်တွင်တင်သည်အသစ်ပြင်ဆင်သည်။စသည့်အဓိပ္ပာယ်／Nangangahulugang ilagay sa site,
maghanda ng bago, at iba pa.

▶ 今日撮った写真は、あすにもブログにアップするつもりです。
（きょう と）　（しゃしん）

（Saya bercadang untuk memuat naik gambar yang saya ambil hari ini ke blog saya esok.／
ဒီနေ့ရိုက်တဲ့ဓါတ်ပုံကို၊မနက်ဖြန် ဘလော့ဂ်မှာတင်မယ်လို့မှန်းတယ်။／Plano kong i-upload sa blog ko
bukas ang mga retratong kinuha ko ngayon.）

❿ □ **起動（する）** （memulakan／သုံးရန်စတင်သည်／i-boot）
（き どう）

▷ パソコンを起動する （memulakan komputer／ကွန်ပြူတာကိုဖွင့်သည်／i-boot ang kompyuter）

⓫ □ **再起動（する）** （memulakan semula／နောက်တစ်ကြိမ်ပြန်ဖွင့်／i-restart）
（さい き どう）

▶ 設定を変更したら、一度再起動したほうがいいよ。
（せってい）（へんこう）　　（いち ど）

（Anda harus memulakan semula sekali lagi jika anda mengubah tetapan.／
ဆက်တင်ကိုပြောင်းရင်၊နောက်တစ်ကြိမ်ပြန်ဖွင့်တာကပိုကောင်းမယ်။／Kapag napalitan mo na ang
setting, mabuting i-restart mo iyan.）

⓬ □ **（パソコンが）固まる** （membeku／ရပ်တန့်သည်／mag-freeze）
（かた）

▶ また固まっちゃったの？　とりあえず再起動してみたら？
（さい き どう）

（Beku lagi? Bagaimana kalau anda cuba memulakan semula untuk saat ini?／
ရပ်သွားပြန်ပြီလား။၊ လောလောဆယ်နောက်တစ်ကြိမ်ပြန်ဖွင့်ကြည့်ပါလား။／Nag-freeze na naman?
I-restart mo kaya muna.）

⓭ □ **メディア** （media／မီဒီယာ／media）

▷ 記録メディア （media rekod／မှတ်တမ်းတင်မီဒီယာ／recording media）
（き ろく）

▶ 今回使うデータは、何か持ち運びのできるメディアに入れて持ってき
（こんかいつか）　　　（なに）　（も はこ）　　　　　　　　（い も）
てください。

（Tolong bawa data yang akan digunakan kali ini dalam media yang mudah dibawa.／
အခုအကြိမ်သုံးမယ့်ဒေတာကိုသယ်သွားနိုင်တဲ့မီဒီယာတစ်ခုမှာထည့်ပြီးဆောင်ပါ။／Pakidala mo ang data
na gagamitin mo ngayon sa isang portable media.）

⓮ □ スマホ／スマートフォン (telefon pintar／စမတ်ဖုန်း／smart phone)

▶ スマホがないと、いろいろと不便です。

(Ia akan menjadi tidak selesa tanpa telefon pintar.／စမတ်ဖုန်းမရှိရင်၊အမျိုးမျိုးအဆင်မပြေဘူး။／Kung wala akong smartphone, marami akong hindi magagawa.)

⓯ □ タブレット (tablet／တက်ဘလက်／tablet)

▷ タブレット端末 (peranti tablet／တက်ဘလက်ကိရိယာ／tablet)

▶ このサービスは、スマホでもタブレット端末でも利用することができます。

(Anda boleh menggunakan perkhidmatan ini baik pada telefon pintar atau peranti tablet.／ဒီဝန်ဆောင်မှုဟာ၊စမတ်ဖုန်းနဲ့ဖြစ်ဖြစ်၊တက်ဘလက်ကိရိယာနဲ့ဖြစ်ဖြစ်သုံးနိုင်တယ်။／Maaaring gamitin sa smartphone o sa tablet ang service na ito.)

⓰ □ 機種 (model／ကိရိယာမော်ဒယ်／modelo)

▷ 機種変更 (tukar model／ကိရိယာမော်ဒယ်ပြောင်း／pagbabago ng model)

▶ 新しい機種が出たら、買い替えをするかもしれない。

(Saya mungkin akan menukar ke model baru jika satu keluar.／ကိရိယာမော်ဒယ်အသစ်ထွက်ရင်၊ဝယ်ပြီးလဲရင်လဲမယ်။／Kapag lumabas ang bagong modelo, baka palitan ko ng bago itong luma.)

⓱ □ 通話(する) (menelefon, memanggil／ဖုန်းပြောသည်／tumawag)

▷ 通話時間、通話料

(masa panggilan, yuran panggilan／ဖုန်းပြောချိန်၊ဖုန်းပြောခ／tagal ng tawag, bayad sa tawag)

⓲ □ 着信 (panggilan masuk／ဖုန်းခေါ်ထားခြင်း／papasok na tawag)

▶ 携帯に着信があったので、電話しておきました。

(Saya telah menelefon kerana ada panggilan masuk ke telefon bimbit.／လက်ကိုင်ဖုန်းမှာဖုန်းခေါ်ထားတာတွေ့လို့၊ဖုန်းဆက်ခဲ့တာပါ။／May pumasok na tawag sa cellphone ko, kaya tumawag ako.)

⓳ □ 履歴 (sejarah／ရာဇဝင်／history)

▷ 着信履歴 (sejarah panggilan masuk／ဖုန်းခေါ်ထားသည့်ရာဇဝင်／history ng papasok na tawag)

⓴ □ ユーザー (pengguna／အသုံးပြုသူ／ang gumagamit)

言う 41

意見・考え

性格・態度 43

気持ち・心の状態 44

評価 45

言葉 46

パソコン・IT

問題・トラブル・事故 48

数量・程度

UNIT 48

問題・トラブル・事故
もんだい　　　　　　　　　　じこ

(Isu, Masalah, Kemalangan／ပြဿနာ၊ဒုက္ခ၊မတော်တဆထိခိုက်မှု／Problema, Gulo, Aksidente)

---

❶ □ **天災** (bencana alam／သဘာဝဘေးဒုက္ခ／natural na kalamidad)
　　てんさい

▷〈ことわざ〉天災は忘れた頃にやって来る。
　　　　　　　　　　　　　　わす　　ころ　　　　　き

(<Peribahasa> Bencana alam datang ketika kita melupakannya.／
(စကားပုံ) သဘာဝဘေးဒုက္ခဟာမေ့သွားလောက်ရှိရင်ပေါ်လာတယ်။／(Kasabihan) Dumarating ang
sakuna kung kailan hindi natin ito inaasahan.)

❷ □ **人災** (bencana manusia／လူကြောင့်ဖြစ်သောဘေးဒုက္ခ／kalamidad na gawa ng tao)
　　じんさい

▷ 今回の悲劇はまさに人災といえるだろう。
　　こんかい　ひげき

(Tragedi kali ini benar-benar bencana manusia.／ဒီကြောင့်ဒုက္ခအဖြစ်ဟာလူကြောင့်ဖြစ်တဲ့ဘေးဒုက္ခလို့ဆိုနိုင်မယ်။
／Maaaring sabihing kalamidad na gawa ng tao ang trahedyang nangyari ngayon.)

❸ □ **被災(する)** (menjadi mangsa bencana／ဘေးဒုက္ခခံသည်／magdusa)
　　ひさい

▷ **被災者** (mangsa bencana／ဘေးဒုက္ခခံရသူ／biktima)
　　ひさいしゃ

▶ 被災した住民の多くが、まだこの避難所で生活しています。
　　ひさい　　じゅうみん　おお　　　　　　　　ひなんじょ　せいかつ

(Kebanyakan penduduk yang menjadi mangsa bencana masih tinggal di tempat
perlindungan ini.／ဘေးဒုက္ခခံရတဲ့နေထိုင်သူများအများဟာကယ်ဆယ်ရေးစခန်းမှာနေနေရ တုန်းပဲ။／
Marami pa sa mga apektadong residente ang nakatira sa shelter na ito.)

❹ □ **惨事** (tragedi／အဖြစ်ဆိုး／sakuna, trahedya)
　　さんじ

▶ 死者・行方不明者が千人を超えるという大惨事に至ったその原因は、
未だ解明されていない。
　　ししゃ　ゆくえふめい　せんにん　こ　　　　　　だい　　いた　　　　げんいん
　　いま　かいめい

(Sebab tragedi besar yang mengakibatkan lebih dari seribu korban mati dan hilang masih
belum jelas.／သေသူ၊ပျောက်ဆုံးသူစုစုလတစ်ထောင်ကျော်ဆိုတဲ့အဖြစ်ဆိုးကြီးဖြစ်တဲ့အ
ကြောင်းအရင်းဟာအခုအထိစုံစမ်းဖော်ထုတ်နိုင်ခြင်းမရှိသေးဘူး။／Hindi pa alam kung ano ang sanhi
ng sakuna, kung saan higit sa 1,000 katao ang namatay at hanggang ngayon ay nawawala.)

❺ □ **犠牲** (korban／ဘေးစာခံ၊အနစ်နာခံမှု／sakripisyo)
　　ぎせい

▷ **事故の犠牲者** (mangsa kemalangan／မတော်တဆထိခိုက်မှုဘေးစာခံ／biktima ng aksidente)
　　じこ　ぎせいしゃ

▶ 家族と過ごす時間を犠牲にしてまで働こうとは思わない。
　　かぞく　す　　じかん　ぎせい　　　　　　　はたら　　　　おも

(Saya tidak ingin berkorban waktu bersama keluarga demi bekerja.／
မိသားစုနဲ့အတူရှိနေတဲ့အချိန်ကိုအနစ်နာခံရတဲ့အထိတောအလုပ်မလုပ်ချင်ဘူး။／Ayokong isakripisyo sa
trabaho ang oras na iuukol ko sa pamilya ko.)

❻ □ **汚染(する)** (pencemaran (mencemarkan)／ညစ်ညမ်းစေသည်／polusyon)
　　おせん

▷ **大気汚染** (pencemaran udara／လေထုညစ်ညမ်းမှု／polusyon sa hangin)
　　たいき

❼ □ 排気ガス (gas ekzos／စွန့်ထုတ်ခါတ်ငွေ့／exhaust gas)

❽ □ 有害(な) (berbahaya／အဆိပ်ဖြစ်စေသော／toxic, nakakapinsala) **対** 無害(な)

▶ 水質調査の結果、川には有害物質が含まれていることがわかった。

(Hasil ujian kualiti air menunjukkan sungai itu mengandungi bahan kimia berbahaya.／ ရေကိုစစ်ဆေးကြည့်ပြီးရလဒ်ဟာချောင်းထဲမှအဆိပ်ရှိအရာများပါတယ်လို့သိရပါတယ်။／Nalaman sa resulta ng water quality survey na naglalaman ng mga toxic na bagay ang ilog.)

❾ □ 追突(する) (perlanggaran (melanggar)／ဆောင့်တိုက်သည်／bumangga)

▶ 停車中のトラックに車が追突したようだ。

(Sepertinya kereta itu telah melanggar trak yang berhenti.／ရပ်နေတဲ့ထရပ်ကားကိုကားကဆောင့်တိုက်ပုံ့ရတယ်။ ／Mukhang bumangga ang kotse sa trak na nakatigil.)

❿ □ 墜落(する) (jatuh terhempas／ပျက်ကျသည်／bumagsak)

⓫ □ 遭難(する) (menghadapi kemalangan／လမ်းပျောက်သည်／ mawala, maging missing)

▷ 遭難事故

(kecelakaan／လမ်းပျောက်၍ဒုက္ခတွေ့ခြင်း／aksidente kung saan may namatay o nasugatan)

▶ 男女4人の登山グループが、遭難した模様です。

(Sepertinya kumpulan pendaki lelaki dan perempuan ini menghadapi kesulitan.／ အမျိုးသားအမျိုးသမီး၄ယောက်တောင်တက်အဖွဲ့ဟာလမ်းပျောက်နေပုံ့ရတယ်။／Mukhang nawawala ang grupo ng apat na lalaki at babaeng umakyat sa bundok.)

⓬ □ 捜索(する) (penggeledahan, pencarian (menggeledah, mencari)／ရှာဖွေသည်／maghanap)

▷ 捜索願い (permintaan untuk mencari／ရှာဖွေပေးရန်တောင်းခံခြင်း／application para maghanap)

▶ 警察や消防などが捜索を行っています。

(Polis dan bomba sedang melakukan pencarian.／ရဲနဲ့မီးသတ်စသည်တို့ကရှာဖွေမှုကိုပြုလုပ်နေပါတယ်။／ Naghahanap ang mga pulis at mga bumbero.)

⓭ □ 凍死(する) (mati beku／အေးခဲသေဆုံးသည်／mamatay sa lamig)

▶ 雪山で遭難したら、最悪の場合、凍死する恐れもある。

(Jika mengalami kesulitan di gunung salji, dalam keadaan terburuk, ada kemungkinan mati beku.／ရေခဲတောင်မှာလမ်းပျောက်ရင်အဆိုးဆုံးအခြေအနေမှာအေးခဲသေဆုံးရမယ့်စိုးရိမ်ဖွယ်ရာရှိတယ်။ ／Kapag nawala kayo sa bundok na may snow, ang pinakamasamang mangyayari sa inyo ay ang mamatay sa lamig.)

言う 41

意見・考え

性格・態度 43

気持ち・心の状態 44

評価 45

言葉 46

パソコン・IT 47

問題・トラブル・事故 48

数量・程度

⓮ □ **破損（する）** (kerosakan (merosakkan)／ပျက်စီးသည်／masira)

▶ 落とした衝撃でケースの一部が破損したんです。

(Sebahagian daripada kes itu rosak akibat kesan jatuh.／လွတ်ကျထိခိုက်သွားလို့ဘူးရဲ့တစ်နေရာကပျက်စီးသွားတယ်။／Isang bahagi ng case ang nasira dahil sa lakas ng pagkahulog nito.)

⓯ □ **不備** (kekurangan／ချို့ယွင်းမှု／kakulangan)

▶ 書類に不備があったので、今日は手続きができなかった。

(Saya tidak dapat melengkapkan prosedur hari ini kerana dokumen tidak lengkap.／စာရွက်စာတမ်းမှာချို့ယွင်းချက်ရှိနေလို့ဒီနေ့လုပ်ငန်းအစီအစဉ်ကိုမလုပ်ပိုင်ခဲ့ဘူး။／Hindi ko naayos ang mga papeles ngayon dahil may kulang sa mga dokumento.)

⓰ □ **不手際** (kelemahan／လုပ်ဆောင်မှုညံ့ဖျင်းခြင်း／gulo)

▶ こちらに不手際があったようで、大変申し訳ありませんでした。

(Minta maaf atas ada kesilapan di pihak kami.／ကျွန်တော်တို့ဘက်ကလုပ်ဆောင်မှုညံ့ဖျင်းသွားတာကိုအများအသွတ်တောင်းပန်ပါတယ်။／Mukhang nagkaroon ng gulo rito, at humihingi ako ng paumanhin para doon.)

⓱ □ **しくじる** (gagal, tersilap／မလုပ်လိုက်မိ／magkamali)

▶ しくじったよ。録画予約するつもりだったのに、忘れちゃった。

(Saya membuat kesilapan. Saya bermaksud merakam tetapi saya terlupa.／မလုပ်လိုက်မိဘူးဆိုပြီးယိုကူးဖို့ကြိုတင်လုပ်ထားမယ်လို့ရည်ရွယ်ထားပေမဲ့မေ့သွားတယ်။／Nagkamali ako. Dapat nag-iskedyul ako ng pagrerekord ng programa, pero nakalimutan ko.)

⓲ □ **過ち** (kesalahan, kesilapan／အမှား／pagkakamali)

▷ 同じ過ちを繰り返す、過去の過ちを認める

(mengulangi kesalahan yang sama, mengakui kesalahan masa lalu／အမှားတစ်ခုကိုအကြိမ်မကြိမ်မှား သည်၊လွန်ခဲ့တဲ့အမှားကိုဝန်ခံသည်／ulitin ang parehong pagkakamali, aminin ang nagawang pagkakamali)

▷ 人が人を殺すことは、人間が犯す過ちの中で最も罪深いものだ。

(Membunuh orang lain adalah salah satu kesalahan terbesar yang dapat dilakukan oleh manusia.／လူကလူကိုသတ်တာဟာလူသားရဲ့ကျူးလွန်တဲ့အမှားထဲမှာအပြစ်အကြီးဆုံးအမှားပါ။／Ang pinakamakasalanang pagkakamali ng tao ay ang pumatay ng kapwa tao.)

⓳ □ **過失** (kesalahan, kesilapan／ပေါ့ဆမှားယွင်းသည့်ပြစ်မှု／pagkakamali)

▷ 過失の割合 (kadar kelalaian／ပေါ့ဆမှားယွင်းသည့်ပြစ်မှုအချိုး／porsyento ng pagkakamali)

▶ 裁判の結果、製造元のA社に重大な過失があったと判断された。

(Sebagai hasil daripada penghakiman, kesalahan besar telah ditentukan pada syarikat pembuatan A.／တရားစီရင်ချက်သည့်ထုတ်လုပ်သည့်မူလAကုမ္ပဏီတွင်ကြီးမားသောပေါ့ဆ မှားယွင်းသည့်အပြစ်ရှိသည်ဟုဆုံးဖြတ်သည်။／Nahatulan may malaking pagkakamali ang manufacturer na Company A, ayon sa kinalabasan ng paglilitis.)

⑳ □ 謝罪（する）(pemohonan maaf (mohon maaf)／တောင်းပန်သည်／
humingi ng tawad/paumanhin)

▶ 住民は市に対して、事故の責任を認め謝罪するよう求めた。

(Penduduk meminta bandar untuk mengakui tanggungjawab atas kemalangan dan
meminta maaf.／နေထိုင်သူများသည်မြို့အုပ်ချုပ်ရေးအား၊မတော်တဆထိခိုက်မှုတွင်တာဝန်ရှိ
သည်ကိုဝန်ခံပြီးတောင်းပန်ရန်တောင်းဆိုခဲ့သည်။／Hiniling ng mga residente na humingi ng
paumanhin ang lunsod at aminin nito ang responsibilidad sa aksidente.)

㉑ □ 償う (pampas (memampas)／လျော်ကြေးပေးသည်／bayaran)

▶ これではちゃんと罪を償ったとはいえない。

(Ini tidak boleh dianggap sebagai penebusan dosa.／
ဒါဖြင့်အပြစ်အတွက်ကျကျနနလျော်ကြေးပေးတယ်လို့မဆိုနိုင်ဘူး။／Hindi mo masasabing
mababayaran mo ang kasalanan mo sa pamamagitan nito.)

㉒ □ 緊急 (kecemasan, darurat (segera)／အရေးပေါ်ဖြစ်သော／
madalian, kailangang-kailangan)

▷ 緊急事態の発生 (keadaan darurat terjadi／အရေးပေါ်အခြေနေပေါ်ပေါက်／pagkakaroon ng emervency)

▶ 緊急の際は、こちらの番号におかけください。

(Sila hubungi nombor ini dalam keadaan kecemasan.／အရေးပေါ်ဖြစ်တဲ့အခါဒီဖုန်းနံပါတ်ကိုဆက်ပါ။／
Sa panahon ng emergency, pakitawagan ang numerong ito.)

㉓ □ 警戒（する）(sikap berawas-awas (berjaga-jaga)／သတိပြုသည်／
mag-ingat, maging mapagmatyag)

▷ 警戒区域 (kawasan berjaga-jaga／သတိပြုရမည့်ရှိဧရိယာ／danger zone)

▶ 台風が近づいていますので、強風と高波に警戒してください。

(Tolong berhati-hati dengan angin kencang dan ombak tinggi kerana taufan sedang
mendekati.／တိုင်းဖွန်းမုန်တိုင်းနီးလာပြီဖြစ်၍လေပြင်းနှင့်ရေလှိုင်းကြီးမြင့်ခြင်းကိုသတိပြုပါ။／Darating
ang bagyo, kaya mag-ingat kayo sa malakas na hangin at mataas na alon.)

㉔ □ 取り締まり (kawalan, tindakan keras／
ကြီးကြပ်အရေးယူသည်／kontrol)　　　　　動 取り締まる

▶ スピード違反の取り締まりが強化されている。

(Penguatkuasaan pelanggaran kelajuan telah diperkuat.／အရှိန်လွန်မောင်းနှင်မှုကြီးကြပ်အရေးယူခြင်းကိုမြှင့်တင်ထားသည်။
／Hinihigpitan ang kontrol sa paglabag sa speeding.)

㉕ □ 暴動（する）(rusuhan／အဓိကရုဏ်းဖြစ်သည်／mag-riot, manggulo)

▶ 反対派の市民が暴動を起こし、軍の治安部隊と衝突しています。

(Penduduk yang menentang sedang melakukan rusuhan dan berkonflik dengan pasukan
keselamatan tentera.／ကန့်ကွက်သည့်ဘက်မှမြို့နေလူထုသည်အဓိကရုဏ်းကိုဖြစ်ပေါ်စေပြီး၊စစ်တပ်၏
လုံခြုံရေးတပ်ဖွဲ့နှင့်ရင်ဆိုင်တိုက်ခိုက်နေသည်။／Nagsimula ang gulo ang mga oposisyong
mamamayan at nakipagsagupaan sila sa mga security unit ng militar.)

言う 41

意見・考え

性格・態度 43

気持ち・心の状態 44

評価 45

言葉 46

パソコン・IT 47

問題・トラブル・事故 48

数量・程度

❷❻ □ **妨害(する)** (menghalang／စွက်ဖက်သည်၊နှောင့်ယှက်သည်／
mang-istorbo, mang-abala)

▶ こんなところに看板を置かれたら困るなあ。営業妨害だよ。

(Saya akan mengalami masalah jika ada papan iklan di tempat seperti ini. Ini mengganggu
perniagaan.／ဒီနေရာမျိုးမှာဆိုင်းဘုတ်ထားရင်ဒုက္ခပါပဲ။စီးပွားရေးလုပ်ငန်းအနှောင့်အယှက်ပဲ။／Magiging
mahirap kung maglalagay kayo ng signboard sa ganitong lugar. Makakagambala ito sa
negosyo.)

❷❼ □ **悩ます** (menyusahkan／စိတ်ညစ်သည်／mainis)

▶ 最近、近所の騒音に悩まされているんです。

(Saya sedang menghadapi masalah dengan kebisingan di sekitar rumah saya baru-baru ini.
／အခုတလောအိမ်နီးချင်းရဲ့ဆူညံမှုနဲ့စိတ်ညစ်နေရတယ်။／Kamakailan, naiinis ako sa ingay ng mga
kapitbahay.)

❷❽ □ **嫌がらせ** (gangguan／စိတ်အနှောင့်အယှက်／pang-iinis, panliligalig)

▷ 嫌がらせをする (untuk mengganggu／စိတ်အနှောင့်အယှက်ကိုဖြစ်စေသည်／mang-harass, manligalig)

▶ 知らない人から、嫌がらせのメールが毎日来るんです。

(Saya menerima e-mel gangguan setiap hari dari orang yang tidak saya kenali.／
မသိတဲ့လူဆီကစိတ်အနှောင့်အယှက်မေးလ်ကနေ့တိုင်းလာနေတယ်။／Dumarating sa akin araw-araw
ang mga nakakainis na email mula sa isang taong hindi ko kilala.)

❷❾ □ **セクハラ(セクシャル・ハラスメント)** (gangguan seksual／လိင်ဆိုင်ရာပြုမူပြောဆိုနှောင့်ယှက်မှု
／sexual harassment)

❸❶ □ **迫害(する)** (menganiaya／နှိပ်စက်ညှဉ်းပန်းသည်／magpahirap, mang-usig)

▷ 迫害を受ける (mengalami penganiayaan／နှိပ်စက်ညှဉ်းပန်းခြင်းကိုခံရသည်／pahirapan, mausig)

▷ 当時、日本では宗教の自由はなく、キリスト教は迫害されていた。

(Pada masa itu, di Jepun, tidak ada kebebasan agama dan agama Kristian telah dianiaya.／
ထိုအချိန်တုန်းကဂျပန်နိုင်ငံတွင်ဘာသာရေးလွတ်လပ်မှုမရှိပဲ။ခရစ်ယာန်ဘာသာဝင်များ
နှိပ်စက်ညှဉ်းပန်းခြင်းခံခဲ့ရသည်။／Noong panahong iyon, hindi malaya ang relihiyon sa Japan, at
inuusig ang Kristiyanismo.)

❸❶ □ **苦難** (kesusahan／အခက်အခဲ／paghihirap)

▶ いくつもの苦難を乗り越えながら、彼らはここで医療活動を続けた。

(Mereka terus melakukan aktiviti perubatan di sini sambil mengatasi banyak kesukaran.／
အခက်အခဲများကိုကျော်လွှားရင်းသူတို့ဟာဒီမှာဆေးကုသရေးလုပ်ရှားမှုကို ပြုလုပ်နေခဲ့ပါတယ်။／Habang
dinadaig nila ang maraming paghihirap, ipinagpapatuloy pa rin nila ang gawaing medikal
dito.)

2
08

㉜ □ 不振(ふしん)(な) (kemerosotan (merosot)／မလှုပ်ချင်မကိုင်ချင်ဖြစ်သော၊မတွင်ကျယ်သော／mahina, hindi mabuti)

▷ 食欲(しょくよく)不振 (kehilangan selera makan／မစားချင်မသောက်ချင်／walang ganang kumain)

▶ 業績(ぎょうせき)不振の責任(せきにん)をとって、社長(しゃちょう)は辞任(じにん)することになった。
(Presiden telah memutuskan untuk meletakkan jawatan sebagai tanggungjawab untuk prestasi perusahaan yang kurang baik.／လုပ်ငန်းမတွင်ကျယ်သည်ကိုတာဝန်ခံ၍၊ကုမ္ပဏီဥက္ကဋ္ဌသည်နှုတ်ထွက်မည်ဖြစ်သည်။／Nagdesisyon ang presidente na magbitiw, para akuin ang responsibilidad sa mahinang negosyo.)

㉝ □ 不調(ふちょう)(な) (keadaan kurang baik (kurang baik)／အခြေအနေမကောင်းသော／masamang kondisyon) 対 好調(こうちょう)(な)

▷ 体(からだ)の不調を訴(うった)える
(mengadu tentang ketidakseimbangan badan／ကျန်းမာရေးအခြေအနေမကောင်းမှုကိုညည်းညူသည်／magreklamo ng problema sa katawan)

▶ 彼自身(かれじしん)は不調に陥(おちい)っているが、チームは好調を維持(いじ)している。
(Walaupun dia sendiri sedang dalam keadaan tidak baik, pasukan masih kekal baik.／သူ့ရဲ့ခန္ဓာကိုယ်ရဲ့အခြေအနေကသိပ်မကောင်းနေပေမဲ့အသင်းဟာအခြေအနေကောင်းကိုထိန်းထားလျက်ရှိနေပါတယ်။／Siya mismo ang may problema, pero patuloy ang maayos na kondisyon ng team.)

㉞ □ 脱(だっ)する (melepaskan diri／လွတ်မြောက်သည်／tumakas)

▶ 何(なん)とか危機(きき)を脱することができた。
(Saya telah dapat melepaskan diri dari krisis.／အန္တရာယ်ကနေတနည်းနည်းနဲ့လွတ်မြောက်ခဲ့တယ်။／Nagawa naming tumakas mula sa krisis.)

㉟ □ 不当(ふとう)(な) (ketidakadilan (tidak adil)／မတရားသော／hindi fair, hindi patas) 対 正当(せいとう)(な)

▷ 不当な扱(あつか)いを受(う)ける
(mendapat perlakuan yang tidak adil／မတရားအလုပ်ခံရသည်／tratuhin nang hindi fair)

▶ 原告(げんこく)からは極(きわ)めて不当な判決(はんけつ)だ、とのコメントが発表(はっぴょう)された。
(Penggugat mengeluarkan kenyataan mengatakan keputusan itu amat tidak adil.／အလွန်မတရားသောဆုံးဖြတ်ချက်ဖြစ်သည်ဟုတရားလိုမှပြောသောစကားကို ကြေညာခဲ့သည်။／Sinabi ng nagsasakdal sa isang pahayag na ang hatol ay masyadong hindi fair.)

㊱ □ 不良(ふりょう)(な) (budak jahat (tidak baik, rosa, cacat)／မကောင်းသော၊ဆိုးသော／may sira, masama)

▷ 不良少年(しょうねん)、天候(てんこう)不良 (remaja bermasalah, cuaca buruk／လူငယ်လူဆိုး၊ဆိုးရွားသောမိုးလေ ဝသအခြေအနေ／juvenile delinquent, masamang panahon)

▶ これ、不良品(ひん)なのかなあ。電源(でんげん)が入らない。
(Adakah ini produk yang rosak? Saya tidak dapat hidupkan.／ဒီဟာ၊မကောင်းတဲ့ပစ္စည်းများလားမသိဘူး။လျှပ်စစ်မီးမပွင့်ဘူး။／Sira kaya ito? Bakit kaya hindi ko ito ma-on?)

㊲ □ 悪質(あくしつ)(な) (teruk／ဆိုးသွမ်းသော／malisyoso, may masamang hangarin)

▷ 悪質ないたずら (jahil jahat／ဆိုးသွမ်းသောအနှောင့်အယှက်／malisyosong kalokohan)

▶ 高額(こうがく)な請求(せいきゅう)をする悪質な業者(ぎょうしゃ)もいますので、注意(ちゅうい)してください。
(Sila berhati-hati kerana ada peniaga yang tidak baik yang membuat tuntutan yang tinggi.／မတန်တဆငွေတောင်းခံသည့်ဆိုးရွားသောကုမ္ပဏီများလည်းရှိသဖြင့်၊သတိပြုပါ။／Dahil may mga walang prinsipyong negosyanteng naniningil ng mataas na presyo, mag-iingat kayo.)

言う 41

意見・考え

性格・態度 43

気持ち・心の状態 44

評価 45

言葉 46

パソコン・IT 47

問題・トラブル・事故 48

数量・程度

❸❽ □ 偽造（する）　(pemalsuan (memalsukan)／အတုလုပ်သည်／mameke)
ぎぞう

▷ 偽造紙幣　(wang palsu／ငွေစက္ကူအတု／pekeng pera)
ぎぞうしへい

❸❾ □ 破壊（する）　(pemusnahan, penghancuran (memusnahkan)／ဖျက်ဆီးသည်／sirain)
はかい

▷ 環境破壊　(pemusnahan alam sekitar／ပတ်ဝန်းကျင်ဖျက်ဆီးမှု／paninira ng kapaligiran)
かんきょう

❹⓿ □ 破壊的（な）　(memusnahkan／ဖျက်လိုဖျက်ဆီးလုပ်သော／mapanira)
はかいてき

❹❶ □ 爆弾　(bom／ဗုံး／bomba)
ばくだん

❹❷ □ 爆破（する）　(peletupan, meletupkan／ပေါက်ကွဲသည်／sumabog)
ばくは

▷ ビルの爆破予告　(ancaman meletupkan bangunan／
よこく
အဆောက်အဦးဗုံးပေါက်မှုကြိုတင်သတိပေး／warning tungkol sa bomba)

❹❸ □ 腐敗（する）　(kereputan, penyelewengan (mereput, menyeleweng)／စာရိတ္တခြားစားသည်／mang-corrupt)
ふはい

▷ 権力は腐敗するものだ。　(Kuasa itu memusnahkan.／အာဏာသည်စာရိတ္တခြားစားစေသည်။
けんりょく
／Nakaka-corrupt ang kapangyarihan.)

❹❹ □ 疑惑　(kecurigaan／သံသယ／hinala, suspetsa)　　　　類 疑い
ぎわく　　　　　　　　　　　　　　　　　　　　　　　　　　　　うたが

▷ 疑惑が晴れる　(keraguan diselesaikan／သံသယရှင်းသွားပြီ／maalis ang hinala)

▶ 不正な取引があったのではないかと疑惑の声が上がっている。
ふせい　とりひき　　　　　　　　　　　　　　こえ　あ
(Ada kecurigaan tentang transaksi yang tidak sah.／မသမာတဲ့ရောင်းဝယ်မှုရှိမယ်လိုသံသယပြောဆိုသံများထွက်ပေါ်နေတယ်။
／May hinalang maaaring may mga kalokohan sa transaksiyon.)

❹❺ □ 捜査（する）　(penyiasatan (menyiasat)／စုံစမ်းစစ်ဆေးသည်／mag-imbestiga, magsiyasat)
そうさ

▷ 警察の捜査　(siasatan polis／ရဲ၏စုံစမ်းစစ်ဆေးခြင်း／imbestigasyon ng pulis)
けいさつ

❹❻ □ 突きとめる　(menentukan／ရှာဖွေသည်／alamin, hanapin)
つ

▶ 犯人を突き止める、原因を突き止める
はんにん　と　　　　げんいん　と
(mengetahui siapa penjenayah, mengetahui sebabnya／တရားခံကိုရှာဖွေသည်အကြောင်း ရင်းကိုရှာဖွေသည်
／hanapin ang kriminal, alamin ang dahilan)

❹❼ □ 誘拐（する）　(menculik／ပြန်ပေးဆွဲသည်／kidnapin)　　　同 さらう
ゆうかい

▶ 8歳の女の子が何者かに誘拐され、未だ行方不明です。
さい　おんな　こ　なにもの　ゆうかい　いま　ゆくえ　ふめい
(Seorang gadis berumur 8 tahun telah diculik oleh seseorang dan masih hilang.／
အသက်၈နှစ်ရှိမိန်းကလေးသည်တစ်စုံတစ်ယောက်၏၏ပြန်ပေးဆွဲခံရပြီးယခုထိ
ဘယ်ရောက်နေသည်ကိုမသိပါ။／Kinidnap ng kung sino ang isang 8-taong batang babae, at
hindi pa alam kung nasaan siya.)

❽ □ 人質 (tebusan／ဓါးစာခံ／hostage)
ひとじち

▶ 犯人は、子供を人質にとって逃げている模様です。
はんにん　　　こども　　　　ひとじち　　　　　　に　　　　　もよう

(Nampaknya pesalah telah mengambil anak-anak sebagai tebusan dan melarikan diri.／
ပြစ်မှုကျူးလွန်သူသည်ကလေးကိုဓါးစာခံအဖြစ်ခေါ်ဆောင်လျက်ထွက်ပြေးနေသည်။／Ginawang hostage
ng kriminal ang isang bata at nakitang tumatakas siya.)

❾ □ 不審(な) (kecurigaan (mencurigakan)／မသင်္ကာသော／kahina-hinala)
ふしん

▷ 不審者 (orang yang mencurigakan／မသင်္ကာစရာလူ／kahina-hinalang tao)
ふしんしゃ

▶ 現場近くで不審な車を見た、との情報が寄せられている。
げんばちか　　　　　ふしん　　くるま　　み　　　　　　　じょうほう　　よ

(Maklumat juga telah diterima tentang kereta mencurigakan yang dilihat berhampiran tempat
kejadian.／အခင်းဖြစ်နေရာအနီးတွင်မသင်္ကာစရာကားကိုတွေ့ရှိသည်ဆိုသောသတင်းလည်းရရှိထားသည်။／
May impormasyong may kahina-hinalang sasakyang nakitang malapit sa pinangyarihan.)

❺⓿ □ ストーカー (stalker／ချောင်းမြောင်းချင်းကပ်ခြင်း／stalker)

▷ ストーカー行為 (tindakan stalker／ချောင်းမြောင်းချင်းကပ်သောအပြုအမူ／stalking)
こうい

❺❶ □ いきさつ (keadaan sebenar／နောက်ခံအကြောင်း／
mga pangyayari, detalye) **類 経緯**
けいい

▷ 彼女がボランティアを始めたいきさつは知りません。
かのじょ　　　　　　　　　　　はじ　　　　　　　　　　　し

(Saya tidak tahu kenapa dia mula menjadi sukarelawan.／
သူမရဲ့ဘော်လံတီယာအလုပ်ကိုစတင်ချင်တဲ့နောက်ခံအကြောင်းကိုမသိပါဘူး။／Hindi ko alam ang
mga detalye kung paano siya nagsimulang mag-volunteer.)

❺❷ □ 口実 (helah, dalih, alasan／ယုံးမယံဖွဲ့ခြင်း／palusot,
こうじつ　dahilan) **類 言い訳(する)**
いわけ

▷ 仕事を口実に、面倒なことは全部私に押し付けるんです。
しごと　　こうじつ　　めんどう　　　　　　ぜんぶわたし　　お　　つ

(Dia menggunakan pekerjaan sebagai alasan untuk memaksa saya melakukan semua
perkara yang sukar.／အလုပ်ကိုယုံးမယံဖွဲ့ပြီးလက်ဝင်တဲ့အလုပ်မှန်သမျှကိုကျွန်မဆီတွန်းပို့တယ်။／
Gamit ang trabaho bilang dahilan, ipinipilit niya sa akin ang lahat na mga mahihirap na trabaho.)

❺❸ □ 手口 (cara, kaedah／လုပ်နည်းလုပ်ဟန်／paraan)
てぐち

▶ 犯行の手口が徐々に明らかになってきた。
はんこう　　てぐち　　じょじょ　　あき

(Kaedah jenayah perlahan-lahan menjadi jelas.／ပြစ်မှုကျူးလွန်ရဲ့မှုလုပ်နည်းလုပ်ပ်ဟန်သည်တဖြည်းဖြည်းထင်ရှားလာသည်။
／Unti-unting naging malinaw ang paraan ng kriminal.)

❺❹ □ 虐待(する) (penderaan (mendera)／နှိပ်စက်ညှင်းပန်းသည်／
ぎゃくたい　pagmalupitan, abusuhin)

UNIT 49

数量・程度
すうりょう　ていど
(Kuantiti, Kadar/ Kadar, Tahap／
အရေအတွက်ပမာဏဒီဂရီ／Dami, Antas)

❶ □ **多量** (banyak／များသောပမာဏ／malaking halaga, marami)
たりょう

▷ 多量の雨 (hujan lebat／မိုးများသော／maraming ulan)
あめ

❷ □ **微量** (sangat sedikit／နည်းသောပမာဏ／kaunting-kaunti, bakas)
びりょう

▷ 微量のガス (gas dalam kuantiti yang sedikit／နည်းသောဓာတ်ငွေ့ပမာဏ／bakas ng gas)

❸ □ **多数** (majoriti (bilangan besar)／အများကြီး／marami)
たすう

▷ 多数の支持 (sokongan yang banyak／အများစုထောက်ခံမှု／maraming suporta)
しじ

❹ □ **少数** (minoriti (bilangan kecil)／အနည်းစု／kaunting-kaunti, bakas)
しょうすう

▷ 少数意見 (pendapat minoriti／လူနည်းစုအမြင်／opinyon ng minority)
いけん

❺ □ **大多数** (kebanyakan besar／လူများစု／karamihan, majority)
だい

❻ □ **大方** (kebanyakan／အများအားဖြင့်／karamihan)
おおかた

▷ 大方の予想
よそう

(ramalan umum／အများအားဖြင့်ခန့်မှန်းချက်／hula ng nakararami)

❼ □ **概ね** (secara amnya／ယေဘုယျအားဖြင့်／karaniwan, pangkalahatan)
おおむ

▷ 概ね賛成 (kebanyakan setuju／ယေဘုယျအားဖြင့်သဘောတူခြင်း／karaniwang pagsang-ayon)
さんせい

❽ □ **多大(な)** (besar／ကြီးမားသော／malaki, marami)
ただい

▷ 多大な貢献 (sumbangan besar／ကြီးမားသောထောက်ကူပြု／malaking kontribusyon)
こうけん

❾ □ **絶大(な)** (sangat besar／အလွန်အလွန်／napakalaki)
ぜつだい

▷ 絶大な人気 (populariti yang sangat tinggi／အလွန်အလွန်ကျော်ကြားသော／matinding popularidad)
にんき

❿ □ **かすか(な)** (samar／နည်းပါးလှသော／bahagya)

▷ かすかな望み (harapan yang samar／နည်းပါးလှသောမျှော်လင့်ချက်／bahagyang pag-asa)
のぞ

言う 41
意見・考え 42
性格・態度 43
気持ち・心の状態 44
評価 45
言葉 46
パソコン・IT 47
問題・トラブル・事故 48
数量・程度 49

⓫ □ 希少(な) (jarang／ထူးဆန်းရှားပါးသော／pambihira, mahirap hanapin)
きしょう

▷ 希少な資源 (sumber yang jarang／ထူးဆန်းရှားပါးသောအရင်းအမြစ်／pambihirang resource)
しげん

⓬ □ 乏しい (sangat sedikit／ရှားပါးသော／bihira, kulang)
とぼ

▷ 乏しい資源
しげん
(sumber yang kurang／ရှားပါးသောအရင်းအမြစ်／kulang na resource)

⓭ □ 満たす (memenuhi／ဖြည့်ဆည်းပေးသည်／punuin)
み

▷ 容器を満たす (mengisi bekas／ထည့်စရာကိုဖြည့်ဆည်းသည်／punuin ang lalagyan)
ようき

⓮ □ 半端(な) (separuh jalan／မပြည့်စုံသော၊တစ်ဝက်တစ်ပျက်／hindi kumpleto)
はんぱ

▷ 半端な数 (jumlah yang tidak lengkap／မပြည့်စုံသောကိန်း／hindi kumpletong numero)
かず

⓯ □ 厳密(な) (ketat／တင်းကျပ်သော／mahigpit)
げんみつ

▷ 厳密な調査 (penyelidikan yang ketat／တင်းကျပ်သောစစ်ဆေးမှု／mahigpit na imbestigasyon)
ちょうさ

⓰ □ 圧倒的(な) (dominan／အပြတ်အသတ်／napakalaki)
あっとうてき

▶ 昨年に続き、Ａ大学が圧倒的な強さで優勝した。
さくねん つづ だいがく つよ ゆうしょう
(Mengikuti tahun lalu, Universiti A telah memenangi kejuaraan dengan kekuatan yang
sangat dominan.／မနှစ်ကနေဆက်လက်ပြီး၊Aတက္ကသိုလ်ကအပြတ်အသတ်အားသာချက်နဲ့အနိုင်ရခဲ့တယ်။
／Magkasunod na dalawang taong nanalo ang University A dahil sa matinding lakas nila.)

⓱ □ 凄まじい (hebat／ပြင်းထန်သော／napakalaki)
すさ

▶ 爆発の瞬間、凄まじい音がした。
ばくはつ しゅんかん おと
(Pada saat ledakan, bunyi yang hebat telah terdengar.／ပေါက်ကွဲတဲ့အချိန်၊ပြင်းထန်တဲ့အသံကြီးပေါ်ပေါက်ခဲ့တယ်။
／Sa sandali ng pagsabog, may napakalakas na tunog.)

⓲ □ とりわけ (terutamanya／ထူးထူးခြားခြား／lalo na, higit sa lahat)

▷ とりわけ有名な曲 (lagu yang terutama terkenal／ထူးခြားကျော်ကြားသောသီချင်း／
ゆうめい きょく
pinakakilalang kanta)

⓳ □ そこそこ (layak／အတော်အသင့်／medyo, kainaman)

▷ そこそこ有名な店
ゆうめい みせ
(kedai yang agak terkenal／အတော်အသင့်ကျော်ကြားသောဆိုင်／medyo sikat na tindahan)

PART 2

大小のカテゴリーに分けて
覚えよう、基本の言葉

Jom ingat perkataan yang dibahagikan mengikut kategori
dan saiz, Kosa kata asas

အကြီးအသေးအမျိုးအစားခွဲခြားပြီးမှတ်ကြရအောင်၊အခြေခံစကားလုံး

Pagsamahin natin ang mga salita sa pamamagitan ng
kategorya at basic na mga salita

① "何"を含む表現

なに　ふく　ひょうげん

(Ungkapan-ungkapan yang mengandungi "apa"／"何"ပါသည့်ဖော်ပြချက်／Mga Ekspresyong may "Nani"**)**

☐ **何もかも**
なに

(segalanya／အရာအားလုံး／lahat)

▶ あんなに練習したのに、ステージに立ったら、何もかも忘れてしまった。
れんしゅう　　　　　　　　　　た　　　　　なに

(Walaupun telah berlatih sebegitu banyak, apabila naik pentas, saya lupa segalanya.／
အဲဒီလောက်လေ့ကျင့်ထားတာတောင်၊ဇာတ်ခုံပေါ်ရောက်တော့အားလုံးမေ့သွားတယ်။／Nagpraktis ako nang husto, pero noong tumayo ako sa stage, nakalimutan ko lahat.)

☐ **何でもかんでも**
なん

(segala apa saja／ဘာဖြစ်ဖြစ်／
lahat ng bagay)

▶ 何でもかんでもやればいいというものではない。

(Bukan bermakna segala apa saja boleh dilakukan.／
ဘာဖြစ်ဖြစ်လုပ်ရင်ကောင်းမယ်ဆိုတာမဟုတ်ပါဘူး။／Hindi ibig sabihing dapat mong gawin ang lahat ng bagay.)

☐ **何だかんだ**
なん

(itu dan ini／ဘာပဲဖြစ်ဖြစ်／ito o iyan,)

▶ あの人は、何だかんだと文句ばかり言うんです。
ひと　　　なん　　　　　もんく　　い

(Orang itu selalu mengeluh tentang itu dan ini.／
အဲဒီလူဟာဘာပဲဖြစ်ဖြစ်မကျေနပ်တာချည်းပဲပြောနေတယ်။／Laging nagrereklamo ang taong iyon ng ito o iyan.)

☐ **何が何でも**
なに　　なん

(apa pun juga／ဘာပဲဖြစ်ဖြစ်／kahit paano)

▶ 2回目だから、何が何でも合格しないと。
かいめ　　　　　なに　なん　　ごうかく

(Ini kali kedua saya, jadi saya perlu lulus walau apa pun.／
ကြိမ်မြောက်ဖြစ်လို့ဘာပဲဖြစ်ဖြစ်အောင်လိုမှဖြစ်ဘူး။／Pangalawang beses na, kaya kahit paano, dapat akong pumasa.)

☐ **何かと**
なに

(satu dan lainnya／
ဘာဖြစ်ဖြစ်တစ်ခုခု／sa maraming paraan)

▶ 不在の間は何かとご不便をおかけしますが、よろしくお願いします。
ふざい　あいだ　なに　　　ふべん　　　　　　　　　　　　ねが

(Kami memohon maaf atas sebarang kesulitan semasa ketiadaan kami.／
မရှိနေတဲ့အတွင်းမှာတစ်ခုခုအဆင်မပြေမှုရှိပါလိမ့်မယ်၊နားလည်မှုကိုဇေတ္တာရပ်ခံပါတယ်။／Humihingi ako ng paumanhin para sa anumang abala na naidulot ko noong wala ako.)

▶ 森先生には何かとお世話になった。
もりせんせい　　なに　　　せわ

(Saya mendapat banyak bantuan dari Prof. Mori dalam banyak hal.／
ဆရာမိုရိဆီကနေဘာဖြစ်ဖြစ်အကူအညီရခဲ့တယ်။／Tinulungan ako ni Mori-sensei sa maraming paraan.)

☐ **何卒**
なにとぞ

(amat mengharapkan／ကြင်နာစွာ／mabait)

▶ 何卒ご協力のほど、お願い申し上げます。
なにとぞ　きょうりょく　　　　　ねが　　もう　あ

(Terima kasih atas kerjasama anda.／ကြင်နာစွာဖြင့်ပူးပေါင်းဆောင်ရွက်ပေးပါရန်ပန်ကြားအပ်ပါတယ်။／Nakikiusap kami sa inyong mabuting suporta.)

☐ **何なり**
なん

(apa saja／ဘာဖြစ်ဖြစ်／kahit kahit ano)

▶ ご用がありましたら、何なりとお申し付けください。
よう　　　　　　　なん　　　　　もう　つ

(Jika ada keperluan, sila beritahu apa saja.／ကိစ္စရှိခဲ့ရင်ဘာဖြစ်ဖြစ်အမိန့်ရှိပါ။／Kung kailangan ninyo ng kahit ano, ipaalam ninyo sa akin.)

「何」を含む表現

1
前に付く語

2
後ろに付く語

3
同じ漢字を持つ語

4
動詞＋動詞

5
いろいろな意味を持つ言葉

6
言葉のいろいろな形

7
連語・短い句

8
体に関する名葉を使った慣用句

9
四字熟語

10

□ **何分**
なにぶん

(mungkin kerana／ဘာပဲဖြစ်ဖြစ်／maski paano)

▶ なにぶん初めてのことなので、至らないところもあるかと思います。

(Ini adalah pertama kali, jadi saya fikir mungkin ada beberapa hal yang tidak sempurna.／ပထမဦးဆုံးအကြိမ်ဖြစ်လို့လိုအပ်တာလည်းရှိပါလိမ့်မယ်။／Unang beses ko itong gagawin, kaya maski paano, may mga bagay na hindi ko magagawa.)

□ **何も（〜ことない）**
なに

(tidak ada (tiada apa-apa)／ဘာမှ (---မရှိပါဘူး)／hindi dapat)

▶ ちょっと遅れたからって、何もそんなに怒ることないじゃない。

(Tidak ada alasan untuk marah begitu banyak hanya kerana lambat sedikit.／နည်းနည်းနောက်ကျတာပဲဘာများဆိုးဆိုးမရှိပါဘူး။／Hindi ka dapat magalit nang ganyan, dahil sa na-late lang ako sandali.)

□ **何やら**
なに

(nampaknya／တစ်ခုခု／kung ano)

▶ 何やらあそこでおいしそうな物を食べているみたいだよ。

(Nampaknya mereka makan sesuatu yang sedap di sana.／ဟိုမှာစားချင်ဖွယ်ရာတစ်ခုခုကိုစားနေပုံပဲ။／Mukhang naroon siya at kumakain ng kung anong masarap na bagay.)

□ **何より**
なに

(lebih penting dari apa pun／အကောင်းဆုံးပါပဲ／higit sa lahat)

▶ おかげさまで、家族皆、元気に過ごしております。—それは何よりですね。

(Syukur alhamdulillah, semua keluarga sihat dan hidup dengan baik. - Itu yang lebih penting dari apa pun.／ပြ သောသောမေတ္တာကြောင့်မိသားစုအားလုံးကျန်းမာစွာနဲ့နေထိုင်လျက်ရှိပါတယ်။အဲဒါအကောင်းဆုံးပါပဲ။／Sa awa ng Diyos, mabuti naman ang buong pamilya namin. -- Pinakamabuti iyan...)

2 11

② 前に付く語（まえにつくご）

(Kata awalan／ရှေ့တွင်တွဲသောစကားလုံး／Mga Salitang Inilalagay sa Unahan)

☐ 私～（し） ▷ 私物、私用の電話、私語を慎む、私生活、私見を述べる
しぶつ　しよう　でんわ　しご　つつし　しせいかつ　しけん　の
(barang peribadi, telefon peribadi, bercakap secara peribadi, kehidupan peribadi, mengemukakan pendapat peribadi／ကိုယ်ပိုင်ပစ္စည်း၊ကိုယ်ပိုင်ဖုန်း၊စကားပြောခြင်းကိုရှောင်ကြဉ်သည်၊ကိုယ်ပိုင်ဘဝ၊ကိုယ့်အမြင်ကိုပြောသည်／personal na gamit, pribadong telepono, iwasang magbulungan, personal na buhay, ibigay ang sariling opinyon)

☐ 純～（じゅん） ▷ 純愛、純金、純利益、純国産
じゅんあい　じゅんきん　じゅんりえき　じゅんこくさん
(cinta murni, emas murni, keuntungan bersih, dibuat sepenuhnya di negara ini／ဖြူစင်သောအချစ်၊ရွှေစင်၊အသားတင်အမြတ်၊ပြည်တွင်းထွက်စစ်စစ်／dalisay na pag-ibig, purong ginto, netong kita, talagang gawang domestic na produkto)

☐ 直～（ちょく） ▷ 直輸入（する）、直営店、直通の番号、直感で答える、直観力を高める、現実を直視する
ちょくゆにゅう　ちょくえいてん　ちょくつう　ばんごう　ちょっかん　こた　ちょっかんりょく　たか　げんじつ　ちょくし
(mengimport secara langsung, kedai milik sendiri, nombor langsung, menjawab dengan intuisi, meningkatkan kekuatan intuisi, menghadapi realiti／တိုက်ရိုက်တင်သွင်းသည်၊တိုက်ရိုက်စီမံခန့်ခွဲသည့် ဆိုင်၊တိုက်ရိုက်ဖုန်းနံပါတ်၊ဝမ်းတွင်းအသိနဲ့ဖြေသည်၊ထိုးထွင်းမြင်နိုင်စွမ်းအားကိုမြှင့်တင်သည်၊အဖြစ်မှန်ကိုရင်ဆိုင်သည်။／direktang mag-import, direktang pinamamahalaang tindahan, direktang numero ng telepono, sumagot ayon sa intuition, dagdagan ang intuition, harapin ang katotohanan)

☐ 生～（なま／き） ▷ 国民の生の声、生放送、魚の生臭い匂い
こくみん　なま　こえ　なまほうそう　さかな　なまぐさ　にお
(suara hidup rakyat, siaran langsung, bau ikan／ပြည်သူ့အသံ၊တိုက်ရိုက်လွှင့်ထုတ်မှု၊ငါးစိမ်းနံ့နံသည်／tinig ng mga tao, live broadcast, malansang amoy)

▶ 私たちはロボットではなく、生身の人間なんです。
わたし　なまみ　にんげん
(Kami bukan robot, tetapi manusia sebenar.／ကျွန်တော်တို့ဟာစက်ရုပ်တွေမဟုတ်ပါဘူး။အသွေးအသားနဲ့လူပါ။／Hindi tayo robot, kundi mga buhay na tao.)

▶ 生ものなので、お早めにお召し上がりください。
なま　はや　め　あ
(Kerana ini adalah makanan mentah, sila makan secepat mungkin.／အစိမ်းဖြစ်၍စောလျင်စွာသုံးဆောင်ပါ။／Dahil sa hindi ito luto, kainin ninyo ito agad.)

▶ 一日 30 分？　そんな生ぬるい練習ではだめだ。
いちにち　ぷん　なま　れんしゅう
(Setengah jam sehari? Latihan yang sebegini tidak mencukupi.／တစ်ရက်ကိုမိနစ်၃၀လား။သွေးမပူတဲ့လေ့ကျင့်ခန်းဟာအချည်းအနှီးပါ။／30 minuto sa isang araw? Hindi mabuti ang ganyang praktis na hindi seryoso.)

▶ 彼は生真面目な性格で、考え過ぎるところがある。
かれ　きまじめ　せいかく　かんが　す
(Dia sangat serius dan cenderung untuk berfikir terlalu banyak.／သူမဟာတည်ကြည်တဲ့စိတ်ဓာတ်ရှိပြီး၊စဉ်းစားလွန်တာမျိုးရှိပါတယ်။／Seryoso ang pagkatao niya, at lagi siyang nag-iisip.)

何を含む表現 1

前に付く語 2

後ろに付く語 3

同じ漢字を持つ語 4

動詞＋動詞 5

いろいろな意味を持つ語彙 6

君葉のいろいろな形 7

連語・短い句 8

体に関する言葉を使った慣用句 9

四字熟語 10

□ **丸～**
まる

▷ 丸一日かかる、丸暗記（する）、丸写し（する）、丸ごと食べる
　まるいちにち　　　　まるあんき　　　　　まるうつし　　　　　まる　　た

(mengambil masa sehari penuh, menghafal keseluruhan, menyalin sepenuhnya, memakan keseluruhan／တစ်နေ့လုံးအချိန်ကြာသယ်၊အလွတ်ကျက်တယ်။ ပုံတူးကူးချတယ်၊တစ်ခုလုံးစားတယ်／isang buong araw, memoryahin lahat, gumawa ng buong kopya, kainin nang buo)

▶ これじゃ、外から丸見えだ。
　　　　　　　そと　まるみ

(Dengan ini, dilihat sepenuhnya dari luar.／အဲဒါဆို အပြင်ကနေအားလုံးမြင်ရမယ်။／Nakikita ang lahat mula sa labas.)

□ **密～**
みつ

▷ 密室、密会（する）、密約（する）、密輸（する）、アマゾンの密林
　みっしつ　みっかい　　　　みつやく　　　　　みつゆ　　　　　　　　　　みつりん

(bilik tertutup, berjumpa secara rahsia, membuat perjanjian rahsia, menyeludup, hutan tebal Amazon／လူပြည်ကျပ်အခန်း၊လျှို့ဝက်အစည်းအဝေးလုပ်သည်၊လျှို့ဝက်သဘောတူညီသည်၊မှောင်ခိုသွင်းသည်အာဇဲမေဖစေတာကြီးမျက်မည်။／saradong kuwarto, magkita nang lihim, gumawa ng isang lihim na kasunduan, mag-smuggle, gubat ng Amazon)

▶ 駅周辺に住宅が密集している。
　えきしゅうへん　じゅうたく　みっしゅう

(Rumah-rumah berpusat di sekitar stesen.／ဘူတာတဝိုက်မှာလူနေအိမ်ခြေပြည့်ကျပ်နေတယ်။／Maraming bahay ang nasa paligid ng istasyon.)

□ **猛～**
もう

▷ 猛暑、猛獣、猛反対（する）、猛勉強（する）
　もうしょ　もうじゅう　もうはんたい　　　　　もうべんきょう

(cuaca panas terik, binatang buas, menentang dengan keras, belajar dengan tekun／နေပြင်းသည်။သားရဲတိရ္ဆာန်၊အပြင်းအထန်ဆန့်ကျင်သည်၊အပြင်းအထန်စာကျက်သည်／matinding init, mabangis na hayop, mahigpit na sumalungat, mag-aral nang mabuti)

▶ 監督の猛抗議は 15 分も続いた。
　かんとく　もうこうぎ　　　　　ふん　つづ

(Protes keras pengarah berlangsung selama 15 minit.／ကြီးကြပ်အုပ်ချုပ်သူရဲ့ပြင်းထန်တဲ့ကန့်ကွက်မှုဟာ၁၅မိနစ်ထိတောင်ကြာတယ်။／Nagpatuloy nang 15 minuto ang matinding protesta ng direktor.)

③ 後ろに付く語
うし つ ご

□ ～界
かい

▷ 政界の動向、業界の主要団体、文学界の新星、芸能界のニュース、自然界の掟
せいかい どうこう ぎょうかい しゅようだんたい ぶんがくかい しんせい げいのうかい しぜんかい おきて

(pergerakan dunia politik, badan utama industri, bintang baru dunia sastera, berita dunia hiburan, hukum alam semula jadi／
နိုင်ငံရေးလောကကြောင်းပောက်မှုလှုပ်ရှားမှုအစီအစဉ်ကဏ္ဍတိုက်သစ်စာပေလောကကဏ္ဍတိုက်သစ်ကြယ်ပွင့်ဖျော်ဖြေရေးလောကသတင်း၊သဘာဝတရား／kalakaran ng politika, pangunahing grupo sa industriya, sumisikat na bituin sa literatura, balita sa mundo ng entertainment, tuntunin ng kalikasan)

▶ 財界のトップたちが集まり、会合を開いた。
ざいかい あつ かいごう ひら

(Pemimpin-pemimpin dalam dunia kewangan berkumpul dan mengadakan pertemuan.／
ငွေကြေးလောကထိပ်သီးများစုဝေး၍အစည်းအဝေးကျင်းပခဲ့သည်။／Nagtipon ang mga nangunguna sa mundo ng pananalapi at nagmiting sila.)

□ ～がい

▷ やりがいのある仕事
しごと

(kerja yang mempunyai makna／လုပ်ရကျိုးနပ်တဲ့အလုပ်／mahirap na trabaho)

▶ 孫の成長をみるのが生きがいです。
まご せいちょう い

(Melihat pertumbuhan cucu adalah tujuan hidup saya.／
မြေးကလေးကြီးပြင်းလာတာကိုကြည့်ရတာဘဝရှင်သန်ရကျိုးနပ်တာပဲ။／Dahilan ko para mabuhay ang makita ang paglaki ng mga apo ko.)

□ ～柄
がら

▷ 場所柄をわきまえる
ばしょがら

(memahami karakter tempat／နေရာအခြေအနေကိုခွဲခြားသိသည်／malaman ang karakter ng lugar)

▶ 仕事柄、出張が多いんです。
しごとがら しゅっちょう おお

(Disebabkan pekerjaan, saya sering keluar untuk urusan kerja.／အလုပ်ပုံစံဟာခရီးသွားတာဝန်ကများပါတယ်။／
Dahil sa trabaho ko, madalas akong may business trip.)

▶ 季節柄、体調を崩しやすいので気をつけてください。
きせつがら たいちょう くず き

(Berhati-hatilah kerana mudah untuk mendapat penyakit pada musim ini.／
ရာသီအခြေအနေနှုန့်နေမကောင်းဖြစ်လွယ်လို့ဂရုစိုက်ပါ။／Mag-ingat ka, dahil madaling magkasakit sa ganitong panahon.)

□ ～刊
かん

▷ 夕刊、月刊、週刊誌、創刊（する）
ゆうかん げっかん しゅうかんし そうかん

(edisi petang, bulanan, mingguan, pelancaran (melancarkan)／
ညနေထုတ်စာစောင်လစဉ်ထုတ်စာစောင်အပတ်စဉ်ထုတ်မဂ္ဂဇင်း၊ပထမစာစောင်ထုတ်သည်／panggabing dyaryo, buwanan, lingguhang magasin, unang isyu)

□ ～観
かん

▷ 人それぞれの価値観、人生観、結婚観
ひと かちかん じんせいかん けっこんかん

(nilai-nilai individu, pandangan hidup, pandangan tentang perkahwinan／
လူတစ်ဦးချင်းစီၰတန်ဖိုးထားသည့်အမြင်၊ဘဝအပေါ်အမြင်၊အိမ်ထောင်ရေးအမြင်／halaga ng bawa't tao, pananaw sa buhay, pananaw sa kasal)

何を含む表現

前に付く語　2

後ろに付く語　3

同じ漢字を持つ語　4

動詞＋動詞　5

いろいろな意味を持つ語彙　6

漢字のいろいろな形　7

連語・短い句　8

体に関する漢字を使った慣用句　9

四字熟語

□ ～気（き）

▷ 陽気（な）、陰気（な）、強気（な）、弱気（な）、勝気（な）、内気（な）、狂気
　　ようき　　いんき　　つよき　　よわき　　かちき　　うちき　　きょうき

（ceria, muram, optimis, pesimis, bersemangat, pemalu, gila／ရွှင်ပြသောစိတ်၊့ညို့းငယ်သောစိတ်၊ခိုင်သောစိတ်၊ပျော့သောစိတ်၊အောင်နိုင်စိတ်ရှိသော၊ပေပ်ကုပ်ကုပ်နေသောစိတ်မန့်／masayahin, malungkot, matapang, mahina ang loob, determinado, mahiyain, baliw）

▶ これは邪気を払うための儀式です。
　　　　　じゃき　はら　　　　　　ぎしき

（Ini adalah upacara untuk mengusir energi negatif.／ဒါဟာမကောင်းဆိုးရွားများကိုနှင်ထုတ်တဲ့ထုံးတမ်းတစ်ခုပါ။／Seremonya ito para labanan ang kabaliwan.）

□ ～ぐるみ

▷ 町ぐるみ、地域ぐるみ
　　まち　　　ちいき

（keseluruhan bandar, keseluruhan kawasan／တစ်မြို့လုံး၊ဒေသတစ်ခုလုံး／buong bayan, buong rehiyon）

▶ 野村さんとは家族ぐるみのお付き合いをしている。
　　のむら　　　　　かぞく　　　　　つ　あ

（Kami mempunyai hubungan kekeluargaan dengan Encik/Cik/Puan Nomura.／နီမူရစန်နဲ့မိသားစုတစ်စုလုံးရင်းနှီးစွာဆက်ဆံရတ်ယ်။／Mayroon akong relasyon sa pamilya ni Nomura-san.）

□ ～圏（けん）

▷ 首都圏、都市圏、イスラム文化圏、半径５キロ圏内
　　しゅとけん　としけん　　　　　ぶんかけん　はんけい　　　　けんない

（kawasan ibu kota, kawasan bandar, wilayah budaya Islam, dalam jejari 5 kilometer／မြို့တော်ဧရိယာ၊မြို့ပြဧရိယာ၊အစ္စလာမ်ယဉ်ကျေးမှုကမ္ဘာ၊အချင်းဝက်၅ကီလိုမီတာဧရိယာအတွင်း／metropolitan area, urban area, kultura ng Islam, sa loob ng 5 kilometro na radius）

□ ～源（げん）

▷ エネルギー源、水源、情報源、美の根源、古い音源を利用する
　　　　　　　げん　すいげん　じょうほうげん　び　こんげん　ふる　おんげん　　りよう

（sumber tenaga, sumber air, sumber maklumat, sumber keindahan, menggunakan sumber suara lama／စွမ်းအင်အရင်းအမြစ်၊ရေအရင်းအမြစ်၊သတင်းအချက်အလက်များ၏မူလရင်းတေး၊ဂီတဟောင်းကိုသုံးသည်／pinagmulan ng enerhiya, pinagmulan ng tubig, pinagmulan ng impormasyon, pinagmulan ng kagandahan, gumamit ng lumang pinanggalingan ng musika）

□ ～産（さん）

▷ アメリカ産、名産、特産
　　　　　さん　めいさん　とくさん

（diperbuat di Amerika, produk terkenal, produk khas／အမေရိကားလုပ်၊ဒေသထွက်ကုန်အထွက်ထွက်／gawa sa Afrika, specialty ng lugar, specialty）

□ ～視（し）

▷ 重要視（する）、軽視（する）、疑問視（する）、注視（する）
　　じゅうようし　　　　けいし　　　　きもんし　　　　　ちゅうし

（melihat penting (melakukan), mengabaikan (melakukan), mempertanyakan (melakukan), memerhati (melakukan)／အလေးထားသည်／bigyan ng halaga, hindi bigyan ng halaga, magtanong, titigan）

□ ～省（しょう）

▷ 外務省、法務省
　　がいむしょう　ほうむしょう

（kementerian luar negeri, kementerian kehakiman／နိုင်ငံခြားရေးဝန်ကြီးဌာန၊တရားရေးဝန်ကြီးဌာန／Department of Foreign Affairs, Department of Justice）

□ ～層（そう）

▷ 年齢層、若年層、富裕層、貧困層、読者層、党の支持層、地層、階層
　　ねんれいそう　じゃくねんそう　ふゆうそう　ひんこんそう　どくしゃそう　とう　しじそう　ちそう　かいそう

（kumpulan umur, kumpulan muda, kumpulan kaya, kumpulan miskin, lapisan pembaca, lapisan penyokong parti, lapisan tanah, lapisan／အသက်အလိုက်လူအလွှာ၊လူငယ်များ၊လူချမ်းသာများ၊ဆင်းရဲသားများ၊စာဖတ်သူများ၊ပါတီကိုထောက်ခံသူများ၊မြေလွှာ၊အထပ်လွှာ／grupo ayon sa edad, mga kabataan, mga mayaman, mga mahihirap, mga mambabasa, mga tagasuporta ng partido, layer, ranggo sa lipunan）

□ ～違い
ちが

▷ 勘違い、色違いのシャツ
　かんちが　　いろちが

(salah faham, baju warna berbeza／နားလည်မှုလွဲခြင်း၊အရောင်မတူရှပ်အက်ို／pagkakamali, iba't ibang kulay na shirt)

▶ 友達かと思ったら、人違いだった。
　ともだち　　おも　　　　ひとちが

(Saya fikir dia adalah kawan, tetapi saya tersilap orang.／သူငယ်ချင်းလားလို့ထင်တာလူမှားသွားတာပါ။／Akala ko,
siya yung kaibigan ko, pero hindi pala.)

□ ～点
てん

▷ 要点を述べる、視点を変える、注意点、疑問点、盲点を突く、
　ようてん　の　　　　してん　か　　　ちゅういてん　ぎもんてん　もうてん　つ
接点を持つ、起点、終点、満点、沸点
せってん　も　　　きてん　しゅうてん　まんてん　ふってん

(menyatakan titik utama, mengubah perspektif, titik perhatian, titik pertanyaan, secara mengejut, memiliki
titik sentuhan, titik mula, titik akhir, penuh, titik didih
အဓိကအချက်ကိုပြောသည်၊ရှုထောင့်ကိုပြောင်းသည်၊သတိပြုရန်အချက်၊မေးစရာအချက်၊မသိမြင်ချက်အပေါ်အသားစီးယူသည်၊
ဆက်သွယ်ချက်ရှိသည်၊စမှတ်၊ဆုံးမှတ်၊အမှတ်ပြည့်၊ရေဆူမှတ်／sabihin ang punto, baguhin ang pananaw, mahalagang
punto, tanong, samantalahin ang blind spot, magkaroon ng point of contact, panimulang punto, ang huling
punto, perpektong marka, boiling point)

▷ この成功が、会社にとって大きな分岐点となった。
　　せいこう　　かいしゃ　　　　おお　　ぶんきてん

(Kejayaan ini menjadi titik perpecahan penting untuk syarikat.／
ဒီအောင်မြင်မှုဟာကုမ္ပဏီအနေနဲ့ကြီးမားသောလမ်းခွဲမှတ်တိုင်ဖြစ်ခဲ့တယ်။／Ang tagumpay na ito ang naging punto ng
pagbabago para sa kompanya.)

□ ～並み
なみ

▷ 例年並みの気温、プロ並みの技、町並み
　れいねんな　　きおん　　　　な　　わざ　まちな

(suhu seperti biasa／နှစ်စဉ်ကဲ့သိုသောအပူချိန်၊ပညာသည်ကဲ့သိုသောနည်းပညာမြို့လမ်းအိမ်တန်း／normal na
temperatura, husay na parang propesyonal, tanawin ng bayan)

▶ 人並みの生活ができればいい。
　ひとな　　せいかつ

(Saya harap dapat menjalani kehidupan seperti orang lain.／သာမန်လူနေမှုအဆင်ံ့ဘဝကိုရရင်ကောင်းမယ်။／
Gusto ko lang mamuhay nang normal.)

□ ～年来
ねんらい

(selama ~ tahun／
လွန်ခဲ့တဲ့ ~ ကတည်းက
／taon)

▷ 10年来、ここで商売をしています。
　　ねんらい　　　　しょうばい

(Saya telah berdagang di sini selama sepuluh tahun.／လွန်ခဲ့တဲ့၁၀နှစ်ကတည်းကဒီနေရာမှာစီးပွားရေးလုပ်ခဲ့တယ်။／
10 taon na akong nagnenegosyo rito.)

□ ～派
は

▷ 保守派、革新派、賛成派
　ほしゅは　かくしんは　さんせいは

(konservatif, inovatif, setuju／ရှေးရိုးစွဲဝါဒီများ၊တော်လှန်ရေးသမားများ၊ထောက်ခံသူများ／mga konserbatibo, mga
rebolusyonaryo, mga tagapagtaguyod)

□ ～味
み

▷ 現実味のある話、人間味のない人、面白味のないドラマ
　げんじつみ　　　はなし　にんげんみ　　　ひと　おもしろみ

(cerita yang realistik, orang yang tidak berperasaan, drama yang tidak menarik／
လက်တွေ့ဆန်သောကား။။ပုဂ္ဂိုလ်စွဲကင်းသောသူ၊စိတ်ဝင်စားစရာကင်းသောဇာတ်လမ်း။။／
impersonal na tao, hindi kawili-wiling drama)

▶ 大自然に直接触れられるのが、キャンプの醍醐味です。
　だいしぜん　ちょくせつふ　　　　　　　　　　　だいごみ

(Keindahan camping adalah dapat berhubung secara langsung dengan alam semula jadi.／
သဘာဝရေမြေနဲ့တိုက်ရိုက်ထိတွေ့စမ်းနိုင်တာကတော့အေးတွယ်စခန်းချခြင်းရဲ့အကောင်းဆုံးအရသာပါ။／Ang tunay na
kasiyahan sa camping ay ang direkta mong mararamdaman ang kalikasan.)

④ 同じ漢字を持つ語
おな　かんじ　も　ご

(Perkataan dengan Kanji yang sama／ခန်းဂျိတူဝေါဟာရ／Mga Salitang May Parehong Kanji)

□ **有毒（な）**
ゆうどく

(beracun／အဆိပ်ရှိသော／nakakalason)

▷ 有毒ガス
ゆうどく

(gas beracun／အဆိပ်ရှိသောဓာတ်ငွေ့／nakakalason gas)

□ **有望（な）**
ゆうぼう

(berpotensi／မျှော်လင့်ရသော／maasahan, promising)

▷ 将来有望な新人
しょうらいゆうぼう　しんじん

(bakat baru yang berpotensi di masa depan／အနာဂတ်အတွက်မျှော်လင့်ရသောလူသစ်／bagong empleyadong may maliwanag na kinabukasan)

□ **有益（な）**
ゆうえき

(bermanfaat／အကျိုးရှိသော／kapaki-pakinabang)

▷ 有益な情報
ゆうえき　じょうほう

(maklumat yang bermanfaat／အကျိုးရှိသောသတင်း／kapaki-pakinabang na impormasyon)

□ **有力（な）**
ゆうりょく

(berpengaruh／ဩဇာရှိသောအခိုင်အမာယုံကြည်ရသော／makapangyarihan)

▷ 地元の有力者、有力な説
じもと　ゆうりょくしゃ　ゆうりょく　せつ

(orang berpengaruh di tempat setempat, teori yang berpengaruh／ဒေသခံဩဇာရှိသူအခိုင်အမာယုံကြည်ရသောသီအိုရီ／lokal na maimpluwensiyang tao, makapangyarihang teoriya)

▶ 有力な証拠を得て、警察は強気だった。
ゆうりょく　しょうこ　え　けいさつ　つよき

(Dengan mendapatkan bukti yang kuat, polis boleh percaya.／အခိုင်အမာယုံကြည်ရသောသက်သေခံချက်ရရှိပြီး၊ရဲသည်တက်ကြွထက်သန်ခဲ့သည်။／Agresibo ang mga pulis, dahil may nakuha silang matibay na ebidensiya.)

□ **無茶（な）**
むちゃ

(melampau／ဖြစ်နိုင်ခြေမရှိသောမဆင်မခြင်သော／hindi makatwiran)

▷ 無茶な行動
むちゃ　こうどう

(tindakan yang melampau／မဆင်မခြင်အပြုအမူ／walang ingat na pag-uugali)

▶ 1日100個の漢字を覚えるの？　そんなの無茶だよ。
にち　こ　かんじ　おぼ　むちゃ

(Hafal 100 karakter Kanji dalam sehari? Itu terlalu berlebihan.／၁ရက်ကိုခန်ဂျိအလုံး၁၀၀မှတ်နိုင်မလား။အဲဒါဖြစ်နိုင်ခြေမရှိဘူးလေ။／Kakabisaduhin ang 100 Kanji sa isang araw? Hindi iyan makatwiran.)

▶ あんまり無茶しないで、たまには休んでね。
むちゃ　やす

(Jangan terlalu memaksa diri, istirahatlah sesekali.／အများဆုံးမချိပ်မလုပ်ပါနဲ့၊တစ်ခါတလေနားပါအုံး။／Huwag kang masyadong magtrabaho, at magpahinga ka minsan.)

□ **無難（な）**
ぶなん

(selamat／ဘေးကင်းသော／ligtas)

▷ 無難な選択
ぶなん　せんたく

(pilihan yang selamat／ဘေးကင်းသောရွေးချယ်မှု／ligtas na pagpili)

▶ 記者の挑発には乗らず、大臣は無難な答え方に終始した。
きしゃ　ちょうはつ　の　だいじん　ぶなん　こた　かた　しゅうし

(Menteri tersebut menghindari provokasi wartawan dan tetap menjawab dengan aman.／သတင်းထောက်ရဲ့စွဲဆော်ခြင်းကိုအမှုမထားပဲဝန်ကြီးဟာဘေးကင်းတဲ့ဖြေကြားပုံနဲ့အဆုံးသတ်သွားတယ်။／Nagpatuloy sa isang maayos na paraan ng pag-iisip ang ministro at hindi sumunod sa mga probokasyon ng mga reporter.)

□ **無邪気（な）**
むじゃき

(polos／အပြစ်ကင်းသောရိုးသားဖြူစင်သော／inosente)

▶ 親の心配をよそに、子供たちは無邪気に笑っていた。
おや　しんぱい　こども　むじゃき　わら

(Anak-anak tertawa dengan riang tanpa mempedulikan kekhawatiran orang tua mereka.／မိဘတွေရဲ့စိုးရိမ်မှုကိုအလွဲအပစ်မထားပဲကလေးများဟာအပြစ်ကင်းစွာရယ်မောကြတယ်။／Sa kabila ng pag-aalala ng magulang nila, inosenteng tumawa ang mga bata.)

何〜を含む表現 1

前に付く語 2

後ろに付く語 3

同じ漢字を持つ語 4

動詞＋動詞 5

いろいろな意味を持つ言葉 6

言葉のいろいろな形 7

連語・短い句 8

体に関する言葉を使った慣用句 9

四字熟語 10

☐ **無人**（むじん）
(tidak berpenghuni／လူမနေ／walang tao, walang nakatira)

▷ 無人島（むじんとう）、無人駅（むじんえき）
(pulau tidak berpenghuni, stesen kereta api tidak berpenghuni／လူမနေသောကျွန်း၊ဝန်ထမ်းမရှိသောဘူတာ／islang walang nakatira, istasyong walang tao)

☐ **無論**（むろん）
(tentu saja／ပြောဖို့တောင်မလို／siempre)

▶ これで目的（もくてき）が果（は）たされたのだろうか。無論（むろん）、そんなことはない。むしろ、これからが大事（だいじ）だ。
(Apakah ini berarti tujuan telah tercapai? Tentu saja tidak. Sebaliknya, yang penting adalah apa yang akan terjadi selanjutnya.／ဒါနဲ့ပဲရည်မှန်းချက်ပေါက်မြောက်အောင်မြင်ပြီလား။ပြောဖို့တောင်မလိုပါဘူး။အဲဒီလိုတော့မရှိပါဘူး။အဲဒါထက် အခုကစပြီးအရေးကြီးပါတယ်။／Nakapagsilbi ba ito sa layunin? Siempre, hindi pa. Sa halip, mahalaga ang mangyayari mula ngayon.)

☐ **未知**（みち）
(tidak diketahui／မသိသေးသော／hindi alam)

▷ 未知（みち）の世界（せかい）
(dunia yang tidak diketahui／မသိသေးသောကမ္ဘာ／mundong hindi alam)

▶ 彼（かれ）の才能（さいのう）はまだまだ未知数（みちすう）です。
(Bakatnya masih menjadi misteri.／သူ့ရဲ့ပါရမီကိုမသိသေးတာအများကြီးပဲ။／Hindi pa rin alam ang kanyang mga talent.)

☐ **未練**（みれん）
(penyesalan／တရစ်ဝဲဝဲ／pagmamahal, attachment)

▶ 彼女（かのじょ）と別（わか）れたって言（い）ってたけど、まだ未練（みれん）があるみたい。
(Dia bilang dia telah putus dengan pacarnya, tetapi tampaknya masih ada perasaan.／သူမနဲ့ပြတ်သွားပြီလို့ပြောပေမဲ့၊တရစ်ဝဲဝဲရှိနေသေးပုံပဲ။／Sinabi niyang nag-break na sila, pero mukhang minamahal pa niya siya.)

☐ **補給（する）**（ほきゅう）
(bekalan (membekalkan)／ဖြည့်သည်／maglagay uli)

▶ 水分（すいぶん）を補給（ほきゅう）する
(membekalkan air／ ရေဓာတ်ကိုဖြည့်သည်／magdagdag uli ng tubig, mag-hydrate)

☐ **補欠**（ほけつ）
(pelengkap／တလှည့်စီ／kahalili)

▷ 補欠選手（ほけつせんしゅ）
(pemain pelengkap／အစားထိုးကစားသမား／kapalit na player)

☐ **補充（する）**（ほじゅう）
(tambahan (menambah)／ဖြည့်စွက်သည်／magpuno)

▷ 内容（ないよう）を補充（ほじゅう）する、欠員補充（けついんほじゅう）
(menambah isi, menambah kekosongan／အကြောင်းအရာကိုဖြည့်စွက်သည်၊လစ်လပ်နေရာကိုဖြည့်သည်／lagyan uli ang nilalaman, punan ang mga bakante)

☐ **補助（する）**（ほじょ）
(bantuan (membantu)／ကူသည်／tumulong)

▷ 国（くに）からの補助金（ほじょきん）、補助（ほじょ）スタッフ
(dana bantuan dari kerajaan, staf bantuan／နိုင်ငံတော်မှအကူငွေ၊အကူဝန်ထမ်း／tulong na pera mula sa gobyerno, pantulong na tauhan)

▶ 会社（かいしゃ）を始（はじ）める時（とき）は、親（おや）が資金（しきん）の一部（いちぶ）を補助（ほじょ）してくれました。
(Apabila saya memulakan syarikat itu, ibu bapa saya memberi subsidi sebahagian daripada dana itu.／ကုမ္ပဏီကိုစတင်စဉ်မှာမိဘတွေကမတည်ငွေရဲ့တစ်စိတ်တစ်ပိုင်းကိုကူပံ့ခဲ့တယ်။／Noong nagsimula ako ng kompanya, tinulungan ako ng mga magulang ko sa bahagi ng puhunan.)

☐ **補足（する）**（ほそく）
(tambahan (menambah)／ဖြည့်စွက်သည်／magdagdag)

▷ 補足説明（ほそくせつめい）、内容（ないよう）を補足（ほそく）する
(penjelasan tambahan, menambah isi／ဖြည့်စွက်ရှင်းလင်းချက်၊အကြောင်းအရာကိုဖြည့်စွက်သည်／dagdag na paliwanag, dagdagaan ang nilalaman)

何を含む表現 1

前に付く語 2

後ろに付く語 3

同じ漢字を持つ語 4

動詞＋動詞 5

いろいろな意味を持つ言葉 6

様類のいろいろな形 7

連語・短い句 8

体に関する言葉を使った慣用句 9

四字熟語 10

□ **一員**
いちいん

(seorang anggota／အဖွဲ့ဝင်／
miembro)

▷ 組織 / 社会の一員
　そしき　しゃかい　いちいん

(anggota organisasi / masyarakat／အဖွဲ့အစည်း/ကုမ္ပဏီအဖွဲ့ဝင်／miembro ng organisasyon/
lipunan)

□ **一因**
いちいん

(sebab／အကြောင်းခံ／isang
dahilan)

▶ 近所付き合いが減ったことも、孤独死が増えた一因となっ
　きんじょづ　あ　　　へ　　　　　　　　こどくし　ふ　　　いちいん
ている。

(Penurunan interaksi antar tetangga juga menjadi salah satu penyebab meningkatnya kematian
kesepian.／အိမ်နီးချင်းရင်းနှီးမှုလျော့ည်းခြင်းဟာအထီးကျန်သေဆုံးမှုတိုးလာခြင်းရဲ့အကြောင်းခံဖြစ်နေပါတယ်။／
／Isa rin sa dahilan ng pagdami ng mga namamatay na nag-iisa ang pag-unti ng pakikisalamuha
ng mga kapitbahay.)

□ **一環**
いっかん

(sebahagian／တစ်စိတ်တစ်ပိုင်း
／bahagi)

▷ コンサートは開会式の一環として行われた。
　　　　　　　　　かいかいしき　いっかん　　おこな

(Konsert itu diadakan sebagai sebahagian daripada majlis perasmian.／
ဖျော်ဖြေပွဲကိုဖွင့်ပွဲအခမ်းအနား၏တစ်စိတ်တစ်ပိုင်းအနေနဲ့ကျင်းပခဲ့သည်။／Bahagi ng pagbukasan ng
seremonya ang konsert.)

□ **一連**
いちれん

(siri／တသီတတန်း／serye)

▷ 一連の事件
　いちれん　じけん

(siri peristiwa／တသီတတန်းအမှုများ／serye ng mga pangyayari)

▷ 一連の協議の末、両社は合併することとなった。
　いちれん　きょうぎ　すえ　りょうしゃ　がっぺい

(Setelah serangkaian diskusi, kedua perusahaan memutuskan untuk bergabung.／
အစည်းဝေးများအသီးတတန်းလုပ်ပြီးတဲ့အဆုံးမှာကုမ္ပဏီနှစ်ခုပေါင်းပေါင်းဖွဲ့ဖြစ်သွားပါပြီ။／Matapos ang serye ng
mga konsultasyon, napagpasyahang pagsamahin ang dalawang kompanya.)

□ **一筋**
ひとすじ

(sepenuhnya／
တစ်ကြောင်းတည်း／tuwid na
linya)

▷ 野球一筋の人生
　やきゅうひとすじ　じんせい

(hidup yang sepenuhnya untuk bola sepak／ဘောလုံးတစ်ကြောင်းတည်းနဲ့သာ／buhay na inilaan
sa baseball)

▷ 暗い世の中に一筋の光が差したようだった。
　くら　よ　なか　ひとすじ　ひかり　さ

(Seperti ada cahaya menyinari dunia yang gelap.／
အမှောင်ထဲမှာတစ်စင်ကြောင်းသာသောအလင်းရောင်ထိုးနေပုံရတယ်။／Parang sinag ng liwanag ang
sumisikat sa madilim na mundo.)

□ **一目置く**
いちもくお

(menghargai／
လေးစားအသိအမှတ်ပြုသည်／
kilalanin ang nakahihigit)

▶ パソコンに強い彼は、クラスの中で一目置かれる存在だっ
　　　　　　　つよ　かれ　　　　　　なか　いちもくお　　　そんざい
た。

(Dia yang ahli dalam komputer, adalah orang yang dihormati dalam kelas.／
သူကွန်ပြူတာကျွမ်းကျင်လို့အတန်းထဲမှာလေးစားအသိအမှတ်ပြုခံရတယ်။／Dahil sa husay niya sa
kompyuter, kinikilala siya bilang pinakamahusay sa klase.)

□ **一式**
いっしき

(set lengkap／တစ်စုံ／buong
set)

▷ 道具一式
　どうぐいっしき

(satu set alat／ကိရိယာတစ်စုံ／set ng mga gamit)

▶ 入学手続に必要な書類一式をそこで受け取った。
　にゅうがくてつづき　ひつよう　しょるいいっしき　　　　　う　と

(Saya menerima semua dokumen yang diperlukan untuk pendaftaran sekolah di sana.／
ကျောင်းဝင်ခြင်းအစီအစဉ်မှာလိုအပ်တဲ့စာရွက်စာတမ်းတစ်စုံကိုအဲ့ဒီမှာလက်ခံယူခဲ့တယ်။／Tinanggap doon ang
set ng mga dokumentong kailangan para sa pagpasok sa eskuwelahan.)

□ **一様**
いちよう

(sama rata／တညီတည္တတ္／
uniporme, pare-pareho)

▷ 会社側の説明に、株主は一様に不満そうな顔をしていた。
かいしゃがわ　せつめい　　　かぶぬし　いちよう　　ふまん　　　　　かお

(Para pemegang saham tampak tidak puas dengan penjelasan dari pihak syarikat.／
ကုမ္ပဏီဘက္မွရွင္းလင္းခ်က္အေပၚအရွယ္ယာဝင္များဟာတညီတည္တတ္အေနႏွင့္မေက်နပ္တဲ့မ်က္ႏွာျဖစ္ခဲ့တယ္။／
Pare-parehong hindi mukhang nasiyahan ang mga shareholder sa paliwanag ng kompanya.)

▶ デモの参加理由は一様ではないようだ。
　　さんかりゆう　いちよう

(Nampaknya alasan untuk menyertai demonstrasi tidak seragam.／
ဆန္ဒျပပြဲမွာပါဝင္ရတဲ့အေၾကာင္းအရင္းဟာမတညီပဲ့ပုံရတယ္။／Mukhang hindi pare-pareho ang dahilan
kung bakit sila sumali sa demo.)

□ **一律**
いちりつ

(seragam／ပုံေသနႈန္း／
pareho)

▶ Aプランでは、通話時間に関係なく、一律料金になります。
　　　　　　　つうわじかん　かんけい　　　　いちりつりょうきん

(Dengan Pelan A, kadar tetap dikenakan tanpa mengira tempoh panggilan.／
A အစီအစဥ္ထဲမွာ၊ ဖုန္းေျပာတဲ့ၾကာခ်ိန္ႏွင့္မဆိုင္ပဲပုံေသနႈန္းအျဖိးအျဖစ္ျဖစ္ပါမယ္။／Sa plan A, pareho lang ang
bayad kahit gaano katagal ang pagtawag sa telepono.)

□ **一段落(する)**
いちだんらく

(satu perenggan (mengakhiri)
／ၿပီးဆုံးသည္／umabot sa antas
na puwede ng magpahinga)

▶ 今の仕事が一段落したら、まとまった休みを取ろうと思う。
いま　しごと　いちだんらく　　　　　　　　　　　やす　　と　　　おも

(Saya rasa saya akan berehat dengan sewajarnya apabila kerja saya sekarang selesai.／
ဒီလုပ္ငန္းၿပီးရင္ရက္ရွည္အားလပ္ရက္ယူမယ္မွန္းတယ္။／Iniisip kong magbakasyon nang mahaba, kapag
natapos ko na ang kasalukuyang trabaho ko.)

□ **一覧(する)**
いちらん

(senarai (melihat keseluruhan)
／တစ္ခ်က္ၾကည့္သည္／tingnan)

▷ 一覧表
いちらんひょう

(jadual senarai／စာရင္းဇယား／listahan)

▶ 東京の美術館が一覧できるサイトはないですか。
とうきょう　びじゅつかん　いちらん

(Adakah terdapat tapak (web-site) di mana saya boleh menyenaraikan muzium di Tokyo?／
တိုက်ိုရွဲပန္ခ်ျိပန္းပဲ့ျပန္ေတြကိုတစ္ခ်က္တည္ၾကည့္လို့ရတဲ့အင္တာနက္ဆိုက္မရွိဘူးလား။／Wala bang
website na may listahan ng mga art museum sa Tokyo?)

□ **一括(する)**
いっかつ

(sekali gus (melakukannya
sekaligus)／အစုလိုက္ျပုသည္／
pagsama-samahin)

▷ 一括払い(対分割払い)、一括で登録する
いっかつばら　　ぶんかつばら　　　　　いっかつ　　とうろく

(pembayaran sekaligus (pembayaran pecah), mendaftar secara sekaligus／
တစ္စုတည္းေပးေခ်ျခင္း(ခြဲ၍ေပးေခ်ျခင္း)၊တစ္စုတည္းမွတ္တမ္းတင္ျခင္း／lump sum na pagbabayad
(ikompara sa pagbabayad nang installment), irehistro nang sama-sama)

▶ お支払はどのようになさいますか。　―　一括でお願いします。
　　しはらい　　　　　　　　　　　　　　　　　　　　　　　　　いっかつ　　ねが

(Bagaimana awak ingin membayarnya? - Tolong sekali gus.／
ဘယ်လိုေပးေခ်ပါမလဲ။ တစ္စုတည္းေပးေခ်ပါမယ္။／Paano po kayo magbabayad? -- Isang bayaran lang po.)

□ **一貫(する)**
いっかん

(konsisten (menjalankan
secara konsisten)／
တစိုက္မတ္မတ္ျပုသည္／maging
pare-pareho)

▶ 彼は一貫して反対の立場だった。
かれ　いっかん　　　　はんたい　たちば

(Dia konsisten dalam menentangnya.／သူဟာတစိုက္မတ္မတ္ႏွင့္ဆန္႔က်င္ခဲ့သည္။／Patuloy siyang
sumasalungat.)

何かを含む表現 1
前に付く語 2
後ろに付く語 3
同じ漢字を持つ語 4
動詞＋動詞 5
いろいろな意味を持つ言葉 6
希望のいろいろな形 7
連語・短い句 8
体に関する言葉を使った慣用句 9
四字熟語 10

□ 一挙に
いっきょ
（sekaligus ／တစ်ချက်တည်း／minsanan, sabay-sabay）

▷ 一挙に解決する
いっきょ かいけつ
（menyelesaikan sekaligus ／တစ်ချက်တည်းဆုံးဖြတ်သည်／magpasya nang minsanan）

▶ 新作映画を一挙に紹介します。
しんさくえいが いっきょ しょうかい
（Kami akan memperkenalkan semua filem baru sekaligus. ／ရုပ်ရှင်ကားသစ်ကိုတစ်ချက်တည်းဖြတ်ဆက်ပေးမည်။／Ipapakakilala ko ang mga bagong sine nang sabay-sabay.）

□ 一斉
いっせい
（serentak ／တစ်ပြိုင်တည်း／sabay-sabay）

▷ 一斉捜査
いっせいそうさ
（penyiasatan serentak ／တစ်ပြိုင်တည်းစုစမ်းစစ်ဆေးခြင်း／sabay-sabay na imbestigasyon）

▶ 「ほしい人？」と聞くと、子供たちは一斉に手を上げた。
ひと き こども いっせい て あ
（Bila ditanya "Siapa yang mahu?", semua kanak-kanak serentak mengangkat tangan mereka. ／「လိုချင်သူ？」 လို့မေးတဲ့အခါကလေးတွေဟာတစ်ပြိုင်တည်းလက်ထောင်ကြတယ်။／Sabay-sabay na nagtaas ng kamay ang mga bata noong tanungin sila, "Sino ang may gusto nito?"）

□ 一手に
いって
（sepenuhnya ／အားလုံး／mag-isa）

▷ 仕事を一手に引き受ける
しごと いって ひ う
（menerima pekerjaan sepenuhnya ／အလုပ်ကိုအားလုံးတင်လက်ခံသည်／mag-isang tanggapin ang trabaho）

▶ 外科手術用の注文加工を一手に引き受けているのが、この会社です。
げかしゅじゅつよう ちゅうもんかこう いって ひ う かいしゃ
（Syarikat ini bertanggungjawab sepenuhnya untuk pengeluaran pesanan khusus untuk pembedahan. ／ခွဲစိတ်ခန်းသုံးပစ္စည်းမှာမှာယူသည့်အစီအစဉ်အားလုံးကိုလက်ခံရယူထားတာကဒီကုမ္ပဏီပါ။／Ito ang kompanyang mag-isang tumatanggap ng pagpoproseso ng mga gamit na pang-opera.）

□ 一概に～ない
いちがい
（tidak semestinya ／ယေဘုယျအားဖြင့်မ～နိုင်ဘူး／hindi pangkalahatan）

▶ 相手との相性もあるので、この方法がいいかどうか、一概には言えない。
あいて あいしょう ほうほう いちがい い
（Kerana ada kemampuan bersama dengan pihak lawan, ia sukar untuk mengatakan sama ada cara ini adalah baik atau tidak. ／တစ်ဖက်လူနဲ့သက်ဆိုင်ရေးလည်းရှိနေလို့ဒီနည်းလမ်းကောင်းမကောင်းဆိုတာယေဘုယျအားဖြင့်မပြောနိုင်ပါဘူး။／May compatibility rin sa kabilang partido, kaya hindi ko masasabi kung maganda ba ang paraang ito o hindi.）

□ 権力
けんりょく
（kuasa ／အာဏာ／kapangyarihan）

▷ 権力者、権力を握る
けんりょくしゃ けんりょく にぎ
（orang berkuasa, menggenggam kuasa ／အာဏာရှင်၊အာဏာကိုချုပ်ကိုင်သည်／taong may kapangyarihan, kumuha ng kapangyarihan）

□ 威力
いりょく
（kekuatan ／အစွမ်းသတ္တိ／kapangyarihan）

▶ この洗剤は、頑固な油汚れに威力を発揮しますよ。
せんざい がんこ あぶらよご いりょく はっき
（Detergen ini efektif terhadap noda minyak yang keras. ／ဒီဆပ်ပြာရည်ဟာခဲ့နေတဲ့ဆီချေးကိုကျွတ်အောင်အစွမ်းပြနိုင်တယ်။／Mahusay sa mantsa ng langis na mahirap matanggal ang sabong panlabang ito.）

□ **勢力**
せいりょく
（pengaruh ／
အင်အား၊သြဇာအာဏာ ／
kapangyarihan, impluwensiya)

▷ 勢力争い
せいりょくあらそ
（pertikaian pengaruh ／ သြဇာအာဏာလွန်ဆွဲပွဲ ／ power struggle)

▶ 台風は勢力を強めながら、東に進んでいます。
たいふう せいりょく つよ ひがし すす
（Taufan sedang menguat dan bergerak ke timur. ／
တိုင်းဖွန်းမုန်တိုင်းသည်အင်းအားကောင်းစွာဖြင့်အရှေ့ဖက်သို့ရွှေ့လျားနေသည်။ ／ Lumalakas ang bagyo habang patungo ito sa silangan.)

□ **戦力**
せんりょく
（kekuatan tempur ／
လုပ်နိုင်စွမ်းရည် ／ puwersa)

▶ 今度入る新人は即戦力として期待されている。
こんどはい しんじん そくせんりょく きたい
（Pekerja baru yang akan datang diharapkan dapat menjadi tenaga kerja segera. ／
အခုတစ်ကြိမ်ဝင်လာမယ့်လူသစ်ဟာချက်ချင်းလုပ်ကိုင်နိုင်မယ့်စွမ်းရည်ရှိတာလို့မျှော်လင့်နေရသည်ဖြစ်ပါတယ်။ ／ Inaasahang magiging puwersa sa kompanya ang mga bagong pasok sa kompanya ngayon.)

□ **有人**
ゆうじん
（berpenghuni ／ လူပါသော ／
manned, maglagay ng tauhan)

▷ 有人ロケット
ゆうじん
（roket berpenghuni ／ လူပါသောဒုံးပျံ ／ manned rocket, rocket na may nagpapatakbo)

□ **一般人**
いっぱんじん
（orang biasa ／ သာမန်လူ ／
ordinaryong tao)

▶ 会場には、一般人は入ることができません。
かいじょう いっぱんじん はい
（Orang biasa tidak boleh memasuki tempat itu. ／ ကျင်းပရာနေရာသို့သာမန်လူဝင်လို့မရပါ။ ／ Hindi maaaring papasukin ang mga ordinaryong tao sa venue.)

□ **人体**
じんたい
（badan manusia ／ လူ့ခန္ဓာကိုယ်
／ katawan ng tao)

▷ 人体の模型、人体実験
じんたい もけい じんたいじっけん
（model badan manusia, eksperimen pada manusia ／
လူ့ခန္ဓာကိုယ်ပုံစံတုလူ့ခန္ဓာကိုယ်ကိုလက် တွေ့စမ်းသပ်ခြင်း ／ model ng katawan ng tao, eksperimento ukol sa tao)

□ **人気**
ひとけ
（kehadiran orang ／
လူသူကင်းမဲ့သော ／ walang tao)

▶ 夜、人気のない場所には行かないでください。
よる ひとけ ばしょ い
（Sila jangan pergi ke tempat-tempat yang tidak ramai pada waktu malam. ／
ညမှာ လူသူကင်းမဲ့သံနေရာကိုမသွားပါနဲ့။ ／ Sa gabi, huwag kayong pupunta sa lugar na walang tao.)

□ **人目**
ひとめ
（mata orang ramai ／
လူမျက်လုံးတွေ ／ mapansin ng
tao)

▶ 彼は人目を気にするようなタイプじゃない。
かれ ひとめ き
（Dia bukan jenis orang yang risau tentang apa yang orang lain lihat. ／
သူ့ဟာလူမျက်လုံးတွေကိုဂရုပြုမယ့်လူစားမျိုးမဟုတ်ဘူး။ ／ Hindi siya ang type na gustong mapansin ng publiko.)

⑤ 動詞＋動詞（複合動詞）
どうし　どうし　ふくごう

（Kata kerja + Kata kerja majmuk／ကြိယာ+ကြိယာ／Verb at Verb）

☐ **歩き回る**
あるまわ
(berjalan-jalan／လမ်းလျှောက်လည်ပတ်သည်／maglakad-lakad)

▶ 今日は一日中歩き回ったから、すごく疲れた。
きょう　いちにちじゅうある　まわ　　　　　　　　　　つか

(Hari ini saya berjalan sepanjang hari. Oleh itu, saya sangat penat.／ဒီနေ့တစ်နေ့ကုန်လမ်းလျှောက်လည်ပတ်ခဲ့ရလို့သိပ်ပင်ပန်းသွားတယ်။／Naglakad-lakad ako buong araw, kaya masyado akong napagod.)

☐ **言い合う**
い　あ
(berdebat／ငြင်းခုန်သည်／magtalo)

▷ 言い合い
い　あ
(pertengkaran／အငြင်းအခုန်／pagtatalo)

▶ 子どもの教育のことで、妻とちょっと言い合いになってしまった。
こ　　　きょういく　　　　　つま　　　　　　　い　あ

(Kami berdebat sedikit tentang pendidikan anak-anak dengan isteri saya.／ကလေးရဲ့ပညာရေးကိစ္စနဲ့အနည်းနဲ့ငြင်းအခုန်ဖြစ်သွားခဲ့ရတယ်။／Medyo nagtalo kami ng asawa ko tungkol sa edukasyon ng mga bata.)

☐ **言い換える**
い　か
(menyusun semula／စကားကိုပြင်ပြောင်းပြောသည်／sabihin uli)

▷ 言い換え
い　か
(pengubahsuaian／စကားကိုပြင်ပြောင်းပြောပြောခြင်း／paraphrase)

▶ 子供にもわかるように、簡単な言葉に言い換えてください。
こども　　　　　　　　　　　かんたん　ことば　　い　か

(Sila tukar kepada bahasa yang mudah supaya kanak-kanak pun boleh faham.／ကလေးနားလည်အောင်လွယ်ကူတဲ့စကားနဲ့ပြင်ပြောင်းပြောပါ။／Para maintindihan ng mga bata, sabihin mo uli iyan sa mas madaling salita.)

☐ **行き違い**
い　ちが

▶ 未だに連絡がないのはおかしい。何か行き違いがあったのかもしれない。
いま　れんらく　　　　　　　　　　　　なに　い　ちが

(salah faham／နားလည်မှုလွဲသည်／hindi magkaintindihan, magkasalisi)

(Agak pelik tidak ada hubungan sehingga kini. Mungkin ada salah faham.／အခုအထိအဆက်အသွယ်မလုပ်လာတာထူးဆန်းတယ်။ တစ်ခုခုနားလည်မှုလွဲနေတာဖြစ်ကောင်းဖြစ်မယ်။／Nakakapagtakang hindi pa sila kumokontak sa atin. Baka hindi kami nagkaintindihan.)

☐ **入れ替える**
い　か
(menukar／အစားထိုးသည်／palitan)

▷ 入れ替え
い　か
(pertukaran／အစားထိုးခြင်း／kapalit)

▶ メンバーを大幅に入れ替えた。
おおはば　い　か

(Kami telah mengganti anggota secara drastik.／အဖွဲ့ဝင်ကိုအများကြီးအစားထိုးခဲ့တယ်။／Maraming silang pinalitang miembro.)

□ 受け入れる
（うけ・いれる）
(menerima／လက်ခံသည်／
tanggapin)

▷ 移民を受け入れる、留学生の受け入れ
（いみん・うけ・いれ、りゅうがくせい・うけ・いれ）
(menerima imigran, penerimaan pelajar asing／
ပြောင်းရွှေ့နေထိုင်သူကိုလက်ခံသည်နိုင်ငံခြားကျောင်းသားကိုလက်ခံသည်／ tanggapin ang mga imigrante, tumanggap ng mga internasyonal na estudyante)

▶ 結局、A社の提案を受け入れることにした。
（けっきょく、Aしゃ・ていあん・うけ・いれ）
(Akhirnya, kami memutuskan untuk menerima cadangan dari Syarikat A.／
နောက်ဆုံးမှာတော့Aကုမ္ပဏီရဲ့ကမ်းလှမ်းချက်ကိုလက်ခံဖို့ဆုံးဖြတ်ခဲ့ပါတယ်／Nagpasya kaming tanggapin ang mungkahi ng Company A.)

□ 受け止める
（うけ・とめる）
(mengambil／ဖမ်းသည်၊လက်ခံသည်／
tanggapin, saluhin)

▶ じゃ、これ投げるから、ちゃんと受け止めてね。
（うけ・とめ）
(Jadi, saya akan melempar ini, tangkap dengan baik ya.／
ကိုင်းဒီဟာ့မှာ့ရဲ့ပို့သေသောျာ့ရှာ့ဖမ်းနော်။/ Ihahagis ko ito, kaya saluhin mo.)

▶ お客様のご意見を重く受け止め、改善に努めます。
（きゃくさま・いけん・おも・うけ・とめ、かいぜん・つと）
(Kami mengambil berat tentang pendapat pelanggan dan berusaha untuk memperbaikinya.
／ဈည် သည်များ့ထင်မြင်ချက်ကိုအလေးအနက်လက်ခံပြီးပဲမိုအ့ကောင်းမွန်အောင်ကြိုးစားပါမယ်／
Sineseryoso namin ang opinyon ng mga kustomer, at nagsisikap kami para maging mas mabuti.)

□ 打ち明ける
（うち・あ）
(mengakui／ဖွင့်ပြောသည်／
magtapat.)

▷ 秘密を打ち明ける
（ひみつ・うち・あ）
(membuka rahsia／လျှို့ ဝက်ချက်ကိုဖွင့်ပြောသည်／magbunyag ng sikreto)

□ 打ち切る
（うち・き）
(menghentikan／
ဖြတ်သည်၊အဆုံးသတ်သည်／ tapusin)

▶ 連載の打ち切りが決まった。
（れんさい・うち・き・き）
(Keputusan untuk menghentikan siri telah dibuat.／အစဉ်ဆက်ကိုအဆုံးသတ်ဖိုဆုံးဖြတ်ပြီးပြီ
／Nagpasya silang tapusin ang labanan.)

□ 打ち込む
（うち・こ）
(memasukkan／
မိမိကိုယ်ကိုနှစ်မြှုပ်သည်၊ဒလက်တ်နိုုံပ်သည်／
i-type, iukol ang sarili)

▷ 勉強／テニスに打ち込む、データを打ち込む
（べんきょう・うち・こ、うち・こ）
(komited kepada belajar/tennis, memasukkan data／စာသင်ကြားျာတွင်/နှစ်မြှုပ်သည်/တင်း၊နစ်ကစားသည်ဒေတာကိုရိုက်ထည့်သည်／
／iukol ang sarili sa pag-aaral/ tennis, i-type ang data)

▶ 学生時代に何か打ち込んだものはありますか。
（がくせいじだい・なに・うち・こ）
(Adakah anda mempunyai sesuatu yang anda berdedikasi pada zaman belajar?／
ကျောင်းသားဘဝတုန်းကဘာတစ်ခုခုကိုနှစ်မြှုပ်လုပ်ခဲ့တာရှိသလား။／ Meron ka bang pinag-ukulan ng panahon noong estudyante ka?)

□ 追い込む
（お・こ）
(memaksa／
နောက်မှလိုက်၍ချောင်ပိတ်သည်၊itaboy,
pilitin, ilagay sa gipit)

▷ 政府軍は反乱軍を川岸まで追い込んだ。
（せいふぐん・はんらんぐん・かわぎし・お・こ）
(Tentera kerajaan telah memaksa tentera pemberontak ke tepi sungai.／
အစိုးရတပ်သည်သူပုန်တပ်ကိုချောင်းမံပါးအထိအနောက်မှလိုက်၍ချောင်ပိတ်သည်။／ Itinaboy ng mga puwersa ng gobyerno ang mga rebelde hanggang sa ilog.)

▷ 一つの記事が大臣を辞職へと追い込んだ。
（ひと・きじ・だいじん・じしょく・お・こ）
(Satu artikel telah memaksa menteri untuk meletakkan jawatan.／
ဆောင်းပါးတစ်စ်သည်ဝန်ကြီးကိုနှုတ်ထွက်စေရေးရ့လိုက်၍ချောင်ပိတ်သည်／Napilitang magbitiw ang ministro dahil sa isang artikulo.)

□ 起き上がる
（お・あ）
(bangun／အိပ်ရာထသည်／
bumangon)

▶ すごく眠くて、ベッドから起き上がれなかった。
（ねむ、お・あ）
(Saya sangat mengantuk dan tidak dapat bangun dari katil.／
သိပ်အိပ်ချင်လို့အိပ်ရာကနေမထနိုင်ခဲ့ဘူး။／Antok na antok ako, at hindi ako makabangon mula sa kama.)

何を含む表現 1

前に付く語 2

後ろに付く語 3

同じ漢字を持つ語 4

動詞＋動詞 5

いろいろな意味を持つ言葉 6

慣用のいろいろな形 7

連語・短い句 8

体に関する言葉を使った慣用句 9

四字熟語 10

□ **置き換える**
お　か
(menggantikan ／
လဲလှယ်ထားသည်၊အစားထိုး:သည် ／
palitan)

▷ 別の場所に置き換える
べつ　ばしょ　お　か
(menukar ke tempat lain ／ အခြား:နေရာမှာ:နေရာလဲလှယ်ထားသည် ／ palitan ng ibang lugar)

▷ 牛乳の代わりに、チーズやヨーグルトで置き換えても結構です。
ぎゅうにゅう　か　　　　　　　　　　　　　　　　　　　お　か
けっこう
(Anda boleh ganti susu dengan keju atau yogurt. ／
နွား:နို့အစား:ဒိန်ခဲ:ဒိန်ချဉ်ကိုအစားထိုးလဲလှယ်ရပါတယ်။ ／ Puwede mong palitan ng cheese at yogurt ang gatas.)

▶ 自分に置き換えて考えてみたら？
じぶん　お　か　　　かんが
(Bagaimana jika anda berada di tempat mereka? ／
ကိုယ့်ကိုယ်ကိုအစားထိုး:ပြီ:စဉ်:စား:ကြည့်ပါလား။ ／ Bakit hindi mo naisip na ipalit ang sarili mo?)

□ **押し寄せる**
お　よ
(menyerbu ／
တလိပ်လိပ်တက်သည်၊တဟုန်ထိုး:စီး:သည် ／
umalon, sumugod)

▷ 波が押し寄せる
なみ　お　よ
(ombak menerjang ／ လှိုင်:တလိပ်လိပ်တက်သည် ／ rumaragasa ang alon)

▶ 開店と同時に、客がどっと押し寄せた。
かいてん　どうじ　　　きゃく　　　　　　お　よ
(Semasa buka, pelanggan datang dengan cepat. ／
ဆိုင်ဖွင့်တာနဲ့တစ်ပြိုင်တည်း။ဝယ်သူများတဟုန်ထိုး:ဝင်လာသည်။ ／ Sumugod ang mga kustomer noong magbukas ang tindahan.)

□ **書き込む**
か　こ
(menulis ke dalam ／ ရေ:သည် ／
isulat sa)

▷ 書き込み
か　こ
(penulisan ／ ရေ:ခြင်: ／ pagsusulat, posting)

▶ ネットの掲示板にも、彼を非難する多数の書き込みがあった。
けいじばん　　　かれ　ひなん　たすう　か　こ
(Ada banyak pos di papan iklan internet yang mengkritik dia. ／
အင်တာနက်သင်ပုန်း:ကြီး:မှာလည်း:သူ့ကိုအပြစ်တင်တဲ့ရေး:သား:ချက်များ:စွာ:ရှိတယ်။ ／ Marami ring mga post sa internet bulletin boards na bumabatikos sa kanya.)

□ **組み込む**
く　こ
(memasukkan ／ ထည့်သွင်:သည် ／
isama, buuin)

▷ 予算に組み込む
よさん　く　こ
(mengintegrasikan ke dalam bajet ／ ဘတ်ဂျက်တွင်ထည့်သွင်:သည် ／ isama sa badyet)

▶ 工場見学も予定に組み込んだ。
こうじょうけんがく　よてい　く　こ
(Kami juga telah merancang lawatan ke kilang. ／
စက်ရုံလေ့လာရေ:လည်း:အစီအစဉ်တွင်ထည့်သွင်:ခဲ့သည်။ ／ Isinama sa plano ang pagbisita sa mga pabrika.)

□ **差し替える**
さ　か
(mengganti ／ အစား:ထိုး:သည် ／
palitan)

▶ 用意した資料の一部に間違いがあったので、正しいものに差し替えた。
ようい　　　しりょう　いちぶ　まちが　　　　　　　　ただ
さ　か
(Kami telah mengganti sebahagian dari bahan yang telah disediakan kerana terdapat kesilapan. ／ အသုံးပြုဖို့ဆင်ထားသည့်စာရွက်စာတမ်းတစ်ဝက်တွင်အမှားအ ချို့ရှိသဖြင့်အမှန်ဖြင့်အစား:ထိုး:ခဲ့သည်။ ／ May mali sa isang bahagi ng inihandang materyal, kaya pinalitan namin ito ng tama.)

□ 差し引く
<small>さ　ひ</small>
（mengurangkan／နုတ်သည်၊ကျန်သည် ／ibawas）

▶ 税金や手数料を差し引くと、８万円くらいです。
<small>ぜいきん　てすうりょう　さ　ひ　　　　　　　　　えん</small>

（Setelah mengurangkan cukai dan yuran, ia adalah sekitar 80,000 yen.／အခွန်နှင့်ဆောင်ရွက်ခကိုနုတ်လျှင်ယန်းတသောင်းခန့်ရှိသည်။／Kapag ibinawas ang tax at komisyon, mga 80,000 yen ito.)

▶ 差し引き、いくらになりますか。
<small>さ　ひ</small>

（Berapa jumlahnya setelah dikurangkan?／လက်ကျန်ငွေဘယ်လောက်လဲ။／Magkano ang ibabawas?)

□ 仕上がる
<small>し　あ</small>
（selesai／ပြီးစီးသည်／matapos）

▷ 仕上がり
<small>し　あ</small>

（hasil akhir／ပြီးစီးသည့်အရာ／resulta, natapos）

▶ 仕上がりには大満足で、またその店に頼みたいと思った。
<small>し　あ　　　　　　だいまんぞく　　　　　　　　　みせ　たの　　　　　　おも</small>

（Saya sangat puas dengan hasilnya dan ingin menggunakan kedai itu lagi.／ပြီးစီးသည့်အရာကိုသိပ်ပဲကျေနပ်အဲ့ဒီဆိုင်ကိုထပ်ပြီးအော်ဒါမှာချင်တယ်။／Masyado akong nasiyahan sa resulta at gusto kong mag-order uli sa tindahang iyon.)

□ 仕上げる
<small>し　あ</small>
（menyelesaikan／အဆုံးသတ်သည်／tapusin）

▷ 仕上げ
<small>し　あ</small>

（penyelesaian／အဆုံးသတ်／pagtatapos, wakas）

▶ 明日までに原稿を仕上げないと締め切りに間に合わない。
<small>あす　　　　　げんこう　し　あ　　　　　　　し　き　　　ま　あ</small>

（Jika saya tidak menyelesaikan naskhah sebelum esok, saya tidak akan sempat untuk tarikh akhir.／မနက်ဖြန်အထိမူရင်းကိုအဆုံးမသတ်နိုင်ရင်ဖောင်ပိတ်တာမမီဘူး။／Kung hindi ko tatapusin ang manuscript hanggang bukas, hindi ito aabot sa deadline.)

▶ 仕上げにオリーブオイルを加えて軽く混ぜると出来上がりです。
<small>し　あ　　　　　　　　　　　　　　くわ　　　かる　ま　　　　で　き
あ</small>

（Selesai jika anda menambah minyak zaitun dan mengaduk ringan.／အဆုံးသတ်မှာသံလွင်ဆီကိုထည့်ပြီးအသာလေးရောနှယ်လိုက်ရင်ပြီးစီးသွားပါမယ်။／Magdagdag ng olive oil para tapusin ito, at bahagyang haluin para makumpleto.)

□ 仕切る
<small>し　き</small>
（membagikan／ပိုင်းကန့်သည်／ihiwalay）

▷ 仕切り役
<small>し　き　やく</small>

（orang yang mengurus／ဦးဆောင်တာဝန်／manedyer）

▶ 建設予定の場所は、ロープで仕切られていた。
<small>けんせつよてい　ばしょ　　　　　　　　　し　き</small>

（Tempat yang dirancang untuk pembinaan telah dipisahkan dengan tali.／တည်ဆောက်ရေးအစီအစဉ်ရှိသည့်နေရာကိုကြိုးနဲ့ပိုင်းကန့်ထားသည်။／Nahiwalay ng lubid ang nakaplanong lugar na pagtatayuan ng bilding.)

▶ パーティーは山田さんに仕切ってもらった。
<small>やまだ　　　　　　し　き</small>

（Encik/Cik/Puan Yamada telah mengendalikan pesta itu.／ပါတီတွင် ယာမဒစံကိုဦးဆောင်စေခဲ့သည်။／Si Yamada-san ang nag-organize ng party.)

□ 備え付ける
そな　つ
（memasang／တပ်ဆင်ပေးသည်／
maglagay ng muebles）

▶ 寮の各部屋にエアコンが備え付けられてあった。
りょう　かくへや　　　　　　　　　　　　　　そな　つ
（Setiap bilik di asrama dilengkapi dengan penghawa dingin.／
အဆောင်ခန်းထဲတွင်အဲယားကွန်းကိုတပ်ဆင်ထားသည်။／Nilagyan ng airconditioner ang bawat kuwarto ng dormitoryo.）

□ 立ち寄る
た　よ
（berhenti sebentar／
တစ်ထောက်ဝင်သည်／dumaan）

▶ この本屋には帰りによく立ち寄ります。
ほんや　　　かえ　　　　　た　よ
（Saya sering berhenti di kedai buku ini dalam perjalanan pulang.／
ဒီစာအုပ်ဆိုင်ကိုအိမ်အပြန်မှာမကြာခဏတစ်ထောက်ဝင်ပါတယ်။／Lagi akong dumadaan sa bookstore na ito pauwi.）

□ 辿り着く／
たど　つ
たどり着く
つ
（tiba／ရောက်ရှိသည်／umabot, dumating）

▶ ５時間かかって、やっと頂上に辿り着いた。
じかん　　　　　　　　　　　　ちょうじょう　たど　つ
（Setelah lima jam, saya akhirnya sampai di puncak.／
၅နာရီကြာပြီးမှတောင်ထိပ်ကိုရောက်ရှိတော့တယ်။／Sa wakas, umabot din ako sa tuktok pagkatapos ng limang oras.）

□ 使いこなす
つか
（menggunakan dengan baik／
အပြည့်အဝအသုံးပြုသည်／gamitin nang husto）

▶ この携帯、買って半年たつけど、全然使いこなせてない。
けいたい　か　　はんとし　　　　ぜんぜんつか
（Saya telah membeli telefon bimbit ini setengah tahun yang lalu, tetapi saya tidak dapat menggunakannya sama sekali.／
ဒီလက်ကိုင်ဖုန်းကိုဝယ်ပြီးနှစ်ဝက်ကျော်ကြာသွားပြီလဲပေးလုံးအပြည့်အဝသုံးနိုင်သေးဘူး။／May kalahating taon ko nang binili ang cellphone na ito, pero hindi ko pa ito nagagamit nang husto.）

□ 付き添う
つ　そ
（menemani／အတူလိုက်သည်／samahan）

▷ 付き添いの人
つ　そ　　ひと
（pengiring／အတူလိုက်ပါသူ／kasama）

▶ 妹に付き添って病院に行ってきた。
いもうと　つ　そ　びょういん　い
（Saya telah pergi ke hospital bersama adik perempuan saya.／
ညီမလေးနဲ့အတူလိုက်ပြီးဆေးရုံကိုသွားခဲ့တယ်။／Sinamahan ko ang nakababata kong kapatid na babae sa ospital.）

□ 付け替える
つ　か
（mengganti／လဲတပ်သည်／palitan）

▷ 値札を付け替える作業
ねふだ　つ　か　さぎょう
（tugas menukar tag harga／စျေးနှုန်းကတ်ပြားကိုလဲတပ်သည့်အလုပ်／trabaho para palitan ang tag ng presyo）

□ 付け加える
つ　くわ
（menambahkan／ထပ်ပေါင်းထည့်သည်／magdagdag）

▷ 条件を付け加える
じょうけん　つ　くわ
（menambahkan syarat／အခြေအနေကိုထပ်ပေါင်းထည့်သည်／magdagdag ng kondisyon）

▶ 課長から今の説明に付け加えることはありませんか。
かちょう　いま　せつめい　つ　くわ
（Adakah anda ingin menambahkan apa-apa pada penjelasan anda sekarang dari pengurus?／ဌာနခွဲမှူးရဲ့အခုမြင်ပြချက်မှာထပ်ပေါင်းထည့်စရာရှိပါသလား။／Mayroon pa bang idadagdag sa paliwanag ngayon ng section chief?）

□ 詰め替える
つ　か
（mengisi semula／ထပ်ဖြည့်သည်／mag-refill）

▷ 詰め替え用の洗剤
つ　か　よう　せんざい
（detergen isi semula／ထပ်ဖြည့်ဖို့အတွက်ဆပ်ပြာရည်／detergent na pang-refill）

□ 取り返す
と　　かえ
(mengambil kembali／ပြန်လည်ရယူသည်／ibalik, bawiin)

▷ 損した分を取り返す
そん　　ぶん　と　　かえ
(mendapatkan semula kerugian／ဆုံးရှုံးသွားတဲ့ဟာတကိုပြန်လည်ရယူသည်／ibalik ang nawala)

▶ 貸したお金を取り返したいけど、無理かもしれない。
か　　　かね　と　　かえ　　　　　　　　　　むり
(Saya ingin mendapatkan kembali wang yang saya pinjamkan, tetapi itu mungkin
mustahil.／ချေးလိုက်တဲ့ပိုက်ဆံကိုပြန်ရယူချင်ပေမဲ့ဖြစ်နိုင်မဲ့ဖြစ်နိုင်မယ်။／Gusto kong bawiin
ang ipinahiram kong pera, pero baka imposible ito.)

□ 取り替える
と　　か
(menukar／လဲလှယ်သည်／palitan)

▷ 部品の取り替え
ぶひん　と　　か
(penggantian komponen／အစိတ်အပိုင်းပစ္စည်းကိုလဲလှယ်သည်／palitan ang mga bahagi)

□ 取りかかる
と
(memulakan／စတင်သည်／magsimula)

▶ そろそろ作業に取りかからないと、間に合わなくなる。
さぎょう　と　　　　　　　　　　　ま　あ
(Jika kita tidak mula bekerja sekarang, kita tidak akan sempat.／
မကြာမီအတွင်း အလုပ်မစရင်မီမီးဘူးဖြစ်သွားမယ်။／Kung hindi ko sisimulan ang trabaho, baka
hindi ako matapos sa oras.)

□ 取り組み
と　く
(pendekatan／ကြိုးပမ်းမှု／tangka,
pagsisikap)

▶ 環境保護のために、さまざまな取り組みが行われて
かんきょうほご　　　　　　　　　　　　　　　　と　く　　おこな
いる。
(Pelbagai inisiatif sedang diambil untuk melindungi alam sekitar.／
ပတ်ဝန်းကျင်ထိန်းသိမ်းရေးအတွက်အမျိုးမျိုးကြိုးပမ်းဆောင်ရွက်လျက်နေပါတယ်။／Iba't ibang pagsisikap ang
ginagawa para mapangalagaan ang kapaligiran.)

□ 取り巻く
と　ま
(mengelilingi／ဝန်းရံသည်／
palibutan)

▷ 企業を取り巻く環境はますます厳しくなっている。
きぎょう　と　　ま　　かんきょう　　　　　　　きび
(Persekitaran yang melingkari syarikat semakin sukar.／
ကုမ္ပဏီကိုဝန်းရံနေသည်ပတ်ဝန်းကျင်သည်ပိုပြီးပိုပြီး တင်းကျပ်လျက်ရှိသည်။／Nagiging mas malala ang
kapiligirang pumapalibot sa mga kompanya.)

□ 取り戻す
と　　もど
(mengambil kembali／ပြန်ရယူသည်／
mabawi, ibalik)

▷ 元気を取り戻す、笑顔を取り戻す
げんき　と　　もど　　えがお　と　　もど
(mendapatkan semula semangat, mendapatkan semula senyuman／
ပြန်လည်နေပျော်ပြီးပြုံးလာသည်／manumbalik ang kalusugan, muling ngumiti)

▶ 遅れを取り戻すには、人を増やすしかない。
おく　と　　もど　　　　　ひと　ふ
(Untuk mengejar kelewatan, kita tidak mempunyai pilihan selain menambah orang.／
နောက်ကျသွားသည်ကိုပြန်လည်ရယူရန်လူဦးရေကိုတိုးမြှင့်ရုံသည်။／Ang tanging paraan para
makabawi sa pagkaantala ay kumuha pa ng mas maraming mga tao.)

□ 取り寄せる
と　　よ
(memesan／မှာယူသည်／mag-order,
mag-utos)

▷ 取り寄せ
と　　よ
(pesanan／မှာယူခြင်း／back order)

▶ A社からサンプルを取り寄せた。
しゃ
(Kami telah memesan sampel dari Syarikat A.／A ကုမ္ပဏီမှနမူနာကိုမှာယူသည်။／Nag-order
kami ng sample mula sa Company A.)

▶ ほしい色がない場合、取り寄せができる。
いろ　　　ばあい　と　　よ
(Jika warna yang anda mahu tidak ada, anda boleh menempahnya.／
လိုချင်တဲ့အရောင်မရှိရင်မှာယူလို့ရတယ်။／Kapag wala ang gusto ninyong kulay, puwedeng
mag-order nito.)

何 年 を 含む 表現

前 に 付く 語 2

後ろ に 付く 語 3

同じ漢字を持つ語 4

動詞＋動詞 5

いろいろな意味を持つ言葉 6

言葉のいろいろな形 7

連語・短い句 8

体に関する言葉を使った慣用句 9

四字熟語

□ **投げ出す**
（な・だ）
（membuang／ပစ်လိုက်သည်／
itapon）

▷ 仕事を投げ出す、足を投げ出す
（melepaskan pekerjaan, melancarkan kaki／အလုပ်ထွက်သည်၊ခြေထောက်ကိုပစ်ထုတ်သည်／
huminto sa trabaho, itaas ang paa）

▶ 彼は途中で投げ出すようなことはしません。
（かれ・とちゅう・な・だ）
（Dia tidak akan berhenti separuh jalan.／သူဟာတစ်ဝက်တစ်ပျက်နဲ့လက်လျှော့သွားတာမျိုးမလုပ်ပါဘူး။
／Hindi siya sumusuko sa kalagitnaan ng laban.）

□ **逃げ出す**
（に・だ）
（melarikan diri／
ထွက်ပြေးသည်၊လွတ်ထွက်သည်／
tumakas）

▷ 1匹のサルが檻から逃げ出し、一時、騒ぎとなった。
（びき・おり・に・だ・いちじ・さわ）
（Seekor monyet melarikan diri dari sangkar, yang menyebabkan kekecohan untuk sementara
waktu.／မျောက်တစ်ကောင်ဟာလှောင်အိမ်ကနေထွက်ပြေးလို့ခဏတာရုန်းရင်းဆန်ခတ်ဖြစ်သွားတယ်။／
Tumakas ang isang unggoy mula sa kulungan, at pansamantalang nagkagulo.）

▶ 時々、現実から逃げ出したくなる。
（ときどき・げんじつ・に・だ）
（Kadang-kadang, saya ingin melarikan diri dari kenyataan.／
တစ်ခါတလေလေလက်တွေ့ဘဝကနေလွတ်မြောက်ချင်တယ်။／Paminsan-minsan, gusto kong tumakas
mula sa realidad.）

□ **抜け出す**
（ぬ・だ）
（melarikan diri／လစ်ထွက်သည်／
lumabas nang palihim）

▶ 仕事を抜け出して、試合の中継を見ました。
（しごと・ぬ・だ・しあい・ちゅうけい・み）
（Saya meninggalkan kerja dan menonton perlawanan langsung.／
အလုပ်ကနေလစ်ထွက်ပြီးပြိုင်ပွဲတိုက်ရိုက်လွှင့်တာကိုကြည့်ခဲ့တယ်။／Lumabas ako nang palihim
mula sa trabaho, at nanood ako ng broadcast ng laban.）

□ **引き返す**
（ひ・かえ）
（membalik／နောက်ပြန်လှည့်သည်／
bumalik）

▶ 雨が降ってきたから、引き返そう。
（あめ・ふ・ひ・かえ）
（Sebaiknya kita berpatah balik kerana hujan turun.／မိုးရွာလာလို့နောက်ပြန်လှည့်ကြရအောင်။
／Nagsimula nang umulan, kaya bumalik na tayo.）

□ **引き起こす**
（ひ・お）
（menyebabkan／ဖြစ်ပေါ်စေသည်／
dahilan）

▷ 事故を引き起こした要因が特定された。
（じこ・ひ・お・よういん・とくてい）
（Faktor yang menyebabkan kemalangan telah dikenal pasti.／
မတော်တဆထိခိုက်မှုဖြစ်ပေါ်လာတဲ့အကြောင်းအရင်းကိုဖော်ထုတ်ခဲ့သည်။／Natukoy ang mga factor
na naging dahilan ng aksidente.）

□ **引きずる**
（ひ）
（menyeret／ဆွဲယူသည်၊ဒရွတ်ဆွဲသည်／
hilahin）

▷ 足をひきずる、過去を引きずる
（あし・ひ・かこ・ひ）
（meragut kaki, merendam masa lalu／ခြေထောက်ကိုဆွဲယူသည်၊အတိတ်ကိုဆွဲယူသည်／
lumakad nang papilay, ungkatin ang nakaraan）

▶ 床が傷つくから、荷物を引きずらないで。
（ゆか・きず・にもつ・ひ）
（Jangan seret beg itu kerana ia akan merosakkan lantai.／
ကြမ်းပြင်မှာခြစ်ရာများဖြစ်မှာမို့ပစ္စည်းကိုဒရွတ်ဆွဲမယူပါနဲ့／Huwag mong hilahin ang bagahe mo dahil
masisira ang sahig.）

□ **引っ込む**
（ひ・こ）
（mundur／
ရုပ်သိမ်းသည်၊နောက်ပြန်လျှောပွားသည်／
bawiin, magretiro）

▶ ジョギングを始めたら、お腹が少し引っ込んだ。
（はじ・なか・すこ・ひ・こ）
（Perut saya sedikit mengecil sejak saya mula berjogging.／
ဂျော့ဂင်းစပြေးတာကစဖို့ဗိုက်နည်းနည်းပြန်ချုပ်သွားတယ်။／Nang magsimula akong mag-jogging,
medyo lumiit ang tiyan ko.）

□ **拭き取る**
（ふ・と）
（menghapuskan／သုတ်သည်／
punasan）

▶ ここ、汚れてるから、ちゃんと拭き取っておいて。
（よご・ふ・と）
（Tolong lap ini kerana ia kotor.／ဒီနေရာညစ်ပေနေလို့အသေအချာသုတ်ထုတ်ထားပါ။／Marumi rito,
kaya punasan mo ito nang mabuti.）

□ 放り出す
ほう　だ
(membuang／ပစ်ထည်／itapon)

▷ 仕事を放り出す
しごと　ほう　だ
(melepaskan pekerjaan／အလုပ်ကိုဘေးဖယ်သည်／umalis sa trabaho)

□ 待ち望む
ま　のぞ
(menantikan／မျှော်လင့်စောင့်စားသည်／maghintay)

▷ 多くのファンが、彼の復活を待ち望んでいた。
おお　　　　　　　　　　かれ　ふっかつ　ま　のぞ
(Ramai peminat yang menantikan kepulangan dia.／
ပရိတ်သတ်များဟာသူ့ပြန်လည်နိုးကြွလာမှာကိုမျှော်လင့်စောင့်စားနေကြတယ်။／Maraming mga fan ang naghihintay sa kanyang pagbabalik.)

□ 見合わせる
み　あ
(menangguhkan／ရွှေ့ဆိုင်းသည်／ipagpaliban)

▷ 購入を見合わせる
こうにゅう　み　あ
(menangguhkan pembelian／ဝယ်ယူမှုကိုရွှေ့ဆိုင်းသည်／ipagpaliban ang pagbili)

▶ 台風の影響で、登山鉄道は運転を見合わせている。
たいふう　えいきょう　　とざんてつどう　うんてん　み　あ
(Kereta api mendaki ditangguhkan kerana taufan.／
တိုင်ဖွန်းမုန်တိုင်းကြောင့်တောင်တက်ရထားပြေးဆွဲမှုကိုရွှေ့ဆိုင်းထားတယ်။／Sinuspinde ang operasyon ng riles sa bundok dahil sa bagyo.)

□ 見出す
み　いだ
(menemukan／ရှာဖွေတွေ့ရှိသည်／matuklasan, mahanap)

▶ 今の仕事にやりがいを見出すことができない。
いま　しごと　　　　　　　み　いだ
(Saya tidak dapat mencari kepuasan dalam pekerjaan saya sekarang.／
ဒီအလုပ်ရဲ့လုပ်ရကျိုးနပ်မှုကိုရှာဖွေမှုမရဘူး။／Hindi ako makahanap ng kasiyahan sa trabaho ko ngayon.)

□ 見送る
み　おく
(mengucapkan selamat tinggal／လိုက်ပို့သည်ရွှေ့ဆိုင်းသည်／ihatid, ipagpaliban)

▷ 開催を見送る、参加を見送る
かいさい　み　おく　さんか　み　おく
(menangguhkan peraduan, menangguhkan kehadiran／ပွဲကိုရွှေ့ဆိုင်းသည်ပါဝင်မှုကိုရွှေ့ဆိုင်းသည်／ipagpaliban ang event, ipagpaliban ang pakikilahok)

□ 見落す
み　おと
(melewatkan／မျက်စိလွှမ်းသည်／makaligtaan)

▷ 見落とし
み　お
(kesalahan／မျက်စိလွှမ်းခြင်း／pagkalingat)

▶ 注意書きの部分を見落としていた。
ちゅういが　　　ぶぶん　み　お
(Saya telah terlepas pandang bahagian notis.／သတိပေးစာအပိုင်းကိုမျက်စိလွှမ်းသွားတယ်။／Nakaligtaan ko ang warning.)

▶ 見落としがないか、もう一回確認してください。
み　お　　　　　　　　　いっかいかくにん
(Tolong periksa sekali lagi untuk memastikan tiada apa yang terlepas pandang.／
မျက်စိလွှမ်းတာရှိသလားလို့နောက်တစ်ခါပြန်စစ်ပါ။／Pakisigurado mo uling wala kang nakaligtaan.)

□ 見苦しい
み　ぐる
(tidak menarik／အမြင်မတော်မဖြစ်သည်／hindi magandang tingnan)

▶ 人前で夫婦喧嘩なんて見苦しいよ。
ひとまえ　ふうふげんか　　　　　み　ぐる
(Bertengkar sebagai pasangan di depan orang ramai itu tidak baik.／
လူတွေရှေ့မှာလင်မယားရန်ဖြစ်တာအမြင်မတော်ဘူး။／Hindi magandang tingnan ang pag-aaway ng mag-asawa sa harap ng mga tao.)

何を含む表現 1

前に付く語 2

後ろに付く語 3

同じ漢字を持つ語 4

動詞＋動詞 5

いろいろな意味を持つ語彙 6

異義のいろいろな形 7

連語・短い句 8

体に関する名詞を使った慣用句 9

四字熟語 10

□ 見直す
みなお

(menyemak semula／
ပြန်လည်သုံးသပ်သည်／tingnan/suriin
muli, magkaroon ng mas magandang
opinyon)

▷ 見直し
みなお

(penilaian semula／ပြန်လည်သုံးသပ်ခြင်း／pagrerepaso, pagsusuri)

▶ 提出する前に、念のため、もう一度見直した。
ていしゅつ　まえ　ねん　　　　　いちどみなお

(Saya telah memeriksa sekali lagi sebelum menghantar, hanya untuk berjaga-jaga.／
မလျှောက်တင်မီ သေရာစေအောင်နောက်တစ်ခါ ပြန်လည်သုံးသပ်တယ်။／Sinuri ko uli ito bago isabmit, para makasigurado.)

▶ 今まで頼りないと思ってたけど、今回のことで彼を
いま　　たよ　　　　おも　　　　　こんかい　　　　　かれ
見直した。
みなお

(Saya selalu merasakan dia tidak boleh diharapkan, tetapi saya telah memandangnya
dengan cara yang berbeza berdasarkan apa yang berlaku kali ini.／
အခုအထိတိုင်အောင် အားကိုးလို့မရဘူးလို့ထင်ခဲ့တာဒီ ကိစ္စများတော့သူအပေါ် ပြန်လည်သုံးသပ်ခဲ့တယ်။／
Akala ko hindi siya mapapagkatiwalaan hanggang ngayon, pero sa pagkakataong ito, mas
maganda ang opinyon ko sa kanya.)

□ 見習う
みなら

(belajar／အတုယူသည်／sundin,
gayahin)

▷ 見習いの身、見習い期間
みなら　み　みなら　きかん

(berada dalam pelatihan, masa pelatihan／အလုပ်သင်ဘဝ အလုပ်သင်ကာလ／trainee, panahon ng training)

▶ 彼女を見習って、私も早起きすることにした。
かのじょ　みなら　　　わたし　はやお

(Saya telah memutuskan untuk bangun awal seperti dia.／
သူ့ကိုအတုယူပြီး ကျွန်မလည်းစောစောထတော့မယ်။／Sinunod ko ang halimbawa niya, at
nagpasya rin akong gumising nang maaga.)

□ 見計らう
みはか

(merancang／မှန်းပြီးလုပ်သည်／piliin,
hatulan)

▷ タイミングを見計らう
みはか

(menilai masa／အချိန်ကိုက်မှန်းပြီးလုပ်သည်／piliin ang tamang panahon)

▶ 彼女が家に着く頃を見計らって電話した。
かのじょ　いえ　つ　ころ　みはか　　　　でんわ

(Saya menelefon pada masa yang ditetapkan apabila dia sampai di rumah.／
သူမအိမ်ကိုရောက်မယ့်အချိန်ှန်းပြီးနှံးဆက်တယ်။／Tinawagan ko siya pagkauwi niya.)

□ 結びつく
むす

(terhubung／
ချိတ်ဆက်သည်၊ပေါင်းစည်းသည်／
pagsamahin, iugnay)

▷ 世界各国との結びつき
せかいかっこく　　　　むす

(hubungan dengan negara-negara lain di dunia／ကမ္ဘာ့နိုင်ငံများနှင့်ပေါင်းစည်းခြင်း／
koneksyon sa mga bansa sa mundo)

▷ こうした日々の努力が合格に結びついていく。
ひび　どりょく　ごうかく　むす

(Usaha harian seperti ini akan membawa kepada kejayaan.／
ဒီလိုနေ့စဉ်ကြိုးစားမှုကိုစာမေးပွဲအောင်ဖို့အတွက်ချိတ်ဆက်သွားမယ်။／Ang pang-araw-araw na
pagsisikap na ito ay humahantong sa tagumpay.)

□ 結びつける
むす

(mengaitkan／
ချိတ်ဆက်သည်၊ပေါင်းစည်းသည်／
kumonekta)

▷ 家庭と地域を結びつける取り組みとして、毎年こう
かてい　ちいき　むす　　　　　と　く　　　　まいとし
した行事が行われている。
ぎょうじ　おこな

(Acara seperti ini diadakan setiap tahun sebagai inisiatif untuk menghubungkan keluarga dan komuniti.
／မိသားစုနဲ့ဒေသတို့ချိတ်ဆက်ပေးတဲ့ကြိုးပမ်းမှုအနေနဲ့နှစ်စဉ်အခုလိုများအခမ်းအနားကိုကျင်းပလျက်ရှိတယ်။
／Ginaganap ang ganitong event taun-taon, bilang pagsisikap na ikonekta ang mga
pamilya at ang komunidad.)

229

□ **盛り上がる**
も あ
(bersemangat／စည်းကားတက်ကြသည်
／matuwa, tumaas)

▷ 盛り上がり
も あ
(kegembiraan／စည်းကားတက်ကြမှု／excitement)

▶ 昨日の飲み会、盛り上がったんだって？ ―そうそう。
きのう の かい も あ
最後はみんなで校歌歌ったよ。
さいご こうかうた
(Pesta minum semalam sangat meriah, bukan? Ya, benar. Kami semua menyanyikan lagu sekolah pada akhirnya.／မနေ့ကသောက်ပွဲမှာစည်းကားတက်ကြလို့ကြားရ တယ်ဟုတ်တယ်ဟုတ်တယ်။နောက်ဆုံးမှာအားလုံးကျောင်းတော်သီချင်းကိုဆိုကြတယ်။／Napakasaya daw ng inuman kahapon? -- Oo. Sa huli, kinanta nilang lahat ang kanta ng eskuwelahan.)

▶ あの辺は少し地面が盛り上がっている。
へん すこ じめん も あ
(Tanah di kawasan itu sedikit tinggi.／အဲဒီနေရာကနည်းနည်းမောက်ကြနေတယ်။／Medyo nakataas ang lupa sa banda roon.)

□ **やり遂げる**
と
(menyelesaikan／ပြီးမြောက်သည်／
matupad)

▶ きつい仕事だったけど、何とか最後までやり遂げた。
しごと なん さいご と
(Itu adalah pekerjaan yang keras, tetapi saya berjaya menyelesaikannya sehingga akhir.／ပင်ပန်းခက်ခဲတဲ့အလုပ်ဖြစ်ပေမဲ့တစ်စုံနည်းနည်းနဲ့ခန်းတိုင်အောင်ပြီးမြောက်စေခဲ့တယ်။／Mahirap pero, kahit paano, nagawa ko ito hanggang sa huli.)

□ **呼び止める**
よ と
(memanggil berhenti／
ခေါ်ရျ်တားသည်／ခေါ်ရျ်ရပ်စေသည်／
huminto, tumawag)

▶ 帰ろうとしたら、課長に呼び止められた。
かえ かちょう よ と
(Ketika saya cuba untuk pulang, saya telah dihalang oleh pengurus.／ပြန်မယ်လို့လုပ်တော့ဌာနမှူးကခေါ် ပြီးတားတယ်။／Tinawag ako ng section chief noong pauwi na ako.)

□ **読み返す**
よ かえ
(membaca semula／ပြန်ဖတ်သည်／
basahin muli)

▶ この本は大好きで、何度も読み返しています。
ほん だいす なんど よ かえ
(Saya sangat suka buku ini dan telah membacanya berulang kali.／ဒီစာအုပ်ကိုသိပ်ကြိုက်ပြီးအကြိမ်မကြိမ်ပြန်ဖတ်နေတယ်။တယ်။／Gustung-gusto ko ang librong ito, kaya paulit-ulit ko itong binabasa.)

□ **読み取る**
よ と
(membaca／ဖတ်ယူသည်／bumasa,
hanapin ang kahulugan)

▷ 情報を読み取る力
じょうほう よ と ちから
(keupayaan untuk membaca maklumat／သတင်းကိုဖတ်ယူနိုင်စွမ်း／kakahayang bumasa ng impormasyon)

▶ 彼の表情からは何も読み取れなかった。
かれ ひょうじょう なに よ と
(Saya tidak dapat membaca apa-apa dari expresi wajahnya.／သူ့ရဲ့မျက်နှာအသွင်ပြင်ကနေဘာမှဖတ်ယူလို့မရဘူး။／Wala akong mabasa sa ekspresyon ng mukha niya.)

□ **寄り掛かる**
よ か
(bersandar／မှီသည်／sumandal)

▶ 壁に寄り掛かって立っている男性が友達です。
かべ よ か た だんせい ともだち
(Lelaki yang bersandar di dinding itu adalah kawan saya.／နံရံကိုမှီပြီးရပ်နေတဲ့အမျိုးသားကသူငယ်ချင်းပါ။／Kaibigan ko ang lalaking nakasandal sa pader.)

湧き上がる

わ　あ

（mendidih／ပွက်ထသည်၊ထွက်ပေါ်သည် ／sumibol）

▷ 温泉が湧き上がる

おんせん　わ　あ

（air panas muncul／ရေပူစမ်းကပွက်ထသည်／bumukal ang hot spring）

▶ 温かい拍手に感謝の気持ちが湧き上がってきた。

あたた　はくしゅ　かんしゃ　きも　わ　あ

（Saya merasa terharu dengan tepukan tangan yang hangat.／နွေးထွေးသောလက်ခုပ်သံများအတွက်ကျေးဇူးတင်တဲ့စိတ်ပြည့်လျှံလာတယ်။／Nagpapasalamat ako sa mainit na palakpakan.）

▶ ゴールの瞬間、すさまじい歓声が湧き上がった。

しゅんかん　かんせい　わ　あ

（Pada saat gol, sorakan yang hebat telah meletus.／ဂိုးဝင်သွားတဲ့အခိုက်၊ကြောက်စရာကောင်းလောက်တဲ့သြဘာသံကြီးထွက်ပေါ်လာတယ်။／Noong naiskor ang goal, nagkaroon ng isang malakas na palakpakan.）

沸き起こる

わ　お

（mendidih／ပေါ်ပေါက်သည်၊ပွင့်ထွက်သည်／sumiklab, sumabog,）

▶ 上映が終わると、会場のあちこちから拍手が沸き起こった。

じょうえい　お　かいじょう　はくしゅ　わ　お

（Apabila tayangan berakhir, tepukan tangan telah meletus dari seluruh tempat di dewan.／ရုပ်ရှင်ပြီးတော့၊ရုပ်ရှင်ရုံအတွင်းရဲ့ဟိုနေရာဒီနေရာကနေလက်ခုပ်သံများပေါ်ပေါက်လာတယ်။／Noong matapos ang sine, nagpalakpakan sa loob ng venue.）

231

6 いろいろな意味を持つ言葉
（いみもことば）

（Perkataan dengan perbagai makna／
အဓိပ္ပာယ်အမျိုးမျိုးရှိသောစကား／
Mga Salitang Maraming Kahulugan）

□ 置く（お）
▷ 重点を置く、時間を置く、一日置いて返事する
じゅうてん　お　　じかん　お　　　いちにち　お　　へんじ

（memberi penekanan, meletakkan masa, menjawab setelah sehari／
အလေးပေးသည့်အချိန်ပေးသည့်တစ်ရက်စောင့်ပြီးအကြောင်းပြန်သည်／pahalagahan, bigyan ng oras,
maghintay ng isang araw para sumagot）

□ 送る（おく）
▷ 駅まで人を送る、声援を送る、充実した日々を送る
えき　ひと　おく　　せいえん　おく　　じゅうじつ　　ひび　おく

（menghantar orang ke stesen, mengirim sokongan, menghabiskan hari yang memuaskan／
လူကိုဘူတာအထိလိုက်ပို့သည်အားပေးသည်ပြီးပြည့်စုံတဲ့ရက်များနဲ့အချိန်ကုန်လွန်စေသည်／ihatid ang tao sa
estasyon, mag-cheer, gumugol ng mga kasiya-siyang araw）

□ 構える（かま）
▷ カメラを構える、店を構える、身を構える
かま　　　　みせ　かま　　　み　かま

（membuka kamera, membuka kedai, bersiap sedia／
ကင်မရာကိုကိုင်ယူသည်ဆိုင်ပိုင်သည်ကိုယ်ကိုအသင့်ပြင်သည်／hawakan ang kamera, magtayo ng
tindahan, manindigan）

□ 買う（か）
▷ 怒りを買う、才能を買う
いか　か　　さいのう　か

（menarik kemarahan, membeli bakat／ဒေါသကိုနှိုးဆွသည်ပါရမီကိုချင့်တွက်သည်／galitin,
pahalagahan ang talent）

□ 稼ぐ（かせ）
▷ 学費を稼ぐ、時間を稼ぐ
がくひ　かせ　　じかん　かせ

（mendapatkan yuran sekolah, memanfaatkan masa／ကျောင်းစရိတ်ရှာသည်အချိန်နဲ့ရဖို့လုပ်သည်／
kumita ng pera para sa matrikula, makakuha ng oras）

□ からむ／絡む（から）
▷ ひもが絡む、お金がからむ問題、人にからむ
から　　　かね　　　　もんだい　ひと

（tali berkelit, masalah yang melibatkan wang, berkepentingan dengan orang／
ကြိုးထုံးသည်ငွေကြေးအရှုပ်အရှင်းပြဿနာ／magkasala-salabid ang tali, problema sa pera,
magkaroon ng problema sa ibang tao）

□ 切る（き）
▷ 1万円を切る、水を切る
えん　　　　みず　き

（kurang dari sepuluh ribu yen, memotong air／ယမ်းတစ်သောင်းအောက်ရေဖြတ်သည်／hindi aabot
sa 10,000 yen, alisan ng tubig）

□ 組む（く）
▷ 予定を組む、足を組む、バンドを組む、A社と手を組む
よてい　く　　あし　く　　　　　　く　　　しゃ　て　く

（merancang jadual, mengangkat kaki, membentuk band, berkolaborasi dengan Syarikat A／
အစီအစဉ်ဆွဲသည်ခြေချိတ်ထိုင်သည်ဘင်တီးဝိုင်းကိုဖွဲ့သည်Aကုမ္ပဏီနှင့်ပေါင်းသည်／gumawa ng iskedyul,
ikross ang paa, bumuo ng banda, makipagtulungan sa Company A）

□ 惜しむ（お）
▷ 別れを惜しむ、手間を惜しむ、協力を惜しまない
わか　お　　てま　お　　きょうりょく　お

（merindui perpisahan, tidak mahu susah, tidak kedekut untuk bekerjasama／
ကွဲကွာခြင်းကိုနှမြောတသသည်ဘာမှအကျိုးမရှိပူးပေါင်းဆန္ဒရှိသည်／mabigat sa loob na
makipaghiwalay, hindi pinaghirapan, hindi mag-atubiling makipagtulungan）

何を含む表現 1
前に付く語 2
後ろに付く語 3
同じ漢字を持つ語 4
動詞＋動詞 5
いろいろな意味を持つ言葉 6
言葉のいろいろな形 7
連語・短い句 8
体に関する言葉を使った慣用句 9
四字熟語

□ 出す（だ）
▷ 広告を出す、新製品を出す、お金を出す（提供する、の意味）、アイデアを出す、結論を出す、けが人を出す

（membuat iklan, memperkenalkan produk baru, mengeluarkan wang, mencadangkan idea, membuat kesimpulan, mencetuskan kecederaan／ကြော်ငြာထုတ်သည်၊ပစ္စည်းသစ်ကိုထုတ်ထုတ်သည်၊ပိုက်ဆံထုတ်သည်၊အကြံဉာဏ်ထုတ်သည်၊ကောက်ချက်ချသည်၊ဒဏ်ရာရသူများရှိသည်／mag-advertise, maglunsad ng bagong produkto, magbayad, magbigay ng ideya, magbigay ng konklusyon, saktan ang isang tao）

□ 出る（で）
▷ 結果が出る、記事が出る、熱が出る、大学を出る、大通りに出る、旅に出る

（hasilnya keluar, menulis artikel, demam, keluar dari universiti, ke jalan besar, pergi berjalan／အမြဲထွက်သည်၊ဆောင်းပါးယူပါယူသည်၊ကိုယ်ပူသည်၊တက္ကသိုလ်ပြီးသည်၊လမ်းမကြီးသို့ထွက်သည်၊ခရီးထွက်သည်／lumabas ang resulta, lumabas ang artikulo, lagnatin, magtapos sa unibersidad, lumabas sa malaking kalye, magbiyahe）

□ 流れる（なが）
▷ 音楽が流れる、噂が流れる、計画が流れる

（muzik bermain, khabar angin tersebar, rancangan dibatalkan／သီချင်းဖွင့်ထားသည်၊ကောလဟာလပျံ့နှံ့သည်၊စီမံကိန်းပျက်သည်／tumutugtog ang musika, kumakalat ang tsismis, kanselin ang plano）

□ のむ
▷ 息をのむ、条件をのむ

（menahan nafas, menerima syarat／အသက်ရှူမရအောင်တုန့်ရပ်သည်၊အခြေအနေကိုလက်ခံသည်／maghabol ng hininga, tanggapin ang kondisyon）

□ 乗る（の）
▷ 波に乗る、調子に乗る、誘いに乗る、相談に乗る

（menaiki ombak, menaiki suasana, menerima undangan, menerima nasihat／လှိုင်းစီးသည်၊အခြေအနေနေအလိုက်လုပ်သည်၊ဖိတ်ခေါ်ချက်ကိုလက်ခံသည်၊တိုင်ပင်ပင့်အကြံပေးသည်／sumakay sa alon, maging excited, tanggapin ang imbitasyon, magbigay ng payo）

□ 読む（よ）
▷ 先を読む、相手の気持ちを読む

（membaca masa depan, membaca perasaan lawan／အနာဂတ်ကိုကြိုကြည့်သည်၊တစ်ဖက်သား၏စိတ်ကိုမှန်းဆကြည့်သည်／hulaan ang hinaharap, basahin ang nararamdaman ng ibang tao）

□ ①沸く（わ）
　②湧く（わ）
▷ ①拍手が沸く　②勇気が湧く、疑問が湧く、興味が湧く

（1. tepuk tangan penuh, minat muncul 2. keberanian muncul, pertanyaan timbul／1.လက်ခုပ်သံများဆူညံသည် 2.သတ္တိရှိလာသည်၊မေးစရာပေါ်လာသည်၊စိတ်ဝင်စားလာသည်／(1) palakpakan, maging makabuluhan (2) maging matapang, magkaroon ng tanong）

□ 当たる（あ）
▷ 予想が当たる、宝くじに当たる、日に当たる、食べ物に当たる、失礼に当たる

（ramalan menjadi kenyataan, menang loteri, terkena matahari, makanan beracun, kurang sopan／ခန့်မှန်းချက်အတိုင်းဖြစ်သည်၊ထီပေါက်သည်၊နေရောင်ပြသည်၊အစာအဆိပ်သင့်သည်၊ရိုင်းရာကျသည်／magkatotoo ang hula, manalo sa lottery, maarawan, masira ang tiyan dahil sa pagkain, maging bastos）

□ 受ける
　う

▷ 誤解を受ける、被害を受ける、ショックを受ける、注文
　　ごかい　う　　ひがい　う　　　　　　　　　　　　　ちゅうもん
　を受ける、相談を受ける、試験を受ける
　　う　　そうだん　う　　しけん　う

(disalahfahami, mendapat kerosakan, terkejut, menerima pesanan, menerima nasihat,
mengambil ujian／
နားလည်မှုလွဲသည်၊ပျက်စီးမှုဒဏ်ခံရသည်၊ထိတ်လန့်သည်၊အော်ဒါလက်ခံသည်၊တိုင်ပင်မှုကိုလက်ခံသည်၊စာမေးပွဲဝင်ဖြေသည်။
／hindi maintindihan, masira, ma-shock, tumanggap ng order, tumanggap ng payo, kumuha ng
test)

□ いじる

▷ 髪をいじる、機械をいじる、文章をいじる
　　かみ　　　きかい　　　　ぶんしょう

(memainkan rambut, menyentuh mesin, mengedit teks／
ဆံပင်ပြင်သည်၊စက်ကိုပြင်သည်၊စာပိုဒ်ကိုပြင်သည်／hawakan ang buhok, pakialaman ang makina,
palitan ang sentence)

□ ①まずい／
　不味い
　　まず
　②まずい／
　拙い
　　まず　つたな

▷ ①まずい料理　②拙いやり方、拙い状況
　　　　りょうり　　つたな　かた　まず　じょうきょう

(1. makanan yang tidak enak 2. cara yang kekok, situasi yang canggung／
1. အရသာမကောင်းသောဟင်း 2. ညံ့ဖျင်းသောနည်းစွာ၊ခက်ခွာကျသောအခြေအနေ／(1) hindi masarap na pagkain
(2) masamang paraan, masamang sitwasyon)

□ すじ／筋
　　すじ

▷ 首筋、筋の通った話、筋がいい
　くびすじ　すじ　とお　　はなし　すじ

(leher, cerita yang masuk akal, berakal／
လည်ကုပ်အကြော၊ကျိုးကြောင်းဆီလျောသောစကား၊ကောင်းသောအကြော／batok, isang kuwentong may
katuturan, may kakayahan sa)

□ 明るい
　あか

▷ 明るい性格、法律に明るい
　あか　せいかく　ほうりつ　あか

(personaliti yang ceria, berpengetahuan tentang undang-undang／
ကြည်လင်သောစိတ်နေသဘောထား၊ဥပဒေတတ်ကျွမ်းသည်／masayang personalidad, may kaalaman sa
batas)

□ 甘い
　あま

▷ 甘い考え、甘い話に注意する
　あま　かんが　あま　はなし　ちゅうい

(pemikiran yang naif, berhati-hati dengan kata-kata yang manis／
အလိုလိုက်သည်သောစကားးချိုလွင်သတိထား／masayang pag-iisip, mag-ingat sa matamis na salita)

□ 強い
　つよ

▷ 強い風、強い意志、強い酒、寒さに強い、機械に強い
　つよ　かぜ　つよ　いし　つよ　さけ　さむ　　つよ　きかい　つよ

(angin kencang, keinginan kuat, alkohol kuat, tahan sejuk, tahu tentang mesin／
လေပြင်းပြင်းပြေသာဆန္ဒ၊အရက်ပြင်း၊အချမ်းဒဏ်ခံနိုင်သည်၊စက်ပစ္စည်းတွင်ကျွမ်းကျင်သည်／malakas na
hangin, malakas na kalooban, matapang na alak, matibay sa lamig, mahusay na makina)

何 を含む表現 1

前に付く語 2

後ろに付く語 3

同じ漢字を持つ語 4

動詞＋動詞 5

いろいろな意味を持つ言葉 6

言葉のいろいろな形 7

連語・短い句 8

体に関する言葉を使った慣用句 9

四字熟語

7 言葉のいろいろな形
（こと ば）（かたち）

(Kata-kata perbagai bentuk／ စကားလုံးများ၏ပုံသဏ္ဌာန်အမျိုးမျိုး／ Iba-ibang porma ng salita)

N←V	
□ 飽き (がくる)	←飽きる
□ 空き (がない)	←空く
□ 諦め (が早い)	←諦める
□ (豊かな)味わい	←味わう
□ 焦り (が見える)	←焦る
□ 扱い (が悪い)	←扱う
□ (親への)甘え	←甘える
□ (孫の)甘やかし	←甘やかす
□ (予測の)誤り	←誤る
□ (庭)いじり	←いじる
□ いたわり (の気持ち)	←いたわる
□ (毎日の)営み	←営む
□ (留学生の)受け入れ	←受け入れる
□ (番組の)打ち切り	←打ち切る
□ 訴え (を取り下げる)	←訴える
□ (親友の)裏切り	←裏切る
□ (肌の)潤い	←潤う
□ (試験までの)追い込み	←追い込む
□ (災害の)恐れ	←恐れる
□ おだて (に弱い)	←おだてる
□ 落ち込み (が激しい)	←落ち込む
□ 落ち着き (がある)	←落ち着く

□ (秋の)訪れ	←訪れる
□ (体力の)衰え	←衰える
□ 買い替え (の時期)	←買い替える
□ (書類の)書き直し	←書き直す
□ (栄養の)偏り	←偏る
□ (仕事の)絡み	←絡む
□ (英語の)聞き取り	←聞き取る
□ (床の)きしみ	←きしむ
□ (日頃の)心がけ	←心がける
□ ごまかし (が利かない)	←ごまかす
□ (上司への)ごますり	←ごまをする
□ 差し支え (がない)	←差し支える
□ 悟り (を開く)	←悟る
□ (作品の)仕上がり	←仕上がる
□ 仕切り (のカーテン)	←仕切る
□ (難しい)仕組み	←仕組む
□ 親しみ (を感じる)	←親しむ
□ (子どもの)しつけ	←しつける
□ (一時)しのぎ	←しのぐ
□ (親からの)勧め	←勧める
□ (台風への)備え	←備える
□ だまし (のテクニック)	←だます
□ ためらい (がある)	←ためらう

□ (道の)突き当たり	←突き当たる	□ (お金の)引き出し	←引き出す
□ (罪の)つぐない	←つぐなう	□ 振り込み(期限)	←振り込む
□ つぶやき(が聞こえる)	←つぶやく	□ (社会人としての)ふるまい	←ふるまう
□ (機械の)つまみ	←つまむ	□ (日本の)誇り	←誇る
□ (トイレの)詰まり	←詰まる	□ (運転の)見合わせ	←見合わせる
□ (勉強の)積み重ね	←積み重ねる	□ (髪の)乱れ	←乱れる
□ 詰め(が甘い)	←詰める	□ (先生の)導き	←導く
□ (洗剤の)詰め替え	←詰め替える	□ 見積もり(金額)	←見積もる
□ 釣り合い(がとれている)	←釣り合う	□ 見直し(が必要)	←見直す
□ (休みの)届け出	←届け出る	□ (大工の)見習い	←見習う
□ (仕事への)取り組み	←取り組む	□ (人との)結びつき	←結びつく
□ (電話の)取り次ぎ	←取り次ぐ	□ (観光地)巡り	←巡る
□ (親の)嘆き	←嘆く	□ (胃の)もたれ	←もたれる
□ なまけ(癖)	←なまける	□ もてなし(を受ける)	←もてなす
□ (漢字の)成り立ち	←成り立つ	□ (水)もれ	←もれる
□ (紐の)ねじれ	←ねじれる	□ 許し(が出る)	←許す
□ (友人への)妬み	←妬む	□ (ネジの)緩み	←緩む
□ 粘り(が足りない)	←粘る	N←A/NA	
□ (電車の)乗り継ぎ	←乗り継ぐ	□ 痛み(を感じる)	←痛い
□ 励み(になる)	←励む	□ 快適さ(を追求する)	←快適な
□ 大はしゃぎ	←はしゃぐ	□ 苦しみ(に耐える)	←苦しい
□ (最近の)流行り	←流行る	□ (老後の)楽しみ	←楽しい
□ (ガス代の)引き落とし	←引き落とす	□ (女性の)強み(を生かす)	←強い
□ (券と)引き換え	←引き換える	□ 豊かさ(の基準)	←豊かな
□ (料金の)引き下げ	←引き下げる		

⑧ 連語・短い句
れんご みじか く

(Kolokasi, Frasa pendek／
စကားရပ်၊ဝါကျတို／Mga Maikling Phrase)

☐ **あしからず／**
悪しからず
あ

(harap maklum／ကျေးဇူးပြု၍／hindi masamain)

▶ 年内は休業とさせていただきます。あしからず
ねんない きゅうぎょう
ご了承ください
りょうしょう

(Kami akan tutup untuk selebihnya tahun ini. Harap maaf dan fahami.／ဒီနှစ်မှာလုပ်ငန်းပိတ်ပါရခင်းကျေးဇူးပြု၍နားလည်ပေးပါ။／Magbabakasyon po ako sa katapusan ng taon. Sana po ay maunawaan ninyo ito.)

☐ **味気ない**
あじけ

(hambar／မထူးခြားသောခြောက်ကပ်သော／hindi maganda, hindi masarap)

▶ こっちのデザインは文字だけで、ちょっと味気ない。
もじ あじけ

(Reka bentuk ini hanya mempunyai teks, agak hambar.／ဒီဒီဇိုင်းကစာလုံးတွေပဲရှိတဲ့အတွက်နည်းနည်းခြောက်ကပ်ကပ်ဖြစ်နေတယ်။／Hindi maganda ang design na ito, na may mga letra lang.)

☐ **あてにする**

(bergantung pada／အမှီပြုသည်／umasa)

▶ いつまでも親をあてにするんじゃないよ。
おや

(Jangan bergantung pada ibu bapa anda selamanya.／မိဘအပေါ်အမှဲတမ်းအမှီပြုရမှာမဟုတ်ဘူးလေ။／Hindi ka dapat umasa sa magulang mo habang buhay.)

☐ **後を絶たない**
あと た

(tidak berkesudahan／ရပ်စဲခြင်းမရှိသော／walang katapusan)

▷ このような事件が後を絶たない。
じけん あと た

(Kejadian seperti ini terus berlaku.／ဒီလိုအမှုရပ်စဲတော့မှာမဟုတ်ဘူး။／Walang katapusan ang ganitong mga pangyayari.)

☐ **ありふれた**

(biasa／ထူးခြားသား／karaniwan)

▷ ありふれた表現／毎日
ひょうげん まいにち

(ungkapan/hari-hari biasa／ထူးခြားသောဖော်ပြချက်/နေ့စဉ်／karaniwang ekspresyon／araw-araw na pangyayari)

☐ **きりがいい**

(tepat／အချိန်ကောင်း／mabuting panahon para tumigil)

▷ きりのいい数字
すうじ

(nombor yang tepat／သည့်နှင့်ဆုံးသောကိန်း／magandang numero)

▶ もう12時だ。きりがいいからお昼にしようか。
じ ひる

(Sudah pukul 12. Bagaimana kalau kita makan tengah hari sekarang?／၁၂နာရီထိုးပြီးအလုပ်ကိုစကာဖြတ်ထားဖို့ကောင်းလို့နေ့လယ်စာစားကြရအောင်။／Alas dose na. Magandang oras para tumigil, kaya magtanghalian na tayo.)

☐ **きりがない**

(tidak ada habisnya／မဆုံးတော့သော／walang katapusan)

▶ 〈部屋探し〉上を見てもきりがないからね。この
へやさが うえ み
二つのどっちかにしよう。
ふた

(<Mencari bilik> Tidak ada habisnya jika kita terus mencari. Mari kita pilih salah satu dari dua ini.／〈အိမ်ခန်းရှာ〉ဒီထက်ကောင်းတာကိုကြည့်နေရင်ဆုံးတော့မှာမဟုတ်ဘူး၊ဒါနဲ့အခုနှစ်ခုစက်ထဲကယူရအောင်။／〈Naghahanap ng tirahan〉 Kahit tumingin ka sa itaas, walang katapusan iyan. Kaya magpasya tayo ng isa sa dalawang ito.)

☐ **計算に入れる**
けいさん い

(memasukkan dalam kiraan／ထည့်တွက်သည်／isaalang-alang)

▶ 乗り換えの時間も計算に入れといてね。
の か じかん けいさん い

(Jangan lupa masukkan juga waktu transit dalam kiraan anda.／ပြောင်းစီးတဲ့အချိန်ကိုလည်းထည့်တွက်နော်။／Isaalang-alang mo rin ang oras ng paglipat sa mga train.)

何を含む表現 1
前に付く語 2
後ろに付く語 3
同じ漢字を持つ語 4
弱い＋動詞 5
いろいろな意味を持つ言葉 6
言葉のいろいろな形 7
連語・短い句 8
体に関する言葉を使った慣用句 9
四字熟語

□ さじを投げる

(menyerah／လက်လျှော့သည်／sumuko, mawalan ng pag-asa)

▶ 病気の進行は予想以上に進み、医者もさじを投げたようだ。

(Penyakit itu semakin teruk daripada yang dijangka, dan doktor juga nampaknya telah menyerah.／ရောဂါအခြေအနေက လာမှုဟာ ထင်ထားတာထက်ပိုမြန်နေ၍ ဆရာဝန်သည်း လက်လျှော့လိုက်ပုံရသည်။／Lumala ang sakit nang mabilis pa sa inaasahan, at tila sumuko na ang mga doktor.)

□ 世話を焼く

(menjaga／ပြုစုသည်／mag-alaga)

▶ 当時、世話を焼いてくれたのが、現在の妻です。

(Orang yang menjaga saya pada masa itu adalah isteri saya sekarang.／အဲဒီတုန်းကကျွန်ုပ်ကိုပေးခဲ့သူကအခုလက်ရှိဇနီးပါ။／Ang nag-alaga sa akin noon ay ang asawa ko ngayon.)

□ 底を突く

(mencapai dasar／အောက်ခြေ ထိသည်／maubos)

▶ ついに貯金が底をついた。

(Akhirnya, simpanan saya telah habis.／နောက်ဆုံးတော့စုဆောင်းငွေ တွေကုန်သွားပါပြီ။／Naubos na ang inipon kong pera.)

□ それとなく

(secara tidak langsung／သွယ်ဝိုက်၍／pahiwatig)

▶ それとなく断ったんだけど、わかってくれたかなあ。

(Saya telah menolak dengan halus, tetapi saya tidak pasti jika mereka faham.／သွယ်ဝိုက်ပြီးငြင်းခဲ့တာကိုနားလည်သလားမသိဘူး။／Ipinahiwatig ko ang pagtanggi ko, pero hindi niya ako naintindihan.)

□ 頼りない

(tidak dapat diharapkan／အားကိုးလို့မရဘူး／hindi maaasahan)

▷ 頼りない上司

(bos yang tidak dapat diharapkan／အားကိုးလို့မရတဲ့ အထက်လူကြီး／hindi maaasahang bos)

▶ 頼りないなあ。ほんとにそれ（その金額）で合ってるの？

(Anda tidak boleh diharapkan. Adakah jumlah itu benar?／အားကိုးလို့မရဘူးနော်။ဟာကယ်ပဲအဲဒီ(အဲဒီငွေမှာ)နဲ့ကိုက်ရဲ့လား။／Talaga bang tama iyan (halaga ng pera)?)

□ つじつまが合う

(konsisten／ရှေ့နောက်ညီသည်／magkaroon ng kahulugan)

▶ 話のつじつまが合ってない気がする。

(Saya rasa cerita itu tidak konsisten.／ပြောတဲ့စကားကရှေ့နောက်မညီဘူးထင်တယ်။／Sa pakiramdam ko, walang kabuluhan ang kuwento.)

□ どうしようもない

(tidak ada jalan keluar／ဘာလို့မှမလုပ်နိုင်ဘူး／hindi maiwasan)

▷ どうしようもない人

(orang yang tidak ada harapan／မျှော်လင့်လို့မရတဲ့သူ／taong walang magawa)

▶ 連絡がつかないんじゃ、どうしようもない。

(Jika kita tidak dapat menghubungi, kita tidak dapat melakukan apa-apa.／မဆက်သွယ်နိုင်ရင်ဘာလို့မှမလုပ်နိုင်ဘူး။／Wala tayong magagawa kung hindi natin siya makontak.)

□ 遠回し

(berbelit-belit／သွယ်ဝိုက်၍／pasikut-sikot)

▷ 遠回しに断る

(menolak secara tidak langsung／သွယ်ဝိုက်ပြီးငြင်းသည်／tumanggi sa pasikut-sikot na paraan)

何かを含む表現

前に付く語

後ろに付く語

同じ漢字を持つ語

動詞＋動詞

いろいろな意味を持つ言葉

言葉のいろいろな形

連語・短い句 8

体に関する言葉を使った慣用句

四字熟語

□ 取り返しがつかない ▷ 今やらないと、取り返しがつかなくなるよ。
（と　　かえ）
（とり返しがつかない）
（tidak dapat dipulihkan ／ ပြန်ပြင်၍မရသော ／
hindi maibabalik）
（いま　　　　　と　　かえ）
（Jika kita tidak melakukannya sekarang, kita tidak akan dapat memperbaikinya. ／
အခုမလုပ်ရင်/ပြန်ပြင်၍မရဘူးအောင်။ ／ Kund hindi mo ito gagawin ngayon, hindi mo na ito maisasaayos）

□ 取るに足らない ▷ 取るに足らない話／理由
（と　　た）
（と　　た　　　　はなし　りゆう）
（tidak berharga ／ အရေးမပါသော ／ walang
kuwenta）
（cerita/alasan yang tidak berharga ／ အရေးမပါသောစကား/အကြောင်းပြချက် ／ walang
kuwentang usapan / dahilan）

□ 情けない ▷ 情けない成績
（なさ）
（なさ　　せいせき）
（menyedihkan ／ သနားစရာ ／ miserable）
（keputusan yang menyedihkan ／ သနားစရာ့ရမှတ်အဆင့် ／ miserableng resulta）

▶ こんなことも一人でできないなんて、情けない。
（ひとり　　　　　　　　　　なさ）
（Memalukan jika anda tidak dapat melakukan ini sendiri. ／
ဒီလိုဟာလည်းတစ်ယောက်တည်းမလုပ်နိုင်ဘူးတဲ့သနားစရာပဲ။ ／ Miserable talagang hindi mo
magawa ang bagay na ito nang mag-isa.）

□ 果てしない ▷ 果てしなく続く草原
（は）
（は　　　つづ　そうげん）
（tanpa henti ／ အဆုံးမဲ့ ／ walang katapusan）
（padang rumput yang tak berkesudahan ／ အဆုံးမရှိမြက်ခင်းပြင် ／ walang katapusang
damuhan）

□ 波紋を呼ぶ ▷ 大臣の発言が波紋を呼んでいる。
（は もん　よ）
（だいじん　はつげん　は もん　よ）
（mencetuskan gelombang ／ ဂယက်ရိုက်သည် ／
／ lumikha ng sensasyon）
（Ucapan menteri sedang menimbulkan gelombang. ／
ဝန်ကြီးရဲ့ပြောကြားချက်ကဂယက်ရိုက်နေတယ်။ ／ Lumilikha ng sensasyon ang sinabi ng ministro.）

□ 反感を買う ▶ 遠慮を知らない彼の言動は、周囲の反感を買った。
（はんかん　か）
（えんりょ　し　　かれ　げんどう　　しゅうい　はんかん　か）
（menimbulkan kemarahan ／
စိတ်အဆောင့်အယှက်ဖြစ်စေသော ／ pukawin ang
galit）
（Tingkah laku dan perbuatan dia yang tidak tahu batas telah menimbulkan
kebencian dari orang sekeliling. ／
အားနာခြင်းမသိတဲ့သူရဲ့ပြုမူပြောဆိုမှုဟာပတ်ဝန်းကျင်ကိစိတ်အဆောင့်အယှက်ဖြစ်စေတယ်။ ／
Pumukaw ng galit sa mga nakapaligid sa kanya ang tahasang salita at gawa niya.）

□ 一息つく ▶ 〈作業〉もうちょっとしたら、一息つこうか。
（ひといき）
（さぎょう　　　　　　　　　　　ひといき）
（beristirahat sejenak ／ ခေတ္တနားသည် ／
magpahinga）
（Kerja〉Kita akan mengambil nafas sebentar lagi. ／ （လုပ်ငန်း)နောက်နည်းနည်းလုပ်ပြီးရင်ခေတ္တနားကြရအောင်။
／ (Trabaho) Magpahinga tayo maya-maya.）

同 一息入れる
（ひといきい）

□ 氷山の一角 ▶ このような不正は氷山の一角に過ぎないという見
（ひょうざん　いっかく）
方もあり、今後の捜査の行方が注目される。
（ふせい　ひょうざん　いっかく　　す　　み）
（かた　　　こんご　そうさ　ゆくえ　ちゅうもく）
（hanyalah sebahagian kecil ／
ရေခဲတောင်၏ထိပ်ဖျားအနည်းငယ်သာပေါ်ယံ ／ simula ng
malaking problema）
（Ada pandangan yang mengatakan bahawa ketidakadilan seperti ini hanyalah
puncak gunung es, dan arah penyelidikan di masa depan menjadi sorotan. ／
ဤသို့သောမမှန်မကန်မှုသည်ရေခဲတောင်ထိပ်အနည်းငယ်မျှသာ၍ဖြစ်ပြီးနောက်ထပ်စစ်ဆေးမှုများ၏ဦးတည်ရာကိုဂရုစိုက်ကြသည်။ ／
Mayroon ding pananaw na ang naturang pandaraya ay simula lamang ng malaking
problema, at bibigyan ng pansin ang direksyon ng mga imbestigasyon sa
hinaharap.）

□ 非を認める ▶ 結局、彼は非を認めた。
（ひ　みと）
（けっきょく　かれ　ひ　みと）
（mengakui kesalahan ／ အမှားကိုဝန်ခံသည် ／
aminin ang kasalanan）
（Pada akhirnya, dia mengakui kesalahannya. ／ နောက်ဆုံးမှာသူကတော့သူ့အမှားကိုဝန်ခံခဲ့သည်။
／ Sa wakas, inamin niya ang kasalanan niya.）

□ ひんしゅくを買(か)う

▶ 取引先(とりひきさき)との会議(かいぎ)に遅(おく)れて、ひんしゅくを買(か)ってしまった。

(mencetuskan kemarahan／ဟိုးလေးတကျော်ဖြစ်သည်／mainis, masuya)

(Saya terlambat untuk pertemuan dengan klien, dan ini telah menimbulkan kemarahan.／စီးပွားဖက်နဲ့အစည်းအဝေးကိုနောက်ကျသွားလို့ဟိုးလေးတကျော်ဖြစ်သွားတယ်။／Nainis sa akin ang kamiting kong business partner, dahil na-late ako sa miting namin.)

□ 物議(ぶつぎ)を醸(かも)す

▷ 当時(とうじ)、この映画(えいが)のラストシーンは物議(ぶつぎ)を醸(かも)した。

(menimbulkan kontroversi／အတွေးအမျိုးမျိုးဖြစ်သည်／maging kontrobersyal)

(Pada masa itu, adegan terakhir film ini mencipta kontroversi.／အဲဒီတုန်းကဒီရုပ်ရှင်ရဲ့နောက်ဆုံးဇာတ်ကွက်ဟာအတွေးအမျိုးမျိုးဖြစ်စေခဲ့တယ်။／Noong panahong iyon, naging kontrobersyal ang huling eksena ng sineng ito.)

□ 面倒(めんどう)を見(み)る

▶ 入(はい)った頃(ころ)、面倒(めんどう)を見(み)てくれたのが野村先輩(のむらせんぱい)でした。

(menjaga／ဂရုစိုက်သည်／mag-alaga, mag-asikaso)

(Ketika saya baru bergabung, Nomura-senpai (senior; abang/kakak Nomura) yang membantu saya.／ကုမ္ပဏီကိုဝင်ခါစတုန်းကဂရုစိုက်ပေးသူဟာစီနီယာနော်မူရပဲဖြစ်ပါတယ်။／Noong pumasok ako, ang nakatatanda sa aking si Nomura-san ang nag-asikaso sa akin.)

□ 申(もう)し分(ぶん)(が)ない

▶ 提示(ていじ)された条件(じょうけん)は申(もう)し分(ぶん)ないものだった。

(sempurna／တောင်းပန်ပါတယ်／walang tutol, perpekto)

(Syarat yang ditawarkan sempurna.／တင်ပြထားတဲ့အခြေအနေတွေကတောင်းပန်းစရာဖြစ်သွားတယ်။／Wala akong tutol sa sinabing mga kondisyon.)

□ 八(や)つ当(あ)たり

▶ 私(わたし)に八(や)つ当(あ)たりしないでよ。怒(おこ)られたのは自分(じぶん)のせいでしょ？

(memarahi orang lain sebagai pelampiasan／မဆိုင်တဲ့သူအပေါ်မကြေမနပ်ဖြစ်သည်／magbunton ng galit)

(Jangan marah pada saya. Anda yang disalahkan, kan?／ငါ့ကိုမဆိုင်ဘဲနဲ့မကြေမနပ်ဖြစ်မနေနဲ့။အဆူခံရတာကိုယ့်ကြောင့်မဟုတ်ဘူးလား။／Huwag kang magbunton ng galit sa akin. Kasalanan mo kung bakit ka pinagalitan, hindi ba?)

□ 良(よ)し悪(あ)し

▶ この映画(えいが)、内容(ないよう)のよしあしはわからないけど、話題(わだい)になってるね。

(baik dan buruk／အကောင်းအဆိုး／mabuti at masama)

(Film ini menjadi buah mulut meskipun kita tidak tahu baik atau buruknya kandungannya.／ဒီရုပ်ရှင်ရဲ့အကောင်းအဆိုးကိုမသိပေမဲ့အဲဒီအကြောင်းကိုပြောနေကြတယ်။／Hindi ko alam kung mabuti at masama ang nilalaman ng sineng ito, pero pinag-uusapan ito.)

⑨ 体に関する言葉を使った慣用句
からだ かん ことば つか かんようく

☐ **頭を抱える**
あたま かか
(＝悩む)
なや

▶ 先月も赤字だとわかり、社長は頭を抱えている。
せんげつ あかじ しゃちょう あたま かか

(Presiden syarikat itu tahu bahawa mereka rugi bulan lalu dan dia sangat risau.／ပြီးခဲ့တဲ့လကလည်းအရှုံးပေါ်ပြီးကုမ္ပဏီဥက္ကဋ္ဌဟာစိတ်သောကရောက်နေတာတွဲတယ်။／Nag-aalala ang presidente noong malaman niyang lugi rin ang kompanya noong isang buwan.)

☐ **頭を冷やす**
あたま ひ

(＝冷静になる)
れいせい

▶ 勢いで申し込んだけど、もう一回、頭を冷やして考えよう。
いきお もう こ いっかい あたま ひ かんが

(Saya telah mendaftar dengan penuh semangat, tetapi mari kita tenangkan fikiran dan fikiran sekali lagi.／အပြေးသွားလျှောက်လှာတင်ခဲ့လမ့်နောက်တစ်ကြိမ်ခေါင်းအေးအေးထားပြီးစဉ်းစားမယ်။／Nag-apply ako nang madalian, pero dapat maging kalmado muna ako at mag-isip uli.)

☐ **顔を合わせる**
かお あ
(＝会う)
あ

▶ あの二人は、顔を合わせる度にけんかをしているね。
ふたり かお あ たび

(Kedua-duanya selalu bergaduh setiap kali mereka bertemu.／အဲ့နစ်ယောက်ဟာမျက်နာချင်းဆိုင်တိုင်းရန်ဖြစ်တယ်နော်။／Laging nag-aaway ang dalawa tuwing nagkikita sila.)

▶ 彼とはなかなか顔を合わせる機会がない。
かれ かお あ きかい

(Saya jarang berpeluang bertemu dengannya.／သူနဲ့မျက်နာချင်းဆုံရမယ့်အခွင့်အလမ်းကမသိပ်မရှိဘူး။／Halos wala akong pagkakataong makita siya.)

☐ **顔色をうかがう**
かおいろ
(＝機嫌や様子を気にする)
きげん ようす き

▷ 上司の顔色をうかがう
じょうし かおいろ

(mengamati ekspresi muka bos／အထက်လူကြီးရဲ့မျက်နှာရိပ်မျက်နှာကဲကိုမှန်းသည်။／mag-alala sa mood ng bos)

▶ 昔は、周囲の顔色をうかがってばかりでした。
むかし しゅうい かおいろ

(Dulu, saya selalu berusaha membaca suasana hati orang sekeliling saya.／အရင်တုန်းကငါပတ်ဝန်းကျင်ရဲ့မျက်နှာရိပ်မျက်နှာကကိုကြည့်နေတယ်။／Noong araw, lagi akong nag-aalala sa mood ng mga tao sa paligid ko.)

☐ **顔が利く**
かお き
(＝信用や力によって相手に無理な頼みができる)
しんよう ちから あいて む り たの

▶ この店は顔が利くから予約なしでも大丈夫だよ。
みせ かお き よやく だいじょうぶ

(Kedai ini ok walaupun tanpa tempahan kerana saya dikenali di sini.／ဒီဆိုင်ကိုရင်းနီးနေလို့ဘွတ်ကင်မလုပ်လည်းကိစ္စမရှိပါဘူး။／May kilala ako sa restawrang ito, kaya hindi natin kailangang magreserba.)

☐ **顔を立てる**
かお た
(＝その人のプライドが保てるようにする)
ひと たも

▶ ここは私の顔を立てて、先方に謝ってくれないか。
わたし かお た せんぽう あやま

(Bolehkah anda minta maaf kepada pihak lain untuk menjaga maruah saya?／ဒီကစ္စမှာငါ့မျက်နှာစဲဖတ်သွက်တောင်းပန်ပင်ရင်ပါ။／Humingi ka ng paumanhin sa kanila, para hindi ako mapahiya.)

☐ **目にする**
め
(＝見る、見かける)
み み

▶ この女優さん、最近、よく目にするようになったね。
じょゆう さいきん め

(Pelakon wanita ini muncul kerap kali baru-baru ini, ya.／ဒီရုပ်ရှင်မင်းသမီးအခုတလောတော်တော်မြင်ရတယ်နော်။／Kamakailan, madalas naming makita ang artistang ito.)

☐ **目に留まる**
<ruby>目<rt>め</rt></ruby>　<ruby>留<rt>と</rt></ruby>

▶ こういう地味な表紙はなかなか目に留まらないと思うよ。

(＝(自然に)見る、注意が行く)
<ruby>自然<rt>しぜん</rt></ruby>　<ruby>見<rt>み</rt></ruby>　<ruby>注意<rt>ちゅうい</rt></ruby>　<ruby>行<rt>い</rt></ruby>

(Saya rasa kulit buku yang sederhana ini tidak menarik perhatian. ／ ဒီလိုရိုးစင်းတဲ့မျက်နှာဖုံးဟာတော်တော်နဲ့အာရုံစိုက်မိကြမှာမဟုတ်ဘူး။ ／ Sa palagay ko, hindi makakakuha ng atensyon ang ganito kasimpleng cover.)

☐ **目を奪う**
<ruby>目<rt>め</rt></ruby>　<ruby>奪<rt>うば</rt></ruby>

▶ デザインに目を奪われがちですが、実は機能が素晴らしいんです。

(＝注意を引く)
<ruby>注意<rt>ちゅうい</rt></ruby>　<ruby>引<rt>ひ</rt></ruby>

(Walaupun reka bentuknya sangat menarik, sebenarnya fungsinya sangat hebat. ／ ဒီဇိုင်းကမျက်လုံးကိုဖမ်းစားနိုင်ပေမယ့်၊ဟုတ်ကယ်တော့အရည်အသွေးကအံ့သြစရာကောင်းတယ်။ ／ Nakakaakit ang design, pero mahusay din ang gamit nito.)

☐ **目が届く**
<ruby>目<rt>め</rt></ruby>　<ruby>届<rt>とど</rt></ruby>

▶ 小さいお子さんの場合は、必ず目の届く範囲で遊ばせるようにしてください。
<ruby>小<rt>ちい</rt></ruby>　　　<ruby>場合<rt>ばあい</rt></ruby>　<ruby>必<rt>かなら</rt></ruby>　<ruby>目<rt>め</rt></ruby>　<ruby>届<rt>とど</rt></ruby>　<ruby>範囲<rt>はんい</rt></ruby>　<ruby>遊<rt>あそ</rt></ruby>

(＝注意が及ぶ)
<ruby>注意<rt>ちゅうい</rt></ruby>　<ruby>及<rt>およ</rt></ruby>

(Pastikan anak kecil anda bermain dalam lingkungan pandangan anda. ／ ကလေးငယ်ကိုမျက်စိနဲ့ကောင်းကောင်းလှမ်းမြင်ရတဲ့အရာရာမှာကစားပါ။ ／ Sa kaso ng mga maliliit na bata, paglaruin ninyo sila sa lugar na makikita ninyo sila.)

▶ 高級旅館だけあって、細かいところまでよく目が届いている。
<ruby>高級旅館<rt>こうきゅうりょかん</rt></ruby>　　　　　　<ruby>細<rt>こま</rt></ruby>　　　　　　　<ruby>目<rt>め</rt></ruby>　<ruby>とど</rt></ruby>

(Sebagai sebuah ryokan mewah, perhatian diberikan kepada setiap terperincinya. ／ အဆင့်မြင့်တည်းခိုဆောင်မို့လို့အသေးစိတ်နေရာအထိကရုစိုက်စီစဉ်ထားတယ်။ ／ Tulad ng inaasahan sa isang mamahaling ryokan, binibigyan nila ng atensyon ang mga detalye.)

☐ **目をそむける**
<ruby>目<rt>め</rt></ruby>

(＝(怖かったり辛かったりして)見ないようにする)
<ruby>怖<rt>こわ</rt></ruby>　<ruby>辛<rt>から</rt></ruby>　　　<ruby>見<rt>み</rt></ruby>

▶ 事故現場は、目をそむけたくなるような状況だった。
<ruby>事故現場<rt>じこげんば</rt></ruby>　<ruby>目<rt>め</rt></ruby>　　　　　　　　　　<ruby>状況<rt>じょうきょう</rt></ruby>

(Tempat kejadian kemalangan itu begitu mengerikan sehingga membuat kita ingin menutup mata. ／ မတော်တဆထိခိုက်မှုဖြစ်တဲ့နေရာ၊မျက်စိလွှဲချင်စိတ်ဖြစ်လာလောက်တဲ့အခြေအနေပါ။ ／ Hindi ko kayang tingnan ang lugar na pinangyarihan ng aksidente.)

☐ **目の色を変える**
<ruby>目<rt>め</rt></ruby>　<ruby>色<rt>いろ</rt></ruby>　<ruby>変<rt>か</rt></ruby>

▶ 試験まであと１カ月になり、娘は目の色を変えて勉強している。
<ruby>試験<rt>しけん</rt></ruby>　　　　　　<ruby>月<rt>げつ</rt></ruby>　　　<ruby>娘<rt>むすめ</rt></ruby>　<ruby>目<rt>め</rt></ruby>　<ruby>色<rt>いろ</rt></ruby>　<ruby>変<rt>か</rt></ruby>　<ruby>勉強<rt>べんきょう</rt></ruby>

(＝熱中する)
<ruby>熱中<rt>ねっちゅう</rt></ruby>

(Dengan satu bulan lagi sebelum peperiksaan, anak perempuan saya mula belajar dengan tekun. ／ စာမေးပွဲစစ်ဖို့တစ်လပဲလိုတော့၊သမီးဟာကြိုးစားပန်းစားစာကြိုးစားနေတယ်။ ／ Isang buwan na lang hanggang sa eksam, kaya nag-aaral nang husto ang anak kong babae.)

☐ **〜目にあう/遭う**
<ruby>目<rt>め</rt></ruby>　<ruby>遭<rt>あ</rt></ruby>

▷ 辛い目にあう　対 いい目を見る
<ruby>辛<rt>つら</rt></ruby>　<ruby>目<rt>め</rt></ruby>　　　　　　<ruby>目<rt>め</rt></ruby>　<ruby>見<rt>み</rt></ruby>

(＝〜という事態になる)
<ruby>事態<rt>じたい</rt></ruby>

(mengalami kesulitan ／ ဆိုးရွားမှုနဲ့တွေ့ကြုံသည်။／mahirapan)

▶ 信頼していた友達に裏切られて、ひどい目にあった。
<ruby>信頼<rt>しんらい</rt></ruby>　　　　　<ruby>友達<rt>ともだち</rt></ruby>　<ruby>裏切<rt>うらぎ</rt></ruby>　　　　　　<ruby>目<rt>め</rt></ruby>

(Saya telah dikhianati oleh rakan yang saya percayai dan telah melalui pengalaman yang buruk. ／ ယုံကြည်ကိုးစားရတဲ့သူငယ်ချင်းရဲ့သစ္စာဖောက်ခံရခြင်းခံရပြီး၊ဆိုးရွားမှုနဲ့တွေ့ကြုံရတယ်။ ／ Tinraydor ako ng pinagkakatiwalaang kong kaibigan, at nahirapan ako.)

□ **大目(おおめ)に見(み)る**

(=失敗(しっぱい)や欠点(けってん)などを厳(きび)しく責(せ)めず、寛大(かんだい)に扱(あつか)う)

▶ 彼(かれ)はまだ入(はい)って1カ月(げつ)だから、今回(こんかい)のミスは大目(おおめ)に見(み)ることにした。

(Dia baru sebulan di sini, jadi saya memutuskan untuk memaafkan kesalahannya kali ini. ／သူဟာအလုပ်ဝင်တာတစ်လပဲရှိသေးလို့ဒီတစ်ခါအမှားကိုမမြင်မိသလိုလုပ်ဖို့ဆုံးဖြတ်လိုက်တယ်။／Isang buwan pa lamang siya rito, kaya hindi ko na pinansin ang pagkakamali niya ngayon.)

□ **長(なが)い目(め)で見(み)る**

(=現状(げんじょう)で評価(ひょうか)や判断(はんだん)をしないで、長(なが)い期間(きかん)をかけて物事(ものごと)を見(み)る)

▶ 結果(けっか)を急(いそ)がず、長(なが)い目(め)で見(み)たほうがいい。

(Lebih baik tidak tergesa-gesa dan melihat keadaan dari perspektif jangka panjang.／အောင်မြင်မှုရလဒ်ကိုအလျင်မလိုဘဲ၊အရှည်ကိုကြည့်တာကောင်းမယ်။／Mas mabuting tingnan mo ang pangmatagalang pananaw at hindi madaliin ang resulta.)

□ **目(め)に余(あま)る**

(=あまりにひどくて、そのままにはしておけない)

▶ 彼女(かのじょ)のわがままは目(め)に余(あま)る。

(Keegoan dia sudah melampaui batas.／သူမရဲ့တစ်ကိုယ်ကောင်းဆန်မှုဟာတော်တော်သည်းခံရတယ်။／Kitang-kita ang pagiging makasarili niya.)

□ **見(み)る目(め)がある**

(=物事(ものごと)のよしあしなどを見分(みわ)ける力(ちから)がある)

▷ 人(ひと)を見(み)る目(め)がある

(ada mata untuk melihat orang／လူကိုကြည့်တတ်တယ်／mahusay tumingin ng tao)

▶ 見(み)る目(め)がないなあ。あんな男(おとこ)のどこがいいんだ？

(Anda tidak tahu bagaimana memilih. Apa yang baik tentang lelaki itu?／လူကိုမကြည့်တတ်ဘူး၊အဲဒီလိုယောကျ်ားဘာများကြိုက်စရာရှိသလဲ။／Hindi ka talaga marunong tumingin ng tao. Ano ba ang magandang nakita mo sa lalaking iyon?)

□ **目(め)が高(たか)い**

(=良(よ)いものを見分(みわ)ける力(ちから)がある)

▶ さすが社長(しゃちょう)、お目(め)が高(たか)い。これは、なかなか手(て)に入(はい)らない貴重(きちょう)な品(しな)なんですよ。

(Seperti yang dijangkakan daripada seorang presiden, anda memiliki selera yang tinggi. Ini adalah item berharga yang sukar untuk diperolehi.／မျှော်လင့်ထားတဲ့အတိုင်းပါပဲကုမ္ပဏီဥက္ကဋ္ဌကြီးဟာကောင်းတာကိုမြင်တတ်တယ်။ဒါဟာရတောင့်ရခဲတဲ့တန်ဖိုးရှိပစ္စည်းပါ။／Napakahusay ninyong tumingin, boss. Ito ay isang napakahalagang bagay na mahirap makuha.)

□ **目(め)をつける**

(=注目(ちゅうもく)する)

▶ あのラーメン屋(や)、前(まえ)から目(め)をつけてたんだけど、入(はい)ってみない？

(Bagaimana jika kita pergi ke kedai ramen itu? Saya telah memperhatikannya sejak lama.／အဲဒီရာမင်ခေါက်ဆွဲဆိုင်၊အရင်ကတည်းကမျက်စိကျနေတာ၊ဝင်စားကြည့်ကြမလား။／Noon ko pa napansin ang ramen shop na iyon. Bakit hindi natin subukan?)

□ **目の前**
（＝時間的・距離的にすぐ近いこと）

▶ 目の前に鍵があったのに気がつかなかった。

（Saya tidak menyedari bahawa kunci itu ada di depan mata.／
မျက်စိရှေ့ မှာသော့ရှိတာတောင်သတိမမိဘဲဖြစ်သွား။／Hindi ko napansing nasa harap ko lang pala ang susi.）

▶ 試験はもう目の前なんだね。―そうなんです。もう、すごく焦ってます。

（Peperiksaan itu sudah di depan mata, kan? -Ya, saya benar-benar berasa tergesa-gesa.／စာမေးပွဲကနီးကပ်နေပြီနော်။ဟုတ်တယ်။ဒါကြောင့်တအားစိတ်ပူနေပြီ။／Malapit na ang eksam. -- Oo nga. Kaya talagang ninenerbyos na ako.）

□ **(小)耳に挟む**
（＝聞くつもりはないが話や情報が耳に入ってくる、ちらっと聞く）

▷ ちょっと小耳に挟んだんだけど、あの二人、結婚するらしいよ。

（Saya mendengar dari sumber yang tidak dapat dipercayai, tetapi sepertinya kedua orang itu akan berkahwin.／နည်းနည်းကြားရရှိတယ်။အဲဒီနှစ်ယောက်လက်ထပ်မယ်ဆိုပဲ။／Medyo narinig ko lang ito, pero mukhang ikakasal ang dalawang iyon.）

□ **耳を傾ける**
（＝注意して聞く、熱心に聞く）

▶ 人の話には素直に耳を傾けたほうがいい。

（Lebih baik mendengar dengan jujur apa yang orang lain katakan.／လူတစ်ယောက်ရဲ့ပြောစကားကိုရိုးရိုးစင်းနားထောင်ရင်ကောင်းမယ်။／Mas mabuting makinig ka sa sasabihin ng mga tao.）

□ **鼻にかける**
（＝自慢する）

▶ あの人、成績がいいのを鼻にかけてて、感じ悪い。

（Orang itu berlagak kerana mendapat markah yang baik, sangat menyakitkan hati.／အဲဒီလူအဆင့်ကောင်းကောင်းရတာကိုဝင့်ကြွားနေတယ်။ရွံစရာကောင်းတယ်။／Naiinis ako sa taong iyon, dahil ipinagmamamalaki niya ang mataas niyang grado.）

□ **口が重い**
（＝あまり話さない、無口だ）

▶ 昔の話になると田中さんは口が重くなる。

（Bila bercakap tentang masa lalu, Encik/Cik/Puan Tanaka menjadi pendiam.／အရင်တုန်းကအကြောင်းကိုပြောကြရင်တနခစန်ဟာနှုတ်ဆိတ်ဆိတ်သွားတယ်။／Hindi nagsasalita si Tanaka-san kung pinag-uusapan ang tungkol sa nakaraan.）

□ **口を挟む**
（＝他人の会話に割り込んで話してくる）

▶ あの人は関係ないのに、すぐ口を挟んでくる。

（Orang itu selalu mencampuri meskipun tidak ada kaitannya.／အဲဒီလူဟာမဆိုင်ဘဲနဲ့ချက်ချင်းကြားဝင်ပြောတယ်။／Kahit walang kinalaman ang taong iyon, agad siyang sumasabat sa usapan.）

□ **首をかしげる**
（＝疑問に思う）

▶ 私の英語が通じないみたいで、ホテルのスタッフはずっと首をかしげていた。

（Nampaknya bahasa Inggeris saya tidak difahami, staf hotel itu selalu mengangguk kepalanya.／ကျွန်မရဲ့အင်္ဂလိပ်စကားကနားမလည်ပုံမရဘူးဟိုတယ်ဝန်ထမ်းကခေါင်းစောင်းပြီးနေနားတယ်။／Mukhang hindi naintindihan ng hotel staff ang Ingles ko at naguguluhan sila.）

何かを含む表現 1

前に付く語 2

後ろに付く語 3

同じ漢字を持つ語 4

動詞＋動詞 5

いろいろな意味を持つ語彙 6

省略のいろいろな形 7

連語・短い句 8

体に関する言葉を使った慣用句 9

四字熟語 10

□ 首を横に振る

(=否定する、否定的な意味を表す)

▶ 知事選に出るつもりか、との問いに、西原氏は首を横に振った。

(Encik/Cik/Puan Nishihara menggelengkan kepalanya apabila ditanya sama ada dia bercadang untuk bertanding jawatan gabenor. ／
ပြည်တော်နှံ့ရွေးကောက်ပွဲကိုဝင်ရောက်လိုမလားလို့မေးတော့ Mr. Nishihara ဟာ ရှင်ရှဟာ ခေါင်းခါလိုက်တယ်။／Umiling si Mr. Nishihara noong tinanong siya kung tatakbo siya bilang gobernador.)

□ 首を突っ込む

(=あることに関心を持って関わりを持つ、深く入り込む)

▶ 彼は何にでも首を突っ込みたがるから、困ります。

(Saya bingung kerana dia suka mencampuri apa pun. ／
သူဘာကိုမဆိုဝင်ပါချင်တာမို့ဒုက္ခရောက်တာပဲ။／Malaking problema, dahil nakikialam siya sa kahit ano.)

□ 肩を並べる

(=力や地位が同じ程度になる)

▶ A社は、1〜2年のうちに、売上規模でビッグ3と肩を並べることになりそうだ。

(Syarikat A mungkin akan sama hebatnya dengan Big 3 dalam hal pendapatan dalam satu atau dua tahun. ／
Aကုမ္ပဏီဟာတစ်နှစ်နှစ်နှစ်အတွင်းမှာအရောင်းပမာဏနဲ့ထိပ်တန်းကုမ္ပဏီကြီးသုံးခုရဲ့ရင်ဘောင်တန်းလာတော့မယ်။／Mukhang magiging kapantay ng Company A ang tatlong malalaking kompanya sa total sales, sa loob ng 1 o 2 taon.)

□ 肩の荷が下りる

(=責任や負担から解放されて楽になる)

▶ 今日で委員の仕事が終わって、やっと肩の荷が下りた。

(Dengan berakhirnya tugas saya sebagai ahli jawatankuasa hari ini, beban saya akhirnya berkurang. ／ဒီနေ့ကော်မတီ့စီ့အလုပ်ကပြီးဆုံးသွားတယ်။အခုမှပဲပုခုံးပေါ်ကဝန်ထုပ်ကြီးပြုတ်ကျသွားတယ်။／Natapos ngayon ang trabaho ko bilang miembro ng komite, at sa wakas, parang nawalan ako ng pabigat.)

□ 肩を持つ

(=味方をする)

▶ 友達だから彼女の肩を持つわけじゃないけど、悪いのは田中さんだと思う。

(Bukan kerana dia kawan saya, tetapi saya rasa Encik/Cik/Puan Tanaka yang salah. ／
သူ့ငယ်ချင်းမို့သိ့သာကိုလိုက်မပြောတာမဟုတ်ပါဘူး။မကောင်းတာက တနာက်စံ့လို့ထင်ပါတယ်။／Hindi ko siya kinakampihan dahil sa kaibigan ko siya, pero sa tingin ko, si Tanaka-san ang may kasalanan.)

□ 胸を張る

(=誇らしげな態度をとる、自身を見せる)

▷ 堂々と胸を張る

(dengan berani dan percaya diri／ရဲရဲ့ရင်ကော့ကော့ဖြင့်／magmalaki nang husto)

▶ 惜しくも金メダルは逃したが、胸を張って帰ればいい。

(Sekiranya anda terlepas pingat emas, anda boleh pulang dengan bangga. ／
ကံမကောင်းလို့ရွှေတံဆိပ်ကိုလွဲချော်သွားပေမယ့် ရင်ကော့ကော့နဲ့ပြန်အိမ်ပြန်နိုင်တယ်။／Sa kasamaang-palad, hindi mo nakuha ang gold medal, pero dapat kang umuwing nagmamalaki.)

□ **胸をなでおろす** ▶ 子供が無事と知って、親は胸をなでおろしただろう。

（＝心配事がひとまず解決してほっとする）

(Ibu bapa pasti berasa lega apabila mengetahui anak mereka selamat. ／ကလေးကဘာမှမဖြစ်ဘူးဆိုတာသိပြီးမိဘတွေစိတ်အေးသွားပြီထင်တယ်။／Naniniwala akong nakahinga nang maluwag ang mga magulang, noong malaman nilang ligtas ang mga bata.)

□ **胸に刻む** ▶ 選手たちはその時の悔しさを胸に刻んで、練習に励んだそうです。

（＝心にしっかりとどめる）

(Para atlet mengukir rasa penyesalan itu di hati mereka dan berusaha keras dalam latihan, katanya. ／ကစားသမားများဟာအဲဒီတုန်းကဝမ်းနည်းမှုကိုရင်မှာသိမ်းထားပြီးလေ့ကျင့်တယ်ဆိုပဲ။／Naukit sa isip ng mga player ang panghihinayang nila sa panahong iyon, at nagpraktis sila nang husto.)

□ **手が届く** ▶ もう少しで目標額に手が届きそうだ。

（＝能力や成果が目標とするところに達する）

(Sepertinya kita hampir mencapai harga sasaran kita. ／နောက်နည်းနည်းလေးနဲ့ပစ်တိုင်းကိုလှမ်းကိုင်မိတော့မယ်။／Mukhang maaabot na natin ang target na halaga.)

□ **手が込む** ▶ さすが一流の店だけあって、どの料理もすごく手が込んでいた。

（＝手間がかかっている）

(Seperti yang dijangkakan daripada restoran kelas pertama, setiap hidangan telah dipersiapkan dengan hati-hati. ／မျှော်လင့်ထားတဲ့အတိုင်းပဲအဆင့်သေ့ကောင်းတဲ့ဆိုင်ဖြစ်တော့ဘယ်ဟင်းလျာမဆိုအရမ်းပစ္စည်းတွေစုစည်းထားတယ်။／Tulad ng inaasahan sa isang first-class na restawran, masyadong pinagbubuti nila ang kahit anong pagkain.)

□ **手が出ない** ▶ すごくいいなと思ったんだけど、高くて手が出なかった。

（＝自分の能力を超えている）

(Saya fikir ia sangat bagus, tetapi ia terlalu mahal dan saya tidak mampu membelinya. ／သိပ်ကောင်းတယ်လို့ထင်ပေမဲ့ဈေးကြီးလို့လက်မလှမ်းနိုင်ဘူး။／Sa palagay ko, napakagaling nito, pero masyadong mahal ito at hindi ko kayang bilhin.)

□ **手がつけられない** ▷ 手のつけられない不良

（＝ひどすぎて取るべき手段や方法がない、どうしようもない）

(penjenayah yang tidak dapat dikawal ／ပြုပြင်လို့မရသောမိူက်ယုတ်းချက်／isang masamang taong hindi na mababago)

▶ 洪水の被害にあった住宅は、手のつけられない状態になっていた。

(Rumah-rumah yang terkena banjir berada dalam keadaan tidak dapat diperbaiki. ／ရေလွှမ်းမိုးဒဏ်ခံရတဲ့အိမ်တွေဟာပြုပြင်လို့မရတဲ့အခြေအနေတွေဖြစ်သွားခဲ့ပြီ။／Wala nang magagawa sa mga bahay na napinsala ng baha.)

□ **手が回らない** ▶ 忙しくて、細かい部分のチェックまで手が回らなかった。

（＝状況が許さず対応することができない）

(Saya terlalu sibuk sehingga saya tidak sempat menyemak butirannya. ／အလုပ်များပြီးသေသေးခပ်စပ်အပိုင်းတွေကိုစစ်ဖို့အထိလက်မလှည့်ဘူး။／Masyado akong bisi, at hindi ko na nakuhang tsekin ang mga detalye.)

何 を含む表現

前に付く語

後ろに付く語

同じ漢字を持つ語

動詞＋動詞

いろいろな意味を持つ言葉

漢字のいろいろな形

連語・短い句

体に関する言葉を使った慣用句

四字熟語

□ 手に余る
てに あま

(=自分の能力を超えていてど
う対処していいかわからない)
じぶん のうりょく こ
たいしょ

▷ 事故の影響はさらに拡大して、一民間企業の手に余
じ こ えいきょう かくだい いちみんかんきぎょう て あま
るようになっている。

(Akibat kemalangan itu telah berkembang di luar kawalan sebuah syarikat swasta.／
မတော်တဆထိခိုက်မှုရဲ့သက်ရောက်မှုဟာပိုများပြင်ကျယ်ပြန့်လာ၍ပုဂ္ဂလိကကုမ္ပဏီတစ်ခုတည်းဟာမဆင်နိုင်တော့တဲ့အခြေအနေဖြစ်သွားတယ်။／
Lumawak pa ang epekto ng aksidente at hindi na ito makontrol ng mga pribadong
kompanya.)

□ 手を打つ
てを う

(=必要な対策をする)
ひつよう たいさく

▶ このままだとまた同じような問題が起こる。何か手
おな もんだい お なに て
を打たないと。
う

(Jika ini berlanjut, masalah yang sama akan terjadi lagi. Kita harus melakukan sesuatu.／
ဒီအတိုင်းထားရင်အလားတူပြဿနာဖြစ်မယ်။တစ်စုံကုမဆင်လိုမှဖြစ်ဘူး။／Kung hahayaan nating
ganito, mauulit lang ang problema. Mayroon tayong dapat gawin.)

□ 手を切る
てを き

(=関係を断つ)
かんけい た

▶ あんな連中とは手を切ったほうがいいよ。
れんちゅう て き

(Lebih baik awak memutuskan hubungan dengan orang-orang seperti itu.／
အဲဒီလူတွေအဆက်ဖြတ်တာကောင်းမယ်။／Mas mabuting putulin ang relasyon sa mga ganyang
tao.)

□ 手を尽くす
てを つ

(=物事の実現や解決のために
ものごと じつげん かいけつ
やれるだけのことをすべてや
る)

▶ 手を尽くしたが、お金を貸してくれるところはなかっ
て つ かね か
たよ。

(Saya cuba yang terbaik, tetapi tiada siapa yang akan meminjamkan saya wang itu.／
လုပ်နိုင်တာကိုလုပ်ခဲ့ပေမဲ့ပိုက်ဆံချေးပေးမယ့်နေရာမရှိခဲ့ဘူး။／Sinubukan ko na lahat, pero walang
nagpahiram sa akin ng pera.)

□ 手を引く
てを ひ

(=それまで続いていた関係を
つづ かんけい
断って引きさがる)
ことわ ひ

▷ A社は、この分野から手を引くことにした。
しゃ ぶんや て ひ

(Syarikat A telah memutuskan untuk menarik diri dari bidang ini.／
Aကုမ္ပဏီဟာဒီဘဏ္ဍာကဏ္ဍကနေနောက်ဆုတ်သွားတယ်။／Nagpasya ang Company A na umalis sa
larangang ito.)

□ 手を焼く
てを や

(=扱いが難しく困る)
あつか むずか こま

▶ 一部の利用者のマナーの悪さに、図書館も手を焼い
いちぶ りようしゃ わる としょかん て や
ているようだ。

(Perpustakaan terganggu dengan perangai buruk sesetengah pengguna.／
တစ်ချို့သောအသုံးပြုသူတွေရဲ့အပြုအမူဆိုးရွားမှုကြောင့်စာကြည့်တိုက်ဟာကိုင်တွယ်ရခက်နေတယ်။／
Mukhang nahihirapan ang laybrari sa masamang ugali ng ilan sa mga gumagamit nito.)

□ 腹を決める
はらを き

(=決心する)
けっしん

▶ 彼もついに腹を決めたみたい。近々、会社を起こす
かれ はら き ちかぢか かいしゃ お
と思うよ。
おも

(Nampaknya dia akhirnya membuat keputusan. Saya rasa dia akan memulakan syarikat
tidak lama lagi.／
သူ့ကနောက်ဆုံးတော့ဆုံးဖြတ်ချက်ချပြီးပုံပဲရတယ်။မကြာခင်ကုမ္ပဏီထူထောင်တော့မယ်လို့ထင်တယ်။／
Mukhang nakapagpadesisyon na siya sa wakas. Sa palagay ko, malapit na siyang
magsimula ng isang kompanya.)

□ **腹を割る**
はら わ

(=隠さず本当の気持ちや考え
かく ほんとう きも かんが
を明らかにする)
あき

▶ 腹を割って話せば、理解し合えると思う。
はら わ はな りかい あ おも

(Saya rasa kita boleh memahami antara satu sama lain jika kita bercakap secara terbuka.
／ပွင့်ပွင့်လင်းလင်းပြောကြရင်နားလည်မှုရကြလိမ့်မယ်ထင်တယ်။／Sa palagay ko, kung
mag-uusap kayo nang prangkahan, magkakaintindihan kayo.)

□ **足を引っ張る**
あし ひ ぱ

(=他人や周囲の成功や前進の
たにん しゅうい せいこう ぜんしん
じゃまをする)

▶ ミスばかりして、チームの足を引っ張ってしまった。
あし ひ ぱ

(Saya melakukan banyak kesilapan dan mengheret pasukan ke bawah.／
အမှားတွေများလုပ်လိုက်လို့အသင်းကိုအနှောင့်အယှက်ပေးမိတယ်။／Marami akong pagkakamali at
naging hadlang ako sa team namin.)

□ **足元にも及ばない**
あしもと およ

(=相手がすぐれていて比べよ
あいて くら
うもない)

▶ 先生に比べたら、私なんか、足元にも及ばないですよ。
せんせい くら わたし あしもと およ

(Berbanding dengan guru saya, saya tiada tandingannya.／
ဆရာနဲ့ယှဉ်ရင်ကျွန်တော်ဟာဆရာ့ခြေဖျားလောက်မမီပါဘူး။／Kung ikokompara ako sa titser, hindi
man lang ako makakapantay sa kanya.)

□ **～の身になる**
み

(=～の立場になる)
たちば

▶ よくそんな言い方ができるね。少しは相手の身になっ
い かた すこ あいて み
て考えてみたら?
かんが

(Mana boleh anda berkata seperti itu. Mengapa anda tidak meletakkan diri anda di
tempat orang lain untuk seketika?／
ဒီလိုပြောမျိုးပြောနိုင်တယ်နော်။နည်းနည်းလောက်တစ်ဖက်လူရဲ့နေရာမှာဝင်ပြီးစဉ်းစားကြည့်ပါလား။／
Paano mo masasabi ang ganoon? Ilagay mo kaya ang sarili mo sa lugar niya.)

□ **骨が折れる**
ほね お

(=困難だ、苦労を要する)
こんなん くろう よう

▶ 一つ一つ手でやるなんて、骨が折れる仕事だね。
ひと ひと て ほね お しごと

(Melakukan satu per satu dengan tangan memang pekerjaan yang susah.／
တစ်ခုချင်းတစ်ခုချင်းလုပ်ရမယ်ဆိုရင်ဝိရိယစိုက်ပြီးလုပ်ရမယ့်အလုပ်ပဲ။／Napakahirap na trabaho
nito, kasi ginagawa natin ito isa-isa nang manu-mano.)

▶ 協力してくれる会社を集めるのに、かなり骨を折っ
きょうりょく かいしゃ あつ ほね お
たよ。

(Saya sudah berusaha keras mengumpulkan syarikat yang bersedia bekerjasama.／
ပူးပေါင်းလုပ်ပေးမယ့်ကုမ္ပဏီတွေကိုစုရှာဆိုတော့အတော်လုပ်ရတယ်။／Talagang nahirapan
akong kunin ang kooperasyon ng mga kompanya.)

□ **気が晴れる**
き は

(=気持ちがすっきりする)
きも

▶ 言いたいことを言ったら、ちょっと気が晴れた。
い い き は

(Setelah saya bercakap apa yang ingin saya katakan, saya merasa sedikit lega.／
ပြောချင်တာပြောလိုက်တော့နည်းနည်းစိတ်ပေါ့သွားတယ်။／Medyo lumuwag ang dibdib ko noong
sinabi ko ang gusto kong sabihin.)

□ **気が引ける**
き ひ

(=申し訳ないようで積極的な
もう わけ せっきょくてき
気持ちになれない)
きも

▶ みんなでやったのに、私だけ褒められて、気が引ける。
わたし ほ き ひ

(Walaupun kita semua melakukan ini, saya merasa tidak sedap hanya saya yang dipuji.
／အားလုံးနဲ့လုပ်ခဲ့တာကိုကျွန်မတစ်ယောက်တည်းချီးမွမ်းခံရလို့စိတ်မကောင်းဘူး။／Nahiya ako dahil
ako lang ang pinuri nila sa trabahong ginawa ng lahat.)

何を含む表現 1

前に付く語 2

後ろに付く語 3

同じ漢字を持つ語 4

動詞＋動詞 5

いろいろな意味を持つ言葉 6

身体のいろいろな形 7

連語・短い句 8

体に関する言葉を使った慣用句 9

四字熟語 10

□ **気が遠くなる**

（=意識が薄くなる/なくなる）

▶ え？ この作業を 1000 個もやるの!? 気が遠くなるなあ。

（Eh? Apakah saya harus melakukan pekerjaan ini sebanyak 1 000 kali!? Itu membuat saya merasa pusing. ／ ဟယ်၊ ဒီလုပ်အလုပ်ကို အခု၁၀၀၀လုပ်ရမှာလား။စိတ်ကုန်စရာပဲ။／Ano? 1000 ang gagawin natin? Nakakalula!)

□ **気に障る**

（=いやな気持にさせる）

▶ 彼女に何か気に障ることを言ったのかもしれない。

（Mungkin saya telah mengatakan sesuatu yang tidak berkenan untuknya. ／ သူ့ကိုတစ်ခုခုစိတ်ထိခိုက်အောင်ပြောမိသွားသလားမသိဘူး။／Baka may sinabi akong nakasama ng loob niya.）

□ **気にかける**

（=心にとめる、ずっと気にする）

▶ 彼とはその時以来会ってないけど、ずっと気にかけていました。

（Saya belum bertemu dengannya sejak saat itu, tapi saya selalu memikirkannya. ／ သူနဲ့ကအဲဒီအချိန်ကတည်းကမတွေ့တော့ပေမဲ့အမြဲတမ်းစိတ်ထဲမှာရှိခဲ့တယ်။／Hindi na kami nagkita mula noon, at nag-aalala ako tungkol sa kanya.）

□ **気を抜く**

（=緊張をゆるめる）

▶ 勝てると思って、ちょっと気を抜いたのかもしれません。

（Saya fikir saya mungkin telah mengecewakan diri saya sedikit kerana saya fikir saya boleh menang. ／ နိုင်မယ်ထင်ပြီးစိတ်နည်းနည်းပေါ့သွားတင်တင်ထင်တယ်။／Nasa isip nilang mananalo sila, pero medyo nawala ang konsentrasyon nila sa laro.）

□ **気を利かせる**

（=相手のためにその場の状況に応じた配慮をする）

▶ 店長が気を利かせて、早く帰らせてくれた。

（Bos kedai memahami situasi dan membiarkan saya pulang lebih awal. ／ ဆိုင်မန်နေဂျာကအခြေအနေကိုသုံးသပ်ပြီးစောစောပြန်ခိုင်းတယ်။／Maunawain naman ang manedyer ng tindahan at pinauwi niya ako nang maaga.）

⑩ 四字熟語
(Simpulan bahasa empat karakter／アッカラ レーゲ ゲ ゲ゚ パゲ゚ ゲアラ゙ア／Mga Idiom na May Apat na Karakter)

□ 三日坊主
みっかぼうず

(Orang yang tidak konsisten／
လွယ်လွယ်နဲ့လက်လျှော့တယ်／taong
hindi matiyaga)

▶ 私の場合、ダイエットを始めても、いつも三日坊主で終わっちゃうんです。
わたし ばあい はじ みっかぼうず

(Dalam kes saya, walaupun saya mula diet, saya selalu berhenti selepas tiga hari.／ကျွန်မဟာအစားအသောက်ဆင်ခြင်တာလုပ်ရင်လည်းလွယ်လွယ်နဲ့လက်လျှော့တယ်။／Sa kaso ko, kahit magsimula ako ng diyeta, lagi kasi akong walang tiyaga, kaya natatapos agad ito.)

□ 四六時中
しろくじちゅう

(Sepanjang masa／တစ်ချိန်လုံး／
sa lahat ng oras)

▶ 彼は四六時中、食べることしか考えてない。
かれ しろくじちゅう かんが

(Dia fikir tentang makanan sepanjang masa.／သူတာတစ်ချိန်လုံးစားဖို့ပဲစဉ်းစားနေတယ်။／Iniisip lang niya ang kumain sa lahat ng oras.)

□ 十中八九
じゅうちゅうはっく

(Kebanyakan kali／
အလားအလာများတယ်／posibleng
mangyari)

▶ こんなにいい天気なんだから、今日は十中八九、雨は降らないよ。
てんき きょう じゅうちゅうはっく あめ ふ

(Cuaca baik seperti ini, hampir pasti hari ini tidak akan hujan.／ဒီလောက်မိုးခလေသာကောင်းတာမို့လို့ဒီနေ့မိုးရွာဖို့အလားအလာများတယ်။／Dahil sa napakaganda ng panahon, siguradong hindi uulan.)

□ 試行錯誤(する)
しこうさくご

(Mencuba dan salah／
စမ်းသပ်လိုက်မှားလိုက်နဲ့လုပ်သည်／
pagsubok at pagkakamali, trial
and error)

▶ 試行錯誤の末、このようなデザインになりました。
しこうさくご すえ

(Setelah banyak percubaan dan kesilapan, kami telah mendapatkan reka bentuk seperti ini.／စမ်းသပ်လိုက်မှားလိုက်နဲ့အဆုံးမှာဒီလိုဒီဇိုင်းပြစ်သွားပါတယ်။／Ito ang naging design, pagkatapos ng trial and error.)

□ 弱肉強食
じゃくにくきょうしょく

(Hukum rimba／
အားနည်းသူ့ဖအားကြီးသူစား／matira
ang matibay, law of the jungle)

▶ 弱肉強食の世界だからね、安心なんかできないよ。
じゃくにくきょうしょく せかい あんしん

(Ini adalah dunia yang penuh persaingan, jadi kita tidak boleh merasa aman.／အားနည်းသူ့ဖအားကြီးသူစားတဲ့ကမ္ဘာကြီးမို့လို့စိတ်ချလက်ချမွေနိုင်ဘူး／Dahil mundo ito kung saan nagiging biktima ng mga malalakas ang mga mahihina, hindi ka puwedeng maging kampante.)

□ 自然淘汰(する)
しぜんとうた

(Penyaringan semula jadi
／သဘာဝရွေးချယ်မှု／natural
selection)

▶ 時代に対応できない企業は自然淘汰されるだけだよ。
じだい たいおう きぎょう しぜんとうた

(Syarikat yang tidak dapat menyesuaikan diri dengan zaman hanya akan diterbuang oleh seleksi alam.／ခေတ်နဲ့အညီမလုပ်နိုင်တဲ့ကုမ္ပဏီတွေဟာအလိုအလျောက်ပယ်ရှားခံရမယ်။／Ang mga kompanyang hindi makasabay sa panahon ay basta na lang mawawala sa pamamagitan ng natural selection.)

2 27

11 動詞（どうし） (Kata kerja／ကြိယာ／Mga Verb)

☐ **明（あ）かす**
(mendedahkan／ထုတ်ဖော်သည်／ipagtapat, ibunyag)

▷ 名前（なまえ）を明（あ）かす、理由（りゆう）を明（あ）かす
(mendedahkan nama, mendedahkan sebab／အမည်ကိုထုတ်ဖော်သည်၊အကြောင်းပြချက်ကိုထုတ်ဖော်သည်／ibunyag ang pangalan, ibunyag ang dahilan)

☐ **与（あた）える**
(memberi／ပေးသည်／magbigay)

▷ 機会（きかい）を与（あた）える、印象（いんしょう）を与（あた）える
(memberi peluang, memberi kesan／အခွင့်အလမ်းပေးသည်၊ထင်မြင်ချက်ပေးသည်／bigyan ng pagkakataon, gumawa ng impresyon)

☐ **操（あやつ）る**
(mengendalikan／ကြိုးကိုင်သည်／manipulahin, pagalawin)

▷ ５カ国語（こくご）を操（あやつ）る、人（ひと）を操（あやつ）る
(menguasai lima bahasa, memanipulasi orang／၅ဘာသာကျွမ်းကျင်သည်၊လူကိုကြိုးကိုင်သည်／kontrolin ang limang bansa, manipulahin ang tao)

▶ 彼（かれ）は一人（ひとり）でいくつもの人形（にんぎょう）を操（あやつ）っていた。
(Dia mengendalikan beberapa boneka seorang diri.／သူဟာတစ်ယောက်တည်းနဲ့ရုပ်သေးများကိုကြိုးကိုင်ခဲ့တယ်။／Mag-isa niyang pinagalaw ang ilang puppet.)

☐ **歩（あゆ）む**
(berjalan／ခြေလှမ်းသည်／lumakad, dumaan)

▶ 共（とも）に人生（じんせい）を歩（あゆ）んでいきたい、と二人（ふたり）は語（かた）った。
(Mereka berdua mengatakan mereka ingin melalui kehidupan bersama-sama.／ဘဝကိုအတူတကွလျှောက်လှမ်းချင်တယ်လို့သူတို့နှစ်ဦးကပြောခဲ့တယ်။／Sinabi nilang dalawa na gusto nilang mamuhay nang magkasama.)

☐ **歩（あゆ）み**
(langkah／ခြေလှမ်း／paglalakad, hakbang)

▷ 創立（そうりつ）から今日（きょう）までの歩（あゆ）み
(langkah dari penubuhan hingga hari ini／ကုမ္ပဏီထူထောင်ခဲ့သည်မှယနေ့တိုင်ခြေလှမ်းများ／kasaysayan mula sa pundasyon hanggang sa kasalukuyan)

☐ **生（い）きる**
他 生（い）かす
(hidup／အသက်ရှင်သန်သည်／mabuhay)

▶ この経験（けいけん）はきっと、今後（こんご）の仕事（しごと）に生（い）きてくるだろう。
(Pengalaman ini pasti akan berguna dalam pekerjaan mendatang.／ဒီအတွေ့အကြုံဟာသေချာပါတယ်နောက်လာမယ့်အလုပ်တွေမှာအသုံးပြုနိုင်တယ်။／Tiyak na magiging kapaki-pakinabang ang karanasang ito sa magiging trabaho mo sa hinaharap.)

☐ **いたわる**
(berbelas kasihan／ထောက်ညှာသည်／alagaan, magmalasakit)

▶ 少（すこ）しは自分（じぶん）の体（からだ）をいたわってください。
(Tolong jaga sedikit badan anda.／နည်းနည်းလောက်မိမိရဲ့ခန္ဓာကိုယ်ကိုထောက်ညှာပါအုံး။／Alagaan mo ang katawan mo nang kaunti.)

☐ **営（いとな）む**
(menjalankan／လုပ်ကိုင်သည်／magpalakad ng negosyo)

▷ 農業（のうぎょう）を営（いとな）む、雑貨店（ざっかてん）を営（いとな）む
(menjalankan pertanian, menjalankan kedai serbaneka／စိုက်ပျိုးရေးလုပ်ငန်းကိုလုပ်ကိုင်သည်၊ပစ္စည်းစုံစတိုးဆိုင်ကိုလုပ်ကိုင်သည်။／maging magsasaka, magpatakbo ng sari-sari istor)

▶ 20年（ねん）以上、ここで酒屋（さかや）を営（いとな）んでいます。
(Saya telah menjalankan kedai arak di sini selama lebih dari 20 tahun.／အနှစ်၂၀ကျော်၊ဒီအရက်ဆိုင်ကိုလုပ်ကိုင်နေပါတယ်။／Mahigit na 20 taon na akong nagpapatakbo ng tindahan ng alak dito.)

□ うつむく

(menundukkan kepala／ခေါင်းငုံ့သည်／tumingin sa ibaba)

▶ その子(こ)は恥(は)ずかしがって、うつむいたまま返事(へんじ)をした。

(Budak itu menjawab dengan malu dan menundukkan kepalanya.／အဲဒီကလေးဟာရှက်တတ်လို့ခေါင်းငုံ့လျက်နဲ့ပြန်ဖြေတယ်။／Mahiyain ang batang iyan at sumagot siya nang nakatingin sa ibaba.)

□ 促(うなが)す

(mendorong／နှိုးဆော်သည်／himukin)

▷ 注意(ちゅうい)を促(うなが)す、行動(こうどう)を促(うなが)す

(menyeru perhatian, mendorong tindakan／သတိပေးနှိုးဆော်သည်၊လုပ်ကိုင်ရန်နှိုးဆော်သည်／kunin ang atensyon, tawaging kumilos)

▶ 褒(ほ)めることが子供(こども)の成長(せいちょう)を促(うなが)すそうだ。

(Menghargai dikatakan merangsang pertumbuhan kanak-kanak.／ချီးမွမ်းခြင်းဟာကလေးရဲ့ဖွံ့ဖြိုးမှုကိုနှိုးဆော်ပေးပုံရတယ်။／Ang pagpuri daw ay nakakatulong sa paglaki ng mga bata.)

□ 潤(うるお)う

(lembap／စိုပြေသည်／maging basa, makinabang)

▶ 観光客(かんこうきゃく)が増(ふ)えたことで、町(まち)も潤(うるお)った。

(Kota ini juga telah diperkaya dengan peningkatan pelancong.／ခရီးသွားခရီးသည်များတိုးပွားလာလို့မြို့လည်းစိုပြေလာတယ်။／Nakinabang ang bayan sa pagdami ng mga turista.)

□ ①(物(もの)を止(と)めるために)押(お)さえる

②(場所(ばしょ)を)押(お)さえる

(1. menekan 2. menduduki／1. ပါးစပ်ပိတ်သည် 2. ဘွတ်ကင်လုပ်သည်／(1) hawakan, pigilan (2) magreserba)

▷ ①口(くち)を押(お)さえる

②会場(かいじょう)を押(お)さえる

(1. menutup mulut 2. menduduki tempat／1. ပါးစပ်ကိုအုပ်သည် 2. ဘွတ်ကင်လုပ်သည်／(1) takpan ang bibig (2) magreserba ng lugar)

▶ ①〈医者(いしゃ)〉注射(ちゅうしゃ)をしますので、お子(こ)さんを押(お)さえてもらえますか。

(1. <Doktor>Saya akan melakukan suntikan, bolehkah anda menahan anak anda?／1. <ဆရာဝန်>ဆေးထိုးမှာမို့လို့ကလေးကိုထိန်းဖိထားပေးပါ။／(1) (Doktor) Pakihawakan ninyo ang anak ninyo dahil iiniksyunan ko siya.)

▶ ②今度(こんど)のパーティーは、場所(ばしょ)はもう押(お)さえてあるの？

(2. Sudah ada tempat untuk pesta kali ini?／2. လာမယ့်ပါတီအတွက်နေရာကိုဘွတ်ကင်လုပ်ထားပြီးပြီလား။／(2) Nagreserba ka na ba ng lugar para sa susunod na party?)

□ 襲(おそ)う

(menyerang／တိုက်ခိုက်မှု／mang-atake, atakihin)

▶ ここなら、クマに襲(おそ)われることはありません。

(Di sini, anda tidak akan diserang oleh beruang.／ဒီနေရာဆိုရင်ဝက်ဝံရဲ့တိုက်ခိုက်ခြင်းခံရမှာမဟုတ်ဘူး။／Kung dito, hindi kayo aatakihin ng oso.)

▶ 一人(ひとり)でいると、時々(ときどき)、不安(ふあん)に襲(おそ)われます。

(Bila saya seorang diri, kadang-kadang saya merasa cemas.／တစ်ယောက်တည်းရှိနေရင်တစ်ခါတလေပူပန်သောကခံစားရတယ်။／Kung mag-isa ako, paminsan-minsan, inaatake ako ng pagkabalisa.)

□ **顧みる**
かえり
(menoleh／ပြန်ကြည့်သည်／
tumingin sa likod)

▷ 人生を顧みる
じんせい かえり
(melihat kembali kehidupan／ဘဝကိုပြန်ကြည့်သည်／balik-tanaw sa buhay)

▶ 家庭を顧みなかった父が、退職後は孫の面倒を見てくれている。
か てい かえり　　　　　　　たいしょくご　まご めんどう み

(Ayah yang tidak memikirkan keluarga sekarang menjaga cucu setelah dia bersara.／
မိသားစုကိုပြန်မကြည့်ခဲ့တဲ့အဖေဟာအငြိမ်းစားယူပြီးတဲ့နောက်မှာမြေးထိန်းပေးနေတာပဲ။／Hindi inisip ng tatay ko ang pamilya niya noon, pero pagkatapos niyang magretiro, siya ang nag-aalaga sa mga apo niya.)

□ **欠く**
か
(kekurangan／
ချို့တဲ့သည်၊ကင်းမဲ့သည်／kulangin)

▷ バランスを欠く、具体性を欠く
か　　　　ぐたいせい か
(kekurangan keseimbangan, kekurangan kekonkritan／ဟန်ချက်မညီဖြစ်သည်၊အသိတ်အကျမရှိ／
kawalan ng balanse, kulang sa katiyakan)

▶ このプロジェクトには、みんなの協力が欠かせない。
きょうりょく か
(Kerjasama semua orang diperlukan dalam projek ini.／
ဒီမိုင်ကိန်းမှာလူသင်တိုင်းပေါင်းမွက်သင်းမဲ့လို့မဖြစ်ပါဘူး။／Sa proyektong ito, mahalaga ang pagtutulungan ng lahat.)

□ **かさばる**
(besar dan tidak mudah diurus／
ဝန်ကျယ်သည်／malaki)

▶ お土産はあまりかさばらないやつがいい。
みやげ
(Adalah lebih baik jika cenderamata tidak terlalu besar.／
လက်ဆောင်ပစ္စည်းဟာသိပ်ဝန်မကျယ်တာကကောင်းမယ်။／Maganda ang pasalubong na hindi masyadong malaki.)

□ **傾ける**
かたむ
(condongkan／တိမ်းစောင်းသည်／
ikiling)

▶ 真っすぐだと通らないので、ちょっと傾けてください。
ま　　　　　とお　　　　　　　　　かたむ
(Kerana ia tidak boleh lulus jika lurus, sila bawa ia secara serong.／
တည့်တည့်ဆိုရင်ထွက်သွားလို့မရလို့နည်းနည်းတိမ်းပေးပါ။／Hindi ako makakadaan kung diretso, kaya pakikiling mo nang kaunti.)

自 傾く
かたむ

□ **担ぐ**
かつ
(membawa／ထမ်းသည်／pasanin)

▶ 荷物はすごく重かったが、男の子はそれを肩に担いで持って行った。
に もつ　　　　 おも　　　　　 おとこ こ　　　　　　 かた かつ　　も
い

(Beg itu sangat berat tetapi budak lelaki itu mengangkatnya di atas bahu dan membawanya pergi.／အထုပ်အပိုးဟာသိပ်လေးပေမဲ့ကောင်လေးဟာပခုံးနဲ့ထမ်းပြီးသယ်သွားခဲ့တယ်။／Masyadong mabigat ang bagahe, pero pinasan ito ng bata sa balikat niya.)

□ **交わす**
か
(bertukar／ဖလှယ်သည်／palitan)

▷ 約束を交わす、契約を交わす
やくそく か　　　けいやく か
(bertukar janji, bertukar kontrak／ကတိချင်းဖလှယ်သည်၊စာချုပ်ကိုဖလှယ်သည်／mangako, gumawa ng kontrata)

▶ 彼女と言葉を交わしたのは、それが初めてでした。
かのじょ ことば か　　　　　　　　　　はじ
(Itu adalah kali pertama saya berbicara dengannya.／
သူမနဲ့စကားဖလှယ်ခဲ့တာသာဟာအဲဒီတာအစဦးဆုံးဖြစ်ခဲ့ပါတယ်။／Ito ang unang pagkakataong nakausap ko siya.)

□ **きしむ**
(berdecit／ပွတ်တိုက်၍မြည်ဟည်းသည်／
lumangitngit)

▷ 床がきしむ音
ゆか　　　　 おと
(bunyi lantai berdecit／ကြမ်းပြင်ကိုပွတ်တိုက်၍မြည်ဟည်းသံ／langitngit ng sahig)

□ 築く
きず
(membina／တည်ဆောက်သည်／
gumawa)

▷ 信頼関係を築く、家庭を築く、城を築く
しんらいかんけい きず かてい きず しろ きず
(membina hubungan kepercayaan, membina rumah tangga, membina istana／
ယုံကြည်မှုဆက်ဆံရေးကိုတည်ဆောက်သည်၊အိမ်ထောင်ပြုသည်၊ရဲတိုက်ကိုတည်ဆောက်သည်／bumuo ng tiwala, magtatag ng pamilya, magtayo ng kastilyo)

□ くぐる
(melalui／ငုံ့လျှိုးသည်／dumaan)

▶ 船はいくつもの橋をくぐりながら進んだ。
ふね はし すす
(Kapal itu belayar di bawah beberapa jambatan.／
သင်္ဘောသည်တံတားများကိုငုံ့လျှိုးလျက်သွားသည်။／Nagpatuloy ang barko habang dumaan sa ilalim ng maraming tulay.)

□ 暮れる
く
(senja／ဆုံးတော့မည်／magdilim)

▷ 夕暮れ（＝日暮れ）、年が暮れる
ゆうぐ ひぐ とし く
(senja, tahun berakhir／ ညနေ=နေဝင်ချိန်၊နှစ်ကုန်／takipsilim, magtapos ang taon)

▶ もうすぐ日が暮れる。対（夜が）明ける
ひ く よ あ
(Tak lama lagi menjadi gelap.／ နေဝင်တော့မယ်။／Malapit nang lumubog ang araw.)

□ こける
(terjatuh／လိမ့်ကျသည်／mahulog)

▶ 階段でこけたんですか。痛そう。同転ぶ
かいだん いた ころ
(Jatuh ditimpa tangga? Nampak pedih.／ လှေခါးမှာလိမ့်ကျခဲ့သလား၊နာမယ်နော်။／Nahulog ka ba sa hagdan? Mukhang masakit.)

□ 心得る
こころえ
(mengetahui／သိနားလည်သည်／malaman)

▶ 一流のお店だけあって、客のもてなし方を心得ていた。
いちりゅう みせ きゃく かた こころえ
(Hanya ada kedai kelas pertama, dan dia tahu bagaimana untuk menghiburkan pelanggan.／ပထမတန်းစားဆိုင်ပဲလို့ရည်ရွယ်ပြီးသည်အပေါ်စည်းတုတ်ပြုပြင်ကိုသိနားလည်တယ်။／Sa isang first-class na restawran, alam nila kung paano asikasuhin ang mga kustomer.)

□ 心得
こころえ
(pengetahuan／
ဗဟုသုတအတွေ့အကြုံ／kaalaman)

▶ 彼は柔道の心得があるようです。
かれ じゅうどう こころえ
(Dia nampaknya mempunyai bakat untuk judo.／သူဟာဂျူဒိုအတွေ့အကြုံရှိပုံရတယ်။／Mukhang may alam siya sa judo.)

□ 試みる
こころ
("mencuba"／စမ်းကြည့်သည်／subukan)

▶ ダイエットを試みたが、2日で挫折してしまった。
こころ か ざせつ
(Saya cuba diet, tetapi gagal selepas dua hari.／
အစားအသောက်ဆင်ခြင်တာကိုစမ်းကြည့်ခဲ့ပေမဲ့၂ရက်တည်းနဲ့ပျက်သွားတယ်။／Sinubukan kong magdiyeta, pero nabigo ako sa loob ng 2 araw.)

□ 試み
こころ
(percubaan／စမ်းကြည့်ခြင်း／
pagsubok, tangka)

▷ ネットを使った授業の試み、初めての試み
つか じゅぎょう こころ はじ こころ
(percubaan pengajaran menggunakan internet, percubaan pertama／
အင်တာနက်သုံးပြီးသင်ခန်းစာကိုစမ်းကြည့်ခြင်း၊ပထမဦးဆုံးစမ်းကြည့်ခြင်း／tangkang gamitin ang internet sa klase, unang pagtatangka)

□ こなす
(menyelesaikan／
ပိုင်ပိုင်နိုင်နိုင်လုပ်သည်／maging mahusay sa)

▶ 妻は仕事も家事もうまくこなしている。
つま しごと かじ
(Isteri saya mengendalikan baik pekerjaan dan urusan rumah tangga dengan baik.／
ဇနီးဟာအလုပ်ကော၊အိမ်မှုလုပ်ကော၊ပိုင်ပိုင်နိုင်နိုင်လုပ်သည်။／Mahusay ang asawa ko sa trabaho at sa gawaing bahay.)

□ **ごまかす**

(menipu／လိမ်သည်၊ဖုံးကွယ်သည်／
manloko, magtakip)

▷ 年齢をごまかす
　ねんれい

("menipu umur"／အသက်လိမ်သည်／magsinungaling tungkol sa edad)

▶ 彼、本当は不愉快なはずなのに、いつも笑ってごまか
　かれ　ほんとう　ふ ゆ かい　　　　　　　　　わら
そうとする。

(Dia sebenarnya sepatutnya tidak senang, tetapi dia selalu tersenyum untuk menutupinya.
／သူဟာတကယ်တော့မနှစ်မြို့သော်လည်းပဲအမြဲတမ်းရယ်ပြီးဖုံးကွယ်ဖို့လုပ်တယ်။／Talagang hindi siya
komportable, pero lagi siyang tumatawa at sinusubukang pagtakpan ito.)

□ **凝る**
　こ

(fokus／အာရုံစိုက် သည်／ibuhos
ang isip, tutukan)

▷ 凝った飾り付け／企画
　こ　　かざ つ　　　きかく

(dekorasi yang rumit／rancangan／အာရုံစိုက်ပြီးလုပ်ထားသည့်အလှဆင်မှု／ဒီဇိုင်းချက်／detalyadong
dekorasyon／plano)

▶ 父は最近、カメラに凝っています。
　ちち　さいきん　　　　　　　　　こ

(Ayah saya baru-baru ini menjadi sangat berminat dalam kamera.／
အဖေဟာအခုလေးတလောကင်မရာကိုအာရုံစိုက်နေတယ်။／Kamakailan, nahuhumaling sa kamera ang tatay ko.)

□ **遮る**
　さえぎ

(menghalang／ဟန့်တားသည်／
hadlangan, harangan)

▶ 彼は質問を遮って話し始めた。
　かれ　しつもん　さえぎ　　　はな　はじ

(Dia memotong pertanyaan dan mulai bercakap.／
သူဟာမေးခွန်းကိုဟန့်တားပြီးစကားကိုစတင်ပြောလာတယ်။／Hinadlangan niya ang tanong at nagsimula
siyang magsalita.)

□ **冴える**
　さ

(tajam／
ဉာဏ်ထက်သည်၊ကြည်လင်သည်／
maging maaliwalas, maging
maliwang)

▶ 林さん、今日は冴えているね。どんどんいいアイデア
　はやし　きょう　さ
が出てくるじゃない。
　で

(Mr. Lin, anda memang bersemangat hari ini. Anda benar-benar menghasilkan banyak idea
yang bagus.／
ဟာယရှိုင်ဒီနေ့တော့ဉာဏ်ထက်နေတယ်နော်။တစ်ခုပြီးတစ်ခုအကြံဉာဏ်ကောင်းတွေထွက်နေတယ်။／Mori-san,
mukhang matalas ka ngayon, ah. Sunud-sunod na lumalabas ang mga magagandang ideya
mo.)

▶ 冴えない顔してどうしたの？
　さ　　　かお

(Kenapa muka anda nampak tidak bersemangat?／မျက်နှာမကြည်မလင်နဲ့ဘယ်လိုဖြစ်သလဲ။／
Bakit malungkot ang mukha mo?)

□ **指す**
　さ

(menunjuk／လက်ညှိုးထိုးသည်／
ituro)

▶ 女の子が指す方向に、一匹の黒い猫がいた。
　おんな　こ　さ　ほうこう　　いっぴき　くろ ねこ

(Di arah yang ditunjuk oleh gadis itu, ada seekor kucing hitam.／
မိန်းကလေးကလက်ညှိုးထိုးတဲ့ဘက်မှာ၊ကြောင်နက်တစ်ကောင်ရှိတယ်။／May isang itim na pusa sa
lugar na itinuro niya.)

□ **さする／擦る**
　　　　さす

(menggosok／ပွတ်သည်／
kuskusin, masahihin)

▶ 腰が痛かったんだけど、さすってもらったら少し楽に
　こし　いた　　　　　　　　　　　　　　　　　すこ らく
なった。

(Saya merasa sakit di pinggang, tetapi setelah dipijat, saya merasa sedikit lega.／
ခါးနာတာပွတ်သပ်နှိပ်နယ်ပေးလိုက်လို့နည်းနည်းသက်သာသွားတယ်။／Masakit ang likod ko, pero
guminhawa ito pagkatapos kong magpamasahe.)

□ 強(し)いる

(memaksa／အင်အားသုံးသည်၊တွန်းသည်／puwersahin, pilitin)

▶ 華(はな)やかな貴族(きぞく)の暮(く)らしとは対照的(たいしょうてき)に、人々(ひとびと)は苦(くる)しい生活(せいかつ)を強(し)いられていた。

(Berbanding terbalik dengan hidup yang mewah oleh bangsawan, rakyat biasa dipaksa hidup dalam kesukaran.／ကျက်သရေရှိလှသောမင်းမျိုးမင်းနွယ်ဘဝနှင့်ဆန့်ကျင်၍၊လူတို့သည်ခက်ခဲကြမ်းတမ်းသောဘဝသို့တွန်းပို့ခံနေရသည်။／Kung ikokompara sa komportableng buhay ng mga aristokrata, napilitang mamuhay nang mahirap ang mga tao.)

□ 凌(しの)ぐ／しのぐ

(menahan／သည်းခံသည်／magtiis)

▶ 給料日前(きゅうりょうびまえ)は1日(にち)500円(えん)でしのいでました。

(Sebelum hari gaji, saya hanya menghabiskan 500 yen sehari.／လစာထုတ်မယ့်ရက်မတိုင်မီဟာတစ်ရက်ကိုယန်း၅၀၀နဲ့သည်းခံခဲ့တယ်။／Bago ng araw ng suweldo, nagtiis akong mabuhay sa 500 yen isang araw.)

□ 凌(しの)ぐ

(menahan／ကျော်တက်သည်／malampasan)

▷ 〈本(ほん)〉今回(こんかい)の作品(さくひん)は前作(ぜんさく)を凌(しの)ぐ勢(いきお)いで売(う)れている。

(ĐBukuĐKarya kali ini jualannya lebih baik daripada karya sebelumnya.／(စာအုပ်)ဒီတစ်ခါရေးတဲ့စာအုပ်ဟာအရင်စာအုပ်ထက်တဟုန်ထိုးကျော်တက်ပြီးရောင်းကောင်းနေတယ်။／(Libro) Nalampasan ng benta ng librong ito ang benta ng naunang libro.)

□ 染(し)みる

(meresap／စွန်းထင်းသည်၊စိမ့်သည်／tumagos)

▷ 汗(あせ)がシャツに染(し)みる、染(し)みを取(と)る

(peluh menyerap ke dalam baju, menghilangkan kotoran／ချွေးအကျႌစွန်းသည်၊အစွန်းဖျက်သည်／tumagos ang pawis sa kamisadentro, alisin ang mantsa)

▶ いつの間(ま)にか、ズボンにインクが染(し)みてた。

(Pada suatu ketika, saya dapati tinta telah menodai seluar saya.／သတိမထားမိလိုက်ဘူး၊ဘောင်းဘီမှာမှင်စွန်းသွားတယ်။／Hindi ko napansing namantsahan ng tinta ang pantalon ko.)

▶ 中(なか)までよく味(あじ)が染(し)み込(こ)んで、おいしい。

(Rasanya betul-betul meresap ke dalam, sedap.／အထဲအထိအရသာကကောင်းကောင်းစိမ့်ဝင်နေလို့အရသာရှိတယ်။／Tumatagos nang husto ang lasa sa loob, at masarap ito.)

□ 称(しょう)する

(menyebut／ခေါ်ဝေါ်သည်／tawagin)

▶ トマトの会(かい)と称(しょう)する団体(だんたい)から寄付(きふ)があった。

(Kami telah menerima derma dari sebuah organisasi yang dikenali sebagai "Persatuan Tomato".／ခရမ်းချဉ်သီးအသင်းလို့ခေါ်တဲ့အဖွဲ့မှအလှူငွေရတယ်။／May donasyon mula sa grupong tinatawag na Tomato Club.)

□ 退(しりぞ)く

(mundur／နောက်ဆုတ်သည်／umatras, tumabi)

▷ 舞台(ぶたい)から退(しりぞ)く、一歩(いっぽ)退(しりぞ)く

(berundur dari pentas, mengambil satu langkah mundur／ဇာတ်ခုံမှနောက်ဆုတ်သည်၊တစ်လှမ်းနောက်ဆုတ်သည်／umurong mula sa stage, umatras ng isang hakbang)

□ 据(す)える

(menetapkan／အပ်နှင်းသည်／ilagay)

▶ 投票(とうひょう)の結果(けっか)、A党(とう)は野村氏(のむらし)を代表(だいひょう)に据(す)えることとなった。

(Sebagai hasil pengundian, Parti A telah menetapkan Encik/Cik/Puan Nomura sebagai wakilnya.／မဲဆန္ဒအရ၊Aပါတီသည်နိုမူရစံကိုပါတီခေါင်းဆောင်အဖြစ်အပ်နှင်းဖို့ဆုံးဖြတ်သည်။／Inilagay si Mr. Nomura bilang lider ng Party A, ayon sa resulta ng botohan.)

□ **損(そこ)なう**
(merosakkan／ဖျက်ဆီးသည်／sirain)

▷ 信頼関係(しんらいかんけい)を損(そこ)なう
(merosakkan hubungan kepercayaan／ယုံကြည်မှုဆက်ဆံရေးကိုဖျက်ဆီးသည်／sirain ang pagtitiwala)

▶ たばこは確実(かくじつ)に健康(けんこう)を損(そこ)なうものです。
(Rokok pasti akan merosakkan kesihatan anda.／ဆေးလိပ်သည်ကျန်းမာရေးကိုအမှန်တကယ်ဖျက်ဆီးသည့်အရာဖြစ်သည်။／Totoong nakakasira ng kalusugan ang paninigarilyo.)

□ **備(そな)わる**
(disediakan／ရှိသည်／mayroon)

▶ 彼女(かのじょ)は、この映画(えいが)に必要(ひつよう)なすべての条件(じょうけん)が備(そな)わっていた。
(Dia memenuhi semua syarat yang diperlukan untuk filem ini.／သူမဟာဒီရုပ်ရှင်မှာလိုအပ်တဲ့အခြေအနေအားလုံးရှိတယ်။／Mayroon siya ng lahat na kailangan para sa sineng ito.)

□ **背(そむ)く**
(melawan／မနာခံဘူး／sumuway)

▷ 上司(じょうし)に背(そむ)く、命令(めいれい)に背(そむ)く
(melawan bos, melawan arahan／အထက်လူကြီးကိုမနာခံဘူး၊အမိန့်မနာခံဘူး／sumuway sa bos, sumuway sa utos)

□ **そらす**
(mengalihkan／လွှဲသည်／ilihis)

▷ 目(め)をそらす、話(はなし)をそらす
(“mengalihkan pandangan, mengalihkan pembicaraan”／မျက်စိလွှဲသည်၊စကားလွှဲသည်／iiwas ang tingin, ilihis ang usapan)

▶ あの選手(せんしゅ)、また、ボールを後(うし)ろにそらした。
(Pemain itu sekali lagi melepaskan bola ke belakang.／ဟိုကစားသမား၊ဘောလုံးကိုနောက်ကိုလွှဲပေးပြန်ပြီ／Pinalihis uli ng player na iyon ang bola.)

□ **絶(た)える**
(berhenti／မျိုးပြတ်သည်၊ပြတ်တောက်သည်／mamatay, matapos)

▷ 伝統(でんとう)が絶(た)える、苦労(くろう)が絶(た)えない
(tradisi berakhir, kesulitan tidak berakhir／အစဉ်အလာပြတ်တောက်သည်၊ကြိုးစားအားထုတ်မှုဘယ်တော့မှမပြီးဆုံးဘူး／namamatay ang tradisyon, hindi natatapos ang paghihirap)

2 30

▶ 笑(わら)いの絶(た)えない家庭(かてい)でした。
(Itu adalah rumah yang penuh dengan ketawa.／အရယ်မပြတ်တဲ့မိသားစု။／Ito ay isang pamilyang walang tigil sa pagtawa.)

□ **漂(ただよ)う**
(mengapung／မျောသည်／maanod, matangay)

▷ 海(うみ)に漂(ただよ)う船(ふね)、空(そら)に漂(ただよ)う雲(くも)
(kapal terapung di laut, awan mengapung di langit／ပင်လယ်တွင်မျောနေသောသင်္ဘော၊ကောင်းကင်မှာလွင့်မျောနေတဲ့တိမ်／naaanod na barko sa dagat, ulap na naaanod sa langit)

▶ 会議室(かいぎしつ)には重(おも)い空気(くうき)が漂(ただよ)っていた。
(Ada suasana yang berat di bilik mesyuarat.／အစည်းဝေးခန်းထဲမှာစိတ်မွန်းကျပ်မှုများလွင့်မျောနေတယ်။／May mabigat na hangin sa meeting room.)

□ **断(た)つ**
(memutuskan／ဖြတ်သည်／tumigil, putulin)

▷ 酒(さけ)を断(た)つ、関係(かんけい)を断(た)つ
(berhenti minum alkohol, memutuskan hubungan／အရက်ဖြတ်သည်၊ဆက်ဆံရေးဖြတ်တောက်သည်／tumigil sa pag-inom ng alak, putulin ang relasyon)

□ **束ねる**
_{たば}

(mengikat／
စုစည်းသည်၊ချည်နှောင်သည်／
bungkusin, itali)

▷ 髪を束ねる、コードを束ねる
_{かみ} _{たば} _{たば}

(ikat rambut, ikat kabel／ဆံပင်ချည်သည်၊ဝါယာကြိုးကိုချည်နှောင်သည်／itali ang buhok, itali ang cord)

▶ リーダーとして、彼はチームを一つに束ねた。
_{かれ} _{ひと} _{たば}

(Sebagai pemimpin, dia menggabungkan pasukan menjadi satu.／
ခေါင်းဆောင်အနေနဲ့သူဟာအသင်းကိုတစ်စုတစ်စည်းချည်နှောင်သည်။／Bilang lider, pinagsama-sama niya ang team.)

□ **費やす**
_{つい}

(menghabiskan／
အကုန်အကျခံသည်／gumastos,
gumugol)

▷ お金を費やす
_{かね} _{つい}

(belanja wang／ပိုက်ဆံအကုန်ခံအကျခံသည်／gumastos ng pera)

▶ 時間を費やした割には得られるものが少なかった。
_{じかん} _{つい} _{わり} _え _{すく}

(Berbanding dengan masa yang dihabiskan, hasil yang diperolehi adalah sedikit.／
အချိန်အကုန်ခံရသလောက်အကျိုးသိပ်မရှိဘူး။／Wala akong masyadong napala sa dami ng oras na ginugol ko.)

□ **司る**
_{つかさど}

(mengawasi／ထိန်းသည်／
magkontrol, mamahala)

▶ 感情を司るのは脳のどの部分ですか。
_{かんじょう} _{つかさど} _{のう} _{ぶぶん}

(Bahagian mana otak yang mengawal emosi?／စိတ်ခံစားမှုကိုထိန်းတာဟာဦးနှောက်ရဲ့ဘယ်အပိုင်းလဲ။／Aling bahagi ng utak ang nagkokontrol ng damdamin?)

□ **つかる**

(mengambil／စိမ်သည်／
magbabad)

▷ お風呂／お湯につかる
_{ふろ} _ゆ

(rendam dalam air panas／mandi／ရေနွေးစိမ်သည်／magbabad sa bath tub／mainit na tubig.)

▶ それは水に浸かると溶けます。
_{みず} _つ _と

(Ia akan larut jika diletakkan dalam air.／အဲဒါဟာရေမှာစိမ်ရင်ပျော်လိမ့်မယ်။／Matutunaw iyan kung ibabad mo sa tubig.)

□ **突く／突っつく**
_つ _つ

(mencucuk／တို့သည်၊ဆိတ်သည်／
sundutin, dagilin)

▶ 誰かが肩を突っついたので振り返った。
_{だれ} _{かた} _つ _ふ _{かえ}

(Saya menoleh kerana seseorang menyentuh bahu saya.／
တစ်ယောက်ယောက်ကပခုံးကိုတို့လို့လို့သည်ကြည့်လိုက်တယ်။／May dumagil sa balikat ko, kaya lumingon ako.)

▶ 答えにくいところを課長に突かれて焦った。
_{こた} _{かちょう} _つ _{あせ}

(Saya berasa panik apabila ketua jabatan saya mempersoalkan perkara yang sukar untuk dijawab.／ဖြေရခက်တဲ့နေရာကိုဌာနမှူးကထောက်ပေးလို့ထိတ်လန့်သွားတယ်။／Nataranta ako noong itinuro ng section chief ang mga tanong na nahirapan akong sagutin.)

□ **慎む**
_{つつし}

(berhati-hati／ရှောင်ကြဉ်သည်／
umiwas)

▶ 口の利き方が悪いので、彼には言葉を慎むように注意
_{くち} _き _{かた} _{わる} _{かれ} _{ことば} _{つつし} _{ちゅうい}
しました。

(Kerana dia tidak pandai bercakap, saya menasihatinya untuk berhati-hati dengan perkataannya.／စကားပြောရိုင်းလို့သူ့ရဲ့စကားကိုရှောင်ကြဉ်ဖို့သတိထားတယ်။／Binalaan ko siyang mag-ingat sa kanyang pagsasalita, dahil hindi maganda ang pagsasalita niya.)

▶ 医者からしばらくはお酒を慎むように言われた。
_{いしゃ} _{さけ} _{つつし} _い

(Doktor telah menasihatkan saya untuk mengelakkan alkohol untuk beberapa waktu.／
ဆရာဝန်ကနေတောလောက်အရက်ကိုရှောင်ဖို့ပြောတယ်။／Sinabihan ako ng doktor na tumigil muna ako sa pag-inom ng alak.)

動詞 11

する動詞 12

自動詞・他動詞 13

名詞 14

形容詞 15

副詞 16

ぎおん語・ぎたい語 17

カタカナ語 18

対義語 19

意味が近い言葉

□ ①（〜を）募る ②（〜が）募る

▷ ①参加者／アルバイトを募る ②思いが募る

(1. mengumpul 2. berkumpul／1. စုဆောင်းသည် 2. တိုးပွားသည်／(1) mag-recruit (2) lumala)

(1. mengumpul peserta / pekerja sambilan 2. perasaan menjadi semakin kuat／1. ပါဝင်သူ/အချိန်ပိုင်းလုပ်သူကိုစုဆောင်းသည် 2. အတွေးတွေများလာသည်／(1) mag-recruit ng mga sasali / part-time na magtatrabaho (2) lalong naging mapagmahal)

▶ ②試験が近づくにつれ、不安が募ってきた。

(2. Semakin hampir dengan peperiksaan, semakin bertambah rasa cemas saya.／စာမေးပွဲနီးလာသည်နှင့်အမျှစိုးရိမ်စိတ်တွေများလာတယ်။／(2) Habang nalalapit na ang eksam, lalo akong nag-aalala.)

□ つまずく

▶ 石につまずいて、こけちゃったんです。

(tersandung／ခလုတ်တိုက်သည်／matapilok, madapa)

(Saya jatuh kerana tersandung batu.／ကျောက်ခဲကိုခလုတ်တိုက်ပြီးလဲပြိုကျသွားတယ်။／Natapilok ako sa isang bato at nahulog.)

□ つまむ

▷ 塩をつまむ、端の部分をつまむ

(mencubit／လက်မနှင့်လက်ညှိုးဖြင့်ညှပ်သည်၊တို့ယူသည်／kumurot)

(cubit garam, cubit bahagian hujung／ဆားကိုလက်ညှိုးလက်မနှင့်ညှပ်ယူသည်၊အစွန်းပိုင်းကိုဖိညှပ်ယူသည်／kumurot ng asin, hawakan ang dulo ng chopsticks)

□ 連なる

▷ 人気店が連なる通り

(berantai／တစ်ခုတန်းတည်းဖြစ်သည်／banatin, nakahilera)

(jalan yang penuh dengan kedai popular／နာမည်ကြီးဆိုင်များကတစ်ခုတန်းတည်းဖြစ်သည့်လမ်း／kalyeng may linya ng mga sikat na tindahan)

▶ 北の方には3000メートル級の山々が連なっている。

(Terdapat rangkaian gunung yang tingginya 3000 meter di utara.／မြောက်ဘက်သို့3000မီတာ၃၀၀၀ကျော်ရှိတဲ့တောင်တွေကတစ်ခုတန်းတည်းဖြစ်နေသည်။／Sa bandang hilaga, nakahilera ang mga bundok na may taas na 3000 metro.)

□ 貫く

▷ 地面を貫く、意志を貫く

(melalui／ထိုးဖောက်သည်၊စွဲစွာလုပ်သည်／tumagos, bumaon)

(tembus tanah, kekalkan tekad／မြေကြီးကိုထိုးဖောက်သည်၊ဆန္ဒအတိုင်းစွဲမြဲစွာလုပ်သည်／bumaon sa lupa, sundin ang kagustuhan)

▶ 彼は最後まで反対を貫いた。

(Dia menentang hingga akhir.／သူသည်နောက်ဆုံးအချိန်အထိဆန့်ကျင်မှုကိုစွဲမြဲစွာလုပ်ခဲ့သည်။／Nagpatuloy siyang sumalungat hanggang sa wakas.)

□ 照れる

▶ さっきから、なに照れてるの？

(malu／ရှက်ကိုးရှက်ကန်းဖြစ်သည်／mahiya)

(Kenapa anda malu-malu sejak tadi?／ခုထကတည်းကဘာရှက်ကိုးရှက်ကန်းဖြစ်နေသလဲ။／Ano ang ikinahihiya mo mula pa kanina?)

□ とがめる

▶ 課長に遅刻をとがめられた。

(menyalahkan／အပြစ်တင်သည်／sisihin)

(Saya telah ditegur oleh ketua saya kerana lambat.／ငါနမ့်ကနောက်ကျတာကိုအပြစ်တင်တယ်။／Pinagalitan ako ng section chief sa pagiging late.)

□ 途切れる

▶ まいったなあ。急に映像が途切れた。

(terputus／ပြတ်သည်／tumigil, maputol)

(Ini masalah. Tiba-tiba, video itu terputus.／ဒုက္ခပဲ။ရုတ်တရက်ပုံတွေကပြတ်သွားတယ်။／Naku! Biglang tumigil ang video.)

□ 途絶える
とだ
(berhenti / အဆက်ပြတ်သည် /
putulin, itigil)

▶ その日を最後に彼からは連絡が途絶えた。
ひ さいご かれ れんらく とだ
(Selepas hari itu, tiada lagi hubungan daripada dia. / အဲ့ရက်နောက်ဆုံးဖြစ်ပြီးသူဆီကအဆက်အသွယ်ပြတ်တယ်။
/ Iyon ang huling araw na nagkaroon ako ng kontak sa kanya.)

□ 怒鳴る
どな
(berteriak / အော်ငေါက်သည် /
sumigaw)

▶ 駅で人にぶつかったら、「気をつけろ！」と怒鳴られた。
えき ひと き どな
(Saya telah dicaci di stesen kereta api kerana menabrak seseorang dan dia menjerit,
"Berhati-hatilah!" / ဘူတာမှာလူနဲ့တိုက်မိတော့၊ 「 သတိထားပေါ့!」 လို့အော်ငေါက်ခံရတယ်။ / Noong
nabangga ko ang isang tao sa estasyon, sumigaw siya, "Mag-ingat ka!")

□ とぼける
(berpura-pura /
မသိချင်ဟန်ဆောင်သည် /
magkunwari)

▷ とぼけた顔をする
かお
(buat muka blur / မသိချင်ဟန်ဆောင်သည့်မျက်နှာပြုသည် / magkunwaring walang alam na mukha)

▶ とぼけないでよ。誰が言ったか知ってるんでしょ？
だれ い し
(Jangan pura-pura. Kamu tahu siapa yang mengatakannya, bukan? /
မသိချင်ဟန်ဆောင်မနေပါနဲ့။ ဘယ်သူကပြောတယ်ဆိုတာသိတယ်မဟုတ်လား။ / Huwag kang
magkunwaring walang alam. Alam mo kung sino ang nagsabi niyan, hindi ba?)

□ 捉える
とら
(menangkap / ဖမ်းသည်၊ကိုင်သည်
/ makuha, mahawakan,
maintindihan)

▶ この絵、そっくりだね。顔の特徴をうまく捉えてる。
え かお とくちょう とら
(Lukisan ini sama persis. Ia benar-benar menangkap ciri-ciri muka. /
ဒီပန်းချီတုတ်ယ်။နော်မျက်နှာရဲ့ထူးခြားချက်ကိုကောင်းကောင်းဖမ်းထားတယ်။ / Parehong-pareho ito ng
retrato. Nakuha talaga ang mga katangian ng mukha.)

□ 嘆く
なげ
(meratapi / ညည်းညူ၊မြည်တမ်းသည်
/ magluksa, magdalamhati)

▶ 彼の死を嘆く大勢のファンが集まった。
かれ し なげ おおぜい あつ
(Banyak peminat yang berkumpul untuk meratapi kematian dia. /
သူ့ရဲ့သေဆုံးမှုကိုညည်းညူမြည်တမ်းသည့်ပရိတ်သတ်တွေစုကြတယ်။ / Libu-libong tagahanga ang
nagluluksa sa pagkamatay niya.)

□ 懐く
なつ
(mesra / ယဉ်ပါးသည် /
magkagusto, magkahilig)

▶ うちの犬は誰にでもなつくので困る。
いぬ だれ こま
(Saya bimbang kerana anjing saya akan berkenan dengan sesiapa saja. /
အိမ်ကအွေးဟာဘယ်သူ့နဲ့မဆိုယဉ်ပါးလို့ပိုၡကၡရောက်တယ်။ / Nagugustuhan ng aso ko ang kahit sino, at
problema ko ito.)

□ 人なつっこい
ひと
(ramah / လူနဲ့ယဉ်ပါးသည် / palakaibigan)

□ 倣う
なら
(meniru / အတုယူသည်၊အတုၡုံးသည်
/ gumaya, sumunod)

▶ 過去の例に倣って、会場はさくらホテルにしました。
かこ れい なら かいじょう
(Mengikuti contoh sebelumnya, kami memilih Hotel Sakura sebagai tempat. /
ပြီးခဲ့တဲ့နမူနာကိုအတုယူပြီး၊ကျင်းပမယ့်နေရာကိုဆက်ကရာဟိုတယ်လိုဆုံးဖြတ်လိုက်တယ်။ / Tulad ng nakaraan,
ginawa naming venue ang Sakura Hotel.)

□ 慣らす
な
(membiasakan /
ကျင့်သားရၡအောင်လုပ်သည် /
masanay)

▶ 走るのは久しぶりだから、徐々に体を慣らしていこう。
はし ひさ じょじょ からだ な
(Sudah lama saya tidak berlari, jadi biarlah badan saya beradaptasi secara beransur-ansur. /
မပြေးတာကြာပြီမို့၊ တဖြည်းဖြည်းခန္ဓာကိုယ်ကိုကျင့်သားရၡအောင်လုပ်သွားမယ်။ / Matagal na akong hindi
tumatakbo, kaya kailangang masanay ang katawan ko nang unti-unti.)

□ 成り立つ
な た
(dibentuk / ဖြစ်မြောက်သည်။
magawa, mapatakbo)

▶ こんなひどいやり方でよく経営が成り立っているね。
かた けいえい な た
(Sungguh mengejutkan bahawa mereka masih dapat mengurus dengan cara yang begitu
buruk. / ဒီလိုဆိုးရွားတဲ့လုပ်ပုံနဲ့ပဲစီးပွားရေးခွဲကျကဖြစ်မြောက်နေတယ်နော်။ / Paano mo mapapatakbo
ang isang negosyo sa ganitong kakila-kilabot na paraan?)

動詞 11

する動詞 12

自動詞・他動詞 13

名詞 14

形容詞 15

副詞 16

ぎおん語・ぎたい語 17

カタカナ語 18

対義語 19

意味が近い言葉 20

□ 担う
にな
(memikul／ထမ်းရွက်သည်／
pasanin, dalhin)

▷ 将来を担う若者
しょうらい にな わかもの
(belia yang memikul masa depan／အနာဂတ်ကိုထမ်းရွက်မယ့်လူငယ်များ／kabataan para sa kinabukasan)

▶ 近い将来、このような仕事はロボットが担うことになるかもしれない。
ちか しょうらい しごと にな
(Dalam waktu dekat, robot mungkin akan melakukan pekerjaan seperti ini.／မကြာတော့တဲ့မနာဂတ်မှာဒီလိုအလုပ်ကိုရိုဘော့စက်ရုပ်တွေကထမ်းရွက်ကောင်းထမ်းရွက်လိမ့်မယ်။／Sa malapit na kinabukasan, siguro mga robot ang gagawa ng ganitong mga trabaho.)

2
32

□ ねじる
(memutar／လိမ်သည်၊ကျစ်သည်／pilipitin)

▶ 体をねじると背中が痛くなるんです。
からだ せなか いた
(Bila saya memusingkan badan, belakang saya sakit.／ခန္ဓာကိုယ်ကိုလိမ်ရင်ကျောဂကနာပါလာတယ်။／Kapag pinilipit ko ang katawan ko, sumasakit ang likod ko.)

□ ねじれる
(bengkok／လိမ်ကောက်သည်／mapilipit)

□ 練る
ね
(merancang／နယ်သည်၊ပိုကောင်းအောင်လုပ်သည်／masahin, masahihin)

▷ 作戦／計画／対策を練る
さくせん けいかく たいさく ね
(merancang strategi／rancangan／tindakan／ဗျူဟာ／စီမံကိန်း／စီမံချက်ကိုပိုကောင်းအောင်လုပ်သည်／gumawa ng strategy／plano／hakbang)

□ 逃れる
のが
(melarikan diri／လွတ်မြောက်သည်／tumakas, iwasan)

▷ 苦しみから逃れる
くる のが
(lari daripada penderitaan／ဒုက္ခမှလွတ်မြောက်သည်／tumakas sa paghihirap)

▶ 課長は責任を逃れようとしている。
かちょう せきにん のが
(Ketua saya cuba mengelak daripada tanggungjawab.／ဌာနမှူးဟာတာဝန်မှရမှလွတ်မြောက်အောင်လုပ်နေတယ်။／Mukhang tinatakasan ng section chief ang responsibilidad niya.)

□ 臨む
のぞ
(menghadapi／ဆန္ဒရှိသည်၊မျက်နှာမူသည်／harapin)

▷ 試合に臨む、海に臨む家
しあい のぞ うみ のぞ いえ
(hadapi pertandingan, rumah yang menghadap laut／ပြိုင်ပွဲဝင်မည်၊ပင်လယ်ကိုမျက်နှာမူသောအိမ်／harapin ang laban, bahay na nakaharap sa dagat)

▶ 面接に臨むにあたっての心構えについて話します。
めんせつ のぞ こころがま はな
(Saya akan membincangkan tentang persiapan mental untuk temu duga.／အင်တာဗျူးကိုဝင်တဲ့စိတ်ပိုင်းဆက်ပြီးပြောပါမယ်။／Magsasabi ako tungkol sa kung paano kayo maghahanda para sa isang interbyu.)

□ 映える
は
(bersinar／ပန့်ရသည်／sumikat, kuminang)

▶ 夕日に映える山がきれいだった。
ゆうひ は やま
(Gunung yang diterangi oleh matahari senja sangat indah.／နေဝင်ချိန်မှာပန့်နေတဲ့တောင်ကလှတယ်။／Maganda ang bundok na kumikinang sa papalubog na araw.)

□ 映える
は
(bersinar／လိုက်ဖက်သည်／magmukhang maganda)

▶ このドレスに映えるのはどういう色でしょう？
は いろ
(Warna apa yang paling sesuai dengan gaun ini?／ဒီဝတ်စုံနဲ့လိုက်ဖက်တာဘာအရောင်လဲ။／Anong kulay ang nababagay sa damit na ito?)

□ 図る
はか
(merencanakan／စီစဉ်သည်／magplano)

▷ 合理化を図る、改善を図る、便宜を図る
ごうりか はか かいぜん はか べんぎ はか
(cuba rasionalisasi, cuba peningkatan, cuba memudahkan／ယထာဘူတကျအောင်စီစဉ်သည်၊တိုးတက်မှုကိုစီစဉ်သည်၊အဆင်ပြေအောင်စီစဉ်သည်／mangatwiran, gawing mas mabuti, pagbigyan)

□ **はがれる**
(mengelupas／ကွာသည်／
matuklap, matalupan)

▶ ここ、シールがはがれてる。
(Di sini, labelnya telah terkelupas.／ဒီမှာစတစ်ကာကွာနေတာယ်။／Natuklap ang seal dito.)

□ **育む**
はぐく
(memupuk／ပွိုးတိုးတက်သည်／
pagyamanin, umunlad)

▷ その後、二人は交際を続け、愛を育んできた。
ご ふたり こうさい つづ あい はぐく
(Selepas itu, kedua-duanya terus berhubungan dan memupuk cinta mereka.／
အဲဒီနောက်သူတို့နှစ်ယောက်ဟာဆက်လက်တွဲလာကြပြီး၊အချစ်ကိုပွိုးပြုစုစေခဲ့တယ်။／Pagkatapos noon,
nagpatuloy ang dalawa sa pagde-date at nabuo ang pag-iibigan nila.)

□ **励む**
はげ
(berusaha／ဝီရိယစိုက်သည်／
magtrabaho nang mabuti)

▷ 練習／アルバイトに励む
れんしゅう はげ
(berusaha dalam latihan／kerja sambilan／လေ့ကျင့်ရေး／အချိန်ပိုင်းအလုပ်ကိုဝီရိယစိုက်သည်／
pagbutihin ang praktis／part-time job)

□ **はじく**
(memantulkan／ရှန်သည်／
tumalbog)

▶ この生地は水をよくはじくので、手入れが簡単です。
き じ みず て い かんたん
(Kain ini tahan air, jadi mudah untuk dijaga.／ဒီပိတ်သားကရေမတင်လို့သုံးရလွယ်တယ်။／
Tumatalbog ang tubig sa telang ito, kaya madali itong alagaan.)

□ **はしゃぐ**
(gembira／ရွှင်မြူးသည်／
magsaya)

▶ はしゃいだり落ち込んだり、彼女は感情の波が激しい。
お こ かのじょ かんじょう なみ はげ
(Dia sangat emosional, kadang-kadang riang dan kadang-kadang sedih.／
ရွှင်မြူးလိုက်ဝိုင်တွေလိုက်နဲ့သူမရဲ့စားများအတက်အကျကာပြင်းထန်တယ်။／Minsan masaya siya at
minsan malungkot. Matindi ang pagbabago ng emosyon niya.)

□ **果たす**
は
(memenuhi／
ဆောင်ရွက်ကျေပွန်သည်／isagawa,
tapusin)

▷ 目的を果たす、約束を果たす
もくてき は やくそく は
(capai tujuan, tepati janji／ရည်ရွယ်ချက်ကိုဆောင်ရွက်ကျေပွန်သည်／ကတိတည်သည်／isagawa ang
layunin, isagawa ang pangako)

▷ この発見は今後の研究に大きな役割を果たすだろう。
はっけん こんご けんきゅう おお やくわり は
(Penemuan ini akan memainkan peranan penting dalam kajian di masa akan datang.／
ဒီတွေ့ရှိချက်ဟာနောက်နောင်ရဲ့သုတေသနများကြီးများတဲ့တာဝန်ကိုဆောင်ရွက်ပေးလိမ့်မယ်။／
Magkakaroon ng malaking papel ang pagtuklas na ito sa hinaharap ng research.)

□ **阻む**
はば
(menghalangi／ဟန့်တားသည်／
hadlangan, harangan)

▷ 行く手を阻む
ゆ て はば
(halang jalan／သွားမည့်လမ်းကိုဟန့်တားသည်／hadlangan, harangan)

▶ 過保護は、子供の成長を阻みます。
か ご こども せいちょう はば
(Perlindungan yang berlebihan akan menghalang perkembangan kanak-kanak.／
ဆောင်ရှောက်မှုလွန်ကဲရင်ကလေးရဲ့ပွိုးမှုကိုအဟန့်အတားဖြစ်စေတယ်။／Nakakahadlang sa pag-unlad
ng mga bata ang sobrang proteksyon.)

□ **はまる**
(terjebak／အံဝင်ခွင်ကျသည်၊စွဲ့သည်
／magkasya)

▷ 型にはまった考え方
かた かんが かた
(cara berfikir stereotaip／ပုံသဏ္ဍာန်နဲ့အံဝင်ခွင်ကျစွဲ့စားပုံ／pag-iisip ayon sa kalakaran)

▶ この穴にはまるはずなんだけど、うまくいかない。
あな
(Seharusnya ia muat ke dalam lubang ini, tetapi tidak berhasil.／
အပေါက်နဲ့အံဝင်ခွင်ကျဖြစ်ရမယ်ဟာဖြစ်ပေမဲ့အလုပ်မဖြစ်ဘူး။／Dapat kakasya ito sa butas na ito,
pero hindi ko magawa.)

▶ 最近、ワインにはまっているんです。
さいきん
(Saya sangat menyukai wain baru-baru ini.／အခုတလောဝိုင်ကိုစွဲ့နေတယ်။／Nahuhumaling ako sa wine kamakailan.)

する動詞 12
自動詞・他動詞 13
名詞 14
形容詞 15
副詞 16
ぎおん語・ぎたい語 17
カタカナ語 18
対義語 19
意味が近い言葉 20

2
33

□ **ばらす**
(membongkar／ဖော်ထုတ်သည်／ibunyag, ipaalam)

▶ 秘密をばらすよ。
ひみつ

(Saya akan membocorkan rahsia.／လျှို့ဝှက်ချက်ကိုဖော်ထုတ်မယ်။／Ibunyag ko ang sikreto mo.)

□ **ばれる**
(terbongkar／ပေါ်သည်／mabunyag, malantad, mabuko)

▶ 嘘がばれちゃった。
うそ

(Kebenaran tentang bohong saya telah terbongkar.／အလိမ်ပေါ်သွားပြီ။／Nalantad ang kasinungalingan ko.)

□ **率いる**
ひき
(memimpin／ဦးဆောင်သည်／manguna)

▶ 日本代表を率いることになった森新監督が、就任の挨拶を行った。
にほんだいひょう　ひき　　　　　　　　もりしんかんとく　しゅうにん　あい
さつ　おこな

(Pengarah baru Mori, yang akan memimpin pasukan Jepun, memberikan ucapan perkenalan.／ဂျပန်လက်ရွေးစင်အသင်းစီအသစ်ဆောင်ဖြစ်လာသည့်မိုရိမန်နေဂျာသည်တာဝန်လက်ခံသည့်နှုတ်ဆက်ပွဲကိုပြုလုပ်သည်။／Si Mori, na bagong coach na nangunguna sa Japanese team, ang nagbigay ng inaugural speech.)

□ **浸す**
ひた
(merendam／နှစ်မြှုပ်သည်／ibabad, isawsaw)

▶ このスープにパンを浸して食べてもおいしいですよ。
ひた　た

(Anda juga boleh menikmati sup ini dengan mencelupkan roti ke dalamnya.／ဒီဟင်းချိုမှာပေါင်မုန့်ကိုနှစ်စားရင်အရသာရှိတယ်။／Masarap din kung isasasaw mo ang tinapay sa soup na ito.)

□ **踏まえる**
ふ
(berdasarkan／အခြေပြုသည်／ibatay)

▷ これまでの研究結果を踏まえて、安全性が認められた。
けんきゅうけっか　ふ　　　　あんぜんせい　みと

(Berdasarkan hasil kajian sebelumnya, ia telah diakui sebagai selamat.／အခုထိရလာခဲ့တဲ့သုတေသနရလဒ်ကိုအခြေပြုပြီးစိတ်ချရမှုကိုအသိအမှတ်ပြုခံရသည်။／Batay sa resulta ng nakaraang research, tiniyak ang kaligtasan.)

□ **へこむ**
(lekuk／ပိန်ချိုင့်သည်၊စိတ်ဓါတ်ကျသည်／mayupi, malungkot)

▷ ボールがへこむ

(bola kemik／ဘောလုံးလေလျော့သည်／mawalan ng hangin ang bola)

▶ 最近、失敗続きで、ちょっとへこんでいるんです。
さいきん　しっぱいつづ

(Saya sedikit menurun semangat akhir-akhir ini kerana banyak kegagalan.／အခုတလောအမှားတွေဆက်တိုက်ဖြစ်နေလို့စိတ်ဓါတ်ကျတယ်။／Kamakailan, sunud-sunod ang mga pagkakamali ko kaya nalulungkot ako.)

□ **ぼける**
(kabur／သူငယ်ပြန်သည်／maging ulyanin)

▶ 祖母ももう年なので、少しぼけてきたようです。
そぼ　　　とし　　　すこ

(Kerana nenek sudah tua, dia mulai menjadi pelupa.／အဖွားသည်အသက်ကြီးပြီမို့လို့နည်းနည်းသူငယ်ပြန်လာပုံပဲ။／Matanda na ang lola ko, kaya medyo ulyanin na siya.)

□ **ぼける**
(kabur／အုံ့မွှိုက်မမဲဖြစ်သည်／mangupas, malabo)

▶ せっかく撮ったのに、ピントがぼけている。
と

(Meskipun saya berusaha keras untuk mengambil gambar, fokusnya kabur.／ကြိုးစားပြီးရိုက်လာတာတောင်မှပေါ်ဝပ်ချက်အုံ့မွှိုက်မဲဖြစ်နေတယ်။／Kinuha ko ang retrato, pero out of focus.)

□ **ほどく**
(membuka／ဖြေသည်／tastasin, kalasin)

▷ 荷物をほどく
にもつ

(buka bagasi／အထုပ်အပိုးဖြေသည်／alisan ng laman ang bagahe)

▶ これ、うまくほどけない。

(Saya tidak dapat membuka ini dengan baik.／ဒီဟာကောင်းကောင်းဖြေလို့မရဘူး။／Hindi ko ito makalas.)

263

□ ほどける

(terbuka／ပြေသည်／makalag, makalas, makapagrelaks)

▷ 靴ひもがほどける
くつ

(tali kasut terbuka／ရှူးဖိနပ်ကြိုးပြေသည်／makalas ang sintas ng sapatos)

▶ 先生の一言で、みんなの緊張がほどけた。
せんせい　ひとこと　　　　　　　　　　きんちょう

(Satu perkataan dari guru telah meredakan keadakan yang tegang.／
ဆရာရဲ့စကားတစ်ခွန်းနဲ့အားလုံးစိတ်တင်းကျပ်မှုပြေသွားတယ်။／Dahil sa sinabi ng teacher, nakapagrelaks ang lahat.)

□ 施す
ほどこ

(memberikan／ပေးသည်／ibigay)

▷ 治療を施す、加工を施す
ちりょう　ほどこ　　　かこう　ほどこ

(melakukan rawatan, melakukan pemprosesan／ဆေးကုသပေးသည်၊လုပ်ငန်းစဉ်ကိုလုပ်ပေးသည်／gamutin, iproseso)

▶ 彼女は舞台に上がるときは、派手なメイクを施している。
かのじょ　ぶたい　あ　　　　　　　　　　　　　は　で　　　　　　　ほどこ

(Bila dia naik pentas, dia memakai mekap yang mencolok.／သူမဟာစင်မြင့်ပေါ်တက်တဲ့အခါအေကာင်းကောင်းပတ်မိတ်ကပ်ကိုလိမ်းတယ်။／Kapag nasa itaas siya ng entablado, napakaganda ng make-up niya.)

□ ほのめかす

(mengisyaratkan／
စောင်းပါးရိပ်ခြင်ပြောသည်／
magpahiwatig)

▶ 試合後、彼は引退をほのめかす発言をした。
しあいご　かれ　いんたい　　　　　　　　　はつげん

(Selepas permainan, dia mengisyaratkan tentang bersara dalam komennya.／ပြိုင်ပွဲအပြီးမှာသူဟာအနားယူမည်အကြောင်းကိုစောင်းပါးရိပ်ပြောခဲ့တယ်။／Pagkatapos ng laban, nagpahiwatig siyang magreretiro na siya.)

□ ぼやく

(mengomel／
ကျွီးတိုးသည်၊မကျေမနပ်ဖြစ်နေသည်／
magreklamo)

▶ 林さんはいつも、給料が安いとぼやいている。
はやし　　　　　　　　　　きゅうりょう　やす

(Encik/Cik/Puan Hayashi selalu merungut tentang gajinya yang rendah.／ဟာယရှိစံမှာအမြဲတမ်းလစာနည်းတယ်လို့မကျေမနပ်ဖြစ်နေတယ်။／Laging nagrereklamo si Hayashi-san na mababa ang suweldo niya.)

□ ぼやける

(kabur／
မှုန်ဝါးသည်၊ရှင်းလင်းပြတ်သားမှုမရှိ／
maging malabo)

▷ 視界がぼやける
しかい

(pandangan menjadi kabur／မြင်ကွင်းမှုန်ဝါးနေသည်／malabo ang paningin)

▶ この討論会も、途中から論点がぼやけてしまった。
とうろんかい　　とちゅう　　ろんてん

(Debat ini juga, isu yang dibincangkan menjadi kabur di pertengahan jalan.／ဒီဆွေးနွေးပွဲလည်းတစ်စက်တစ်ဝက်မှာဆွေးနွေးချက်ကရှင်းလင်းပြတ်သားမှုမရှိဘဲဖြစ်သွားသည်။／Sa gitna uli ng diskusyong ito, naging malabo ang mga isyu.)

□ 賄う
まかな

(menyuap／ကာမိစေသည်／
takpan)

▷ 生活費を賄う
せいかつひ　まかな

(menampung kos hidup／နေထိုင်မှုကိုကာမိစေသည်／masakop ang mga gastos sa pamumuhay)

▶ 5万円じゃ、すべての費用を賄うことはできない。
　　えん　　　　　　　　　　　ひよう　まかな

(50,000 yen tidak cukup untuk menampung semua kos.／ယန်းငါးသောင်းပဲဆိုရင်စရိတ်အကုန်လုံးကိုကာမိနိုင်မှာမဟုတ်ဘူး။／Hindi sapat ang 50,000 yen para sa lahat ng gastos.)

□ 巻く
ま

(menggulung／ပတ်သည်／
ipulupot, balutin, iikot)

▷ マフラーを巻く
ま

(balut skarf／မာဖလာလပတ်သည်／ipulupot ang muffler)

▶ 滑らないよう、持つところにテープを巻きました。
すべ　　　　　　　　　も

(Saya telah melilit pita pada pegangan untuk mencegah tergelincir.／မချောအောင်လို့ကိုင်တဲ့နေရာကိုတိပ်နဲ့ပတ်လိုက်တယ်။／Para hindi dumulas, binalot ko ng tape ang hawakan.)

する動詞 12
自動詞／他動詞 13
名詞 14
形容詞 15
副詞 16
きおん座 ぎたい語 17
カタカナ語 18
対義語 19
意味が近い言葉 20

□ **交える**
まじ

(mencampur／ရောနှောသည်／
paghaluin, pagsamahin)

▶ 番組では、一般の人も交えて討論をした。
ばんぐみ　　　　いっぱん　ひと　　まじ　　　とうろん

(Dalam program ini, kami juga telah melibatkan orang awam dalam perbincangan.／
အစီအစဉ်ထဲမှာသာမန်ပြည်သူလူထည်းရောနှောပါဝင်ဆွေးနွေးတယ်။／Sa programa, isinama rin ang mga
ordinaryong tao at nagkaroon ng diskusyon.)

□ **導く**
みちび

(membimbing／လမ်းညွှန်သည်／
manguna, magpatnubay)

▷ 喧嘩ばかりしていた僕を先生がスポーツの世界に導い
けんか　　　　　　　　　ぼく　せんせい　　　　　　　　　　せかい　みちび
てくれた。

(Guru saya membawa saya ke dunia sukan untuk menghindari saya dari bergaduh.／
ရန်ချည်းပဲဖြစ်နေတဲ့ကျွန်တော့ကိုဆရာကအားကစားလောကလိုလမ်းညွှန်ပေးခဲ့တယ်။／Lagi akong
nakikipag-away, pero inakay ako ng titser ko sa sports.)

□ **めくる**

(membalik／လှန်သည်／pitikin,
ibaling, iliko)

▷ ページをめくる

("muka halaman"／စာမျက်နှာလှန်သည်／palitan ang pahina)

▶〈医者〉シャツをちょっとめくってください。
いしゃ

((Doktor) Tolong angkat sedikit baju anda.／(ဆရာဝန်)ရှပ်အကျိကိုနည်းနည်းလှန်ပါ။／(Doktor)
Pakihubad mo nga ang shirt mo.)

□ **もがく**

(bergelut／ရုန်းကန်သည်／
magpumiglas)

▶ もがけばもがくほど、事態が悪いほうに行ってしまう。
じたい　わる　　　　　　　い

(Semakin saya berjuang, semakin buruk keadaannya.／
ရုန်းကန်ရင်ရုန်းကန်သလောက်အခြေအနေက အဆိုးဘက်ကိုသွားနေတယ်။／Kapag lalo kang
nagpupumiglas, mas magiging malala ang sitwasyon.)

□ **もたらす**

(membawa／ဖြစ်စေသည်／
magdala)

▷ 彼の活躍がチームに勝利をもたらした。
かれ　かつやく　　　　　　　　しょうり

(Prestasi dia membawa kemenangan kepada pasukan.／
သူ့ရဲ့လုပ်ဆောင်ချက်သည်အသင်းကိုအနိုင်ရစေသည်။／Nagdala ng panalo sa team ang mahusay
niyang paglalaro.)

□ **もつれる**

(kusut／ရှုပ်ယှက်ခတ်သည်／
magkagulo)

▷ もつれた糸をほどくように誤解を解いて行った。
いと　　　　　　　　　ごかい　と　　い

(Kami memahami kesilapan seperti meleraikan benang yang kusut.／
ရှုပ်ယှက်ခတ်နေသောအမှါးချည်းကြိုးကိုဖြေသကဲ့သိုနားလည်မှုလွဲစေသည်ကိုရှင်းလင်းခဲ့သည်။／Nalutas
namin ang hindi pagkakaintindihan, na parang nagkakalas ng buhol ng sinulid.)

□ **もてなす**

(melayani／ဧည့်ခံသည်／
makitungo nang mabuti)

▶ 私がA社を訪ねた時は、すごく親切にもてなしてくれ
わたし　　しゃ　たず　　とき　　　　　　　　　しんせつ
た。

(Mereka sangat ramah ketika saya mengunjungi syarikat A.／ကျွန်တော်Aကုမ္ပဏီကိုသွားသည့်အခါငါ့လွန်စွာဧည့်ဝတ်ပြုကြသည်။
／Noong dinalaw ko ang Company A, napakabuti ng pagsalubong nila sa akin.)

□ **養う**
やしな

(memelihara／
ကျွေးမွေးသည်၊အာဟာရပေးသည်／
pakainin, buhayin)

▷ 集中力を養うトレーニング
しゅうちゅうりょく　やしな

("latihan meningkatkan keupayaan tumpuan"／အာရုံစိုက်မှုကိုအာဟာရပေးသည်လေ့ကျင့်ခန်း／
pagsasanay sa pagbuo ng konsentrasyon)

▷ 家族を養うため、彼はどんな仕事にも耐えた。
かぞく　やしな　　　　かれ　　　　　しごと　　　た

(Untuk mengekalkan keluarga, dia bertahan dengan apa jua pekerjaan.／
မိသားစုကိုကျွေးမွေးဖို့သူဟာဘယ်အလုပ်မဆိုသည်းခံလုပ်တယ်။／Para buhayin ang pamilya
niya, nagtiis siya ng kahit anong trabaho.)

☐ 有する
ゆう
（mempunyai／ရှိသည်／magkaroon）

▷〈資格〉２年以上の実務経験を有する者
しかく　ねんいじょう　じつむけいけん　ゆう　もの
（ĐkelayakanĐorang yang mempunyai pengalaman kerja lebih dari 2 tahun／(အရည်အချင်း)၂နှစ်နှင့်အထက်ရုံးလုပ်ငန်းအတွေ့အကြုံရှိသူလူငယ်／(Kwalipikasyon) Isang taong may karanasan nang 2 taon o mahigit pa）

▷ これらは構造的な特徴を有する。
こうぞうてき　とくちょう　ゆう
（Mereka mempunyai ciri struktural.／ဒါဟာတည်ဆောက်ပုံသွင်ပြင်လက္ခဏာတွေရှိတယ်။／May mga espesyal na katangian ng struktura ang mga ito.）

☐ 要する
よう
（memerlukan／လိုအပ်သည်／mangailangan）

▷ 経験を要する、手続きを要する
けいけん　よう　てつづ　よう
（memerlukan pengalaman, memerlukan prosedur／အတွေ့အကြုံလိုသည်၊လုပ်ငန်းစဉ်လုပ်ဖို့လိုသည်／kailangan ng karanasan, kailangan ng procedure）

▶ 完成までに10時間を要した。
かんせい　じかん　よう
（Ia mengambil masa 10 jam untuk menyelesaikan.／ပြီးမြောက်တဲ့အထိ၁၀နာရီလိုတယ်။／Kinailangan ko ang 10 oras para tapusin iyon.）

☐ 寄越す
よこ
（mengirimkan／ပေးပို့သည်／magbigay, magpadala）

▶ 連絡も寄越さないで、どこに行ってたの？
れんらく　よこ　い
（Ke mana kau pergi tanpa memberikan sebarang notis?／ဆက်သွယ်မှုမပေးပို့ဘဲဘယ်ရောက်နေသလဲ။／Saan ka pumunta nang walang pasabi?）

▶ 人が足りないから、誰か、こっちに寄越して。
ひと　た　だれ　よこ
（Kami kekurangan orang, bolehkah seseorang datang ke sini?／လူမလုံလောက်လို့၊တစ်ယောက်ယောက်ဒီဘက်ကိုပို့ပေးပါ။／Kulang ang mga tao rito, kaya magpadala kayo ng tao rito.）

☐ わきまえる
（mengetahui／ချင့်ချိန်သည်／malaman, maintindihan）

▷ 身分をわきまえる
みぶん
（mengetahui identiti seseorang／မိမိကိုယ်ကိုချင့်ချိန်သည်／alamin ang sarili）

▶ 立場をわきまえて行動してほしい。
たちば　こうどう
（Saya mahu kamu bertindak mengikut kedudukan kamu.／ရာထူးအဆင့်ကိုချင့်ချိန်ပြီးလုပ်ဆောင်ပါ။／Gusto kong malaman mo ang posisyon mo bago ka kumilos.）

☐ わめく
（menjerit／ဟစ်အော်သည်／sumigaw, tumili）

▶ 何だろう？　大声でわめいている人がいる。
なん　おおごえ　ひと
（Apa yang berlaku? Ada orang yang berteriak dengan kuat.／ဘာများပါလိမ့်။အသံကျယ်ကြီးနဲ့အော်ဟစ်နေတဲ့သူရှိတယ်။／Ano kaya iyon? May taong sumisigaw.）

2
35
動詞 11
する動詞 12
自動詞・他動詞 13
名詞 14
形容詞 15
副詞 16
ぎおん語・ぎたい語 17
カタカナ語 18
対義語 19
意味が近い言葉 20

⑫ する動詞

（Kata kerja "suru"／ကြိယာ／Mga Verb na may Suru）

☐ **移住（する）**
いじゅう

(migrasi (bermigrasi)／ပြောင်းရွှေ့နေထိုင်သည်／mag-migrate)

▶ 海外に移住することも選択肢の一つだ。
かいがい　いじゅう　　　　　せんたくし　ひと

(Berhijrah ke luar negara adalah salah satu pilihan.／နိုင်ငံခြားကိုပြောင်းရွှေ့နေထိုင်တာလည်းရွေးချယ်စရာတစ်ခုပါ။／Ang mag-migrate sa ibang bansa ang isa rin sa mga pagpipilian.)

☐ **浮気（する）**
うわき

(selingkuh (berselingkuh)／ဖောက်ပြန်သည်／mangaliwa)

☐ **運営（する）**
うんえい

(pengurusan (mengurus)／စီမံဆောင်ရွက်သည်／magpatakbo)

▶ 5年前からボランティア団体を運営しています。
ねんまえ　　　　　　　　　だんたい　うんえい

(Saya telah mengendalikan organisasi sukarelawan sejak lima tahun lalu.／လွန်ခဲ့တဲ့ငါးနှစ်ကတည်းကဝေါလန်တီယာအဖွဲ့ကိုစီမံဆောင်ရွက်နေပါတယ်။／Limang taon na akong nagpapatakbo ng volunteer group.)

☐ **解釈（する）**
かいしゃく

(interpretasi (mentafsirkan)／အဓိပ္ပာယ်ဖွင့်သည်／magbigay ng kahulugan, mag-interpret)

▶ 憲法の中でも特にこの部分は、人によって解釈が分かれる。
けんぽう　なか　　とく　　　ぶぶん　ひと　　　　　かいしゃく　わ

(Bahagian tertentu dalam perlembagaan ini boleh ditafsirkan secara berbeza oleh orang yang berbeza.／အခြေခံဥပဒေမှာထူးသလိုဖြင့်ဒီအပိုင်းဟာလူကိုလိုက်ပြီးအနက်ဖွင့်ပုံကွဲတယ်။／Iba-iba ang pakahulugan ng mga tao tungkol sa bahaging ito ng Konstitusyon.)

☐ **回収（する）**
かいしゅう

(pengumpulan (mengumpul)／ပြန်စုသည်／mangolekta)

▶ アンケート／答案用紙を回収する
とうあんようし　かいしゅう

(mengumpulkan borang soal selidik / jawapan／မေးမြန်းလွှာ/အဖြေလွှာကိုပြန်စုသည်／mangolekta ng questionnaire / test papers)

▶ エコのため、スーパーでもペットボトルのキャップを回収している。
かいしゅう

(Demi alam sekitar, kita juga mengumpul penutup botol plastik di supermarket.／ဂေဟစနစ်အတွက်ဆူပါမားကက်မှာလည်းပလပ်စတာတံဆွေးအဖုံးကိုပြန်စုနေတယ်။／Para sa pagpoprotekta ng kapaligiran, nangongolekta rin ang mga supermarket ng takip ng mga pet bottle.)

☐ **開拓（する）**
かいたく

(pembukaan (membuka)／ခုတ်ထွင်ရှင်းလင်းသည်/ဖော်ဆောင်သည်／magbuo, mag-develop, magpaunlad)

▶ 市場の開拓、顧客の開拓
しじょう　かいたく　こきゃく　かいたく

(pembukaan pasaran, pembukaan pelanggan／ဈေးကွက်ဖော်ထုတ်သည်/ဖောက်သည်ရှာသည်／pag-unlad ng market, pagbuo ng mga kustomer)

▶ 売上を伸ばすには、新しい分野を開拓する必要がある。
うりあげ　の　　　　　あたら　ぶんや　かいたく　ひつよう

(Untuk meningkatkan penjualan, kita perlu membuka bidang baru.／အရောင်းတက်ရန်အတွက်ကဏ္ဍသစ်ကိုဖော်ထုတ်ရန်လိုအပ်သည်။／Para tumaas ang benta, kailangang siyasatin ang mga bagong larangan.)

□ **解放（する）**
かいほう
(pembebasan (membebaskan)／
လွှတ်ပေးသည်／palayain)

▷ 人質を解放する
ひとじち　かいほう
(membebaskan tebusan／ဓားစာခံကိုလွှတ်ပေးသည်／palayain ang hostage)

▶ やっと仕事から解放された。
しごと　　　　かいほう
(Akhirnya saya bebas dari kerja.／အခုမှပဲအလုပ်ကနေလွတ်လွတ်မြောက်တော့တယ်။／Sa wakas, libre na ako sa trabaho.)

□ **獲得（する）**
かくとく
(pemerolehan (memperoleh)／
ရရှိသည်／manalo)

▷ 賞金を獲得する、1位を獲得する
しょうきん　かくとく　　　　　い　　かくとく
(memenangi hadiah wang, memenangi tempat pertama／ဆုကြေးငွေရသည်၊အဆင့်တစ်ရသည်／manalo ng premyo, manalo ng 1st prize)

□ **確保（する）**
かく ほ
(jaminan (menjamin)／
ရယူထားသည်／makasigurado, kumuha)

▷ 場所／資金を確保する
ばしょ　しきん　かくほ
(menjamin tempat／dana／နေရာ/ရန်ပုံငွေကိုရယူထားသည်／makasigurado ng lugar／pondo)

▶ 優秀な人材を確保しようと、企業も必死だ。
ゆうしゅう　じんざい　かくほ　　　　　　　　　きぎょう　ひっし
(Syarikat juga berusaha keras untuk mendapatkan bakat yang baik.／အရည်အချင်းရှိသူကိုရယူထားဖို့ကုမ္ပဏီတွေဟာအသည်းအသန်ဖြစ်နေတယ်။／Desperado rin ang mga kompanya na makakuha ng mahusay na tao.)

□ **合宿（する）**
がっしゅく
(latihan intensif (berlatih intensif)／စခန်းဝင်သည်／magkaroon ng training camp)

▶ サークルでは毎年、夏に合宿をして練習します。
まいとし　なつ　がっしゅく　　　　れんしゅう
(Dalam kumpulan kami, setiap tahun kami melakukan latihan dalam bentuk kem latihan pada musim panas.／အဖွဲ့သည်နှစ်စဉ်နွေရာသီတွင်စခန်းဝင်ပြီးလေ့ကျင့်သည်။／Taun-taon, nagkakaroon ng training camp ang club namin kapag summer.)

□ **還元（する）**
かんげん
(bagi balik／ပြန်ပေးသည်／ibalik, bawasan)

▶ 企業が株主に利益還元をするのは当然のことだ。
きぎょう　かぶぬし　　りえきかんげん　　　　　　とうぜん
(Adalah perkara biasa bagi syarikat untuk mengembalikan keuntungan kepada pemegang saham.／ကုမ္ပဏီကအစုရှယ်ယာ၀င်များကိုအကျိုးအမြတ်ပြန်ပေးသားဟာလုပ်ရိုးလုပ်စဉ်ပါ။／Natural lang na ibalik ng mga kompanya ang tubo sa mga stockholder.)

□ **勧告（する）**
かんこく
(rekomendasi (merekomendasikan)／
အကြံပေးတိုက်တွန်းသည်／magrekomenda, magpayo)

▶ 大雨洪水警報が出た地域の住民に対して、市は避難勧告をした。
おおあめこうずいけいほう　で　ちいき　じゅうみん　たい　　　　し　ひなんかんこく
(Bandar telah memberi amaran pengosongan kepada penduduk di kawasan yang dikeluarkan amaran banjir besar.／မိုးသည်းထဲစွာ&ရေ&ကြီးနိုင်ရေသတိပေးထားတဲ့ဒေသများနေ&ထိုင်သူများကိုမြို့ကအိုးအိမ်ပျက်စေ&နဲ့အကြံပေးတိုက်တွန်းခဲ့သည်။／Nagpayo ang lunsod sa mga residenteng nakatira sa mga lugar kung saan naglabas ng babala ng malakas na ulan at baha, na lumikas.)

□ **棄権（する）**
きけん
(abstain (mengabstain)／စွန့်လွှတ်သည်／hindi lumahok, umalis)

▷ レースを棄権する
きけん
(menarik diri dari perlumbaan／အပြေးပြိုင်ခြင်းကိုစွန့်လွှတ်သည်／umatras sa karera)

□ **帰省（する）**
きせい
(pulang kampung (pulang ke kampung)／မိဘရပ်ထံပြန်သည်／umuwi)

▷ 帰省ラッシュ
きせい
(tergesa-gesa balik kampung／မိဘရပ်ထံပြန်သူများပြားခြင်း／nagmamadaling pag-uwi)

▶ 毎年、正月は実家に帰省します。
まいとし　しょうがつ　じっか　きせい
(Setiap tahun, saya pulang ke rumah semasa tahun baru.／နှစ်စဉ်နှစ်သစ်ကူးမှမိဘရပ်ထံပြန်သည်။／Taun-taon, umuuwi ako sa prubinsiya namin kung bagong taon.)

動詞 11

する動詞 12

自動詞・他動詞 13

名詞 14

形容詞 15

副詞 16

ぎおん語・ぎたい語 17

カタカナ語 18

対義語 19

意味が近い言葉 20

□ 気絶（する）
きぜつ
(pengsan／သတိလစ်သည်／himatayin, mawalan ng malay)

□ 強化（する）
きょうか
(penguat (memperkuat)／
တင်းကြပ်သည်၊အားကောင်းစေသည်／
palakasin, higpitan)

▷ 規制を強化する
きせい　きょうか
(memperkukuhkan peraturan／စည်းကမ်းကိုတင်းကြပ်သည်／higpitan ang mga regulasyon)

▶ 弱点を強化するため、補習を受けた。
じゃくてん　きょうか　　　　ほしゅう
(Saya telah mengambil kelas tambahan untuk memperkuat kelemahan saya.／
အားနည်းချက်ကိုအားကောင်းရန်နောက်ဆက်တွဲသင်ခန်းစာကိုသင်ယူတယ်။／Kumuha ako ng
karagdagang klase para palakasin ang mga kahinaan ko.)

□ 強行（する）
きょうこう
(penegakan (menegakkan)／
အတင်းအဓမ္မပြုသည်／pilitin,
puwersahin)

▶ A社は、住民の反対を無視してビルの建設を強行した。
しゃ　じゅうみん　はんたい　むし　　　　　けんせつ　きょうこう
(Syarikat A telah meneruskan pembinaan bangunan meskipun ada bantahan daripada penduduk setempat.／
A ကုမ္ပဏီသည်နေထိုင်သူများကဆန့်ကျင်နေသည်ကိုလစ်လျူရှုပြီးအဆောက်အဦကိုတင်းမာစွာတည်ဆောက်ခဲ့ပါ။／
Winalang-bahala ng Company A ang oposisyon at ipinilit nila ang pagtatayo ng bilding.)

□ 強制（する）
きょうせい
(paksaan (memaksa)／
အကြပ်ကိုင်သည်／pilitin,
puwersahin)

▷〈PC〉強制終了
きょうせいしゅうりょう
(penamatan paksa／ရပ်စေသည်ပိတ်စေသည်／forced shutdown)

▶ 今日の飲み会は強制じゃないから、行きたくなければ
きょう　の　かい　きょうせい
行かなくてもいいよ。
い
(Anda tidak perlu pergi ke parti minum hari ini jika anda tidak mahu, ini bukanlah satu
keperluan.／ဒီနေ့သောက်ပွဲဟာအတင်းအကြပ်မဟုတ်လို့မသွားချင်ရင်မသွားလည်းရပါတယ်။／Hindi mo
kailangang pumunta sa inuman ngayon kung ayaw mo, dahil hindi naman ito sapilitan.)

□ 強制的（な）
きょうせいてき
(paksaan／အကြပ်ကိုင်သော／sapilitan, puwersahan)

□ 空想（する）
くうそう

(fantasi (berfantasi)／
စိတ်ကူးယဉ်သည်／magpantasya)

▶ これはあくまで空想の話で、実際にはこんなことはあ
くうそう　はなし　じっさい
り得ない。
え
(Ini hanyalah cerita imaginasi, dan tidak mungkin berlaku dalam realiti.／
ဒါဟာစိတ်ကူးယဉ်သက်သက်ကတစ်ကယ်လက်တွေ့မှာအဲ့ဒါမျိုးမဖြစ်နိုင်ပါဘူး။／Pantasya lang ang
kuwentong ito at hindi kailanman magkakatotoo.)

□ 苦悩（する）
くのう
(penderitaan (menderita)／
ဒုက္ခခံစားရသည်／magdusa)

▷ 苦悩の日々
くのう　ひび
(hari-hari yang penuh penderitaan／ဒုက္ခခံစားရသောနေ့ရက်များ／mga araw ng pagdurusa)

▶ 彼には彼なりに苦悩があったようです。
かれ　　かれ　　　くのう
(Nampaknya dia memiliki kesulitan dan kegelisahannya sendiri.／
သူ့မှာအတော်လေးဒုက္ခခံစားနေရပုံပါ။／Mukhang mayroon siyang sariling pagdurusa.)

□ 形成（する）
けいせい
(pembentukan (membentuk)／
ဖွဲ့စည်းသည်／magbuo)

▷ 人格形成
じんかくけいせい
(pembentukan peribadi／လူ့စရိုက်ဖွဲ့စည်းမှု／pagbubuo ng pagkatao)

▷ しだいに全国にネットワークが形成されていった。
ぜんこく　　　　　　　　　けいせい
(Secara beransur-ansur, rangkaian telah dibentuk di seluruh negara.／
တဖြည်းဖြည်းခြင်းနိုင်ငံလုံးဆိုင်ရာမှာအင်တာနက်ကွန်ရက်ဖွဲ့စည်းခဲ့တယ်။／Unti-unting nabuo ang
network sa buong bansa.)

□ 激励(する)
げきれい
(motivasi (memotivasi) /
アースゼーゼスシッ / i-encourage)

▶ 大会に出場する選手たちを激励する会が開かれた。
たいかい　しゅつじょう　せんしゅ　　げきれい　　かい　ひら
(Satu majlis telah diadakan untuk memberi semangat kepada atlet yang akan berlumba dalam pertandingan. ／ၿပိုင်ပွဲဝင်မည့်လက်ရွေးစင်အားကစားသမားများကိုအားပေးပွဲကျင်းပခဲ့သည်။／Ginanap ang isang miting para i-encourage ang mga player na sasali sa kompetisyon.)

□ 決行(する)
けっこう
(pelaksanaan (melaksanakan) /
ကျင်းပမည် / isagawa)

▷ 雨天決行
うてんけっこう
(meneruskan walau hujan／မိုးရွာလည်းကျင်းပမည်／itutuloy umulan man o umaraw)

▶ 市バスのストは予定通り決行されるそうです。
し　　　　　　　　　　よていどお　けっこう
(Rupanya, mogok bas bandar akan dilaksanakan seperti yang dijadualkan. ／ၿမို့ရဲ့တိုက်ကားတွေဟာစီစဉ်ထားတဲ့အတိုင်းပြေပြဆဲ့မယ်ဆိုပါ။／Mukhang itutuloy ang strike ng city bus, ayon sa plano.)

□ 合意(する)
ごうい
(persetujuan (menyetujui)／သဘောတူသည်／pumayag, sumang-ayon)

□ 拘束(する)
こうそく
(penahanan (menahan) /
ချည်နှောင်သည်၊ချုပ်သည်၊နေနေရသည်／
itali)

▷ 拘束時間の長い仕事
こうそくじかん　なが　しごと
(pekerjaan dengan jam kerja yang lama／အချိန်ရှည်ကြာနေရတဲ့အလုပ်／magtrabaho nang mahabang oras)

▶ 休みの日まで会社に拘束されたくない。
やす　　ひ　　　かいしゃ　こうそく
(Saya tidak mahu terikat dengan syarikat sehingga hari cuti. ／အလုပ်နားတဲ့နေ့မှာတောင်ကုမ္ပဏီမှာရှိနေရမယ်ဆိုရင်မနေချင်ဘူး။／Ayokong matali sa opisina hanggang sa araw ng bakasyon ko.)

□ 固定(する)
こてい
(kekal (mengekalkan)／
တပ်ဆင်ထားသည်／ipirmi, itakda)

▷ 固定電話 (携帯電話でない電話)
こていでんわ　けいたいでんわ　　　でんわ
(telefon tetap／တပ်ဆင်ထားသည့်ဖုန်း／landline)

▶ 倒れないよう、棚を壁に固定した。
たお　　　　　　　　　たな　かべ　こてい
(Saya telah memasang rak pada dinding supaya ia tidak jatuh. ／မလဲပြိုအောင်လိုစင်ကိုနံရံမှာတပ်ဆင်တာယ်။／Para hindi bumagsak, ipinirmi ko ang shelf sa dingding.)

□ 再生(する)
さいせい
(regenerasi (meregenerasi)／
ပြန်နွင့်သည်／i-replay)

▷ ビデオを再生する
さいせい
("memainkan video"／ဗွီဒီယိုကိုပြန်နွင့်သည်／i-replay ang video)

▷ 町の再生を目指して、さまざまな取り組みが進められている。
まち　さいせい　めざ　　　　　　　　　　　　　と　く　　　すす
(Pelbagai inisiatif sedang diperkenalkan dengan matlamat untuk memulihkan bandar. ／ၿမို့ရဲ့နိုးသည်ရှင်သန်မှုကိုရည်ရွယ်တဲ့အမျိုးမျိုးသောကြိုးပမ်းမှုတိုးတက်လုပ်ဆောင်လျက်ရှိပါတယ်။／Para buhayin uli ang bayan, iba-ibang mga gawain ang isinasagawa.)

□ 挫折(する)
ざせつ

▶ 何度か挫折しそうになったけど、何とか最後までやって修了しました。
なんど　　ざせつ　　　　　　　　　　　　　なん　　さいご　　　　　　　　　しゅうりょう

(kegagalan (gagal)／စိတ်ပျက်သည်／
／mabigo, masiraan ng loob)

(Walaupun saya hampir menyerah beberapa kali, saya berjaya menyelesaikan hingga ke akhir. ／အကြိမ်အနည်းငယ်စိတ်ပျက်တော့မလဲ့ဖြစ်ခဲ့ပေမဲ့အဆုံးအမျိုးကြီးစားပြီးနောက်ဆုံးအထိပြီးအောင်လုပ်ခဲ့တယ်။／Halos sumuko ako nang ilang beses, pero nagawa ko ring tapusin ito kahit papaano.)

□ **刷新(する)** さっしん
(diskriminasi (mendiskriminasi) ／ အသစ်ပြန်လုပ်သည် ／ baguhin, ayusin)

▷ デザインを刷新する（さっしん）
(memperbaharui reka bentuk ／ ဒီဇိုင်းကိုအသစ်ပြန်လုပ်သည် ／ baguhin ang design)

□ **差別(する)** さべつ
(pembezaan (membezakan) ／ ခွဲခြားဆက်ဆံသည် ／ mag-discriminate)

▷ 人種差別（じんしゅさべつ）
(diskriminasi kaum ／ လူမျိုးရေးခွဲခြားမှု ／ racial discrimination)

□ **差別化(する)** さべつか
(perbezaan (membezakan) ／ ကွဲပြားအောင်လုပ်သည် ／ malaman ang pagkakaiba)

▶ 他社との競争の中、いかに商品の差別化をするかが重要なのです。（たしゃ　きょうそう　なか　しょうひん　さべつか　じゅうよう）
(Dalam persaingan dengan syarikat lain, bagaimana untuk membezakan produk kita adalah penting. ／ အခြားကုမ္ပဏီများနဲ့ယှဉ်ပြိုင်နေရာတွင်၊အရောင်းပစ္စည်းကိုကွဲပြားအောင်လုပ်ရန်အရေးကြီးသည်။ ／ Sa kompetisyon sa ibang mga kompanya, mahalagang malaman ang pagkakaiba ng mga produkto.)

□ **作用(する)** さよう
(reaksi (bereaksi) ／ သက်ရောက်သည် ／ umepekto, kumilos)

▶ この薬はゆっくりと全身に作用します。（くすり　ぜんしん　さよう）
(Ubat ini akan bertindak secara perlahan-lahan ke seluruh tubuh. ／ ဒီဆေးဟာတဖြည်းဖြည်းနဲ့တစ်ကိုယ်လုံးကိုသက်ရောက်ပါမယ်။ ／ Umeepekto nang mabagal sa buong katawan ang gamot na ito.)

□ **支援(する)** しえん
(sokongan (menyokong) ／ ကူညီထောက်ပံ့သည် ／ sumuporta)

▷ 支援団体、支援者（しえんだんたい　しえんしゃ）
(badan sokongan, penyokong ／ ကူညီဆောင်ရွက်ရေးအဖွဲ့၊ကူညီဆောင်ရွက်သူ ／ support group, tagasuporta)

▶ 当社では今後も、こうした活動を支援していきます。（とうしゃ　こんご　かつどう　しえん）
(Syarikat kami akan terus menyokong aktiviti-aktiviti seperti ini pada masa akan datang. ／ ဤကုမ္ပဏီသည်နောက်နောင်မှာလည်းဤကဲ့သို့လှုပ်ရှားမှုများကိုကူညီဆောင်ရွက်သွားပါမည်။ ／ Susuportahan uli ng kompanya namin ang ganitong mga gawain.)

2 37

□ **示唆(する)** しさ
(insinuasi (menginsinuasi) ／ စောင်းပါးရိပ်ခြည်ပြောသည် ／ ipahiwatig)

▶ 監督は、シーズン終了後の辞任を示唆した。（かんとく　しゅうりょうご　じにん　しさ）
(Pengarah telah mengisyaratkan bahawa beliau mungkin meletakkan jawatan selepas musim ini. ／ မန်နေဂျာသည်၊ကစားပွဲရာသီအပြီးတွင်အနားယူမည့်အကြောင်းကိုစောင်းပါးရိပ်ခြည်ပြောခဲ့သည်။ ／ Ipinahiwatig ng coach ang pagreretiro niya pagkatapos ng season.)

□ **失恋(する)** しつれん
(patah hati (mematahkan hati) ／ အသည်းကွဲသည် ／ mabigo sa pag-ibig)

▶ 彼女は失恋して、今、落ち込んでいるんです。（かのじょ　しつれん　いま　お こ）
(Dia sedang bersedih kerana dia baru saja putus cinta. ／ သူမဟာအသည်းကွဲပြီးအခုစိတ်ဓါတ်ကျနေတယ်။ ／ Nabigo siya sa pagibig, at ngayon, nade-depress siya.)

□ **指摘(する)** してき
(penunjukan (menunjukkan) ／ ညွှန်ပြသည် ／ ituro)

▷ ミスを指摘する（してき）
(menunjukkan kesilapan ／ အမှားကိုညွှန်ပြသည် ／ ituro ang pagkakamali)

▶ 教授は、政府の事業計画について問題点を指摘した。（きょうじゅ　せいふ　じぎょうけいかく　もんだいてん　してき）
(Profesor telah menunjukkan masalah dalam rancangan bisnis kerajaan. ／ ပါမောက္ခသည်အစိုးရ၏လုပ်ငန်းစီမံကိန်းနှင့်ပတ်သက်၍ပြဿနာအချက်ကိုညွှန်ပြခဲ့ပါသည်။ ／ Itinuro ng propesor ang mga problema tungkol sa business plan ng gobyerno.)

□ **始末(する)** しまつ
(penyelesaian (menyelesaikan) ／ စွန့်ပစ်သည် ／ itapon)

▶ ごみはちゃんと始末しといてね。（しまつ）
(Tolong pastikan anda membuang sampah dengan betul. ／ အမှိုက်ကိုအသေအချာစွန့်ပစ်နော်။ ／ Itapon ninyo nang maayos ang basura.)

□ 収集(する)
しゅうしゅう
(pengumpulan (mengumpul)
／စုသိမ်းသည်/စုဆောင်းသည်／
mangolekta)

▷ ゴミを収集する、切手を収集する
しゅうしゅう　　きって　しゅうしゅう
(mengumpulkan sampah, mengumpulkan setem／
အမှိုက်ကိုစုသိမ်းသည်/တံဆိပ်ခေါင်းကိုစုဆောင်းသည်／mangolekta ng basura, mangolekta ng selyo)

□ 修行(する)
しゅぎょう
(latihan rohani (berlatih rohani)／
ကျင့်သည်／magpraktis, magsanay)

▶ 昔はよくここで修行僧が休んだそうです。
むかし　　　　　　しゅぎょうそう　やす
(Kata orang dulu, sering kali biksu beristirahat di sini.／
ရှေးအခါကဒီနေရာမှာတရားကျင့်တဲ့ဘုန်းကြီးတွေအနားယူခဲ့တယ်ဆိုပဲ။／Noong araw, madalas daw magpahinga rito ang isang monk.)

□ 修業(する)
しゅぎょう
(pendidikan (mendidik)／
သင်ယူသည်／matuto)

▶ イタリアでピザ作りの修業をしました。
つく　　　　しゅぎょう
(Saya belajar membuat pizza di Itali.／အီတလီမှာပီဇာလုပ်နည်းကိုသင်ယူခဲ့တယ်။／Natuto akong gumawa ng pizza sa Italy.)

□ 出荷(する)
しゅっか
(pengiriman (mengirim)／
ကုန်စည်ပို့သည်／ipadala)

▶ 出荷前にもう一度、品質のチェックをします。
しゅっかまえ　　　いちど　　ひんしつ
(Kami akan memeriksa kualiti sekali lagi sebelum pengiriman.／
ကုန်ပစ္စည်းမပို့မီနောက်တစ်ကြိမ်အရည်အသွေးကိုစစ်ပါမယ်။／Bago namin ipadala, tsetsekin uli namin ang quality ng mga ito.)

□ 消去(する)
しょうきょ
(penghapusan (menghapus)／
ဖျက်သည်／tanggalin)

▷ データを消去する
しょうきょ
("memadam data"／ဒေတာကိုဖျက်သည်／tanggalin ang data)

□ 象徴(する)
しょうちょう
(lambang (melambangkan)／
သင်္ကေတပြုသည်／sumagisag, gawing simbolo)

▷ ハトは、平和を象徴する動物とされている。
へいわ　しょうちょう　　どうぶつ
(Burung merpati dianggap sebagai simbol keamanan.／
ချိုညိုငြိမ်းချမ်းရေးကိုသင်္ကေတပြုသည့်တိရစ္ဆာန်ဖြစ်သည်။／Itinuturing ang kalapati na isang hayop na sumasagisag sa kapayapaan.)

□ 象徴的(な)
しょうちょうてき
(simbolik／သင်္ကေတဖြစ်သော／simboliko)

□ 承認(する)
しょうにん
(pengesahan (mengesahkan)／
／အတည်ပြုသည်／aprubahan, kilalanin)

▶ 予算案は議会で承認されました。
よさんあん　　ぎかい　しょうにん
(Rancangan bajet telah diluluskan di parlimen.／
ဘတ်ဂျက်အဆိုပြုချက်ကိုလွှတ်တော်အတည်ပြုခဲ့သည်။／Inaprubahan ang badyet sa miting.)

□ 賞味(する)
しょうみ
(menikmati／မြိန်ရေရှက်ရေစားသည်／
／kainin, lasapin)

▶ どうぞご賞味ください。
しょうみ
(Silakan nikmati.／မြိန်ရေရှက်ရေသုံးဆောင်ပါ။／Sige, lasapin ninyo iyan.)

□ 除外(する)
じょがい
(pengecualian (membuat pengecualian)／ချန်လှပ်သည်／
ibukod, huwag isama)

▶ リストの中で、※印の付いている人は除外してください。
なか　　こめじるし　つ　　　　ひと　じょがい
(Tolong keluarkan orang yang ditandai dengan * dari senarai.／
စာရင်းထဲမှ※အမှတ်အသားနှင့်သူကိုချန်လှပ်ပါ။／Ibukod ninyo ang mga taong may markang * sa listahang ito.)

□ 助長(する)
じょちょう
(pendorong (mendorong)／
／မြှင့်တင်သည်／tumulong, magsulsol)

▷ 彼のこの発言は、むしろ騒ぎを助長するものとなった。
かれ　　　　はつげん　　　　　さわ　　じょちょう
(Pernyataan ini sebenarnya hanya memburukkan situasi.／
သူ၏ဒီစကားဟာမပြိုမသက်မှတ်ပြီးပိုဆိုးအောင်ဖြစ်သွားပြီ။／Ang mga sinabi niya ang nagpalala sa kaguluhan.)

☐ **所有（する）**
しょゆう
(pemilikan (memiliki)／ပိုင်ဆိုင်သည်／magmay-ari)

▷ 土地の所有者
とち しょゆうしゃ
(pemilik tanah／မြေပိုင်ရှင်／may-ari ng lupa)

▶ あそこの家は、車を何台も所有しているらしい。
いえ くるま なんだい しょゆう
(Rumah di sana tampaknya memiliki banyak kereta.／
ဟိုသားဘယ်ဟာသကားအစီးရေအများကြီးပိုင်ပုံရတယ်။／Mukhang maraming pag-aaring kotse ang pamilyang iyon.)

☐ **自立（する）**
じりつ
(kemandirian (mandiri)／လွတ်လပ်သည်／magsarili)

▶ 相変わらず、親から自立できない若者が多い。
あいか おや じりつ わかもの おお
(Seperti biasa, banyak remaja yang masih bergantung pada orang tua mereka.／
အပြောင်းအလဲမရှိမဘဲအခုအဆီကခုခွဲပြီးလွတ်လွတ်လပ်လပ်မနေနိုင်တဲ့လူငယ်တွေများပါတယ်။／Marami pa ring mga kabataan ang hindi makapagsarili mula sa magulang nila.)

☐ **申告（する）**
しんこく
(laporan (melaporkan)／
ကြေညာသည်／ideklara, ipahayag)

▶ 〈税関〉何か申告する物はありませんか。
ぜいかん なに しんこく もの
(<Kastam> Adakah anda ada sesuatu untuk dinyatakan?／
(အကောက်ခွန်)ကြေညာမယ့်ပစ္စည်းတစ်ခုခုရှိပါသလား။／(Tax office) Mayroon ka bang dapat ideklara?)

☐ **進出（する）**
しんしゅつ
(ekspansi (berkembang)／
တိုးချဲ့သည်／umunlad, palawakin)

▷ A社は海外に進出することを決めた。
しゃ かいがい しんしゅつ き
(Syarikat A telah memutuskan untuk meluaskan perniagaan ke luar negeri.／
A ကုမ္ပဏီသည်နိုင်ငံခြားသို့လုပ်ငန်းတိုးချဲ့ရန်ဆုံးဖြတ်ခဲ့သည်။／Nagpasya ang Company A na palawakin ang negosyo nila sa ibang bansa.)

☐ **進呈（する）**
しんてい
(penyerahan (menyerahkan)／
ပေးသည်／magbigay)

▶ ご来場のお客様全員に粗品を進呈いたします。
らいじょう きゃくさまぜんいん そしな しんてい
(Kami akan memberikan hadiah kepada semua pengunjung yang hadir.／
ဒီကျင်းပပွဲနေရာကိုကြွရောက်လာကြတဲ့ဧည့်သည်များအားလုံးကိုငှက်တံစိတ်ပစ္စည်းကိုပေးပါမယ်။／Magbigay tayo ng libreng regalo sa lahat na darating sa event.)

☐ **浸透（する）**
しんとう
(penyerapan (menyerap)／
စိမ့်ဝင်သည်／lumaganap)

▷ 節電意識が人々の間に浸透してきたようだ。
せつでんいしき ひとびと あいだ しんとう
(Orang tampaknya mulai sadar akan pentingnya penghematan energi.／
လျှပ်စစ်ချွေတာရေးအသိစိတ်သည်လူအများသို့စိမ့်ဝင်လာပုံရသည်။／Mukhang lumaganap sa mga tao ang kamalayan ng pagtitipid sa kuryente.)

☐ **振動（する）**
しんどう
(getaran (bergetar)／လှုပ်ခါသည်／
mag-vibrate, mayanig)

▶ 飛行機が上を飛ぶ度に、窓が激しく振動します。
ひこうき うえ と たび まど はげ しんどう
(Setiap kali pesawat terbang di atas, jendela bergetar dengan hebat.／
လေယာဉ်ကအပေါ်ကနေပျံသွားတိုင်းပြတင်းပေါက်တွေအရမ်းလှုပ်ခါသည်။／Tuwing lumilipad ang eroplano, malakas na nagva-vibrate ang mga bintana nito.)

☐ **成熟（する）**
せいじゅく
(kedewasaan (dewasa)／
ရင့်ကျက်သည်／maging ganap,
mag-mature)

▷ 成熟した大人の女性、成熟した社会
せいじゅく おとな じょせい せいじゅく しゃかい
(wanita dewasa yang matang, masyarakat yang matang／
ရင့်ကျက်သူအမျိုးသမီးကြီး၊ရင့်ကျက်သောလူမှုလောက်ကျင်／may sapat na gulang na babae, mature na kompanya)

☐ **生存（する）**
せいぞん
(keberadaan (ada)／ အသက်ရှင်သည်／
mabuhay)

▷ 生存率、生存者
せいぞんりつ せいぞんしゃ
(kadar kelangsungan hidup, orang yang masih hidup／ အသက်ရှင်နှုန်း၊အသက်ရှင်သူ／survival rate, mga nakaligtas)

自動詞・他動詞 13
名詞 14
形容詞 15
副詞 16
ぎおん語・ぎたい語 17
カタカナ語 18
対義語 19
意味が近い言葉 20

□ 設置（する）
せっち
(penempatan (menempatkan)／
တပ်ဆင်သည်/ဖွဲ့သည်/magkabit,
magtayo)

▷ 専門の委員会を設置する
せんもん　いいんかい　せっち
(menubuhkan jawatankuasa pakar／အထူးပြုကော်မီတီကိုဖွဲ့သည်/magtatag ng propesyonal na komite)

▶ エレベーターにも防犯カメラを設置した。
ぼうはん　　　　　　せっち
(Kami juga memasang kamera pengawas di lift.／
ဓါတ်လှေခါးတွင်လည်းမွေးကြိုတင်ကာကွယ်ရေးကင်ကင်မရာကိုတပ်ဆင်ခဲ့သည်/Nagkabit sila ng security
camera sa elebeytor.)

□ 装飾（する）
そうしょく
(hiasan (menghias)／
တန်ဆာဆင်သည်/magdekorasyon)

▷ 装飾品
そうしょくひん
(barang perhiasan／အဆင်တန်ဆာ/dekorasyon)

▶ 店内の装飾を手がけたのは、原さんです。
てんない　そうしょく　て　　　　　　　はら
(Encik Hara yang mengurus dekorasi dalam kedai.／
ဆိုင်အတွင်းပိုင်းကိုတန်ဆာဆင်ခဲ့သူဟာဟာရစံဖြစ်ပါတယ်။/Si Hara-san ang nagdekorasyon ng
loob ng tindahan.)

□ 相続（する）
そうぞく
(warisan (mewarisi)／
အမွေဆက်ခံသည်/sumunod,
magmana)

▷ 土地を相続する
とち　そうぞく
(mewarisi tanah／မြေကိုအမွေဆက်ခံသည်/manahin ang lupa)

□ 贈呈（する）
ぞうてい
(pemberian (memberi)／
ပေးအပ်သည်/magbigay)

▶ 優勝者には賞金500万円が贈呈されます。
ゆうしょうしゃ　　しょうきん　　　　　　えん　ぞうてい
(Pemenang akan menerima hadiah tunai sebanyak 5 juta yen.／
ပြိုင်ပွဲသူတံ့ဆုငွေယန်းသောင်းရုပထပေးအပ်ပါမယ်။/Bibigyan ng 5 milyon yeng premyo ang nanalo.)

□ 阻止（する）
そし
(pencegahan (mencegah)／
တားဆီးသည်/pigilan)

▶ 被害の拡大を阻止しなければならない。
ひがい　かくだい　そし
(Kami harus mencegah kerugian menjadi lebih parah.／
ဒဏ်ခံရမှုများမပိုးပွားစေအောင်ဆီးလိမ့်မြစ်ဖို့ဘူး။/Kailangan nating pigilan ang pagkalat ng pinsala.)

□ 率先（する）
そっせん
(pemimpinan (memimpin)／
အစပျိုးလုပ်သည်/magpasimuno,
magkusa)

▶ 早く仕事を覚えようと、率先して手伝うようにしました。
はや　しごと　おぼ　　　　　　そっせん　　てつだ
(Untuk belajar lebih cepat, saya selalu mengambil inisiatif untuk membantu.／
အလုပ်ကိုအမြန်ဆန်းလည်သိဖို့အနေနဲ့ကျွန်ုပ်လုပ်ဆောင်ဖို့ဆုံးဖြစ်တယ်။/Nagkusa akong tumulong
para madaling matandaan ang trabaho.)

□ 存続（する）
そんぞく
(kelangsungan (melangsungkan)
／တည်ရှိသည်/mabuhay)

▷ チーム存続の危機
そんぞく　きき
(krisis kelangsungan hidup pasukan／အသင်းရဲ့ရပ်တည်ရေးအတွက်အန္တရာယ်/krisis ng
kaligtasan ng team)

□ 体験（する）
たいけん
(pengalaman (mengalami)／
အတွေ့အကြုံယူသည်/maranasan)

▷ 体験談
たいけんだん
(pengalaman peribadi／အတွေ့အကြုံအကြောင်း/kuwento ng mga karanasan)

▶ 今までに体験したことのないような味だった。
いま　　　　たいけん　　　　　　　　　　　あじ
(Itu perasaan yang belum pernah saya rasakan sebelumnya.／
အခုအထိမှာအတွေ့အကြုံမရှိဘူးတဲ့အရသာ။/Hanggang ngayon, hindi ko pa nararanasan ang
ganitong lasa...)

□ 台頭（する）
たいとう
(kedudukan (berkedudukan)／အားကောင်းလာသည်/makakuha ng kapangyarihan)

動詞 11

する動詞 12

自動詞・他動詞 13

名詞 14

形容詞 15

副詞 16

ぎおん語・ぎたい語 17

カタカナ語 18

対義語 19

意味が近い言葉 20

□ **対処(する)**
たいしょ

(penanganan (menangani) /
ကိုင်တွယ်ဖြေရှင်းသည် /makitungo,
tratuhin)

▷ 対処法
たいしょほう

(cara menghadapi / ကိုင်တွယ်ဖြေရှင်းနည်း / pakikitungo)

▶ 初めて症状が出た時、どう対処していいか、わからな
はじ　　しょうじょう　で　　とき　　　　　　たいしょ
かった。

(Ketika simptom mula muncul, saya tidak tahu bagaimana harus menangani. /
ရောဂါလက္ခဏာစပြုတဲ့အချိန်မှာငါဘယ်လိုလုပ်ရမယ်ဆိုတာကိုမသိခဲ့တူး။ / Noong unang lumabas
ang mga sintomas, hindi ko alam ang gagawin ko.)

□ **打開(する)**
だかい

(penyelesaian (menyelesaikan)
/ ဖောက်ထွက်သည် /madaig,
mapagtagumpayan)

▶ このままでは赤字になってしまう。打開策が必要だ。
あかじ　　　　　　　　　　だかいさく　ひつよう

(Jika kita terus seperti ini, kita akan kerugian. Kita perlu strategi. /
ဒီအတိုင်းဆိုရင်အနုံးပြုလိမ့်မယ်။ထိုးဖောက်ထွက်ဖို့စီမံချက်လိုအပ်တယ်။ / Kung wala tayong gagawin,
malulugi tayo. Kailangan natin ng breakthrough.)

□ **探索(する)**
たんさく

(pencarian (mencari) / ရှာဖွေသည်
/galugarin, hanapin)

▷ 宇宙を探索する、探索用のロボット
うちゅう　たんさく　　　　たんさくよう

(meneroka angkasa lepas, robot untuk meneroka /
အာကာသကိုစမ်းရှာဖွေသည်၊ရှာဖွေရေးသုံးရိုဘော့ / galugarin ang kalawakan, robot para
maghanap)

□ **蓄積(する)**
ちくせき

(akumulasi (mengakumulasi) /
စုဆောင်းသည် /mag-ipon)

▷ 疲労の蓄積
ひろう　ちくせき

(penumpukan keletihan / ပင်ပန်းနွမ်းနယ်မှုများစုနေခြင်း /naipong pagod)

▶ 社内でも徐々に、この分野のノウハウが蓄積されてき
しゃない　じょじょ　　　　　ぶんや　　　　　　　　　ちくせき
た。

(Pengetahuan dalam bidang ini perlahan-lahan terkumpul dalam syarikat. /
ကုမ္ပဏီအတွင်း၌လည်းတဖြည်းဖြည်းကျွမ်းကျင်မှုများရရှိစုဆောင်းမိလာသည်။ / Unti-unting nakaipon ng
kaalaman sa larangang ito ang kompanya.)

□ **着手(する)**
ちゃくしゅ

(permulaan (memulai) /
စတင်ကိုင်တွယ်သည် /magsimula)

▶ 新市長は、ゴミ処分場の問題にすぐに着手することを
しんしちょう　　　　しょぶんじょう　もんだい　　　　　ちゃくしゅ
約束した。
やくそく

(Datuk bandar baru berjanji untuk segera menangani masalah tempat pembuangan sampah.
/ မြို့တော်ဝန်သစ်သည်အမှိုက်သိမ်းဆည်းနေရာပြဿနာကိုချက်ချင်းစတင်ကိုင်တွယ်မည်ဟုကတိပြုခဲ့သည်။
/ Nangako ang bagong city mayor na sisimulan agad ang isyu tungkol sa waste disposal
site.)

□ **着工(する)**
ちゃっこう

(permulaan kerja (memulai kerja)
/ ဆောက်လုပ်ရေးစတင်သည် /
simulan ang konstruksyon)

▶ 新しい駅ビルは、来年4月に着工する予定です。
あたら　　　えき　　　　らいねん　がつ　ちゃっこう　　よてい

(Bangunan stasiun baru dijadwalkan untuk mulai dibangun pada bulan April tahun depan.
/ ဘူတာသစ်အဆောက်အအုံကိုလာမည့်နှစ်ဧပြီလပိုင်းတွင်တည်ဆောက်မှုစတင်မည့်အစီအစဉ်ဖြစ်သည်။ /
Balak simulan ang pagtatayo ng bagong station building sa Abril sa isang taon.)

□ **抽選(する)**
ちゅうせん
(undian (mengundi)／မဲႏိုက်သည်／
magkaroon ng lottery)

▷ 抽選に当たる
　ちゅうせん　あ
(memenangi cabutan bertuah／မဲပေါက်သည်／manalo sa lottery)

▶ この本を抽選で 10 名の方にプレゼントいたします。
　　ほん　ちゅうせん　　めい　かた
(Kami akan memberikan buku ini kepada 10 orang melalui undian.／
ကျွန်ုပ်တို့ကမဲနှိုက်၍လူ၁၀ယောက်အားလက်ဆောင်ပေးမည်။／Ibibigay po namin ang librong ito sa
10 tao, sa pamamagitan ng lottery.)

□ **貯蔵(する)**
ちょぞう
(penyimpanan (menyimpan)
／သိုလှောင်သည်／mag-imbak,
magtago)

▷ 貯蔵庫、貯蔵タンク
　ちょぞうこ　ちょぞう
(gudang penyimpanan, tangki penyimpanan／သိုလှောင်ရုံ၊ခြောင်းသိုလှောင်ကန်／bodega, storage
tank)

□ **追及(する)**
ついきゅう
(penyelidikan (menyelidiki)／
စုံစမ်းစစ်ဆေးသည်／ituloy, sundin)

▷ 政府の責任を追及する声が相次いだ。
　せいふ　せきにん　ついきゅう　こえ　あいつ
(Suara-suara menuntut tanggung jawab pemerintah semakin banyak.／
အစိုးရ၏တာဝန်ကိုစုံစမ်းစစ်ဆေးရန်အသံများဆက်တိုက်ထွက်ပေါ်နေသည်။／Maraming boses ang
humihiling na panagutin ang gobyerno.)

□ **追放(する)**
ついほう
(pengusiran (mengusir)／
နှင်ထုတ်သည်／paalisin)

▷ 国外追放
　こくがいついほう
(pengusiran keluar negara／ပြည်နှင်ခြင်း／pagdedeport)

□ **通知(する)**
つうち
(pemberitahuan (memberitahu)／
အသိပေးသည်／ipaalam)

▶ 今日、採用通知が届いた。
　きょう　さいようつうち　とど
(Hari ini, saya menerima pemberitahuan bahawa saya telah diterima.／
ဒီနေ့အလုပ်ခန့်မည်ဆိုကြောင်းအသိပေးချက်ရောက်လာသည်။／Dumating ang notice of acceptance ko ngayon.)

□ **訂正(する)**
ていせい
(koreksi (mengoreksi)／ပြင်သည်／
korekin, wastuhin)

▷ 誤りを訂正する
　あやま　ていせい
(membetulkan kesilapan／အမှားကိုပြင်သည်／korekin ang mali)

□ **低迷(する)**
ていめい
(kemerosotan (merosot)／
တုံ့ဆိုင်းသည်／bumaba, hindi
umunlad)

▶ ここ半年ほど、売上が低迷している。
　　はんとし　うりあげ　ていめい
(Penjualan telah menurun selama setengah tahun terakhir.／
ဒီနှစ်တစ်ဝက်လောက်အရောင်းတုံ့ဆိုင်းနေတယ်။／Bumaba ang benta sa nakalipas na 6 na
buwan.)

□ **撤去(する)**
てっきょ
(penghapusan (menghapus)／
ဖယ်ရှားသည်／alisin)

▶ 放置自転車は 15 日以降、撤去されます。
　ほうちじてんしゃ　にちいこう　てっきょ
(Basikal yang dibiarkan akan dihapus setelah tanggal 15.／
ပစ်ထားသောစက်ဘီးများကို၁၅ရက်နေ့မှစ၍ဖယ်ရှားမည်။／Aalisin ang mga inabandunang bisikleta
pagkatapos ng a-kinse.)

□ **撤退(する)**
てったい
(penarikan (menarik diri)／
ရုပ်သိမ်းသည်／mag-withdraw)

▷ A社は昨年、海外に5店舗設けたが、そのうち2店舗
　しゃ　さくねん　かいがい　てんぽ　もう　　　　　　　　てんぽ
　はすでに撤退を決めた。
　　　　　　　てったい　き
(Syarikat A membuka lima cabang di luar negeri tahun lalu, tetapi dua di antaranya sudah
memutuskan untuk menarik diri.／
A ကုမ္ပဏီသည်ယမန်နှစ်ကနိုင်ငံခြားတွင်ဆိုင်ငါးဆိုင်ဖွင့်ခဲ့သည့်အနက်ခြစ်ကိုရုပ်သိမ်းရန်ဆုံးဖြတ်ပြီးဖြစ်သည်။／
Nagbukas ng 5 tindahan ang Company A noong isang taon, pero nagpapasyang i-withdraw
ang 2 sa mga ito.)

動詞 11

する動詞 12

自動詞・他動詞 13

名詞 14

形容詞 15

副詞 16

ぎおん語・ぎたい語 17

カタカナ語 18

対義語 19

意味が近い言葉 20

□ **点検(する)**
てんけん
(pemeriksaan (memeriksa)／
စစ်ဆေးသည်／tsekin)

▷ 安全点検
あんぜんてんけん
(pemeriksaan keselamatan／သေ့ာကင်းရေးစစ်ဆေးခြင်း／safety check)

▶ 事故防止のため、設備の点検は定期的に行っています。
じこぼうし　　　　　せつび　　てんけん　ていきてき　おこな
(Kami melakukan pemeriksaan peralatan secara rutin untuk mencegah kecelakaan.／
မတော်တဆထိခိုက်မှုကာကွယ်ရန်စက်ပစ္စည်းများစစ်ဆေးရေးကိုသတ်မှတ်ကာလအတိုင်းပြုလုပ်နေသည်။／
Para iwasan ang aksidente, regular na tsinetsek ang mga kagamitan.)

□ **伝達(する)**
でんたつ
(penyampaian (menyampaikan)／
ပေးပို့သည်／ihatid, ipadala, ikalat)

▷ 情報の伝達方法
じょうほう　でんたつほうほう
(cara penyampaian maklumat／သတင်းအချက်အလက်ပို့သည့်နည်းလမ်း／paraan ng paghahatid
ng impormasyon)

□ **導入(する)**
どうにゅう
(implementasi
(mengimplementasikan)／
စတင်သည်／ipakilala)

▶ 今月から新しい会計システムが導入される。
こんげつ　　あたら　　かいけい　　　　　　　どうにゅう
(Sistem perakaunan baru akan diperkenalkan mulai bulan ini.／
နောက်လကစ၍ငွေစာရင်းစစ်စနစ်သစ်ကိုစတင်သုံးမယ်။／Ipapakilala ang bagong accounting system
ngayong buwan.)

□ **特化(する)**
とっか
(khusus (mengkhususkan)／
အထူးပြုသည်／mag-specialize,
magpakadalubhasa)

▷ 高齢者に特化した病院
こうれいしゃ　とっか　　びょういん
(hospital yang khusus untuk orang tua／သက်ကြီးရွယ်အိုအိုတွက်အထူးဆေးရုံ／ospital na
nag-i-specialize sa mga matatanda)

□ **入手(する)**
にゅうしゅ
(pemerolehan (memperoleh)／
ရရှိသည်／tumanggap, kumuha)

▷ 最新情報を入手する
さいしんじょうほう　にゅうしゅ
(mendapatkan maklumat terkini／သတင်းအချက်အလက်သစ်ကိုရရှိသည်／tumanggap ng
pinakahuling impormasyon)

▶ 何とかチケットを入手することができた。
なん　　　　　　　にゅうしゅ
(Saya berhasil mendapatkan tiket.／ကြိုးစ၍အာ့ပြီးမှတ်မှတ်ရရှိခဲ့တယ်။／Kahit paano, nakakuha ako ng tiket.)

□ **認識(する)**
にんしき
(pengakuan (mengakui)／
အသိအမှတ်ပြုသည်／kilalanin,
intindihin, alamin)

▷ 認識不足
にんしきぶそく
(kekurangan pengenalan／သိမှုမလုံလောက်／kulang sa pagkakaintindi)

▶ 役所のやることに間違いはない、という認識は改めた
やくしょ　　　　　　　　まちが　　　　　　　　　　　　　にんしき　あらた
ほうがいい。
(Mungkin kita perlu mempertimbangkan pemahaman kita bahawa apa yang dilakukan oleh
birokrasi selalu benar.／
အုပ်ချုပ်ရေးရုံး၏ဆောင်ရွက်မှုတွင်အမှားမရှိဟုဆိုသည့်အသိကိုပြောင်းလဲသင့်သည်။／Mas mabuting
baguhin mo ang kaalaman mong walang pagkakamali sa ginagawa ng munisipyo.)

□ **燃焼(する)**
ねんしょう
(pembakaran (membakar)／
မီးရှို့သည်／sunugin)

▷ 脂肪の燃焼
しぼう　ねんしょう
(pembakaran lemak／အဆီလောင်စေခြင်း／pagsunog ng taba)

▶ 今大会は不完全燃焼に終わった。
こんたいかい　ふかんぜんねんしょう　お
(Pertandingan ini berakhir tanpa mencapai hasil yang maksimal.／
ဒီပြိုင်ပွဲဟာတစ်ဝက်တစ်ပျက်နဲ့ပြီးသွားတယ်။／Hindi lubusang natapos ang labanang ito ngayon.)

□ **納入(する)**
のうにゅう
(pengiriman (mengirim)／ပေးပို့သည်／mag-deliver)

□ 把握（する）
はあく
(pemahaman (memahami)／
သိသည်／maintindihan)

▷ 状況を把握する
じょうきょう　はあく
(memahami situasi／အခြေအနေကိုသိသည်／maintindihan ang sitwasyon)

▶ まず現状を把握して、それから対応を考えましょう。
げんじょう　はあく　　　　　　　　たいおう　かんが
(Mari kita fahami situasi saat ini dulu, lalu kita pikirkan responsnya.／
အရင်ဆုံးလက်ရှိအခြေအနေကိုသိပြီးအဲဒီကနေဘာလိုလုပ်မလဲဆိုတာကိုစဉ်းစားကြရအောင်။／Una, intindihin muna natin ang kasalukuyang sitwasyon at pagkatapos, isipin natin kung ano ang gagawin.)

□ 配給（する）
はいきゅう
(distribusi (mendistribusikan)／
ဖြန့်ဖြူးသည်／mamahagi)

▷ 映画の配給会社
えいが　はいきゅうかいしゃ
(syarikat pengedaran filem／ရုပ်ရှင်ဖြန့်ဖြူးရေးကုမ္ပဏီ／kompanya ng film distribution)

□ 廃止（する）
はいし
(penghapusan (menghapus)／
ဖျက်သိမ်းသည်／alisin, buwagin)

▷ 制度の廃止、ルールの廃止
せいど　はいし　　　　　　はいし
(penghapusan sistem, penghapusan peraturan／စနစ်ကိုဖျက်သိမ်းခြင်း၊စည်းမျဉ်းကိုဖျက်သိမ်းခြင်း／
pagbubuwag ng sistema, pag-alis ng mga patakaran)

□ 排除（する）
はいじょ
(pengecualian (mengecualikan)／
ဖယ်ထုတ်သည်／alisin, ibukod)

▷ 反対派を排除する
はんたいは　はいじょ
(mengecualikan pihak yang menentang／အတိုက်အခံတွေကိုဖယ်ထုတ်သည်／alisin ang oposisyon)

▶ あらゆる無駄を排除して、赤字を減らした。
むだ　はいじょ　　　　あかじ　へ
(Kami mengurangi kerugian dengan menghilangkan semua pemborosan.／
ရှိရှိသမျှအလေအလွင့်ကိုဖယ်ထုတ်ပြီးအနည်းကိုလျှော့ခဲ့တယ်။／Nabawasan ang pagkalugi sa pamamagitan ng pag-alis ng mga hindi kailangan.)

□ 配分（する）
はいぶん
(distribusi (mendistribusikan)／
ခွဲဝေသည်／ipamahagi)

▷ 利益の配分の仕方
りえき　はいぶん　しかた
(cara mengagihkan keuntungan／အမြတ်ခွဲဝေပုံ／paraan ng pamamahagi ng tubo)

□ 暴露（する）
ばくろ
(pendedahan (mendedahkan)／
ဖော်ထုတ်သည်／ilantad)

▷ 秘密を暴露する
ひみつ　ばくろ
(mendedahkan rahsia／လျှို့ဝက်ချက်ကိုဖော်ထုတ်သည်／ilantad ang sikreto)

□ 破たん（する）
は
(kebangkrutan (bangkrut)
／ဒေါလီဝံခံသည်／malugi,
mabangkarote)

▶ 無理な拡大路線が経営破綻を招いた。
むり　かくだいろせん　けいえいはたん　まね
(Laluan pengembangan yang tidak munasabah membawa kepada muflis.／
မဖြစ်နိုင်တဲ့ကျဲ့မှုပမာဏကြောင်းဟာစီမံခန့်ခွဲရေးဒေါလီခံမှုကိုဖြစ်စေခဲ့တယ်။／Humantong sa pagkabangkarote ang hindi makatwirang pagpapalawak ng kompanya.)

□ 伐採（する）
ばっさい
(penebangan (menebang)／
ခုတ်လှဲသည်／putulin)

▷ 森林を伐採する
しんりん　ばっさい
(menebang hutan／သစ်တောကိုခုတ်လှဲသည်／putulin ang mga puno sa gubat)

□ 繁栄（する）
はんえい
(kemakmuran (makmur)／
ကောင်းစားသည်／umunlad,
palawakin)

▷ ここは古くから、商業都市として繁栄してきた。
ふる　　　　　しょうぎょうとし　　　　はんえい
(Tempat ini telah tumbuh sebagai kota perdagangan sejak lama.／
ဒီနေရာဟာရှေးတုန်းကတည်းကကုန်သွယ်ရေးအထိအမြို့အဖြစ်စွဲစွဲကောင်းစားခဲ့တယ်။／Mula noong unang panahon, umunlad ito bilang isang komersyal na lunsod.)

□ 判定（する）
はんてい
(penilaian (menilai)／
တရားစီရင်သည်／magpasya,
magdesisyon)

▷ 審判の判定
しんぱん　はんてい
(keputusan pengadil／ဒိုင်လူကြီးဆုံးဖြတ်ချက်／desisyon ng referee)

▶ もうすぐ合否の判定が出る。
ごうひ　はんてい　で
(Keputusan akan keluar dalam waktu dekat.／အောင်ပွဲခွင်ပြုမပြုဆုံးဖြတ်ချက်ထွက်တော့မယ်။／
Malapit nang ilabas ang desisyon kung pumasa tayo o hindi.)

動詞 11

する動詞 12

自動詞・他動詞 13

名詞 14

形容詞 15

副詞 16

ぎおん語・ぎたい語 17

カタカナ語 18

対義語 19

意味が近い名葉 20

□ **復活(する)**
ふっかつ
(kebangkitan (bangkit)／မြန်လည်ရှင်းကြားလာသည်／mabuhay muli)

□ **扶養(する)**
ふよう
(pemeliharaan (memelihara)／
ထောက်ပံ့သည်／magsuporta)

▷ 扶養義務
ふようぎむ
(tanggungjawab memberi nafkah／ထောက်ပံ့ရန်တာဝန်／obligasyon ng suporta)

□ **分解(する)**
ぶんかい
(dekomposisi (mendekomposisi)
／ဖြုတ်သည်／kalasin, tanggal-
tanggalin)

▷ 脂肪を分解する
しぼう ぶんかい
(membahagikan lemak／အဆီကိုချေဖျက်သည်／kalasin ang taba)

▶ 一度分解すると、元に戻せなくなりそう。
いちど ぶんかい もと もど
(Setelah dibongkar, tampaknya tidak bisa kembali seperti semula.／
တစ်ကြိမ်ဖြုတ်ရင်ရပြန်အတိုင်းပြန်မဖြစ်နိုင်ပုံရတယ်။／Kapag kinalas mo ito nang isang beses, hindi na ito babalik sa dati.)

□ **分割(する)**
ぶんかつ
(pemisahan (memisahkan)／
ခွဲသည်／hatiin)

▷ 分割払い
ぶんかつばら
(pembayaran secara ansuran／ခွဲ၍ငွေပေးရေသည်／pagbabayad nang installment.)

□ **分配(する)**
ぶんぱい
(distribusi (mendistribusikan)／
ခွဲဝေသည်／ipamahagi)

▶ 儲けが出たら、みんなで分配することになっている。
もう で ぶんぱい
(Jika ada keuntungan, itu akan dibagi di antara semua orang.／
အမြတ်အစွန်းထွက်ရင်အားလုံးခွဲဝေဖို့ဖြစ်ပါတယ်။／Kung may tubo, napagdesisyunan na ipamahagi ito sa lahat.)

□ **崩壊(する)**
ほうかい
(runtuh (runtuh)／ပြိုကျသည်／
masira, bumagsak)

▷ 家庭崩壊
かていほうかい
(kejatuhan keluarga／အိမ်ထောင်ရေးပြိုပျက်ခြင်း／pagkasira ng pamilya)

▶ このままでは、国の財政が崩壊してしまう。
くに ざいせい ほうかい
(Jika ini berterusan, kewangan negara akan merudum.／ဒီအတိုင်းဆိုရင်နိုင်ငံတော်ဘဏ္ဍာပြိုလဲမိမ်မယ်။
／Kung magpapatuloy ang ganito, babagsak ang pananalapi ng bansa.)

□ **放棄(する)**
ほうき
(penyerahan (menyerahkan)
／စွန့်လွတ်သည်／iwanan,
abandonahin)

▷ 権利を放棄する、試合を放棄する
けんり ほうき しあい ほうき
(melepaskan hak, melepaskan perlawanan／ရပိုင်ခွင့်ကိုစွန့်လွတ်သည်ပြိုပွဲကိုစွန့်လွတ်သည်
／talikuran ang karapatan, iwanan ang labanan)

▷ 問題を解決しないで辞めるというのは、ただの責任放棄だ。
もんだい かいけつ や せきにんほうき
(Keluar tanpa menyelesaikan masalah adalah bentuk penghindaran tanggung jawab.／
ပြဿနာကိုမပြေရှင်းပဲနှုတ်ထွက်မယ်ဆိုတာတာဝန်ကိုစွန့်ပစ်ခြင်းသာဖြစ်တယ်။／Pagtalikod sa
responsibilidad ang pagre-resign nang hindi nalulutas ang problema.)

□ **放置(する)**
ほうち
(peninggalan (meninggalkan)／
လစ်လျူရှုသည်／iwanan)

▷ 問題を放置する
もんだい ほうち
(membiarkan masalah／ပြဿနာကိုလစ်လျူရှုသည်／iwanan ang problema)

□ **発足(する)**
ほっそく
(pembentukan (membentuk)
／ဖွဲ့စည်း၍စတင်လုပ်ကိုင်သည်／
magsimula, magtalaga sa tungkulin)

▶ 当学会が発足して、今年で10年目です。
とうがっかい ほっそく ことし ねんめ
(Tahun ini genap 10 tahun persatuan kita.／
ကျွန်ုပ်ညာရေးအသင်းသည်ဖွဲ့စည်း၍စတင်လုပ်ကိုင်ခဲ့သည့်မှာယခုနှစ်တွင်၁၀နှစ်ရှိပြီ။／Ngayong taon,
ika-10 anibersaryo ng samahan natin.)

□ 命令（する）
めいれい

(perintah (memerintah) /
အမိန့်ပေးသည်／mag-utos)

▶ 命令には従わざるを得ない。
めいれい　　　　したが　　　　　　え

(Saya tidak punya pilihan selain mematuhi perintah.／အမိန့်ကိုမနာခံလို့မဖြစ်ဘူး။／Kailangan
kong sundin ang utos.)

□ 模索（する）
もさく

(pencarian (mencari) /　စူးစမ်းသည်／
／maghanap, maghagilap)

▶ どういう道に進むか、彼はまだ模索しているようです。
　　　　　　みち　すす　　　　　かれ　　　　　　もさく

(Dia tampaknya masih mencari jalan mana yang harus diambil.／
ဘယ်လမ်းကိုသွားမလဲဆိုတာကိုသူဟာရှာစမ်းနေတုန်းပဲ။／Mukhang pinag-iispan pa niya kung saan
siya pupunta.)

□ やりくり（する）

(pengaturan (mengatur) /
အစီအမျိုးမျိုးကြိုးစားလုပ်သည်／
mamahala)

▶ 家計のやりくりが大変です。
　　かけい　　　　　　たいへん

(Sukar untuk menampung kehidupan.／
အိမ်ရှင်ငွေထွက်ငွေဝင်အတွက်အမျိုးမျိုးကြိုးစားလုပ်ရတာခက်တယ်။／Mahirap ang mahahala ng
badyet ng pamilya.)

□ 融通（する）
ゆうづう

(fleksibiliti (menyesuaikan) /
ငွေကြေးလှောင်ပိုပ်သည်／maging
flexible, maging mapagbigay)

▶ 彼は真面目すぎて、融通がきかない。
　　かれ　まじめ　　　　　　ゆうづう

(Dia sangat serius dan tidak fleksibel.／
သူဟာအလေးအနက်အထားလွန်ပြီးလိုက်လျောညီထွေဖြစ်အောင်မလုပ် နိုင်ဘူး။／Masyado siyang
seryoso at inflexible.)

▶ 友達に開店資金を融通してもらった。
　　ともだち　かいてんしきん　ゆうづう

(Saya mendapat pinjaman modal untuk membuka kedai dari rakan saya.／
ဆိုင်ဖွင့်ဖို့ဖွင့်တဲ့ငွေအတွက်သူငယ်ချင်းကငွေကြေးထောက်ပံ့ပေးတယ်။／Tinulungan ako ng kaibigan ko
sa ponrdo para magbukas ng tindahan.)

□ 誘導（する）
ゆうどう

(arahan (mengarahkan) /
လမ်းပြသည်／mamatnubay, mag-
akay)

▶ 突然、停電になったけど、係の人が非常口まで誘導し
　とつぜん　ていでん　　　　　　かかり　ひと　　ひじょうぐち　ゆうどう
てくれました。

(Secara tiba-tiba, bekalan elektrik telah terputus, tetapi staf telah membimbing saya ke
pintu kecemasan.／ရုတ်တရက်မီးပြတ်သွားပေမဲ့တာဝန်ခံကအနေးပေါ်ထွက်ပေါက်အထိလမ်းပြပေးတယ်။
／Biglang nag-brown out, pero sinamahan kami ng staff hanggang sa labasan.)

□ 要請（する）
ようせい

(permintaan (meminta) /
တောင်းဆိုသည်／hilingin,
pakiusapan)

▷ 市はイベントの開催にあたって、警察などに協力を要
　し　　　　　　　　かいさい　　　　　　けいさつ　　　　　　きょうりょく　よう
請した。
せい

(Pihak bandar telah meminta kerjasama daripada pihak polis dan lain-lain dalam menjalankan acara.
／မြို့အုပ်ချုပ်ရေးသည်ပွဲတော်ကျင်းပရေးအတွက်ရဲနေးရုံးပေါ်လီ့ေအေဆောင်ရွက်မှုကိုတောင်းဆိုသည်။
Hiniling ng lunsod ang tulong ng mga pulis at iba pa, para sa mga event na gagawin.)

□ 抑制（する）
よくせい

(penekanan (menekan) /
ထိန်းချုပ်သည်／pigilin, sugpuin)

▷ この成分には、菌の活動を抑制する働きがあることが
　　　せいぶん　　　　きん　かつどう　よくせい　　　はたら
わかった。

(Adalah diketahui bahawa komponen ini mempunyai fungsi untuk menghalang aktiviti
bakteria.／ဒီဝတ်ထဲမှာဘက်တီးရီးယားပိုးရဲ့လုပ်ချက်မှုကိုထိန်းချုပ်တဲ့လုပ်ဆောင်မှုရှိတယ်လို့သိရတယ်။／
Napag-alaman ang sangkap na ito ay may epekto sa pagsugpo ng aktibidad ng bakterya.)

□ 略奪（する）
りゃくだつ

(perampokan (merampok)
／လုယက်သည်／magnakaw,
mandambong)

▷ 彼らはあちこちの村を襲っては略奪行為を繰り返した。
　かれ　　　　　　　　　　むら　おそ　　　　　りゃくだつこうい　く　かえ

(Mereka telah berulang kali menyerang dan merampas dari berbagai kampung.／
သူတို့ရွာများကိုတိုက်ခိုက်ပြီးလုယက်မှုများကိုအဖန်ဖန်လုပ်ခဲ့တယ်။／Nilusob at ninakawan nila nang
paulit-ulit ang mga nayon.)

13 自動詞・他動詞
じどうし たどうし

（Kata kerja tak transitif, Kata kerja transitif／ကံပုဒ်မရှိသောကြိယာ၊ကံပုဒ်ရှိသောကြိယာ／Intransitive at Transitive na Verb）

□ **重なる**
かさ
（berlapis／ထပ်နေသည်／magkapatung-patong, matambak）

▷ 予定が重なる
よてい かさ
（jadual bertindih／အစီအစဉ်ထပ်နေသည်／magkapatung-patong ang mga plano）

▶ 文字が重なって印刷された。
もじ かさ いんさつ
（Huruf dicetak bertindih.／စာလုံးထပ်နေချက်ပုံနှိပ်ထားတယ်။／Nakaprint na magkakapatong ang mga letra.）

□ **重ねる**
かさ
（susun bertindih／ထပ်သည်／ipatong, isalansan）

▷ 経験を重ねる、重ね着をする、重ねて塗る、重ねて注意する
けいけん かさ かさ ぎ かさ ぬ かさ ちゅうい
（bertambah pengalaman, memakai lapisan, bertindih mengecat, beri perhatian lagi／အတွေ့အကြုံကိုထပ်သည်၊အပ်အတိုက်ထပ်ပြီးဝတ်သည်၊ဆေးကိုထပ်သုတ်သည်၊ထပ်မံသတိပေးသည်／makakuha ng karanasan, magsuot nang maraming patong, pinturahan ng maraming patong, paulit-ulit na magbabala）

▶ 空いた皿は重ねちゃっていいですか。
あ さら かさ
（Bolehkah saya menyusun pinggan kosong di atas satu sama lain?／လွတ်နေတဲ့ပန်းကန်ပြားကိုထပ်လို့ရမလား။／Pwede bang pagpatung-patungin ko ang mga platong walang laman?）

▶ 検討を重ねた結果、今回は中止といたしました。
けんとう かさ けっか こんかい ちゅうし
（Selepas pertimbangan yang teliti, kami telah memutuskan untuk membatalkan acara ini.／အထပ်ထပ်စဉ်းစားပြီးတဲ့ရလဒ်အရ၊ဒီတစ်ကြိမ်ကိုရပ်ဆိုင်းခဲ့ပါတယ်။／Pagkatapos nang maingat na pagsasaalang-alang, nagpasya kaming kanselahin ang event na ito.）

□ **叶う**
かな
（tercapai／ပြည့်သည်／magkatotoo, matupad）

▷ 願い／希望／夢が叶う
ねが きぼう ゆめ かな
（hasrat/ingin/impian tercapai／ဆုတောင်း/ဆန္ဒ/မျှော်မှန်းချက်ပြည့်သည်／magkatotoo ang hiling / kahilingan / pangarap）

□ **叶える**
かな
（menunaikan／ပြည့်စေသည်／tuparin, ganapin）

▶ 夢を叶えるため、これまで努力してきた。
ゆめ かな どりょく
（Saya telah bekerja keras untuk merealisasikan impian saya.／မျှော်မှန်းချက်ပြည့်ရန်အခုအထိကြိုးစားလာခဲ့တယ်။／Para tuparin ko ang pangarap ko, nagsikap ako hanggang ngayon.）

□ **定まる**
さだ
（ditetapkan／သတ်မှတ်ထားသည်／matukoy, malaman）

▷ 目標が定まる、焦点が定まる
もくひょう さだ しょうてん さだ
（tetapkan matlamat, tetapkan fokus／ပန်းတိုင်ကသတ်မှတ်ထားသည်၊လူ့စုစုရမယ်နေရာကိုသတ်မှတ်ထားသည်／matukoy ang layunin, matukoy ang focus）

▶ 会としての方針がまだ定まっていない。
かい ほうしん さだ
（Dasar persatuan untuk majlis ini masih belum diputuskan.／အသင်းရဲ့မူဝါဒကမသတ်မှတ်ထားသေးဘူး။／Hindi pa mapagpasiyahan ang gagawin ng grupo.）

□ 定(さだ)める
（menetapkan／သတ်မှတ်သည်／tiyakin, pagpasiyahan）

▷ 法律(ほうりつ)を定(さだ)める、目標(もくひょう)を定(さだ)める
（tetapkan undang-undang, tetapkan matlamat／ဥပဒေသတ်မှတ်သည်၊ပန်းတိုင်ကိုသတ်မှတ်သည်／pagpasiyahan ang batas, pagpasiyahan ang layunin）

▶ よくねらいを定(さだ)めてから投(な)げてください。
（Bidik dengan teliti sebelum melontar.／ပစ်မှတ်ကိုအသေအချာချိန်ရွယ်သတ်မှတ်ပြီးမှပစ်ပါ။／Tiyakin mo muna ang target bago mo ihagis.）

□ 反(そ)る
（lentur／ကော့သည်／nakabaluktot, nakakurba）

▶ つま先(さき)が上(うえ)に反(そ)った靴(くつ)はあまり好(す)きじゃない。
（Saya tidak begitu suka kasut yang kakinya terbalik.／ခြေဖျားထိပ်ကအပေါ်ကိုကော့နေတဲ့ရှူးဖိနပ်ကိုသိပ်မကြိုက်ဘူး။／Hindi ko gusto ang mga sapatos na nakabaluktot paitaas sa bandang daliri ng mga paa. ）

□ 反(そ)らす
（melenturkan／ကော့စေသည်／baluktutin）

▶ 〈体操(たいそう)〉背中(せなか)を反(そ)らしてみてください。
（<Senaman> Cuba melengkung belakang anda.／(ကာယလေ့ကျင့်ခန်း)ခါးကိုကော့ကြည့်ပါ။／(Exercise) Subukan ninyong baluktutin ang likod ninyo.）

□ 尽(つ)きる
（habis／ကုန်သွားသည်／maubusan）

▷ アイデア／体力(たいりょく)／お金(かね)／運(うん)が尽(つ)きる
（kehabisan idea/stamina/duit/nasib／အကြံဉာဏ်/အားအင်/ပိုက်ဆံ/ကံကြမ္မာကုန်သည်／maubusan ng ideya /lakas /pera /suwerte）

▶ まだまだ話(はなし)は尽(つ)きないけど、そろそろ帰(かえ)ろう。
（Ceritanya belum habis lagi, tapi marilah kita pulang sebentar lagi.／စကားမကုန်သေးပေမဲ့ပြန်ကြရအောင်။／Hindi pa tayo nauubusan ng kuwento, pero umuwi na tayo.）

□ 尽(つ)くす／尽(つく)す
（melakukan terbaik／ကုန်ခန်းစေသည်၊အကျိုးပြုသည်၊လုပ်သည်／ubusin）

▷ 手(て)を尽(つ)くす、人(ひと)に尽(つ)くす仕事(しごと)
（lakukan yang terbaik, bekerja untuk orang lain／စဉ်းစားလို့ရသမျှအကုန်စဉ်းစားသည်၊လူ့အကျိုးပြုအလုပ်／gawin ang lahat na makakaya, trabaho para sa mga tao）

▶ 全力(ぜんりょく)を尽(つ)くしたけど、負(ま)けてしまった。
（Saya cuba yang terbaik, tetapi saya kalah.／အားကုန်သုံးပြီးကစားခဲ့ပေမဲ့ရှုံးသွားတယ်။／Ginawa ko na ang lahat ng kaya ko, pero natalo ako.）

▶ 母(はは)は看護師(かんごし)として社会(しゃかい)に尽(つ)くしてきた。
（Ibu saya telah berkhidmat kepada masyarakat sebagai jururawat.／အမေဟာသူနာပြုဆရာမအဖြစ်နဲ့လူ့ဘောင်ကိုအကျိုးပြုလာခဲ့တယ်။／Nagsilbi ang nanay ko sa lipunan bilang nars.）

---

2 42

□ 遠(とお)ざかる
（menjauhi／ဝေးကွာသည်／lumalayo, lumalabo）

▶ 電車(でんしゃ)は動(うご)きだし、彼女(かのじょ)の姿(すがた)もどんどん遠(とお)ざかっていった。
（Kereta api mula bergerak, dan susuk tubuhnya semakin jauh.／ရထားထွက်ပြီးသူမရဲ့ရုပ်သွင်ဟာပိုပိုပြီးဝေးကွာသွားတယ်။／Nagsimulang umandar ang tren, at unti-unting lumalayo ang pigura niya.）

□ 遠(とお)ざける
（menjauhkan／ဝေးကွာစေသည်／umiwas, lumayo）

▶ その頃(ころ)の私(わたし)は、彼(かれ)を遠(とお)ざけようとしていた。
（Ketika itu saya cuba menjauhkan diri dari dia.／အဲဒီတုန်းကကျွန်မဟာသူ့ကိုဝေးကွာစေဖို့လုပ်လာခဲ့တယ်။／Noong panahong iyon, umiwas ako sa kanya.）

- □ **滅(ほろ)びる／滅(ほろ)ぶ**
  (musnah, hancur, jatuh, pupus／ပျက်သုဉ်းသည်／mamatay, mawala)
  - ▷ 人類(じんるい)もいつか滅(ほろ)びるのだろうか。
    (Adakah manusia akan mati suatu hari nanti?／လူမျိုးနွယ်ဟာတစ်နေ့နေ့မှာပျက်သုဉ်းလေမလား။／Mawawala kaya ang mga tao balang araw?)
  - ▶ ローマ帝国(ていこく)はどうして滅(ほろ)んだの？
    (Bagaimanakah Empayar Rom jatuh?／ရောမအင်ပါယာဟာဘာကြောင့်ပျက်သုဉ်းခဲ့သလဲ။／Bakit bumagsak ang Imperyong Romano?)

- □ **滅(ほろ)ぼす**
  (memusnahkan／ဖျက်ဆီးသည်／sirain, pinsalain)
  - ▷ 酒(さけ)／ギャンブルで身(み)を滅(ほろ)ぼす
    (merosakkan diri dengan arak/judi／အရက်/လောင်းကစားဖြင့်လူကိုဖျက်ဆီးသည်／sirain ang sarili dahin sa alak/pagsusugal)
  - ▷ 帝国(ていこく)は周(まわ)りの小国(しょうこく)を次々(つぎつぎ)に滅(ほろ)ぼした。
    (Empayar memusnahkan negara-negara kecil di sekelilingnya satu demi satu.／အင်ပါယာနိုင်ငံသည်ပတ်ဝန်းကျင်ရှိနိုင်ငံငယ်များကိုတစ်နိုင်ငံပြီးတစ်နိုင်ငံဖျက်ဆီးခဲ့သည်။／Sunud-susnod na sinira ng imperyo ang mga maliliit na bansa sa paligid nito.)

- □ **ゆがむ／歪(ゆが)む**
  (meledingkan, memutarbelitkan／ရွဲ့စောင်းသည်／bumaluktot)
  - ▷ 背骨(せぼね)が歪(ゆが)む、心(こころ)が歪(ゆが)む
    (ledingtulang belakang, hati diputarbelitkan／ခါးရိုးရွဲ့စောင်းသည်၊နှလုံးသားရွဲ့စောင်းသည်／bumaluktot ang buto sa likod, bumaluktot ang pag-iisip)

- □ **歪(ゆが)み**
  (leding／အရွဲ့အစောင်း／pagbaluktot)

- □ **ゆがめる／歪(ゆが)める**
  (meledingkan, memutarbelitkan／ကမောက်ကမဖြစ်သည်／baluktutin)
  - ▶ 利害(りがい)がからむことで、事実(じじつ)が歪(ゆが)められてしまうおそれがある。
    (Ada ketakutan memutarbelitkan fakta jika terlibat kepentingan.／အကျိုးစီးပွားပါလာရင်အမှန်တရားကကမောက်ကမဖြစ်မယ့်စိုးရိမ်ဖွယ်ရာရှိတယ်။／Maaaring baluktutin ang katotohanan, dahil may inasahang tubo rito.)
  - ▶ あまりの痛(いた)さに、少女(しょうじょ)は顔(かお)を歪(ゆが)めた。
    (Sakitnya membuatkan wajah gadis itu herot.／သိပ်နာလွန်းလို့သူမဟာမျက်နှာကိုရွဲ့လိုက်တယ်။／Sumama ang mukha ng dalaga dahil sa sobrang sakit.)

- □ **和(やわ)らぐ**
  (lega／သက်သာရာရသည်／gumaan, humupa)
  - ▷ 気持(きも)ちが和(やわ)らぐ
    (rasa lega／စိတ်သက်သာရာရသည်／gumaan ang pakiramdam)
  - ▶ 彼女(かのじょ)の冗談(じょうだん)で、緊張(きんちょう)した空気(くうき)が少(すこ)し和(やわ)らいだ。
    (Gurauannya meredakan sedikit suasana tegang itu.／သူမရဲ့နောက်ပြောင်မှုကြောင့်စိတ်တင်းကျပ်မှုဖြစ်နေကြရာမှအနည်းငယ်သက်သာရာရသွားတယ်။／Medyo gumaan ang tensyon sa kapaligiran dahil sa mga biro niya.)

- □ **和(やわ)らげる**
  (mengurangkan／သက်သာစေသည်／pagaanin, bawasan)
  - ▶ このカプセルは、痛(いた)みを和(やわ)らげるお薬(くすり)です。
    (Kapsul ini adalah ubat penahan sakit.／ဒီဆေးတောင့်ဟာနာကျင်မှုကိုသက်သာစေတဲ့ဆေးပါ။／Gamot na nagpapagaan ng sakit ang capsule na ito.)

14 名詞 めいし (Kata nama／နာမ်／Mga Noun)

□ **争い**
あらそ
(pertengkaran／
တိုက်ပွဲ၊ပြိုင်ပွဲ／labanan,
alitan)

▷ 争いが絶えない
あらそ た
(perselisihan tidak pernah berakhir／ပြိုင်ပွဲမပြီးသေး၊တိုက်ပွဲမရပ်စဲသေး／hindi pa tapos ang labanan)

▶ 依然、激しい優勝争いが続いている。
いぜん はげ ゆうしょうあらそ つづ
(Masih ada pertempuran sengit untuk kemenangan.／အကြိတ်အနယ်ဗိုလ်လုပွဲဟာဆက်နေတုန်းပဲ။／
Patuloy pa rin ang matinding labanan para sa championship.)

□ **圧力**
あつりょく
(tekanan／ဖိအား／
puwersa, pressure)

▷ 圧力をかける、圧力団体
あつりょく あつりょくだんたい
(tekanan, kumpulan tekanan／ဖိအားပေးသည်၊ဖိအားပေးသည့်အဖွဲ့／pressure)

▶ あの議員は反対だったはずなのに…。どこかから圧力を受け
たのかなあ。
ぎいん はんたい あつりょく う
(Senator sepatutnya membantah. Saya tertanya-tanya jika ada tekanan dari mana-mana.／
အဲဒီလွှတ်တော်အမတ်ဟာကန့်ကွက်ခဲ့တာသေချာပါတယ်။ဘယ်ကနေဖိအားပေးခဲ့တာယ်မသိဘူး။／Tutol ang senador
na iyon ah.. Saan kaya nanggaling ang pressure sa kanya?)

□ **遺跡**
いせき
(tapak warisan／
ရှေးဟောင်းနေရာ／mga
labi, guho)

▷ 遺跡を調査する
いせき ちょうさ
(menyiasat runtuhan／ရှေးဟောင်းနေရာစုံစမ်းလေ့လာသည်／imbestigahan ang mga guho)

□ **遺族**
いぞく
(waris／
ကျန်ရစ်သူမိသားစု／ang
namatayan)

▶ 〈報道〉亡くなった方の遺族にお話を伺いました。
ほうどう な かた いぞく はなし うかが
(<Laporan> Kami menemu bual keluarga arwah yang ditinggalkan.／
(သတင်းကြေညာ)ကွယ်လွန်သူရဲ့ကျန်ရစ်သူမိသားစုကိုမေးမြန်းခဲ့ပါတယ်။／(Balita) Kinausap namin ang mga
namatayan.)

□ **遺体**
いたい
(jasad／အလောင်း／bangkay)

□ **違和感**
いわかん
(rasa tidak selesa／
ဘယ်ယ်နှမသိအဆင်ပြေယ်မရှိမှု／
hindi komportable,
discomfort)

▶ 首に違和感がある。
くび いわかん
(Saya rasa tidak selesa di leher saya.／ဘာရယ်မှန်းမသိလည်ပင်းမှာအနည်းငယ်စားနာမှုရှိတယ်။／
Nakakaramdam ako ng discomfort sa leeg ko.)

▶ その表現には私も違和感を覚えた。
ひょうげん わたし いわかん おぼ
(Saya juga berasa tidak selesa dengan ungkapan itu.／
အဲဒီဖော်ပြချက်မှာကျွန်မလည်းအဆင်မပြေရတုန်းကိုမှတ်မိတယ်။／Hindi ako komportable sa ekspresyong
iyon.)

□ **腕前**
うでまえ
(kemahiran／လက်စွမ်း
／galing)

▷ 料理の腕前
りょうり うでまえ
(kemahiran memasak／အချက်အပြုတ်လက်ရာ／galing sa pagluluto)

▶ 先日、部長のゴルフの腕前を見せてもらった。
せんじつ ぶちょう うでまえ み
(Pada hari yang lain, saya ditunjukkan kemahiran golf pengurus.／
တစ်နေ့ကဌာနမှူးရဲ့ဂေါက်ရိုက်လက်စွမ်းကိုပြသခဲ့ရတယ်။／Noong isang araw, ipinakita ng section chief namin
ang galing niya sa golf.)

動詞 11
する動詞 12
自動詞・他動詞 13
名詞 14
形容詞 15
副詞 16
ぎおん語・ぎたい語 17
カタカナ語 18
対義語 19
意味が近い言葉 20

☐ **運河**
うんが
(terusan／တူးမြောင်း／kanal)

▷ パナマ運河
うんが
(terusan Panama／ပနားမားတူးမြောင်း／Panama Canal)

☐ **運動**
うんどう
(pergerakan／လှုပ်ရှားမှု／ehersisyo, galaw, kilusan)

▷ 反対運動
はんたいうんどう
(gerakan pembangkang／ဆန့်ကျင်လှုပ်ရှားမှု／kilusan ng oposisyon)

▷ 彼らは、島の自然を守る運動を続けている。
かれ　　しま　　しぜん　　まも　　うんどう　　つづ
(Mereka meneruskan gerakan untuk melindungi alam semula jadi pulau itu.／သူတို့ဟာကျွန်းရဲ့သဘာဝကိုစောင့်ရှောက်တဲ့လှုပ်ရှားမှုကိုဆက်လုပ်နေတယ်။／Ipinagpapatuloy nila ang kilusan para sa proteksiyon ng kalikasan ng pulo.)

☐ **縁**
えん
(hubungan／ကံတရား／pagkakataon, koneksyon)

▶ ご縁があれば、またぜひご一緒したいと思います。
　　えん　　　　　　　　　　　　　　いっしょ　　　　　　おも
(Jika kami mempunyai peluang, kami ingin bekerjasama dengan anda sekali lagi.／ကူညီလ်ကံရှိခဲ့ရင်းဆက်ဆက်တဲ့အနီးသင်းချင်ပါတယ်။／Kung may pagkakataon, gusto kong makasama ka uli.)

▶ あの人とは縁がなかったということですよ。
　　　ひと　　　えん
(Maksud saya, saya tidak mempunyai hubungan dengan orang itu.／အဲဒီလူနဲ့ကံမပါခဲ့ဘူးဆိုတာပါပဲ။／Wala kaming pagkakataong magkaugnay ng taong iyon.)

☐ **大物**
おおもの
(orang besar／ပုဂ္ဂိုလ်ကြီး／mahalagang tao)

▷ 大物政治家
おおものせいじか
(ahli politik besar／နိုင်ငံရေးသမားကြီး／makapangyarihang politiko)

▶ この子は将来きっと大物になる。
　　　こ　　しょうらい　　　　おおもの
(Anak ini akan menjadi besar di masa hadapan.／ဒီလေးဟာအနာဂတ်မှာပုဂ္ဂိုလ်ကြီးဖြစ်မှာသေချာတယ်။／Siguradong magiging isang mahalagang tao ang batang ito balang araw.)

☐ **お開き**
ひら
(berakhir／ပြီးခြင်း／pagtatapos)

▶ そろそろお開きにしましょう。
　　　　　　ひら
(Jom buka segera.／အခုပြန်တန့်ပြီးပြီးကြရအောင်း／Tapusin na natin ito.)

☐ **思惑**
おもわく
(spekulasi／ထင်ကြေး／inaasahan, haka-haka)

▷ 思惑に反して
おもわく　　はん
(bertentangan dengan spekulasi／ထင်ကြေးနဲ့ပြောင်းပြန်ဖြစ်／taliwas sa haka-haka)

▷ 首相の思惑通りに事は行かなかったようだ。
しゅしょう　　おもわくどお　　　　こと　　い
(Nampaknya keadaan tidak menjadi seperti yang disangkakan oleh perdana menteri.／ဝန်ကြီးချုပ်ရဲ့ထင်ကြေးအတိုင်းမဖြစ်လာပဲရတာယ်။／Hindi nangyari ang mga bagay na inaasahan ng prime minister.)

☐ **街頭**
がいとう
(di jalan／လမ်းပေါ်／kalye, daan)

▷ 街頭インタビュー、街頭演説
がいとう　　　　　　　がいとうえんぜつ
(wawancara jalanan, pidato jalanan／လမ်းမှာအင်တာဗျူးလမ်းပေါ်တရားဟောခြင်း／panayam sa kalye, talumpati sa kalye)

□ 外来
がいらい
(luaran /
ပြင်ပမှလာသည့်အရာ /
banyaga, panlabas)

▷ 外来語
がいらいご
(perkataan asing／နိုင်ငံခြားဘာသာ／salitang banyaga)

▶〈病院〉外来の診察は何時からですか。
びょういん　がいらい　しんさつ　なんじ
(<Hospital> Pukul berapa perundingan pesakit luar bermula?／
(ဆေးရုံ)ပြင်ပလူနာပြသဘာကဘယ်နှစ်နာရီကနေပါလဲ။／(Ospital) Anong oras magsisimula ang pagsusuri sa mga outpatient?)

□ 顔つき
かお
(raut wajah /
မျက်နှာအမူအရာ /
ekspresyon ng mukha)

▶ 彼は仕事になると、顔つきが全く変わる。
かれ　しごと　　　　かお　　　まった　か
(Apabila dia bekerja, wajahnya berubah sepenuhnya.／
သူဟာအလုပ်လုပ်ပြီဆိုရင်မျက်နှာအရအပြောင်းလဲတယ်။／Kapag pumasok siya sa trabaho, ganap na nagbabago ang ekspresyon ng mukha niya.)

□ 各種
かくしゅ
(pelbagai jenis /
အမျိုးအမျိုး／iba-iba)

▶ 各種チケットを格安で取り扱っています。
かくしゅ　　　　　　　かくやす　と　あつか
(Kami menawarkan pelbagai tiket dengan harga yang berpatutan.／
လက်မှတ်အမျိုးမျိုးကိုဈေးသက်သာစွာနဲ့လက်ခံဆောင်ရွက်ပေးနေပါတယ်။／Nagtitinda kami ng iba-t ibang tiket sa abot-kayang presyo.)

□ 化石
かせき
(fosil／ရုပ်ကြွင်း／fossil)

□ 課題
かだい
(tugasan /
အလုပ်တာဝန်ပြသနာ
/ homework,
assignment)

▷ 学校の課題、課題を提出する
がっこう　かだい　かだい　ていしゅつ
(hantar tugasan sekolah, tugasan lesen sementara, kediaman sementara／
ကျောင်းတာဝန်ပြသနာကိုတင်ပြသည်／homework sa eskuwelahan, magsabmit ng assigment)

▶ 実現にはまだ多くの課題が残っている。
じつげん　　　　おお　　かだい　の
(Masih banyak cabaran yang perlu direalisasikan.／
အကောင်အထည်ပေါ်ဖို့အထိကတော့ပြသနာတွေအများကြီးကျန်ပါသေးတယ်။／Sa totoo lang, marami pang problema ang natitira.)

□ 仮
かり
(sementara／ယာယီ／
pansamantala)

▷ 仮免許、仮の住まい
かりめんきょ　かり　す
(permohonan lesen percubaan, kediaman sementara／ယာယီခွင့်ပြုချက်၊ယာယီအိမ်／pansamantalang lisensiya, pansamantalang tirahan)

▶ バンドをやっているのは仮の姿で、彼は本当はお寺の住職なんです。
かり　すがた　かれ　ほんとう　てら　じゅうしょく
(Kumpulan itu adalah tokoh sementara, dan dia sebenarnya ketua imam kuil.／
ဘင်တီးဝိုင်းကိုလုပ်နေတာဟာယာယီရုပ်ပုံပါ၊သူတကယ်တော့သူတော်ဘုန်းကြီးကျောင်းရဲ့ကျောင်းထိုင်ဘုန်းကြီးပါ။／Pansamantalang lang ang pagtugtog niya sa banda; isa talaga siyang monk sa temple.)

□ 仮(に)
かり
(sementara／ထကယ်လို့
／pansamantala)

▶ 仮に私が留学したいって言ったら、お母さんは賛成、反対どっち？
かり　わたし　りゅうがく　い　かあ　さんせい　はんたい
(Jika saya kata saya ingin belajar di luar negara, adakah ibu saya akan bersetuju atau tidak?／
အကယ်၍ကျွန်ုပ်နိုင်ငံခြားမှာပညာသင်ချင်တယ်လို့ပြောရင်အမေကသဘောတူမလားကန့်ကွက်မလား။／Kung sasabihin kong gusto kong mag-aral sa ibang bansa, papayag ba kayo (nanay) o hindi?)

□ 慣習
かんしゅう
(adat／ဓလေ့ထုံးစံအလေ့အထ
／kaugalian)

▶ 地域によって慣習の違いがある。
ちいき　　　　かんしゅう　ちが
(Kastam berbeza dari rantau ke rantau.／ဒေသအလိုက်ဓလေ့ထုံးစံကွာခြားမှုရှိတယ်။／Iba-iba ang kaugalian, depende sa rehiyon.)

□ 間接
かんせつ
(tidak langsung／သွယ်ဝိုက်ခြင်း၊တိုက်ရိုက်မဟုတ်／hindi direkta)

▷ 間接選挙 対 直接
かんせつせんきょ　ちょくせつ
(pilihan raya tidak langsung／တိုက်ရိုက်မဟုတ်ရွေးကောက်ပွဲ／hindi direktang eleksyon)

□ 間接的(な)
かんせつてき
(secara tidak langsung／သွယ်ဝိုက်သော၊တိုက်ရိုက်မဟုတ်သော／hindi direkta)

▶ 間接的に聞いた話だけど、森さん、会社やめるみたい。
かんせつてき　き　はなし　もり　かいしゃ
(Saya mendengar secara tidak langsung, tetapi Encik Mori seolah-olah akan berhenti daripada syarikat itu.／တဆင့်ကြားရတဲ့စကားပါ၊မိုရိစံဟာကုမ္ပဏီအလုပ်ကနေထွက်မယ့်ပုံပဲ။／Hindi ko narinig ito nang direkta, pero mukhang titigil sa trabaho si Mori-san.)

□ 起源
きげん
(asal usul／မူလ／pinagmulan)

▷ 人類の起源
じんるい　きげん
(asal usul manusia／လူမျိုးနွယ်၏မူလ／pinagmulan ng sangkatauhan)

▷ パンの起源は、今から約6000年前に遡る。
きげん　いま　やく　ねんまえ　さかのぼ
(Asal-usul roti bermula kira-kira 6000 tahun dahulu.／ပေါင်မုန့်ရဲ့မူလဟာ၊လွန်ခဲ့တဲ့နှစ်ပေါင်း၆၀၀၀ခန့်ကပါ။／Bumabalik sa mga 6000 na taon ang pinagmulan ng tinapay.)

□ 基盤
きばん
(dasar／အခြေခံ／batayan, pundasyon)

▷ 生活の基盤
せいかつ　きばん
(asas kehidupan／နေထိုင်စားသောက်မှုအခြေခံ／pundasyon ng buhay)

▷ 町の復興には、まず、産業基盤の整備が急がれる。
まち　ふっこう　さんぎょう　きばん　せいび　いそ
(Bagi pembinaan semula bandar, keutamaan pertama ialah membangunkan infrastruktur perindustrian.／မြို့ကိုပြန်လည်စည်ကားစေရန်၊အရင်ဆုံး၊ထုတ်လုပ်မှုလုပ်ငန်းကိုအခြေခံတဲ့ပြင်ဆင်မှုကိုအမြန်ပြုလုပ်ဖို့လိုတယ်။／Para sa muling pagtatayo ng bayan, ang unang hakbang ay ang pagpapaunlad ng imprastraktura ng industriya.)

□ 教訓
きょうくん
(pengajaran／သင်ခန်းစာ／leksyon, aral)

▶ 今回の失敗を教訓に、よりよいサービスを目指します。
こんかい　しっぱい　きょうくん　めざ
(Kami akan belajar daripada kegagalan ini dan menyasarkan perkhidmatan yang lebih baik.／ဒီတစ်ကြိမ်မအောင်မြင်မှုကိုသင်ခန်းစာယူပြီး၊ပိုမိုကောင်းမွန်တဲ့ဝန်ဆောင်မှုကိုဦးတည်ပါမယ်။／Naging aral ang kabiguang ito, at maghangad tayo ng mas mahusay na serbisyo.)

□ 切れ目
き　め
(putus／အပြတ်၊အကြား／pahinga, puwang)

▶ それは切れ目があるから手で開けられるよ。
き　め　て　あ
(Ia mempunyai takuk supaya anda boleh membukanya dengan tangan.／ဒီဟာကပြတ်ကြောင်းရှိလို့လက်နဲ့ဖြတ်နိုင်တယ်။／May puwang iyan, kaya puwede mong buksan ng kamay mo.)

▶ この仕事は切れ目がなく、やることがいっぱいある。
しごと　き　め
(Kerja ini lancar dan banyak yang perlu dilakukan.／ဒီအလုပ်ဟာပြတ်တယ်မရှိဘူး၊လုပ်စရာတွေကအများကြီးပဲ။／Walang pahinga sa trabahong ito, at napakaraming gagawin.)

□ 屈辱
くつじょく
(penghinaan／အရှက်ကွဲခြင်း／kahihiyan)

▷ 屈辱を晴らす
くつじょく　は
(bersihkan kehinaan／အရှက်ကွဲခဲ့သည်ကိုစိတ်ရှင်းအောင်လုပ်သည်／humango sa kahihiyan)

▶ あんな相手に負けるなんて屈辱だよ。
あいて　ま　くつじょく
(Sungguh memalukan jika kalah dengan orang seperti itu.／မင်းကတစ်ဖက်လူကိုရှုံးရတယ်လို့ရှက်စရာပဲ။／Nakakahiya ang matalo sa ganyang kalaban.)

□ 屈辱的(な)
くつじょくてき
(memalukan／အရှက်ကွဲသော／nakakahiya)

▷ 屈辱的な扱いを受ける
くつじょくてき　あつか　う
(dihina／အရှက်ရသည်／mapahiya)

□ 経緯
けい い
(perinci／နောက်ကြောင်း
／detalye)

▶ 部長に今回のトラブルの経緯を説明した。回いきさつ
ぶちょう こんかい　　　　　　　　　　けい い　　　せつめい
(Saya menerangkan keadaan masalah ini kepada pengurus.／
ဌာနမှူးသည်ယခုအကြိမ်ဖြစ်ပွားမှု၏အခြေအနေများကိုရှင်းပြသည်／Ipinaliwanag ko sa section chief namin ang detalye ng problema ngayon.)

▶ 今までの経緯もあって、彼のことはあまり信用していない。
いま　　　　けいい　　　　　　　　かれ　　　　　　　　　しんよう
(Saya tidak terlalu mempercayainya kerana keadaan setakat ini.／
အခုအထိဖြစ်ခဲ့တဲ့နောက်ကြောင်းတွေကြောင့်သူ့ကိုမယုံဘူး။／Hindi ako masyadong nagtitiwala sa kanya dahil sa mga detalyeng nangyari noon.)

□ 懸案
けんあん
(isu yang belum selesai
／ဆိုင်းင့်ထားသောပြဿနာ
／nakabimbing isyu)

▷ 懸案事項
けんあん じ こう
(kebimbangan／စဉ်းစားရမယ့်ကိစ္စ／nakabimbing problema)

▷ 二国間で懸案になっている問題について話し合われた。
に こくかん　けんあん　　　　　　　もんだい　　　　　　　はな あ
(Membincangkan isu-isu kebimbangan antara kedua-dua negara.／
နှစ်နိုင်ငံအကြားဆိုင်းင့်ထားသောပြဿနာနဲ့ပတ်သက်၍ဆွေးဆိုခဲ့ကြသည်။／Nagkaroon ng diskusyon tungkol sa nakabimbing problema ng dalawang bansa.)

□ 権威
けん い
(otoriti／အာဏာပိုင်
／awtoridad,
kapangyarihan)

▷ 権威ある専門誌
けん い　　せんもんし
(jurnal yang sah／အခွင့်ရ၊ဘဏ်ထူးထူးမ၍ဇင်း／makapangyarihang journal)

▶ 先生は犯罪心理学の権威です。
せんせい　はんざいしん り がく　けん い
(Anda adalah pihak berkuasa dalam psikologi jenayah.／
ဆရာသည်ရာဇဝတ်မှုစိတ်ပညာတွင်အခွင့်အာဏာရှိသူဖြစ်သည်။／Ang titser ay isang awtoridad sa criminal pscyhology.)

□ 現地
げん ち
(tempat sebenar／
ဖြစ်ပွားရာနေရာ／aktuwal
na lugar, pinangyarihan)

▷ 現地からの中継、現地集合
げん ち　　　　ちゅうけい げん ち しゅうごう
(Siarkan dari tapak, perhimpunan tempatan／ဖြစ်ပွားရာနေရာမှလွှင့်ထုတ်ခြင်း၊ပြုလုပ်မည့်နေရာတွင်လူစုခြင်း／report mula sa lugar na pinangyarihan, pagkikita sa lugar)

▶ 海外進出に伴い、現地法人を設立した。
かいがいしんしゅつ　ともな　　　げん ち ほうじん　せつりつ
(Menubuhkan anak syarikat tempatan sempena pembesaran luar negara.／
နိုင်ငံရပ်ခြားသိုလုပ်ငန်းချဲ့ထွင်မှုနှင့်အတူ၎င်းဒေသတွင်ကုမ္ပဏီကိုတည်ထောင်ခဲ့သည်။／Nagtatag ng lokal na subsidiary para sa pagpapalawak sa ibang bansa.)

□ 原点
げんてん
(titik asal／
မူလစတင်မှုမှတ်／
pinagmulan, simula)

▶ この作家の原点は、少年期を過ごした東北の自然にあった。
さっか　げんてん　　しょうねんき　す　　　　とうほく　し ぜん
(Asal usul artis ini terletak pada sifat Tohoku, di mana dia menghabiskan masa kecilnya.／
ဤစာရေးဆရာ၏အစသည်ငယ်စဉ်ရှိနေထိုင်ခဲ့သည့်အရှေ့မြောက်ပိုင်းသဘာဝပတ်ဝန်းကျင်ဖြစ်သည်။／Ang simula ng sinulat ng manunulat ay sa kalikasan ng Tohoku, kung saan niya ginugol ang pagkabata niya.)

□ 言動
げんどう
(kata dan tindakan／
ပြောဆိုပြုမှု／kilos,
asal)

▷ 言動に注意する
げんどう ちゅうい
(perhatikan tingkah laku anda／ပြောဆိုပြုမှုမှုကိုသတိပေးသည်／bantayan ang sariling kilos)

▶ 最近の彼女の言動はちょっとおかしい。
さいきん　かのじょ　げんどう
(Kelakuannya baru-baru ini agak pelik.／အခုတလောသူမရဲ့ပြောဆိုပြုမှုဟာနည်းနည်းထူးတယ်။／Medyo kakatwa ang kilos niya kamakailan.)

□ **原理**（げんり）
（prinsip／သဘောတရား／prinsipyo, paraan）

▷ 市場原理（しじょうげんり）
（prinsip pasaran／ဈေးကွက်သဘောတရား／prinsipyo ng pamilihan）

▶ 飛行機が飛ぶ原理がわからない。（ひこうき／と／げんり）
（Saya tidak faham bagaimana pesawat terbang.／လေယာဉ်ပျံရဲ့ပျံသန်းမှုသဘောတရားကိုမသိဘူး။／Hindi ko naiintindihan kung paano lumilipad ang mga eroplano.）

□ **行為**（こうい）
（tindakan／အပြုအမူ／kilos, pag-uugali）

▷ 犯罪行為、親切な行為（はんざいこうい、しんせつ、こうい）
（perbuatan jenayah, perbuatan baik／ပြစ်မှုမြောက်သောအပြုအမူ၊ကြင်နာသောအပြုအမူ／gawaing kriminal, kabaitan）

▶ どんな行為が選挙違反になるんですか。（こうい／せんきょいはん）
（Apakah tindakan yang membentuk penipuan pilihan raya?／ဘယ်လိုအပြုအမူဟာရွေးကောက်ပွဲစည်းမျဉ်းချိုးဖောက်မှုဖြစ်မလဲ။／Anong pag-uugali ang paglabag sa eleksyon?）

□ **鉱山**（こうざん）
（lombong／မိုင်းတွင်းတောင်／minahan）

□ **公然**（こうぜん）
（secara terbuka／ပွင့်လင်းခြင်း၊ပြည်သူ／lantaran, pampubliko）

▷ 公然の秘密、公然と批判する（こうぜん／ひみつ／こうぜん／ひはん）
（rahsia terbuka, mengkritik secara terbuka／လျှို့ဝှက်ချက်ပေါက်ကြားသည်၊ပွင့်ပွင့်လင်းလင်းဝေဖန်သည်။／bukas na sikreto, hayagang punahin ）

▶ 彼が学生の頃、政治活動をしていたのは公然の事実です。（かれ／がくせい／ころ／せいじかつどう／こうぜん／じじつ）
（Ia adalah fakta terbuka bahawa beliau aktif berpolitik semasa beliau menjadi pelajar.／သူကကျောင်းသားတုန်းကနိုင်ငံရေးလှုပ်ရှားမှုလုပ်ခဲ့တာဟာအများသိအဖြစ်မှန်ပါ။／Bukas na katotohanan na naging politiko siya noong estudyante siya.）

□ **恒例**（こうれい）
（tradisi／လုပ်နေကျ／karaniwang ginagawa）

▶ 毎年４月に行われる 100 キロハイキングは、大学の恒例 行事です。（まいとし／がつ／おこな／だいがく／こうれいぎょうじ）
（Pendakian sejauh 100 kilometer yang diadakan setiap April merupakan acara tahunan di universiti.／နှစ်စဉ်ဧပြီလမှာကျင်းပသည့်ကီလိုမီတာ၁၀၀ခြေလျင်ခရီးသည်တက္ကသိုလ်၏လုပ်နေကျပွဲဖြစ်သည်။／Karaniwang ginagawa sa unibersidad taun-taon tuwing Abril ang 100 kilometrong hiking.）

□ **個々**（ここ）
（setiap satu／တစ်ဦးချင်း／indibidwal）

▶ 手続きに必要な書類は、個々のケースによって異なります。（てつづ／ひつよう／しょるい／ここ／こと）
（Dokumen yang diperlukan untuk prosedur bergantung pada setiap kes individu.／လုပ်ငန်းစဉ်အတွက်လိုအပ်သည့်စာရွက်စာတမ်းများသည်ကိစ္စတစ်ခုချင်းစီအလိုက်ခြားနားပါသည်။／Nag-iiba ang mga dokumentong kailangan para sa proseso, depende sa indibidwal na kaso.）

□ **事柄**（ことがら）
（perkara／အကြောင်းကိစ္စ／bagay, pangyayari）

▶ 通訳の場合、専門的な事柄についてもある程度対応できなければならない。（つうやく／ばあい／せんもんてき／ことがら／ていど／たいおう）
（Dalam kes jurubahasa, anda mesti boleh menangani perkara teknikal sedikit sebanyak.／စကားပြန်သည်အထူးသီးသန့်ကဏ္ဍအကြောင်းနှင့်ပတ်သက်၍လည်းတတ်နိုင်သမျှစကားပြန်ရမည်ဖြစ်သည်။／Sa kaso ng translation, dapat kaya ng interpreter na mag-translate ng mga teknikal na salita to a certain degree.）

□ **固有**
こゆう
(unik／တစ်မူထူးသော／
likas, kakaiba)

▷ 固有名詞、固有の財産
　こゆうめいし　　こゆう　　ざいさん
(kata nama khas, harta khas／ကိုယ်ပိုင်နာမ်၊ပုဂ္ဂလိကပိုင်ဆိုင်မှု／proper noun, natatanging asset)

▶ お花見は、日本固有の文化といえるかもしれません。圏特有
　　はなみ　　　にほんこゆう　ぶんか　　　　　　　　　　　　　　　　　　　とくゆう
(Melihat bunga sakura boleh dikatakan sebagai budaya yang unik di Jepun.／
ပန်းကြည့်ပွဲဟာဂျပန်ကိုယ်ပိုင်ယဉ်ကျေးမှုလို့ဆိုနိုင်မယ်။／Maaaring sabihing ang panonood ng cherry blossom
ay isang kakaibang kultura ng Japan.)

□ **根拠**
こんきょ
(asas／
အကြောင်းပြချက်၊အခြေအမြစ်
／batayan, dahilan)

▷ 根拠のない話、根拠となるデータ
　こんきょ　　　　はなし　こんきょ
(cerita yang tidak berasas, data berasaskan bukti／အခြေအမြစ်မရှိသောစကား၊အခြေအမြစ်ဖြစ်မည့်ဒေတာ／
kuwentong walang basehan, pinagbabatayang data)

▶ 彼らがそう主張する根拠は何ですか。
　かれ　　　　　しゅちょう　こんきょ　なに
(Apakah asas mereka mendakwa sedemikian?／သူတို့ကအဲဒီလိုအခိုင်အမာပြောနေတဲ့အခြေအမြစ်ဟာဘာလဲ။
／Ano ang basehan nila sa pag-angkin niyan?)

□ **根本**
こんぽん
(asas／အခြေအမြစ်／
ugat, pundasyon)

▶ 彼女とは根本的に考え方が違うので、いつも話が合わない。
　かのじょ　　　こんぽんてき　かんが　かた　ちが　　　　　　　　　はなし　あ
(Cara pemikiran saya pada asasnya berbeza dengan dia, jadi kami selalu tidak bersetuju.／
သူမနဲ့အခြေခံစဉ်းစားပုံမတူလို့စကားပြောရတာအမြဲတမ်းမကိုက်�’ဘူး။／Iba talaga ang paraan ng pag-iisip ko sa
kanya, kaya palagi kaming hindi nagkakasundo.)

□ **根本的**
こんぽんてき
(な、に)
(fundamental／အခြေအမြစ်ဖြစ်သော／pangunahin)

□ **策**
さく
(strategi／
နည်းလမ်း၊အကြံအစည်／
paraan)

▷ 解決策
　かいけつさく
(penyelesaian／ဖြေရှင်းနည်းလမ်း／solusyon)

▶ 何かいい策はないかなあ。
　なに　　　さく
(Adakah terdapat apa-apa yang boleh saya lakukan untuk membantu?／နည်းလမ်းတစ်ခုခုရှိလေမလား။／
Wala kayang magandang paraan?)

□ **作戦**
さくせん
(operasi／
ဗျူဟာ၊ကစားကွက်／
mahusay na paraan,
istratehiya)

▷ 作戦を練る
　さくせん　ね
(buat strategi／ကစားကွက်ကိုတိုးတက်အောင်／gumawa ng paraan)

□ **差出人**
さしだしにん
(pengirim／ပေးပို့သူ／ang nagpadala)

□ **差し支え**
さ　つか
(masalah／အဆင်မပြေ
／hadlang)

▶ 差し支えなければ、詳しい話をお聞かせください。
　さ　つか　　　　　　　　くわ　　　はなし　　き
(Jika anda tidak keberatan, sila beritahu saya butirannya.／
အဆင်ပြေမယ်ဆိုရင်စကားအသေးစိတ်ကိုကြားပါရစေ။／Kung hindi problema, maaari bang sabihin mo sa
akin ang detalye ng mga iniisip mo?)

□ **差し支える**
さ　つか
(menghalang／
အဆင်မပြေဖြစ်သည်／
hadlangan, maging sagabal)

▶ 早く帰らないと明日の仕事に差し支えるよ。
　はや　かえ　　　　あした　しごと　　さ　つか
(Jika anda tidak pulang awal, ia akan mengganggu kerja anda esok.／
စောစောမပြန်ရင်မနက်ဖြန်လုပ်ငန်းကအဆင်မပြေဖြစ်မယ်။／Kung hindi ka uuwi nang maaga, makakasagabal
ito sa trabaho mo bukas.)

勤詞 11

する動詞 12

自動詞・他動詞 13

名詞 14

形容詞 15

副詞 16

ぎおん語・ぎたい語 17

カタカナ語 18

対義語 19

意味が近い名葉 20

□ **軸**
じく
(paksi ／ ဝင်ရိုးမတ္တင်း／
axis)

▷ 時間軸　(paksi masa ／ အချိန်ဝင်ရိုး／ axis ng oras)
　じかんじく

▶ 左足を軸にして、回ってみてください。
　ひだりあし じく　　　　　　まわ

(Cuba pusing dengan kaki kiri anda sebagai paksi. ／ ဘယ်ခြေထောက်ကိုဝင်ရိုးပြုပြီးလှည့်ကြည့်ပါ။／
Subukan mong umikot gamit ang kaliwa mong paa bilang axis.)

▶ チームは彼を軸にまとまってきた。
　　　　　　かれ じく

(Pasukan itu telah berkumpul di sekelilingnya. ／ အသင်းဟာသူ့ကိုမဏ္ဍိုင်ထားပြီးစုစည်းမှုရှိလာတယ်။／
Nagsama-sama ang team sa paligid niya.)

□ **実情**
じつじょう
(keadaan sebenar／
ဟက်တယ်အခြေနေ／
aktwal na kondisyon)

▷ 住民らは改めて、騒音被害の実情を訴えた。回実態
　じゅうみん あらた　　　そうおん ひがい じつじょう うった　　　　　じったい

(Penduduk sekali lagi mengadu tentang keadaan sebenar kerosakan bunyi. ／
နေထိုင်သူများဟာထပ်လောင်းပြီးဆူညံသံဒဏ်ရဲ့အမှန်ဖြစ်မှန်ကိုတိုင်ကြားတယ်။／ Nagreklamo uli ang mga residente
tngkol sa aktwal na pinsalang dulot ng ingay.)

□ **実態**
じったい
(keadaan sebenar／
အဖြစ်မှန်／ katotohanan,
aktwal na kondisyon)

▷ 長期間に及ぶ取材により、不正の実態が明らかになった。
　ちょうきかん およ しゅざい　　　　ふせい じったい あき

(Siasatan panjang mendedahkan realiti penipuan itu. ／
အချိန်ရှည်လျပြီးသတင်းရယူချ၏အရာတရားလက်လွတ်အခြေအနေမှန်ကိုသိရသည်။／Nagsiwalat ng katotohanan
ng pandaraya ang isang mahabang pag-iimbestiga.)

回実情
　じつじょう

□ **指標**
しひょう
(petunjuk／
အညွှန်း／indeks,
tagapagpahiwatig)

▷ 経済指標、　教育の指標
　けいざい しひょう きょういく しひょう

(penunjuk ekonomi, penunjuk pendidikan ／ စီးပွားရေးအညွှန်း၊ပညာရေးအညွှန်း／indeks ng ekonomiya,
indeks ng edukasyon)

▷ この数字が、経営状況を評価する際の指標となる。
　　　すうじ　　　けいえいじょうきょう ひょうか さい しひょう

(Nombor ini berfungsi sebagai indeks untuk menilai situasi perniagaan. ／
ကျွန်ုပ်ကိန်းဂဏန်းသည်စီးပွားရေးအခြေအနေကိုဖော်ပြသည့်အခါ၏အညွှန်းဖြစ်သည်။／Ang numerong ito ang
nagsisilbing index para sa pagsusuri ng sitwasyon ng negosyo.)

□ **自明**
じめい
(jelas／
ကိုယ်တိုင်သက်သေ／
halata)

▷ 自明の理
　じめい り

(kebenaran／ နဂိုနှင့်အဆို／ katotohanan)

▶ 高齢化で社会保障費が増え続けるのは自明のことです。
　こうれいか しゃかいほしょうひ ふ つづ　　　　じめい

(Adalah jelas bahawa kos keselamatan sosial akan terus meningkat seiring dengan peningkatan usia
penduduk. ／ သက်ကြီးရွယ်အိုလူဦးရေများ၏အာမခံခွဲကုတ်မြင့်နေတာဟာသက်သေပြစရာမလိုတဲ့အမှန်ပါ။／
Malinaw na ang gastos sa social security ay patuloy na tataas habang tumatanda ang populasyon.)

□ **視野**
しや
(pandangan／ မြင်ကွင်း
／pananaw)

▷ 視野が狭い
　しや せま

(mempunyai perspektif yang sempit ／ မြင်ကွင်းကျဉ်းသည်။／makitid na pananaw)

□ **種々**
しゅじゅ
(pelbagai／ အမျိုးမျိုး／
iba-iba)

▷ 感染の発見が遅れることで、種々の問題が生じる。
　かんせん はっけん おく　　　　　しゅじゅ もんだい しょう

(Pelbagai masalah timbul akibat pengesanan jangkitan lewat. ／
ကူးစက်မှုတွေ့ရှိခြင်းကနှောက်ကျလို့သေသအမျိုးမျိုးပေါ်တယ်။／Iba-ibang problema ang lumitaw dahil sa
pagkaantala ng pagtuklas ng impeksiyon.)

2
47

☐ 主体（しゅたい）
(subjek／အဓိကအပိုင်း／pangunahing bahagi)

▶ サービスの運営主体（うんえいしゅたい）はどこですか。
(Siapakah pengendali perkhidmatan tersebut?／ဆားဗစ်ပေးတဲ့အဓိကအဖွဲ့အစည်းကဘယ်မှာလဲ။／Sino ang operator ng serbisyo?)

☐ 主体性（しゅたいせい）
(autonomi／လွတ်လပ်ခြင်း／pagsasarili)

▶ 日本（にほん）の学生（がくせい）はおとなしく、主体性（しゅたいせい）がないとよくいわれる。
(Selalunya dikatakan pelajar Jepun pendiam dan kurang berdikari.／ဂျပန်ကျောင်းသားများဟာရှက်ကြောက်တတ်ပြီးလွတ်လပ်မှုမရှိဘူးလို့ဆိုကြတယ်။／Laging sinasabing tahimik ang mga estudyanteng Hapon at wala silang sariling-kusa.)

☐ 主体的（しゅたいてき）(な)
(autonoma／လွတ်လပ်သော／nagsasarili, proaktibo)

▷ 主体的（しゅたいてき）な行動（こうどう）
(Tindakan proaktif／လွတ်လပ်သောစိတ်နှင့်လုပ်ဆောင်ချက်／proaktibong pagkilos)

☐ 出生率（しゅっしょうりつ）
(kadar kelahiran／မွေးနှုန်း／birth rate)

☐ 情勢（じょうせい）
(situasi／အခြေအနေ／sitwasyon)

▷ 国際情勢（こくさいじょうせい）
(hal ehwal antarabangsa／နိုင်ငံတကာအခြေအနေ／internasyonal na sitwasyon)

▶ ここ数年（すうねん）の経済情勢（けいざいじょうせい）を考（かんが）えると、来年（らいねん）も厳（きび）しくなりそうだ。
(Memandangkan keadaan ekonomi beberapa tahun kebelakangan ini, nampaknya tahun hadapan agak sukar.／မကြာသေးမီနှစ်များရဲ့စီးပွားရေးအခြေအနေကိုစဉ်းစားကြည့်ရင်လာမယ့်နှစ်လည်းကျပ်တည်းမယ့်ပုံပဲ။／Kung iisipin ang sitwasyon ng ekonomiya nitong mga nakaraang taon, mukhang magiging mahirap din sa mga susunod na taon.)

☐ 情緒（じょうちょ）
(perasaan／စိတ်ခံစားမှုသွင်ပြင်အခြေအနေ／damdamin, atmosphere)

▷ 下町（したまち）の情緒（じょうちょ）
(suasana pusat bandar／မြို့ဟောင်းအသွင်အပြင်／atmosphere ng lumang downtown)

▶ 歴史（れきし）のある町（まち）なだけに、情緒（じょうちょ）がある。
(Sebagai sebuah bandar yang mempunyai sejarah, ia mempunyai suasana tertentu.／သမိုင်းဝင်မြို့ဖြစ်လို့ခမ်းနားတဲ့အသွင်အပြင်ရှိတယ်။／Bilang isang bayang may kasaysayan, mayroon itong atmosphere.)

▶ うちの娘（むすめ）も、中学（ちゅうがく）に入（はい）ってから少（すこ）し情緒不安定（じょうちょふあんてい）なところがある。
(Anak perempuan saya juga agak tidak stabil dari segi emosi sejak memasuki sekolah menengah.／အိမ်ကသမီးလည်းအလယ်တန်းကျောင်းကိုဝင်ကတည်းကအသွင်းအပြင်ကကနာမငြိမ်ဘူး။／Mula nang pumasok sa junior high school ang anak kong babae, medyo naging emotionally unstable siya.)

☐ 情緒的（じょうちょてき）(な)
(emosional／စိတ်လှုပ်ရှားစေသော／emosyonal, sentimental)

□ **焦点**
しょうてん
(fokus /
ဆုံချက်အချက်အချာ /
focus)

▷ 焦点を合わせる
しょうてん あ
(fokus pada / ဆုံချက်ကိုကိုက်ညှိသည် / tumutok sa)

▶ 少し焦点がずれてきましたので、話を元に戻しましょう。
すこ しょうてん はなし もと もど
(Kami telah kehilangan tumpuan kami sedikit, jadi mari kita kembali ke landasan yang betul. /
အချက်အချာကနေနည်းနည်းလွဲသွားလို့မူလလကားကိုပြန်ကောက်ရအောင်။ / Medyo nalihis ang focus natin, kaya bumalik tayo sa pinag-uusapan natin.)

□ 同 **ピント**
(fokus / ဆုံချက် /
focus)

▶ なかなかピントが合わない。
あ
(Saya tidak boleh fokus. / တော်တော်နဲ့ဆုံချက်မကိုက်ဘူး။ / Hindi ako makapag-focus.)

□ **事例**
じれい
(contoh / ဥပမာ /
halimbawa)

▷ 成功事例
せいこうじれい
(kisah kejayaan / အောင်မြင်မှုဥပမာ / halimbawa ng tagumpay)

▶ 本サービスの導入事例をいくつかご紹介します。
ほん どうにゅうじれい しょうかい
(Berikut adalah beberapa contoh bagaimana perkhidmatan ini telah dilaksanakan. /
ဒီဝန်ဆောင်မှုကိုထည့်သွင်းတဲ့ဥပမာအချို့ကိုမိတ်ဆက်ပါမယ်။ / Narito ang ilang halimbawa ng pagpapakilala ng serbisyong ito.)

□ **真実**
しんじつ
(kebenaran / အမှန်တရား
/ katotohanan)

▶ 何が真実なのか、わからなくなってきた。
なに しんじつ
(Saya kehilangan jejak apa yang benar. / ဘယ်ဟာကအမှန်တရားလဲဆိုတာမသိတော့ဘူး။ / Hindi ko na alam kung ano ang katotohanan.)

□ **隙**
すき
(celah /
အကြား၊နေရာလွတ် /
puwang)

▷ 隙間、隙のない人
すきま すき ひと
(jurang, orang tanpa jurang / အကြား၊အလွန့်သတိရှိသူ / puwang, maingat na tao)

▶ 隙があるから、だまされるんだよ。
すき
(Kerana ada jurang, anda akan tertipu. / သတိမရှိလို့အလင်ခံရတာပေါ့။ / Dahil sa hindi ka nag-ingat, niloko ka.)

□ **前提**
ぜんてい
(prasyarat /
ကြိုတင်သတ်မှတ်ချက်၊ရည်မှန်းချက် /
premise, batayan, saligan)

▷ 結婚を前提に付き合う (／交際する)
けっこん ぜんてい つ あ こうさい
(dating atas dasar perkahwinan / လက်ထပ်ဖို့ရည်မှန်းပြီးမေထုန် းမှုသည် / makipag-date na nasa isip ang pagpapakasal)

▷ 産業活動の前提となるインフラの整備がまだ不十分だ。
さんぎょうかつどう ぜんてい せいび ふじゅうぶん
(Infrastruktur yang menjadi prasyarat untuk aktiviti perindustrian masih tidak mencukupi. /
ထုတ်လုပ်မှုလုပ်ငန်းရဲ့ရည်မှန်းချက်ဖြစ်မယ့်အခြေခံအဆောက်အအုံတည်ဆောက်မှုဟာမလုံလောက်သေးပါ။ / Hindi pa rin sapat ang imprastruktura na batayan para sa mga aktibidad na pang-industriya.)

□ **措置**
そち
(tindakan / အရေးယူခြင်း
/ sukat)

▷ 法的な措置を取る
ほうてき そち と
(mengambil tindakan undang-undang / ဥပဒေအရအရေးယူသည် / gumawa ng legal na aksyon)

□ **態勢**
たいせい
（sikap／စီစဉ်ပြင်ဆင်ခြင်း／kondisyon, paghahanda）

▷ 警戒態勢、万全の態勢で臨む
けいかいたいせい　ばんぜん　たいせい　のぞ
（berwaspada, ambil semua langkah yang mungkin／သတိပေးအခြေအနေ၊ပြည့်စုံစွာပြင်ဆင်သည်／state of alert, maghanda nang lubos）

▷ A高校では、留学生を受け入れる態勢が整った。
こうこう　りゅうがくせい　う　い　たいせい　ととの
（Di Sekolah Tinggi A, persiapan telah dibuat untuk menerima pelajar antarabangsa.／Aအထက်တန်းကျောင်းတွင်နိုင်ငံခြားကျောင်းသားကိုလက်ခံရန်စီစဉ်ပြင်ဆင်ပြီးပြီ။／Handa na ang High School A para tumanggap ng mga estudyante mula sa ibang bansa.）

□ **他方**
た ほう
（yang lain／တစ်ဖက်／kabilang panig, yung isa）

▷ 他方の主 張
たほう　しゅちょう
（tuntutan pihak lain／တစ်ဖက်လူရဲ့အခိုင်အမာပြောဆိုမှု／pag-angkin ng kabilang panig）

▷ この政策は国民にウケた。他方、大きな財政負担となった。
せいさく　こくみん　たほう　おお　ざいせいふたん
（Dasar ini popular di kalangan orang ramai. Sebaliknya, ia telah menjadi beban kewangan yang besar.／ဤမူဝါဒကိုပြည်သူကလက်ခံခဲ့သည်။တစ်ဖက်တွင်ကြီးမားသောဘဏ္ဍာရေးဝန်ပိခဲ့သည်။／Tinanggap ng mga mamamayan ang patakarang ito. Sa kabilang banda, naging malaking pasanin ito sa pananalapi.）

□ **単独**
たんどく
（bersendirian／တစ်ကိုယ်တော်／mag-isa）

▷ 単独ライブ
たんどく
（pertunjukan solo／တစ်ကိုယ်တော်ဖျော်ဖြေပွဲ／solong live performance）

▶ 彼らの場合、群れから離れ、単独で行動するのは稀です。
かれ　ばあい　む　はな　たんどく　こうどう　まれ
（Dalam kes mereka, mereka jarang meninggalkan kawanan dan pergi sendiri.／သူတို့က၊အဖွဲ့ကနေထွက်ပြီး၊သီးခြားအဖွဲ့အနေနဲ့လှုပ်ရှားတာဟာရှားပါတယ်။／Bihira sa kanila ang lumalayo sa kawan nila at kumikilos nang mag-isa.）

2
48

□ **断トツ**
だん
（penunjuk muktamad／အပြတ်အသတ်ပထမ／sigurado）

▶ 男の子が好きなスポーツの第１位は、断トツでサッカーだった。
おとこ　こ　す　だい　い　だん
（Bola sepak menunjukkan sukan kegemaran kanak-kanak lelaki nombor 1. Ianya muktamad.／ယောကျ်ားလေးတွေကြိုက်နှစ်သက်တဲ့အားကစားထဲမှာနံပါတ်တစ်ဟာ၊ဘောလုံးဟာအပြတ်အသတ်ပထမပါပဲ။／Siguradong soccer ang pinakagustong sport ng mga batang lalaki.）

□ **中古**
ちゅう こ
（terpakai／တစ်ပတ်ရစ်／secondhand）

▷ 中古車
ちゅうこしゃ
（kereta terpakai／တစ်ပတ်ရစ်ကား／secondhand na kotse）

□ **中立**
ちゅうりつ
（berkecuali／ကြားနေ၊ဘက်မလိုက်／walang kinikilingan, neutral）

▷ 中立国
ちゅうりつこく
（negara berkecuali／ကြားနေနိုင်ငံ／neutral na bansa）

▶ 中立の立場から二人に意見を言いました。
ちゅうりつ　たちば　ふたり　いけん　い
（Saya bercakap dengan mereka dari sudut pandangan neutral.／ဘက်မလိုက်သူနေရာကနေထင်မြင်ချက်ကိုသူတို့နှစ်ယောက်အားပြောခဲ့သည်။／Sinabi ko sa dalawa ang neutral kong opinyon.）

□ **通常**
つうじょう
（secara amnya／ထုံးစံအားဖြင့်၊ပုံမှန်အားဖြင့်／karaniwan, kadalasan）

▶ 通常はこの方法で検査します。
つうじょう　ほうほう　けんさ
（Ini adalah cara biasa untuk menyemak.／ပုံမှန်အားဖြင့်ဒီနည်းလမ်းနဲ့စုံစမ်းစစ်ဆေးမယ်။／Kadalasan, nagsusuri kami sa ganitong paraan.）

動詞 11

する動詞 12

自動詞・他動詞 13

名詞 14

形容詞 15

副詞 16

ぎおん語・ぎたい語 17

カタカナ語 18

対義語 19

意味が近い言葉 20

□ 杖
つえ
(rotan／တုတ်ကောက်／
tungkod, baston)

▷ 杖をつく
つえ
(guna tongkat／တုတ်ကောက်သုံးသည်／gumamit ng tungkod)

□ ツキ
(bulan／ကံတရား／
suwerte)

▷ ツキを呼ぶ
よ
(panggil tuah／ကံတရားကိုဆုတောင်းသည်／magdala ng suwerte)

▶〈くじ〉またはずれた。今日はツキがないなあ。
きょう
(<loteri> atau kalah. Saya tidak bernasib baik hari ini.／(မဲ)လှ်ပြန်ပြီးဒီနေ့ကံမကောင်းဘူးနော်။／(Lottery) Hindi na naman ako nanalo. Talagang hindi ako suwerte ngayon.)

□ ついている
(dilampirkan／
ကံကောင်းသည်／
suwertehin)

▶ 今日はついてるなあ。先生には褒められるし、くじには当たるし。
きょう　　　　　　　　　せんせい　　ほ　　　　　　　　　　　　あ
(Saya bertuah hari ini. Anda akan dipuji oleh guru anda dan anda akan memenangi loteri.／ဒီနေ့ကံကောင်းနေတယ်။ဆရာကလည်းချီးမွမ်းတယ်။မဲလည်းပေါက်တယ်။／Suwerte ako ngayon. Pinuri ako ng titser at nanalo rin ako sa lottery.)

□ 帝国
ていこく
(empayar／အင်ပိုင်ယာ／
empire)

▷ ローマ帝国、帝国主義
ていこく　　ていこくしゅぎ
(Empayar Rom, imperialisme／ရောမအင်ပိုင်ယာနယ်ချဲ့ဝါဒ／Roman Empire, imperyalismo)

□ 手品
てじな
(silap mata／မျက်လှည့်／magic)

□ 哲学
てつがく
(falsafah／ဒဿနိက／
pilosopiya)

▷ ギリシャ哲学、経営哲学
てつがく　けいえいてつがく
(falsafah Yunani, falsafah pengurusan／ဂရိအတွေးအခေါ်၊စီမံခန့်ခွဲမှုအတွေးအခေါ်။／pilosopiyang Griyego, pilosopiya ng pamamahala)

▶ 彼には何の哲学もない。
かれ　　なん　てつがく
(Dia tidak mempunyai falsafah.／သူ့မှာဘာအတွေးအခေါ်မှမရှိဘူး။／Wala siyang sariling pilosopiya.)

□ 手引き
てびき
(bimbingan／လက်စွဲ／
gabay.)

▷ 手引書
てびきしょ
(buku panduan／လက်စွဲစာအုပ်／guidebook)

▶「受験の手引き」をよく読んでからお申し込みください。
じゅけん　てび　　　　　　　よ　　　　　　　　　　もう　こ
(Sila baca Panduan Peperiksaan dengan teliti sebelum memohon.／「စာမေးပွဲဝင်လက်စွဲ」 ကိုအသေအချာဖတ်ပြီးမှလျှောက်လွှာတင်ပါ။／Pakibasa ninyong mabuti ang "gabay sa entrance exam" bago kayo mag-apply.)

□ 電圧
でんあつ
(voltan／ဓါတ်အား／voltage)

□ 天然
てんねん
(semula jadi／သဘာဝ／
natural)

▷ 天然マグロ
てんねん
(tuna liar／သဘာဝတူနာငါး／wild na tuna)

□ 陶器
とうき
(tembikar／မြေထည်ပစ္စည်း／pottery)

□ **動向**
どうこう

(trend /
ခေတ်ရေစီးကြောင်း /
kalakaran, takbo)

▷ 市場 / 業界の動向を探る
しじょう／ぎょうかい　どうこう　さぐ

(Terokai trend pasaran/industri／စျေးကွက်/ထုတ်လုပ်မှုစီးကြောင်းကိုရှာသည်／galugarin ang mga kalakaran sa market / industriya)

▶ 番組では毎回、世界の動向を伝えていきます。
ばんぐみ　　まいかい　せかい　どうこう　つた

(Program ini akan memastikan anda mendapat maklumat terkini tentang apa yang berlaku di seluruh dunia.／တီဗွီအစီအစဉ်တွင်အကြိမ်တိုင်းကမ္ဘာ့ခေတ်ရေစီးကြောင်းကိုပြောလျက်ရှိသည်။／Ipinahahayag tuwina sa programa ang mga kalakaran sa mundo.)

□ **道理**
どうり

(sebab /
ဆင်ခြင်တုံတရား၊ယုတ္တိ /
prinsipyo, dahilan)

▷ 道理にかなう
どうり

(masuk akal／ယုတ္တိရှိသည်／may katuturan)

▶ 彼一人だけが責任を負うなんて、道理に合わない。
かれひとり　　　せきにん　お　　　　　どうり　あ

(Tidak masuk akal bahawa dia sahaja yang harus bertanggungjawab.／
တစ်ယောက်တည်းကတာဝန်ယူရမယ်ဆိုရင်၊ယုတ္တိမရှိဘူး။／Hindi makatwiran na siya lang ang dapat managot.)

□ **特産**
とくさん

(kepakaran／အထူးထွက်
/espesyalidad)

▷ 特産品
とくさんひん

(barangan istimewa／အထူးထွက်ကုန်ပစ္စည်း／espesyal na bilihin)

▶ お土産にはこのメロンを買うよ。ここの特産なんだって。
みやげ　　　　　　　　　か　　　　　　　　　　とくさん

(Saya akan membeli tembikai ini sebagai cenderahati. Ia adalah produk istimewa di sini.／
လက်ဆောင်အတွက်ဒီသခွားမသီးကိုဝယ်မယ်။အထူးထွက်ပစ္စည်းတဲ့။／Bibilhin ko ang melon ito bilang pasalubong. Espesyalidad ito sa lugar na ito.)

□ **独自**
どくじ

(Asal／မူရင်း၊ကိုယ်ပိုင်／
bukod-tangi, sarili)

▷ 日本独自の習慣
にほんどくじ　しゅうかん

(adat yang unik di Jepun／ဂျပန်နိုင်ငံ့ကိုယ်ပိုင်ဓလေ့／bukod-tanging ugali sa Japan)

▷ 彼らは独自の方法で調査を行った。
かれ　　どくじ　ほうほう　ちょうさ　おこな

(Mereka membuat kajian sendiri.／သူတာကိုယ်နည်းကိုယ်ဟန်စုံစမ်းထောက်လှမ်းတယ်။／Nag-imbestiga sila sa pamamagitan ng sarili nilang paraan.)

匿名
とくめい

(tanpa nama／
အမည်ဝှက်မသိ／anonymous,
walang pangalan)

▶ 匿名で他人を中傷する書き込みが増えている。
とくめい　たにん　ちゅうしょう　　　か　こ　　　　ふ

(Siaran fitnah tanpa nama semakin meningkat.／
အမည်အသိုနဲ့တစ်ဖက်သားကိုလုပ်ကြံပြီးအသရေဖျက်တဲ့အရေးအသားတွေများပြားနေတယ်။／Dumarami ang mga anonymous na paninirang-puri.)

□ **特有**
とくゆう

(pelik／ထူးခြားသော／
kakaiba, likas)

▷ 女性特有の病気、温泉特有の匂い 圓固有
じょせいとくゆう　びょうき　おんせんとくゆう　にお　　　　こゆう

(penyakit khas wanita, bau khas mata air panas／အမျိုးသမီးထွးခြားရောဂါ၊ရေပူစမ်းရဲ့ထွးခြားသောအနံ့／sakit na kakaiba sa mga babae, amoy na likas sa hotspring)

□ **土砂**
どしゃ

(tanah dan pasir／
မြေကြီးနဲ့သဲ／lupa at
buhangin)

▷ 土砂崩れ、土砂を運搬する
どしゃくず　　どしゃ　うんぱん

(tanah runtuh, mengangkut tanah dan pasir／မြေပြိုခြင်း၊မြေကြီးသဲကိုသယ်ယူသြခင်း／pagguho ng lupa, paghahakot ng lupa at buhangin)

▶ 台風の影響で土砂災害の恐れがあります。
たいふう　えいきょう　どしゃさいがい　おそ

(Terdapat risiko tanah runtuh akibat taufan.／တိုင်းဖွန်းမုန်တိုင်းကြောင့်မြေပြိုမယ်စိုးရိမ်မှုရှိတယ်။／May panganib ng pagguho ng lupa dahil sa bagyo.)

動詞 11
する動詞 12
自動詞・他動詞 13
名詞 14
形容詞 15
副詞 16
きおん残したい語 17
カタカナ語 18
対義語 19
意味が近い言葉 20

□ **任意**
にんい

(mana-mana／
မိမိ၏သဘော／kusang-
loob, opsyonal)

▷ 任意で入る保険
にんい はい ほけん

(insurans pilihan／မိမိ၏သဘောနှင့်ဝင်ရသောအာမခံ／opsyonal na insurance)

▶ アンケートのいくつかは任意の回答とした。
にんい かいとう

(Beberapa soal selidik adalah jawapan sukarela.／မေးမြန်းလွှာမှာမိမိသဘောနဲ့ဖြေတာအချို့ရှိတယ်။／May
mga tanong na puwede ninyong boluntaryong sagutin.)

□ **控え**
ひか

(Rizab／အရံ/မိတ္တူ／
reserve, kopya)

▷ 控えの選手、メアド（＝メールアドレス）の控え、領収書
ひか せんしゅ   ひか りょうしゅうしょ
の控え
ひか

(pemain simpanan, salinan alamat mel (= alamat e-mel), salinan resit／
အရံကစားသမား၊အီးမေးလ်လိပ်စာမိတ္တူ၊ငွေစာရင်းမိတ္တူ／reserve na player, kopya ng email address, kopya ng
resibo)

▶ なくして困らないよう、控えを1部取っておいてください。
こま   ひか ぶ と

(Sila simpan salinan supaya anda tidak kehilangannya.／
ပျောက်ကြီးလည်းဒုက္ခမရောက်တာ့၊မိတ္တူတစ်စုံစုကူးထားပါ။／Gumawa kayo ng isa pang set na kopya at itago
ninyo, para hindi kayo magproblema kapag nawala ito.)

□ **人目**
ひとめ

(mata／
လူ့အမြင်လူ့အကြည့်／
atensyon, pansin)

▷ 人目を避ける、人目を気にする
ひとめ さ   ひとめ き

(mengelakkan perhatian／လူ့အမြင်လူ့အကြည့်ကိုရှောင်ရသည်၊လူ့အမြင်လူ့အကြည့်ကိုသတိထားသည်／iwasan ang
atensyon ng publiko, mag-alala tungkol sa atensyon ng publiko)

▶ 大事な情報なら、もっと人目につくようなとこに貼らないと。
だいじ じょうほう   ひとめ   は

(Jika ia maklumat penting, saya perlu menyiarkannya di tempat yang lebih mudah dilihat.／
အရေးကြီးတဲ့သတင်းဆိုရင်ပိုပြီးလူ့မြင်ရနိုင်မယ့်နေရာမှာကပ်ရမယ်။／Mahalagang impormasyon ito, kaya dapat
mong ipaskil ito sa lugar na makakakuha ang atensyon ng tao.)

□ **ひび**

(retak／အက်ကြောင်း／
lamat, bitak)

▷ 友情にひびが入る
ゆうじょう   はい

(retak persahabatan／ခင်မင်မှုပျက်သည်／lamat sa pagkakaibigan)

▶ グラスにひびが入ってる。
はい

(Kaca itu retak.／ဖန်ခွက်မှာအက်ကြောင်းရှိတယ်။／May lamat ang baso.)

□ **備品**
びひん

(perlawanan／
တန်ဆာလလာများ／
kagamitan)

▶ 見本市用の商品サンプルと備品は別々の箱に入れてくださ
みほんいちよう しょうひん   びひん べつべつ はこ い
い。

(Sila letakkan sampel produk dan bekalan untuk pameran perdagangan dalam kotak berasingan.／
နမူနာပစ္စည်းနဲ့တန်ဆာလလာကိုဘူးခွဲပြီးထည့်ပါ။／Ipasok ninyo sa magkaibang kahon ang mga sample ng
produkto at ang mga kagamitan.)

□ **風習**
ふうしゅう

(kastam／
လေ့ထုံးစံ/အလေ့အထ／
kaugalian, ugali)

▷ この地方には珍しい風習がある。
ちほう めずら ふうしゅう

(Wilayah ini mempunyai adat yang unik.／ဒီဒေသမှာထူးခြားတဲ့လေ့ထုံးစံရှိပါတယ်။／May kakaibang
kaugalian ang rehiyong ito.)

2

□ 風俗
ふうぞく
(adab dan adat resam
／အမူအကျင့်နှင့်ဓလေ့ထုံးစံ
／kaugalian)

▷ 風俗店
ふうぞくてん
(kedai seks／လိင်ဆက်ဆံရေးဆိုင်／lugar ng panandaliang-aliw)

▶ これは、江戸時代の風俗の歴史をまとめた本です。
えどじだい ふうぞく れきし ほん
(Ini adalah buku yang meringkaskan sejarah adab dan adat pada zaman Edo.／
ဒါဟာအဲဒီ့ခေတ်ရဲ့လိင်ဆက်ဆံရေးသမိုင်းကိုစုစည်းပြုစုထားတဲ့စာအုပ်ပါ။／Tungkol sa mga kaugalian noong Edo period ang librong ito.)

□ 風土
ふうど
(iklim／ရာသီဝန်းကျင်／
klima)

▷ 日本の風土に合った家
にほん ふうど あ いえ
(rumah yang sesuai dengan iklim Jepun／ဂျပန်ရဲ့ရာသီဝန်းကျင်နှင့်ကိုက်ညီတဲ့အိမ်／bahay na nababagay sa klima ng Japan)

▶ どの会社にも、それぞれの企業風土というものがある。
かいしゃ きぎょうふうど
(Setiap syarikat mempunyai budaya korporat sendiri.／
မည်သည့်ကုမ္ပဏီမဆိုအသီးသီးသောကုမ္ပဏီရဲ့ဝန်းကျင်အခြေအနေများရှိသည်။／Kahit anong kompanya, may
kanya-kanyang kultura ang bawat korporasyon.)

□ 風評
ふうひょう
(Khabar angin／
ကောလာဟာလ／tsismis,
usap-usapan)

▶ 地元の農家は、風評被害が起きないか、心配している。
じもと のうか ふうひょうひがい お しんぱい
(Petani tempatan bimbang tentang kerosakan reputasi.／
ဒေသရဲ့လယ်ယာသမားတွေဟာကောလာဟာလဒဏ်ဖြစ်လာနိုင်သလားလို့စိတ်ပူနေကြတယ်။／Nag-aalala ang mga
lokal na magsasaka tungkol sa mga tsismis na nakakapinsala.)

□ 物資
ぶっし
(bekalan／
ထောက်ပံ့ရေးပစ္စည်း／
gamit, paninda)

▷ 生活物資、物資の調達
せいかつぶっし ぶっし ちょうたつ
(perolehan keperluan dan bekalan harian／စားဝတ်နေရေးထောက်ပံ့ပစ္စည်း၊ထောက်ပံ့ပစ္စည်းရယူပေးသည်／
pang-araw-araw na gamit, pagkuha ng mga kalakal)

▶ 被災地には、続々と救援物資が届けられている。
ひさいち ぞくぞく きゅうえんぶっし とど
(Bekalan bantuan sedang dihantar ke kawasan yang terjejas.／
သောဘေးဒဏ်ကိုကာယ်ဆယ်ထောက်ပံ့ရေးပစ္စည်းတွေဆက်ကာဆက်ကာရောက်ကာနေတယ်။／Tuluy-tuloy ang
pagdating ng relief supply sa pinangyarihan ng kalamidad.)

□ 武力
ぶりょく
(memaksa／လက်နက်အင်အား／puwersa)

□ 文明
ぶんめい
(tamadun／
လူ့ယဉ်ကျေးမှု／
sibilisasyon)

▷ エジプト文明
ぶんめい
(tamadun mesir／အီဂျစ်လူ့ယဉ်ကျေးမှု／sibilisasyon ng Ehipto)

□ 兵士
へいし
(askar／စစ်သား／
sundalo)

▷ 兵隊
へいたい
(askar／စစ်တပ်／sundalo)

□ 便宜
べんぎ
(kemudahan
／အဆင်ပြေမှု／
kaginhawahan)

▶ 便宜上、お名前をカタカナで表記しています。
べんぎじょう なまえ ひょうき
(Untuk kemudahan, nama ditulis dalam katakana.／အဆင်ပြေစေရန်အတွက်အမည်ကို'ခတကန'နဲ့ရေးပါတယ်။
／Para mas madali, isinusulat namin sa Katakana ang mga pangalan.)

▶ 出張先ではいろいろと便宜を図っていただき、ありがとう
しゅっちょうさき べんぎ はか
ございました。
(Terima kasih banyak atas bantuan anda sepanjang perjalanan perniagaan saya.／
အလုပ်ခရီးမှာအဆင်ပြေစေရန်အမျိုးမျိုးကူညီပေးတဲ့အတွက်ကျေးဇူးတင်ပါတယ်။／Maraming salamat sa lahat ng
tulong na ibinigay ninyo sa akin sa business trip ko.)

動詞 11

する動詞 12

自動詞・他動詞 13

名詞 14

形容詞 15

副詞 16

ぎおん語 ぎたい語 17

カタカナ語 18

対義語 19

意味が近い言葉 20

□ **牧畜**
ぼくちく
(ternakan／မွေးမြူရေး／
pag-aalaga ng hayop)

▷ 人々は草原に暮らし、主に牧畜を営んでいる。
ひとびと　そうげん　く　　おも　ぼくちく　いとな
(Orang ramai tinggal di padang rumput dan terutamanya ternakan.／
လူတွေဟာမြက်ခင်းပြင်ကျယ်မှာနေထိုင်ပြီးအဓိကအားဖြင့်မွေးမြူရေးကိုပြုလုပ်လျက်ရှိပါတယ်။／Nakatira ang mga tao sa damuhan at karaniwang nag-aalaga sila ng mga hayop.)

□ **本質**
ほんしつ
(inti pati／
အနှစ်သာရပုဒ္ဒနှ
essence)

▷ 本質を見抜く
ほんしつ　　みぬ
(melihat melalui inti pati／အနှစ်သာရကိုထိုးထွင်းမြင်သည်／malaman ang essence)

▶ 一方の側からの意見だけでは、物事の本質は見えてこない。
いっぽう　がわ　　　　いけん　　　　　　ものごと　ほんしつ　み
(Pendapat dari satu pihak sahaja tidak mendedahkan intipati sesuatu.／
တစ်ဖက်သားရဲ့ထင်မြင်ချက်တစ်ခုတည်းနဲ့ကတော့အရာများရဲ့အနှစ်သာရကိုမြင်မလာနိုင်ဘူး။／Hindi mo makikita ang essence ng mga bagay kung isang panig lamang ng opinyon ang maririnig mo.)

□ **本質的（な）**
ほんしつてき
(penting／ပဓာနကျသော
／mahalaga, totoo)

▶ 男性と女性の本質的な違いをまず理解することだ。
だんせい　じょせい　ほんしつてき　ちが　　　　　　りかい
(Langkah pertama ialah memahami perbezaan penting antara lelaki dan wanita.／
အမျိုးသားနဲ့အမျိုးသမီးတို့ရဲ့ပဓာနကျတဲ့ခြားနားခြင်းကိုနားလည်သဘောပေါက်ဖို့ပဲ။／Kailangan munang maintindihan ang mahalagang pagkakaiba ng mga lalaki at babae.)

□ **本場**
ほんば
(Rumah／မူလနေရာ／
pinanggalingan, tunay)

▷ 本場で修業する
ほんば　　しゅぎょう
(kereta api di rumah／မူလနေရာမှာလေ့ကျင့်သည်／magsanay sa tunay na buhay)

▶ さすが本場のピザは違うと思いました。
ほんば　　　　　　ちが　　おも
(Seperti yang dijangkakan, saya fikir pizza asli itu berbeza.／
တကယ့်မူလနေရာ့ပီဇာဟာတကယ်ကိုအာဟာရတွေ့လို့ထင်တယ်။／Gaya ng inaasahan, naisip ko na iba ang tunay na pizza.)

□ **見出し**
みだし
(tajuk utama／ခေါင်းစီး
／headline)

▷ 新聞の見出し
しんぶん　みだし
(tajuk akhbar／သတင်းစာခေါင်းစီး／headline sa dyaryo)

□ **見通し**
みとお
(Tinjauan／အလားအလာ
／pananaw, tanawin)

▷ 景気の見通し
けいき　みとお
(pandangan ekonomi／စီးပွားရေးအလားအလာ／pang-ekonomiyang pananaw)

▶ 電車が止まって30分たつが、復旧の見通しはまだ立っていないようだ。
でんしゃ　と　　　　ぷん　　　　ふっきゅう　みとお　　　　　た
(Sudah 30 minit kereta api berhenti, tetapi nampaknya masih tiada prospek untuk dipulihkan.／
ရထားရပ်သွားပြီးမိနစ်၃၀ကြာပေမဲ့ပြန်ကောင်းမယ့်အလားအလာမရှိသေးပုံရတယ်။／30 minuto nang nakatigil ang tren, pero wala pang prospect ng recovery.)

□ **源**
みなもと
(sumber／အရင်းအမြစ်
／pinanggalingan,
tunay)

▷ 私の元気の源は、子供の笑顔です。
わたし　げんき　みなもと　　こども　えがお
(Sumber tenaga saya adalah senyuman seorang kanak-kanak.／
ကျွန်မရဲ့လန်းဆန်းမှုအရင်းအမြစ်ကတော့ကလေးများရဲ့အပြုံးပဲ။／Ngiti ng mga anak ko ang pinanggagalingan ng sigla ko.)

□ **旨**
むね
(kesan／
အကြောင်းရည်ရွယ်ချက်／
layunin, balak)

▶ 出席できない場合はその旨をメールでお知らせください。
しゅっせき　　　　ばあい　　　　むね
(Jika anda tidak dapat hadir, sila maklumkan kepada kami melalui e-mel.／
မတက်ရောက်နိုင်ဘူးဆိုရင်အဲ့ဒီအကြောင်းကိုကိုအီးမေးလ်နဲ့အကြောင်းကြားပါ။／Kung hindi kayo makakarating, pakipaalam lang ninyo sa e-mail.)

□ 恵み
めぐ
(rahmat／အကျိုးကျေးဇူး
／biyaya, pagpapala)

▷ 恵みの雨
めぐ あめ
(hujan yang diberkati／အကျိုးပြုသောမိုး／biyayang ulan)

▷ 〈広告〉自然の恵みをお届けします。
こうこく しぜん めぐ とど
(＜Iklan＞ Menyampaikan nikmat alam.／(ကြော်ငြာ)သဘာဝရဲ့အကျိုးဇူးကိုပေးပို့ပါမယ်။／(Advertisement) Ihahatid namin ang pagpapala ng kalikasan.)

□ 目先
めさき
(serta merta／
မျက်စိအောက်လောလောဆယ်
／nakikita na, nasa malapit)

▶ あの社長は目先の利益しか考えていない。
しゃちょう めさき りえき かんが
(Presiden itu hanya memikirkan keuntungan segera.／
အဲဒီကုမ္ပဏီဥက္ကဋ္ဌလောလောဆယ်အမြတ်ရေးကိုပဲသာဆင်ကြည့်တယ်။／Panandaliang tubo lang ang iniintindi ng presidenteng iyon.)

□ 持ち運び
も はこ
(membawa／
သယ်ဆောင်ခြင်း／
pagdadala)

▶ これは薄くて軽いので、持ち運びに便利です。
うす かる も はこ べんり
(Ia nipis dan ringan, jadi mudah dibawa ke mana-mana.／
ဒီဟာကပါးပြီးပေါ့တာကြောင့်သယ်ဆောင်ရတာလွယ်တယ်။／Manipis ito at magaan, kaya madaling dalhin.)

□ 闇
やみ
(kegelapan／အမှောင်／
kadiliman)

▷ 暗闇
くらやみ
(kegelapan／မှောင်ခြင်း／kadiliman)

□ ゆとり
(ruang／
နှောင့်ယှက်ခြင်းမှကင်းလွတ်သက်သာရှိခြင်း／
espasyo)

▷ 家計にゆとりができる
かけい
(mampu menanggung bajet isi rumah／အိမ်ဝရိတ်တွက်ချောင်လည်သည်／maalwan ang badyet ng pamilya)

▶ 2泊3日じゃ、あまりゆとりがないなあ。せめて3泊4日にしよう。
はくみっか はくよっか
(3 hari 2 malam tak cukup. Jom bermalam sekurang-kurangnya 4 hari 3 malam.／
နှစ်ညအိပ်သုံးရက်ဆိုရင်သိပ်ပြီးတော့သက်သောင်သက်သာမရှိဘူး။အနည်းဆုံးသုံးညအိပ်လေးရက်လုပ်ရအောင်။／
Masyadong maikli ang dalawang araw at tatlong gabi. Gawin kaya nating pinamaikli ang 3 gabi at 4 na araw?)

□ 余地
よち
(bilik／
လှည့်စရာနေစရာနေရာလွတ်
／espasyo)

▷ 選択／改善の余地はない
せんたく かいぜん よち
(tiada pilihan/penambahbaikan.／ရွေးချယ်မှု/တိုးတက်မှုအတွက်လှည့်စရာနေစရာမရှိဘူး။／walang pagpipilian/pagpapabuti)

▶ 答えは既に明らかで、議論の余地はない。
こた すで あき ぎろん よち
(Jawapannya sudah jelas dan tidak dipertikaikan.／အဖြေကရှင်းနေပြီတယ်ဆွေးနွေးစရာမရှိပါဘူး။／
Maliwanag ang sagot, kaya wala tayong pag-uusapan.)

▶ 事故は完全にA社の責任で、弁解の余地などない。
じこ かんぜん しゃ せきにん べんかい よち
(Kemalangan itu sepenuhnya tanggungjawab Syarikat A, dan tidak ada ruang untuk alasan.／
မတော်တဆထိခိုက်မှုဟာAကုမ္ပဏီမှာလုံးဝတာဝန်ရှိပြီးဆင်ခြေဆင်လက်ပေးစရာမရှိပါဘူး။／Ang Company A ang tanging may responsibilidad sa aksidente, at wala silang puwedeng idahilan.)

□ 酪農
らくのう
(tenusu／
နို့ထွက်ပစ္စည်းမွေးမြူထုတ်လုပ်ရေး／
dairy farming)

▷ 酪農家
らくのう か
(penternak tenusu／နို့ထွက်ပစ္စည်းမွေးမြူထုတ်လုပ်သူ／dairy farmer)

動詞 11

する動詞 12

自動詞／他動詞 13

名詞 14

形容詞 15

副詞 16

ぎおん語・ぎたい語 17

カタカナ語 18

対義語 19

意味が近い言葉 20

□ 利害
りがい

（minat／
အကျိုးစီးပွားနှင့်ဆုံးရှုံးမှု／
interes）

▷ 利害の対立、利害関係者
りがい　たいりつ　りがいかんけいしゃ

（konflik kepentingan, pihak berkepentingan／
အကျိုးစီးပွားနှင့်ဆုံးရှုံးမှုများပြိုင်ဘက်၊အကျိုးစီးပွားနှင့်ဆုံးရှုံးမှုတွင်ပတ်သက်သူ／salungatang interes, mga interesadong tao）

▶ 彼らとは利害関係が一致するので、協力し合えると思う。
かれ　　　りがいかんけい　いっち　　　　　　　きょうりょく　あ　　　　　おも

（Saya rasa kita boleh bekerjasama kerana kita mempunyai minat yang sama.／
ကျွန်ုပ်တို့နဲ့သူတို့ဟာ၊အကျိုးစီးပွားနှင့်ဆုံးရှုံးမှုမှာအတူတူမိုလို့၊ပူးပေါင်းလုပ်ဆောင်မယ်လို့စဉ်းစားပါတယ်။／Dahil pareho ang interes natin, sa palagay ko, maaari tayong makipagtulungan sa kanila.）

□ 倫理
りんり

（etika／ကျင့်ဝတ်／
etika）

▶ 今後ますます、企業の倫理観が問われることになるだろう。
こんご　　　　　　　　きぎょう　りんりかん　と

（Etika korporat akan semakin dipersoalkan pada masa hadapan.／
အနာဂတ်မှာစီးပွားရေးလုပ်ငန်းကျင့်ဝတ်ကိုပိုပြီးမေးမြန်းလာလေလေလား။／Sa hinaharap, parami nang parami ang mga magtatanong tungkol sa etika ng mga korporsyon.）

□ 朗報
ろうほう

（berita baik／
သတင်းကောင်း／
magandang balita）

▶ 日本人がノーベル賞を取ったんだって。　ヘー、それは朗報
にほんじん　　　　　　　しょう　と　　　　　　　　　　　ろうほう
だね。

（Seorang Jepun memenangi Hadiah Nobel. -Heh, itu berita baik.／
ဂျပန်လူမျိုးကနိုဘယ်ဆုရတယ်တဲ့။ဟယ်၊အဲဒါသတင်းကောင်းပဲ။／Narinig kong nakakuha ng Nobel award ang isang Hapon. - Wow, magandang balita iyan!）

□ 路地
ろじ

（lorong／လမ်းကြား／
eskinita）

▶ お店は、表通りから少し路地に入ったところにあります。
みせ　　おもてどお　　　すこ　ろじ　はい

（Kedai ini terletak di lorong kecil dari jalan utama.／
ဆိုင်ကမျက်နှာစာလမ်းကနေလမ်းကြားကိုနည်းနည်းဝင်တဲ့နေရာမှာရှိတယ်။／Nasa pagpasok nang kaunti sa eskinita mula sa malaking kalye ang tindahan.）

⑮ 形容詞　けいようし　(Kata sifat／နာမဝိသေသန／Mga Adjective)

□ **圧倒的（な）**
あっとうてき
(mutlak／
အပြတ်အသတ်ဖြစ်သော／
napakatindi)

▷ 昨年に続き、A大学が圧倒的な強さで優勝した。
さくねん　つづ　　　　だいがく　あっとうてき　つよ　　　ゆうしょう

(Mengikut tahun lepas, Universiti A menang dengan kekuatan yang dominan.／
နှစ်ကနဲ့ဆက်လက်ပြီး A တက္ကသိုလ်ဟာအပြတ်အသတ်အားသာပြီးဗိုလ်စွဲခဲ့တယ်။／Magkasunod na taong
nanalo ang University A, na may napakatinding lakas.)

□ **あやふや（な）**
(kabur／မရေရာသော／
malabo)

▷ そんなあやふやな言い方じゃ、わからないよ。
い　　かた

(Cara bercakap yang kabur seperti itu, saya tak faham.／အဲဒီလိုမရေရာတဲ့ပြောပုံဆိုရင်နားမလည်ဘူး။
／Hindi ko maintindihan ang sinasabi mo, na malabo.)

類 曖昧（な）
あいまい

□ **いい加減（な）**
か　げん
(sederhana／
ပြီးစလွယ်လုပ်သွားလျှော့ရိလျှော့ရဲဖြစ်သော／
iresponsable, hindi tiyak)

▷ いい加減な人
か　げん　ひと

(orang yang sederhana／ပြီးစလွယ်လုပ်သူ့လျှော့ရိလျှော့ရဲနေသူ／iresponsableng tao)

▶ 危険を伴う競技なので、いい加減な気持ちではやらない
き　けん　ともな　きょうぎ　　　　　　　　　　か　げん　き　も
でください。

(Kerana pertandingan itu berbahaya, jangan lakukan dengan sembarangan.／
အန္တရာယ်နဲ့ယှဉ်ရတဲ့ပြိုင်ပွဲဖြစ်လို့ပြီးစလွယ်စိတ်နဲ့မလုပ်ပါနဲ့။／Mapanganib ang kompetisyon, kaya huwag
kayong maglaro nang walang ingat.)

▶ いい加減に起きたら？　もう10時だよ。
か　げん　お　　　　　　　　　　じ

(Bangunlah dengan segera? Dah pukul sepuluh.／
လျှော့ရိလျှော့ရဲမလုပ်ပဲထတော့လားဆယ်နာရီထိုးပြီ။／Bakit hindi ka gumising? Alas diyes na.)

□ **嫌み（な）**
いや
(sinis／ထေ့ငေါ့သော／
nanunuya)

▷ 嫌みを言う
いや　　い

(berkata dengan sinis／ထေ့ငေါ့ပြောသည်／magsabi ng panunuya)

▶ 彼女の嫌味な言い方に腹が立った。
かのじょ　いやみ　い　かた　はら　た

(Saya marah dengan cara dia bercakap yang sinis.／သူ့ရဲ့ထေ့ငေါ့ပြောပုံကြောင့်ဒေါသဖြစ်တယ်။／
Nainis ako sa sarkastikong paraan ng pagsasalita niya.)

□ **円滑（な）**
えんかつ
(lancar／ချောမွေ့ချောမွေ့သော／
maayos)

▷ 円滑なコミュニケーション

(komunikasi yang lancar／ချောမွေ့ချောမွေ့သောပြောဆိုမှု／maayos na komunikasyon)

▶ 仕事を円滑に進めるためのポイントは次の5つです。
し　ごと　えんかつ　すす　　　　　　　　　　　　　　つぎ

(Lima titik berikut adalah untuk memajukan kerja dengan lancar.／
အလုပ်ကိုချောမွေ့ချောမွေ့အောင်လုပ်နိုင်မယ့်အချက်ဟာအောက်ပါ 5 ချက်ဖြစ်ပါတယ်။／Ito ang 5 punto para
maging maayos ang trabaho ninyo.)

□ **円満（な）**
えんまん
(harmonis／
ချောမွေ့ချောမွေ့သော／
mapayapa, magkasundo)

▷ 夫婦円満の家庭
ふうふえんまん　かてい

(rumah tangga yang harmonis／လင်နဲ့မယားချောမွေ့ချောမွေ့သောအိမ်ထောင်ရေး／pamilya ng masayang mag-asawa)

▶ 話し合いは円満に終わった。
はな　あ　　　えんまん　お

(Perbincangan berakhir dengan harmonis.／ဆွေးနွေးမှုဟာချောမွေ့ချောမွေ့စွာပြီးသွားပါတယ်။／
Natapos nang matiwasay ang pag-uusap.)

動詞 11

する動詞 12

自動詞・他動詞 13

名詞 14

形容詞 15

副詞 16

ぎおん語・ぎたい語 17

カタカナ語 18

対義語 19

意味が近い言葉 20

□ **大まか（な）**
おお

（kasar／အကြမ်းဖျင်းဖြစ်သော／
halos, humigit-kumulang）

▶ この先1カ月の大まかな予定を教えてください。
さき　げつ　おお　　　よてい　おし

（Tolong beritahu saya jadual kasar untuk sebulan yang akan datang.／
ဒီတစ်လရဲ့အကြမ်းဖျင်းအစီအစဉ်ကိုပြောပြပါ／Pakisabi naman ang pangkalahatang iskedyul mo para sa susunod na buwan.）

□ **厳か（な）**
おごそ

（sembuh／ခန့်သားထည်ဝါသော／
／maringal, mataimtim）

▷ 厳かな雰囲気の中、結婚式は行われた。
おごそ　　ふんいき　なか　けっこんしき　おこな

（Upacara perkahwinan diadakan dalam suasana yang serius.／
ခန့်သားထည်ဝါစွာနဲ့လက်ထပ်ပွဲကိုကျင်းပခဲ့ပါတယ်။／Ginanap ang kasal sa isang maringal na kapaligiran.）

□ **肝心（な）**
かんじん

（penting／ပဓာနကျသော／
mahalaga）

▶ 肝心なことを言い忘れるところだった。
かんじん　　　　い　わす

（Hampir lupa untuk mengatakan perkara penting.／ပဓာနကျတဲ့အချက်ကိုပြောဖို့မေ့တော့မလို။／Halos nakalimutan kong sabihin ang pinakamahalagang bagay.）

□ **窮屈（な）**
きゅうくつ

（sempit／ကျပ်တည်းသော／
masikip, makitid）

▶ この車に5人乗るの!?　ちょっと窮屈だなあ。
くるま　にん　の　　　　　　きゅうくつ

（Lima orang dalam kereta ini!? Sedikit sempit.／
ဒီကားကိုမှယောက်ဆီးမလို့လား။နည်းနည်းကျပ်မယ်ထင်တယ်။／Limang tao ang sasakay sa kotseng ito? Medyo masikip.）

□ **強制的（な）**
きょうせいてき

（paksaan／
အတင်းအဓမ္မဖြစ်သော／
puwersahan, sapilitan）

▶ この会は、強制的なものじゃないので、気が進まなかっ
かい　　きょうせいてき　　　　　　　　　き　す
たら行かなくていいですよ。
い

（Pertemuan ini bukanlah paksaan, jadi jika anda tidak berminat, anda tidak perlu pergi.／
ဒီတွေ့ဆုံပွဲဟာအတင်းအဓမ္မမဟုတ်လို့စိတ်မပါရင်မသွားလည်းရပါတယ်။／Hindi naman sapilitan ang miting na ito, kaya hindi mo kailangang pumunta kung atubili ka.）

□ **けがらわしい**

（menjijikkan／ရွံ့စရာကောင်းသော
／nakakasuklam）

▶ そんな言葉、口にするのもけがらわしい。
ことば　くち

（Kata-kata seperti itu, menjijikkan untuk diucapkan.／ဒီစကားကပြောရမှာတောင်ရွံ့စရာကောင်းတယ်။／Nakakasuklam ang magsabi ng ganyang salita.）

□ **劇的（な）**
げきてき

（dramatik／
ပြဇာတ်ဆန်သောအံ့ဩဖွယ်／
madrama）

▷ 劇的な勝利
げきてき　しょうり

（kemenangan yang dramatik／အံ့ဩစရာအောင်ပွဲ／madramang pagkapanalo）

▶ その薬を飲んだからといって、劇的によくなるわけじゃ
くすり　の　　　　　　　　　　げきてき
ない。

（Bukan berarti anda akan sembuh secara dramatik hanya dengan meminum obat itu.／
အဲ့ဆေးကိုသောက်ထားလို့ဆိုပေမဲ့အံ့ဩလောက်အောင်ကောင်းသွားမှာမဟုတ်ပါဘူး။／Hindi nangangahulugang gagaling ka nang husto dahil ininom mo ang gamot na iyan.）

□ **厳格（な）**
げんかく

（ketat／စည်းကမ်းကြီးသော／
mahigpit, istrikto）

▷ 彼女は厳格な家庭で育てられた。
かのじょ　げんかく　かてい　そだ

（Dia dibesarkan dalam keluarga yang ketat.／သူမဟာစည်းကမ်းကြီးတဲ့မိသားစုမှာကြီးပြင်းလာခဲ့တယ်။／Lumaki siya sa isang mahigpit na pamilya.）

□ **堅実（な）**
けんじつ

（mantap／စိတ်ချရသော／
matatag）

▶ あそこは会社を大きくしようとか、あんまり考えないで、
かいしゃ　おお　　　　　　　　　　かんが
堅実な商売をしている。
けんじつ　しょうばい

（Mereka melakukan perniagaan yang kukuh tanpa terlalu banyak berfikir tentang membesarkan syarikat.／သူတို့ဟာကုမ္ပဏီကိုကြီးများစေဖို့သိပ်မစဉ်းစားဘဲစိတ်ချရတဲ့အရောင်းအဝယ်လုပ်နေတယ်။／Hindi nila masyadong iniisip ang pagpapalaki ng kompanya, pero matatag ang negosyo nila.）

□ **賢明**(な)
けんめい
(bijaksana／လိမ္မာပါးနပ်သော／matalino)

▷ **賢明な選択**
けんめい せんたく
(pilihan yang bijaksana／လိမ္မာပါးနပ်သောရွေးချယ်မှု／matalinong pagpili)

▶ **先が読めない状況なので、しばらく様子を見るのが賢明**
さき よ じょうきょう ようす み けんめい
だと思う。
おも
(Saya rasa bijaksana untuk melihat keadaan sebentar kerana tidak dapat meramalkan masa depan.
／ရှေ့ဘာများလိုခင်တဲ့အခြေအနေကြောင့်အခြေအနေကိုအနာစောင့်ကြည့်တာဟာလိမ္မာပါးနပ်တဲ့ရွေးချုယ်မှုလိုထင်တယ်။／Hindi natin mahuhulaan ang sitwasyon, kaya sa palagay ko, mabuting maghintay tayo sandali.)

□ **懸命**(な)
けんめい
(gigih／အားကြိုးမာန်တက်အသုတ်တကုတ်／matindi, mabigat)

▷ **懸命な努力**
けんめい どりょく
(usaha yang gigih／အားကြိုးမာန်တက်ကြိုးစားမှု／matinding pagpupunyagi)

▶ **事故発生からすでに２日たちましたが、今なお、懸命な**
じこはっせい ふつか いま けんめい
救助活動が続けられています。
きゅうじょかつどう つづ
(Dua hari telah berlalu sejak kejadian kemalangan, namun operasi penyelamatan yang gigih masih berlangsung.／မတော်တဆထိခိုက်မှုဖြစ်ပြီးရက်ပိုင်းကြာပြီဖြစ်သော်လည်းယခုအထိကယ်ဆယ်ရေးကိုအားကြိုးမာန်တက်ဆက်လက်ပြုလုပ်နေသည်။／Dalawang araw na ang nakalipas mula noong aksidente, pero patuloy pa rin ang desperadong pagsisikap sa pagliligtas ng mga tao.)

2
52

□ **公的**(な)
こうてき
(awam／တရားဝင်သောပြည်သူနှင့်ဆိုင်သော／pampubliko)

▷ **公的資金**
こうてき しきん
(dana awam／တရားဝင်ရန်ပုံငွေ／pampublikong pondo)

▶ **公的な機関なので、いろいろ制約もあります。**
こうてき きかん せいやく
(Sebagai sebuah badan rasmi, ada berbagai pembatasan.／တရားဝင်အဖွဲ့အစည်းဖြစ်လို့အမျိုးမျိုးသောကန့်သတ်ချက်လည်းရှိပါတယ်။／Dahil pampublikong institusyon ito, maraming paghihigpit.)

□ 対 **私的**(な)
してき
(peribadi／ကိုယ်ရေးကိုယ်တာဖြစ်သော／pribado, personal)

▶ **会社のパソコンを私的に利用することは禁じられています。**
かいしゃ してき りよう きん
(Penggunaan komputer syarikat untuk kegunaan peribadi dilarang.／ကုမ္ပဏီရဲ့ကွန်ပျူတာကိုကိုယ်ရေးကိုယ်တာမသုံးရန်ခားထားမြစ်ထားသည်။／Ipinagbabawal ang paggamit ng kompyuter ng kompanya para sa personal na gamit.)

□ **孤独**(な)
こどく
(kesunyian／အထီးကျန်သော／nag-iisa, malungkot)

▶ **都会で一人暮らしをしていると、時々、孤独を感じる。**
とかい ひとりぐ ときどき こどく かん
(Kadang-kadang saya merasa kesepian hidup sendiri di bandar.／မြို့ကြီးပြကြီးမှာတစ်ယောက်တည်းနေတဲ့အခါတစ်ခါတလေအထီးကျန်တယ်လို့ခံစားရတယ်။／Makakaramdam ka paminsan-minsan ng lungkot kapag nakatira ka sa malaking siyudad, nang mag-iisa.)

□ **根本的**(な)
こんぽんてき
(fundamental／ခြေခြေမြစ်မြစ်ဖြစ်သော／pangunahin)

▶ **そんな目先の対応じゃなく、根本的な解決が必要だ。**
めさき たいおう こんぽんてき かいけつ ひつよう
(Kita memerlukan penyelesaian dasar, bukan tanggapan jangka pendek.／အဲဒီလိုလောလောဆယ်ဖြေရှင်းတာမျိုးမဟုတ်ဘဲခြေခြေမြစ်မြစ်ဖြစ်တဲ့ဖြေရှင်းမှုလိုအပ်တယ်။／Kailangan natin ng pangunahing solusyon, hindi lamang ng pananandaliang solusyon.)

動詞 11

する動詞 12

自動詞・他動詞 13

名詞 14

形容詞 15

副詞 16

ぎおん語・ぎたい語 17

カタカナ語 18

対義語 19

意味が近い言葉 20

□ 雑（な）
ざつ

▶ これで掃除したの？　雑だなあ。端のほうとか、全然き
そうじ　　　　　　　　　　　ざつ　　　　　　　はし　　　　　　　　　ぜんぜん
れいになってないよ。

（pelbagai／ﾐﾓﾐﾓﾐﾓﾐﾓ／
pabaya, burara）

（Ini kebersihan yang anda buat? Ini kasar. Bahagian tepi tidak bersih sama sekali.／
ﾐﾓﾐﾓﾐﾓﾐﾓﾐﾓﾐﾓﾐﾓﾐﾓﾐﾓﾐﾓ／Nilinis mo ito?
Marumi pa rin. Yung sulok, hindi talaga malinis.）

□ 残酷（な）
ざんこく

▷ 戦争がいかに愚かで残酷なものか、彼は訴え続けた。
せんそう　　　　　　おろ　　　ざんこく　　　　　　　　　かれ　うった　つづ

（kejam／ﾐﾓﾐﾓﾐﾓﾐﾓﾐﾓ／
malupit）

（Dia terus menegaskan betapa bodoh dan kejamnya perang.／
ﾐﾓﾐﾓﾐﾓﾐﾓﾐﾓﾐﾓﾐﾓ／Patuloy niyang
inilalarawan na ang digmaan ay kaululan at malupit.）

□ 実践的（な）
じっせんてき

▶ この本は、実践的な例がたくさん載っている。
ほん　　　じっせんてき　れい　　　　　　　の

（praktikal／ﾐﾓﾐﾓﾐﾓﾐﾓ／
praktikal）

（Buku ini mengandungi banyak contoh praktikal.／ﾐﾓﾐﾓﾐﾓﾐﾓﾐﾓ／
Maraming nakasulat na praktikal na halimbawa sa librong ito.）

□ 地道（な）
じみち

▷ 地道な努力の結果、彼はついに、代表入りを果たした。
じみち　どりょく　けっか　　かれ　　　　　　だいひょうい　　は

（teliti／ﾐﾓﾐﾓﾐﾓﾐﾓ／
matatag, tuluy-tuloy）

（Hasil daripada usaha gigihnya, dia akhirnya berjaya menjadi wakil.／
ﾐﾓﾐﾓﾐﾓﾐﾓﾐﾓﾐﾓﾐﾓ／Bilang
resulta ng tuluy-tuloy na pagsisikap, sa wakas, nakapasok siya bilang kinatawan.）

□ 凄まじい
すさ

▷ 爆発の瞬間、凄まじい音がした。
ばくはつ　しゅんかん　すさ　　　　おと

（hebat／
ﾐﾓﾐﾓﾐﾓﾐﾓﾐﾓ／
matindi）

（Pada saat letupan, terdengar suara yang dahsyat.／
ﾐﾓﾐﾓﾐﾓﾐﾓﾐﾓﾐﾓﾐﾓ／Sa sandali ng pagsabog,
may isang napakalakas na tunog.）

□ ずさん（な）

▷ A社のずさんな経営が明らかになった。
しゃ　　　　　　けいえい　あき

（sembarangan／
ﾐﾓﾐﾓﾐﾓﾐﾓ／hindi maingat,
burara）

（Pengurusan tidak profesional oleh Syarikat A telah menjadi jelas.／
Aﾐﾓﾐﾓﾐﾓﾐﾓﾐﾓﾐﾓﾐﾓ／Naging maliwanag ang hindi maingat na
pangangasiwa ng Company A.）

□ 絶対的（な）
ぜったいてき

（mutlak／ﾐﾓﾐﾓﾐﾓﾐﾓ／ganap, lubos）

□ 相対的（な）
そうたいてき

（relatif／ﾐﾓﾐﾓﾐﾓﾐﾓ／kaugnay）

□ 壮大（な）
そうだい

▷ 宇宙を舞台にした壮大な計画に、心が躍った。
うちゅう　ぶたい　　　　そうだい　けいかく　　こころ　おど

（megah／ﾐﾓﾐﾓﾐﾓﾐﾓﾐﾓ／
kamangha-mangha）

（Saya teruja dengan rancangan besar yang berlatarkan angkasa.／
ﾐﾓﾐﾓﾐﾓﾐﾓﾐﾓﾐﾓﾐﾓ／Tumalon ang puso ko sa
engrandeng planong itinakda sa kalawakan.）

□ 大胆（な）
だいたん

▷ 大胆な行動、大胆な色使い
だいたん　こうどう　だいたん　いろづか

（berani／ﾐﾓﾐﾓﾐﾓﾐﾓﾐﾓﾐﾓ
／matapang, malakas ang
loob）

（tindakan berani, penggunaan warna yang berani／ﾐﾓﾐﾓﾐﾓﾐﾓﾐﾓﾐﾓﾐﾓ／
matapang na pagkilos, matapang na paggamit ng kulay）

▶ これまでのやり方にとらわれず、大胆な発想を持ってく
かた　　　　　　　　　　　　　だいたん　はっそう　も
ださい。

（Sila miliki pemikiran yang berani tanpa terikat dengan cara lama.／
ﾐﾓﾐﾓﾐﾓﾐﾓﾐﾓﾐﾓﾐﾓ／Huwag kayong matali sa
lumang paraan ng paggawa ng mga bagay, at maging matapang kayo sa inyong mga ideya.）

□ 巧(たく)み(な)
(mahir／နိုင်နင်းပိုင်နိုင်သော／mahusay)

▷ 巧(たく)みなステップ、巧(たく)みな話術(わじゅつ)
(langkah mahir, teknik bercakap yang mahir／ပိုင်နိုင်သောခြေလှမ်းချက်၊ပိုင်နိုင်သောအပြော／mahusay na hakbang, mahusay na pagkukuwento)

▷ 職人(しょくにん)の巧(たく)みな技(わざ)に、驚(おどろ)き、感動(かんどう)した。
(Saya terkejut dan terharu dengan kemahiran tukang yang mahir.／လက်မှုပညာသည်ရဲ့ပိုင်နိုင်တဲ့နည်းပညာကိုအံ့သြသဘောကျခဲ့တယ်။／Nagulat ako at na-impress sa mahusay na paggawa ng craftsman.)

□ 巧妙(こうみょう)(な)
(cerdik／အကြံပိုင်သော／magaling, sopistikado)

▶ 犯行(はんこう)の手口(てぐち)はますます巧妙(こうみょう)になっている。
(Kaedah jenayah semakin canggih.／ပြစ်မှုကျူးလွန်တဲ့နည်းလမ်းဟာပို၍ပို၍အကြံပိုင်လာတယ်။／Nagiging mas sopistikado na ang mga krimen.)

□ 多彩(たさい)(な)
(pelbagai／အမျိုးစုံလင်သော／iba't iba, makulay)

▷ 彼女(かのじょ)の多彩(たさい)な才能(さいのう)は、こんなところにも発揮(はっき)された。
(Kekayaan bakatnya ditunjukkan di sini juga.／သူမရဲ့စုံလင်လှတဲ့ပင်ကိုယ်စွမ်းရည်ဟာဒီနေရာမှာလည်းအစွမ်းပြခဲ့တယ်။／Naipakita rin ang iba't ibang galing niya sa larangang ito.)

□ 緻密(ちみつ)(な)
(teliti／ရှင်းလင်းတိကျသော／detalyado, tiyak, tama)

▷ 緻密(ちみつ)な描写(びょうしゃ)
(penggambaran yang teliti／ရှင်းလင်းတိကျသောဖော်ပြချက်／detalyadong paglalarawan)

▷ この大(だい)ヒット商品(しょうひん)の裏(うら)には、彼(かれ)の緻密(ちみつ)な計算(けいさん)があった。
(Di belakang produk hit besar ini ada pengiraan teliti darinya.／လူကြိုက်များတဲ့ကုန်ပစ္စည်းရဲ့နောက်ကွယ်မှာ၊သူ့ရဲ့ရှင်းလင်းတိကျတဲ့တွက်ချက်မှုရှိတယ်။／Sa likod ng produktong blockbuster na ito, naroon ang detalyadong pagkakalkula niya.)

□ 抽象的(ちゅうしょうてき)(な)
(abstrak／ယေဘုယျ၊အကျဉ်းချုပ်／abstract)

▶ 抽象的(ちゅうしょうてき)な話(はなし)はいいから、もっと具体的(ぐたいてき)な問題(もんだい)について話(はな)しましょう。
(Cukuplah bercakap tentang perkara abstrak, mari kita bercakap tentang isu yang lebih konkrit.／ယေဘုယျစကားကိုထားလိုက်ပါတော့၊ပိုပြီးသေချာတဲ့ပြဿနာနဲ့ပတ်သက်ပြီးပြောကြရအောင်။／Okay lang ang abstract na usapan, pero pag-usapan natin ang mga mas konkretong problema.)

□ 尊(とうと)い
(mulia／အဖိုးတန်သော／mahalaga)

▶ こうした連携(れんけい)によって、尊(とうと)い命(いのち)が救(すく)われるのです。
(Nyawa yang berharga ini diselamatkan oleh kerjasama seperti ini.／ပူးပေါင်းလုပ်ဆောင်ချက်အရ၊အဖိုးတန်တဲ့အသက်ကိုကယ်နိုင်ခဲ့တယ်။／Sa pamamagitan ng pagkakaisa, maililigtas ang mahahalagang buhay.)

□ 尊(とうと)さ
(kemuliaan／အဖိုးတန်မှု／kahalagahan)

□ 鈍感(どんかん)(な)
(tumpul／မခံစားတတ်သော၊ထုံသော／walang pakiramdam)

▶ 彼(かれ)は鈍感(どんかん)だから、そういう女性(じょせい)の気持(きも)ちはわからないよ。
(Dia tidak sensitif, jadi dia tidak mengerti perasaan wanita seperti itu.／သူဟာခံစားတတ်သူမဟုတ်လို့၊အဲဒီလိုအမျိုးသမီးရဲ့စိတ်ကိုနားလည်မှာမဟုတ်ဘူးလေ။／Wala kasi siyang pakiramdam, kaya hindi niya alam ang nararamdaman ng babaeng iyon.)

□ **華やか（な）**
はな

(ceria／marilag, maringal)

▶ 俳優の世界は華やかだと思っていたが、現実は違っていた。
はいゆう　せかい　はな　　おも　　　　げんじつ　ちが

(Saya fikir dunia pelakon adalah glamor, tetapi kenyataannya berbeza.／
သရုပ်ဆောင်လောကဟာထူးကဲခမ်းနားတယ်လို့ထင်ခဲ့တာကယ်တော့မဟုတ်ပါဘူး။／Akala ko maringal ang mundo ng mga artista, pero sa totoo, hindi pala.)

□ **万能（な）**
ばんのう

(serba boleh／
စွယ်စုံရရအောင်ဘက်စုံသော／
maraming nalalaman)

▷ スポーツ万能
ばんのう

(serba boleh dalam sukan／ဘက်စုံအားကစား／maraming nalalaman sa sports)

▷ はたして、科学は万能なのだろうか。
かがく　ばんのう

(Adakah, setelah semua, sains adalah serba boleh?／
တကယ်ပါဘဲသိပ္ပံပညာဟာဘက်စုံပညာမဟုတ်ပါလား။／Makapangyarihan kaya ang agham sa lahat?)

□ **ひそか／密か**
（な）
ひそ

(diam-diam／
လျှို့ဝှက်သောတိုးတိုးတိတ်တိတ်ဖြစ်သော／lihim)

▷ ひそかに憧れる
あこが

(rindu diam-diam／တိုးတိုးတိတ်တိတ်နဲ့အားသီသရိန်တယ်／lihim na hangaan)

▶ 病院食はあまりおいしくないですが、デザートはひそかな楽しみです。
びょういんしょく　　　　　　　　　　　　　　　　たの

(Makanan hospital tidak begitu sedap tetapi pencuci mulut adalah kegembiraan yang diam-diam.／ဆေးရုံရဲ့အစားအသောက်ဟာသိပ်အရသာမရှိပေမဲ့အချိုပွဲစားရတာကိုတော့တိတ်တိတ်လေးဝမ်းသာတတ်တယ်။／Hindi masarap ang pagkain sa ospital, pero lihim kong inaabangan ang dessert nila.)

□ **不都合（な）**
ふつごう

(tidak sesuai／
အဆင်မပြေသော／nakakaabala, nakakasagabal)

▶ 何か不都合があれば、お知らせください。
なに　ふつごう　　　　　し

(Sila beritahu kami jika ada sebarang kesulitan.／အဆင်မပြေတာရှိခဲ့ရင်အသိပေးပါ။／Ipaalam lang ninyo kung mayroon kayong anumang problema.)

□ **不明（な）**
ふめい

(tidak jelas／မရှင်းလင်းသော／malabo)

▶ 内容に不明な点があれば、ご連絡ください。
ないよう　ふめい　てん　　　　　れんらく

(Sila hubungi kami jika ada sebarang pertanyaan tentang kandungan.／အကြောင်းအရာမှာမရှင်းလင်းတာရှိရင်အကြောင်းကြားပါ။／Ipaalam ninyo sa amin kung mayroong malabo sa nilalaman nito.)

□ **まとも（な）**

(layak／
သင့်တင့်လျောက်ပတ်သော／
disente)

▷ まともな意見、まともな店
いけん　　　　みせ

(pendapat yang layak, kedai yang layak／
သင့်တင့်လျောက်ပတ်သောထင်မြင်ချက်၊သင့်တင့်လျောက်ပတ်သောဆိုင်／disenteng opinyon, disenteng tindahan)

▶ ろくな政治家がいない中で、彼はまともなほうだ。
せいじか　　　なか　　かれ

(Di antara ahli politik yang tidak ada yang layak, dia adalah yang lebih baik.／ပြည့်တဲ့နိုင်ငံရေးသမားတွေမရှိတဲ့အထဲမှာသူကတော့သင့်တင့်လျောက်ပတ်သူပါ။／Sa kawalan ng mga mabubuting politiko, disente siya.)

動詞 11
する動詞 12
自動詞・他動詞 13
名詞 14
形容詞 15
副詞 16
ぎおん語・ぎたい語 17
カタカナ語 18
対義語 19
意味が近い名葉 20

□ **回りくどい**
まわ

▶ そんな回りくどい言い方をしないで、はっきり言ってください。
　　　まわ　　　　　　い　かた

(berbelit-belit／
ဝေ့လည်ကြောင်ပတ်ဖြစ်စေ၍ပြတ်မသားသော／
pasikut-sikot.)

(Jangan cakap secara berbelit-belit, tolong katakan dengan jelas.／
အဒီလိုဝေ့လည်ကြောင်ပတ်ပတ်ပြောမနေနဲ့ပြတ်ပြတ်သားသားပြောပါ။／Huwag ka nang magpasikut-sikot, at magsabi ka nang direkta.)

□ **身軽(な)**
み　がる

▶ 荷物をロッカーに預けて、身軽になったほうがいい。
　　にもつ　　　　　　あず　　　　　み　がる

(ringan／ဝန်ပေါ့ပေါသော／
magaan, walang sagabal)

(Lebih baik anda menyerahkan barang anda ke locker untuk menjadi lebih ringan.／
အထုပ်အပိုးကိုလောက္ကာမှာအပ်ပြီးမှခန္ဓာကိုယ်ကိုပေါ့ပေါ့ပါးပါးထားသာကောင်းတယ်။／Ilagay mo ang bagahe mo sa locker, para walang sagabal.)

□ **身近(な)**
み　ちか

▶ 身近な問題から国際問題まで、いろいろなテーマを取り上げます。
　み　ちか　もんだい　　こくさいもんだい　　　　　　　　　　　　　と
　あ

(dekat／
အနီးအနားဖြစ်သော/နားလည်လွယ်သော／
pamilyar)

(Kami akan membincangkan pelbagai tema mulai dari masalah sekitar hingga isu internasional.
／အနီးအနားမှပြဿနာနေ့နိုင်ငံတကာပြဿနာအထိအမျိုးမျိုးသောဘော်များကိုကောက်နုတ်တင်ပြပါမယ်။
／Mula sa pamilyar na mga isyu hanggang sa mga internasyonal na isyu, iba't ibang data ang tatalakayin natin.)

□ **明快(な)**
めいかい

▷ 残念ながら、この問いに対する明快な答えはまだ見つかっていない。
　ざんねん　　　　　　　と　　たい　　めいかい　こた　　　　　　み

(jelas／ရှင်းလင်းသော／
maliwanag)

(Malangnya, jawapan yang jelas kepada soalan ini belum ditemui.／
ဝမ်းနည်းပါတယ်ဒီပြဿနာပေါ်ရှင်းလင်းတဲ့ဖြေချက်ကိုတွေ့သေးပါဘူး။／Sa kasamaang-palad, hindi pa kami nakakahanap ng maliwanag na sagot sa tanong na ito.)

□ **単純明快(な)**
たんじゅんめいかい

▶ 安くなった理由は単純明快です。サービスをカットしたのです。
　やす　　　　　　りゆう　たんじゅんめいかい

(langsung／ရိုးရိုးရှင်းသော／
simple at maliwanag)

(Alasan mengapa harganya turun sangat jelas. Kami telah memotong servis.／
ဈေးပေါ်သွားခြင်းရဲ့အကြောင်းက ရိုးရိုးရှင်းရှင်းပါပဲ။ ဝန်ဆောင်မှုကိုဖြတ်ပစ်လိုက်ပါ။／Simple lang at maliwanag ang dahilan kung bakit naging mura ang mga bilihin. Pinutol namin ang mga serbisyo.)

□ **明白(な)**
めいはく

▷ 明白な事実
　めいはく　じじつ

(jelas／ရှင်းလင်းမြင်သာသော／
malinaw)

(fakta yang jelas／ရှင်းလင်းမြင်သာသောအမှန်တရား／malinaw na katotohanan)

▷ 政府の対応に問題があったことは明白だった。
　せいふ　たいおう　もんだい　　　　　　　　　めいはく

(Adalah jelas bahawa ada masalah dengan respons kerajaan.／
အစိုးရရဲ့ရဲ့ရှင်းဆောင်ရွက်မှုမှာပြဿနာရှိတာမြင်သာခဲ့ပါတယ်။／Malinaw na may problema sa tugon ng gobyerno.)

□ **明瞭(な)**
めいりょう

▷ 態度を明瞭にする
　たいど　めいりょう

(jelas／ရှင်းလင်းသော／
malinaw)

(menjelaskan sikap／ရှင်းလင်းသောအမူအယာ／linawin ang saloobin)

▶ 言いたいことを簡潔、明瞭に相手に伝えることが大切です。
　い　　　　　　　かんけつ　めいりょう　あいて　つた　　　　　　たいせつ

(Adalah penting untuk menyampaikan apa yang ingin anda katakan dengan cara yang ringkas dan jelas.／ပြောချင်တာကိုရိုးရိုးရှင်းရှင်းနဲ့စမ်ဖတ်သားကိုပြောပြဆိုအရေးကြီးပါတယ်။／Mahalaga ang magsabi ng gusto mong sabihin, nang simple at malinaw.)

□ 対 **不明瞭**（な）
ふ めいりょう
（kabur ／ မရေရာ၊မပြတ်သားသောမရှင်းသော ／ malabo, hindi maliwanag）

▷ 不明瞭な関係
ふ めいりょう かんけい
（hubungan yang kabur ／ မပြတ်သားဆက်ဆံရေး ／ hindi maliwanag na relasyon）

▷ 事故原因については不明瞭な点が残っており、調査が続いている。
じ こ げんいん　　　　　　　　　 ふ めいりょう てん のこ　　　　　　 ちょうさ つづ

（Ada aspek-aspek yang masih tidak jelas mengenai sebab kecelakaan dan penyelidikan masih berlangsung. ／ မတော်တဆဆိုမှု၏အကြောင်းအရင်းနှင့်ပတ်သက်၍မရှင်းလင်းသည့်အချက်များနေရှိနေ၍စုံစမ်းစစ်ဆေးမှုကိုဆက်လက်ပြုလုပ်နေသည်။ ／ Patuloy pa rin ang imbestigasyon, dahil may mga hindi pa maliwanag na puntos sa dahilan ng aksidente.）

□ **目覚ましい**
め ざ
（menakjubkan ／ ထူးခြားမှတ်သားဖွယ်ဖြစ်သော ／ kahanga-hanga, pambihira）

▷ 目覚ましい活躍
め ざ　　 かつやく
（prestasi yang menakjubkan ／ ထူးခြားမှတ်သားဖွယ်ကြီးပမ်းမှု ／ pambihirang pagganap）

▷ 近年、A国は目覚ましい経済発展を遂げている。
きんねん　　 こくめ ざ　　　　　　 けいざいはってん と

（Negara A telah mencapai perkembangan ekonomi yang luar biasa dalam beberapa tahun terakhir. ／ အခုတလောA㎞မှ㎎ာ㎞ထူးခြားတဲ့စီးပွားရေးဖွံ့ဖြိုးမှုကိုကြီးပမ်းနေတာယ်။ ／ Nitong mga nakaraang taon, nagpakita ang Bansang A ng kahanga-hangang pag-unlad ng ekonomiya.）

□ **厄介**（な）
やっかい
（susah ／ ဒုက္ခပေးသောၿ㎞ိုၿ㎞ ／ magulo）

▷ 厄介な人
やっかい ひと
（orang yang susah ／ ၿ㎞ိုၿ㎞မွေ့တဲ့လူ ／ magulong tao）

▶ 部長にまで話が伝わってしまったのか。それは厄介なことになったな。
ぶ ちょう　　 はなし つた　　　　　　　　　　　　　　　　　 やっかい

（Adakah cerita itu sampai ke pengurus? Itu membuat masalah. ／ ဌာနမှူးအထိစကားရောက်သွားပြီလားအဲဒါ㎞ူပဲ။ ／ Nakarating pala sa section chief ang kuwento. Magiging magulo iyan.）

□ **露骨**（な）
ろ こつ
（nyata ／ ထင်ရှားပေါ်လွင်သော ／ lantaran）

▶ 閉店間際に入ったら、店員が露骨に嫌そうな顔をした。
へいてんまぎわ はい　　　　　　 てんいん ろ こつ いや　　 かお

（Pekerja kedai kelihatan jelas tidak suka ketika saya masuk tepat sebelum tutup. ／ ဆိုင်ပိတ်ခါနီးဆိုင်ထဲဝင်ရင်ဆိုင်ဝန်ထမ်းရဲ့မကြိုက်တဲ့မျက်နှာကသရားပေါ်လွင်တာယ်။ ／ Lantaran ang pagkainis ng mga nagtitinda, noong pumasok ako na magsasara na ang tindahan,.）

2
54

16 副詞(ふくし)など

(Kata adverba dan sebagainya／ကြိယာဝိသေသနအစရှိသော／Mga Adverb, atbp.)

□ **あたかも**

(seolah-olah／သကဲ့သို့လို／parang)

▶ あたかもそれが本物(ほんもの)であるかのように売(う)られている。

(Ia dijual seolah-olah ia adalah barang asli.／ပစ္စည်းအစစ်လိုကောင်းကောင်းရောင်းရတယ်။／Ipinagbibili iyon na parang tunay.)

□ **危(あや)うく**

(hampir-hampir／တော့မလို့／halos)

▶ 渋滞(じゅうたい)で危(あや)うく飛行機(ひこうき)に乗(の)り遅(おく)れるところだったよ。

(Hampir-hampir terlambat naik pesawat kerana kesesakan lalu lintas.／ကားလမ်းပိတ်စို့လို့လေယာဉ်ပေါ်တက်တာနောက်ကျတော့မလို့။／Halos hindi ako nakasakay sa eroplano dahil sa trapik.)

□ **いかに**

(betapa／ဘယ်လောက်／paano)

▶ いかに大変(たいへん)なことか、経験(けいけん)した者(もの)でないとわからない。

(Anda tidak akan tahu betapa sukar itu kecuali anda telah mengalaminya.／ဘယ်လောက်ခက်ခဲပင်ပန်းသလဲဆိုတာ၊အတွေ့အကြုံမရှိသူဆိုရင်မသိနိုင်ဘူး။／Hindi mo alam kung gaano kahirap ang nangyari, hangga't hindi mo nararanasan iyon.)

□ **いかにも～らしい**

(benar-benar seperti／တကယ်ပါပဲ၊／parang)

▶ いかにも原(はら)さんが好(す)きそうな曲(きょく)だね。

(Lagu yang benar-benar seperti yang disukai oleh Encik/Cik/Puan Hara.／တကယ့်ကိုဟာရစံကကြိုက်နှစ်သက်မဲ့သီချင်းပဲ။／Parang iyan ang mga kantang gusto ni Hara-san.)

□ **いざ**

(sekarang／အခုလောလောဆယ်／kapag)

▶ いざ出発(しゅっぱつ)だという時(とき)に、電話(でんわ)が鳴(な)るということがある。

(Kadang-kadang telefon berbunyi saat tiba masa untuk berangkat.／အခုပဲထွက်တော့မယ်လုပ်တုန်း၊ဖုန်းမြည်လာတာမျိုးရှိတယ်။／Minsan, kapag oras na para umalis, tumutunog ang telepono.)

□ **いささか**

(sedikit／အနည်းငယ်၊အတော်ကလေး／medyo)

▶ いささか心配(しんぱい)ではあるけど、彼(かれ)に任(まか)せてみよう。

(Sedikit risau, tapi mari kita biarkan dia.／နည်းနည်းစိုးရိမ်ပေမဲ့၊သူ့ကိုတာဝန်လွှဲကြည့်ရအောင်။／Medyo nag-aalala ako, pero bahala na siya.)

▶ 彼女(かのじょ)があんなことを言(い)うなんて、いささか驚(おどろ)きました。

(Saya sedikit terkejut dia berkata seperti itu.／သူမကအဲဒီလိုပြောတယ်ဆိုတာ၊တော်တော်လေးအံ့သြတယ်။／Medyo nagulat ako dahil nagsabi siya ng ganoon.)

□ **依然(いぜん)(として)**

(masih／လက်ရှိအနေအတိုင်း／gaya ng dati)

▷ 新商品(しんしょうひん)の売上(うりあげ)は好調(こうちょう)だが、A社(しゃ)は依然(いぜん)として厳(きび)しい状況(じょうきょう)が続(つづ)いている。

(Walaupun jualan produk baru berjalan lancar, situasi di Syarikat A masih sukar.／အရောင်းပစ္စည်းသစ်ကရောင်းကောင်းနေပေမဲ့၊Aကုမ္ပဏီဟာအရင်လိုပဲကျပ်တည်းတဲ့အခြေအနေမှာရှိနေတုန်းပဲ။／Malakas ang benta ng bagong produkto, pero nasa mahirap na sitwasyon pa rin ang Company A.)

□ **いったって**

(sangat／အလွန်၊သိပ်၊တော်တော်／masyado)

▶ いったって簡単、いったって普通

(sangat mudah, sangat biasa／သိပ်လွယ်တယ်၊တော်တော်ရိုးတယ်／masyadong madali, masyadong ordinaryo)

□ **大いに**
　おお

(banyak／အများကြီး／lubos)

▶ 原油価格の高騰は、うちの会社にも大いに影響がある。
　げんゆかかく　こうとう　　　　　　　かいしゃ　　おお　えいきょう

(Kenaikan harga minyak mentah sangat mempengaruhi syarikat kami.／ရေနံဈေးနှုန်းမြင့်တက်ခြင်းဟာကျွန်တို့ကုမ္ပဏီမှာလည်းအများကြီးသက်ရောက်မှုရှိတယ်။／May malaki ring epekto sa kompanya namin ang tumataas na presyo ng krudo.)

□ **きちっと**

(dengan tepat／သေသေသပ်သပ်／eksakto)

▶ 最後まできちっとやってくださいね。類 きちんと
　さいご

(Tolong lakukan dengan betul hingga akhir.／ပြီးဆုံးတဲ့အထိသေသေသပ်သပ်လုပ်နော်။／Gawin ninyo nang eksakto hanggang sa huli.)

□ **急遽／急きょ**
　きゅうきょ　きゅう

(dengan segera／အလောတကြီး၊ကမန်းကတန်း／madalian, biglaan)

▶ 社から電話があり、急遽、戻らなければならなくなった。
　しゃ　でんわ　　　　　きゅうきょ　もど

(Dapat panggilan dari syarikat dan harus kembali dengan segera.／ကုမ္ပဏီကနေဖုန်းလာတယ်၊အလောတကြီးပြန်ရလို့ဖြစ်ဘူး။／Mayroong tawag mula sa kompanya ko, kaya bigla na lang, kailangan kong bumalik agad doon.)

□ **ぐっと**

(dengan kuat／အားစိုက်ခွန်စိုက်၊အားတင်းပြီး／nang husto, nang buong lakas)

▶ ここをぐっと押してみてください。
　　　　　　　お

(Sila tekan dengan kuat di sini.／ဒီနေရာကိုအားစိုက်ပြီးနှိပ်ကြည့်ပါ။／Pakitulak dito nang buong lakas.)

▶ 泣きたくなったけど、ぐっとこらえました。
　な

(Saya ingin menangis, tetapi saya menahan diri.／ငိုချင်လာပေမဲ့အားတင်းပြီးအောင့်ထားခဲ့တယ်။／Gusto kong umiyak, pero nagpigil ako nang husto.)

□ **現に**
　げん

(memang／အာကာ့စင်စစ်၊တကယ်／sa totoo)

▶ このダイエット方法は利きますよ。現に私が痩せました。
　　　　　　　　ほうほう　き　　　　げん　わたし　や

(Kaedah diet ini berfungsi. Memang saya telah kurus.／ဒီအစားလျှော့နည်းဟာအနိုင်စိရိတယ်။တကယ်တော့ကိုယ်ကျွန်မပိန်သွားတယ်။／Mabisa ang paraan ng diyeta ito. Sa totoo, pumayat ako.)

□ **ことによると**

(ada kemungkinan／ဖြစ်ကောင်းဖြစ်မယ်／siguro, marahil, malamang)

▶ ことによると、政権交代があるかも。
　　　　　　　　せいけんこうたい

(Mungkin ada perubahan pemerintahan.／ဖြစ်ကောင်းဖြစ်မယ်၊အစိုးရအစေပြောင်းအလဲရှိကောင်းရှိမယ်။／Malamang magkakaroon ng pagbabago ng gobyerno.)

□ **しいて／強いて**
　　　　　　し

(dengan paksa／အတင်းအကျပ်၊အမွမ／sapilitan)

▶ 強いて言えば、ここの表現を少し変えたほうがいいと思う。
　し　い　　　　　　　　ひょうげん　すこ　か　　　　　　　おも

(Jika harus mengatakan, saya fikir lebih baik mengubah ungkapan di sini sedikit.／အတင်းအကျပ်ပြောရရင်ဒီဖော်ပြချက်ကိုနည်းနည်းပြောင်းရင်ကောင်းမယ်ထင်တယ်။／Kung kailangan kong sabihin iyan, sa palagay ko, mas mabuting baguhin mo nang konti ang ekspresyon dito.)

□ しかし

(tetapi／တကယ့်ပဲ／tunay na)

▶ しかし暑いね。—うん、暑い。

(Tetapi panas. - Ya, panas.／တကယ့်ပဲပူတာနော်။—ပူတာယ်။／Tunay na mainit, ano?
-- Oo, mainit nga.)

□ 次第に

(secara bertahap／တဖြည်းဖြည်း／unti-unti)

▶ 試験日が近くづくにつれ、次第に不安になってきた。

(Semakin dekat hari ujian, semakin cemas saya menjadi.／
စာမေးပွဲဖြေရမယ့်နေ့နီးလာလေလေစိုးရိမ်လာလေလေပဲ။／Unti-unti akong nag-aalala, habang
papalapit na ang araw ng test.)

□ じっくり

(dengan perlahan／စေ့စေ့စပ်စပ်အကုန်အစင်／maingat, masusi)

▶ 急がなくていいので、じっくり考えてください。

(Tidak perlu terburu-buru, silakan pikirkan dengan teliti.／
အမြန်မလုပ်တာကြောင့်စေ့စေ့စပ်စပ်စဉ်းစားပေးချင်တယ်။／Huwag kayong magmadali. Mag-isip
kayo nang mabuti.)

□ そもそも

(dari awal／စွတ်တည်းက／sa unang lugar)

▶ そもそも、なんで彼女が文句を言うの？　関係ない
のに。

(Kenapa dia mengeluh pula? "Tidak mengapa."／
အစဉ်းကတည်းကဘာဖြစ်လို့မှာမကျေနပ်မနပ်ပြောတာလဲ။မဆိုင်ပဲနဲ့။／Una, bakit ba siya
nagrereklamo? Wala siyang pakialam doon.)

□ つくづく

(betul-betul／လုံးလုံးလျားလျားအလုံးစ／talaga, totoo)

▶ 何日も出張に出ると、つくづく家はいいなあと思う。

(Apabila saya pergi dalam perjalanan perniagaan selama beberapa hari, saya
benar-benar berfikir bahawa rumah itu bagus.／
ရက်ပေါင်းများစွာလုပ်ငန်းခရီးထွက်ရင်အိမ်မှာလုံဝမှန်ဘူးထင်တယ်။／Kapag nagpupunta ako sa
business trip nang ilang araw, naiisip kong talagang mabuti ang nasa sariling bahay.)

□ 努めて

(berusaha／တတ်နိုင်သလောက်ကြိုးစားပြီး／magsikap.)

▶ 職場の雰囲気をよくしようと、彼女は努めて明るく
している。

(Dalam usaha untuk memperbaiki suasana di tempat kerjanya, dia cuba mengekalkan keadaan ceria.／
လုပ်ငန်းခွင်ဝန်းကျင်ကိုကောင်းအောင်လုပ်ဖို့သူမတတ်နိုင်သလောက်ကြိုးစားနေတယ်။／Nagsisikap
siyang maging masaya para magkaroon ng magandang kapaligiran sa trabaho.)

□ てっきり

(dengan pasti／လုံးဝည်သုံအကြွင်းမဲ့／siguradong)

▶ てっきり原さんがやってくれたんだと思ってたけど、
違うんだ。

(Saya sangka Encik Hara yang melakukannya, tetapi tidak.／
ဟာရစံကလုပ်ပေးတယ်လို့အကြွင်းမဲ့ထင်ခဲ့ပေမဲ့မဟုတ်ဘူး။／Sigurado akong ginawa iyan ni
Hara-san para sa atin, pero hindi pala.)

□ どうやら

(nampaknya／သိရသလွေ့ကြည့်ရတာတော့／parang, tila)

▶ どうやら彼女の言っていたことは本当のようだ。

(Rupa-rupanya apa yang dia katakan itu benar.／
ကြည့်ရတာတော့သူ့ရဲ့ပြောတာကားဟာအမှန်ဖြစ်ပုံရတယ်။／Parang tama ang sinabi niya.)

□ 取り急ぎ

(segera／အလျင်အမြန်／sa madaling panahon)

▶ 〈メールなど〉取り急ぎ、お返事まで。

(<E-mel, dsb.> Saya tergesa-gesa jadi maafkan saya untuk balasan pendek.／
(မေးလ်စသည့်)အလျင်အမြန်အကြောင်းပြန်သည်။／(Mail, atbp.) Sasagutin kita sa madaling
panahon.)

□ なおさら
なお
(lebih lagi／ပို၍／mas lalo pa)

▶ その話を聞いて、なおさら彼が好きになった。
はなし き　　　　　　　　　　　かれ　す

(Mendengar cerita itu membuatkan saya semakin sayangkan dia.／
အဲဒီစကားကိုကြားပြီးသူ့ကိုပို၍ပိုပြီးသဘောကျသွားတယ်။／Narinig ko ang kuwentong iyan, at mas
lalo ko siyang nagustuhan.)

□ 並びに
なら
(dan juga／နှင့်တကွ／at)

▶ 会員ならびに関係者の皆様にご案内申し上げます。
かいいん　　　　　かんけいしゃ　みなさま　　　あんないもう　あ

(Kami ingin memaklumkan kepada semua ahli dan pihak berkaitan.／
အသင်းဝင်များနှင့်တကွသက်ဆိုင်သူများကိုအသိပေးၿပ ကြားပါမယ်။／Ipapaalam namin ito sa
lahat ng miembro at sa mga taong may kinalaman dito.)

□ 軒並み
のきな
(secara serentak／အံ့မတန်／lahat)

□ ひいては
(lebih jauh lagi／နောက်ဆုံးတွင်／sa
wakas, sa huli)

▶ ネットを通じて日本全国、ひいては世界に商品を
つう　　にほんぜんこく　　　　　　せかい　しょうひん
PR できるようになった。

(Melalui Internet, ia menjadi mungkin untuk menghebahkan produk di seluruh Jepun
dan, dengan lanjutan, dunia.／
အင်တာနက်ကတစ်ဆင့်ဂျပန်တစ်နိုင်ငံလုံး၊နောက်ဆုံးတွင်ကမ္ဘာသို့အရောင်းပစ္စည်းကိုလုပ်သိစေင်းကြားႏိုင်ပါၿပီ။
／Sa pamamagitan ng internet, naging posible na maipahayag ang mga produkto namin
sa buong Japan, at sa wakas, sa mundo.)

□ ひたすら
(dengan sungguh-sungguh／
စိတ်ရှည်လက်ရှည်／matiyaga)

▶ 最初の 1 カ月は、ひたすらラケットを振る毎日だっ
さいしょ　　げつ　　　　　　　　　　　ふ　まいにち
た。

(Untuk bulan pertama, saya menghabiskan setiap hari menghayun raket.／
ပထမဦးဆုံးတစ်လဟာစိတ်ရှည်လက်ရှည်နဲ့ကိုက်တံလွှဲရိုက်တာကိုနေ့တိုင်းလုပ်ပဲတယ်။／Matiyaga
akong nagpalo lang ng raket araw-araw noong unang buwan.)

□ ふんだんに
(dengan melimpah／ပေါပေါများများ／
marami, sagana)

▶ 料理はふんだんに用意してあるので、たくさん食べ
りょうり　　　　　　　　　ようい　　　　　　　　　　　　た
てください。

(Kami telah menyediakan banyak makanan, jadi sila makan banyak.／
ဟင်းတွေကိုပေါပေါများလုပ်ထားလို့အများကြီးစားပါ။／Naghanda kami ng maraming pagkain,
kaya kumain kayo nang marami.)

□ まして
(lebih-lebih lagi／သည့်အၿပင်／bukod
doon)

▶ 駅から遠い上に、ましてや家賃が高いなんて、ちっ
えき　　とお　うえ　　　　　　　　やちん　たか
ともよくない。

(Tak elok sangat sebab jauh dari stesen dan sewanya tinggi.／
ဘူတာကနေဝေးတဲ့အၿပင်အိမ်လခလည်းဈေးႀကီးလ ်ဆိုပဲ ကောင်းဘူး။／Bukod sa malayo ito sa
istasyon, mahal pa ito sa upa, kaya hindi ito mabuti.)

□ まずまず
(cukup baik／အသင့်အတင့်／puwede
na)

▶ 今回はまずまずの出来です。
こんかい　　　　　　　　　でき

(Kali ini ia boleh dilalui.／ဒီတစ်ႀကိမ်တော့အသင့်အတင့်ကောင်းတယ်။／Puwede na ito
ngayon.)

□ 万一／万に一つ
まんいち　まん　ひと
(jika sekiranya／
တစ်သောင်းမှာတစ်ခါ၊ကံစမ်းၿပီး／kung
sakali)

▶ 万に一つの可能性に賭けてみた。
まん　ひと　　　かのうせい　か

(Saya bertaruh pada satu peluang.／ကံမ်းၿပီးလောင်းကစားကြည့်မိတယ်။／Tumaya ako sa
isang posibilidad na mangyayari.)

する動詞 12
自動詞・他動詞 13
名詞 14
形容詞 15
副詞 16
ぎおん語・ぎたい語 17
カタカナ語 18
対義語 19
意味が近い言葉 20

□ **むやみに**

(secara sembarangan ／
လွန်လွန်ကြူးကြူး／sobra, labis)

▶ 栄養があるからって、むやみに食べないほうがいい。

(Hanya kerana ia berkhasiat, anda tidak sepatutnya memakannya secara buta. ／
အာဟာရရှိတယ်ဆိုပြီးလွန်လွန်ကြူးကြူးမစားနိုင်ကောင်းဘူး။／Dahil sa masustansiya ito, hindi mo kailangang kumain nang sobra.)

□ **もしくは**

(atau ／ သို့မဟုတ်／o)

▶ 6月もしくは7月頃にそちらに行きたいと思っています。

(Saya ingin pergi ke sana sekitar bulan Jun atau Julai. ／
၆လပိုင်းသို့မဟုတ်၇လပိုင်းလောက်မှာအဲဒီကိုလာမယ်လို့စဉ်းစားနေတယ်။／Gusto kong pumunta riyan ng Hunyo o Hulyo.)

□ **もっぱら**

(secara eksklusif ／
လုံးလုံးလျားလျားတစ်ခုတည်းသာ／ganap,
lahat)

▶ あそこは安くておいしいともっぱらの評判です。

(Tempat itu mempunyai reputasi murah dan lazat. ／
အဲဒီဆိုင်ဟာဈေးပေါပြီးအရသာရှိတယ်လို့လုံးလုံးလျားလျားများည်ရနေတယ်။／May reputasyon iyon na mura at masarap.)

▶ 休みの日はもっぱらテニスをします。

(Pada hari cuti saya, saya kebanyakannya bermain tenis. ／
နားတဲ့ရက်တွေမှာတင်းနစ်တစ်မျိုးတည်းသာကစားတယ်။／Madalas akong naglalaro ng tennis kapag walang pasok.)

□ **もはや〜ない**

(sudah tidak lagi ／ ဘာမှမ ~ နိုင်ဘူး／
hindi na)

▶ 社長がそう決めた以上、もはやどうすることもできない。

(Sekarang presiden telah memutuskan demikian, tiada apa lagi yang boleh dilakukan.
／ကုမ္ပဏီဥက္ကဋ္ဌကအဲဒီလိုဆုံးဖြတ်တာဆိုရင်ဘာမှမတတ်နိုင်ဘူး။／Wala na tayong magagawa pa, ngayong nagdesisyon na ng presidente.)

□ **やたら（と・に）**

(sembarangan ／ သိပ်အရမ်း／sobra-
sobra, labis-labis)

▶ 最近、やたらと課長がお昼に誘ってくる。何か意図があるのかなあ。

(Baru-baru ini, ketua bahagian telah mengajak saya makan tengah hari. Adakah anda mempunyai sebarang rancangan? ／
အခုတလောဌာနမှူးကနေ့လည်စာကိုအရမ်းခေါ်တယ်၊အကြံတစ်ခုရှိနေသားလဲမသိဘူး။／Kamakailan, lagi akong niyaya ng section chief na magtanghalian. Ano kaya ang intensyon niya?)

▶ 最近、午後になると、やたらと眠くなる。

(Sejak kebelakangan ini, saya berasa sangat mengantuk pada sebelah petang. ／
အခုတလောမွန်းလွဲပိုင်းရောက်ရင်သိပ်အိပ်ချင်တယ်။／Kamakailan, inaantok ako kung hapon.)

□ **ゆうゆう（と）**

(dengan mudah ／ အေးအေးသက်သာစွာ
／maluwag, madali)

▶ この特急に乗れば、ゆうゆう間に合うよ。

(Jika anda mengambil ekspres terhad ini, anda akan tiba tepat pada masanya. ／
ဒီအထူးရထားကိုစီးရင်အေးအေးသက်သာစွာနဲ့အချိန်မီမိမယ်။／Kung sasakyan mo ang express train na ito, maaga kang makakarating.)

□ **ようやく**

(akhirnya ／ နောက်ဆုံးမှာ ~ ရတော့မယ်／
sa wakas)

▶ これが終わったら、ようやく帰れる。

(Selepas ini selesai, akhirnya saya boleh pulang. ／ဒါပြီးရင်ပြန်ရတော့မယ်။／Kapag natapos ito, sa wakas makakauwi na tayo.)

⑰ 擬音語・擬態語
ぎ おん ご　　ぎ たい ご

(Bahasa ajuk, Bahasa mimik／အသံ၊အမူအရာနှင့်ဖော်ပြသောစကား／Mga Onomatopeia)

□ **いそいそ(と)**

▶ 早く孫に会いたいと、母はいそいそと駅に迎えに行きました。
はや まご あ　　　　　　はは　　　　　　　　えき むか い

(cepat-cepat／ရွှင်ရွှင်မြူးမြူး／malugod, sabik)

(Ibu dengan cepat-cepat pergi ke stesen kereta api untuk bertemu dengan cucunya.／မြေးကိုလေးနဲ့အမြန်တွေ့ချင်တယ်ဆိုပြီးအမေဟာရွှင်ရွှင်မြူးမြူးနဲ့ဘူတာမှာ ကြိုဖို့သွားခဲ့တယ်။／Sa kagustuhang makita niya agad ang apo niya, malugod na pumunta ang nanay ko para sunduin siya.)

□ **がっくり(と)**

▶ 今日の負けで予選敗退が決まり、選手たちは皆、がっくりと肩を落としていた。
きょう ま　　よせんはいたい き　　　せんしゅ　　みな　　　　　　かた お

(kecewa／ပြုံးချခံရ ပုပ်ကြေ ပြုပ်／mabigo, manlupaypay)

(Dengan kekalahan hari ini, pemain-pemain semuanya merasa kecewa dan menurunkan bahu mereka.／ဒီနေ့ရှုံးနိမ့်ခဲ့ရလို့ကနေတွက်ရတဲ့အဖွဲ့အစုကထွက်မဲ့ကစားသမားအားလုံးဟာဝမ်းနည်းတဲ့အပြင်ကြိုးပျက်ဖြစ်သွားတယ်။／Sa pagkatalo ngayon at dahil sa naalis sila sa preliminaries, nanlupaypay ang lahat ng mga manlalaro.)

□ **かんかん(に)**

▶ 大切な時計を息子に壊されて、夫はかんかんに怒っていました。
たいせつ とけい むすこ こわ　　　　　おっと　　　　　　　おこ

(marah／လွန်မင်းစွာ／galit)

(Setelah jam yang berharga rusak oleh anak lelaki, suami merasa sangat marah.／နှစ်သက်တဲ့နာရီကိုသားကဖျက်ဆီးလို့ခင်ပွန်းသည်ဟာအလွန်အမင်းစိတ်ဆိုးသွားတယ်။／Galit na galit ang asawa ko dahil nasira ng anak naming lalaki at paborito niyang relo.)

□ **ぐずぐず(する)**

▶ ぐずぐずしないで。早く出かける準備して。
はや で　　　　じゅんび

(berlengah-lengah／အရှိန်ဆွဲသည်ညည်းညူသည်／bumulong-bulong)

(Jangan berlengah-lengah. Segera bersiap untuk keluar.／အရှိန်ဆွဲမနေနဲ့ အမြန်ထွက်ဖို့အမြန်ပြင်ဆင်ပါ။／Huwag ka ngang bumulong-bulong. Bilisan mo at maghanda at nang lumabas.)

▶ もう終わったことなんだから、いつまでもぐずぐず言わないで。
お　　　　　　　　　　　　　　　　　　　　　　　　　い

(Karena sudah selesai, jangan berlengah-lengah dalam berbicara.／ပြီးတာ ပြီးပြီမို့လို့အဆုံးမရှိ ညည်းမနေနဲ့။／Tapos na, kaya huwag ka nang bumulong-bulong diyan.)

□ **くすくす(笑う)**
わら

▶ 女子高生たちは、居眠りをしている男性を見ながら、くすくす笑っていた。
じょしこうせい　　　　いねむ　　　　　　だんせい み　　　　　　わら

(ketawa kecil／တခစ်ခစ်ရယ်သည်／humagikgik, ngumisngis)

(Pelajar perempuan sedang ketawa kecil sambil melihat lelaki yang sedang tidur.／အထက်တန်းကျောင်းသူတွေ ဟာအိပ်ငိုက်နေတဲ့ကျောင်းသားကို ကြည့်ပြီးတခစ်ခစ်ရယ်နေတယ်။／Humagikgik ang mga haiskul na estudyanteng babae, habang tinitingnan nila ang lalaking natutulog.)

□ **こつこつ(と)**

▶ こつこつ貯めたお金だから、大事に使いたい。
た　　　　かね　　　　だいじ つか

(sedikit demi sedikit (rajin)／လုံ့လစိုက်ထုတ်ရိုးရိုး／masigasig)

(Saya ingin menggunakan uang yang telah saya kumpulkan perlahan-lahan dengan bijaksana.／ဒီပိုက်ဆံကတဖြည်းဖြည်းလုလစုထားခဲ့တဲ့ပိုက်ဆံမို့ သုံးချင်တယ်။／Unti-unti kong inipon ang perang ito, kaya gusto kong gamitin ito nang mabuti.)

動詞 11
する動詞 12
自動詞・他動詞 13
名詞 14
形容詞 15
副詞 16
ぎおん語ぎたい語 17
カタカナ語 18
対義語 19
意味が近い名葉 20

□ **さっぱり（する）** ▶ シャワーを浴びてさっぱりしたい。

(segar／လန်းဆန်းသည့်၊သပ်ရပ်သည်
／presko, malinis)

(Saya ingin merasa segar dengan mandi.／ရေပန်းနဲ့ရေချိုးပြီးလန်းဆန်းသွားတယ်။／Gusto kong
mag-shower at mapreskuhan.)

▶ 髪切ったんだ。随分さっぱりしたね。

(Saya telah memotong rambut saya. Saya merasa sangat segar.／
ဆံပင်ညှပ်လိုက်တယ်နော်။အတော်သပ်ရပ်သွားတယ်နော်။／Nagpagupit ka pala. Mukha kang presko
at malinis.)

□ **すらすら** ▶ 辞書なしで新聞をすらすら読めるようになりたい。

(lancar／ကျွမ်းကျင်းကျင်းသည်／
mahusay)

(Saya ingin boleh membaca surat khabar dengan lancar tanpa kamus.／
အဘိဓာန်မပါဘဲသတင်းစာကိုကျွမ်းကျင်ကျင်ဖတ်နိုင်ချင်တယ်။／Gusto kong maging mahusay
bumasa ng dyaryo nang hindi gumagamit ng diksyunaryo.)

□ **ぞろぞろ** ▶ 午前のイベントが終わると、ぞろぞろと客が移動を始
めた。

(beramai-ramai／အစုလိုက်／
umpukan)

(Setelah acara pagi berakhir, para pelanggan mulai bergerak beramai-ramai.／
မနက်ပိုင်းကျင်းပပွဲကတော့၊ပရိသတ်သတ်တွေဟာသူ့ပြန်ထွက်ဖို့စတောင့်ကြတယ်။／Pagkatapos ng
event noong umaga, nagsimulang umpuk-umpok na gumalaw ang mga tao.)

□ **そわそわ（する）** ▶ どうしたの？ そわそわして。 ―今日、半年ぶりに
彼女と会うんです。

(gelisah／လန့်ဖြီးမြီ့ဖြစ်သည်／hindi
mapakali)

(Apa yang berlaku? Kamu gelisah. - Hari ini, saya akan bertemu dengan dia setelah setengah
tahun.／ဘယ်လိုဖြစ်တာလဲ။လှုပ်ရှားပြီ့မို့။――ဒီနေ့မတွေ့တာနစ်တစ်ခက်ကြာပြီးတဲ့သူမနဲ့တွေ့မှာပါပဲ။／
Ano ang problema mo? Hindi ka mapakali. -- Ngayon, magkikita kami ng girlfriend ko
pagkatapos ng kalahating taon.)

□ **だらだら（する）** ▶ うちの子はまだ小さいから、口に入れたものをだらだ
らよくこぼす。

(bermalas-malasan／
တစက်စက်ကျသည်၊ပျင်းရိသည်／
tamad)

(Anak saya masih kecil, jadi dia sering menumpahkan apa yang dia masukkan ke mulutnya.
／အိမ်ကကလေးကငယ်သေးလို့အစားစားရင်တစက်စက်ဖိတ်တယ်။／Maliit pa kasi ang anak ko, kaya
madalas nahuhulog ang anumang ipinasok niya sa bibig niya.)

▶ 休みが長いと、つい、だらだらしてしまう。

(Jika cuti panjang, saya akan menjadi malas.／နားရက်ရှည်ကြာရင်ပျင်းရိသွားတယ်။／Kapag
mahaba ang bakasyon, tinatamad ako.)

□ **てくてく** ▶ バスに乗り遅れたので、駅までてくてく歩いて行きま
した。

(berjalan kaki／မလှမ်းချင်လှမ်းချင်
／lumakad nang pahakbang-
hakbang)

(Kerana ketinggalan bas, saya terpaksa berjalan kaki ke stesen.／
ဘတ်စ်ကားမမီလိုက်လို့ဘူတာအထိမလှမ်းချင်လှမ်းချင်လမ်းလျှောက်သွားတယ်။／Dahil sa na-late ako
sa bus, lumakad ako nang pahakbang-hakbang hanggang sa istasyon ng tren.)

□ **どきっと（する）** ▶ 突然名前を呼ばれて、どきっとした。

(terkejut／လန့်ဖျပ်သွားသည်／
magulat)

(Saya terkejut ketika nama saya dipanggil tiba-tiba.／
ရုတ်တရက်နာမည်အခေါ် ခံရလို့လန့်ဖျပ်သွားတယ်။／Nagulat ako noong biglang tinawag ang
pangalan ko.)

316

□ にやにや（する） ▶ 何、にやにやしてるの？ ―昨日見たテレビを思い出しちゃって。

(tersenyum-senyum／
ပြုံးပြုံးဖြဲဖြဲလုပ်သည်／ngumisi)

(Apa yang membuatmu tersenyum-senyum? - Saya teringat acara TV yang saya tonton semalam.／ဘာပြုံးပြုံးဖြဲဖြဲလုပ်နေတာလဲ၊တစ်စုံတစ်ကြည့်လိုက်မိခဲ့တဲ့တီဗွီကိုပဲသတိရသွားတာပါ။／Bakit ka ngumingisi? -- Naalala ko lang ang napanood ko sa TV kahapon.)

□ はらはら（する） ▶ 息子がケガをしないかと、はらはらしました。

(berdebar-debar／
ရင်တလှပ်လှပ်နှင့်စိုးရိမ်သည်／
kabahan)

(Saya berdebar-debar khawatir anak lelaki saya akan terluka.／
သားကာဏာရှာလွှားမလားလို့ရင်တလှပ်လှပ်နှင့်စိုးရိမ်ရတာယ်။／Kinabahan ako na baka masugatan ang anak kong lalaki.)

□ びくびく（する） ▶ 母親に叱られるのではと、その女の子はびくびくしていた。

(ketakutan／ထိတ်လန့်သည်／
matakot)

(Gadis itu merasa takut akan dimarahi oleh ibunya.／
အမေအဆူခံရမလားလို့မိန်းကလေးကထိတ်လန့်နေတာယ်။／Natakot ang batang babae na baka pagalitan siya ng nanay niya.)

□ ひしひし（と） ▶ 40歳を過ぎて、体力の衰えをひしひし感じる。

(sangat／
အသွေးသယ်နည်းသိသိသာသာနဲ့／
matindi)

(Setelah berusia 40 tahun, saya merasa sangat penat.／
အသက်၄၀ကျော်ပြီးမိုရဲ့ခန္ဓာကိုယ်ရဲ့အားနည်းမှုကိုသိသိသာသာခံစားရတာယ်။／Sa edad na lampas 40, nararamdaman ko ang matinding panghihina ng katawan ko.)

□ ぴったり（する） ▶ 大きいかと思ったけど、サイズ、ぴったりだね。

(tepat／
အံ့ကိုက်ဖြစ်သည်၊ကွက်တိဖြစ်သည်／
eksakto)

(Saya fikir itu akan terlalu besar, tetapi ukurannya tepat.／
ကြီးတယ်ထင်ခဲ့ပေမဲ့အဆွယ်အစားကအံ့ကိုက်ပဲ။／Akala ko malaki ang size, pero eksakto lang pala.)

□ ひやひや（する） ▶ 二人の仲がみんなにばれるんじゃないかとひやひやした。

(takut／စိုးရိမ်ထိတ်လန့်သည်／mag-
alala, matakot)

(Saya takut bahawa semua orang akan mengetahui tentang hubungan kami.／
သူတို့နှစ်ယောက်ရဲ့ဆက်ဆံမှုကိုအများကသိသွားမှာကိုစိုးရိမ်ထိတ်လန့်နေတာယ်။／Nag-aalala akong baka malaman ng lahat ang relasyon nilang dalawa.)

□ 深々（と） ▶ 落し物を拾って渡したら、深々と頭を下げられた。

(sangat mendalam／ကျိုးနဲ့ရာ／
malalim)

(Apabila saya mengambil barang yang hilang dan memberikannya kepadanya, dia menundukkan kepalanya.／
အောက်ကျနေတဲ့ပစ္စည်းကိုကောက်ပေးလို့ကျိုးနဲ့ရှာဦးညွှတ်အရိုအသေပေးတယ်။／Noong pinulot ko ang nahulog na bagay at ibinigay sa kanya, malalim siyang yumuko sa akin.)

□ ふらりと／
ふらっと ▶ ふらっと入った店でしたが、今ではすっかり常連です。

(tanpa tujuan／ခြေဦးတည်ရာ／
kaswal, mapadaan)

(Ia adalah kedai yang saya masuk secara santai, tetapi sekarang saya menjadi pelanggan tetap.／ခြေဦးတည်ရာနဲ့ဝင်ခဲ့တဲ့ဆိုင်ဖြစ်ခဲ့ပေမဲ့အခုတော့လုံးဝသွားနေကျဆိုင်ဖြစ်သွားပြီ။／Napadaan lang ako sa tindahan noon, pero ngayon, suki na nila ako.)

□ べたべた(する) ▶ 汗で体がべたべたする。

(melekit／
ကပ်စေးကပ်စေးဖြစ်သည်ချွဲကပ်သည်／
malagkit, maglambingan)

(Badan saya melekit dengan peluh.／ချွေးတွေနဲ့ခန္ဓာကိုယ်ကကပ်စေးကပ်စေးဖြစ်နေတယ်။／
Malagkit ang katawan ko dahil sa pawis.)

▶ あの二人、人前でべたべたしないでほしいね。

(Saya harap mereka berdua tidak melekit sangat di depan ramai.／
အဲဒီနှစ်ယောက်လူတွေရှေ့မှာချဲကပ်မနေစေချင်ဘူး။／Sana hindi naglalambingan ang dalawang iyon
sa harap ng mga tao.)

□ ぼうっと(する) ▶ 寝不足で頭がぼうっとする。

(termenung／
မူးနောက်သည်မှိုင်တက်သည်／
matulala)

(Kurang tidur membuatkan saya pening.／အိပ်ရေးပျက်ပြီးခေါင်းကမူးနေနေတာနေတယ်။／Natutulula
ako dahil kulang ako sa tulog.)

□ ぼちぼち ▶ では、ぼちぼち始めたいと思います。

(perlahan-lahan／မကြာမီ／maya-
maya, sa madaling panahon)

(Baiklah, saya ingin mulakan dengan perlahan-lahan.／မကြာခင်စတင်ပါတော့မယ်။／Sige,
magsimula na tayo maya-maya.)

□ むかつく ▶ ああ、むかつく。なんで私ばっかり怒られるの？

(merasa jijik／
ဒေါသထွက်သည်ပျင်းတောင့်သည်／
nakakainis, sumama ang
pakiramdam)

(Oh, ia memualkan. Kenapa selalu marah saya？／
အား၊ဒေါသထွက်တယ်။ဘာဖြစ်လို့ငါ့ဆိုင်စိတ်ဆိုးခံနေရတာလည်း။／Nakakainis. Bakit ako lang ang
pinagagalitan？)

▶ 脂っこいものを食べ過ぎて、胃がちょっとむかついて
る。

(Saya makan terlalu banyak makanan berlemak dan perut saya sedikit sakit.／
အဆီစားတာများများသွားလို့အစာအိမ်ကတင်းတောင့်နေတယ်။／Kumain ako ng maraming matabang
pagkain, kaya medyo masakit ang tiyan ko.)

□ むかむか(する) ▶ ちょっと飲み過ぎたみたい。胃がむかむかする。

(rasa mual／
အော်ဂလီဆန်သည်ပျို့အန်ချင်သည်／
masuka, magalit)

(Saya rasa saya minum terlalu banyak. Sakit perut.／
သောက်တာနည်းနည်းများသွားပုံရတယ်။အစာအိမ်ကအော်ဂလီဆန်တယ်။／Sumobra yata ang nainom
ko. Nasusuka ako.)

▶ 昨日の彼女の一言、思い出すだけでムカムカする。

(Mengingati apa yang dia katakan semalam membuatkan saya marah.／
မနေ့ကသူမပြောတဲ့စကားတစ်ခွန်းပြန်သတိရရင်ဒေါ်ဂလီဆန်လာတယ်။／Naiinis ako, maalala ko lang
ang mga salita niya kahapon.)

□ むっと(する) ▶ 子供扱いするような言い方をされて、思わずむっとし
た。

(marah／ဒေါသမထိန်းနိုင်ဖြစ်သည်／
magalit nang husto)

(Saya marah kerana dilayan seperti kanak-kanak.／
ကလေးလိုအပြောခံရလို့ရုတ်တရက်ဒေါသမထိန်းနိုင်ဖြစ်သွားတယ်။／Nagalit ako, noong kinausap nila
ako na parang bata.)

18 カタカナ語（ご）

（Kata Katakana／Katakanaのカーラ・ルーンミャー／
Mga Salitang Naka-Katakana）

□ **アクティブ（な）**

（aktif／
ネーキャーへ・ソーの・ソゥッ・ラッ・ピャッ・ラッ・ソー
／aktibo）

▶ 彼女はとてもアクティブな人で、スポーツや習い事にすごく積極的です。

（Dia seorang yang sangat aktif dan sangat aktif dalam sukan dan pelajaran.／
ソゥ・ソン・タッ・チャー・ソー・ピュー・ピー・・・アーカーサーソン・ユーミャーフン・アートッ・サーヨー・シー・・／Aktibo siyang tao, at napakaaktibo niya sa sports at mga aralin.）

□ **アップ（する）**

（muat naik／ティンソン・ミンタッ・ソン・・
tumaas, bumuti）

▷ 給料 / レベルがアップする

（naik gaji/tingkatan／ラソン・アーソン・ミンタッ・ソン・／tumaas ang suweldo/ level）

▷ 顔をアップで撮る

（ambil gambar dekat muka／ミャッ・ナーコー・アーニー・カッ・パッ・ヨッ・タッ・ソン・／kunan ng retrato nang close-up）

□ **アナログ**

（analog／アーナーレーゥッ／analogue）

▷ アナログ回線

（talian analog／アーナーレーゥッ・ラインソン・／analogue na linya）

▶ 私の場合、パソコンなんかは使わないで、いまだにアナログな方法でやってます。**対** デジタル

（Dalam kes saya, saya masih melakukannya dengan cara analog, tanpa menggunakan komputer.／チュン・テーッ・カー・・・パソコン・・・ソゥン・ペー・アーソン・チュン・ティーカー・アーナーレーゥッ・ニーニー・ラッ・ネー・テー・／Sa kaso ko, hindi ako gumagamit ng kompyuter, at gumagamit pa rin ako ng mga analogue na paraan.）

□ **インパクト**

（kesan／
ティーヨッ・ミューアーチューソッ・ヨッ・ミュー／
impact）

▷ インパクトがある、インパクトが強い

（mempunyai kesan, mempunyai kesan yang kuat／ティーヨッ・ミュー・シー・ソン・ティーヨッ・ミュー・チー・マー・ソン・
／may impact, malakas ang impact）

▷ A社の新サービスは、業界に大きなインパクトを与えた。

（Perkhidmatan baharu Syarikat A memberi impak besar kepada industri.／
A・クン・ミー・ニー・サーッ・ビー・ハー・ピー・ヨー・レーゥッ・カー・マー・チー・マー・トッ・ティーヨッ・ミュー・コー・チー・サッ・テー・／
Nagdulot ng malaking impact sa industriya ang bagong serbisyo ng Company A.）

□ **オーソドックス（な）**

（ortodoks／ソンミューチャー／orthodox, tradisyonal）

▷ オーソドックスなやり方

（cara ortodoks／ソンミューチャーニーソン・／tradisyonal na paraan）

動詞 11
する動詞 12
自動詞・他動詞 13
名詞 14
形容詞 15
副詞 16
ぎおん語・ぎたい語 17
カタカナ語 18
対義語 19
意味が近い語彙 20

□ オーダーメイド ▷ オーダーメイドの服／靴／家具

(dibuat mengikut pesanan／
အော်ဒါပေးပစ္စည်း／pinasadya)

(pakaian/kasut/perabot yang ditempah khas／အော်ဒါပေးအဝတ်အစား/ဖိနပ်/ပရိဘောဂ／
pinasadyang damit/sapatos/muebles)

▶ 既製品だとなかなかぴったり合わないので、靴はオーダーメイドで作ります。

(Kasut biasa tidak sesuai dengan sempurna, jadi kasut dibuat mengikut tempahan.／
ချုပ်ပြီးသားဖိနပ်တွေနဲ့အံကိုက်သိပ်မဖြစ်လို့ဖိနပ်ကိုအော်ဒါချုပ်မှာ ပါတယ်။／Hindi akma sa paa ko ang mga ready-made na sapatos, kaya nagpapasadya ako.)

□ オファー（する） ▷ オファーを受ける

(tawaran／ကမ်းလှမ်းသည်／mag-
alok)

(mendapat tawaran／ကမ်းလှမ်းချက်ကိုလက်ခံသည်／inalok)

▶ テレビ局から出演のオファーが来た。

(Saya mendapat tawaran untuk muncul di TV.／
ဒီဗီဇာနေ့အစီအစဉ်မှာပါဖို့ကမ်းလှမ်းချက်ရောက်လာတယ်။／Nakatanggap ako ng alok na lumabas sa isang TV station.)

□ オプション ▶ 〈海外旅行〉 オプションで日帰りのバスツアーの企画もあります。

(pilihan／ရွေးချယ်မှု／opsyon)

(<Perjalanan ke luar negara> Terdapat juga rancangan lawatan bas sehari sebagai pilihan.／(နိုင်ငံခြားခရီး)ရွေးချယ်စရာထပ်တိုးအစီအစဉ်နေ့ချင်းပြန်ဘတ်စ်ကားခရီးလည်းရှိပါတယ်။／
(Biyahe sa ibang bansa) Mayroon ding opsyonal na isang araw na biyahe sa bus.)

□ カルシウム (kalsium／ထုံးဓာတ်／calcium)

□ カリスマ (berkarisma／ဩဇာတိက္ကမနှင့်ပြည့်စုံ ခြင်း／karisma)

□ ギャップ ▷ ギャップを埋める

(jurang／ကွာဟချက်／puwang, gap)

(mengisi jurang／ကွာဟချက်ကိုဖြည့်သည်／punuan ang puwang)

▶ 理想と現実のギャップに最初はとまどいました。

(Pada mulanya, saya keliru dengan jurang antara ideal dan realiti.／
အထင်နဲ့လက်တွေ့ကွာခြားချက်ကိုအစမှာ တွေးရခက်သွားတယ်။／Noong una, naguluhan ako sa gap ng ideal at realidad.)

□ ギャンブル (perjudian／လောင်းကစား／sugal, pakikipagsapalaran)

□ キャンペーン ▶ 新製品の発売に合わせ、キャンペーンを行います。

(kempen／လှုံ့ဆော်ပွဲ／kampanya)

(Kempen akan diadakan sempena pelancaran produk baharu.／
ပစ္စည်းသစ်ရောင်းချပွဲနဲ့ပြိုင်ပြီးလှုံ့ဆော်ပွဲလည်းကျင်းပပါမယ်။／Gaganapin ang kampanya, kasabay ng paglulunsad ng mga bagong produkto)

□ グローバル（な）

(global／ကမ္ဘာ／pandaigdig)

▶ グローバルな視点（してん）

(perspektif global／ကမ္ဘာအမြင်／pandaigdig na pananaw)

▷ 企業のグローバル化は今後もますます広がるだろう。
（きぎょう／か／こんご／ひろ）

(Globalisasi syarikat akan terus merebak.／
ကုမ္ပဏီတွေရဲ့ကမ္ဘာသို့ချဲ့ထွင်မှုဟာနောက်မှာလည်းပို၍ပို၍ကျယ်ပြန့်လာပါလိမ့်မယ်။／Patuloy na lalaganap ang globalisasyon ng mga industriya sa hinaharap.)

□ ケア（する）

(jagaan (menjaga)／စောင့်ရှောက်သည်／mag-alaga)

▶ アフターケアのしっかりしたお店で買いたい。（か）

(Saya ingin membeli di kedai yang menawarkan penjagaan selepas.／
ဝယ်ပြီးတဲ့နောက်လည်းထိန်းသိမ်းစောင့်ရှောက်မှုကိအသေအချာပေးတဲ့ဆိုင်မှာဝယ်ချင်တယ်။／Gusto kong bumili sa isang tindahang nagbibigay ng magandang after-care na serbisyo.)

▶ お肌のトラブルを防ぐため、毎日のケアが大切です。（はだ／ふせ／まいにち／たいせつ）

(Penjagaan harian penting untuk mengelakkan masalah kulit.／
အသားအရေပြဿနာကိုကာကွယ်ပေးရန်နေ့စဉ်စောင့်ရှောက်မှုကအရေးအကြီးတယ်။／Mahalaga ang araw-araw na pag-aalaga para iwasan ang problema sa balat.)

□ ケース

(kes／အမှုအကြောင်း／kaso)

▷ 特殊なケース、ケースバイケース（とくしゅ）

(kes khas, kes demi kes／ထူးခြားသည့်အမှုတစ်မှုချင်း／espesyal na kaso, case by case)

▶ あらゆるケースを想定して、準備をしてきました。（そうてい／じゅんび）

(Kami telah bersedia untuk setiap senario yang ada kemungkinan.／
အမျိုးမျိုးသောအကြောင်းကိစ္စစဉ်းစားပြီးပြင်ဆင်မှုလုပ်ခဲ့ပါတယ်။／Naghanda kami para sa bawat posibleng senaryo.)

□ コンスタント

(tetap／စဉ်ဆက်မပြတ်／palagian, pare-pareho.)

▷ コンスタントに結果を出す（けっか／だ）

(menghasilkan hasil yang konsisten／စဉ်ဆက်မပြတ်ရလဒ်များကိုထုတ်သည်／makagawa ng pare-parehong resulta)

▶ この商品は流行に関係なく、コンスタントに売れています。（しょうひん／りゅうこう／かんけい／う）

(Produk ini sentiasa dijual tanpa mengira trend.／
ဒီအရောင်းပစ္စည်းဟာခေတ်စားမှုနဲ့မဆိုင်ပါ၊စဉ်ဆက်မပြတ်ရောင်းကောင်းနေပါတယ်။／Anuman ang uso, palagiang mabenta ang produktong ito.)

□ コンセンサス

(muafakat／အများသဘောတူအများဆန္ဒ／pinagkaisahan, consensus)

▶ 実行する前に、関係者のコンセンサスを得ておく必要がある。（じっこう／まえ／かんけいしゃ／え／ひつよう）

(Konsensus pihak berkepentingan perlu diperolehi sebelum pelaksanaan.／
စမလုပ်ခင်မှာသက်ဆိုင်သူများရဲ့ဆန္ဒကိုရယူဖို့လိုအပ်ပါတယ်။／Kailangan ang consensus ng mga may kinalaman, bago ito ipatupad.)

□ コンテンツ

(kandungan／အားရေကျေနပ်မှု／nilalaman)

▶ いかに魅力的なコンテンツを提供できるかにかかっている。

(Ia bergantung pada bagaimana kandungan menarik boleh disediakan.／တကယ်ကိုစွဲဆောင်မှုရှိတဲ့အားရေကျေနပ်မှုကိုပေးနိုင်တဲ့အပေါ်မှာမူတည်ပါတယ်။／Depende ito sa kung makakapagbigay kayo ng kaakit-akit na nilalaman.)

□ サイクル

(kitaran／လှည့်ပတ်သည်၊လှည့်သည်／cycle)

▷ サイクルが狂う

(kitaran menjadi gila／လှည့်ပတ်မှုပုံမှန်မဟုတ်ဖြစ်သည်／gumulo ang cycle)

▶ 大体、ひと月に1回のサイクルで商品を入れ替えています。

(Secara umum, kami menggantikan produk sebulan sekali.／များသောအားဖြင့်တစ်လတစ်စ်ကြိမ်လှည့်ပြီးကုန်ပစ္စည်းများကိုလဲလှယ်ထည့်နေပါတယ်။／Pinapalitan namin ang mga produkto isang beses sa isang buwan.)

□ ステップ

(langkah／အဆင့်／hakbang)

▶ みんなの意見がまとまらないので、次のステップに移れない。

(Saya tidak boleh meneruskan ke langkah seterusnya kerana pendapat semua orang tidak bersatu.／အားလုံးရဲ့ထင်မြင်ချက်ကိုမဖွည်းနိုင်လို့နောက်အဆင့်ကိုမကူးနိုင်ဘူး။／Hindi tayo makakalipat sa susunod na hakbang, kasi hindi nagkakasundo ang mga opinyon natin.)

□ セキュリティー

(keselamatan／လုံခြုံရေး／seguridad, kasiguruhan)

▶ 個人情報を扱っているのだから、セキュリティーはしっかりしてほしい。

(Memandangkan kami berurusan dengan maklumat peribadi, kami mahu keselamatan menjadi kukuh.／ကိုယ်ရေးသတင်းအချက်အလက်ကိုကိုင်တွယ်ထားရတာမို့လုံခြုံမှုအသေအချာလုပ်စေချင်တယ်။／Dahil hinahawakan nila ang mga personal na impormasyon, gusto naming maging mahigpit ang seguridad.)

□ セミナー

(seminar／နီးနောဖလှယ်ပွဲ／seminar)

▶ 大学主催の就職セミナーに参加した。

(Menyertai seminar kerjaya yang ditaja oleh universiti.／တက္ကသိုလ်ကကျင်းပတဲ့အလုပ်ဝင်နီးနောဖလှယ်ပွဲကိုတက်ရောက်ခဲ့တယ်။／Sumali ako sa seminar sa unibersidad, tungkol sa paghahanap ng trabaho.)

□ セレブ

(selebriti／ထင်ရှားကျော်ကြားဝ်ခြင်း／celebrity)

▷ セレブな生活 (kehidupan selebriti／ထင်ရှားကျော်ဝ်သောနေ့ထိုင်မှု／buhay ng celebrity)

▶ あんな高いホテルに泊まれるのは、セレブだけだよ。

(Hanya selebriti yang boleh menginap di hotel semahal itu.／အဲဒီလောက်စေ့းကြီးတဲ့ဟိုတယ်မှာတည်းနိုင်တဲ့သူဟာထင်ရှားကျော်ကြားဝ်တဲ့သူများသာဖြစ်ပါတယ်။／Celebrity lang ang makakatuloy sa ganyang mamahaling hotel.)

□ セレモニー

(majlis／အခမ်းအနား／seremonya)

▷ 優勝記念セレモニー

(Majlis Peringatan Kemenangan／အောင်ပွဲအထိမ်းအမှတ်အခမ်းအနား／seremonya ng paggunita ng tagumpay)

□ ダイレクト（な）

(langsung／တိုက်ရိုက်／direkta)

▷ ダイレクトな表現

(ungkapan langsung／တိုက်ရိုက်ဖော်ပြချက်／direktang ekspresyon)

322

助詞 11

する動詞 12

自動詞・他動詞 13

名詞 14

形容詞 15

副詞 16

ぎおん語・ぎたい語 17

カタカナ語 18

対義語 19

意味が近い言葉 20

□ ダウン（する）
(turun／ကျဆင်းသည်／bumaba)

▷ イメージダウン (turun imej／နာမည်ကျသည်／sirain ang image.)

▶ 給料がダウンするかもしれない。
　対 アップ（する）

(Gajinya mungkin turun.／လစာလျော့ချင်လျော့လိမ့်မယ်။／Baka bumaba ang sueldo natin.)

□ チームワーク
(kerja berpasukan／အသင်းလိုက်အလုပ်／teamwork)

□ チェンジ（する）
(ubah／ ပြောင်းလဲသည်／magbago, baguhin)

▷ イメージチェンジをする、モデルチェンジ

(ubah suai, tukar model／အမြင်ပြောင်းသည်၊မော်ဒယ်လ်ပြောင်းသည်／baguhin ang image, magbago ng model)

□ デビュー（する）
(debut／ ပွဲဦးထွက်သည်／lumabas)

▶ 彼女は女優としてデビューすることが決まった。

(Ia telah memutuskan bahawa dia akan debut sebagai pelakon.／သူမဟာရုပ်ရှင်မင်းသမီးအဖြစ်ပွဲဦးထွက်ဖို့အတွက်ဖြစ်သွားပြီ။／Napagdesisyunang lalabas siya bilang artista.)

□ デモ
(demo／ ဆန္ဒပြခြင်း／demo)

▷ 抗議デモ

(demonstrasi bantahan／ကန့်ကွက်ဆန္ဒပြပွဲ／demo ng protesta)

□ デモ／デモンスト
　レーション
(demo/demonstrasi／ပြသခြင်း／demonstrasyon)

▷ 調理器具のデモ販売

(demonstrasi penjualan peralatan memasak／မီးဖိုချောင်သုံးပစ္စည်းအရောင်းနှင့်ပြသပွဲ／demonstrasyon ng pagbebenta ng mga kagamitan sa pagluluto)

▶ 今日、A社の担当が来て、新製品のデモをします。

(Hari ini, orang yang bertanggungjawab ke atas syarikat A akan datang dan memberikan demo produk baharu itu.／ဒီနေ့Aကုမ္ပဏီကိုတာဝန်ခံကလာပြီးပစ္စည်းသစ်ကိုပြသပွဲကိုလုပ်ပါမယ်။／Darating ngayon ang in-charge galing sa Company A at magdedemonstrasyon siya ng paggamit ng mga bagong produkto.)

□ トータル（な）
(jumlah／ စုစုပေါင်းဖြစ်သော／kabuuan)

▷ トータルコーディネーション

(penyelarasan menyeluruh／အားလုံးကိုဟန်ချက်ညီအောင်ဆောင်ရွက်မှု／kabuuang koordinasyon)

▶ 今度の北海道旅行は、トータルで10万円あれば足りるかな。

(Cukup tak, 100 000 yen secara keseluruhan untuk perjalanan ke Hokkaido ini?／လာမယ့်ဟိုက်ကိုင်းဒိုးခရီးစဉ်ဟာစုစုပေါင်းယန်း၁၀ဝသောင်းခန့်ဝလောက်ပါမလား။／Kakasya kaya para sa susunod na biyahe sa Hokkaido ang kabuuang halagang 100,000 yen?)

□ トライ（する）
(cuba／ စမ်းလုပ်ကြည့်သည်／sumubok)

▶ 今年は何か新しいことにトライしたいと思う。

(Saya ingin mencuba sesuatu yang baru tahun ini.／ဒီနှစ်မှာမသိပ်ဖူးသေးတာတစ်ခုခုကိုစမ်းလုပ်ကြည့်ချင်တယ်။／Gusto kong sumubok ng bagong bagay sa taong ito.)

□ ドリル
(latih tubi／ လေ့ကျင့်ခန်း／pagsasanay)

▷ 漢字ドリル

(latih tubi Kanji／ခန်းဂျီလေ့ကျင့်ခန်း／pagsasanay ng Kanji)

□ ネック

(leher (⇒ menjadi sesak) ／
အဟန့်အတား၊အနှောင့်အယှက်／sagabal)

▷ 資金不足がネックとなって、計画がなかなか進まない。
しきんぶそく　　　　　　　　　　けいかく　　　　　　　　　すす

(Kekurangan dana adalah halangan, dan pelan itu lambat untuk berkembang.／
ရန်ပုံငွေမလုံလောက်မှုကားအနှောင့်အတားဖြစ်ပြီးစီမံကိန်းကတော်တော်နဲ့ရှေ့မရောက်ဘူး။／Sagabal ang kakulangan ng pondo, at hindi sumusulong ang plano.)

□ バック

(belakang／နောက်ခံ／background, suporta)

▶ 富士山をバックに写真を撮ろう。
ふじさん　　　　　　　しゃしん　と

(Jom bergambar dengan Gunung.Fuji di latar belakang.／
ဖူဂျီတောင်ကိုနောက်ခံထားပြီးဓါတ်ပုံရိုက်မယ်။／Kumuha tayo ng retrato na nasa background ang Mt. Fuji.)

▶ 彼のバックには大物政治家がいるらしい。
かれ　　　　　　　　おおものせいじか

(Dia nampaknya mempunyai ahli politik besar di belakangnya.／
သူ့ရဲ့နောက်မှာနိုင်ငံရေးသမားကြီးရှိပုံရတယ်။／Mukhang may malaking politikong sumusuporta sa kanya.)

□ バック(する)

(belakang (pergi belakang)／
နောက်ဆုတ်သည်／umatras)

▶ 車がバックしてきているから気をつけて。
くるま　　　　　　　　　　　　　　き

(Kereta diundur jadi berhati-hati.／ကားနောက်ပြန်ဆုတ်လာလို့သတိထားးပါ။／Mag-ingat ka dahil may umaatras na kotse.)

□ パック(する)

(bungkus (membungkus)／
အုပ်စုဖွဲ့သည်၊အထုပ်ထုပ်သည်／mag-pack)

▷ 3泊4日のパックツアー
はく　か

(pakej pelancongan 4 hari 3 malam／၃ည၄ရက်အစီအစဉ်ခရီး／tatlong araw at apat na gabing package tour)

▶ イチゴが1パック600円!?　高い！
えん　　　　たか

(Sebungkus strawberi berharga 600 yen!／Mahal!／စတော်ဘယ်ရီတစ်ထုပ်ယန်း၆၀၀!?ဈေးကြီးတယ်!／600 yen ang isang pakete ng strawberry? Mahal!)

□ パッケージ

(pakej／သေတ္တာ၊ထုပ်ပိုးခြင်း／pakete, balot)

▶ この店のクッキーは、おしゃれなパッケージも人気なんです。
みせ　　　　　　　　　　　　　　　　　　　にんき

(Biskut di kedai ini juga terkenal dengan pembungkusan yang bergaya.／ဒီဆိုင်ရဲ့ကွတ်ကီးမှာလှပလန်းဆန်းတဲ့ရင်ဖုံးတဲ့အထုပ်လည်းပါလို့လူကြိုက်များတယ်။／Kilala rin ang tindahang ito sa magarang balot ng cookies nila.)

★「ダウンロード (販売)」に対し、店で具体的な形を持った商品として売ることを「パッケージ (販売)」ということもある。
たい　　みせ　ぐたいてき　かたち　も　　しょうひん　　　　　　　　　　　　　　　　　　　　はんばい

(Berbeza dengan "memuat turun (jualan)", menjual produk dalam bentuk tertentu di kedai kadangkala dipanggil "pakej (jualan)."／「ဒေါင်းလုဒ် (အရောင်း)」နဲ့ဆန့်ကျင်ပြီးဆိုင်မှာတိကျတဲ့ပုံသဏ္ဍာန်ဆောင်တဲ့ရောင်းချခြင်းကို「ပက်ကေ့ချ် (အရောင်း)」ဆိုတာလည်းရှိပါတယ်။／Kung ikokompara sa "Download (sale)", tinatawag minsan na "Package (sale)" ang pagbebenta ng mga produkto sa tindahan na may partikular na hugis.)

□ パニック

(panik／အထိတ်တလန့်ဖြစ်ခြင်း／panic, mataranta)

▶ 強い衝撃に加え、電気も消え、乗客は一時パニックになった。
つよ　しょうげき　くわ　　でんき　　き　　じょうきゃく　いちじ

(Di samping hentaman kuat, elektrik terputus, dan penumpang panik seketika.／ပြင်းထန်တဲ့ဆောင့်ကိုက်မှုအပြင်မီးလည်းပြတ်သွားလို့စီးနင်းလိုက်ပါခရီးသည်များဟာတစ်ဏအထိတ်တလန့်ဖြစ်စရာများ ကြတယ်။／Bukod sa malakas na impact, nawalan ng kuryente at pansamantalang nag-panic ang mga pasahero.)

勤詞 11
する動詞 12
自動詞・他動詞 13
名詞 14
形容詞 15
副詞 16
ぎおん語・ぎたい語 17
カタカナ語 18
対義語 19
意味が近い名詞 20

☐ ハプニング

(kemalangan, insiden／အမြစ်အပြစ်／pangyayari)

▷ ハプニングが生じる／起こる

(berlaku insiden / insiden berlaku／အမြစ်အပျက်ပေါ်ပေါက်တယ်／may mangyaring gulo)

▶ 突然マイクが使えなくなるというハプニングがあったものの、会はなんとか無事に終わった。

(Walaupun terdapat insiden mikrofon tiba-tiba tidak dapat digunakan, pertemuan itu berakhir dengan selamat.／ရုတ်တရက်မိုက်ကရိုဖုန်းကသုံးလို့မရတဲ့အမြစ်အပျက်ပေါ်ပေါက်ပေမယ့်လည်းအစည်းအဝေးဟာပြသနာမရှိပြီးဆုံးခဲ့ပါတယ်။／Kahit biglang hindi nagamit ang mikropono, natapos ang miting nang walang insidente.)

☐ バラエティー

(pelbagai, hiburan／အမျိုးမျိုးသော／pagkakaiba-iba, sari-sari)

▷ バラエティーに富んだメニュー、バラエティー番組

(pelbagai menu, rancangan hiburan／ဟင်းလျာမျိုးစုံစီစဉ်ထားသောမီနူး။အမျိုးစုံတီဗီအစီအစဉ်／menu na may iba-ibang pagkain, variety show)

☐ ヒーロー

(wira／သူ့ရဲ့ကောင်း။ဇာတ်လိုက်／bayani)

▶ 小さい頃は、アニメのヒーローのようになりたいと本気で思っていました。 対ヒロイン

(Semasa saya kecil, saya sangat ingin menjadi seperti hero anime.／ငယ်ငယ်တုန်းကကာတွန်းထဲကသူ့ရဲ့ကောင်းလိုဖြစ်ချင်တယ်လို့စိတ်မှာအမှန်တကယ်ဖြစ်ခဲ့တယ်။／Noong bata ako, talagang gusto kong maging bayani tulad ng nakikita sa anime.)

☐ ヒロイン

(heroin／အာဇာနည်／heroine, pangunahing tauhang babae)

▷ 悲劇のヒロイン 対ヒーロー

(heroin yang tragis／ဝမ်းနည်းဖွယ်ရာအာဇာနည်／heroine ng trahedya)

☐ フェア

(adil／တရားမျှတသော／fair)

▷ ブックフェア (pesta buku／စာအုပ်ရောင်းပွဲ／book fair)

▶ イタリアフェアでは、イタリアのワインや食品、衣類や雑貨などがたくさん紹介されます。

(Di Pameran Itali, banyak wain, makanan, pakaian dan pelbagai barangan Itali diperkenalkan.／အီတလီပွဲတော်မှာအီတလီဝိုင်းအစားအစာဝတ်စားစရာနဲ့ပစ္စည်းအမျိုးမျိုးများစွာမိတ်ဆက်ထားပါတယ်။／Sa Italian fair, maraming ipinakitang Italian wine, pagkain, damit at iba-ibang bagay.)

☐ フォーム

(bentuk／ပုံစံ／form, porma)

▶ ホームページに登録用のフォームがありますので、そちらをご利用ください。

(Sila gunakan borang pendaftaran di laman web kami.／ဟုမ်းပေ့ချ်မှာမှတ်ပုံတင်ဖို့ပုံစံရှိလို့တယ်၊အဲ့ဒါကိုအသုံးပြုပါ／Gamitin ninyo ang form na nasa homepage para magrehistro.)

▶ 速いボールが投げられないのは、フォームが悪いからだと思う。

(Saya rasa sebab saya tidak boleh membaling bola laju adalah kerana cara saya teruk.／ဘောလုံးကိုအမြန်ပစ်မပစ်နိုင်တာဟာပုံစံအနေအထားမကောင်းတာကြောင့်လို့ထင်ပါတယ်။／Sa palagay ko, hindi maganda ang porma mo kaya hindi mo maihagis ang mabilis na bola..)

□ フォロー(する)

(ikut／လိုက် ~ သည်／sundan, suportahan)

▶ うまく説明できなかったが、先輩が横からフォローしてくれた。

(Saya tidak dapat menjelaskannya dengan baik, tetapi senior saya mengikuti saya dari sisi.／ကောင်းကောင်းမရှင်းပြနိုင်ခဲ့ပေမဲ့စီနီယာကနေကနေကလိုက်ဗြောပေးခဲ့တယ်။／Hindi ako makapagpaliwanag nang mabuti, pero sinuportahan ako ng senior ko sa gilid.)

□ ベース

(asas／အခြေခံ／batayan)

▶ まずベースとなるデータがないと、分析も何もできない。

(Tanpa data asas, tiada analisis boleh dilakukan.／
အရင်ဆုံးအခြေခံဖြစ်တဲ့ဒေတာမရှိရင်ခွဲခြမ်းစိတ်ဖြာတာကိုလည်းဘာမှလုပ်နိုင်ဘူး။／Una, kung walang data na pagbabasehan, walang pagsusuri o anumang bagay na magagawa.)

□ ベスト(な)

(terbaik／အကောင်းဆုံးသော／pinakamahusay)

▷ ベストを尽くす、ベストな選択、ベスト 10

(buat pilihan terbaik, pilihan terbaik, best 10／
အကောင်းဆုံးလုပ်သည်အကောင်းဆုံးရွေးချယ်မှုအကောင်းဆုံး၁၀ဝ／pagbutihin, pinakamahusay na pagpipilian, pinakamagaling na 10)

□ ボイコット

(boikot／သပိတ်မှောက်／boycott)

▶ 待遇に不満を持つ選手たちが、試合をボイコットした。

(Pemain yang tidak berpuas hati dengan layanan mereka memboikot permainan.／လစာနဲ့ပြုမှုများပေါ်မကျေနပ်တဲ့ကစားသမားများဟာ ပြိုင်ပွဲကိုသပိတ်မှောက်ခဲ့တယ်။／Nag-boycott sa labanan ang mga player na hindi nasisiyahan sa pagtrato sa kanila.)

□ メイン

(utama／အဓိက／pangunahin)

▶ メインの議題は経費削減です。

(Topik utama ialah pemotongan kos.／အဓိကဆွေးနွေးမယ့်ခေါင်းစဉ်ဟာအသုံးစရိတ်လျှော့ချရေးဖြစ်ပါတယ်။／Pagbabawas sa badyet ang pangunahing paksa.)

□ モチーフ

(motif／အလှတန်ဆာအာပြောက်အမွန်း／motif)

▶ この彫刻は太陽をモチーフにしたものです。

(Arca ini dilhamkan oleh matahari.／ဒီပရုပ်ထုနေကိုတန်ဆာအဆင်ထားတဲ့လက်ရာပါ။／Araw ang motif ng iskulturang ito.)

□ ラフ(な)

(kasar／အကြမ်းဖြစ်သော／rough draft)

▶ ラフなものでいいから、明日までに企画案を用意してきてくれる?

(Tidak mengapa jika ia kasar, tetapi bolehkah anda menyediakan rancangan pada esok?／အကြမ်းပဲဖြစ်ဖြစ်မနက်ဖြန်အထိမှာစီမံချက်ကြမ်းကိုအသင့်ပြင်ပေးပါ။／Pwede ka bang maghanda ng plano hanggang bukas? Pwede na kahit rough draft lang.)

□ リアル(な)

(sebenar／အမှန်ဖြစ်သောအသက်ဝင်သော／totoo)

▶ 戦争シーンのリアルな描写には、ちょっとショックを受けました。

(Saya agak terkejut dengan gambaran realistik adegan perang.／စစ်ပွဲပုံရဲ့အသက်ဝင်တဲ့ရုပ်လုံးဖော်ချက်ဟာနည်းနည်းထိတ်လန့်သွားတယ်။／Medyo nabigla ako sa makatotohanang paglalarawan ng eksena ng digmaan.)

□ ワンパターン(な)

(satu pola／တစ်ပုံစံတည်းဖြစ်သော／paulit-ulit, walang pagbabago)

▶ この番組も、最近はワンパターンになっていて、人気が落ちているようだ。

(Nampaknya rancangan ini menjadi satu pola baru-baru ini, dan popularitinya semakin merosot.／ဒီအစီအစဉ်အပေါ်လည်းအခုတလောတစ်ပုံစံတည်းဖြစ်နေ၍လူကြိုက်နည်းနေပုံရတယ်။／Naging paulit-ulit ang programang ito kamakailan, at mukhang bumababa ang popularidad nito.)

勤詞 11
する動詞 12
自動詞・他動詞 13
名詞 14
形容詞 15
副詞 16
ぎおん語・きたい語 17
カタカナ語 18
対義語 19
意味が近い言葉 20

⑲ 対義語 （Kata lawan／ဆန့်ကျင်ဘက်စကား／Mga Antonym）
たいぎご

曖昧(な) あいまい	(kekaburan, ketaksaan (kabur, taksa)／ မရှင်းလင်းသော／malabo)
明瞭(な) めいりょう	(kejelasan (jelas)／ရှင်းလင်းသော ／maliwanag)
異常(な) いじょう	(keabnormalan (abnormal)／ ပုံမှန်မဟုတ်သော／abnormal)
正常(な) せいじょう	(kenormalan (normal)／ ပုံမှန်ဖြစ်သော／normal)
異性 いせい	(jantina lain／ဆန့်ကျင်ဘက်လိင် ibang kasarian, opposite sex)
同性 どうせい	(jantina sama／လိင်တူ／ parehong kasarian, same sex)
インフレ／イン フレーション	(inflasi／ကုန်ဈေးနှုန်းတက်ခြင်း／ inflation)
デフレ／デフ レーション	(deflasi／ကုန်ဈေးနှုန်းကျဆင်းခြင်း ／deflation)
延長(する) えんちょう	(pemanjangan, penyambungan, pelanjutan (memanjangkan, menyambung)／ ရှည်သည်/ဆက်သည်／pahabain, patagalin)
短縮(する) たんしゅく	(penyingkatan, pemendekan (menyingkatkan)／ တိုစေသည်／paikliin)
法案を可決する ほうあん かけつ	(meluluskan rang undang-undang／ ဥပဒေကြမ်းကိုအတည်ပြုသည်／ipasa ang panukalang batas)
法案を否決する ほうあん ひけつ	(menolak rang undang-undang／ ဥပဒေကြမ်းကိုပယ်ချသည်／ tanggihan ang panukalang batas)
日が暮れる ひ く	(matahari terbenam／နေဝင်သည်／ lumubog ang araw)
夜が明ける よる あ	(menjelang pagi／မိုးလင်းသည်／ bukang-liwayway)
謙虚(な) けんきょ	(kerendahan hati (merendahkan hati)／ထောင်လွှားမှုမရှိသော／ mapagpakumbaba)
横柄(な) おうへい	(keangkuhan, ketakburan (angkuh, takbur)／မာန်ကြီးသော／ mayabang)
好況 こうきょう	(keadaan ekonomi baik／ စီးပွားရေးအခြေအနေကောင်းခြင်း／maunlad)
不況 ふきょう	(kemelesetan／စီးပွားရေးအခြေအနေကောင်းခြင်း ／recession)
口語 こうご	(bahasa lisan／အပြောစကား／ sinasalitang wika)
文語 ぶんご	(bahasa tulisan／အရေးစကား／ nakasulat na wika)

最善 さいぜん	(terbaik, paling baik／ အကောင်းဆုံး／pinakamahusay)
最悪 さいあく	(dahsyat／အဆိုးဆုံး／ pinakamasama, pinakamalala)
最大 さいだい	(terbesar, maksimum／အကြီးဆုံးအများဆုံး／ pinakamalaki)
最小 さいしょう	(paling kurang (minimum volume)／ အသေးဆုံး/အနည်းဆုံး／pinakamaliit)
資産 しさん	(harta／ပိုင်ဆိုင်သည့်ပစ္စည်း／ari- arian)
負債 ふさい	(hutang, pinjaman／အကြွေး／ pagkakautang)
失業(する) しつぎょう	(kehilangan pekerjaan (hilang pekerjaan) ／အလုပ်လက်မဲ့ဖြစ်သည်／mawalan ng trabaho)
就職(する) しゅうしょく	(dapat pekerjaan (mendapat pekerjaan)／ အလုပ်ရသည်／magkaroon ng trabaho)
質素(な) しっそ	(kesederhanaan, keringkasan (sederhana, ringkas)／ ခြိုးခြံသော/တာသော／matipid)
贅沢(な) ぜいたく	(kemewahan (mewah)／ ဇိမ်ခံသော／maluho, bulagsak)
収益 しゅうえき	(keuntungan, pendapatan／ ဝင်ငွေ／mga kita)
損失 そんしつ	(kerugian／ဆုံးရှုံးမှု／pagkalugi)
重視(する) じゅうし	(pertimbangan serius (mementingkan)／ အရေးထားသည်／pahalagahan)
軽視(する) けいし	(tidak mengendahkan／ လျစ်လျူရှုသည်／bale-walain)
重大(な) じゅうだい	(kepentinga, kemustahakan, keseriusan (sangat penting/serius)／ကြီးလေးသော ／seryoso)
さ細(な) さい	(keremean (remeh)／အသေးအဖွဲ့ဖြစ်သော ／walang kuwenta)
自立(する) じりつ	(keberdikarian, kemandirian (berdikari)／ လွတ်လပ်သည်／magsarili, maging independent)
依存(する) いぞん	(kebergantungan (bergantung kepada pada)／မှီခိုသည်／umasa)
進化(する) しんか	(evolusi, perkembangan (berevolusi, berkembang) ／အဆင့်ဆင့်ပြောင်းလဲသည်／mag-evolve)
退化(する) たいか	(kemerosotan, degenerasi (merosot)／ ဆုတ်ယုတ်သည်／sumama, lumubha)
新品 しんぴん	(barang baharu／ပစ္စည်းသစ် bago)
中古 ちゅうこ	(terpakai／တစ်ပတ်ရစ်ပစ္စည်း／ gamit na)

327

親密(な) しんみつ	(intim／ရင်းနှီးသော／malapit, matalik)
疎遠(な) そえん	(terasing／ခပ်တန်းတန်းဖြစ်သော／mawalay)
新郎 しんろう	(pengantin lelaki／သတို့သား／groom)
新婦 しんぷ	(pengantin perempuan／သတို့သမီး／bride)
贅沢(する) ぜいたく	(kemewahan (mewah)／ဇိမ်ခံသည်／maging maluho)
倹約(する) けんやく	(kehematan (berhemat)／ချွေတာသည်／maging matipid)
善意 ぜんい	(niat baik／သဘောကောင်းသည်／mabuting kalooban)
悪意 あくい	(niat jahat／သဘောဆိုးသည်／malisya)
双方 そうほう	(kedua-duanya／နှစ်ဖက်／parehong panig)
片方 かたほう	(sebelah pihak／တစ်ဖက်／isang panig)
天国 てんごく	(syurga／ကောင်းကင်ဘုံ／langit)
地獄 じごく	(neraka／ငရဲဘုံ／impiyerno)
天使 てんし	(malaikat, bidadari／နတ်သားနတ်သမီး／anghel)
悪魔 あくま	(syaitan, roh jahat／မာရ်နတ်／demonyo)
統合(する) とうごう	(penyatuan (menyatukan)／ပေါင်းစည်းသည်／pagsamahin)
分裂(する) ぶんれつ	(perpecahan, perbelahan (berpecah belah)／ခွဲသည်／hatiin)
駅から遠ざかる えき　とお	(menjauhi dari stesen／ဘူတာမှဝေးသွားသည်／lumayo sa istasyon)
駅に近づく えき　ちか	(mendekatistesen／ဘူတာသို့နီးလာသည်／lumapit sa istasyon)
人を遠ざける ひと　とお	(menjauhkan orang／လူကိုရှောင်သည်／ilayo ang tao)
顔を近づける かお　ちか	(mendekati muka／မျက်နှာချင်းနီးကပ်စေသည်／ilapit ang mukha)
粘る ねば	(tabah, lekit／လုံ့လစိုက်သည်／magtiyaga)
諦める あきら	(berputus asa／လက်လျှော့သည်／sumuko)

濃厚(な) のうこう	(padat, tebal／ကြွယ်ဝသောၢရင့်သော／makapal)
淡白(な) たんぱく	(pucat／ရိုးရှင်းသောၢပေ့ါသော／simple)
能動的(な) のうどうてき	(aktif／နိုးကြားထကြွသော／aktibo)
受動的(な) じゅどうてき	(pasif／အပြုခံဖြစ်သော／passive)
発信(する) はっしん	(panggilan (memanggil)／ထုတ်လွှင့်သည်／magpadala)
受信(する) じゅしん	(penerimaan (menerima)／လက်ခံသည်／tumanggap)
必然 ひつぜん	(sesuatu yang pasti berlaku／စောန်ဖြစ်သော／hindi maiiwasan)
偶然 ぐうぜん	(secara tidak sengaja／တိုက်တိုက်ဆိုင်ဆိုင်ဖြစ်သော／nagkataon)
平易(な) へいい	(mudah／လွယ်ကူသော／madali)
難解(な) なんかい	(sukar／ခက်ခဲသော／mahirap)
母音 ぼいん	(huruf vokal／သရအက္ခရာ／vowel)
子音 しいん	(konsonan／ဗျည်းအက္ခရာ／consonant)
放任(する) ほうにん	(lepaskan／ရောင်ယဲ့သည်／pabayaan)
干渉(する) かんしょう	(campur tangan, gangguan (bercampur tangan)／ဝင်ရောက်စွက်ဖက်သည်／makialam)
無線 むせん	(wayarles, tanpa wayar／ဝါယာကြိုးမဲ့／wireless)
有線 ゆうせん	(berwayar／ဝါယာကြိုးရှိ／naka-wire)
有益(な) ゆうえき	(kebermanfaatan, bermanfaat, berfaedah／အကျိုးအမြတ်ရှိသော／kapaki-pakinabang)
無益(な) むえき	(tidak berguna／အကျိုးအမြတ်မရှိသော／walang kuwenta)
有害(な) ゆうがい	(memudaratkan／ထိခိုက်နစ်နာမှုရှိသော／nakakapinsala)
無害(な) むがい	(tidak berbahaya／ထိခိုက်နစ်နာမှုမရှိသော／hindi nakakapinsala)
有限 ゆうげん	(terhingga／အကန့်အသတ်ရှိသော／may hangganan)
無限 むげん	(ketakterhingggaan, infiniti／အကန့်အသတ်မရှိသော／walang hangganan)

動詞 11
する動詞 12
自動詞・他動詞 13
名詞 14
形容詞 15
副詞 16
ぎおん語・ぎたい語 17
カタカナ語 18
対義語 19
意味が近い言葉 20

⑳ 意味の近い言葉
いみ ちか ことば

（Perkataan yang mempunyai makna yang dekat／အဓိပ္ပါယ်နီးစပ်သောစကား／Mga Salitang Magkakalapit ang Kahulugan）

●承る・許す・認める
うけたまわ ゆる みと

□ 許可（する）
きょ か
（kebenaran (membenarkan)／ခွင့်ပြုသည်／pahintulutan)

□ 認定（する）
にんてい
（pensijilan mengesahkan／အသိအမှတ်ပြုသည်／patunayan)

□ 承諾する
しょうだく
（bersetuju／သဘောတူညီသည်／payagan)

●とても多い
おお

□ 大量のごみ
たいりょう
（jumlah sampah yang banyak／များပြားသောအမှိုက်／maraming basura)

□ 多量の雨
たりょう あめ
（hujan lebat／သည်းထန်သောမိုး／malakas na ulanulan)

□ 無数の穴
むすう あな
（banyak lubang／များပြားသောပေါက်／hindi mabilang na butas)

□ 莫大なコスト
ばくだい
（kos yang besar／များပြားသောကုန်ကျမှု／malaking gastos)

□ 膨大なデータ
ぼうだい
（jumlah data yang besar／များပြားသောဒေတာ／napakaraming data)

●決まり
き

□ 規律を守る
きりつ まも
（jaga disiplin／စည်းကမ်းကိုလိုက်နာသည်／panatilihin ang disiplina)

□ 規範を示す
きはん しめ
（tunjukkan norma／စံနမူနာကိုပြသည်／ipakita ang pamantayan)

□ 規則に違反する
きそく いはん
（melanggar peraturan／စည်းကမ်းဖောက်ဖျက်သည်／lumabag sa tuntunin)

●決まる・決める
き き

□ 日にちを設定する
ひ せってい
（tetapkan tarikh／ရက်စွဲသတ်မှတ်သည်／itakda ang petsa)

□ 日にちが確定する
ひ かくてい
（tarikh ditetapkan／ရက်စွဲကိုအတည်ပြုသည်／kumpirmahin ang petsa)

□ 原因を断定する
げんいん だんてい
（tentukan punca／အကြောင်းအရင်းကိုဆုံးဖြတ်သည်／tukuyin ang dahilan)

□ 退職を決断する
たいしょく けつだん
（membuat keputusan untuk bersara／အလုပ်ထွက်ရန်ဆုံးဖြတ်သည်／magpasyang magretiro)

□ 留学を決心する
りゅうがく けっしん
（membuat keputusan untuk belajar di luar negara／နိုင်ငံခြားတွင်ကျောင်းတက်ရန်စိတ်ပိုင်းဖြတ်သည်／magpasyang mag-aral sa ibang bansa)

●配る
くば

□ 資料を配布する
しりょう はいふ
（mengedarkan bahan／စာရွက်စာတမ်းများကိုဖြန့်ဝေသည်／mamigay ng mga materyales)

□ 食料を配給する
しょくりょう はいきゅう
（mengagihkan makanan／အစားအစာဖြန့်ဝေသည်／mamahagi ng pagkain)

□ 荷物を宅配する
にもつ たくはい
（menghantar bungkusan／ပါဆယ်ထုပ်ကိုပေးပို့သည်／maghatid ng bagahe)

●渡す
わた

□ 交通費を支給する
こうつうひ しきゅう
（membayar kos pengangkutan／ခရီးစရိတ်ပေးသည်／magbayad para sa transportasyon)

□ 奨学金を給付する
しょうがくきん きゅうふ
（menyediakan biasiswa／ပညာသင်ဆုပေးသည်／magbigay ng scholarship)

□ 運営を委ねる
うんえい ゆだ
（mengamanahkan pengurusan／စီမံခန့်ခွဲမှုကိုအပ်နှင်းသည်／ipagkatiwala ang pamamahala)

□ 書類を手渡す
しょるい てわた
（menyerahkan dokumen／စာရွက်စာတမ်းများကိုလက်လွှဲသည်／iabot ang mga dokumento)

●助ける・補う
たす おぎな

□ 救助（する）
きゅうじょ
（usaha menyelamat (menyelamat)／ကယ်ဆယ်သည်／iligtas)

□ 資金を援助する
しきん えんじょ
（membantu kewangan／ရန်ပုံငွေကိုအကူအညီပေးသည်／tumulong sa pera)

□ 助言（する）
じょげん
（nasihat (memberi nasihat)／အကြံပေးသည်／payuhan)

□ 補習
ほしゅう
（pelajaran tambahan／နောက်ဆက်တွဲသင်ခန်းစာ／pandagdag na aralin)

●つくる

□ 作品を制作する
さくひん せいさく
（menghasilkan karya／လက်ရာတစ်ခုကိုပြုလုပ်သည်／bumuo ng isang obra)

□ 映画を製作する
えいが せいさく
（membuat filem／ရုပ်ရှင်တစ်ကားကိုထုတ်လုပ်သည်／gumawa ng pelikula)

□ 未来を創造する
みらい そうぞう
（mencipta masa depan／အနာဂတ်ကိုဖန်တီးသည်／lumikha ng kinabukasan)

●できる・できあがる

- □ 予算(よさん)が成立(せいりつ)する （bajet ditubuhkan／ဘတ်ဂျက်ကိုပြဋ္ဌာန်းသည်／gumawa ng badyet）
- □ 夢(ゆめ)が実現(じつげん)する （impian menjadi kenyataan／အိမ်မက်တွေတကယ်ဖြစ်လာသည်／magkatotoo ang panaginip）
- □ 願(ねが)いが成就(じょうじゅ)する （keinginan menjadi kenyataan／ဆန္ဒပြည့်ဝသည်／matupad ang hiling）
- □ 成果(せいか)が実(みの)る （membuahkan hasil／ရလဒ်ထွက်သည်／magkabunga）

●直(なお)す

- □ 法律(ほうりつ)を改正(かいせい)する （meminda undang-undang／ဥပဒေပြင်သည်／amyendahan ang batas）
- □ 料金(りょうきん)を改定(かいてい)する （semak semula harga／အဖိုးနှုန်းကိုပြင်သည်／baguhin ang presyo）
- □ 内容(ないよう)を改訂(かいてい)する （semak semula kandungan／အကြောင်းအရာကိုပြင်သည်／baguhin ang nilalaman）
- □ 間違(まちが)いを訂正(ていせい)する （membetulkan kesilapan／အမှားပြင်သည်／itama ang mali）
- □ レポートを修正(しゅうせい)する （membetulkan laporan／အစီရင်ခံစာကိုပြင်သည်／ayusin ang report）
- □ 制度(せいど)を是正(ぜせい)する （membetulkan sistem／စနစ်ကိုပြင်သည်／ayusin ang sistema）
- □ 絵(え)を修復(しゅうふく)する （membaiki gambar／ပန်းချီကိုပြင်ဆင်မွမ်းမံသည်／ayusin ang larawan）
- □ 家(いえ)を改築(かいちく)する （mengubah suai rumah／အိမ်ကိုပြန်ပြင်ဆောက်သည်／baguhin ang bahay）

●変(か)える・変(か)わる

- □ 車(くるま)を改造(かいぞう)する （mengubah suai kereta／ကားကိုပြုပြင်မွမ်းမံသည်／baguhin ang kotse）
- □ 記録(きろく)を更新(こうしん)する （kemas kini rekod／မှတ်တမ်းကိုမွမ်းမံသည်／i-update ang rekord）
- □ 日程(にってい)を調整(ちょうせい)する （menyesuaikan jadual／အချိန်ဇယားကိုညှိသည်／ayusin ang iskedyul）
- □ 方針(ほうしん)を転換(てんかん)する （mengubah dasar／မူဝါဒကိုပြောင်းသည်／baguhin ang patakaran）
- □ 内容(ないよう)を改善(かいぜん)する （menambah baik kandungan／အကြောင်းအရာကိုမြှင့်တင်သည်／pagbutihin ang nilalaman）
- □ デザインを改良(かいりょう)する （menambah baik reka bentuk／ဒီဇိုင်းကိုပိုမိုကောင်းမွန်အောင်လုပ်သည်／pagbutihin ang disenyo）
- □ 価格(かかく)の変動(へんどう) （turun naik harga／ဈေးနှုန်းအတက်အကျ／pagbabagu-bago ng presyo）

●知(し)らせる

- □ 予定(よてい)を告知(こくち)する （mengumumkan jadual／အစီအစဉ်ကိုကြေညာသည်／ipahayag ang iskedyul）
- □ 警察(けいさつ)に通報(つうほう)する （lapor polis／ရဲကိုတိုင်ကြားသည်／magreport sa pulis）
- □ 広報活動(こうほうかつどう) （aktiviti PR／ပြည်သူ့ဆက်ဆံရေးလှုပ်ရှားမှု／aktibidad sa public relations）

●断(ことわ)る

- □ 取材(しゅざい)を拒否(きょひ)する （enggan temu duga／အင်တာဗျူးရန်ငြင်းဆိုသည်／tumanggi sa pakikipanayam）
- □ 話(はな)し合(あ)いを拒(こば)む （enggan berbincang／စကားပြောရန်ငြင်းဆန်သည်／tumangging magsalita）
- □ 提案(ていあん)を却下(きゃっか)する （menolak cadangan tersebut／အဆိုပြုချက်ကိုငြင်းပယ်သည်／tumanggi sa panukala）

●やめる・とめる

- □ 代表(だいひょう)を辞任(じにん)する （meletakkan jawatan sebagai wakil rakyat／ကိုယ်စားလှယ်အဖြစ်မှနုတ်ထွက်သည်／magbitiw bilang kinatawan）
- □ 議員(ぎいん)を辞職(じしょく)する （meletakkan jawatan sebagai ahli parlimen／လွှတ်တော်အမတ်အဖြစ်မှနုတ်ထွက်သည်／magbitiw bilang miembro ng parliament）
- □ 取引(とりひき)を停止(ていし)する （berhenti berdagang／ကုန်သွယ်မှုကိုရပ်တန့်သည်／huminto sa pangangalakal）
- □ 提案(ていあん)を取(と)り下(さ)げる （menarik balik cadangan itu／အဆိုပြုချက်ကိုရုပ်သိမ်းသည်／bawiin ang panukala）
- □ 放送(ほうそう)を中断(ちゅうだん)する （mengganggu siaran／ထုတ်လွှင့်မှုကိုရပ်သည်／itigil ang broadcast）
- □ 作業(さぎょう)が停滞(ていたい)する （kerja tidak berubah-ubah／လုပ်ငန်းတုံ့ဆိုင်းသည်／tumigil ang trabaho）
- □ 返事(へんじ)を保留(ほりゅう)する （menahan balasan／တုံ့ပြန်မှုကိုဆိုင်းငံ့ထားသည်／magpigil ng sagot）

●方法(ほうほう)

- □ 方策(ほうさく)を考(かん)える （fikirkan dasar／မူဝါဒကိုစဉ်းစားသည်／mag-isip ng patakaran）

□ 新しい手法
あたら　しゅほう
(kaedah baru／နည်းလမ်းသစ်
／bagong paraan)

□ 手立てを打つ
てだ　う
(membuat langkah
ရည်မှန်းချက်ပေါက်မြောက်စေရန်ပြုလုပ်လမ်း／
gumawa ng hakbang)

□ 災害対策
さいがいたいさく
(tindakan balas bencana
ဘေးအန္တရာယ်ကာကွယ်ရေးနည်းလမ်း／
mga hakbang sa kalamidad)

□ 企業の戦略
きぎょう　せんりゃく
(strategi korporat／ကုမ္ပဏီ၏မဟာဗျူဟာ
／istratehiya ng kompanya)

● 用意する
ようい

□ 予備の資料
よび　しりょう
(bahan simpanan／အရန်စာရွက်စာတမ်း
／ekstrang materyal)

□ 複製
ふくせい
(pertindihan／မိတ္တူ／kopya)

● 持つ・続ける
も　つづ

□ 関係を保つ
かんけい　たも
(terus berhubung／
ဆက်ဆံရေးရှိသည်／panatilihin
ang relasyon)

□ 健康を維持する
けんこう　いじ
(kekal sihat／
ကျန်းမာရေးကိုထိန်းသိမ်းသည်／
manatiling malusog)

□ 成長を持続する
せいちょう　じぞく
(mengekalkan pertumbuhan
ႀ ဖြံ ့ဖြိုးမှုကိုထိန်းသထားသည်／
mapanatili ang paglago)

□ 持続的(な)
じぞくてき
(berterusan／တည်မြဲသော／
tuluy-tuloy)

□ 試合を続行する
しあい　ぞっこう
(meneruskan perlawanan
ပြိုင်ပွဲကိုဆက်ကစားသည်／
ipagpatuloy ang laban)

● 元になるもの
もと

□ 安全基準
あんぜんきじゅん
(piawaian keselamatan／
ေဘးကင်းလုံခြုံမှုစံ／
pamantayang pangkaligtasan)

□ レースの起点
きてん
(titik permulaan perlumbaan
／ အပြိုင်ပြိုင်ပွဲ၏တာထွက်နေရာ／
panimulang lugar ng karera)

□ 事件の発端
じけん　ほったん
(asal kejadian／အေရးအခင်း၏အစ／
pinagmulan ng pangyayari)

□ 原文
げんぶん
(asal／စာမူ／orihinal)

□ 原書で読む
げんしょ　よ
(baca dalam asal／
မူရင်းစာဖြင့်ဖတ်သည်／basahin
sa orihinal)

□ 憲法
けんぽう
(Perlembagaan／
ဖွဲ့စည်းပုံအခြေခံဥပဒေ／
konstitusyon, saligang batas)

● こわれる・だめになる

□ ビルが倒壊する
とうかい
(bangunan runtuh／
အေဆာက်အအုံပြိုကျသည်／
gumuho ang bilding)

□ 制度が崩壊する
せいど　ほうかい
(sistem runtuh／
စနစ်ပြိုပျက်သည်／bumagsak
ang sistema)

□ 離婚(する)
りこん
(perceraian／ကွာရှင်းသည်／
magdiborsiyo)

□ 破滅(する)
はめつ
(kehancuran／ပျက်သုဉ်းသည်／
masira)

□ 壊滅的なダメージ
かいめつてき
(kerosakan yang dahsyat／
ႀ ကီးမားလှေသာပျက်စီးမှု／
malaking pinsala)

□ 全滅(する)
ぜんめつ
(memusnahkan／
အလုံးစုံပျက်စီးသည်／mapuksa,
malipol)

● 強い力・影響
つよ　ちから　えいきょう

□ 衝撃を受ける
しょうげき　う
(terkejut／ထိတ်လန့်သည်／
mabigla, ma-shock)

□ 衝撃的(な)
しょうげきてき
(mengejutkan／
ထိတ်လန့်ဖွယ်ရာ／nakakagulat,
nakakasindak,)

□ 迫力ある映像
はくりょく　えいぞう
(imej yang berkuasa／
ခွန်အားရှိေသာရုပ်ပုံလွှာ／
makapangyarihang image)

□ 威力を発揮する
いりょく　はっき
(menunjukkan kuasa／
အာဏာပြသည်／ipakita ang
kapangyarihan)

□ 猛烈な勢い
もうれつ　いきお
(momentum marah／
ဒေါသအရှိန်／malakas na
malakas na puwersa)

● 不安や悲しみ
ふあん　かな

□ 突然の知らせ
とつぜん　し
に動揺する
どうよう
(kecewa dengan berita yang
mengejut／
ထွက်ရုတ်တရက်သတင်းကြောင့်စိတ်ဓာတ်ကျောက်ချခြင်းစိတ်ညစ်ညူးခြင်း／
magalit sa biglaang balita)

□ 落ち込む
お　こ
(menjadi tertekan／
စိတ်ဓိတ်ကျသည်／
ma-depress)

□ 沈む[気持ちが]
しず　きも
(tenggelam [perasaan]／
စိတ်ကျသည်／malungkot)

● 示す・表す
しめ　あらわ

□ 価格を表示する
かかく　ひょうじ
(tunjukkan harga／
ေစျးနှုန်းကိုဖော်ပြသည်／ipakita ang
presyo)

□ 表記のしかた
ひょうき
(cara label／ဖော်ပြပုံ／
paggawa ng notasyon)

□ 未来を暗示する
みらい　あんじ
(membayangkan masa depan
／အနာဂတ်ကိုနမိတ်ပြုပြသည်／
pahiwatig sa hinaharap)

□ ポスターを
掲示する
けいじ
(siarkan poster／
ပိုစတာတင်သည်／maglagay ng
poster)

- □ 方針を掲げる（ほうしん　かか）　(menetapkan dasar／မူဝါဒကိုမြှင့်တင်သည်／panindigan ang patakaran)

●王（おう）

- □ 国王（こくおう）　(raja／ဘုရင်／hari)
- □ 宮廷（きゅうてい）　(istana／တရားရုံး／korte)
- □ 天皇（てんのう）　(maharaja／ကေရာဇ်／emperador)
- □ 皇室（こうしつ）　(keluarga diraja／အင်ပါယာမိသားစု／imperial household)
- □ 皇族（こうぞく）　(keluarga diraja／တော်ဝင်မိသားစု／maharlikang pamilya)
- □ 皇居（こうきょ）　(Istana Diraja／အင်ပါယာနန်းတော်／imperial palace)

●国・歴史（くに　れきし）

- □ 封建社会（ほうけんしゃかい）　(masyarakat feudal／ပဒေသရာဇ်လူ့အဖွဲ့အစည်း／feudal na lipunan)
- □ 共和制（きょうわせい）　(republik／သမ္မတစနစ်／pagiging republikano)
- □ 君主制（くんしゅせい）　(monarki／ဘုရင်စနစ်／monarchy)
- □ 武士（ぶし）　(pahlawan／စစ်သူကြီး／samurai)
- □ 侍（さむらい）　(samurai／ဆာမူရိုင်း／samurai)
- □ 貴族（きぞく）　(bangsawan／မူးမျိုးမတ်နွယ်／aristocrat)
- □ 僧（そう）　(sami／ဘုန်းကြီး／monk)

●付ける・加える（つ　くわ）

- □ 加熱(する)（かねつ）　(memanaskan／အပူတက်သည်／magpainit)
- □ 点火(する)（てんか）　(menyala／မီးတောက်သည်／mag-apoy)
- □ 同封(する)（どうふう）　(sertakan／အလုံပိတ်သည်／ilakip)
- □ 添加物（てんかぶつ）　(aditif／ပေါင်းထည့်ပစ္စည်း／additive)

●積極的（せっきょくてき）

- □ 意欲的な姿勢（いよくてき　しせい）　(sikap bercita-cita tinggi／လိုလားသောဟန်ပန်／masigasig na saloobin)
- □ 前向きな回答（まえむ　かいとう）　(tindak balas positif／အလားအလာရှိသောဖြေကြားချက်／positibong sagot)
- □ 肯定的な返事（こうていてき　へんじ）　(balasan positif／သဘောချင်းကိုက်ညီကြောင်းပြန်ကြားချက်／positibong sagot)
- □ 建設的な議論（けんせつてき　ぎろん）　(perbincangan yang membina／အပြုသဘောဆွေးနွေးချက်／nakakatulong na diskusyon)
- □ スポーツを奨励する（しょうれい）　(menggalakkan sukan／အားကစားကိုအားပေးသည်／himukin sa sports)

●丁寧に扱う（ていねい　あつか）

- □ 敬意を表す（けいい　あらわ）　(tunjuk rasa hormat／လေးစားမှုကိုပြသသည်／magpakita ng respeto)
- □ 相手の気持ちを尊重する（あいて　きも　そんちょう）　(hormati perasaan orang lain／တဖက်လူရဲ့ခံစားချက်ကိုလေးစားသည်／igalang ang damdamin ng ibang tao)
- □ 丁重に断る（ていちょう　ことわ）　(menolak dengan sopan／ယဉ်ကျေးစွာငြင်းသည်／magalang na tumanggi)
- □ 尊い命（とうと　いのち）　(nyawa yang berharga／အဖိုးတန်အသက်／mahalagang buhay)

●早い（はや）

- □ 素早い対応（すばや　たいおう）　(maklum balas yang cepat／အမြန်တုံ့ပြန်မှု／mabilis na pagtugon)
- □ 迅速な行動（じんそく　こうどう）　(tindakan pantas／လျင်မြန်သောလုပ်ဆောင်ချက်／mabilis na pagkilos)
- □ 急速な変化（きゅうそく　へんか）　(perubahan pantas／လျင်မြန်သောပြောင်းလဲမှု／mabilis na pagbabago)

●進む・発展する（すす　はってん）

- □ 自然保護の推進（しぜんほご　すいしん）　(promosi pemuliharaan alam semula jadi／သဘာဝကာကွယ်ထိန်းသိမ်းရေး／pagsusulong ng pangangalaga ng kalikaksan)
- □ 人口の推移（じんこう　すいい）　(peralihan penduduk／လူဦးရေအပြောင်းအလဲ／pagbabago sa populasyon)
- □ 技術の進展（ぎじゅつ　しんてん）　(kemajuan teknologi／နည်းပညာတိုးတက်မှု／pag-unlad ng teknolohiya)
- □ スポーツの振興（しんこう）　(promosi sukan／အားကစားတိုးတက်မှု／pagpo-promote ng sports)

さくいん (Indeks／အညွှန်း／Index)

343

●著者

倉品さやか（くらしな さやか）

筑波大学日本語・日本文化学類卒業、広島大学大学院日本語教育学修士課程修了。スロベニア・リュブリャーア大学、福山 YMCA 国際ビジネス専門学校、仙台イングリッシュセンターで日本語講師を務めた後、現在は国際大学言語教育研究センター講師。

DTP	平田文普
レイアウト	ポイントライン
カバーデザイン	滝デザイン事務所
協力	花本浩一
カバーイラスト	Ⓒ iStockphoto.com/Colonel
翻訳	Imran Mohd Zawawi ／ Hazuki Iijima ／ Kyi Han ／ Leith Casel Schuetz

マレーシア語・ミャンマー語・フィリピノ語版
日本語単語スピードマスター　ADVANCED 2800

令和 5 年（2023年）　8 月10日　初版第 1 刷発行

著　者	倉品さやか
発行人	福田富与
発行所	有限会社　Ｊリサーチ出版
	〒166-0002 東京都杉並区高円寺北 2-29-14-705
	電話　03(6808)8801(代)　FAX　03(5364)5310
	編集部　03(6808)8806
	https://www.jresearch.co.jp
印刷所	株式会社シナノ パブリッシング プレス

ISBN 978-4-86392-596-0　禁無断転載。なお、乱丁、落丁はお取り替えいたします。
Ⓒ Sayaka Kurashina 2012 Printed in Japan

Maklumat muat turun suara (audio)

LANGKAH 1	Akses laman web produknya! Terdapat tiga cara untuk melakukannya!

- Akses dengan mengimbas kod QR.
- Akses dengan memasukkan https://www.jresearch.co.jp/book/b627185.html.
- Akses laman web J Research Publishing (https://www.jresearch.co.jp/) dan pergi ke tapak web.
  Cari dengan memasukkan nama buku dalam "kata kunci".

LANGKAH 2	Akses laman web produknya! Terdapat tiga cara untuk melakukannya!

LANGKAH 3	Masukkan nama pengguna "1001" dan kata laluan "25960"!

LANGKAH 4	Terdapat dua cara untuk menggunakan suara(audio)! Dengar dengan cara yang sesuai dengan gaya pembelajaran anda!

- Muat turun dan dengar fail daripada "Muat turun fail audio sekaligus".
- Tekan butang ▶ untuk bermain dan mendengar di tempat.

---

* Anda boleh mendengar fail audio yang dimuat turun pada komputer atau telefon pintar anda. Fail audio untuk muat turun pukal dimampatkan dalam format .zip. Sila unzip failnya dan gunakan. Jika fail tidak boleh unzip failnya dengan baik, main balik audio terus juga boleh dilakukan(dengarnya0.

Pertanyaan tentang muat turun audio: toiawase@jresearch.co.jp (Waktu penerimaan tetamu: 9:00 hingga 18:00 pada hari bekerja (waktu Jepun))

အသံ Download လမ်းညွှန်

STEP 1 ပစ္စည်းစာမျက်နှာသို့Access!အောက်ပါနည်းလမ်း ၃ မျိုး!

- QR Code ဖတ်ပြီး Accessလုပ်ပါ။
- https://www.jresearch.co.jp/book/b627185.html ကိုရိုက်ပြီး Accessလုပ်ပါ။
- J Research ထုတ် Home Page (https://www.jresearch.co.jp/) ကို Access လုပ်ပြီး၊ 「Key Word」 စာအုပ်အမည်ကိုရိုက်၍ ရှာဖွေကိုရိုက်ပါ။

STEP 2 စာမျက်နှာအတွင်းရှိ 「အသံ Download」 Button ကို Click လုပ်ပါ !

STEP 3 User အမည် 「1001」、Password 「25960」 ကိုရိုက်ထည့်ပါ !

STEP 4 အသံအသုံးပြုပုံ နည်းလမ်း ၂ မျိုး! လေ့လာပုံနဲ့လိုက်ဖက်တဲ့နည်းနဲ့ နားထောင်ပါ!

- 「အသံ File အစုလိုက် Download」 ဖြင့်၊ File ကို Download လုပ်ပြီးနားထောင်ပါ။
- ▶ Button ကိုနှိပ်ပြီး၊ အဲဒီနေရာမှာပြန်ဖွင့်ပြီးနားထောင်ပါ။

※Download လုပ်တဲ့အသံ File ကို၊ ကွန်ပျူတာ၊စမတ်ဖုန်းနဲ့နားထောင်နိုင်ပါတယ်။ အစုလိုက် Download ရဲ့အသံ File ဟာ Zip ပုံနဲ့ချုံ့ထားပါတယ်။ ပြန်ချဲ့ပြီးသုံးပါ။ File ကို ပြန်ချဲ့တာအဆင်မပြေခဲ့ရင်၊ တိုက်ရိုက် အသံပြန်ဖွင့်တာကိုလည်းလုပ်နိုင် ပါတယ်။

အသံ Download နဲ့ပတ်သက်ပြီး မေးမြန်းစုံစမ်းရန်- toiawase@jresearch. co.jp (လက်ခံချိန်- ရုံးဖွင့်ရက် ၉ နာရီ~၁၈ နာရီ)